本书为国家社会科学基金后期资助项目（编号：12FTQ001）和湖北省社会科学基金项目（编号：2011LW004）的研究成果

中国古代图书著作权研究

Study on the Book Copyright in Ancient China

李明杰 / 著

国家社科基金后期资助项目
出版说明

后期资助项目是国家社科基金设立的一类重要项目，旨在鼓励广大社科研究者潜心治学，支持基础研究多出优秀成果。它是经过严格评审，从接近完成的科研成果中遴选立项的。为扩大后期资助项目的影响，更好地推动学术发展，促进成果转化，全国哲学社会科学规划办公室按照“统一设计、统一标识、统一版式、形成系列”的总体要求，组织出版国家社科基金后期资助项目成果。

全国哲学社会科学规划办公室

自 序

今天，我终于如释重负。抬头望了一眼窗外，不由得痴了：Eagle Heights 明净的蓝天下，一只苍鹰孤兀地盘旋着。碧波荡漾的 Mendota 湖倒映出层林尽染的秋色。几点白帆在森林与水面交接的尽头若隐若现……我不由得深深地吸了口气。麦迪逊的秋天原是这般静谧迷人！

记得那是 2007 年，也是秋日的一个下午，恩师曹之先生亲自登门，约请我为他主编的《中国图书文化史丛书》撰写一部关于中国古代图书著作权的书稿。说实话，著作权这样一个法学命题，在我一个研习文献学和出版史的人而言，并不是一个熟悉的领域，因此不免有些踌躇。但先生殷殷之情，岂忍推诿。好在“中国图书文化史”这样一个主题让我心里有了一点底，四年光景也就这样坚持了下来。其间笔者家里变故不断：妻子远赴莫斯科访学，岳母大人罹病去世，小儿沐之因骨折先后两次手术，本人又外出上海参加英语培训近半年，后又辗转来 UW - Madison 做访问学者。就这样，书稿和孩子跟着我，从武汉出发，沿着镇江、上海，又绕道宜春、北京，最后一路来到了美国的麦迪逊。记得孩子拖着病体寄养在镇江的半年里，几乎每个周末我都要在往返上海和镇江的动车上颠簸好几个小时。可无论是在列车上，还是在孩子的病房里，我的背包里总少不了一样东西——手提电脑。就是在这样一种颠沛流离的环境中，书稿一点一滴地积累了起来。不过，相对集中的写作时段还是有两个：一是 2010 年暑假在宜春；二是 2011 年上半年在麦城。以上是对本书成书经过的说明。

回头看我对中国古代图书著作权的研究，四年时间大约有一半是在阅读和收集史料，另一半在思考、写作和反复修改。注重对史料的收集与解读正是历史研究方法的特点。在经过一段时间的积累后，我将自己对中国古代图书著作权的思考凝结为三句话：著作权的核心问题无非是精神权利与财产权利，而其产生的前提必是知识私有化与知识私有观念的兴起；中国古代作者、出版者及其他社会主体之间因图书出版发生的精神或财产关系，只能产生于图书文献的创作、传播和利用环节，因此也只能循着这三个环节去考察古代著作权关系的形成过程；中国古代对图书著作权的保护经历了一个由意识到行动再到制度、由约定俗成的一般社会规范到强制性的法律规范的发展历程，其内在的历史逻辑性是不以人的意志为转移的。

本书的逻辑结构正是基于以上三点认识展开的，请细心的读者自鉴。

既是图书文化史，对中国古代图书著作权的研究必不同于纯法学的视角。尽管笔者学力不逮，但仍试图从更为宏阔的历史文化背景对中国古代图书著作权这一文化现象作出合乎史实的客观描述和解释，因此将文人的价值传统和著述观念、古代润笔制度、文献整理的学术传统、图书制作技术等前人较少关注或容易忽略的图书文化因素纳入了古代著作权的研究视野。在对涉及作者、出版者及其他社会主体之间精神或财产关系的图书创作、传播和利用等各环节的考察上，尤着力于细节的描述和史实的补充。通过大量史料的发掘和解读，揭示出决定和影响古代图书著作权关系形成的各种文献因素。基于图书文化史和文献学的立场，正是本书在研究视角和方法上区别于其他法律专业论著的一个显著特点。

另外，须向读者作两点交待。一是关于著作权称谓的说明。众所周知，英美法系国家均使用“版权”一词，大陆法系国家则多采用“著作权”的说法。而实际上，两者在国际法领域是通用的。鉴于我国现行法律及历史上《大清著作权律》《北洋政府著作权法》《中华民国著作权法》均沿用“著作权”的名称，故本书在行文中一律采用“著作权”，但在引述前人著述时仍保留了原来既有的“版权”称谓。二是关于本书书名的说明。书名中的“古代”，指的是自先秦至清代鸦片战争（公元 1840 年）以前这段时期。但在具体行文时，为了保持历史叙述的连续性，并没有严格遵守这一界限，如第十章第二、三、四节中述及清代保护民间著作权的公文、著作权声明及《大清著作权律》时，部分涉及了近代内容。这是因为清代著作权的发展是一个连续的整体，且处于向近代西方著作权制度学习和转型的关键时期，不好以中间某个时间点将之强行割裂开来。书名中“图书”采用的是广义的概念，不仅包括传统概念的著作，也包括一切含有图画、文字的绘画和书法作品。由于学界对中国古代是否存在著作权尚存争议，而本书只是尽力描述和解读了一种客观存在的图书文化现象，以及分析了这些现象背后的社会关系（如作品与作者的人身关系，作者、出版商以及盗版者之间的财产关系），不同于一般的法制史或制度史专著，故笔者放弃了《中国古代图书著作权史》这样一类书名。

本书原计划作为曹之先生主编的《中国图书文化史丛书》的一种出版，但因体制内科研评价的客观原因，最后不得不忍痛退出。是曹之先生对后学的宽容、体谅与支持，玉成了此书在社会科学文献出版社的出版。写作过程中，先生不定期地举办编务会，向我们几位丛书作者通报会议简报，交流资料和信息，并多次通过电子邮件对远在海外的我进行指导。正是先生“老骥伏枥，志在千里”的雄心，给了我在困境中坚持下去的勇气。初稿完成后，我的研究生——来自河南商丘的周亚君，为本书的校对付出了宝贵的时间和艰辛的努力；老朋友江陵先生热心帮助联系出版；未曾谋面的桂芳女士帮我联系社会科学文献出版社推荐申报了国家社科基金后期资助项目，并亲自担任本书的责任编辑。诸多师友同道为本书的出版劳心费力，在此并致谢忱！

最后得感谢我的家人和孩子，是他们见证和分担了我这四年的悲喜哀乐，在我孤独的时候给了我最大的精神安慰。这里要特别感谢我的母亲罗水香女士。爱人离家求学的日子，多亏母亲帮忙操持家务和照顾孩子，我才能在每天编刊、教学之余得寸暇于写作。从东湖之滨，到黄浦江畔，从旖旎多姿的秀江，再到这风景如画的 Mendota 湖，冥冥之中我总是与水结缘，与水为伴，得其滋养和庇护。谨以此书献给我的母亲！

受本人学识所限，本书立论肤廓、错讹不周之处肯定不少，恳请方家不吝教正。

李明杰

2011 年 9 月 23 日初记于美国 Madison

2012 年 10 月 12 日改定于武昌珞珈山

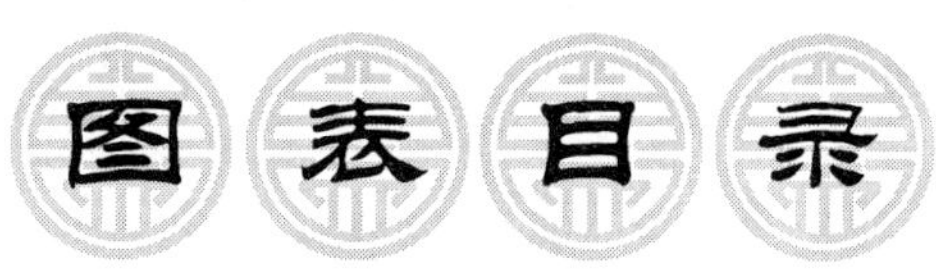

图表目录

第一章　中国古代图书著作权研究的历史回顾

英国著名哲学家培根说过："历史使人明智。"中国也有"知往鉴今"的老话。可见，研究历史是我们认知今天和感悟未来的一种视角或方法。一个民族没有历史，或者不尊重历史，特别是不尊重本民族自身的历史，一定会变得精神没有寄托，一定会在前进的道路上失去方向感。任何民族的现代化，都不可能完全复制和照搬其他民族的现代化模式，而只能以本民族的文化为基础，从本民族传统文化中汲取精华和智慧，广泛吸收和借鉴其他民族文化的优秀成分，学习别人先进的经验、技术和制度。作为出版文化的一部分，中国著作权制度的现代化进程同样如此。对于中国古代图书著作权保护历史的研究，有可能从更深层次揭示当下中国著作权制度存在的某些问题的症结，或能从多方面为中国著作权制度的现代化提供有益的启示。

自 20 世纪 80 年代中期以来，中国古代著作权问题一直是学术界比较关注的课题。尤其是进入 90 年代后，与该课题相关的研究成果在数量上有了显著增长（参见本书后所附参考文献），国外一些研究亚洲问题的学者也表现出浓厚的兴趣，加入这一课题的研讨当中。对中国古代著作权的研究一度成为国际性课题，甚至成为中外学者学术论争的热点。比如，中国古代究竟有没有著作权保护？如果有，它起源于何时，其发展遵循了怎样的历史轨迹？为什么中国古代著作权保护没能最终形成成文的著作权法？对这些问题都还没有形成最终的结论。因此，本书论题的提出，对于解决中国著作权史研究的这些基础性问题具有较强的理论与现实意义。

从现有研究成果的主题分布情况来看，人们对中国古代著作权的研究主要围绕以下五个方面展开。

第一节　中国古代图书著作权的起源

对于事物起源的关注，符合人们认识事物发展规律的一般逻辑。1984 年，邹身城在《法学研究》上发表《保护版权始于何时何国》① 一文，揭

① 邹身城：《保护版权始于何时何国》，《法学研究》1984 年第 2 期，第 63 页。

开了研究中国古代著作权起源问题的序幕。从现有研究成果来看，人们对于中国古代著作权起源时期的认定尚不十分一致，主要有以下几种观点。

第一，春秋战国说。曹之先生从作品署名的角度考察了中国古代著作权的起源，认为“早在战国时期就有了著作权”，其理由是当时出现了私家著述，诸子百家著作通常称为“××子”，“这便是我国著作署名权的起源”[①]。郭孟良《中国版权问题探源》也认为，早在春秋战国时期，诸子著作已开了署名权的先河，标志着我国版权观念的萌芽。[②] 不过他又认为，完整意义上的版权问题是商业性出版业发展的产物。宋代印刷出版业的发达和盗版现象的严重，促进了版权意识的觉醒和版权保护的出现。范开宏在《试论中国古代的版权保护》一文中称：“春秋战国时期，诸子为宣传自己的主张，纷纷著书立说。他们为表明自己的身份与其他学派区别，在作品上署上自己或学派创始人的姓名，以表明自己对该作品付出了劳动并承担一切责任。这种署名方式与现代版权中的署名权非常相似……这一时期作者要求保护的是视自己的作品为私有物，孕育的仅仅是版权思想的最初萌芽。”[③]

第二，中唐说。刘尚恒、孔方恩认为，版权是印刷术发展到一定阶段的产物，是伴随印刷物的商品化生产出现的。从文献记载和实物来看，至迟在公元七至八世纪，即我国历史上的初唐时期，就已经有雕版印刷。而随着印刷业的发展、印刷物的不断增多，“版权”问题便开始出现了，如中唐大和年间东川节度使冯宿曾专门就禁印民间日历问题上奏朝廷，并得到唐文宗“敕诸道府不得私置历日板”[④] 的批示。这份文件是世界上最早有关版权的文献记录。[⑤] 柳励和也认为，图书印刷业的发达是版权观念产生的前提，中国因之出现了世界上最早的版权观念与活动，我国古代版权保护观念在唐代即已萌芽。[⑥]

第三，宋代说。1985年，袁逸《中国古代版权史考略》[⑦] 通过举证我国宋元以来版权保护的实例，从版权保护目的、版权保护对象、版权保护

---

① 曹之：《中国古代著作权考略》，《图书与情报》1998年第3期，第35－38页。

② 郭孟良：《中国版权问题探源》，《齐鲁学刊》2000年第6期，第30－35页。

③ 范开宏：《试论中国古代的版权保护》，《晋图学刊》1999年第3期，第55－57页。

④ 刘昫：《旧唐书》第17卷，《文宗本纪》，中华书局，1975，第563页。

⑤ 刘尚恒、孔方恩：《中国是世界上最早实行版权保护的国家》，《图书馆工作与研究》1996年第5期，第33－36页。

⑥ 柳励和：《中国古代版权保护论略》，《湘潭大学学报（哲学社会科学版）》1997年第3期，第61－63页。

⑦ 袁逸：《中国古代版权史考略》，《法学杂志》1985年第3期，第40－42页。

方式等三方面比较了中国古代版权保护与近代西方版权制度的异同，认为在先于1710年英国第一部版权法《安妮法》之前五百多年的宋代，我国就有了实质性的版权，且历代相沿，连绵不绝。朱明远发表了《略论版权观念在中国的形成》①，指出版权观念是社会进入一定阶段，为了防止他人窃取自己的精神生产成果（而创作）的产物。它形成的基础是发达的科学文化和繁荣的商业经济，其发展则依附于先进的知识载体和传播工具。他通过举证认为，版权观念在南宋时期已经形成，且几乎包含了现代版权思想的主要方面。1987年，郑成思先生在香港《中国专利与商标》上以连载的形式发表了《中外印刷出版与版权概念的沿革》②，总结性地阐述了印刷与版权的关系，认为我国版权的起源应追溯到宋代，而通行的版权保护制度则只能追溯到清末。以上两篇论文表明，中国学者已经意识到古代著作权的形成经历了一个由观念到制度的演变过程，而这个过程是与当时历史条件下的文化、经济及技术背景密切相连的，并自觉地将观念上的版权意识与实质性的版权制度作了客观的区分。此后仍有不少学者就这一问题继续展开讨论，但基本没超越这个范围。如潘铭燊《中国印刷版权的起源》③从印书商业化的角度，论证了南宋时期已出现版权的雏形；周宝荣《中国古代版权保护的源头》④也认为，宋代图书翻印禁令是我国古代著作权保护的源头。

第四，清末说。有的学者否认宋代就已出现版权保护，如吉少甫认为⑤，中国古代政府对书籍出版发行的管理，与当时的社会政治和时代风尚有关，大凡有利于“政教风化”的，即受到鼓励和提倡，凡不利或违碍“政教风化”的，则遭到封存、查禁或销毁。因此，宋代出现的图书翻印禁令，只是为了控制社会舆论。虽然个别出版物有了独占权的保护，但还说不上是现代意义的版权保护，而真正意义的版权制度直至晚清时才建立。

笔者发现，在已有的研究成果中，有相当大一部分都指向了中国古代著作权的起源问题，表明这一问题已引起国内学者的高度关注。但在具体认识上，人们又存在很大差异。究其原因，主要是依据的史料和评判的标

---

① 朱明远：《略论版权观念在中国的形成》，《编辑之友》1986年第1期，第88－102页。

② 郑成思：《中外印刷出版与版权概念的沿革》，中国版权研究会编《版权研究文选》，商务印书馆，1995，第109－139页。

③ 潘铭燊：《中国印刷版权的起源》，《出版发行研究》1989年第6期，第56－58页。

④ 周宝荣：《中国古代版权保护的源头》，《著作权》1993年第4期，第40页。

⑤ 吉少甫：《中国最早的版权制度》，《出版工作》1989年第2期，第82－87页；1989年第3期，第116－120页。

准不同。如有的从对精神权利的保护开始算起，有的从对财产权利的保护开始算起；有的以版权保护意识的出现为标准，有的以实际版权保护活动的出现为标准，还有的以版权保护制度的建立为标准。由于大家不在同一标准下对话，得出的结论也大相径庭。而在所有的观点当中，还是以“宋代说”的声音最为强大。不仅支持者众多，而且史料充分，言之凿凿。

与国内大多数学者将宋代确认为我国古代著作权的起源时期不同，国外学者发出了不同的声音。以美国哈佛大学法学院东亚法律研究中心安守廉（William P. Alford）教授为代表的西方学者直接否认了我国古代著作权的存在，而将自宋代以来就存在的官方打击盗版的行为看做是“帝国控制观念传播的努力”①。其理由主要有三：一是中国古代普遍建立了书籍出版前的审查制度，以阻止私人复制专属国家控制的科举教材和内容敏感或涉密的图书（主要是经书、历书、律书、国史、实录等），这些书籍中所包含的时间和人文对于沟通人类和自然世界非常重要，属于宫廷星相学的控制范畴。二是国家制止盗印没有相应的民事救济手段，相反却制定了严厉的刑罚措施，统治色彩浓厚。三是中国“信而好古”的政治文化观念没有发展出关于作品独创性的观念，也没有发展出智慧成果私有的权利。

对此，以郑成思为代表的国内知识产权学者进行了有力的反驳。郑先生并不否认古代中国确曾实施过“观念控制”，但他认为这与“有限的版权保护”并不是绝然排斥的。安守廉教授在引用史料上存在重大的形式逻辑错误，即一开始就把结论当做了出发点，故在论述中尽量避开了达不到既定终点的那些史料，如宋段昌武《丛桂毛诗集解》前“禁止翻版公据”等史料就未被引用，而“常转述的墨子、老子、荀子等古代哲学家的理论与中国古代是否有过版权保护毫不相干”②。同时，又把个别知识分子窃书自读的行径（当事人自认为“窃书不算偷”）和用于商业目的盗版行为混淆了。郑先生指出，不能认为没有民法就不存在民事权利，依刑法或行政法规、法令、敕令等，在古代和现代都产生过并持续产生着一定的民事权利。如中国在 1982 年商标法出台之前，“商标专用权”也仅仅是依刑法产生的。古代及今天的公法中产生私权的事实，古代“帝国控制”的主旨客观保护了某些私权的事实，是不应否认的。郑先生虽不曾断言中国古代存在过通行全国的版权制度，但他认为宋代确曾存在以禁令形式保护印刷出

① William P Alford. *To Steal a Book Is an Elegant Offense: Intellectual Property Law in Chinese Civilization*. Stanford, Calif.: Stanford University Press, 1995。

② 郑成思：《再论中国古代的版权保护》，《中国专利与商标》1996 年第 4 期，第 60－64 页。

版者（在个别场合也延及作者）的情况，而且此后的八百年始终没有改变（笔者按：明代禁令形式的保护似曾中止过一段时期）。

事实上，安氏所举以上三点理由并不是很充分。首先，反观中世纪以至近代西欧，罗马教会和世俗政权也建立了严密的图书审查制度，它们共同致力于“控制观念传播的努力”绝不亚于古代中国，但这并没有阻碍欧洲著作权制度的产生。而另一个事实是，中国明朝采取了一种比较开明的出版政策，基本取消了书籍出版前的审查登记程序。整个明代，无论是国史、官史、谏诤之辞，还是市井文字、小说艳曲，都可以由坊肆公然刊行。其次，如果国家政权的目的仅在于控制思想的传播，那它就不应只打击盗版翻印图书的行径，因为正版书的内容同样可以颠覆帝国的意识形态。再者，“信而好古”只是古代文人祖述六经时的一种尊重历史的态度（其实也是一种尊重前人知识劳动的态度），如果以此推断中国古代学者没有作品独创性的观念，则是极为武断的，完全不符合历史事实。

笔者以为，对中国古代著作权的起源要用历史和辨证的眼光来考察。实际上，中国古代著作权和其他任何事物一样，都不可能凭空产生，它总是基于一定的历史文化环境，有其内在的历史逻辑。从本书所举众多翔实的史料及各家研究成果来看，中国古代著作权经历了“著作权保护意识——著作权保护活动——著作权保护制度（包括法制）”的萌发和形成过程，其中任何一个环节都不能割裂，否则就成了无源之水、无本之木。纵然西方著作权观念和制度的输入促成了中国古代著作权的近代转型，但中国古代著作权本身内在完整的发展逻辑不应被忽略。

第二节　中国著作权发展的历史分期

在既有的承认中国古代存在著作权的基础上，不少学者继续展开了对中国著作权发展的历史分期的讨论。在现有的表述中，一般倾向于将中国著作权的发展历史划分为三个阶段，但在具体的分法上又有所区别，代表性的观点主要有以下几家。

金眉、张中秋将中国著作权立法史分为三个时期①。第一，萌芽时期：中国古代的著作权保护。他们将自宋代以来直至至鸦片战争期间出现的官府具状、禁止翻刻等各种著作权保护形式都归入这一时期。第二，现代著

① 金眉、张中秋：《中国著作权立法史述论》，《法学评论》1994 年第 2 期，第 79 - 83 页。

作权制度确立时期：清末民国的著作权立法。主要是指《大清著作权律》《北洋政府著作权法》《中华民国著作权法》的建立。第三，当代著作权制度完善期：中华人民共和国的著作权立法。这一划分方法实际上是简单照搬了史学界对中国古代、近现代和当代的一般划分方法，未能清晰地勾勒出中国著作权发展自身的规律和概貌。

赵奕则专门对中国古代版权保护的发展历史进行了划分[①]：第一，萌芽时期：春秋战国至隋唐。这一时期知识私有观念的萌发为版权思想的产生提供了条件，版权思想的萌芽主要表现在精神权利的三个方面：一是朦胧的署名权。春秋战国时期，诸子百家著作纷纷以“××子”署名著书立说，以表明自己的身份或立场，同时也表明自己对该作品付出了劳动并承担一切责任。这种署名方式与现代版权中的署名权非常相似。二是中国古人对剽窃表现出来的一贯的不屑态度。三是校勘书籍、雕刻石经客观上体现了对作者精神权利的保护。第二，幼稚时期：宋代至19世纪末。宋代以来雕版印刷术的普及促使图书生产成本降低，为图书出版商业化创造了条件。它在为出版商带来收益的同时，也促进了版权观念和版权保护的发展。在版权保护方式上，手段不断多样化，如由政府发给出版商公据，由官方向书业界发布禁镌榜文，由出版商自己在图书上刻印版权标记等。这一时期作者的版权思想已由萌芽趋于成熟，他们要求享受应有的精神及财产权利，请求政府用法律加以保护，这是中国出版史上版权观念的真正开始。第三，演变时期：19世纪末至1919年。鸦片战争后，清政府迫于整个社会形成的以保护作者为核心的版权立法的广泛呼声和舆论压力，于光绪年间宣布了对一些团体出版的图书施以版权保护，并于1910年颁布了中国第一部版权法——《大清著作权律》，完成了由古代版权保护向近代版权保护的过渡。这一划分实际上是从著作权中精神权利的保护算起，并将著作权观念纳入其中。其后，范开宏《中国古代的版权保护》[②]、周越等人的《试述我国古代、近代的版权保护》[③]，都沿袭了这一划分方式。

李明山借鉴1910年商务印书馆陶保霖先生对著作权保护史的划分，将

① 赵奕：《中国古代版权保护试论》，《图书馆杂志》1995年第3期，第58－59页。

② 范开宏：《中国古代的版权保护》，《山东图书馆季刊》1999年第3期，第116－117页。

③ 周越等：《试述我国古代、近代的版权保护》，《中华医学图书馆杂志》2001年第5期，第4－6页。

中国著作权的发展历史分为三个时期①：第一，封建特许时期。唐宋以来至清末《大清著作权律》的制定颁行以前，是中国版权制度的发生期，亦即版权保护的封建特许时期。这一时期，受版权保护的主体主要是出版人。版权保护的客体主要是图书。第二，版权权利时期。以《大清著作权律》的颁布为标志，中国版权史进入发展时期，亦即版权保护的版权权利时期。这一时期，版权保护的主体主要是作者，版权保护的客体也有所扩大，文艺、图画、帖本、照片、雕刻、模型等都包括在内。第三，世界权利时期。从1990年9月《中华人民共和国著作权法》颁布至次年6月生效，再到1992年9月国务院第105号令发布《实施国际著作权条约的规定》，是中国版权史的第三期，是中国版权保护制度的逐步完善期，亦即版权保护的世界权利时期。这一时期，中国版权保护已不局限于中国范围，开始多方面谋求与世界众多国家的统一的版权保护秩序。版权保护的主体从中国版权人，扩大到参加《伯尔尼保护文学和艺术作品公约》组织的所有成员国的版权人。版权保护的客体更加广泛，文学艺术作品，影、视、录像作品，工程设计，地图及计算机软件等包括在内。这种历史分期方法，是从实际的著作权保护活动开始算起，把现代著作权保护也纳入了其中，虽和传统的按社会性质类型进行历史分期的方法不同，但比较清晰地显示了著作权发展各个历史阶段的特点。

第三节　中国古代著作权观念的考察

从现有文献资料来看，最早将古代著作权观念单独拿出来考察的是1986年朱明远发表的《略论版权观念在中国的形成》② 一文，但从其内容来看，主要还是在谈宋代的版权保护活动。同年的稍后时间，孙建红发表同名文章，指出版权观念由来已久，“绝非因某一事件、某一法令，在某一时间一蹴而就的。版权观念在中国的形成经过了一个从萌芽状态发展到比较完善的过程，这一过程可概括为三个阶段：作者的精神权利得到承认；作者的经济权利得到承认；作者的版权受到侵犯得到法律保护。”③ 作者认为，春秋战国时期是版权观念形成的第一阶段，这一阶段作者只享有署名权等部分精神权利；两汉至隋唐五代时期是版权观念形成的第二阶段，作

① 周林、李明山：《中国版权史研究文献》，《关于中国版权历史的分期》，中国方正出版社，1999。

② 朱明远：《略论版权观念在中国的形成》，《编辑之友》1986年第1期，第88－102页。

③ 孙建红：《略论版权观念在中国的形成》，《法学杂志》1986年第6期，第31－32页。

者除了享有部分精神权利外，还能获得部分财产权利，比如“润笔”等。宋代以后，进入了版权观念形成的第三个阶段，开始从法令上保护作者及出版者的精神和财产权利，其标志就是宋段昌武《丛桂毛诗集解》前所附的“禁止翻版公据”及南宋刻本《东都事略》“已申上司，不许覆板”的牌记。

1987年，韩锡铎以连载的形式在《中国出版》上发表《我国古代版权观念述略》，认为我国古代版权观念是从维护著者的精神权利和财产权利开始的。汉代熹平石经的校刊从恢复古书原貌，使原意不被歪曲的角度来看，客观上体现了对著者精神权利的维护。唐文宗颁布的禁止私人刷印历书的诏书，以及北宋时期的“禁擅镌”令，都体现了一种原始的版权观念。作者最后认为：“我国最晚在南宋时已有了版权观念，且内容相当丰富：首先，承认著者自己编写的书和整理注释前人的书都是著作，是辛勤劳动的产物，应受到尊重；其次，著作出版之后，在一定时期内享有他人不应侵犯的权利，这个时期的长短虽然没有规定，但翻刻前人的书不受限制，说明已是有时间概念的；第三，著者的权利包括精神方面的权利和经济方面的权利（通过出版者体现）；第四，政府出面发文告保护版权，如有违禁者，允许著者追究，严加惩治，已是法的体现；第五，文告在有关地方张挂，使之被大众知晓。这样的版权观念和今天的版权观念已没有多大差异。”①

但也有学者对以上观点持有异议，如杨屹东撰文②认为，中国古人确实存在一定程度的版权意识，出现过一些自发的、个别的维护版权的行为，但并没有形成系统的版权体系。理由是：首先，不能将封建王朝对书籍刊刻、传播的限制视为版权保护。其次，作者的署名权不能等同于版权。认为版权起源于春秋战国的观点即混淆了这两种概念。再次，宋代关于版权保护的文字记录只是个别事件，没有成为惯例。最后，中国近现代的版权法律源于西方的“舶来品”。中国古代法制文明同样高度发达，但不论是堪称完备的《唐律》，还是其后的《宋律》《大明律》《大清律例》都没有版权保护的相关规定。作者通过对古代版权意识与现代版权保护制度的比较，得出中国古代并不存在真正意义上的版权保护的结论。

---

① 韩锡铎：《我国古代版权观念述略》，《中国出版》1987年第7期，第104－108页；1987年第8期，第107－111页。

② 杨屹东：《中国古代版权意识与现代版权制度辨析》，《图书馆学研究》2006年第1期，第100－101页。

与有的学者坚持认为著作权观念是西方“舶来品”不同，吴汉东发表《关于中国著作权法观念的历史思考》[①] 认为，在中国四千多年的法律文化史中，文学产权——版权——著作权的思想是辗转相承、循环往复的。他从中国传统文化的角度，以文献传播技术发展为历史线索，探讨了著作权观念的演变和进化。从“无传播也就无权利”的著作权学界的通说出发，吴先生大致将著作权观念的发展分为四个时期。第一，“朦胧的法意识”时期。从春秋战国至隋唐时期，先进的造纸术的问世和图书市场的形成为中国著作权观念的萌发提供了母土。在著书（创作）——抄书（复制）——卖书（传播）的活动中，古代士人在其作品的财产权利得到承认以前，已率先察觉到其所拥有的精神权利：其一，作品署名权利观念的朦胧；其二，作者身份权利意识的萌动。作者将这两者称为“朦胧的法意识”，并对这种“幼稚的权利意识”只拘泥于精神领域，而没有涉及经济内容作了深入分析。第二，“权利者的抗争”时期。从宋代毕昇活字印刷术发明以后，封建文化得到了高度发展，作品的传播方式也发生了很大变化。官方集收集、整理、编纂、利用于一身，私家合收书、校书、刻书、藏书为一体。各种书籍，不论是翻刻古人的，还是出版今人的，都开始大量出现，利益所在，刻家甚多；竞争之中，矛盾迭生，从而激发了作者、出版者的权利抗争和保护渴求。这种排他的知识财产观念具有三个特点：其一，以不许翻印为内容，提出出版者独享专有权的要求；其二，以寻求特许或讼争为途径，保护其专有权利的行使；其三，以维护作者声誉、读者利益为目的，呼吁尊重作品的完整权。作者认为，专有出版的权利要求是近代著作权观念的先声，特许权制度的存在与著作权制度的产生具有历史的连接意义。第三，“走出铁幕”时期。鸦片战争后，西方法律文化和著作权观念的输入，使得中国的作者、出版者的著作权观念迅速复苏并走向成熟，最终促使清政府出台了《大清著作权律》。第四，“历史的反思”期。这属于现代意义的著作权范畴，本文不予详细讨论。

也有学者专就某一朝代的著作权观念做了断代研究，如徐枫撰文[②]对宋代版权意识的形成和特征作了探讨。他认为：版权意识只能存在并发展于出版业中，宋代发达的出版事业促使了版权意识的觉醒，出现了最初对书籍采取保护版本独占权的措施。宋代的版权意识最初只是体现在官方

---

① 吴汉东：《关于中国著作权法观念的历史思考》，《法商研究》1995 年第 3 期，第 44 - 49 页。

② 徐枫：《论宋代版权意识的形成和特征》，《南京大学学报（哲社版）》1999 年第 3 期，第 151 - 156 页。

“出版权”上，其性质并不等同于现代意义上的版权或著作权。随着出版事业的发展，渐渐出现了含有民间保护意义的“出版权”“翻印权”，并进而有了初步的“版权”意识。宋代的版权意识虽然只是一种著作权、出版权保护的雏形，但从封建特许权发展到著作权，从封建君主对出版权的控制发展到民间出版业的“出版权”“翻印权”，无疑是一种历史的进步，代表着中国版权法发展的方向。李曙豪《中国明代的版权意识》[①] 则从三个方面探讨了明代版权意识的特点：第一，从封建统治层面来讲，明代中前期通过禁书来巩固统治，禁锢了思想的传播，给版权观念造成了很大的打击；第二，从学术层面来讲，明代以胡应麟为代表的辨伪学的发展，通过辨伪还原了不少作品的真实作者身份，遏制了践踏著作权的行为，对版权观念的发展具有积极贡献；第三，从出版层面来看，民间作者、编者、出版者的维权行为促进了版权观念的发展。前文所述韩锡铎将校勘纳入维护作者精神权利的方法，此文又将辨伪当做影响古代著作权观念的要素，在研究视野上均有一定的新意。

此外，有学者探讨了古代科技的发展与著作权观念的关系，如刘青发表《我国古代科技进步对版权思想萌芽的促成作用》[②] 一文，特别指出纸张、雕版印刷术及活字印刷术的发明对古代著作权思想的萌芽和发展所起的推动作用。也有学者从经济关系的角度分析了古代著作权观念的形成，如张艺凡《“润笔”与宋代文人价值观的转变》[③]，分析了宋代商品经济的发展促使士人价值观更趋于实用主义，重商言利已不是什么丢人的事，反映到“润笔”中，就是“润笔”形式更加规范化、制度化和商品化。这对于养成知识分子重视保护著作权中财产权利的意识无疑是有积极意义的。还有学者研究了历代文人著述观念的变化，以期从中找到它与古代著作权观念发生、发展的千丝万缕的联系。如陈静《先秦至魏晋文人著述观念的变化》[④] 认为，先秦至魏晋时期是中国古代文人著述观念发生重大变化的时期。在这一千多年的历程中，著述由最初的奉王命而作发展到从属于“立德”“立功”，进而演变为与事功相提并论，最后成为一项独立的文化

---

① 李曙豪：《中国明代的版权意识》，《出版史料》2010 年第 2 期，第 78－81 页。

② 刘青：《我国古代科技进步对版权思想萌芽的促成作用》，《科技与出版》2002 年第 3 期，第 38－39 页。

③ 张艺凡：《“润笔”与宋代文人价值观的转变》，《十堰职业技术学院学报》2009 年第 2 期，第 84－86 页。

④ 陈静：《先秦至魏晋文人著述观念的变化》，《首都师范大学学报（社科版）》2005 年第 2 期。

事业。这一发展历程既是知识私有化的过程，也是知识分子人格逐渐独立的过程，它为古代著作权观念的产生奠定了基础。李明杰、周亚接着发表了《宋元明清时期文人著述观念的嬗变》[①] 一文，着重探讨了儒家价值观对宋元明清时期文人著述观念的影响。作者通过举证大量史料认为：宋代理学盛行，儒家价值观对宋人的著述观念影响至深，具体则表现为积极主动的创新意识、精品意识和名誉意识。到了明代，阳明之学盛行，空谈心性，不重实学，必然导致著述内容空疏，再加上商品经济的发展和商业意识的影响，表现在著述观念上，便是对“义”的轻视丧乱与对“利”的畸形追逐。入清以后，顾炎武、黄宗羲等大儒提倡经世致用之学，加上他们在学界的影响力，对有清一代形成良好的著述风气、树立积极的著述观念起到了良好的示范作用。而古代著述观念对于早期著作权意识的形成具有两面性的作用：一方面，对于个人声誉的珍视和作品原创性的追求，有利于催生作者对个人精神权利的保护意识；另一方面，重义轻利的儒家价值观不利于养成著作权中的财产权利保护意识。

以上研究从深层次的观念入手，极大地拓宽了中国古代著作权研究的思路，将著作权这一法律问题提升到了一个更高的历史文化层面。这对于研究古代著作权观念、著作权保护活动及著作权保护制度之间的内在逻辑关系具有重要的参考价值。

第四节　中外著作权法制史的比较研究

在有了一定的研究成果的积累之后，不少学者开始以一种更加开阔的视野对中外著作权法制史做比较研究。早期的如郑成思先生发表的《中外印刷出版与版权概念的沿革》[②] 一文，对中外印刷术产生及应用过程中各种版权术语、版权观念进行了比较分析，认为我国最早在宋代就出现了以禁令形式保护印刷出版者（在个别场合也延及作者）的版权保护活动。

从目前来看，中外著作权法制史的比较多集中在中国与欧美国家之间。如何铁山、苏惠比较了中美著作权法制史的主要差异[③]，认为中国虽是最

---

① 李明杰、周亚：《宋元明清时期文人著述观念的嬗变》，《出版科学》2011 年第 3 期，第 60 - 67 页。

② 郑成思：《中外印刷出版与版权概念的沿革》，中国版权研究会编《版权研究文选》，商务印书馆，1995，第 109 - 139 页。

③ 何铁山，苏惠：《中美著作权法制史的差异及探源》，《中南工业大学学报（社科版）》2001 年第 1 期，第 88 - 90 页。

早萌生著作权的国家，但正式成法的历史极短且著作权法更替频繁；美国虽历史不长，但建国伊始就制定了著作权法来保护有关创作的权利。作者认为，产生这些差异的原因在于两国经济环境、文化环境、权利观念的不同，以及两国著作权观念导入途径的不同：第一，在经济环境方面，两国对待商业的态度不同。中国千百年来深受儒家思想的影响，对商业的轻视在中国社会根深蒂固。古代文人墨客信奉“文章不为粮稻谋”的古训，皆耻于把赋诗、作文、绘画等风雅之事与经济利益挂钩。而18世纪的美国人曾被评论为人类从事经济活动的“最好榜样”。在他们的心目中，精神劳动产品就是个人的私有财产，且这种财产为创造者本人所特有。第二，在文化环境方面，中国独特的地理位置及长期占据主导地位的自给自足的小农经济，使国民养成了一种封闭的文化心态。虽然宋代就开始出现“牌记”“出版告示”等现代著作权制度的萌芽，但这种地方性的个别现象始终没有发展为全国性的统一制度。而美国作为一个移民国家，本身就是一个“文化的大熔炉”，易于接受外来文化特别是外国的优秀法律文化成果。作为曾经的英属殖民地，它当然也很自然地接受了来自英国的著作权法观念。第三，在权利观念方面，中国古代社会固有的宗法组织、小农经济、皇权统治等混合而成的传统文化土壤，是人们权利意识淡薄的主要根由。而美国在独立后创建起来的近代文化中，几乎不包含任何封建因素。美国文化中这种“个人主义、自由主义”的底蕴，决定了美国作家能够坚持探索由创作而拥有的权利，并不懈地以抗争来获取它。第四，在著作权导入方式上，中国现代意义的著作权观念纯属西方“舶来品”，是战争、经济与文化征服的产物，是被动接受的方式。而对于新兴的美国而言，自它诞生之日起，现代著作权观念就是其法律文化的组成部分。它不像中国那样，还存在外来的与传统的法律文化之间的“剧烈冲突——半接受——接受——融合——新生”的曲折过程。

徐言则对中英两国早期版权保护做了比较研究①。他指出，英国版权保护遵从了从习惯法、普通法保护到“特权法”保护，再到“版权法”保护的发展规律。而以出版商为中心的“特权法”发展到以作者权利为中心的“版权法”的过程，正是作者作为契约主体从被动到主动的转换过程。随着身份社会向契约社会的嬗变，英国版权保护的目的也发生了质的变化，从维护政治统治转向促进社会经济文化的发展，最终实现了版权法的根本

① 徐言：《中英两国早期版权保护的比较研究》，郑胜利主编《北大知识产权评论（第2卷）》，法律出版社，2004，第181-202页。

转变。而在对中国古代版权历史的阐述中，他对中国版权保护的历史始于宋代的说法提出了质疑，认为这实际上是混淆了版权历史与复制权历史的结果。他认为，虽然中国存在版权保护的历史，但对中国文化发展、繁荣起决定作用的并不是保护版权的法律制度，而是科举制度。这一论点倒是发前人所未发。

也有学者将中国古代著作权保护与现代著作权法做了纵向比较，如冯念华《我国宋代版权保护与现代版权法的比较》① 一文认为，我国宋代的版权保护已经孕育了现代版权保护法的许多因素，其在版权标记、版权归属、版权转让、版权合同和许可等方面已经十分类似于现代版权法。但由于时代的局限，宋代版权保护未能涉及版权的有效期限和地域性问题。作者最后指出，宋代频繁的盗版问题是部分著作权人申请版权保护的直接诱因。

以上横向或纵向的比较研究方法的应用，为认识中国古代著作权的发展历史提供了一条可供参照的新思路。它促使学者们自觉地从本民族历史传统出发，在具体的经济、文化、科技、观念等社会环境下来审视中国古代著作权的孕育和发展道路。

第五节 中国古代未能产生成文著作权法的原因分析

从现有文献来看，绝大多数学者都认同中国古代存在著作权保护，且历史悠久。但“至于这种保护为什么没有发展成为英国18世纪的那种‘版权法’，确实是个可以深入研究的问题”，郑成思认为，“中国古代的版权保护没有发展起来，乃至知识产权制度未曾发展起来（更进一步可以说，其保护私权的整个民事法律制度没有发展起来），是与其商品经济的不发展直接关联的。可以说，这后一种‘不发展’是前一种‘不发展’的主要和直接的原因。而这二者的不发展，又都与中国宋代之后，生产力的发展开始停滞，至清代已远远落后于西方这一总的事实相联系。”②

与郑成思将之归咎于中国古代商品经济的不发达不同，吴汉东则更多地是从文化心态和思维模式上找原因。他说：“其社会原因是多方面的，

① 冯念华：《我国宋代版权保护与现代版权法的比较》，《图书馆工作与研究》2005年第1期，第24－26页。

② 郑成思：《再论中国古代的版权保护》，《中国专利与商标》1996年第4期，第60－64页。

其中传统的文化心态和思维模式就是一个重要的障碍性因素。”① 它包括权利观念的极端淡化、创作活动的传统价值取向、定纷止争的人伦化风气等。在权利观念上，中国的传统是习惯将国家权利置于庶民权利之上，前者高于一切重于一切，而没有西方那种与生俱来的超自然的和绝对的权利观念，也没有西方那种以个人为本位、无身份差别的私有财产观念。在创作活动的价值取向上，中国古代文人习惯将精神产品的创作看做格物、致知、诚意、正心、修身、齐家、治国、平天下的一种自我修养的过程，因而缺少知识商品化意识，对精神产品的财产价值更是缺乏科学的评价。在处理相关纠纷时，中国古代习惯把“礼”作为调和人际关系的最佳方式。它既是立法和司法的指导思想，又是人们日常生活的行为准则。

朱健《历史记忆与重新阐释——近代中国著作权观念的发生》也从中国传统文化不注重个性及缺乏私权观念的特点，分析了中国古代著作权保护观念未能发展为近代著作权保护制度的原因：“中国传统文化是以集体为本位的文化，不注重个体人格的发育，个人必须依附于家庭或者国家才能彰显自己存在的意义，个人的意志也只有在群体关系中才能显现出来，所以个人就成为集体的附属物，没有独立的人格，当然也就无法主张自己的权利。中国古代社会的私权观念极不发达，‘普天之下，莫非王土；率土之滨，莫非王臣’，国家和社会之间缺乏必要的分野，国家权力空前强大造成有限的私有财产也得不到尊重，而著作权作为私权是和私有观念的发达和私有财产的充分保护相联系的，正因为古代中国不具备这样的社会条件，所以古代中国的著作权保护观念最后也没能发展成为近代的著作权保护制度。”②

从史料发现来看，宋代的著作权保护已经达到了较高的水平。但在历经元、明、清三朝之后，著作权保护无论是在形式上还是司法实践上，都没有超越宋代。为什么同一水平的著作权保护现象在我国停滞不前了800多年呢？冯念华③认为这和中国封建社会特定的政治和思想文化有密切关系。从政治统治来看，无论从封建政府颁发的禁止民间擅自刻印历法的法令，还是禁止私人和书坊主不经允许翻刻他人出版物的告示来看，封建政

① 吴汉东：《关于中国著作权法观念的历史思考》，《法商研究》1995年第3期，第44－49页。

② 朱健：《历史记忆与重新阐释——近代中国著作权观念的发生》，《福建论坛》2005年第9期，第69－73页。

③ 冯念华：《元明清时期我国书籍的版权保护》，《大学图书馆学报》2007年第6期，第41－47页。

府对于在保护著作者的权益和裨益于社会进步之间寻求平衡的意愿，都处于一种无意识状态。然而，封建政府通过种种措施维护和加强自己封建统治的行为却是自始至终存在的。这在形式上体现为对国家公权力的强调和对民间私权利的轻视。从思想观念来看，我国传统士人从整体上受儒学，特别是受儒学中摒弃个人私利、维护国家民族利益的思想影响深刻。囿于各种客观原因，“立言”成为士人追求“不朽”最为可行的途径。著述和阐发传统圣人之道，是士人义不容辞的责任，追求报酬和版权利益就变得令人难以启齿。受儒家思想教育的士人，在维护国家和民族利益时表现出的献身精神是无可非议的，但也不应忽视他们对著作者著作权益的漠视所形成的社会和文化氛围，以及随之而来对全国性著作权成文法产生带来的消极和阻碍作用。因此，自宋至清的整个封建社会无论是从社会机制，还是从人文环境来说，都缺乏全国性著作权成文法产生的土壤。这是我国古代版权保护活动长期停滞不前的根本原因。

相对以上分析来讲，杨利华《中国古代著作权保护及其成因探析》① 对中国古代社会缺乏完整的著作权法律制度的原因分析得更为周全一些。他认为，著作权制度形成的基础是发达的科学文化和繁荣的商品经济，其发展则依附于先进的知识载体和传播工具。从著作权制度的成因来看，中国并不是没有先进的传播作品的方式方法，恰恰相反，在很长的时间里中国在知识载体和先进传播工具发展方面处于领先地位。中国著作权制度未能在封建社会发展起来，根本的原因就在于缺乏商品经济土壤，导致著作商品化交易市场发展不充分，著作权人难以通过利用、许可和转让自己的作品来获得经济收益。此外，中国几千年来的封建社会形成的特有传统文化包括法律文化，以及封建社会长期实行的文化钳制政策，也是朦胧、粗朴的著作权保护最终没有结出作者权利之果实、封建特许权制度最终没有发育成为现代的成文著作权制度的重要原因。因此，他将上述原因归结为五个方面：第一，封建统治者的文化钳制政策阻碍了著作权制度的发育；第二，在中国商品经济未发育成型的环境中，作者和出版者没有对作品的财产属性和商品性质的认识；第三，中国特有的传统文化形成的义务本位观，使作者的权利观念特别是财产权利观念没有得到充分的发展；第四，中国传统文化形成的哲学观念（主要是儒家思想）也阻碍着人们的著作权利思想产生；第五，中国传统法律文化中的无讼思想阻碍了人们对于著作

---

① 杨利华：《中国古代著作权保护及其成因探析》，《金陵法律评论》2004（秋季卷），第38－48页。

权的主张。其后，盛春生、徐方桥[①]也将我国古代没有产生著作权制度的原因归结为长期的自给自足的自然经济、封建专制的高度集权、儒家文化的影响三大方面，基本没有超出前人论述的范畴。

除了以上五个专题性质的研究主题之外，还有一大批对中国古代著作权作一般概述性或理论性研究的成果，它们多从宏观或理论上综合论述中国古代著作权产生、发展的一般规律和特点，比较有代表性的论文有金眉、张中秋的《中国著作权立法史述论》[②]，郑成思《再论中国古代的版权保护》[③]、曹之《中国古代著作权考略》[④]、周林《中国版权史研究的几个问题》[⑤]、张玉敏及李雨峰的《中国版权史纲》[⑥]、李雨峰《思想控制与权利保护——中国版权法的历史演变》[⑦] 等。也有学者专门针对某一朝代的著作权保护状况做了研究，如周宝荣《宋代的版权保护》[⑧]、祝尚书《论宋代的图书盗版与版权保护》[⑨]、冯念华《盗版对宋代版权保护现象的影响》[⑩]及《元明清时期我国书籍的版权保护》[⑪]、姚琦《清末著作权立法初探》[⑫]等。看得出来，学者们对宋代比较情有独钟。这也说明宋代的确是我国古代著作权保护非常具有典型性的一个时期。另外，一些并不直接研究古代著作权问题，但又与古代著作权问题密切相关的论文也值得关注，如周宝荣《宋代打击非法出版活动述论》[⑬]、张志强和曹炳生的《中国古代的非法

① 盛春生、徐方桥：《浅谈中国古代为什么没有版权法》，《法制与社会》2006 年第 11 期，第 91－92 页。

② 金眉、张中秋：《中国著作权立法史述论》，《法学评论》1994 年第 2 期，第 79－83 页。

③ 郑成思：《再论中国古代的版权保护》，《中国专利与商标》1996 年第 4 期，第 60－64 页。

④ 曹之：《中国古代著作权考略》，《图书与情报》1998 年第 3 期，第 35－38 页。

⑤ 周林：《中国版权史研究的几个问题》，《知识产权》1999 年第 6 期，第 23－26 页。

⑥ 张玉敏、李雨峰：《中国版权史纲》，《知识产权研究》2004 年第 1 期，第 42－47 页。

⑦ 李雨峰：《思想控制与权利保护——中国版权法的历史演变》（学位论文），西南政法大学，2003。

⑧ 周宝荣：《宋代的版权保护》，《编辑之友》1994 年第 1 期，第 72－75 页。

⑨ 祝尚书：《论宋代的图书盗版与版权保护》，《文献》2000 年第 1 期，，第 77－87 页。

⑩ 冯念华：《盗版对宋代版权保护现象的影响》，《图书馆工作与研究》2006 年第 3 期，第 63－65 页。

⑪ 冯念华：《元明清时期我国书籍的版权保护》，《大学图书馆学报》2007 年第 6 期，第 41－47 页。

⑫ 姚琦：《清末著作权立法初探》，《青海师范大学学报（哲社版）》1996 年第 4 期，第 57－61 页。

⑬ 周宝荣：《宋代打击非法出版活动述论》，《编辑之友》1994 年第 3 期，第 63－69 页。

出版活动及其治理对策》[①]、徐枫和朱绍秦的《宋代对出版传播的管理和控制》[②]、郭孟良《论宋代的出版管理》[③]、李明山《清末著作权律出台前的民间反盗版活动》[④]、王海刚《宋代出版管理述略》[⑤] 等。特别值得一提的是，有的学者还做了嘉惠学林的古代著作权史料的收集整理工作，如林辰《宋代的版权史料》[⑥]、周林和李明山的《中国版权史研究文献》[⑦] 等，这些都为后来研究者奠定了较好的基础。

---

① 张志强、曹炳生：《中国古代的非法出版活动及其治理对策》，《编辑之友》1998 年第 4 期，第 60 －63 页。

② 徐枫、朱绍秦：《宋代对出版传播的管理和控制》，《新闻与传播研究》1999 年第 3 期，第 86 －97 页。

③ 郭孟良：《论宋代的出版管理》，《中州学刊》2000 年第 6 期，第 159 －164 页。

④ 李明山：《清末著作权律出台前的民间反盗版活动》，《出版发行研究》2001 年第 10 期，第 78 页。

⑤ 王海刚：《宋代出版管理述略》，《中国出版》2007 年第 8 期，第 50 －53 页。

⑥ 林辰：《宋代的版权史料》，《中国图书评论》2002 年第 9 期，第 46 页。

⑦ 周林、李明山：《中国版权史研究文献》，中国方正出版社，1999。

第二章　中国古代图书的署名

探讨中国古代图书著作权的发生过程，不可避免地要涉及中国古代图书的署名问题。署名权是指作者在自己创作的作品及其复制件上标记姓名的权利，表明了作者与作品之间的权属关系，是著作权中的一项重要的精神权利。中国古代图书最初是不署名的，这与西周以前官守其书、文化知识统于王官的局面有很大关系。但春秋以后，随着奴隶制的解体及封建生产关系的逐渐形成，私人著述与知识私有观念开始出现，由此萌生了中国古代图书早期的书名署名形式，并在汉晋以后发展成为比较规范的卷端署名形式。由于作者署名通常是与著述方式连署的，因此在对作者姓名进行题署的同时，也对作品的著述方式作了进一步的细分和规范。

第一节　中国古代早期图书不署名的通例

早在西周以前，图书管理主要集中于王官（巫史集团）。他们垄断了整个国家的文化创制和传播活动，并只对君王负责。在这种情况下，不可能有私人性质的著述活动和属于个人的作品产生，也就当然不存在作品署名的问题。

一　私家著述的产生

我国早在夏代就已经产生了图书。理由有三：一是夏代已经有了文字，为图书的产生提供了记录符号。二是夏代已有史官。《吕氏春秋·先识览》载："夏太史令终古出其图法，执而泣之。夏桀迷惑，暴乱愈甚。太史令终古乃出奔如商。"① 可见终古为夏桀时的史官。所谓图法，即君主安邦治国的典籍和文书。三是文献多有记载。据《国语·晋语四》载："阳人有夏、商之嗣典，有周室之师旅，樊仲之官守焉。"② 嗣典，即谱牒之类的图书。另据《礼记·礼运》："我欲观夏道，是故之杞，而不足征也。吾得《夏

① 吕不韦著，高诱注《吕氏春秋》，中华书局，1954，第179页。

② 左丘明著，鲍思陶点校《国语》，齐鲁书社，2005，第183页。

时》焉。"[①] 这里的《夏时》当是夏代文献之一。《尚书·多士》中有这样一段话："惟尔知，惟殷先人，有册有典，殷革夏命。"[②] 以往的图书史著作常把"先人"理解为殷人，以此作为商代已有图书的证据。其实，"先人"作另一种解释也是讲得通的，即指"殷"的先人——夏代人。因此这段记载抑或可作夏代已经"有册有典"的证据。《史记》和《竹书纪年》都载有夏代帝王的世系表，尽管两者不尽相同，但大同小异。这说明两者是以同一份原始文献记录为依据的。殷墟甲骨文发现后，王国维根据卜辞中殷商的先公先王世系考证出《史记》中的《三代世表》是"信史"。这至少说明，在夏代已有谱牒之类的图书。否则，仅靠口耳相传，夏代帝王世系不可能记得如此清晰明确。

早期的图书与档案是一体的。从夏、商至西周时期，执掌图书编写、收藏、利用的权力主要集中在史官手里，如前文提到的夏桀时期的"太史令终古"，殷商时期甲骨文中提到的"作册""史""尹"等。从已发掘的殷墟卜辞来看，商王的一切活动，包括战争、祭祀、田猎、农事、官员任免、吉凶预测等，都要向上天卜问，几乎是每天必卜，每事必卜，而负责占卜活动的就是这类史官，这一时期的图书主要是档案性质的，多为卜辞及帝王言行的记录。商王之下最高的执政官，就是那些身兼数职的巫史。周代的史官，名目渐繁，职掌渐细。据《周礼·春官》载，周王室有所谓五史：大史、小史、内史、外史、御史等，其时史官仍多与巫官并提，属同一系统。巫史集团不仅掌握着直接与神事有关的占卜、祭祀的大权，而且承担起掌管宫廷文书和记事之职，并由此垄断了王朝图籍的编纂及知识的生产、传播活动。在这种情况下，私人是不可能有著述的。正如清人章学诚所言："古未尝有著述之事也，官师守其典章，史臣录其职载。文字之道，百官以之治，而万民以之察，而其用已备矣。是故圣王书同文以平天下，未有不用之于政教典章，而以文字为一人之著述者也。"[③] 在这个政教合一、法具于官、官守其书、以吏为师的时代，文化知识统于王官，天下无私门著述文字。所以余嘉锡先生说："是则春秋以前，并无私人著作，其传于后世者，皆当时之官书也。"[④]

这种状况在春秋时期发生了某些变化。周平王东迁洛邑以后，王室日渐式微，史官大量流向诸侯国。《左传·昭公十五年》："及辛有之二子董

① 孙希旦撰，沈啸寰、王星贤点校《礼记集解》，中华书局，1989，第585页。

② 王世尧：《尚书译注》，四川人民出版社，1982，第209页。

③ 章学诚：《文史通义》第1卷，《诗教上》，中华书局，1985，第62页。

④ 余嘉锡：《古书通例》，上海古籍出版社，1985，第27页。

之晋，于是乎有董史。”[①] 辛有是周平王时的大史，他的子孙就有一支流散到晋国做了史官。在先秦文献中，常可以看到春秋时各诸侯国史官忠于职守的记载，著名者如晋国的董狐直书大臣“赵盾弑其君”事。春秋中晚期后，随着诸侯国政权重心的下移，诸侯的史官又开始流入卿大夫家，如《国语・晋语九》：“赵简子田于蝼，史黯闻之，以犬待于门。”韦昭注云：“史黯，晋大夫史墨，时为简子史。”[②]《仪礼》记载诸侯国卿大夫家，多有史官行祭祀、卜筮、文书、典礼等职事，应是春秋中晚期卿大夫家史官兴起的如实反映。史官流入卿大夫家，出现了所谓“天子失官，学在四夷”的局面，这为知识私有观念的萌发创造了条件。

另一方面，由于诸侯国势力迅速发展壮大，“私田”开始出现，奴隶制开始纷崩瓦解。这种生产关系的改变，也带来了社会结构和人们思想意识的变化。由没落贵族的知识分子、小私有者上升起来的知识分子组成的“士”的阶层开始出现。他们有一定的知识和文化，又迫切要求参与政治活动。而各诸侯为了巩固自己的地位，往往也通过招揽宾客的方式将之聚集在自己门下，于是学术活动逐渐下移民间，私人著述与藏书开始出现。公元前549年，鲁国的叔孙豹出使晋国，与范宣子讨论何谓“不朽”时说：“大上有立德，其次有立功，其次有立言，虽久不废，此之谓不朽。”[③] 作为实例，叔孙豹还提到了鲁国的臧文仲，说他死后言论仍在各诸侯国流传。这里所谓的“立言”，也就是著述。这个例子说明民间私人著述活动已经出现了。孔子之前就早已流传的《易》《书》《诗》《礼》《乐》《春秋》等，有的就是民间私人的作品，如《诗》中的国风；有的虽为史官所作，但已在民间广为流传，如《书》《春秋》等。《史记》中亦有关于老子著述活动的记载。老子（老聃，一说姓李名耳），周守藏室之史，“居周久之，见周之衰，乃遂去。至关，关令尹喜曰：‘子将隐矣，强为我著书。’于是老子乃著书上下篇，言道德之意五千余言而去”[④]。

继春秋诸侯争霸后，战国群雄并起，社会动荡不安。在这样一个“邦无定交，士无定主”的时代，各种社会思潮和学术思想也如星聚云涌。各家学派出秦入楚，游走于诸侯之间，并相互诘难辩论，形成了百家争鸣的局面。春秋末战国初形成了以孔丘的儒家、墨翟的墨家、李耳的道家为中心的三大思想流派；战国中期以后有儒家的孟子、荀子，道家的尹文子、

① 左丘明著，洪亮吉传诂《春秋左传诂》，中华书局，1987，第721页。
② 左丘明著，鲍思陶点校《国语》，齐鲁书社，2005，第243页。
③ 左丘明著，朱宏达、李南晖直解《春秋直解》，浙江文艺出版社，2000，第536页。
④ 司马迁：《史记》第63卷，《老子韩非列传》，中华书局，1959，第2141页。

庄子，法家的商鞅、韩非子，名家的公孙龙、惠施，阴阳家的邹衍，兵家的孙武、孙膑等。他们为了宣扬和传播自己的学术思想，除了游说诸侯和聚徒讲学之外，著述也是一大主要途径，正如《史记》所言："是时诸侯多辩士，如荀卿之徒，著书布天下。"[①] 荀卿，名况，卿是他的字，《史记》称他"嫉浊世之政，亡国乱君相属，不遂大道而营于巫祝，信机祥，鄙儒小拘，如庄周等又猾稽乱俗，于是推儒、墨、道德之行事兴坏，序列著数万言而卒。"[②]《史记》中还有很多先秦诸子从事著述活动的记载，如《孔子世家》记子思困于宋而作《中庸》。《孟子列传》称"天下方务于合从连衡，以攻伐为贤，而孟轲乃述唐、虞、三代之德，是以所如者不合。退而与万章之徒序《诗》《书》，述仲尼之意，作《孟子》七篇。"[③]《庄子列传》载庄子"其学无所不窥，然其要本归于老子之言。故其著书十余万言，大抵率寓言也"[④]。《太史公自序》还历数了周文王、孔子、屈原、左丘明、孙子、吕不韦等圣贤著书的情况："昔西伯拘羑里，演《周易》；孔子厄陈蔡，作《春秋》；屈原放逐，著《离骚》；左丘失明，厥有《国语》；孙子膑脚，而论兵法；不韦迁蜀，世传《吕览》；韩非囚秦，《说难》《孤愤》；《诗》三百篇，大抵贤圣发愤之所为作也。"[⑤]

据《汉书·艺文志》"诸子略"著录，儒家、道家、阴阳家、法家、墨家、纵横家、杂家、农家、小说家等10家共有著作189种、4342篇，其中大部分为战国时期的著述，如《论语》《孟子》《荀子》《老子》《庄子》《墨子》《韩非子》《管子》《晏子》《孙卿子》等。由于私人著述活动的兴起，民间藏书也丰富起来，如墨子就是一位藏书家，据《墨子·贵义》载："子墨子南游使卫，关中载书甚多。"[⑥] 同一时期的藏书家惠施藏书比墨子还多，"惠施多方，其书五车"（《庄子·天下篇》）。苏秦"乃夜发书，陈箧数十"（《战国策·秦策一》），可见他平时藏书也是很多的。私人著述与藏书活动是互动的，它们的出现，为古代著作权意识的萌发提供了必要的社会环境。

---

① 司马迁：《史记》第85卷，《吕不韦列传》，中华书局，1959，第2510页。
② 司马迁：《史记》第74卷，《孟子荀卿列传》，中华书局，1959，第2348页。
③ 司马迁：《史记》第74卷，《孟子荀卿列传》，中华书局，1959，第2343页。
④ 司马迁：《史记》第63卷，《老子韩非列传》，中华书局，1959，第2143页。
⑤ 司马迁：《史记》第130卷，《太史公自序》，中华书局，1959，第3300页。
⑥ 墨翟著，苏凤捷、程梅花注说《墨子》，河南大学出版社，2008，第362页。

二　先秦著作不署名的风气

中国古代的早期著作是不署名的，这与当时的社会文化背景有密切关系。在西周以前的史官文化下，政教不分、官师一体，图籍典册都是奉王命而作，故《尚书》中有“王命作册”“命作册度”等语，所撰著的作品只能成为官书，不能隶属己有。在这种环境里，既无私家著述，个人亦没有将作品视为己有的想法。春秋战国以后，史官文化被打破，伴随着私学的兴起，百家争鸣的局面逐步形成。如叔孙豹所言，这一时期的知识分子坚持以“立德、立功、立言”作为自己的基本价值取向，以著述而追求“立言”之不朽，将学问视为天下公理，而不是争名夺利的工具，这样自然也没有在作品上标记作者姓名的必要。而且，还有一个很重要的原因，那就是中国古代早期的著作绝大多数是由集体编写而成的，既非成于一时，也非作于一手，而是经过多少年多少代人的不断记载、积累，又经后人编纂整理，最后才成书的。如留传至今的我国最早的编年体史书《春秋》，就是由鲁国历代史官世袭相承记录下来，后经孔子编订整理而成。原作者没能留下姓名，最后的整理者反倒名传千古。再如我国最早的诗歌总集《诗经》，一共是三百零五篇，除少数篇目可考见作者姓名外，绝大多数是无名氏的作品。正如余嘉锡《古书通例》引陈启源《毛诗稽古篇》所言：

> 《诗》三百篇，其作者之主名，有诗人自著之者：如《节南山》《巷伯》《烝民》《崧高》是也。有见于他籍者：如《载驰》（自注：《左传》，亦见叙）、《鸱鸮》（《书·金縢》，亦见叙）、《常棣》（《国语》）、《抑》（《国语》，亦见叙）、《桑柔》（《左传》，亦见叙）、《时迈》《思文》（皆《国语》）是也。其诗人不言，他典不载，而《序》得其姓氏者：《风》之《清人》（公子素）、《渭阳》（秦康公）、《七月》（周公）；《小雅》之《何人斯》（苏公）、《宾之初筵》（卫武公）；《大雅》之《公刘》《泂酌》《卷阿》（皆召康公）、《民劳》（召穆公）、《板》（凡伯）、《荡》（召穆公）、《云汉》（仍叔）、《韩奕》《江汉》（皆尹吉甫）、《常武》（召穆公）、《瞻卬》《召旻》（皆凡伯）及《鲁颂》四篇（皆史克）尔。其余或言某大夫、某人，或言大夫，或言微臣，或言下国，或言太子傅，或并不言其人。盖古世质朴，人惟情动于中，始发为诗歌，以自明其义。非若后世能文之士，欲暴其才，有所作辄系以名氏也。及传播人口，采风者因而得之，但欲识作

诗之意，不必问其何人作也。[1]

也就是说，《诗经》中很多篇目的作者没能留下姓名，一是因为古人质朴，用孔子的话来讲："《诗》三百，一言以蔽之，曰：思无邪。"（《论语·为政第二》）他们作诗是真情的自然流露，而不是出于炫耀自己才华的目的，所以没有把署名当回事；二是当时的采诗官根本就不在意作者的姓名，只关注诗歌描述的内容，以供周王室体察民风。

我国最早的哲学著作《周易》也是这样，很早就无人知道它出自何人之手，只是流下了伏羲画卦、文王作辞的传说，今人推测其可能产生于殷周之际。为之作经传的人也未留下姓名。关于《十翼》的作者，历史上有三种说法：一说孔子。《史记·孔子世家》及《汉书·艺文志》均持此说，如《孔子世家》称："孔子晚而喜《易》，序《彖》《系》《象》《说卦》《文言》。"[2] 二说周文王。汉人马融即持此说，理由是《左传》有这样的记载：当韩宣子去鲁国见到《易象》时曾说："吾乃知周公之德。"也就是说，《象传》为周文王所作。三是"易更三圣"，即由三位圣人递相演绎而成，伏羲氏先画八卦，周文王次演绎八卦为六十四卦，孔子再为经文作注解。但实际上，《十翼》涉及时间从战国中期至汉宣帝，长达二百年之久，且内容有相互抵牾之处，绝非一个人或少数几个人所作，而是在一个相当长的时期内由多人递补续作而成。

周秦以前的古书都不题作者姓名，俗本有题者，也都是后人妄加的。如清人段玉裁在《经韵楼集》卷二中就说："《经典释文》、唐石经初刻，皆云《丧服经传》第十一，无'子夏传'三字。贾公彦《疏》单行本标题亦云：'《丧服》第十一，无'子夏传'三字。今各本皆作《丧服》第十一《子夏传》，非古也，盖浅人增此三字，因删去上文'经传'二字耳。贾《疏》曰：'传曰者，不知是谁人所作，人皆云孔子弟子卜商字子夏所为。按公羊高是子夏弟子，《公羊传》有云者何、何以、曷为、孰谓之等，今此传亦云者何、何以、孰谓、曷为。弟子却本前师。此传得为子夏所作。'玩贾氏此语，知贾氏作《疏》时，古经未尝有此三字，贾氏因人言而附会之，要亦未尝妄增于古经传标题也。自唐石经改刻增窜，遂使古人意必之辞，成牢不可破之论矣。"[3] 由此可见，贾公彦只是根据当时人们的

---

① 余嘉锡：《古书通例》，上海古籍出版社，1985，第16页。

② 司马迁：《史记》第47卷，《孔子世家》，中华书局，1959，第1937页。

③ 段玉裁：《经韵楼集》第2卷，《古丧服经传无子夏传三字说》，上海古籍出版社，2008，第34页。

说法及书中部分内容推测该书的作者是子夏，但其后的《唐石经》在改刊时据此加上了“子夏传”三个字，以至于后世的本子都沿袭下来，以“子夏”为其注作者。这实际上是后人妄加的题名。

三　作品不署名的风气在秦汉魏的延续

古人著作不署名的风气延续了很久。张舜徽先生说：“著书作文不自署名的风气，一直到秦汉时期的学术界还盛行着。”① 如秦始皇时，韩非著《孤愤》《五蠹》《内外储》《说林》《说难》等十余万言，“人或传其书至秦。秦王见《孤愤》《五蠹》之书，曰：‘嗟乎！寡人得见此人与之游，死不恨矣。’李斯曰：‘此韩非之所著书也。’”② 这说明韩非的著作当时是没有署名的，要不然秦始皇肯定不会这样说。这种风气汉代仍然存在，如西汉的大才子司马相如所作《子虚赋》，偶然间被汉武帝读到。汉武帝甚为赞赏，叹曰：“朕独不得与此人同时哉！”恰好他身旁有一个叫杨得意的狗监（主管天子田猎犬的太监）是司马相如的四川同乡，他禀告汉武帝说：“臣邑人司马相如自言为此赋。”③ 汉武帝大惊，乃召问相如。如果司马相如在《子虚赋》上题署了自己的名字，汉武帝也绝不至于发此感慨。类似的情况在司马相如稍后的扬雄身上也发生过。据扬雄《答刘歆书》称：“雄始能草文，先作《县邸铭》《王佴颂》《阶闼铭》及《成都城四隅铭》，蜀人有杨庄者为郎，诵之于成帝。成帝好之，以为似相如，雄遂以此得外见。”④《文选·甘泉赋》唐李周翰注：“扬雄家贫好学，每制作，慕相如之文。尝作《绵竹颂》。成帝时，直宿郎杨庄诵此文，帝曰：‘此似相如之文。’庄曰：‘非也，此臣邑人扬子云。’帝即召见，拜为黄门侍郎。”⑤ 由此可见，扬雄在作赋的时候，并未署名，故有成帝之疑。

从流传下来的作品来看，汉人诗赋也多有不署名的。宋人郭茂倩编纂的《乐府诗集》收录了不少汉魏以来的古体诗，其中不少就是没有署名的，如著名的《孔雀东南飞》《江南》《陌上桑》《平陵东》《白头吟》《十五从军行》等都是无名氏所作。再比如，收入昭明太子萧统《昭明文选》的《古诗十九首》，内容多写夫妇朋友间的离愁别绪和士人的彷徨失意，语言朴素自然，描写生动真切，可谓一字值千金，在五言诗的发展史上占

① 张舜徽：《中国古代史籍校读法》，云南人民出版社，2004，第167页。
② 司马迁：《史记》第63卷，《老子韩非列传》，中华书局，1959，第2155页。
③ 司马迁：《史记》第117卷，《司马相如列传》，中华书局，1959，第3002页。
④ 郑文：《扬雄文集笺注》第4卷，《答刘歆书》，巴蜀书社，2000，第177页。
⑤ 郑文：《扬雄文集笺注》第4卷，《答刘歆书》，巴蜀书社，2000，第180页。

有重要地位，可惜都没有署名，其作者引起了后人不少的猜测。南梁徐陵在《玉台新咏》中认为，其中八首为西汉枚乘所作，分别是《行行重行行》《青青河畔草》《西北有高楼》《涉江采芙蓉》《庭中有奇树》《迢迢牵牛星》《东城高且长》和《明月何皎皎》。但唐李善在《文选》注中说："并云古诗，盖不知作者，或云枚乘，疑不能明也。诗云：'驱马上东门'。又云：'游戏宛与洛'。此则辞兼东都，非尽是乘明矣。昭明以失其姓氏，故编在李陵之上。"① 唐释皎然在《诗式》中认为《冉冉孤生竹》《青青河畔草》两首为东汉傅毅、蔡邕所作："《十九首》辞义精炳，婉而成章，始见作用之功，盖东汉之文体。又如《冉冉孤生竹》《青青河畔草》，傅毅、蔡邕所作，以此而论，为汉明矣。"② 可见在唐代以前，已有学者认为这组诗不大可能出于西汉。这主要是因为其中较多触及汉讳，"辞兼东都"，以及诗中还写到企慕神仙、及时行乐思想，再加上从现存诗歌来看，五言直至东汉班固始见，而班诗"质木无文"，与《古诗十九首》之宛转流丽全然不同，故多数学者认为这组诗成于东汉，且非一时一人所作。如清代学者王弘在《山志》中说："古诗十九首，不知作者。或云枚叔（笔者注：枚乘，字叔），《文选》注以'游戏宛与洛'、'驱马上东门'词兼东都，非尽是叔。又以'东城高且长'与'燕赵多佳人'明是二首，不应合而为一。予于前《山志》中已言之，以为一人诗也。今又按：徐陵《玉台》谓'西北有浮云'以下九首，为枚叔作。前二语皆不在其中。而'凛凛岁云暮'、'冉冉孤生竹'列为古诗。或又云'行行重行行'为二首，以其别用韵也，似误。《文心雕龙》云：'孤竹一篇，傅毅之词。'唐僧皎然以'青青河畔草'为蔡邕作。杨升庵云：'十九首非一人之作、亦非一时也。其曰玉衡，指孟冬，而上云促织，下云秋蝉。盖汉之孟冬，非夏之孟冬矣。汉袭秦制，以十月为岁首，汉之孟冬，夏之七月也。其曰'孟冬寒气至，北风何惨慄'，则汉武已改秦朔，用夏正以后诗也。三代改朔不改月，古人辨证博引经传多矣，独未引此耳。'见《蜀志》。"③

除了单篇别行的诗赋外，汉代有的已经结集的著作也不署名，如《汉书·艺文志》著录有"《河间周制》十八篇，似河间献王所述也"及"《五曹官制》五篇。汉制，似贾谊所条"，如果班固所见图书有明确署名，也就不必用存疑的口吻来著录了。东汉袁康在创作《越绝书》时也没有署

① 萧统编，李善注《文选》，上海古籍出版社，1986，第1343页。
② 释皎然著，李壮鹰校注《诗式校注》，齐鲁书社，1986，第79页。
③ 王弘：《山志》，《二集》第6卷，《古诗》，中华书局，1999，第288页。

名，据《四库全书总目》称："不著撰人名氏……书末叙外传记以廋词，隐其姓名，其云'以去为姓，得衣乃成'，是'袁'字也；'厥名有米，覆之以庚'，是'康'字也；'禹来东征，死葬其疆'，是会稽人也。又云'文词属定，自于邦贤，以口为姓，承之以天'，是'吴'字也；'楚相屈原，与之同名'，是'平'字也。然则此书为会稽袁康所作，同郡吴平所定也。"① 汉代经传文献也多不题撰者，因为是经师所传，学生所记，多人前后共同完成，故不题著者。不单不署作者姓名，很多古书连书名和篇名也没有。我们今天所能见到的汉代以前的古书名多出自后人的追题。如我国第一部纪传体通史《史记》，初名《太史公书》（见《汉书·杨恽传》）、《太史公记》（见应劭《风俗通》）、《太史公百三十篇》（见《汉书·艺文志》），至魏晋时期，司马迁的这部史书影响日益广泛，在被广泛引用中，书名逐渐省略简化成《史记》。古书的篇名也多是后人整理编定时追加上去的，往往摘取开首一句话前两个字或数字作篇名，正如王国维所指出："《诗》《书》及周秦诸子，大抵以首句二字名篇，此古代书名之通例。"② 以上反映了汉人作者署名的淡泊意识及在书名、篇名等问题上的随意性。

古书不题作者姓名也可从近代考古发掘的文献实物得到印证。20 世纪以来，我国先后出土了 14 批简策帛书，分别是敦煌汉简、居延汉简、湖南长沙子弹库楚墓帛书、河南信阳长台关楚墓竹书、甘肃武威磨咀子汉墓竹书、山东临沂银雀山汉墓竹书、甘肃武威旱滩汉墓医方简、长沙马王堆帛书、定县八角廊汉墓竹书、新出居延汉简、湖北云梦睡虎地秦墓竹书、安徽阜阳双古堆汉墓竹书、湖北江陵张家山汉墓竹书、湖北荆门郭店竹简等。这些出土文献包括战国和秦汉时期的各类写本，尤以西汉初年的居多。就内容来看，《汉书·艺文志》所列六艺、诸子、诗赋、兵书、术数、方技都有分布，而且在数量上形成了一定的规模，应该具有普遍性。但从其编例来看，"出土简帛书籍不仅从未发现题写撰人，而且像《孙子兵法》和《孙膑兵法》，简文中只出现'孙子曰'，从未见到'孙武'、'孙膑'之名。"③

作品不署名的风气直到魏初仍有保留。如魏晋玄学的创始人王弼（字辅嗣）的《周易注》，其署名也非作者自题，而是后代学者所加。唐代学者陆德明《经典释文》在"周易王弼注"下《音义》云："本亦作王辅嗣

① 纪昀等：《钦定四库全书总目》第 66 卷，《越绝书》，中华书局，1997，第 904 页。
② 王国维：《观堂集林》，河北教育出版社，2001，第 153 页。
③ 李零：《出土发现与古书年代的再认识》，《九州学刊》1988 年第 1 期，第 105 - 136 页。

注……今本或无注字。师说，无者非。”① 可见，“王弼注”三字是唐代以前学者所补加，或称其名，或称其字，就出现了不一致的情况。再如徐干著《中论》，虽然《隋书·经籍志》著录为“魏太子文学徐干撰”，但最初是没有署名的，这可以从该书的原序看出来。其序曰：“予以荀卿子、孟轲怀亚圣之才，著一家之法，继明圣人之业，皆以姓名自书，犹至于今，厥字不传。原思其故，皆由战国之世，乐贤者寡，同时之人，不早记录，岂况徐子《中论》之书不以姓名为目乎？恐历久远，名或不传，故不量其才，喟然感叹，先目其德，以发其姓名，述其雅好不刊之行，属之篇首，以为之序。”② 有意思的是，写这篇序文的人自己也没有署名，引来后人好一番考证。从这段文字所透露的信息可知，该序的作者曾经与徐干有所往来，对徐干的道德文章非常景仰，对《中论》一书十分推崇。徐干去世之后，他出于对亡者的思念及对《中论》一书从此湮没的担心，特意作了此序。因此可以推定，该序的作者与徐干是同时代的人。

这里必须说明的是，作为一种尚古风气的流传，中国古代早期著作不署名的现象并不是绝对的，只是有的署名形式与现今独立的作者署名有很大差异。实际上，战国时期流传的一些子书，其书名就包含了作者的信息。到了汉代，还出现了卷端署名。

第二节 中国古代图书署名的起源

我国古代图书署名最早的形式是在书名中出现的，即作者名与书名合二为一，且这种情况多与先秦子书紧密联系在一起。

一 先秦的书名署名

春秋战国之际，思想界异常活跃，儒家、道家、阴阳家、法家、名家、墨家、纵横家等百家争鸣，为宣扬和传播自己的学术思想，纷纷著书立说。为表明自己的身份立场与其他学派的区别，各家著作大多以“某子”“某某子”为书名，作者名即书名，如《老子》《管子》《庄子》《墨子》《韩非子》《孙卿子》等。这便是我国著作署名的起源。

先秦诸子书虽多以人名为书名，题为“某子”，但并非由其本人独著，而大多出自其门人弟子或宾客之手，由他们记录、增益或收录某一学派的

---

① 陆德明：《经典释文》第1卷，《序录》，上海古籍出版社，1985，第73页。

② 徐干：《中论·序》，清文渊阁四库全书本。

若干著作，最后纂集成书的年代可能还要更晚。正如余嘉锡所言："盖古人著书，不自署姓名，惟师师相传，知其学出于某氏，遂书以题之，其或时代过久，或学未名家，则传者失其姓名矣。即其称为某氏者，或出自其人手著，或门弟子始著竹帛，或后师有所附益，但能不失家法，即为某氏之学。"① 如《孟子》一书是由孟轲及其弟子和再传弟子合著的。《老子》也并不是李耳一人所著，因其体例与《论语》相似，极有可能是门人后学编纂而成，且全书重出语和韵语甚多，多有法家、兵家、纵横家之言，很多言论实际上是战国末期道家之言。《荀子》一书也非出自荀况之手，如《大略篇》是"弟子杂录荀卿之语"，《宥坐》以下五篇，也非荀况原著。《管子》一书中《小称》篇记管仲死后之事，所以此书也必为门生弟子或宾客所撰。《商子》记载了商鞅去世几十年后的长平之战等事，可见该书成于商鞅身后。《韩非子》大多作于入秦之前，韩非死后，其门徒加入了一些不是韩非自著的内容，如韩非死时，荆、齐、燕、魏四国都还没有灭亡，而《有度》篇却谈到四国之亡，显见不是韩非自撰。

先秦诸子之书不尽出于本人，因此有学者认为，诸子书题为"某子"的署名方式有欠公允，因为门人弟子的著作权被湮没了。但若仔细分析起来，先秦诸子书的核心思想和知识体系确由学派领袖所开创，弟子门人大多数只是做了记录、整理和汇编工作，个别还做了引申和发挥的工作。他们自觉地署名"某子"，不敢或不愿自署其名，一方面是出于对学派领袖的尊重和景仰，从另一方面来看，他们的行动不正是自觉或不自觉地维护了学派创始人的著作权么？如果不是他们的这种著作权保护行为，恐怕今天我们仍在为考证中国古代各个学术流派的创始人而犯愁呢。而其他一些没有署名的先秦著作，如《儒家言》《道家言》《杂阴阳》《法家言》《杂家言》等，就为西汉刘向整理藏书带来了不少麻烦，至今我们仍不知其作者为谁。先秦诸子书以学派领袖的姓氏为其署名，给一个知识学派打上鲜明的个人印记，预示了知识私有观念的产生和著作权意识的萌芽。

二　汉代的卷端署名

至汉代时，书名与作者名逐渐剥离，图书卷端署名之例开始出现，并且有了著述方式的区分。余嘉锡《古书通例》云："自《诗》分为四，《春秋》分为五，乃题姓氏于传之上以为识别。其后一传之中，又多别自名

① 余嘉锡：《古书通例》，上海古籍出版社，1985，第20页。

家，各为章句故训，于是复题其姓氏。盖其初由后人追题者，久而变为著者自署矣。其初只称氏者，久而并置姓名矣。今虽不能考其所自始，要是汉、晋以后之事。”[①] 所谓“章句故训”，就是对文献进行注释。到汉代时，绝大多数人已经读不懂先秦文字，加上各地的方言，更增加了理解的困难，因此有了注释的必要。汉武帝罢黜百家独尊儒术，使得经学的地位得到空前的提高，研究经学和为经作注风行一时，注释成为了一种重要的文献著述方式，但它与原作的创作活动又有很大的不同，因此有加以区分的必要。确如余氏所言，汉代经注题名“其初只称氏者”，它大致有以下几种形式：一曰某氏学。如荀悦《汉纪》称：“臣悦叔父故司徒爽，著《易传》，据爻象承应阴阳变化之义，以十篇之文解说经意，由是兖、豫之言《易》者，咸传荀氏学。”[②]《后汉书·樊英传》：“英著《易章句》，世名樊氏学。”[③] 二曰某氏章句。如《后汉书·牟长传》：“著《尚书章句》，皆本之欧阳氏，俗号为《牟氏章句》。”[④] 三曰某君注。如《后汉书·杜抚传》：“其所作《诗题约义通》，学者传之，曰杜君法（汲本、殿本并作“注”）。”[⑤] 汉代经传之书的作者题名为什么会出现这种情况呢？一是出自当时人之口；二是后世师承者，为了不忘其说所出之师，乃追题先师之名。《春秋公羊传注疏·隐公卷一》云：“《左传》者，丘明亲自执笔为之，以说经意，其后学者题曰《左氏》矣；且《公羊》者，子夏口授公羊高，高五世相授，至汉景帝时，公羊寿共弟子胡毋生乃著竹帛，胡毋生题亲师，故曰《公羊》，不说卜氏矣；《谷梁》者，亦是著竹帛者题其亲师，故曰《谷梁》也。”[⑥] 可见，古书作者姓名的题识，或是出于当时人之口，或是题于后师之手。若是有意要显示自己的姓名，只有靠自叙的文字，或是进书的章奏了。至于卷端上标识作者某某撰者，汉代以前的著作还不见先例。

在汉代的图书目录中，对作者情况进行著录，体现的也是对古代图书著作权的一种尊重态度。以《汉书·艺文志》为例，它对作者的著录分为以下几种方式：①书名题某氏。如，“《服氏》二篇”“章句《施》《孟》《梁丘氏》各二篇”“《王史氏》二十一篇”“《齐后氏故》二十卷”等。②书名题某氏，注其名。如，“《杨氏》二篇”，注：“名何，字叔元，菑川

① 余嘉锡：《古书通例》，上海古籍出版社，1985，第21页。

② 荀悦：《前汉纪》第25卷，《孝成二》，清文渊阁四库全书本。

③ 范晔：《后汉书》第82卷上，《樊英传》，中华书局，1965，第2724页。

④ 范晔：《后汉书》第79卷上，《牟长传》，中华书局，1965，第2557页。

⑤ 范晔：《后汉书》第79卷下，《杜抚传》，中华书局，1965，第2573页。

⑥ 何休注，徐彦疏《春秋公羊传注疏》，上海古籍出版社，1990，第8页。

人。”“《韩氏》二篇”，注：“名婴。”“丁氏八篇”，注：“名宽，字子襄，梁人也。”“《左氏传》三十卷”，注：“左丘明，鲁太史。”③书名题某子，注其名。如，“《晏子》八篇”，注曰：“名婴，谥平仲，相齐景公，孔子称善与人交，有列传。”“《曾子》十八篇”，注曰：“名参，孔子弟子。”“《宓子》十六篇”，注曰：“名不齐，字子贱，孔子弟子。”“《惠子》一篇”，注云：“名施，与庄子并时。”④书名中直署姓名。如“《董安国》十六篇”“《屈原赋》二十五篇”“《贾谊赋》七篇”“《枚乘赋》九篇”“《司马相如赋》二十九篇”“《刘向赋》三十三篇”等即是。⑤在注释中注明作者。如，“《凡将》一篇。司马相如作。”“《训纂》一篇。扬雄作。”⑥作者不明，则如实注明。如，“《内业》十五篇，不知作书者。”“《儒家言》十八篇。不知作者。”“《道家言》二篇。近世，不知作者。”“《卫侯官》十二篇。近世，不知作者。”“《杂阴阳》三十八篇。不知作者。”“《燕十事》十篇。不知作者。”“《法家言》二篇。不知作者。”⑦作者辨伪。如“《文子》九篇。老子弟子，与孔子并时，而称周平王问，似依托者也。”“《力牧》二十二篇。六国时所作，托之力牧。力牧，黄帝相。”“《伊尹说》二十七篇。其语浅薄，似依托也。”“《师旷》六篇。见《春秋》，其言浅薄，本与此同，似因托之。”“《天乙》三篇。天乙谓汤，其言非殷时，皆依托也。”“《黄帝说》四十篇。迂诞依托。”可见，《汉书·艺文志》对图书作者情况的著录还是比较重视的。

从以上所举可以看出，汉代经传的成书过程比较复杂，由此产生了不同的著述方式。著述方式的不同，反映了作品原创性的高低或文献加工层次的深浅，因而体现了作者对作品内容承担责任的不同。从这个意义上讲，它对著作权的保护显然是有积极意义的，因而有必要对古代图书的著述方式作一分析。从《汉书·艺文志》的书名及注释来看，它对不同著述方式的区分，反映了汉人对著述方式的认识程度，也体现了对作者著作权的尊重。

《汉书·艺文志》著录的著述方式主要有以下两种类型。

第一，著作类。主要有“著”“作”等著述形式，强调的是作品的原创性。正如东汉王充在《论衡·对作》中所说：“造端更为，前始未有，若仓颉作书，奚仲作车是也。《易》言伏羲作八卦，前是未有八卦，伏羲造之，故曰作也。”① 仓颉造字，奚仲造车，伏羲作八卦，都是前所未有的开创性工作，所以叫“作”，强调的是“前所未有”。如《国语》二十一

① 王充：《论衡》第29卷，《对作第八十四》，上海人民出版社，1974，第443页。

篇，注为“左丘明著”。《苍颉》一篇，注曰：“上七章，秦丞相李斯作；《爰历》六章，车府令赵高作；《博学》七章，太史令胡毋敬作。”《凡将》一篇，注为“司马相如作”。《急就》一篇，注为“元帝时黄门令史游作”。《黄帝泰素》二十篇，注为“六国时韩诸公子所作”。《元尚》一篇，注为“成帝时将作大匠李长作”。《训纂》一篇，注为“扬雄作”。

第二，编述类。西汉许慎在《说文解字》中说：“述，循也。”① 强调的是有所遵循和凭借。作者对前人作品加以编次整理或注释，就叫做“述”。《汉书·艺文志》中编述类的著述方式又可分为三类：①编次类，著述方式有“分”“条”等。如“《新国语》五十四篇，刘向分《国语》。”“《五曹官制》五篇。汉制，似贾谊所条。”②记述类，著述方式有“记”“述”等。如“《记》百三十一篇。七十子后学者所记也。”“《楚汉春秋》九篇。陆贾所记。”“《河间周制》十八篇。似河间献王所述也。”“《老子傅氏经说》三十七篇。述老子学。”③注释类，著述形式多样，名称繁多。有“故”，如“《鲁故》二十五卷。”“《韩故》三十六卷。”有“说”，如“《鲁说》二十八卷。”“《韩说》四十一卷。”“《齐说》二十九篇。”“《燕传说》三卷。”“《长孙氏说》二篇。”有“传”，如“《齐后氏传》三十九卷。”“《齐孙氏传》二十八卷。”“《毛诗故训传》三十卷。”“《左氏传》三十卷。”有“微”，如“《左氏微》二篇。”“《铎氏微》三篇。”“《张氏微》十篇。”有“章句”，如“《欧阳章句》三十一卷。”“《大小夏侯章句》各二十九卷。”“《谷梁章句》三十三篇。”有“说义”，如“《欧阳说义》二篇。”有“解故”，如“《大小夏侯解故》二十九篇。”

实际上，《汉书·艺文志》收录的图书里，有的是以另一种著述方式——抄纂的方式产生的。如先秦时期的《论语》一书，就是在孔子死后，由其学生根据笔记的记录，加以整理辑录而成的。“论”字本作“仑”，是集合众多简册加以排比辑录的意思。所以《汉书·艺文志》说：“《论语》者，孔子应答弟子、时人，及弟子相与言而接闻于夫子之语也。当时弟子各有所记，夫子既卒，门人相与辑而论纂，故谓之《论语》。”② 其他如汉代的《儒家言》《道家言》《法家言》《杂家言》《百家》等书也均属抄纂之作。张舜徽在《汉书艺文志通释》中称：“昔之读诸子百家书者，每喜撮录善言，别抄成帙。《汉志·诸子略》儒家有《儒家言》十八篇，道家有《道家言》二篇，法家有《法家言》二篇，杂家有《杂家言》

---

① 许慎：《说文解字》第 2 卷下，江苏古籍出版社，2001，第 39 页。

② 班固：《汉书》第 30 卷，《艺文志》，中华书局，1962，第 1717 页。

一篇，小说家有《百家》百三十九卷，皆古人读诸子书时撮抄群言之作也。可知读书摘要之法，自汉以来然矣。后人效之，遂为治学一大法门。"① 也就是说，在先秦两汉时期，抄纂作为一种文献著述方式已经产生，但很可惜，《汉书·艺文志》里没有与抄纂相关的著述方式的著录。

须强调的是，仅就著作类和编述类作品而言，两者在古人眼里显然是有高下之分的。《礼记·乐记》说："作者之谓圣，述者之谓明。"② 也就是说，能进行"作"的人可称之为圣贤，而能进行"述"的人最多可称之为明智。古人对"作"和"述"的区分是非常清楚和严格的。孔子整理六经，用他自己的话来讲，就是"述而不作"（《论语·述而》），这是他对自己作的客观评价。司马迁作《史记》，本意是"欲以究天人之际，通古今之变，成一家之言"，但当士大夫壶遂将他的这种工作与孔子修《春秋》相提并论时，他却在《太史公自序》中郑重其事地说："余所谓述故事，整齐其世传，非所谓作也。而君比之于《春秋》，谬矣。"③ 在这里他强调的是"述""整齐"，也就是对旧有史料的继承及整理工作，而淡化了"成一家之言"的创造性工作。这当然是自谦之词，但也说明了古时候"著作"在人们心目中的崇高地位。

第三节　中国古代图书署名的发展及规范

先秦子书的书名署名与汉代作品的卷端署名，只是中国古代图书署名的两种早期形式，尚不是图书署名的普遍形式，因为图书不署名的风气至汉魏时期仍然存在。中国古代图书署名是在晋代以后才逐渐规范化的。

一　魏晋南北朝的卷端署名

如前所述，魏初仍保留有著作不署名的风气。但入晋以后，著作的卷端无不署名，说明著作署名权问题已经引起人们的普遍关注。这从《隋书·经籍志》（它记录了魏晋南北朝至隋代图书的存佚情况）对文献的著录就可以看出来。以经部《易》类文献为例，共著录图书 69 种，其中题署"某某撰"者 31 种，如《周易音》1 卷，署"东晋太子前率徐邈撰"；《周易讲疏》16 卷，署"梁五经博士褚仲都撰"；《周易讲疏》30 卷，署"陈

① 张舜徽：《汉书艺文志通释》，华中师范大学出版社，2004，第 277 页。

② 孙希旦撰，沈啸寰、王星贤点校《礼记集解》，中华书局，1989，第 989 页。

③ 司马迁：《史记》第 130 卷，《太史公自序》，中华书局，1959，第 3299 页。

谘议参军张讥撰”。题署“某某注”者有25种，如《周易》10卷，署“晋散骑常侍干宝注”；《周易》8卷，署“晋著作郎张璠注”；《周易系辞》2卷，署“梁太中大夫宋褰注”。题署“某某章句”者3种（如《周易》10卷，署“汉魏郡太守京房章句”）、“某某传”者1种（《周易》2卷，署“魏文侯师卜子夏传”）。从其署名形式来看，一般由朝代、职官、姓名加著述方式组成。另有3种虽然没有单独署名作者，但在书名里有所反映，如《周易马郑二王四家集解》10卷、《周易荀爽九家注》10卷、《周易杨氏集二王注》5卷。只剩下6种没有明确的作者署名，分别是《周易玄品》2卷、《周易释序义》3卷、《周易问》20卷、《周易文句义》20卷、《周易私记》20卷和《周易谱》1卷。晋代以后著作署名的逐渐盛行及规范化，说明作品与作者的归属关系在人们的意识中得到了强化。

魏晋南北朝之际，经书的著述方式又有了新的发展，出现了不少汇集前人注释的“集解”“集议”“集注”“集传”“集说”等作品，这些在作者署名里也有所反映。据《隋书·经籍志》著录：《易》有南梁徐爰《周易集注系辞》2卷；《书》有南朝宋姜道盛《集解尚书》11卷；《诗》有南梁崔灵恩《集注毛诗》24卷；《礼》有晋孔伦《集注丧服经传》1卷、南朝宋蔡超《集注丧服经传》2卷、南齐田僧绍《集解丧服经传》2卷；《春秋》有晋杜预《春秋左氏经传集解》30卷；《孝经》有晋荀昶《集议孝经》1卷；《论语》有魏何晏《集解论语》10卷、晋卫瓘《集注论语》6卷、晋崔豹《论语集义》8卷；等等。这主要是因为，从汉至南北朝，前人的经解著作已经不少，为了便于人们对各家师承进行集中研究和比较，于是产生了汇聚前家众说进行综合注释的“集解”类著作。从其题名来看，既然标明为“集”，当然就是汇集了前代的各家注说，这实际上也是在书名中表明了对前人知识成果的一种尊重态度。

二 隋唐五代的卷端署名

经学纷争既久，各家注释长期莫衷一是，至隋唐时期，经学也逐渐形成了“南学”“北学”相争的局面。为了加强思想统治，唐代做了统一经书注释的工作，出现了“正义”一类的经注著作。贞观间，唐太宗诏令孔颖达、马嘉运、王德韶、杨士勋、贾公彦等人修撰《五经正义》，于贞观十六年（642年）撰成，后经长孙无忌、于志宁等再加增损，于高宗永徽四年（653年）颁行天下。所谓“正义”，即正定之意，排众说而定一尊，这实际上是朝廷干预经学纷争的一种手段。《五经正义》颁行天下之后，就成了全国经学的标准注本。

唐代发明雕版印刷以后，由于图书的出版及传播变得更为便捷，作者署名形式也有了新的变化。从《旧唐书·经籍志》及《新唐书·艺文志》的著录来看，这一时期作者署名有两个特点：一是多不署朝代、籍贯和职官名，而是直署姓名，连字号也不常署；二是“撰”成为最为普遍的著述方式。这既说明原创作品有了大幅增长，也说明著作的概念发生了某些变化，其外延相对于汉代有了明显的扩大。笔者以《旧唐书·经籍志》为对象，将唐人的作者署名方式（与著述方式连署）归纳为以下几种形式。

第一，撰著。在形式上它又分为：①撰。此种著述方式最为常见，如经部《周易大义》20 卷，“梁武帝撰”；史部《东观汉记》127 卷，“刘珍撰”；子部《抱朴子内篇》20 卷，“葛洪撰”。《旧唐书·经籍志》及《新唐书·艺文志》的集部图书多不另署作者姓名，因为其书名通常包含有作者信息，如“《车灌集》五卷”“《王隐集》十卷”“《苏彦集》十卷”等。②作。如《史记》130 卷，“司马迁作”；《汉书》115 卷，“班固作”；《汉书律历志音义》1 卷，“阴景伦作”。

第二，注释。它包括：①注。如《周易义疏》20 卷，“宋明帝注”；②传。如《周易》两卷，“卜商传”。③章句。如《周易》10 卷，“孟喜章句”。④集注。如《集注毛诗》24 卷，“崔灵恩集注”。⑤集解。如《春秋谷梁传》11 卷，“张靖集解”。

第三，评论。这种著述方式通常记录当事人的对话或辩论，以一问一答的形式展现给读者，如《周易论》5 卷，“暨长成难，暨仲容答”；《春秋公羊答问》5 卷，“荀爽问，徐钦答”。

第四，两种著述方式分署。①某撰，某注。如《丧服要纪》10 卷，“贺循撰，庾蔚之注”；《春秋左氏膏肓》10 卷，“何休撰，郑玄笺”；《三苍》3 卷，“李斯等撰，郭璞解”。②某撰，某驳。如《五经异义》10 卷，“许慎撰，郑玄驳”。③某序，某注。如《礼记宁朔新书》20 卷，“司马伷序，王懋约注”。④某录，某注。如《管弦记》12 卷，“留进录，凌秀注”。⑤某演，某注。如《谥法》3 卷，“荀顗演，刘熙注”。⑥某传，某述。如《春秋公羊传》5 卷，“公羊高传，严彭祖述”。⑦某注，某赞。如《论语》10 卷，“郑玄注，虞喜赞”。

第五，多种著述方式分署。如《何氏春秋汉议》11 卷，“何休撰，郑玄驳，麋信注”；《春秋谷梁废疾》3 卷，“何休作，郑玄解，张靖箴”；《古文孝经》1 卷，“孔子说，曾参受，孔安国传”；《尚书释文》4 卷，“郑玄注，王粲问，田琼、韩益正”。

从对《旧唐书·经籍志》及《新唐书·艺文志》的考察情况来看，唐代的作者署名出现了简约化的倾向，主要表现为直署姓名，而不连署朝代、籍贯、职官、字号等，著述方式的划分也相对简单规范。

三　宋元明清的卷端署名

入宋以后，由于雕版印刷技术大范围的普及应用，图书的制作效率和传播范围得到了空前提高及扩大，作者署名及著述方式也变得更为复杂，中国古代图书的卷端署名逐渐发展出多种形式。笔者结合历代古书的卷端图录，兹试举其要者如下。

第一，单署某某著（撰）。有题籍贯、姓名、字号者，如元延祐七年（1320 年）叶辰南阜书堂刻本《东坡乐府》，其卷端题："眉山苏轼子瞻。"（见图 2－1）有题朝代、籍贯、姓名者，如明万历商浚半埜堂刻本《桯史》的卷端题："宋相台岳珂。"有籍贯、姓名、字号、著述方式连署的，这种署名方式比较常见。如明万历癸巳（1593 年）刻本《呻吟语》，卷端题："宁陵吕坤叔简父著。"明万历已亥（1599 年）刻本《重订举业卮言》，卷端题"关中武之望叔卿著。"清乾隆丁未（1787 年）刻本《天花精言》，其卷端题："洛阳袁句大宣甫著。""父""甫"均是古时男子的美称。也有籍贯、字号、姓名、著述方式连署的，如清康熙三十三年（1694 年）竹林堂刻本《玉茗堂全集》，卷端题："临川义仍汤显祖著。""义仍"是汤显祖的字。

第二，署某某著（撰），某某校（订）。如明正德间建阳刘洪慎刻本《文献通考》卷端题："鄱阳马端临贵与著述；东阳邵豳宗周校刊。"明万历马元调鱼乐轩刻本《元氏长庆集》，卷端题："唐河南元稹微之著；明松江马元调巽甫校。"（见图 2－2）明万历汪士贤刻本《陆士衡集》卷端署："晋吴郡陆机著；明新安汪士贤校。"明毛晋汲古阁刻本《图画闻见志》卷端署："宋郭若虚撰；明毛晋订。"清康熙传万堂刻本《绣虎轩尺牍》，卷端题："金沙曹煜亮采著；门人许旭九日、唐孙华宝君校定。"清乾隆辛巳（1761 年）承学堂刻本《梅氏丛书辑要》，卷端题："宣城梅文鼎定九甫著；弟文鼏尔素学孙瑴成重较辑。"即便是校对责任人，古人的署名也分得十分清楚。如宋刻本《张先生校正杨宝学易传》共 20 卷，该书前三卷的卷端第一行均署："张先生校正杨宝学易传上经第×"；第二行下题："庐陵杨万里廷秀"；第三行下题："门人张敬之显父校正"。但从第四卷起，下只题"庐陵杨万里廷秀"①，第四卷以后张敬之没有校对，即不署名。

---

① 李致忠：《宋版书叙录》，书目文献出版社，1994，第 28 页。

東坡樂府卷上　眉山　蘇軾　子瞻
水龍吟
古來雲海茫茫道山絳闕知何處人間自有赤
城居士龍蟠鳳翥清淨無為坐忘遺照八篇奇
語向玉霄東望蓬萊晻靄有雲駕驂鳳馭行
臺九州四海笑紛紛落花飛絮臨江一見謫仙
風采無言心許八表神遊浩然相對酒酣箕踞
待垂天賦就騎鯨路穩約相將去
又贈趙晦之吹笛侍兒

图 2－1　元延祐七年（1320 年）叶辰南阜书堂刻本《东坡乐府》

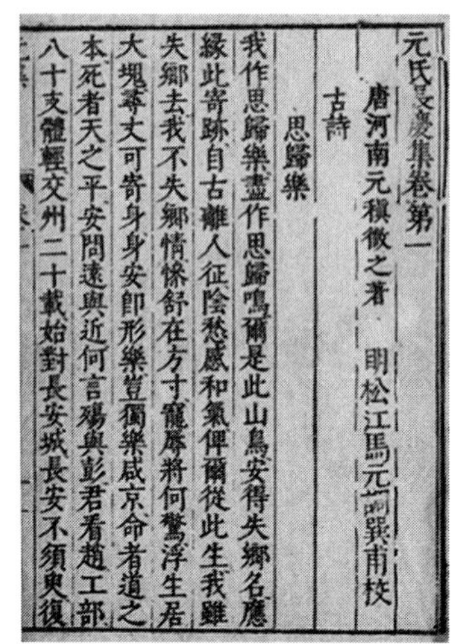
元氏長慶集卷第一
唐河南元稹微之著　明松江馬元調巽甫校
古詩
思歸樂
我作思歸樂聲作思歸鳴爾是此山鳥安得失鄉名應
緣此寄跡自古離人征陰愁感和氣俾爾從此生我雖
失鄉去我不失鄉情慘舒在方寸寵辱將何驚浮生居
大塊尋丈可寄身身安即形樂豈獨樂咸京命者道之
本死者天之平安問遠與近何言殤與彭君看趙工部
八十支體輕交州二十載始對長安城長安不須臾復

图 2－2　明万历鱼乐轩刻本《元氏长庆集》

第三，署某某著（撰），某某注（传、正义、音义、笺注等）。如明嘉靖间南京国子监刻本《前汉书》，卷端题：“汉兰台令史班固撰；唐正议大夫行秘书少监琅邪县开国子颜师古注。”明万历己亥（1599 年）吴文龙刻本《悟真篇四注》的卷端题：“紫阳真人平叔张伯端著；紫贤真人薛道光、子野真人陆墅、上阳子陈致虚、一壑居士彭好古仝注；玄玄子程大约校正。”清乾隆十八年（1753 年）槐荫草堂刻本《水经》，卷端题：“汉桑钦撰；后魏郦道元注。”（见图 2－3）当撰者和注者为同一人时，也可将两者合署为“撰注”，如清乾隆二十一年（1756 年）刻本《绿萝山庄文集》，卷端题：“会稽胡浚（小字：字希张）撰注。”

第四，署某某著（撰），某某编（纂、辑、选、集等）。如明万历三十九年（1611 年）吴邦彦刻本《存心堂遗集》，卷端署：“元处士渊颖先生吴莱著；明学士门人宋濂编，后学晋陵庄起元重编。”明天启五年（1625 年）刻本《两汉奇抄》，卷端署：“汉太史令班固著；明史官陈仁锡、督学使锺惺纂定。”（见图 2－4）清乾隆辛巳（1761 年）承学堂刻本《梅氏丛书辑要》卷端题：“宣城梅文鼎定九甫著；弟文鼏尔素学孙瑴成重较辑。”明崇祯间刻本《元次山集选》卷端题：“唐元结著；明陈应元选。”

第五，署某某著（撰），某某评（阅、批评、评点、批点等）。如明张溥刻本《蔡中郎集》，卷端题：“汉陈留蔡邕著；明太仓张溥评。”明末刻本《庾开府集》，卷端题：“周新野庾信著；明太仓张溥阅。”明崇祯二年

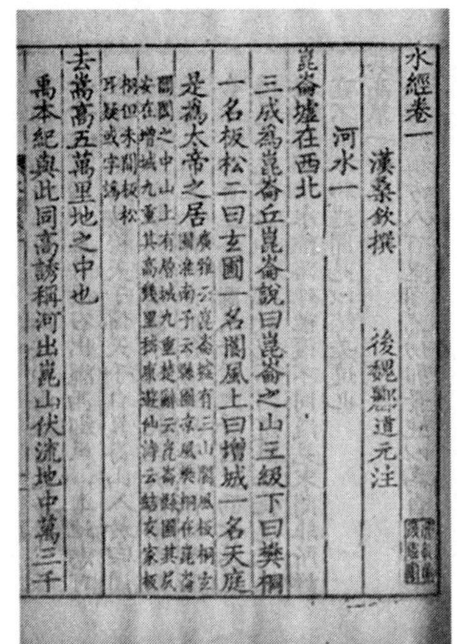

水經卷一

漢桑欽撰　後魏酈道元注

河水一

崑崙墟在西北

三成爲崑崙丘崑崙說曰崑崙之山三級下曰樊桐一名板松二曰玄圃一名閬風上曰增城一名天庭是爲太帝之居

去嵩高五萬里地之中也

禹本紀與此同高誘稱河出崑山伏流地中萬三千

图 2－3　清乾隆十八年（1753 年）槐荫草堂刻本《水经》

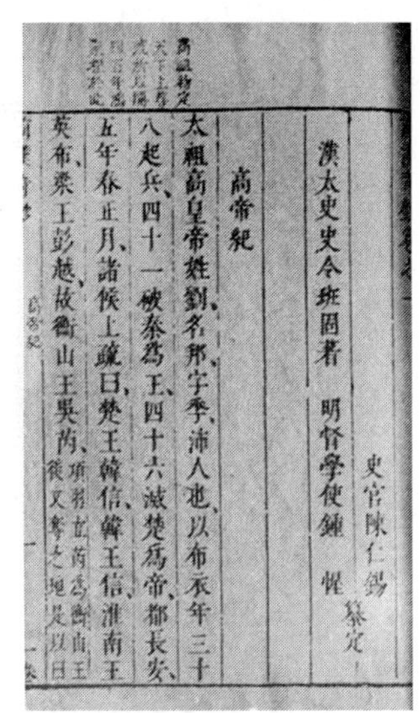

漢太史令班固著　明督學使鍾惺　史官陳仁錫纂定

高帝紀

太祖高皇帝姓劉、名邦、字季、沛人也、以布衣年三十八起兵、四十一破秦爲王、四十六滅楚爲帝、都長安、五年春正月、諸侯上疏曰、楚王韓信、韓王信、淮南王英布、梁王彭越、故衡山王吳芮、

图 2－4　明天启五年（1625 年）刻本《两汉奇抄》

（1629 年）刻本《宋文文山先生全集》，卷端题：“宋庐陵文天祥文山父著；明武林后学钟越巽度父评阅，兄钟天均小天父、钟天墀云桓父参阅。”（见图 2－5）。清乾隆间刻本《半舫斋古文》，卷端题：“高沙夏之蓉醴谷氏著；秣陵戴祖启敬咸批点。”

以上五种情况是在书名没有揭示作者信息的情况下普遍采用的作者署名形式。但如果书名已包含有作者信息，或作品本身是多个作者的总集，则卷端通常不再署原作者姓名，而是单署二次创作的作者及其编、校、注、评等著述方式。这就是以下第六至第九种情况。

第六，单署某某编（纂、辑、选、集等）。如明刻本《苏文忠公外纪》卷端署名：“瑯琊王世贞编。”明嘉靖七年（1528 年）晋藩养德书院刻本《唐文粹》，卷端题：“吴兴姚铉纂。”明万历丁未（1607 年）杨尔曾夷白堂刻本《图绘宗彝》，卷端题：“武林杨尔曾字圣鲁辑。”明万历间刻本《新刻三苏论策选粹》，卷端题：“海岱李时渐伯鸿甫选。”南宋绍定三年（1230 年）俞宅书塾刻本《乖崖张公语录》，卷端题：“门生朝奉郎尚书虞部员外郎致仕李畋集。”（见图 2－6）乖崖张公，即北宋张咏，《鹤林玉露》记载了他一钱斩吏的故事。

第七，单署某某校（订）。如明万历十二年（1584 年）慎懋官刻本《新锓抱朴子》，卷端题：“吴兴郡山人慎懋官校。”明万历三十六年（1608 年）刻本《何大复先生学约古文》，卷端只题：“晋陵后学谢守廉清父校。”

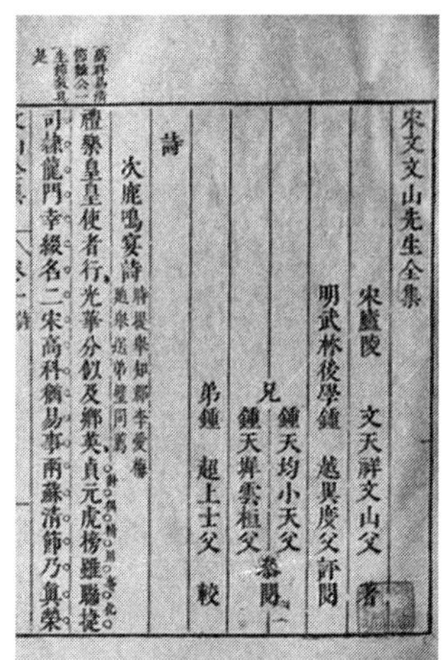

宋文文山先生全集
宋廬陵　文天祥文山父　著
明武林後學鍾　越異度父　評閱
兄鍾天均小天父
鍾天[illegible]父　恭閱
弟鍾　超上士父　校
詩
次鹿鳴宴詩
禮樂皇皇使者行光華分似及鄉英貞元虎榜[illegible]聯捷
可隸龍門幸綴名二宋高科猶易事兩蘇清節乃真榮

图 2－5　明崇祯二年（1629 年）刻本《宋文文山先生全集》

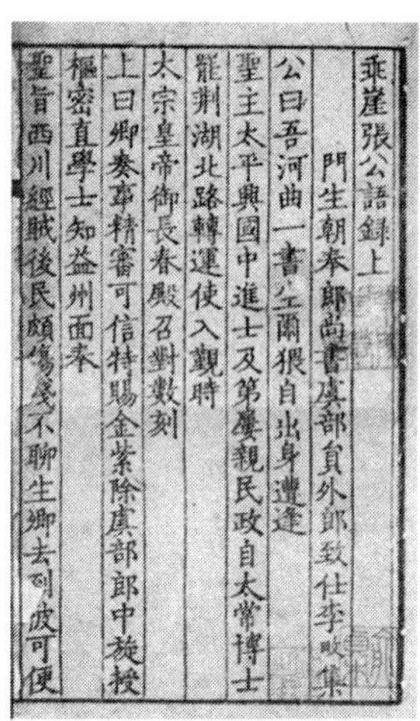

乖崖張公語錄上
門生朝奉郎尚書虞部員外郎致仕李畋集
公曰吾河曲一書生爾猥自出身遭逢
聖主太平興國中進士及第屢親民政自太常博士
罷荆湖北路轉運使入覲時
太宗皇帝御長春殿召對數刻
上曰卿奏事精審可信特賜金紫除虞部郎中旋授
樞密直學士知益州面奉
聖旨西川經賊後民頗傷殘不聊生卿去[illegible]可便

图 2－6　南宋绍定三年(1230 年)俞宅书塾刻本《乖崖张公语录》

清康熙四十一年（1702 年）刻本《文苑英华选》，卷端题：“瀛洲宫梦仁定山手订。”清尚德堂刻本《丹溪先生心法》，卷端题：“明新安吴中珩校。”（见图 2－7）

第八，单署某某注（集传、正义、音义、笺注等）。如明万历壬午（1582 年）赵用贤刻本《管子》，卷端题：“唐司空房玄龄注。”清康熙间刻本《山海经广注》卷端题：“仁和吴任臣注。”清乾隆刻本《逸周书》卷端题：“孔晁注。”南宋刻本《诗集传》卷端题：“朱熹集传。”（见图 2－8）

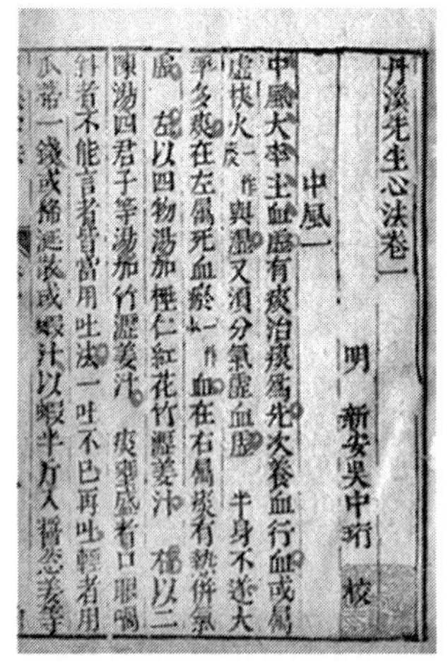

丹溪先生心法卷一
明　新安吳中珩　校
中風一
中風大率主血虛有痰治痰為先次養血行血或屬
虛挾火一作痰與濕又須分氣虛血虛半身不遂大
率多痰在左屬死血瘀一作少血在右屬痰有熱並氣
虛左以四物湯加桃仁紅花竹瀝薑汁右以二
陳湯四君子等湯加竹瀝薑汁痰壅盛者口眼喎
斜者不能言者皆當用吐法一吐不已再吐輕者用
瓜蒂一錢或稀涎散或蝦汁以蝦半斤入醬葱薑等

图 2－7　清尚德堂刻本《丹溪先生心法》

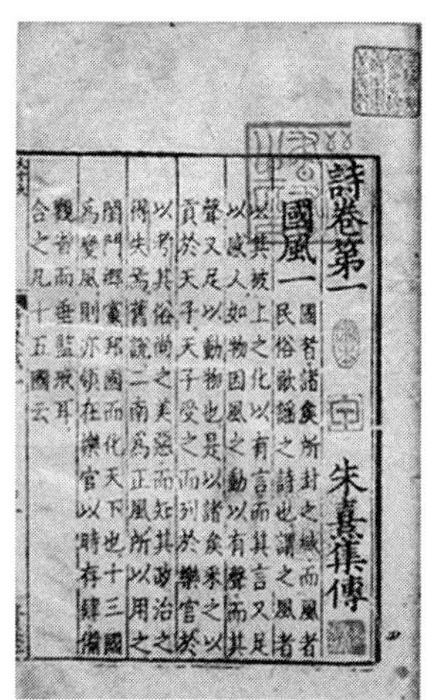

詩卷第一　朱熹集傳
國風一
國者諸侯所封之域而風者
民俗歌謠之詩也謂之風者
以其被上之化以有言而其言又足
以感人如物因風之動以有聲而其
聲又足以動物也是以諸侯采之以
貢於天子天子受之而列於樂官於
以考其俗尚之美惡而知其政治之
得失焉舊說二南為正風所以用之
閨門鄉黨邦國而化天下也十三國
為變風則亦領在樂官以時存肄備
觀省而垂監戒耳
合之凡十五國云

图 2－8　南宋刻本朱熹《诗集传》

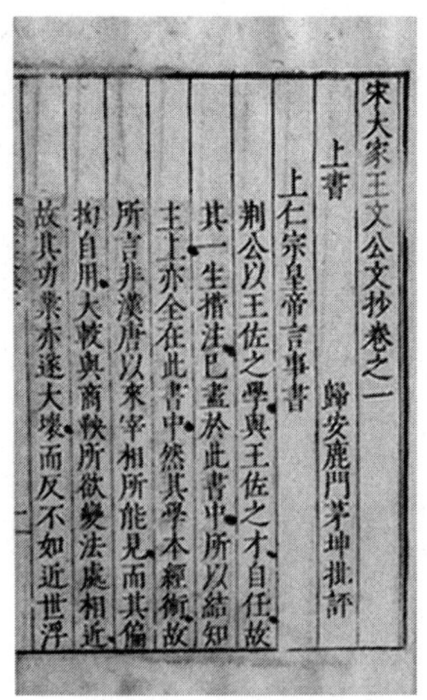

宋大家王文公文抄卷之一

上書　　　　　　歸安鹿門茅坤批評

上仁宗皇帝言事書

荆公以王佐之學與王佐之才自任故其一生揩法已盡於此書中所以結知主上亦全在此書中然其學本經術故所言非漢唐以來宰相所能見而其偏拘自用大較與商鞅所欲變法處相近故其功業亦遂大壞而反不如近世浮

图 2-9　明万历七年（1579 年）刻本《宋大家王文公文钞》

8）清康熙三十三年（1694 年）补刻本《徐孝穆全集》卷端题：“吴江吴兆宾显令笺注。”也有传和本义分开题署者，如明正统十二年（1447 年）司礼监刻本《周易传义》，卷端题：“程颐传；朱熹本义。”宋刻本中有卷端只题某氏者，如南宋嘉定六年（1213 年）淮东刻本《注东坡先生诗》，卷端署名：“吴兴施氏，吴郡顾氏。”这里实际上省略了“注”。注者即施元之（字德初）、顾禧（字景藩）两位学者。此本《注东坡先生诗》是编年体苏轼诗注的首次刊行。

第九，单署某某评（阅、批评、评点、批点等）。如明万历七年（1579 年）刻本《宋大家王文公文钞》，卷端题：“归安鹿门茅坤批评。”（见图 2-9）明万历间刻本《集千家注批点补遗杜工部诗集》，卷端题：“须溪刘会孟评点。”会孟，是刘辰翁的字，此是籍贯和字号连署。明天启间刻本《文子》，卷端题：“句余孙钅文融评；武林梁杰廷玉阅。”

第十，撰著以外，将其他两种著述方式分开题署。例如，有将评、校分署者，如清乾隆仿范轩刻本《昭明文选集成》，卷端题：“古榕方廷珪伯海评点；男辉祖叔景校刻。”有将编、校分署者，如明万历刻本《有像列仙全传》，卷端题：“吴郡王世贞辑次；新都汪云鹏校梓。”（见图 2-10）清顺治庚寅（1650 年）谢世箕刻本《金石录》，卷端题：“宋东武赵明诚编著；清济南谢世箕较梓，晋陵冯逵道参订。”

第十一，撰著以外，将其他两种著述方式合并题署。例如，有将注、评合并题署的，如明万历周宗孔刻本《诗经品节》卷端题：“东粤复所杨起元注评。”清刻本《韩文起》卷端题：“晋安林云铭西仲评注。”有将评、编合并题署的，如明天启六年（1626 年）沈飞仲刻本《太平广记》，卷端题：“古吴冯梦龙评纂。”（见图 2－11）明崇祯间刻本《慧眼山房原本古今小品》，卷端题：“闽漳陈天定评选。”清雍正三年（1725 年）朱可亭刻本《古文雅正》，卷端题：“漳浦蔡世远闻之选评。”有将编、校合并题署的，如明万历十一年（1583 年）刻本《汉魏诗乘》，卷端题：“宣城梅鼎祚禹金编校。”

第十二，撰著以外，将三种以上著述方式分列署名。例如，有分署评、注、校者，如清康雍间刻本《金匮要略方论本义》，卷端题：“何炫、冀栋评定；魏荔彤释义；男士敏、士说校刊。”（见图 2－12）也有将编、校、评、注等多种著述方式混合题署的，如明万历二十四年（1596 年）汪启文刻本《新镌焦太史汇选中原文献》，其卷端题：“修撰漪园焦竑选；少傅颍阳许国校；编修石蒉陶望龄评；修撰兰嵎朱之蕃注；新安庠生汪宗淳启文父、汪元湛若水父、许继登尔先父、汪宗伋予淑父阅梓。”

须指出的是，除了以上种种卷端署名形式外，书名仍是一种不可忽视的作者署名方式。如有的著作书名已揭示了作者信息，同时又没有编、校、注、评等其他二次著述方式，此种情况下卷端往往只署书名卷次，而不署任何作者姓名和著述方式。例如，明嘉靖壬辰（1532 年）张大轮刻本《晦庵先生朱文公文集》，卷端只署书名卷次，不署朱熹名；明嘉靖十三年（1534 年）江西布政司刻本《东坡奏议》15 卷，卷端不署苏轼名；明万历丙子（1576 年）姜奇方刻本《宛陵先生文集》，卷端不署梅尧臣名。清康熙间活字本《陈同甫集》，其卷端也只署书名卷次，不署陈亮名（见图 2－13）。

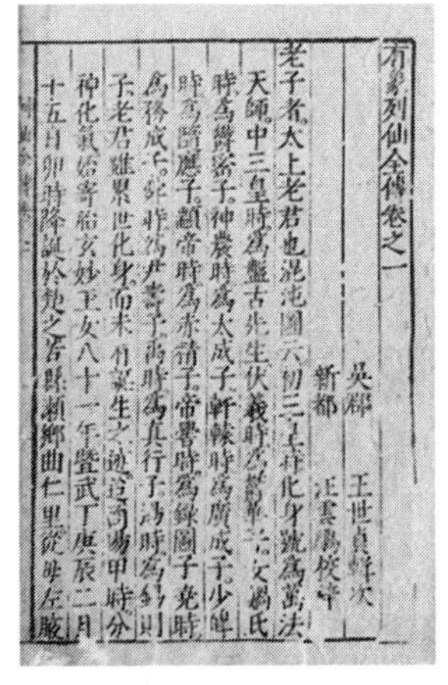

图 2－10 明万历刻本《有像列仙全传》

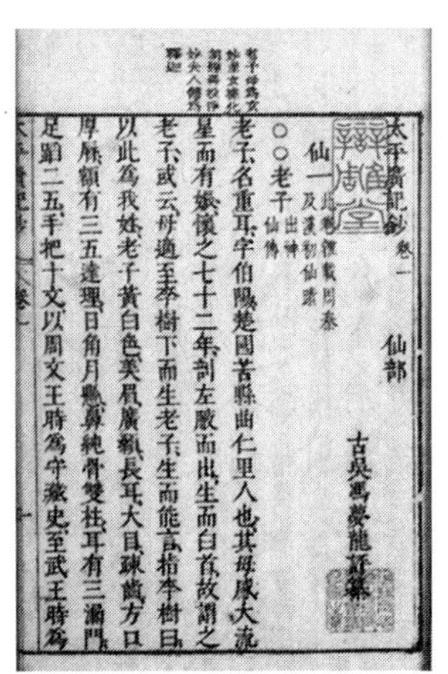

图 2－11 明天启六年（1626 年）沈飞仲刻本《太平广记》

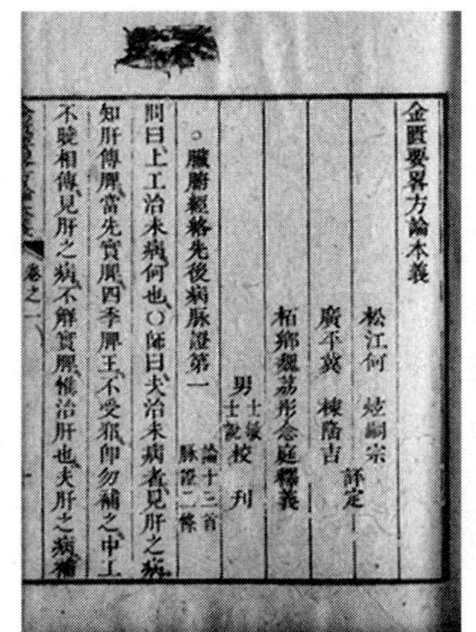
金匱要畧方論本義
松江何　炫嗣宗　評定
廣平黄　棟蔭吉
柘鄉魏荔彤念庭　釋義
男士綮　士說　校　刊
○臟腑經絡先後病脉證第一　論十三首　脉證二條
問曰上工治未病何也○師曰夫治未病者見肝之病
知肝傳脾當先實脾四季脾王不受邪即勿補之中工
不曉相傳見肝之病不解實脾惟治肝也夫肝之病補

图 2－12　清康雍间刻本《金匮要略方论本义》

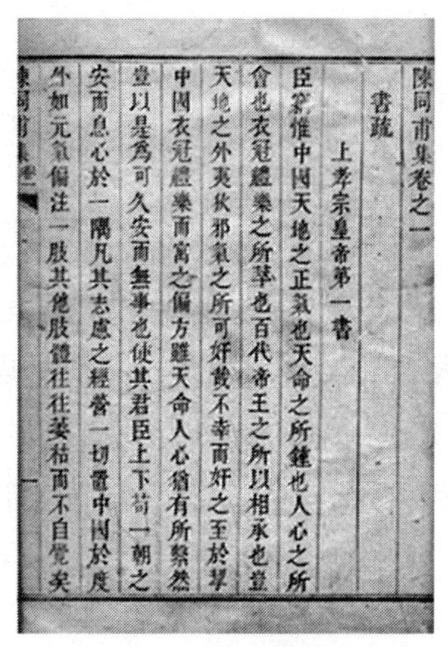
陳同甫集卷之一
書疏
上孝宗皇帝第一書
臣竊惟中國天地之正氣也天命之所鍾也人心之所
會也衣冠禮樂之所萃也百代帝王之所以相承也豈
天地之外夷狄邪氣之所可奸哉不幸而奸之至於挈
中國衣冠禮樂而寓之偏方雖天命人心猶有所繫然
豈以是爲可久安而無事也使其君臣上下苟一朝之
安而息心於一隅凡其志慮之經營一切置中國於度
外如元氣偏注一肢其他肢體往往萎枯而不自覺矣

图 2－13　清康熙间活字本《陈同甫集》

综上所述，中国古代图书作者署名的起源与发展经历了一个漫长的过程：从最初的不署名，到书名兼署作者信息，再到后来单独的卷端署名；从单一的著述方式的题署，到多种著述方式的分列题署，再到后来的各种著述方式的组合题署；从单一的作者姓名的题署，到姓名与朝代、籍贯、官职、字号、著述方式等其他项目的连署，中国古代图书作者署名走过了从无到有，从简陋到详细的规范化发展道路。无论是作者自署，还是由传刻者他署，以上这些变化，无不反映了中国古代著作人在其作品及其复制件中的标记意识的觉醒，也反映了传刻者（复制者）对原作者名誉的尊重。而这个过程发生的起点正好处于我国由奴隶制向封建制过渡的时期，这绝不是历史的偶然。社会生产力的提高，导致“私田”大量出现，原有的奴隶制生产关系随之解体，封建生产关系孕育而生。这种经济基础的变革，必然导致社会结构和社会意识发生变化。“士”阶层的出现及其政治诉求，促成了民间学术活动及私家著述的产生与发展，知识的创造与传播活动逐渐成为社会常态，各种学说、思潮和知识门类层出不穷。这就客观上需要对这些不同的知识学派加以区分，加上知识分子通过“立言”以求“不朽”的主观努力，中国古代图书署名的产生就成为历史的必然。

第三章　中国古代图书著作权关系的形成（上）：创作环节

著作权关系是著作权保护意识、著作权保护行为、著作权保护制度产生的必要的社会条件。换句话说，只有先产生了著作权关系，才有可能产生著作权保护意识、行为和相关制度。所谓著作权关系，是指在图书创作、传播和利用过程中，因涉及对原著内容的改编、沿袭或以获利为目的的复制传播行为，而在原著与改编（或抄袭）作品、原作者与现作者（或图书复制者、传播者）之间形成的一种精神或财产关系。也即是说，只有先产生了侵害作者精神名誉或财产利益的行为，才可能产生著作权保护的意识、行为和制度。著作权关系不可能凭空产生，它只能产生于图书著作的创作、传播和利用等实践环节。循着这条思路，本书将以三章（第三、四、五章）的篇幅，分别探讨在古代图书文献的创作、传播和利用过程中影响和决定中国古代著作权关系形成和发展的各种客观因素。

第一节　代笔

常态的图书创作或生产过程，是作者经由本人的创造性思维劳动，将其对于社会或自然的感性体验上升到理性知识的过程。但在复杂的社会环境里，人与人之间因为社会地位、经济条件、知识水平的巨大差异，也可能出现非常态的图书生产形式，代笔就是其中之一。所谓代笔，是指作者自愿以他人名义（即在作品中署他人姓名）进行撰著或其他创作活动。这是一种自愿放弃著作权的行为，但这种“自愿”通常是有条件的，即包含有利益交换的成分在里面，或由图书署名者供给著书者衣食钱物，或由署名者确保著书者拥有一定的社会地位。署名者取名，著书者取利，名与利的交换，实际上是一种著作权的转让关系。代笔现象在中国古代早已有之。

一　先秦两汉的代笔

先秦两汉时期，代笔多表现为集体创作的著作单独署个人姓名的情况。比如战国时期的名著《吕氏春秋》，只署吕不韦一人之名，而它实际上是由吕不韦的门客集体撰著而成。明人何良俊曾言：“《吕氏春秋》乃吕不韦之客所著。盖吕不韦既柄秦，遂招致天下之客，欲著书以自名家。故门下之客共成此书。大率亦名法之流。然文字尖新，不似先秦人语；又出于众人之手，言多舛驳。”① 该书参与编纂的人数相当可观，据后人推测，当时游于秦国的李斯、司空马、甘罗、蔡泽、张唐、尉缭等人可能参与其中，但没有确切材料可以证明。这种著书方式与中国古代的养士制度有很大关系。《墨子·尚贤上》云：“国有贤良之士众，则国家之治厚；贤良之士寡，则国家之治薄。故大人之务，将在于众贤而已。”② 春秋中晚期以后，特别是战国时期出现了“朝秦暮楚”“朝为布衣，夕为卿相”的人才流动盛况，诸侯国争相出台优惠条件招贤纳士。秦孝公、齐威王、齐宣王、梁惠王、燕昭王等从全国各地引进不少人才。孟尝君田文、平原君赵胜、春申君黄歇和信陵君魏无忌号称“战国四公子”，他们礼贤下士，甚至侠士刺客、鸡鸣狗盗之徒也都成其招揽的对象，门下食客多至数千人。这为集体著述的兴起创造了条件。

图 3－1　秦文信侯吕不韦画像

汉代继承了门客著书的风气，如淮南王刘安也曾“招致宾客方术之士数千人”，其中就有人专为他著书。《淮南子》和《淮南道训》即是杂出众手。《汉书·艺文志》著录《淮南内》21 篇，《淮南外》33 篇，又著录《淮南道训》2 篇，下注“淮南王安聘明《易》者九人，号九师说”。尽管署名者仍是一人，但署名者只是领衔者、组织者，而文章却是出于众手，

① 何良俊：《四友斋丛说》第 20 卷，中华书局，1959，第 184 页。

② 墨翟著，苏凤捷、程梅花注说《墨子》，河南大学出版社，2008，第 110 页。

是集体智慧的结晶。东汉高诱注解是书，序中胪列参与著作的人有“苏飞、李尚、左吴、田由、雷被、毛被、伍被、晋昌等八人，及诸儒大山、小山之徒”①。

如果说招揽门客著书只是豪门望族的个人行为，那么在官方，汉代也存在集体作品只署一人姓名的情况，只是与代笔的性质稍有不同，如《盐铁论》《白虎通义》《东观汉记》等。始元六年（前81年），汉昭帝召开会议，以朝廷中丞相田千秋、御史大夫桑弘羊及其僚属为一方，各地方所推举的贤良、文学为另一方，就汉武帝以来推行的煮盐冶铁等经济政策进行激烈论辩，至宣帝时桓宽将当时的会议记录整理成书，取名《盐铁论》，《汉书·艺文志》将之著录为“桓宽《盐铁论》六十篇”。东汉建初四年（79），肃宗主持召开了白虎观会议，召集群儒就五经经义“考详同异，连月乃罢。肃宗亲临称制，如石渠故事，顾命史臣，著为《通义》”②。班固就是奉命整理《白虎通义》的“史臣”，《白虎通义》实际上是群儒论定异同的成果，而后世多以班固为其著者。《盐铁论》《白虎通义》都是以整理者署名，并非个人作品。《东观汉记》是我国第一部官修史书，它的编撰过程也比较复杂。据曹之先生考证，《东观汉记》的编撰过程分为初创、续修、再续、成书四个阶段。它于明帝永平五年（62年）开始编纂，至灵帝光和元年（178年）成书，历时116年。先后参与纂修的有班固、徐宗、孟异、杜抚、刘复、贾逵、傅毅、刘珍、刘騊駼、刘毅、李尤、伏无忌、黄景、边韶、崔寔、朱穆、曹寿、延笃、蔡邕、马日磾、杨彪、卢植、刘洪等23人③。该书初称《汉记》，至南北朝时为了和其他后汉诸史区别开来，始在书名前冠“东观”二字。对其作者，《隋书·经籍志》著录为“长书校尉刘珍等撰”，实际上是仅取其代表而已，而大多数作者的姓名被湮没了。

在民间，请人代作文章的现象已有发生。如东汉时期的葛龚，字元甫，梁国宁陵人，以擅长写奏文而闻名当时。《笑林》记载了这样一个笑话：有人仰慕葛龚大名，请他代写了一篇奏文，完了之后忘记署上自己的名字，结果把署有葛龚名字的奏文进献给了朝廷，“时人为之语曰：‘作奏虽工，宜书葛龚。’”这则记载透露一个信息，“龚为作之，其人写之，忘自载其名”④，也就是说葛龚在写完这篇奏文之后，是署了自己名字的，然后交给

① 王国强：《汉代文献学研究》，线装书局，2007，第69页。

② 范晔：《后汉书》第79卷上，《儒林列传》，中华书局，1965，第2546页。

③ 曹之：《〈东观汉记〉编撰考》，《图书馆论坛》1998年第6期，第68-70页。

④ 范晔：《后汉书》第80卷上，《葛龚传》，中华书局，1965，第2617页。

来人誊抄。只是由于这个人的粗心，忘记写上自己的名字，这才闹出了笑话。

二　魏晋南北朝的代笔

魏晋南北朝以后，代笔逐成风气，这可能与上层社会浮华的学风有关。据北齐颜之推《颜氏家训》载："梁朝全盛之时，贵游子弟，多无学术，至于谚云：'上车不落则著作，体中何如则秘书。'无不熏衣剃面，傅粉施朱，驾长檐车，跟高齿屐，坐棋子方褥，凭斑丝隐囊，列器玩于左右，从容出入，望若神仙。明经求第，则雇人答策，三九公宴，则假手赋诗。"① 所谓"雇人答策""假手赋诗"，就是请人代笔。魏晋南北朝时期常见的代笔类型有以下几种。

首先是诗赋的代笔，如南朝刘宋时的谢晦，字宣明，晋太常谢裒之玄孙，因为"美风姿，善言笑，眉目分明，鬓发如墨"，故有"玉人"之称。他不仅人长得漂亮，而且文章写得好，史载他"涉猎文义，博赡多通"，深得刘宋武帝刘裕的喜爱。有一次，刘裕举行彭城大会，命纸笔赋诗，"晦恐帝有失，起谏帝。即代作曰：'先荡临淄秽，却清河洛尘，华阳有逸骥，桃林无伏轮。'于是群臣并作。时谢混风华为江左第一，尝与晦俱在武帝前，帝目之曰：'一时顿有两玉人耳。'"② 谢晦主动替宋武帝作赋，难免有拍马屁之嫌，其动机可能是为了博取高位。

其次是表章的代笔，如南梁刘之遴，字思贞，南阳涅阳人，八岁能属文，十五举茂才对策，当时的名士沈约、任昉都非常欣赏他。有一次吏部尚书王瞻拜访任昉，恰巧刘之遴在坐，任昉向王瞻推荐道："此南阳刘之遴，学优未仕，水镜所宜甄擢。"王瞻当即提拔刘之遴为太学博士。后来张稷新擢升尚书仆射，"托昉为让表，昉令之遴代作，操笔立成"③。刘之遴痛快地替任昉代撰制表，显然是为了报答任昉的知遇之恩。北魏的邢邵，字子才，河间人，"自孝明之后，文雅大盛，劭雕虫之美，独步当时，每一文初出，京师为之纸贵，读诵俄遍远近。于时袁翻与范阳祖莹位望通显，文笔之美，见称先达，以劭藻思华赡，深共嫉之。每洛中贵人拜职，多凭劭为谢章表。尝有一贵胜初授官，大事宾食，翻与劭俱在坐，翻意主人托其为让表。遂命劭作之，翻甚不悦。每告人云：'邢家小儿常客作章表，自

① 颜之推撰，王利器集解《颜氏家训集解》第3卷，《勉学》，上海古籍出版社，1980，第145页。

② 李延寿：《南史》第19卷，《谢晦传》，中华书局，1975，第522页。

③ 姚思廉：《梁书》第40卷，《刘之遴传》，中华书局，1973，第572页。

买黄纸，写而送之。'"[①] 邢邵代人作谢表，竟遭到袁翻的嫉恨，可见代笔是可以给作者带来声名和利益的。

第三，碑志的代作。碑志作为中国古代一种重要的应用文体在北朝迎来了它的第一个发展高潮。通过对现存北朝碑志和相关史料的考察可知，北朝碑志是署作者姓名的，其作者又分公、私两类。因公者，即由官方指定史臣撰写，如北魏正光五年（524 年）五月《比丘尼统慈庆墓志铭》末署："征虏将军中散大夫领中书舍人常景文、李宁民书。"[②] 因私者，即由死者生前亲友撰写碑志。有直系亲属执笔的，如北魏太昌元年（532 年）十一月《长孙季墓志》序称："越太昌元年十一月十八日将归祔于先君之神兆，庆等酷慈颜之永閟，号微感之莫申，谨追录遗徽，少敷哀苦，长穷余恨，昊天何追。"[③] 从墓志铭辞后所记可知，志序所称之"庆"即志主三子长孙庆，时任骠骑将军兼领给事黄门侍郎。有生前好友执笔的，如东魏兴和三年（541 年）十月《元鸷墓志》序称："于是友人车骑大将军秘书监常景惜白珩之掩曜，悲懋德之未融，镌金石而为志，托宾实以宣风。"[④] 作者常景即是死者元鸷的好友。但在碑志的作者中，还有一类与死者并无特殊关系，他们代作碑志大多是受人请托。如裴诹之，字士正，少好儒学，《北史》载："杨愔阖门改葬，托诹之顿作十余墓志，文皆可观。"[⑤] 再如，北魏太昌元年（532 年）《郑平城妻李晖仪墓志》，铭辞即出自"北地三才"之一的魏收之手，其志序称"友人中书侍郎鉅鹿魏收，虽年在雁行，而义均同志，后来之美，领袖辞人，托其为铭，式传不朽。"[⑥] "后来之美，领袖辞人"正是对代作者魏收文才的肯定。

另外，在书法作品领域，也出现了代笔的现象。如东晋大书法家王羲之就曾找人代笔，几乎到了乱真的地步。据南梁陶弘景《与武帝启五》云："逸少（王羲之字）自吴兴以前，诸书犹为未称。凡厥好迹，皆是向在会稽时永和十许年中者。从失郡告灵不仕以后，略不复自书，皆使此一人，世中不能别也。见其缓异，呼为末年书。逸少亡后，子敬（王献之

---

① 李延寿：《北史》第 43 卷，《邢邵传》，中华书局，1974，第 1589 页。
② 赵超：《汉魏南北朝墓志汇编》，天津古籍出版社，1992，第 147 页。
③ 赵君平：《邙洛碑志三百种》，中华书局，2004，第 30 页。
④ 赵超：《汉魏南北朝墓志汇编》，天津古籍出版社，1992，第 343 页。
⑤ 李延寿：《北史》第 38 卷，《裴诹之传》，中华书局，1974，第 1385 页。
⑥ 罗新：《跋北魏郑平城妻李晖仪墓志》，《中国历史人物》2005 年第 6 期，第 44 - 49 页。

字）年十七八，全仿此人书，故遂成与之相似。”① 王羲之在父母坟前发誓不再做官后，连书法也“略不复自书，皆使此一人”。这个人是谁，至今仍无可考，但他的书法水平之高是无可置疑的。王羲之去世之后，其子王献之就“全仿此人书”，终又成一代书法大师。

南北朝时期，集体著书但署一人姓名的做法仍很盛行。刘宋时期的著名笔记小说《世说新语》就是集体编撰而成，但只署刘义庆一人姓名。该书记载了魏晋士大夫的言谈轶事，反映了当时士族的思想、生活和清谈放诞的风气，对后世的笔记文学有很大影响。从内容上看，《世说新语》前后重复者有之，内容相似者有之，各类篇幅不一，分类亦欠妥，人名多用异称，这些都是该书成于众手的痕迹。鲁迅在《中国小说史略》中说：“然《世说》文字，间或与裴、郭二家所记相同，殆亦犹《幽明录》《宣验记》然，乃纂辑旧文，非由自造：《宋书》言义庆才词不多，而招聚文学之士，远近必至，则诸书或成于众手，未可知也。”②《宋书》亦云：“（义庆）招聚文学之士，远近必至。太尉袁淑，文冠当时，义庆在江州，请为卫军咨议参军。其余吴郡陆展、东海何长瑜、鲍照等，并为辞章之类，引为佐史国臣。”③ 这里的袁淑、陆展、何长瑜、鲍照等就是“文学之士”的代表。据考，其他参与著书的可能还有何偃、庾寔、龚祈、师觉授、王僧达等人④。我国现存最早的诗文总集《文选》，是由南梁昭明太子萧统组织文人共同编纂的，但《梁书·昭明太子传》将《文选》的著作权归于萧统的名下：“（太子）所著文集二十卷；又撰古今典诰文言，为《正序》十卷；五言诗之善者，为《文章英华》二十卷；《文选》三十卷。”实际上，该书成于众人之手，据邓之诚《骨董琐记全编》载：“梁昭明太子统，聚文士刘孝威、庾肩吾、徐防、江伯操、孔敬通、惠子枕、徐陵、王囿、孔烁、鲍至十人，谓之‘高斋十学士’，集《文选》。是《文选》不出于昭明手制也。”⑤ 类似的例子还有，如北魏宗室元晖，字景袭，少沉敏，雅好文史，曾“招集儒士崔鸿等撰录百家要事，以类相从，名为《科录》，共二百七十卷，上起伏羲，迄于晋，凡十四代。”⑥ 元晖病势危重时，上表将此

① 陶弘景：《陶隐居集·与武帝启五》，张溥《汉魏六朝百三家集》，清文渊阁四库全书本。

② 鲁迅：《中国小说史略》，人民文学出版社，1973，第47页。

③ 沈约：《宋书》第51卷，《刘义庆传》，中华书局，1974，第1477页。

④ 曹之：《〈世说新语〉编撰考》，《河南图书馆学刊》1998年第1期，第28－32页。

⑤ 邓之诚：《骨董琐记全编》第1卷，生活·读书·新知三联书店，1955，第18页。

⑥ 李延寿：《北史》第15卷，《元晖传》，中华书局，1974，第572页。

书献上。《隋书·经籍志》将此书著录为：“《科录》二百七十卷，元晖撰。”显然是将此书的著作权归于元晖一人名下了。

三 隋唐五代的代笔

与一般王公贵族组织宾客门人进行撰著相比，武则天以皇帝的身份征招天下文学之士代其著述则显得强势得多。武则天爱好文艺，据《新唐书·艺文志》载，她曾著有《垂拱集》100卷和《金轮集》10卷，惜已亡佚，今存诗数十首，《全唐文》编其文为4卷。但实际上，有的题名为“天后撰”的书，却多是由其治下的文学之士集体编纂而成。比如《玄览》一书，《旧唐书·经籍志》著录：“《玄览》一百卷，天后撰。”再如《青宫纪要》，著录为：“《青宫纪要》三十卷，天后撰。”[①] 然而这些书并非出自武则天本人，而是由周思茂、范履冰、卫敬业等人集体撰著。据《旧唐书》载：“太后尝召文学之士周思茂、范履冰、卫敬业，令撰《玄览》及《古今内范》各百卷，《青宫纪要》《少阳政范》各三十卷，《维城典训》《凤楼新诫》《孝子列女传》各二十卷，《内轨要略》《乐书要录》各十卷，《百僚新诫》《兆人本业》各五卷，《臣范》两卷，《垂拱格》四卷，并文集一百二十卷，藏于秘阁。”[②] 周思茂等人拿着朝廷的俸禄，以天后的名义著书，实际上是变相地出卖了著作权。武则天的儿子唐中宗李显也请人代作过唱和诗。上官昭容，“名婉儿，上官仪之女也。年十四，武后召见，有所制作，若素构。中宗与群儒唱和，昭容代作，采丽益新。”[③] 唐代除太宗、玄宗外，多数皇帝的诗文都是由臣子代作的，正如明人胡应麟所说：“唐人主工文词者，太宗、玄宗尚矣。高、中二帝岂解此事？昏庸沉湎，假借自文，大率侍从诸臣代作耳。”[④]

如果说周思茂等人的代笔行为多少是被逼无奈，那么宋之问、阎朝隐等趋炎附势之徒则完全是主动的。据《旧唐书》载：“以昌宗丑声闻于外，欲以美事掩其迹，乃诏昌宗撰《三教珠英》于内。乃引文学之士李峤、阎朝隐、徐彦伯、张说、宋之问、崔湜、富嘉谟等二十六人，分门撰集，成一千三百卷，上之。加昌宗司仆卿，封邺国公，易之为麟台监，封恒国公，各实封三百户。俄改昌宗为春官侍郎。易之、昌宗皆粗能属文，如应诏和

---

① 刘昫：《旧唐书》第47卷，《经籍志下》，中华书局，1975，第2026页。
② 刘昫：《旧唐书》第6卷，《本纪第六》，中华书局，1975，第133页。
③ 陈应行：《吟窗杂录》第30卷，《上官昭容》，中华书局，1997，第837页。
④ 胡应麟：《诗薮》，《外编》第3卷，上海古籍出版社，1979，第172页。

诗，则宋之问、阎朝隐为之代作。"① 宋之问、阎朝隐之流为讨好巴结武则天的男宠张昌宗、张易之兄弟，甘作枪手，替张氏兄弟作应诏书及和诗，这种下作行径为时人所不耻。

在养士作文上，唐太宗第三子濮王李泰（字惠褒，后封魏王）颇有当年西汉淮南王的遗风。《新唐书》载："帝以泰好士，善属文，诏即府置文学馆，得自引学士。又以泰大腰腹，听乘小舆至朝。司马苏勖劝泰延宾客著书，如古贤王。泰乃奏撰《括地志》，于是引著作郎萧德言、秘书郎顾胤、记室参军蒋亚卿、功曹参军谢偃等撰次。卫尉供帐，光禄给食，士有文学者多与，而贵游子弟更相因藉，门若市然。泰悟其过，欲速成，乃分道计州，翻缉疏录，凡五百五十篇，历四期成。诏藏秘阁，所赐万段。"② 李泰听从司马苏勖的建议，仿效吕不韦、刘安的做法，招募宾客以著书。太宗皇帝也大力支持，在李泰府中设置文学馆，四方延揽文学之士。《括地志》就是在这种氛围中编撰完成的。这是一部全面反映盛唐时代行政区划和地理情况的专书，于贞观十三年（639 年）开编，十五年（641 年）克成，参与其事的有苏勖、萧德言、顾胤、蒋亚卿、谢偃等人。《括地志》只署李泰一人姓名，这些文学之士由朝廷供给俸禄衣食，实际上也是变相出卖了自己的著作权。

唐代的幕僚为其幕主代撰的情况也较为普遍。如唐著名宰相李德裕著有《会昌一品集》，该书题有两序，一为晚唐著名诗人李商隐所作，一题郑亚所作，两序互有异同。《文苑英华》卷七〇六称："右李德裕集两序，前篇郑亚为桂帅时所撰，今集用之。其后篇疑亚先委判官李商隐代作，亚复改定，故有异同。"③ 这里要说明的是，李商隐 17 岁即以文才见知于牛僧孺党重要成员令狐楚，引为幕府巡官，25 岁经令狐楚之子令狐绹引荐，登进士第。但他后来娶李德裕党人河阳节度使王茂元之女为妻，因而陷入牛李党争的旋涡，成为政治斗争的牺牲品，长期寄人篱下，沉沦幕府。当时李党的重要成员给事中郑亚外调为桂州刺史、桂管防御观察使。这次调职表面上是官阶不变，但实际上是牛党对李党成员实施的一次有计划的排挤行动。郑亚因赏识李商隐的才华，因而辟请李商隐入幕担任观察支使兼掌书记，后又特意为他奏加了检校水部员外郎的虚衔。李商隐自然感激郑亚的知遇之恩。郑亚委托李商隐为李党领袖李德裕的《会昌一品集》作

---

① 刘昫：《旧唐书》第 78 卷，《张行成传》，中华书局，1975，第 2707 页。

② 欧阳修：《新唐书》第 80 卷，《濮王泰传》，中华书局，1975，第 3567 页。

③ 李昉：《文苑英华》第 706 卷，《太尉卫公会昌一品制集序》，清文渊阁四库全书本。

序，李商隐欣然为其效劳。李序虽经郑亚改定，但比郑氏自撰的序要更好。清人刘声木在《苌楚斋随笔》中说："唐李德裕《会昌一品集序》，虽李商隐代作，后人以郑亚改本为胜。"① 以上文献记载透露出一个信息，即当时的一些豪族官僚，或因公务繁忙，或因涩于文笔，已经开始委托幕僚代作了。

唐代文人有时碍于上级权势或出于私人情谊，也会替人捉刀。大诗人白居易就干过这样的事。代宗大历间，河朔三镇为悍藩所据。宪宗元和中，"田弘正以魏归国，长庆初王承元、刘总去镇、幽，于是河北略定。而穆宗以昏君，崔植、杜元颖、王播以庸相，不能建久长之策。轻徒田弘正，以启王庭凑之乱；缪用张弘靖，以启朱克融之乱。朝廷以诸道十五万众，裴度元臣宿望，乌重嗣、李光颜当时名将，屯守逾年，竟无成功，财竭力尽，遂以节钺授二贼，再失河朔，讫于唐亡。观一时事势，何止可为痛哭！而宰相《请上尊号表》云：'陛下自即大位，及此二年，无中车汗马之劳，而坐平镇、冀；无亡弓遗镞之费，而立定幽燕。以谓威灵四及，请为神武。'君臣上下，其亦云无羞耻矣。此表乃白居易所作。"事情的真相明明是穆宗昏庸，用人不当，导致安定不久的河北发生王庭凑、朱克融之乱，且在征讨叛乱时又指挥失策，最后财竭力尽，不得不向叛贼妥协。时任中书舍人的白居易却在代宰相写的《请上尊号表》中对穆宗极尽阿谀奉承之词。还有一次，白居易的挚友元稹为了当宰相，"恐裴度复有功大用，妨己进取，多从中沮坏之。度上表极陈其状，帝不得已解稹翰林，恩遇如故。稹怨度，欲解其兵柄，劝上罢兵。未几拜相，居易代作《谢表》，其略云：'臣遭遇圣明，不因人进，擢居禁内，访以密谋。恩奖太深，谗谤并至。虽内省行事，无所愧心，然上黩宸聪，合当死责。'"白居易出于私交，竟替元稹作《谢表》以掩饰其过去的卑劣行径。难怪宋人洪迈说："其文过饰非如此。居易二表，诚为有玷盛德。'"②

唐人著述也有假手于妻子、兄弟的。唐末有一个进士叫殷保晦，与其妻封夫人皆中朝士族出身。他的妻子很有才华，当初殷保晦"始举进士时，文卷皆内子为之，动合规式，中外皆知"③。还有一个叫杨希古的，"朋党连结，悉相期以死。权势熏灼，力不可拔"，他"初应进士举，投丞郎以所业，丞郎延奖之。希古起而对曰：'斯文也，非希古之作也。'丞郎

① 刘声木：《苌楚斋随笔》第4卷，《代作改定各集》，中华书局，1998，第82页。
② 洪迈：《容斋随笔》，《五笔》第8卷，《长庆表章》，上海古籍出版社，1978，第903页。
③ 孙光宪：《北梦琐言》第11卷，中华书局，2002，第245页。

讶而诘之。曰：‘此舍弟源嶓为希古所作也。’丞郎大异之曰：‘今之子弟，以文求名者，大半假手也。苟袖一轴投之于先进，靡不私自炫鬻，以为莫我若也。如子之用意，足以整顿颓放矣。”① 由此看来，假手他人以求文名，在当时似已成风气。

五代虽短，但代笔之风却不减于隋唐，且性质较为恶劣。崔协，字思化，幼有孝行，登进士第，后唐同光初任御史中丞，“宪司举奏，多以文字错误，屡受责罚”。他喜欢高谈阔论，但多不近情理，“时人以为虚有其表”，因少识文字，被人讥为“没字碑”。可就是这么一个人，后来居然做到了后唐平章事（相当于宰相）的高位。《旧五代史》载：“协登庸之后，庙堂代笔，假手于人。”② 可见，他连表奏都写不好，只好请人代笔。封舜卿，字赞圣，官至后梁礼部侍郎。开平三年（909 年），他和自己的门生郑致雍同时受命入翰林为学士。“致雍有俊才，舜卿虽有文辞，才思拙涩，及试五题，不胜困弊，因托致雍秉笔，当时讥者以为座主辱门生”③。无独有偶，后周初的中书舍人刘涛“责授少府少监，分司西京，坐遣男顼代草制词也”④。历史上请人捉刀的事例倒也不新鲜，但五代这种座主求门生、老子托儿子代笔之事，着实令人咂舌。冯玉，字景臣，定州人，后晋时因其妹纳于宫中而得宠。“玉尝以‘姑息’字问于人，人则以‘辜负’字教之，玉乃然之，当时以为笑端。”然后就是这样一个不学无术之辈，竟被擢升为中书舍人。这个职位要代帝王起草制书，冯玉无能为力，只好请同事殷鹏代笔，“所得除目，多托鹏为之”⑤。如此看来，五代多是一些在其位而不能谋其政的庸人在请人代笔作文。这些人身处高位，地处清要，请人代笔不以为羞，反而处之泰然。究其根源，这与当时的社会风气有很大关系。五代时期正处于中国之乱世，武风炽烈，士人学子社会地位自然低下。他们或有求于人，或出于自保，只好委曲求全。

当然，隋唐五代的代笔行为并不一定都涉及世俗的名利交换关系，比如家族内成员的代作行为，主要是出于亲情或其他现实因素的考虑。唐许敬宗（隋人许善心之子），字延族，杭州新城人，少有文名，入唐后为著作郎，兼修国史。贞观间，皇太子寄诗赵国公长孙无忌，许敬宗还替长孙无忌写过谢笺。但他自己晚年因精力不济，很多文稿都是让他的孙子许彦

① 佚名：《玉泉子》，中华书局，1958，第 9 页。

② 薛居正：《旧五代史》第 58 卷，《崔协传》，中华书局，1976，第 781 页。

③ 薛居正：《旧五代史》第 68 卷，《封舜卿传》，中华书局，1976，第 903 页。

④ 薛居正：《旧五代史》第 111 卷，《太祖纪》，中华书局，1976，第 1474 页。

⑤ 薛居正：《旧五代史》第 89 卷，《殷鹏传》，中华书局，1976，第 1174 页。

伯代笔的。据《旧唐书》载："彦伯，昂之子，起家著作郎。敬宗末年文笔，多令彦伯代作。"① 有的文人之间的率性而为，一般也不涉及名利交换关系。如五代时徐寅，字昭梦，泉州莆田人，博学多才，尤擅作赋，于唐末进士及第，五代时依王审知，与黄滔、翁承赞等同乡同为幕僚，并受礼遇。据《唐人轶事汇编》载："黄滔在闽中，为王审知推官。一旦馈之鱼，时滔方与徐寅对谈，遂请为代谢笺。寅援笔而成，其略曰：'衔诸断索，才从羊续悬来；列在珊盘，便到冯驩食处。'时人大称之。"② 杨凝式，字景度，号虚白，著名书法家，性格狂放不羁，有"杨风子"之称。唐亡后，历任后梁、后唐、后晋、后汉、后周五代，官至少师太保。有一次，他受诏为钱镠（五代时期吴越国的创立者）作碑铭，他自忖文才不如李瀚，于是买来美酒，请李瀚共饮，喝到畅快处，即请其代笔撰《钱镠碑》。其事见《五代史补》载："李瀚有逸才，每作文则笔不停缀，而性嗜酒。杨凝式尝受诏撰《钱镠碑》，自以作不逮瀚，于是多市美酒，召瀚饮，俟其酣，且使代笔。经宿而成，凡一万五千字，莫不词理典赡。凝式叹服久之。"③ 与徐寅代黄滔所作的短笺相比，李瀚代杨凝式所作的《钱镠碑》，洋洋洒洒一万五千言。篇幅不论长短，却都是文人的真性情。

四　宋元的代笔

宋代是我国经济繁荣、文化昌明的时代。这一时期人才辈出，著述活动异常活跃，代笔现象较之前代也更为普遍。随手翻检宋人文集，我们常可以看到这样一类诗文题名，如陈东《少阳集》卷五《徐氏哀词代作》、陈子仁《牧莱脞语》卷十六《代作劝农文》、程珌《洺水集》卷七《代作三贤堂记》、程洵《尊德性斋小集》卷二《代作上殿札子一》、程遇孙《成都文类》卷二三《代作集府尹石刻序》，等等。这些诗文，大多是应用文体，题名有的是作者自己编集时题的，有的是后来编者加的，但都标有"代作"二字，反映了宋人代笔现象的普遍性。笔者将宋人的代笔活动大致划分为以下几种形式。

第一，由臣子代君王作文。如欧阳修，曾经替宋英宗给仁宗皇帝的集子代写过序文。我们今天还可以从《欧阳修全集》见到这篇《仁宗御集

① 刘昫：《旧唐书》第82卷，《许敬宗传》，中华书局，1975，第2765页。

② 周勋初：《唐人轶事汇编》，上海古籍出版社，2006，第2162页。

③ 陶岳：《五代史补》第3卷，《李瀚作钱镠碑》，见《丛书集成续编》第274册，新文丰出版公司，1989，第82页。

序》，题下有原编者宋人周必大小字注："英宗皇帝密旨代作。"① 既是密旨，可见皇帝还是很爱面子的，如果让外人知道后果是很严重的。杨大年就吃了这么一个哑巴亏。"大年在学士院，忽夜召见于一小阁。深在禁中，既见赐茶，从容顾问。久之，出文稿数箧以示大年云：'卿识朕书迹乎？皆朕自起草，未尝命人代作也。'大年惶然不知所对，顿首再拜而出。乃知为人所谮，由是佯狂，奔于阳翟。真宗好文，初待大年眷顾无比，晚年恩礼渐衰，亦由此也。"② 杨大年的仇家故意以大年的口吻散布谣言，说真宗皇帝的文稿是命大年代撰的，以至于宋真宗下不了台，找他当面澄清。杨大年晚年失宠，与此不无关系。北宋的仁宗皇帝曾亲手写了一部《洪范政鉴》，也被人当作一件稀罕事来看。清人刘声木《苌楚斋随笔》载："北宋仁宗皇帝御纂《洪范政鉴》十二卷，《四库提要》谓：'虽仁宗令主，其书当存，而所言无裨于实政，今谨附存其目。'云云。声木谨案：观此可见《四库》当日著录之严，编辑之善。帝王撰述，大半为臣工所编纂，此独出于仁宗御撰，亦千古所稀有也。"③ 南宋时期，孝宗也请人代写过挽诗，如洪迈《容斋随笔》载："初，孝宗以付巨珰霍汝弼，使释其意。此士，霍客也，故宛转费日如此。又面奉旨令代作挽诗五章。"④

第二，由儿子代父亲作文。宋代一些著名文学家的后人，受家庭教育和环境的影响，也有很高的文学修养，操笔作文对于他们来讲是一件平常的事情。如欧阳棐，字叔弼，欧阳修之子，年少即能文词，"修卒，代草遗表，神宗读而爱之，意修自作也。"⑤ 欧阳棐代草的遗表，文风类其父，竟至于被神宗误以为是欧阳修自己作的。曾纡，字公衮，晚号空青先生，江西南丰人，北宋丞相曾布第四子，曾巩之侄。他曾替父亲曾布写过碑文。据陆游《渭南文集》载："建中靖国元年（1101 年），景灵西宫成，诏丞相曾公铭于碑，以诏万世。碑成，天下传诵，为宋大典。且叹曾公耆老白首，而笔力不少衰如此。建炎后，仇家尽斥曾公文章始行于世，而独无此文，或谓中更丧乱不复传矣。淳熙七年（1180 年），某得曾公子宝文公遗文于临川，然后知其宝文公代作，盖上距建中八十年矣。"⑥ 杨万里，字廷秀，号诚斋，江西吉州人，与陆游、范成大、尤袤并称"中兴四大诗人"，

---

① 欧阳修：《欧阳修全集》第 14 卷，《居士外集》，中国书店，1986，第 464 页。
② 欧阳修：《归田录》第 1 卷，中华书局，1981，第 7 页。
③ 刘声木：《苌楚斋随笔》，《北宋仁宗御纂书》第 6 卷，中华书局，1998，第 122 页。
④ 洪迈：《容斋随笔》，《五笔》第 5 卷，《冥灵社首风》，上海古籍出版社，1978，第 863 页。
⑤ 脱脱：《宋史》，《欧阳棐传》第 319 卷，中华书局，1977，第 10382 页。
⑥ 陆游：《渭南文集》第 25 卷，《书〈空青集〉后》，中国书店，1986，第 150 页。

常有人托他写碑志。有一次，一个姓徐的知县来信请杨万里给他老丈人写碑文，杨万里在信中回复说："伏蒙诲帖，命戒先丈处士铭章，业已宿诺，何敢固辞？顾老病微躯，文思荒落久矣。先是此等文字，多是大儿代作，如钱侍郎仲耕、孙捡正之父诸铭，吉州设厅诸记，皆其笔也。唯莆田陈丞相、叶丞相建昌、张彦文尚书、新安程给事元成诸公铭诗，乃平生或恩或游之至深厚者，不免强为牵课耳。今君房远出，御说去家，当徐图之。或亲作，或令取代，未可约。"① 可见，杨万里给人写的碑铭志记中，有很多是他大儿子代写的。张栻，字敬夫，一字钦夫，世称南轩先生，他在年轻的时候也给父亲代写过谢表。《诚斋集》云："近世蜀人多妙于四六，如程子山、赵庄叔、刘韶美、黄仲秉，其选也然，未免作意为之者。张钦夫深于经学，初不作意于文字间，而每下笔，必造极。绍兴辛巳年，其父魏公久谪居永州，得旨自便。钦夫代作谢表。"② 刘航，字仲通，大名人，他的儿子代他作过碑志，据《三朝名臣言行录》载："温公志其墓文未成，河南监牧使刘航仲通自请书石。既见其文，迟回不敢书。仲通之子安世曰：'成吾父美，可乎？'代书之。"③ 又据宋人周辉《清波杂志》载："先人尝从张晋彦觅茶。张答以二小诗：'内家新赐密云龙，只到调元六七公。赖有家山供小草，犹堪诗老荐春风。''仇池诗中识焦坑，风味官焙可抗衡。钻余权幸亦及我，十辈遣前公试烹。'时总得偶病，此诗俾其子代书，后误刊在《于湖集》中。"④ 张晋彦即张祁，和州乌江人，累迁直秘阁。其子张孝祥，绍兴间中过状元，南宋著名词人，著《于湖集》。有这么一位状元儿子，难怪张祁在病中要请他代笔作诗了。

第三，由幕僚代幕主作文。前文虽举了北魏邢邵代人作表的例子，但在整个魏晋南北朝时期，请人代作公文奏牍的现象还不是很普遍。入唐后，这种情况开始多了起来。因此，清人赵翼在《陔余丛考》中说："六朝人奏牍多自书……唐时则表章多有假他人书者，阳城劾裴延龄，倩李繁书之，繁即以告延龄是也。宣宗命柳公权自书谢章，勿限真行，亦以其时多倩人书者，故特命自书耳。"⑤ 到了宋代以后，请幕僚代作奏牍诗文就非常盛行了，兹举数例。苏颂，字子容，哲宗时官至丞相，后被封为魏国公。他在

① 杨万里：《诚斋集》第 110 卷，《答徐用之知县》，四部丛刊本。
② 杨万里：《诚斋集》第 114 卷，《诗话》，四部丛刊本。
③ 朱熹：《三朝名臣言行录·后录》第 5 卷，《御史中丞吕公》，四部丛刊本。
④ 周辉撰，刘永翔校注《清波杂志校注》第 4 卷，《焦坑茶》，中华书局，1994，第 152 页。
⑤ 赵翼：《陔余丛考》第 40 卷，《自书奏牍》，河北人民出版社，2007，第 823 页。

发迹前，曾在欧阳修府中做过幕僚，替欧阳修写过不少章奏书疏。现《欧阳修全集》收录有《与颍州吕侍读贺冬状》及《回颍州吕侍读远迎状》，下有周必大注文："右公（欧阳修）熙宁三年改知蔡州，与吕正献公二状今载吕公《五州录》。公尝典数郡，凡应用之文，如颁历、恤刑、贺正、贺冬，岁岁皆当上表，而集（笔者注：即欧阳修手自编订的《居士集》）中才见一二。至于监司邻郡往复书启，亦仅有之。按苏丞相跋公帖谓，南京幕府二年，府事外章奏书疏悉以见托。然则公委人代作者固多，此二状未知出公手与否？姑存之。"① 周必大在编纂《欧阳文忠公集》时，不能确定以上二状究竟是欧阳修自己的手笔，还是幕僚的代笔，所以"姑存之"。从注文中"委人代作者固多"来看，当不止苏颂一人为欧阳修代笔。以上记载也可从苏颂为欧阳修《与苏丞相子容》所作的跋文得到证实："余皇佑庚寅岁为南都从事，会乐安公（即欧阳修）来守留司，以余乃昔所举送进士待遇特厚。府中之务，皆以见属。"又云："予在乐安幙府二年日，接论议闻所未闻府事之外，则章奏书疏悉以见托。"② 《欧阳修全集》收录了《谢刘真州》一文，其下注曰："右张先辈启公所作无疑。《四六集》偶失编入，余得之。仕途必用缄启。新范者，皆京师旧本也。或出公手，或人代作。其说与苏丞相跋语同。"③ 可见，苏颂之外，张启公亦是其中代作者之一。周子雍在开封尹宋乔年府中为幕客时，也代宋乔年作过诗。据《容斋随笔》载：北宋"大观初年，京师以元夕张灯开宴。时再复湟、鄯，徽宗赋诗赐群臣。其颔联云：'午夜笙歌连海峤，春风灯火过湟中。'席上和者皆莫及。开封尹宋乔年不能诗，密走介求援于其客周子雍，得句云：'风生阊阖春来早，月到蓬莱夜未中。'为时辈所称。子雍，汝阴人，曾受学于陈无已，故有句法。则作文为诗者，可无师承乎？"④ 宋代有个叫赵以夫的人，字用父，曾进《易通》6 卷，据《四库全书总目》云："考赵汝腾《庸斋集》有《缴赵以夫不当为史馆修撰奏札》曰：'郑清以进史属之以夫，四海传笑，谓其进《易》尚且代笔，而可进史乎！其后闻为史馆长，人又笑曰，是昔代笔进《易》之以夫也。'又何乔远《闽书》曰：'以夫作《易通》，莆田黄绩相与上下其论。'据其所说，则是书实出黄绩参

---

① 欧阳修：《欧阳修全集》第 7 卷，《表奏书启四六集》，中国书店，1986，第 769 页。
② 欧阳修：《欧阳修全集》第 2 卷，《书简》，中国书店，1986，第 1235 页。
③ 欧阳修：《欧阳修全集》第 7 卷，《表奏书启四六集》，中国书店，1986，第 772 页。
④ 洪迈：《容斋随笔》，《四笔》第 2 卷，《大观元夕诗》，上海古籍出版社，1978，第 636 页。

定，汝腾所论，不尽无因。殆以以夫不协众论，故哗然以为绩代笔欤?”①

第四，由门人代老师作文。如尹焞，字彦明，师从程颐，钦宗赐号“和靖处士”，著《和靖集》，不过他的文字据说有不少是门人代笔的。黎靖德所编《朱子语类》载：“问尹和靖立朝议论。曰：‘和靖不观他书，只是持守得好。它《语录》中说涵养持守处，分外亲切。有些朝廷文字，多是吕稽中辈代作。’”② 历史上《老子》《庄子》的注家甚多，北宋吕惠卿、王雱也有注本传世，但清代学者王弘怀疑这些注本都是由他们的门人代作的：“注《道德》《南华》者，以予所见，无虑百家，而吕惠卿、王雱所作颇称善。雱之才尤异，使当时人人学于程子之间，则其所就当不可量。惜乎，过庭之训不能出此，而相济为执拗崛强之行，卒以遗讥千古，可慨也夫！窃又疑惠卿之奸谄，雱之恣戾，岂宜有此？小人攫名，或倩门客为之，亦未可知也。”③

第五，由兄弟侄子代为作文。大文豪苏东坡曾替他的弟弟苏辙作过诗文，据元人马端临《文献统考》云：“苏辙子由撰《周平园序略》曰：文定公晚居许昌造深矣，避祸谢客，纵有门人亦罕与言。其闻绪论者，子孙而止耳。然诸子宦游，惟长孙将作监丞。仲滋讳籀，年十有四，才识卓然，侍左右者九年，记遗言百余条，未尝增损一语。既老，以授其子郎中君诩郎，中复以授其子道州史君森。予尝与道州同僚故请题其后，昔人疑《黄楼赋》非出公手，东坡盖亲为之辩。今公自谓，此赋学《两都》，晚年不复作此工夫之文。至《和陶》《拟古》九首，则明言坡代作。识者当自得之。”④ 所谓“东坡盖亲为之辩”，指的是苏轼在《答张文潜县丞书》中曾说过的话：“子由之文实胜仆，而世俗不知，乃以为不如。其为人深不愿人知之。其文如其为人，故汪洋澹泊，有一唱三叹之声，而其秀杰之气，终不可没。作《黄楼赋》，乃稍自振厉，若欲以警发愦愦者。而或者便谓仆代作，此尤可笑，是殆见吾善者机也。”⑤ 可见《黄楼赋》确是苏辙自己创作的。虽如此，《和陶》《拟古》等九首诗是由苏轼代作却是确凿无疑的事实。这是兄弟间代为作文的例子。宋湜，字持正，京兆长安人，“父温故，晋天福中进士，至左补阙；弟温舒，亦进士，至职方员外郎，兄弟皆

① 纪昀等：《钦定四库全书总目》第3卷，《易通》，中华书局，1997，第27页。

② 朱熹著，黎靖德编《朱子语类》第101卷，中华书局，1986，第2556页。

③ 王弘：《山志》，《初集》第5卷，《吕惠卿王雱》，中华书局，1999，第129页。

④ 马端临：《文献通考》第214卷，《经籍考四十一》，《苏文定公遗言》，中华书局，1986，第1752页。

⑤ 苏轼：《苏东坡全集》第62卷，书，北京燕山出版社，1997，第3502页。

有时名。湜幼警悟，早孤，与兄泌励志笃学，事母以孝闻。温舒典耀州，湜侍行，代作笺奏，词敏而丽。温舒拊背曰：‘此儿真国器，恨吾兄不及见也。’”① 此为侄儿代叔父作文例。

第六，由姻亲代为作文。如周南，字南仲，平江人，有文才。他就代其姻亲卫公泾（字清叔）起草过诏书。据宋人吴子良《林下偶谈》载：“韩侂胄当国，欲以水心直学士院，草用兵诏。水心谢，不能为四六。易彦章见水心，言院吏自有见成本子，何难？盖儿童之论，非知水心者。既而卫清叔被命，草诏云：‘百年为墟，谁任诸人之责；一日纵敌，遂贻数世之忧。’清叔见水心举似，误以‘为墟’为‘成墟’。水心问之，卫惘然。他日周南仲至，水心谓清叔文字近颇长进，然‘成墟’字可疑。南仲愕曰：‘本为墟字，何改也？’水心方知南仲实代作，盖南仲其姻家也。”② 吴棫，字才老，舒州人，饱经史而能文，决科之后，“浮沉州县，晚始得丞太常。绍兴间，尚需次也。娶孟氏仁仲之妹，贫往依焉。仁仲自建康易帅浙东，言者论谢上表中含讥刺，诏令分析。仁仲辩诉，以谓久弃笔砚，实托人代作。孟虽放罪，寻亦引闲。秦会之令物色，知假手于才老。台评遂上，敕罢其新任，繇是废斥以终。”③ 吴棫好心代妻兄孟仁仲作谢表，没想到却被人告发，说他写给皇上的谢表语带讥讽之意，结果让妻兄罢了官，自己也受到了牵连。

第七，文人之间率性而为人代作。王安石曾经在钟山下与薛昂（字肇明）对弈，输者赌作梅花诗一首。结果薛昂败了，可他冥想苦思了半天也没写出来。王安石一时诗兴大发，代薛昂作了《与薛肇明弈棋赌梅花诗输一首》：“华发寻春喜见梅，一株临路雪培堆。凤城南陌他年忆，香杳难随驿使来。”这首诗至今收录在王安石的别集里，其下注云：“吴曾《漫录》：荆公在钟山下棋，时薛门下与焉，赌梅花诗一首。薛败，而不善诗，荆公为代作，今集中所谓薛秀才者是也。薛既宦达，出知金陵，或者嘲以诗曰：‘好笑当年薛乞儿，荆公坐上赌梅诗。而今又向江东去，奉劝先生莫下棋。’薛书名似丐字，故人有乞儿之论。向来多谓此诗韩子苍作，非也。昂《赋蔡京君臣庆会诗》：‘逢时可谓真千载，拜赐应须更万回。’时谓之‘薛万回’。据此，则昂不能诗可知矣。荆公代作梅诗，亦所以诲之也。”④

第八，在科场上找人代笔。宋人黄震《又晓谕假手代笔榜》云：“窃

---

① 脱脱：《宋史》第287卷，《宋湜传》，中华书局，1977，第9645页。

② 吴子良：《林下偶谈》第3卷，《水心荐周南仲记》，中华书局，1985，第28页。

③ 李心传：《旧闻证误》第4卷，中华书局，1981，第54页。

④ 王安石著，李壁注《王荆公诗注》第42卷，清文渊阁四库全书本。

照士君子锺扶舆清淑之气，为天下第一流品。平生读书，三年待试。近之荣亲在此举，远之致君在此举。上之报答造物，下之利泽生民，在此举。此一字千金不换之时也。此足谷多财之家，平日骄我侮我者，一旦望我青云之上，羞愧俯伏之时也。近世乃有为微利所动者，反为富民代笔，搀取本身元有之禄料，而暗亏平生远大之前程，不晓何见，真可痛惜！"[①] 黄震在此晓以利害，警告世人切勿为微利所动，而为富人子弟代笔，断送本该有的大好前程。然而受利益驱动，"近年以来，士风寖薄。巧图牒试，妄认户名，货赂请求，重迭冒试，逮至礼闱，不遵绳矩，挟书、代笔，传义、继烛，种种欺弊，靡所不为。不惟负国家教育选举之意，兼使有素行负实学之人俱蒙其耻，一至于此，岂所望哉？"[②] 刘才邵在《赐科举诫谕诏》中对此种现象表达了深深的忧虑。

第九，书画作品请人代笔。如刘克庄《后村集》载："朱、张字固可宝，但其间一二幅使人代作者，不必存也。"[③] 张希颜，汉州人，"大观初，累进所画花，得旨粗似可采，特补将仕郎、画学谕。希颜始师昌（即赵昌），后到京师，稍变，从院体。得蜀州推官以归。不胜士大夫之求，多令任源代作，故复似昌。"[④] 因为求画的士大夫实在太多，又不好得罪，张希颜只好让自己的学生任源代他作画。

宋人代作诗文，还发生了许多趣话和佳话。有代人作文弄巧成拙者，如张嵲，字巨山，襄阳人，官至中书舍人。有一次，他代丞相秦桧作了一篇给皇帝的上表，就闹出了笑话。宋人陈叔方《颍川小语》载："用事之误，虽杜少陵不能免，而苏文忠公颇多，前辈评之详矣。止是不切之诗文，亦何所害。若告君之辞，岂容不谨？秦桧之《丞相请先至江上谕诸帅招讨》，其札子云：'德无常师，主善为师；善无常主，协于克一。'此伊尹相汤，咸有一德之言也。又其末云：'臣言如不可行，即乞罢免，以明孔圣'陈力就列不能者止'之义。'误以告太甲为相汤，孔子引周任之言，直指为孔圣。此乃中书舍人张嵲代作，当时朝士作诗讥之，事见周益公《诗话》。"[⑤] 有人因代人作文而声名远扬，最后飞黄腾达者。"刘辉，信州铅山人。未第，客新安，为人佣书以自给，其寓歙县郑氏及绩溪汪氏尤久。汪

---

① 黄震：《黄氏日钞》第 78 卷，《又晓谕假手代笔榜》，元至元间刻本。

② 刘才邵：《檆溪居士集》第 6 卷，《赐科举诫谕诏》，清文渊阁四库全书补配文津阁四库全书本。

③ 刘克庄：《后村集》第 105 卷，《朱张字》，清文渊阁四库全书本。

④ 邓椿：《画继》第 6 卷，《张希颜》，人民美术出版社，1964，第 87 页。。

⑤ 陈叔方：《颍川小语》卷下，清守山阁丛书本。

氏子弟尝课《尧舜急亲贤赋》，辉窃为代作。师视其语与平日异，诘之，以实告。乃发辉床箧，枫叶委积，叶上皆细书成文，始异之。明年，还乡，遂贡京师，已而为进士第一。"[①] 也有人代人作诗，一不小心成了传世名作的。如诗人石曼卿，名延年，以字行，天圣、宝元间，以诗歌豪于一时。有一次，他在平阳会中代人作《寄尹师鲁》（注：尹洙，字师鲁）一篇，词意深美。其诗云："十年一梦花空委，依旧河山损桃李。雁声北去燕南飞，高楼日日春风里。眉黛石州山对起，娇波泪落妆如洗。汾河不断天南流，天色无情淡如水。"石曼卿去世数年以后，他的好朋友关咏（字永言）忽然做了一个梦，梦见石曼卿对他说："延年平生作诗多矣，尝以为《平阳代意》篇最得意，而世人少称之。能令余此诗传于世者，在永言耳。"关咏"乃增其词为曲，度以《迷仙引》，于是人争歌之。他日，梦曼卿致谢焉。"[②] 这个离奇的故事，为宋代诗坛平添了一段佳话。

金代的李经，字天英，少有异才，入太学肄业，但累举不第。他作诗不蹈袭前人，好出奇语，得到了当时的名士李纯甫、赵秉文等人的称赏。"屏山（李纯甫号屏山居士）见其诗曰：'真今世太白也。'盛称诸公间，由是名大震。字画亦绝人。再举不第，拂衣归。南渡后，其乡帅有表至朝廷，士大夫识之，曰：'此天英笔也。'"[③] 可见，李天英曾经代不少地方官员给朝廷写过表奏，虽不署己名，但一些读书人仅凭其独特的文风就认出是出自他的手笔。

元代历时不长，代笔的现象也有一些。有代人作碑志的，如元儒陈栎，字寿翁，人称定宇先生，生前请"元诗四大家"之一的揭傒斯为其作墓志，事后为表示感谢，写了一封《谢揭学士撰定宇先生墓铭启》。这封启帖末句云："甚为感佩莫究，敷陈倪士毅代作。"[④] 这个代作谢启者陈倪，可能是陈栎的后人。有代人作书法的，如元人王桂，字仲芳，自号月溪，元初署处州丽水县主簿，受而不赴。他为文"有前辈之典型，尤工于歌诗乐府骈四俪六之语。善楷书，端劲方严，得颜、柳遗法。南岳有'镇南之殿'四大字，乃焕章将漕时，令公代作，迄今犹存，人莫知为公之笔

---

① 罗愿：《淳熙新安志》第 10 卷，《记闻》，清嘉庆十七年（1812 年）刻本。

② 阮阅编，周本淳校点《诗话总龟》第 35 卷，《纪梦门》，人民文学出版社，1987，第 344 页。

③ 刘祁：《归潜志》第 2 卷，中华书局，1983，第 12 页。

④ 陈栎：《定宇集》第 17 卷，《谢揭学士撰定宇先生墓铭启》，清文渊阁四库全书补配文津阁四库全本。

也。”[①] 也有代作挽诗的，如元人陆文圭《墙东类稿》录有《蔡梅边挽诗二首》，下小字：“原注代作。”[②] 也有举场找人代笔的，据《元史》载：“诸举人就试，无故不冠及擅移坐次者，或偶与亲姻邻坐而不自陈者，怀挟代笔传义者，并扶出。”[③] 对此，元朝政府规定：“若有富强之家，假托儒户苟避差役，及系籍儒生令人代笔者，宜从本路官及所在廉访司体察是实，严加惩戒。”[④] 有元一代，词曲创作十分繁荣。明人李开先在与其门人整理校刻元曲时发现也有代作的，他在《改定元贤传奇序》中说：“欲世之人得见元词，并知元词之所以得名也，乃尽发所藏千余本付之门人，诚庵张自慎选取止得五十种，力又不能全刻，就中又精选十六种，删繁归约，改韵正音，调有不协，句有不稳，白有不切及太泛者，悉订正之。且有代作者，因名其刻为《改定元贤传奇》。”[⑤]

五　明清的代笔

承宋元之余绪，明朝的代笔现象依然十分普遍，举凡碑记、墓铭、祭文、聘文、贺文、制词、表启、序跋、诗文，均有代作。稍稍翻看明人文集，从其篇名亦可窥见一二，如明人顾清《东江家藏集》卷二九《敕赐显圣灵祐宫碑（小字注：代作）》，董斯张《吴兴艺文补》卷三九录《扬州守敬公生祠记（小字注：代作）》，陈有年《陈恭介公文集》卷八《赠文林郎太常寺博士南河雷公暨配封太孺人韩氏合葬志铭（小字注：代作）》，顾清《东江家藏集》卷三十《太安人陈氏墓志铭（小字注：代作）》，程嘉燧《松圆偈庵集》卷下《瀋王祭文（小字注：代作）》，《祭任高平（小字注：代作）》，方应选《方众甫集》卷十一《内弟胡文斗遣聘潘博士（小字注：代作）》，范钦《天一阁集》卷三十《代作聘启》，陈邦瞻《荷华山房诗稿》卷五七《寿成山伯王公太夫人七十（小字注：代作）》，郭正域《合并黄离草》卷十七《温大理公李淑人双寿序（小字注：代作）》，黄洪宪《碧山学士集》卷十一《拟谢赐宴礼部疏（小字注：代作）》，亢思谦《慎修堂集》卷十四《内殿祭先圣先师遣辅臣代拜谢表（小字注：代作）》，焦竑《焦氏澹园续集》卷六《与黄按院启（小字注：代作）》，虞淳熙《虞德园先生集》卷十三《广东宪副少春穆公行

① 黄溍：《黄文献集》第 8 卷上，《墓记》，商务印书馆，1936，第 308 页。

② 陆文圭：《墙东类稿》第 8 卷，《资敬观舍田记》，清文渊阁四库全书本。

③ 宋濂：《元史》第 81 卷，《选举志一》，中华书局，1976，第 2023 页。

④ 佚名撰，王頲点校《庙学典礼》第 6 卷，《申明儒人课试》，浙江古籍出版社，1992，第 124 页。

⑤ 李开先著，路工编校《李开先集》，中华书局，1959，第 316 页。

状（小字注：代作）》，刘瑞《五清集》卷十九《定大礼以崇大孝奏（小字注：代作）》，边贡《华泉集》卷十一《谢刘相公书（小字注：代作）》，姚舜牧《来恩堂草》卷二《春秋大全疑问要解序（小字注：代作）》，凌义渠《凌忠介》卷六《代作吕氏春秋跋》，何庆元《何长人集・蓬莱室存稿诗类》收录的《送孙太史出使（小字注：代作戊戌夏）》，雷礼《镡墟堂摘稿》卷十八《牧庵赋（小字注：代作）》，等等。

明代有不少文人涉嫌由他人代作或为他人代作诗文。程敏政，字克勤，休宁人，自号篁墩，南京兵部尚书程信之子，成化二年（1466 年）进士及第，授编修，“翰林中，学问该博称敏政，文章古雅称李东阳”[①]，据其同乡方弘静《千一录》载：“吾乡程篁墩宗伯，以神童称，成弘间，擅名词苑，性耿介，求其文者不屑应，多门下士代笔耳。”[②] 杨慎，字用修，号升庵，新都人，年二十四，正德六年殿试第一，授翰林修撰，明代著名学者和文学家。他一生著述宏富，“明世记诵之博，著作之富，推慎为第一。诗文外，杂著至一百余种”[③]。杨慎夫人黄娥也是一位大才女，自幼博通经史，擅诗文，有“曲中李易安”之称，正德十四年（1519 年）与杨慎结婚不久，慎谪守云南，长达 30 余年。两人长相离别，鸿雁往来，留下了不少感人的诗篇，其中有一首《寄外》诗尤为闻名当世，相传出自黄娥之手。但也颇有疑其为杨慎代作者，如明代学者李春熙在《道听录》中说：“昔人多作寄内诗，亦有寄外并代内寄者，未必皆出彤管也。相传升菴在滇内寄云：‘雁飞曾不到衡阳，锦字无由寄永昌。西川花柳妾薄命，南国风烟君断肠。曰归曰归愁岁暮，其雨其雨怨朝阳。金钱细问君平卜，何日金鸡下夜郎。懒把音书寄日边，别离经月又经年。夫君自是忘归意，何处青山无杜鹃。’疑此即升庵代作也。”[④] 无独有偶，王骥德在《曲律》中也说：“宋词如李易安、孙夫人、阮逸女，皆称佳手。元人北词，二三青楼人尚能染指。今南词仅杨用修夫人《黄莺儿》所谓‘积雨酿春寒，见繁花树残。泥途满眼登临倦，江流几湾，云山几盘，天涯极目空肠断。寄书难，无情征雁，飞不到滇南’一词稍传，第用韵出入，亦恨无闺阁婉媚之致。予疑以为升庵代作。自余皆不闻之，岂真古今人不相及耶?”[⑤] 这两首诗词之所

① 张廷玉：《明史》第 286 卷，《程敏政传》，中华书局，1974，第 7344 页。

② 方弘静：《千一录》第 20 卷，明万历间刻本。

③ 张廷玉：《明史》第 192 卷，《杨慎传》，中华书局，1974，第 5084 页。

④ 李春熙：《道听录》第 1 卷，清抄本。

⑤ 王骥德著，陈多、叶长海注释《王骥德曲律》第 4 卷，湖南人民出版社，1983，第 266 页。

以被人怀疑为代作，或与杨慎曾有过伪作石鼓文的前科有关。一代名臣内阁首辅张居正去世后，御史群起而弹劾之，给他罗织了种种罪名。据明高汝栻《皇明续纪三朝法传全录》载："御史杨四知疏劾大学士张居正党恶欺君权奸误国十二大罪，上以辅政十载姑贷之，命锦衣卫镇抚司追其恶仆游七讯之。游七者，霍家之子，都梁氏之秦宫也，一时台谏多与之结纳，密者称为兄弟。一二大臣亦或赐坐命茶，呼为贤弟，甚而与通婚姻，至边师武夫出其门下不啻平交矣。又有宋九者，九之声势不及七，而能作字，颇为主人代笔，其富又过于七。"① 连家仆为主人代笔也成了罪状，殊为可笑。明末文士秦兰征，字元芳，代陈悰作《天启宫词》五首，据清人王应奎《柳南随笔》载："吾邑秦兰征，字元芳，所著《天启宫词》颇佳。今朱太史竹垞彝尊《日下旧闻》，载陈悰《天启宫词》五首，实为元芳作而系之于悰者，盖如齐丘《化书》、郭象《庄注》云。"②

明代科场作弊非常猖獗，找人代笔即是其一。弘治四年（1491 年），巡按直隶监察御史王鉴之奏言："臣奉敕提督南畿学校，尝闻南京科场之弊。明年又当乡试，不先革正，将恐奸伪益滋。惟南京应试士人，除百二十三处学校外，又有国子监生及诸司历事听选官吏。儒士辈进途既广，弊端多生，而贡院规模窄狭，四面皆居民楼房围绕。登高窥觇，乘暗投掷，巡绰难于关防。怀挟易于进入，况受卷弥封等所俱在至公堂上，内帘上隔一板壁，声息相闻，举动便觉。积年以来，富贵子弟多方营图。有买求编号将有学生员置在左右代作文字者；有请托执事官吏截人文字易以己名者；有三更不出潜入别号求人改作者；有先藏旧文在内而临时取出誊写者。巡绰官军，多狥情弊不举。"③ "又顺天府中式第一百二名查延棣，首场七义聊可支吾，但磨勘及其七草大柢皆顺手直书，每一草涂抹数言，其改注于旁，仍于所涂抹者一字不异。长安啧啧，多口谓场中文字，的系买人代笔。"④ 简直把考场当作文章现场交易的场所了，这当然属非法的代笔行为。

明代碑记志铭的代作仍很盛行。例如，状元郎钱与谦在京城参加会试之前，首先去拜会了当时著名的学者李东阳（字宾之，号西涯），正好遇见一个人拿着一副宋司马温公的画像找李东阳写一篇赞文，"翁遂命与谦

① 高汝栻：《皇明续纪三朝法传全录》第 2 卷，明崇祯九年（1636 年）刻本。

② 王应奎：《柳南随笔》第 2 卷，中华书局，1983，第 35 页。

③ 俞汝楫：《礼部志稿》第 71 卷，《奏革科场弊》，清文渊阁四库全书本。

④ 陈建：《皇明通纪集要》第 47 卷，明崇祯间刻本。

代作。"[①] 李东阳让钱与谦代作赞文，是在借机考察他的诗文水平。石琚，字仲方，益都人，"赋性质悫，喜施予，笃学不倦，至忘寝食，六经子史靡不考索，归宿游黉校，屡试第一，登嘉靖甲午魁。业成，均泾野吕公校之，擢居第一，曰状元才也。时新崇志堂，遂属代笔为记，镌石太学。"[②] 明人李乐《见闻杂纪》还记载了这么一则故事："归安令李际春，楚人，予不能悉其政事若何。南离钱先生镇特见士也，大不满其为。令一日予同先生及范子应期游岘山，李君《去思碑文》竖山寺门首，视之则范子所撰也。先生谓范曰：'若何等官，何足去思？而汝为若文也。'对曰：'姚子翀所撰，不出于门生之手。'先生曰：'即不出汝手，必汝许其代作，故敢书汝名。'范语塞，色惭。是碑先生亦列名于后，先生立命家僮取斧，手劈'钱镇'二字去之。"[③] 所谓"去思"，即地方士民对离职官员的怀念，语出《汉书·何武传》："欲除吏，先为科例以防请托。其所居亦无赫赫名，去后常见思。"[④] 到了明代，立"去思碑"成了官场的一种不良风气。地方官为官一方，离职时通常都要请人写一篇替自己歌功颂德的碑文，"去思碑"成了"政绩碑"。钱镇因看不惯李际春身为县令平日却无所作为，所以当他看见署名"范应期"的《去思碑文》时，当场质问范应期（字伯祯，号屏麓，浙江乌程人，嘉靖乙丑科状元）。范辩解说，这篇碑文是出自姚子翀手笔。钱镇反驳说，即使不是你写的，但署了你的名字，一定是你托他代撰的。更好笑的是，碑文末尾居然还署上了钱镇自己的名字，钱镇只好让家僮找来斧头砍掉了事。这个故事一方面反映了钱镇作为明代正直知识分子的代表，十分珍惜自己的名誉和作品署名权，另一方面也反映了当时有不少碑文是请人代撰的，作者名也是伪署的。

明代是中国书画创作史上的一个重要阶段，涌现了文征明、董其昌、唐寅等一批著名的书画家。他们在成名之后因应酬繁多，请人代笔实不足为奇。文征明，一字征仲，以字行，江苏长洲（今苏州）人，吴派书画家。当时苏州的一些有钱人附庸风雅，以求得一副名人字画为荣耀，这让文征明实在有点应接不暇，就让他的得意弟子朱朗（字子朗）代笔，故"征仲应酬，多出其手"。但时间一长，人们知道了这个秘密，干脆直接找朱朗索画，然后再向文征明索求落款，这样就省事多了。有一次，"有人求子朗画而作征仲名。童子持礼往，迳送征仲斋中，致主人之意。征仲笑

---

① 宋岳：《昼永编》，《下集·阎永光》，明嘉靖四十三年（1564 年）刻本。

② 冯惟讷：《（嘉靖）青州府志》第 15 卷，明嘉靖间刻本。

③ 李乐：《见闻杂纪》第 5 卷，上海古籍出版社，1986，第 450 页。

④ 班固：《汉书》第 86 卷，《何武传》，中华书局，1962，第 3485 页。

而受之，曰：‘我画真衡山，聊当假子朗，何如?’时传以为笑。”① 这个走错了房门的求画者，竟阴错阳差有幸得到了文征明的真迹。为文征明代笔书画的还有其他嫡传弟子和后学门生，如居节、钱谷、陆士仁、侯懋功等，甚至文征明的儿子文彭、文嘉也加入到代笔的行列，如著名的《石壁飞虹图》（见图3－2），经徐邦达先生研究对比后，确认是文嘉为其父代笔完成的。董其昌，字玄宰，号思白，又号香光居士，华亭人，万历十六年(1588) 进士，官至礼部尚书。他是“松江派”画法的代表性人物，官显名重，繁忙的公务之余，遇人求书画只好找弟子代笔。据明人安世凤《墨林快事》载：“（董其昌）《玄宰》《虎丘》二律诗书于丙申，以遗其门人李廷佩大行者。大行躬奉笔砚，此时公名未大噪，官有暇日，凡有点画刻意求古，最为合作。其成名以后，不无颓放，且匆遽之中代笔者，又从而乱之，无初年面目矣。”② 可见，盛名对于一个人的艺术创作来说很可能产生负面的影响。又据清人程庭鹭《篛庵画麈》卷上载：“曾见陈眉公手札《与子居老兄》：‘送去白纸一幅，润笔银三星，烦画山水大堂，明日即要，不必落款，要董思老出名也。’今赝董充塞宇内，若沈子居、赵文度作，已为上驷矣。文度虽为香捉刀，然其生秀处，能自成一家。”③ 可见在当时，董氏请人代笔已成为公开的秘密。不过董其昌很懂得索书者的心理，他喜欢把作好的字画亲手送到索书者手中，而其书款钤印又确为真迹，因此蒙骗了不少人。又据徐邦达《古书画伪讹考辨》及启功《董其昌书画代笔人考》，董其昌的代笔人有十几人之多，如赵左、沈士充、吴易、吴振、赵洞、叶有年、杨继鹏、僧常莹、李流芳、王鉴等人。他们大都随董其昌学过画，属弟子代笔一类。为此，朱彝尊还作绝句一首：“隐君赵左僧珂雪，每替容台应接忙。泾渭淄渑终有别，漫因题字概收藏。”并自注云：“董文敏疲于应酬，每倩赵文度及雪公代笔，亲为书款。”④ 其他书画家找弟子代笔的也不少，如马永忠、曹兴祖，“二人并钱塘人，并出李嵩之门。嵩多令永忠代作，兴祖界画更精。”⑤ 但也有例外，有“江南第一风流才子”之称的唐寅，其代笔之人竟是他的老师周臣。据何良俊《四友斋丛说》载：“周东村，名臣，字舜卿，苏州人。其画法宋人，学马夏者。若与戴静庵并

---

① 张怡：《玉光剑气集》第19卷，《艺苑》，中华书局，2006，第741页。

② 安世凤：《墨林快事》第12卷，《董虎丘诗》，清抄本。

③ 启功：《董其昌书画代笔人考》，《北京师范大学学报（社科版）》1962年第3期，第67－74页。

④ 朱彝尊：《曝书亭集》第16卷，《论画和宋中丞十二首》，世界书局，1937，第210页。

⑤ 朱谋垔：《画史会要》第3卷，清文渊阁四库全书本。

驱，则互有所长，未知其果孰先也，亦是院体中一高手。闻唐六如（唐寅晚年自号六如居士）有人求画，若自己懒于着笔，则倩东村代为之，容或有此也。”[①] 又据张青甫跋《琢云图卷》云：“此六如居士《琢云图》也。画品当属第一，琢云本吴人，出家白莲泾之慧庆寺，其戒律甚精，尝刺血写莲经，道行不可殚述，但禅诵之暇，颇好法书名画，不啻支公之爱马也。传闻琢云初欲得六如居士作图，而难发诸口，乃请东邨周臣代作，第恳居士署名。居士默喻其旨，欣然从之，并为别作图卷，如右图，后更不署名，仅用‘江南第一风流才子’印记而已。”[②] 当时的周臣已经享有盛誉，为什么要给自己的学生唐寅代笔，这的确是一个奇怪而有趣的现象。

图 3－2　明文嘉代父文征明作《石壁飞鸿图》

中国的幕府制以明为界，明以前是辟署制，文人可以通过入幕的方式获得仕进和迁转的机会，幕主与幕僚之间是一种长官与佐僚的行政隶属关系；明以后类似于招聘制，主官自主辟士，官员与幕客之间是一种主人与宾客的私人友谊关系。对此，明人徐渭（字文长，晚号青藤道士）在《代赠金卫镇序》中有清楚的表述：“自西汉至赵宋，凡文武大臣简镇中边，职将帅或暂

① 何良俊：《四友斋丛说》第 29 卷，《画二》，中华书局，1959，第 268 页。

② 安岐：《墨缘汇观录》第 3 卷，《名画上》，中华书局，1985，第 169 页。

领虎符，得专征者，皆得自辟士，以补所不及。毋论已仕与不仕，虽贱至隶斯养，亦得辟，往往有入相天子，侍帷幄……明兴，始犹循之，尤称得人，然不专以幕僚目。自科举之制定，而举者颇多得人，毋事辟请；至于今，即有辟者，亦非古所辟之主与宾矣。"① 因此可以说，明代以前文人入幕可能还有政治上入仕的考虑，明代以后则主要是出于经济上改善生存条件的考虑。代笔本是古代文人的一种传统，至明代更是成为一种普遍的社会风气。明代科举以八股时文取士，因此很多入仕为官者疏于古文辞的写作，而交际应酬场合，送赠贺启之礼又偏多用之，此种情形下，"其势不得不取诸代"②。而对于游幕文人而言，这正是他们的日常功课，也是其生存之本。以徐渭本人为例，他在浙闽总督胡宗宪幕府中代笔作文的数量非常可观，"记文可百篇"，且内容相当广泛，几乎涉及胡宗宪社会生活的各个层面。有代作之疏文，如《为请复新建伯封爵疏》；有代作之谢表，如《代胡总督谢新命督抚表》《代擒王直等降敕奖励谢表》《代被论蒙温旨谢表》《代闽捷赐银币谢表》《代考满复职谢表》等；有代作之祭文，如《代督府祭王封翁文》《代祭阵亡吏士文》《代督府祭赵尚书文》等；有代作之贺启，如《代贺严阁老生日启》《代贺李阁老生日启》《代贺徐阁老考满启》等。徐渭于嘉靖四十二年（1563 年）入礼部尚书李春芳之幕，最初也是受命代撰青词。所谓青词，即道教举行斋醮时献给上天的奏章祝文，常用形式工整文字华丽的骈俪体，因用朱笔写在青藤纸上，故有此称。青词其实并无实际内容，但因嘉靖皇帝偏好此道，大臣们都争相写之。徐渭讨厌写这类玄文，只好请辞。朱察卿《与徐文长》记云："往岁知足下在长安不肯为相门作玄文，仆闻而高之。"③ 万历四年（1576 年）孟夏，徐渭又受宣府巡抚吴兑之邀北上游幕，其间代作之文也不少，如《代宣大诸大吏邀宴开府》《代请吴总督启》《代边帅寿张相公母夫人序》等。谢榛，字茂泰，山东临清人，嘉靖间挟诗卷游京师，与李攀龙、王世贞等结诗社，为"后七子"之一，后客游诸藩王间。他在赵康王门下任幕客时，曾这样自述："嘉靖甲寅春，予之京，游好饯于郭北申幼川园亭。赵王枕易遣中使留予曰：'适徐左史致政归楚，欲命诸王缙绅辈赋诗志别，急不能就，子盍代作诸体二十篇，以见邺下有建安风，何如?'予曰：'诺。明午应教毕，北首路矣。'"④ 一天之内"诸体二十篇"的工作量，谢榛代笔的效率不可谓不高。除了为幕主代笔之外，明代游幕文人还常常为幕

① 徐渭：《徐渭集》第 14 卷，《代赠金卫镇序》，中华书局，1983，第 934 页。

② 徐渭：《徐渭集》第 20 卷，《抄代集小序》，中华书局，1983，第 536 页。

③ 朱察卿：《朱邦宪集》第 15 卷，《与徐文长》，四库全书存目丛书本。

④ 谢榛撰，李庆立校《谢榛全集校笺》第 24 卷，江苏古籍出版社，2003，第 1232 页。

主的下属官员，甚至是幕友代笔。相比较而言，这类作品则不必刻意隐藏作者的真实身份，有时甚至在文前或文末明言此为代作，如“谋余言以赠之”云云。因此，这类作品才更显作者的才华和真性情。

有清一代，文艺繁盛，代笔迭兴，其中仍以各种应酬文体居多。以下举清人文集中各种文体的代作篇名若干，亦可管中窥豹。有碑记，如清人鲁九皋《山木居士外集》卷四《仲正公家庙碑（小字注：奉家大人命代作）》；有墓志，如何绍基《东洲草堂文钞》卷十六《江南河道总督张公墓志铭（小字注：大人命代作）》；有祭文，如朱珪《知足斋集》卷六《祭王文山先生文（小字注：代作）》；有颂文，如查揆《篔谷诗文钞》文钞卷一《万寿五旬正诞恭颂（小字注：代作）》；有上疏，如葛士浚《清经世文续编》卷三一《请减苏松太浮粮疏代作（小字注：冯桂芬）》。也有各种序跋、叙录、诗赋等，如黄本骥《三长物斋文略》卷一《读经心解序（小字注：代作）》，方履籛《万善花室文稿》卷六《东流县志叙录（小字注：代作）》，冯云鹏《扫红亭吟稿》卷十二《古近体诗代作上李青槁明府蕴四首》，陈用光《太乙舟诗集》卷一《闺怀代作》，等等，各种文体不一而足，以上所举只是清人代笔之沧海一粟。

清代请人代笔也是一种较普遍的社会文化现象，据金埴《不下带编》卷四载：“对客挥毫，古人所尚。然人各有才，难齐迟速。而亦有名因虚冒，最怕面为，若非素共挥毫者，切不可使为于对客，亦诗人忠厚之旨也。埴父执严陵毛征君会侯际可恒以为诫。一日谓埴曰：‘偶雅集，赋诗各一律赠太守。有名宿某，不欲言其姓氏，搜吟半日，改抹终不成书。予窥之，起谓群公曰：‘行觞者待久矣！诗竣明晨可乎？’某大喜，即拉登筵。盖其人虚名卅载，刊盈尺之集，而始知其假手于他人也。”① 一个人一次请人代笔不难，难的是三十年如一日地请人代笔，金埴笔下的这位“名宿某”就做到了。像这类人，最怕的就是当面挥毫作文，巴不得求文者留待明日来取。清代的代笔亦有“让善”一说，也就是以己之撰述成就他人之声名。清人刘声木在《苌楚斋随笔》中列举了不少让善的例子：

> 大凡据他人撰述以为己有者，须分让善、攘善两种。让善者，必经撰述之本人愿意，更名刊行，或本为他人作嫁。徵之于古，如《吕氏春秋》《淮南子》等书，皆门客凑集成书，不自列名，吕不韦、刘安尸之，以传以后世。我朝类此亦甚多，姑举其所知者记之：万斯同在史局

① 金埴：《不下带编》，中华书局，1982，第68页。

为王尚书鸿绪撰《明史稿》三百十卷，又为徐尚书乾学撰《读礼通考》一百六十卷，说见山阳汪文瑞公廷珍《实事求是斋文集》中《万斯同群书辨疑序》，又见鄞县陈明府康祺《郎潜纪闻三笔》。张岱辑《石匮藏书》，让善于谷应泰，以成《明史纪事本末》八十卷，语见《皇朝文献通考》及《四库提要》。徐倬撰《明史纪事本末》，亦让善于谷应泰，语见郑元庆《今水学略例》。娄县范鑽撰《格致镜原》一百卷，让善于海宁陈文简公元龙，语见《皇朝文献通考》。萧山毛奇龄撰《竟山乐录》四卷，让善于其父，语见《四库提要》。卢文弨校刊《荀子》，让善于谢墉；校刊《吕览》，让善于毕沅；校刊《韩诗外传》，让善于武进超□□，语见于归安严元照《悔庵学文》。归安吴兰庭撰《五代史记纂误补》四卷，所有己说，让善于友朋，分属诸人名氏，亦见《悔庵学文》。吴县惠栋撰《后汉书训纂》□卷，让善于歙县汪棣，棣不欲，其原稿转为桐乡冯□□所得，攘之，改名《后汉书补注》□卷刊行，语见《郎潜纪闻》二、三笔。大兴徐松撰《新疆识略》十卷，让善于满州松文清公筠，语见□□□□。又撰《藩部要略》四卷，让善于祁韻士，语见□□□□。安陆余庆长撰《铜政考》八十卷，让善于王侍郎昶，语见昶自撰《蒲褐山房诗话》及《湖海诗传》。阳湖李兆洛撰《日知录考释》三十二卷，让善于嘉定黄汝成，语见《李申耆年谱》。仁和龚自珍撰《筠清馆金文款识》十二卷，让善于南海吴侍郎荣光，旋因绝交，原稿存道州何绍基处，语见《定庵诗集》自注及《筠清馆金文》。平湖朱为弼撰《积古斋钟鼎款识》□□卷，让善于仪征阮文达公元，语见《积古斋钟鼎款识》稿本。慕容等撰《十三经校勘记》《经籍纂诂》二书，亦让善于阮文达公，语皆见本书。江阴六严等撰《历代地理志韵编今释》《皇朝舆地韵编》《皇朝舆地略》《恒星图》《皇朝舆地图》等书，让善于其师李兆洛，语均见本书。①

清朝的代笔类型也是五花八门。有幕僚代作的，如陶元藻，字龙溪，号篁村，“高宗南巡渡江，于文襄敏中扈跸进诗，时会稽陶篁村先生在文襄幕中，因属其代作。内有句云：‘千帆飞渡江南岸，一片黄旗识御舟。’文襄击节，惟援笔将‘飞’字改‘拥’字。先生尝语人曰：‘易飞为拥，便见警跸尊严。’此真一字之师也。”② 有同僚代作的，如昭梿《啸亭杂录》云：“王

① 刘声木：《苌楚斋随笔》，《续笔》第6卷，《让己之撰述成他人名》，中华书局，1998，第366页。

② 梁绍壬：《两般秋雨盦随笔》第2卷，《御舟》，上海古籍出版社，1982，第77页。

文简公士祯，诗名重于当时，浮沉粉署，无所施展。张文端公英时值南书房，代为延誉。仁皇帝亦素闻其名，因召渔洋入大内，出题面试之。渔洋诗思本迟滞，加以部曹小臣乍睹天颜，战栗操觚竟不能成一字。文端公代作诗草，撮为墨丸，私置案侧，渔洋得以完卷。上笑阅之，曰：'人言王某诗为丰神妙悟，何以整洁殊似卿笔?'文端公谢曰：'王某诗人之笔，定当胜臣多许。'上因命文简改官词林，因之得置高位。渔洋感激文端终身，曰：'是日微张某，余几作曳白人矣。'"[①] 有攀附权势而代作的，如徐善作《春秋地名考略》，寄名高士奇。徐善，字敬可，秀水人，精研理学，后又致力于经学，对《春秋》地名颇有研究。据周寿昌《思益堂日札》称："《春秋地名考略》十四卷，高士奇撰。此书朱竹垞有序，谓嘉兴徐善字敬可所辑。"[②] 高士奇以一介布衣的身份得到康熙帝的赏识，官至詹事府少詹事兼翰林院侍读学士，为康熙近臣。徐善的让善之举，实难脱阿谀奉迎之嫌。有门生代作的，如赵翼《檐曝杂记》载："汪文端师应奉诗文，门生有才者或为代作，可用即用之，不必悉自己出也。刘文定公亦令诸门生撰稿，却不肯袭用一语，而其中新料新意，又必另入炉锤，改制而用之，盖为刻稿地也。于此见文端之大，亦见文定之精。"[③] 甚至也有老师代门生作的，如钱泳《履园丛话》载："昔毛西河有女弟子徐昭华，为西河佳话。乾隆末年，袁简斋太史效之，刻《十三女弟子诗》，当时有议其非，然简斋年已八旬，尚不妨受老树著花之诮。近有士子自负才华，先后收得五十三女弟子诗，都为一集，其中有贵有贱，杂出不伦，或本人不能诗，为代作一二首以实之，以夸其桃李门墙之盛。"[④] 有子代父作的，如清初黄宗羲编《明文海》482 卷，收录明代著作极为详备，但"考阎若璩《潜邱札记》，辨此书体例，谓必非黄先生所编，乃其子主一所为"[⑤]。阎若璩尝在黄宗羲门下游学，他的说法当有依据。也有可能是黄宗羲晚年未定之稿，由其子最后完成。有文人之间相互代作的，如史正义，字茗湄，一字云麓，海宁贡生，"有《云麓诗》存。袁枚序云：'乾隆丙辰，余宰秣陵，延茗湄权记室事。爱其诗，笔清婉，凡一切与人赠答，倩其代作，人亦不能辨之。'"[⑥] 有科场代作的，如钱泳《履园丛话》载："康熙间，苏

---

① 昭梿：《啸亭杂录》第 8 卷，《张文端代作诗》，中华书局，1980，第 253 页。

② 周寿昌撰，许逸民点校《思益堂日札》第 5 卷，《窃袭前人书》，中华书局，1987，第 122 页。

③ 赵翼：《檐曝杂记》第 2 卷，《汪刘二公文学》，中华书局，1982，第 30 页。

④ 钱泳：《履园丛话》第 21 卷，中华书局，1979，第 574 页。

⑤ 纪昀等：《钦定四库全书总目》第 190 卷，《明文海》，中华书局，1997，第 2661 页。

⑥ 阮元：《两浙輶轩录补遗》第 8 卷，《史正义》，清嘉庆间刻本。

州太守卢某试童子。有一秀才混入，为吏指出。守曰：‘汝秀才，欲为人代作文耶？’其人仓皇急遽曰：‘生员并不是秀才。’太守笑之，责以数板逐出，曰：‘我不打你秀才，打你生员。’”① 有代作书画的，如蒋廷锡，字扬孙，号南沙，康熙进士，其“逸笔写生，颇有南田余韵，惜赝本甚多。大约妍丽工致者，多系门徒代作，非真迹也。”② 江苏太仓王宸，字子冰，一字子凝，号蓬心，乾隆进士，官永州知府，画艺精湛，但他晚年很多作品是由其侄子王曦代笔的。王曦，字季旭，号鹿门，因得到叔父王宸的亲手指导，“故与永州少异，永州晚年之笔多古山代作，善鉴者谓永州老而变法，不知其出古山手也”③。著名画家郑板桥成名之后，求画者纷至沓来，使他应接不暇。他在《范县署中寄四弟墨》中诉苦道：“近时求书画者，较往年更增数倍，都属同年同寅及巨绅，大抵携赠物而来，势不得不为之一挥。早知今日，悔不当初不习画，则今日可减一半麻烦。”④ 为此，他也培养了自己的代笔人，如潍县木匠谭云龙、江苏兴化刘敬尹、小道士吴雨田等。

清代的幕府比明代更为发达，幕客也更接近职业化了，他们有一个共同的名字——师爷。按照职责分工，又有刑名、钱谷、文案等的分别。刑名师爷专门协助主官侦办刑事案件，钱谷师爷专管核算收取田税及地丁钱粮之事，文案师爷则代主官起草奏折，代写往来公函及作四六骈体书信等。幕业兴盛时，清代师爷们的待遇还是不错的，岁修一般都能有白银几百两，多则上千两。这对于那些只会舞文弄墨，不擅劳动或经商的读书人来说是最合适不过的，因此不少文人在出仕之前还很乐意在官府充任幕客。如乾、嘉两朝重臣王杰，入仕前家里很穷，“为书记以养母。历佐两江总督尹继善、江苏巡抚陈宏谋幕，皆重之。”⑤ 清嘉、道间，湖北江夏人陈銮在未仕前，“百文敏总督两江时，延入幕中，掌章奏。”⑥ 所谓掌章奏，也就是负责起草公文。上元县人戴衍祜，亦曾受两江总督百龄之聘，到其官衙作幕宾；道光间名臣李星沅，未第时，“客陶澍幕中，为掌章奏。”⑦ 清朝政府对入幕宾客进入仕途的限制不如明代那么严格，有的文人还是可以通过幕府获得选官的机会，如咸

---

① 钱泳：《履园丛话》第21卷，中华书局，1979，第548页。

② 秦祖永：《桐阴论画》下卷，《蒋廷锡逸品》，中国书店，1983，第32页。

③ 包世臣：《包世臣全集》第2卷，黄山书社，1991，第17页。

④ 吴泽顺编《郑板桥集》，岳麓书社，2002，第204页。

⑤ 赵尔巽：《清史稿》第340卷，《王杰传》，中华书局，1977，第11085页

⑥ 蒋启勋等：《同治续纂江宁府志》第14卷，《人物》，见《中国地方志集成》（第2册），江苏古籍出版社，1991，第177页。

⑦ 赵尔巽：《清史稿》第393卷，《李星沅传》，中华书局，1977，第11752页。

丰间广东大埔人林达泉在江苏巡抚丁日昌辟佐幕府，“留心经济，每论古今舆图、武备及海外各国形势，历历如指掌，日昌雅重之”①，同治三年（1864年）以知县选用，仕至直隶州知州。这对于那些落第文人不失为一条出路。清朝政府官员也都乐意招募这类文人在府衙中代掌文案，给主官减轻日常行政工作的压力。一些爱好文艺的学者型官员，还会组织幕僚代幕主从事著述活动。

关于清代游幕文人代撰的情况，尚小明在《论清代游幕学人的撰著活动及其影响》② 一文中多有论及，并附《清代幕宾代撰学术著作表》，共列举清代游幕文人代撰学术著作 47 种。为便于说明情况，笔者兹将该表转引如下（见表 3－1）。

表 3－1　清代幕宾代撰学术著作表

书　名	成书年代	主持或署名编撰者	实际或主要编撰者	资料来源
《儒宗理要》	顺治十五年（1658 年）	江苏学政张能麟	陆世仪	凌锡祺：《尊道先生年谱》
《通鉴本末纪要笺注》	康熙八年（1669 年）	云贵总督苏毓荣	林子卿	苏毓荣：《通鉴本末纪要自序》，见《通鉴本末纪要笺注》卷首
《春秋地名考略》	康熙二十四年（1685 年）	翰林院侍讲高士奇	徐善	永瑢等：《四库全书总目提要·经部春秋类四》
《通志堂经解》	康熙十四年（1675 年）	纳兰性德	徐乾学、顾湄	《国朝耆献类征初编》卷四一七《顾湄》；徐乾学：《新刊经解序》，见《憺园集》卷二一
《资治通鉴后编》	康熙三十一年（1692 年）	刑部尚书徐乾学	万斯同、阎若璩、胡渭等	永瑢等：《四库全书总目提要·史部编年类》
《行水金鉴》	雍正三年（1725 年）	河道总督傅泽洪	郑元庆	全祖望：《郑芷畦墓窆志》，见《鲒埼亭集》卷十九
《历代诗话》	乾隆十一年（1746 年）	江西布政使彭家屏	张九钺	张家栻：《陶园年谱》

① 赵尔巽：《清史稿》第 479 卷，《林达泉传》，中华书局，1977，第 13081 页。

② 尚小明：《论清代游幕学人的撰著活动及其影响》，《北京大学学报（哲学社会科学版）》1999 年第 5 期，第 50－60 页。

续表

书　名	成书年代	主持或署名编撰者	实际或主要编撰者	资料来源
《福州八旗志》	不详	福州将军新柱	汪沆	平步青：《霞外捃屑》卷二
《海塘通志》	乾隆十五年（1750 年）	浙江巡抚方观承	杭世骏	房兆楹：《杭世骏》，见《清代名人传略》（中）
《五礼通考》	乾隆二十六年（1761 年）	刑部尚书秦蕙田	戴震、钱大昕等	段玉裁：《戴东原先生年谱》
《直隶河渠书》	乾隆三十三年（1768 年）	直隶总督方观承	赵一清、戴震	段玉裁：《赵戴直隶河渠书辨》，见《经韵楼集》卷七
《铜政全书》	乾隆五十二年（1787 年）	云南布政使王昶	余庆长	王昶：《同知署广西平乐府知府余君墓志铭》，见《春融堂集》卷五四
《释名疏证》	乾隆五十四年（1789 年）	湖广总督毕沅	江声	毕沅：《释名疏证序》，见《释名疏证补》卷首
《经义考补正》	乾隆五十七年（1792 年）	山东学政翁方纲	王聘珍	翁方纲：《经义考补正序》，见《经义考补正》卷首；（同治）《南城县志》卷八《文学·王聘珍》
《续资治通鉴》	乾隆五十七年（1792 年）	湖广总督毕沅	邵晋涵、钱大昕、孙星衍、洪亮吉、钱坫等	永瑢等：《四库全书总目提要·史部编年类》；钱庆曾《竹汀居士年谱续编》
《西魏书》	乾隆五十九年（1794 年）	浙江布政使谢启昆	胡虔	谢启昆：《补史亭草》，见《树经堂诗初集》卷十至一一；方东树《先友记》，见《仪卫轩文集》卷十
《山左金石志》	嘉庆元年（1796 年）	浙江学政阮元	朱文藻等	阮元：《山左金石志序》，见《揅经室三集》卷三
《小学考》	嘉庆三年（1798 年）	浙江布政使谢启昆	胡虔、陈鳣	谢启昆：《小学考序》，见《小学考》卷首
《经籍纂诂》	嘉庆五年（1800 年）	浙江巡抚阮元	臧庸、臧礼堂、严杰、陈鳣、周中孚、杨凤苞等	阮元：《定香亭笔谈》卷四

续表

书　名	成书年代	主持或署名编撰者	实际或主要编撰者	资料来源
《粤西金石略》	嘉庆七年（1802 年）	广西巡抚谢启昆	胡虔	钱楷：《留别六首》，见《绿天书舍存草》卷五；胡虔：《粤西金石略叙》，见《粤西金石略》卷首
《积古斋钟鼎彝器款识》	嘉庆九年（1804 年）	浙江巡抚阮元	朱为弼	阮元：《积古斋钟鼎彝器款识序》，见《揅经室三集》卷三
《两浙金石志》	嘉庆十年（1805 年）	浙江巡抚阮元	何元锡、赵魏等	阮元：《两浙金石志序》，见《揅经室续集》卷三；张鉴等：《雷塘庵主弟子记》
《廿三史节要》	嘉庆十年（1805 年）	苏松太道李廷敬	赵怀玉、何琪、林镐等	赵怀玉：《收庵居士自叙年谱》
《十三经注疏校勘记》	嘉庆十一年（1806 年）	浙江巡抚阮元	段玉裁、徐养原、严杰、顾广圻、臧庸、李锐等	阮元：《十三经注疏校勘记序》，见《揅经室一集》卷十一；段玉裁：《与孙渊如书》，见《经韵楼集》卷五
《孙氏祠堂书目》	不详	山东督粮道孙星衍	洪颐煊	《清史列传》卷六九《洪颐煊》
《平津馆读碑记》	不详	山东督粮道孙星衍	洪颐煊	（光绪）《台州府志》卷一〇五《人物传》
《伊犁总统事略》	嘉庆十二年（1807 年）	伊犁将军松筠	祁韵士	祁韵士：《鹤皋年谱》
《文选考异》	嘉庆十三年（1808 年）	江苏布政使胡克家	顾广圻、彭兆荪	汪宗衍：《顾千里先生年谱》
《五代史记注》	嘉庆十三年（1808 年）	浙江学政刘凤诰	臧庸等	（日本）吉川幸次郎：《臧在东先生年谱》
《畴人传》	嘉庆十五年（1810 年）	浙江巡抚阮元	李锐等	阮元：《畴人传续编序》，见《畴人传》（七）卷首；张鉴等：《雷塘庵主弟子记》
《御制全史诗注》	嘉庆十六年（1811 年）	福建巡抚张师诚	陈寿祺、梁章钜	梁章钜：《退庵自订年谱》
《新疆识略》	嘉庆二十五年（1820 年）	伊犁将军松筠	徐松	缪荃孙：《徐星伯先生事辑》，见《艺风堂文集》卷一

续表

书　名	成书年代	主持或署名编撰者	实际或主要编撰者	资料来源
《皇朝经世文编》	道光六年（1826 年）	江苏布政使贺长龄	魏源	黄丽镛：《魏源年谱》
《续行水金鉴》	不详	河督黎世序、潘锡恩、张井等	董士锡、俞正燮	吴德旋：《晋卿董君传》，见《初月楼文续钞》卷六；王立中：《俞理初先生年谱》
《皇清经解》	道光九年（1829 年）	云贵总督阮元	严杰、江藩等	张鉴等：《雷塘庵主弟子记》
《吾学录初编》	道光十二年（1832 年）	湖南巡抚吴荣光	黄本骥	黄本骥：《三礼从今自序》，见《三礼从今》卷首
《文选旁证》	不详	广西巡抚梁章钜	姜皋等	梁章钜：《师友集》卷八
《三国志旁证》	不详	江苏巡抚梁章钜	姜皋等	梁章钜：《师友集》卷八
《武军志》	道光二十四年（1844 年）	固原提督周达武	廖树蘅	廖树蘅《廖荪畡年谱》
《乾坤正气集》	道光二十六年（1846 年）	河道总督潘锡恩	顾沅	平步青：《霞外攟屑》卷六；顾沅：《乾坤正气集序》，见《乾坤正气集》卷首
《史籍考》	道光二十八年（1848 年）	湖广总督毕沅	章学诚、洪亮吉、武亿、凌廷堪、严观、方正澍、胡虔等	胡适：《章实斋先生年谱》
		浙江布政使谢启昆	胡虔、陈鳣、钱大昭、袁钧等	罗炳绵：《史籍考纂修的探讨》，载《新亚学报》1964 年第 6 卷第 1 期
		河道总督潘锡恩	许翰、刘毓崧、包慎言、吕贤基	潘俊文：《乾坤正气集跋》，见《乾坤正气集》卷末

续表

书　名	成书年代	主持或署名编撰者	实际或主要编撰者	资料来源
《南北史注》	不详	淮南盐制同知童濂	姚莹、汪士铎等	姚濬昌：《先府君石甫先生年谱》； 赵宗复：《汪梅村先生年谱稿》
《攈古录金文》	不详	浙江学政吴式芬	许瀚等	袁行云：《许瀚年谱》
《读史兵略》	咸丰十一年（1861 年）	湖北巡抚胡林翼	汪士铎等	赵宗复：《汪梅村先生年谱稿》
《皇清经解续编》	光绪十二年（1886 年）	江苏学政王先谦	叶槐生等	吴振棫：《国朝杭郡诗续辑》卷八九
《陶斋吉金录》	光绪三十四年（1908 年）	两江总督端方	李葆恂、陈庆年等	端方：《陶斋吉金录序》，见《陶斋吉金录》卷首
《陶斋藏石记》	宣统元年（1909 年）	两江总督端方	况周颐、龚锡龄、李详、陈庆年	端方：《陶斋藏石记序》，见《陶斋藏石记》卷首

说明："方志编纂是幕宾撰著活动的一个极为重要的方面，清代的名志有很大一部分出自游幕学人之手，由于数量太大，加之方志的纂修者在志书中一般有明确记载，不像幕宾所撰其他学术著作那样往往不易判别其实际撰著者，故这些方志均不在'清代幕宾代撰学术著作表'中列出。"

《清代幕宾代撰学术著作表》所举只限于学术著作，而实际上，清代幕府中代撰诗文、奏疏、公牍等的数量很多，且代撰的学术著作尚有漏收的，下文试补述一二。

以乾嘉时期著名的毕沅幕府为例，它汇集了当时各家不同流派的学者。汉学派有江声、臧庸、梁玉绳，骈文派代表人物有汪中、洪亮吉、孙星衍、杨芳灿，史学派有章学诚和邵晋涵，桐城派有姚鼐等。汪中最早以《哀盐船文》显名，被杭世俊誉为"惊心动魄、一字千金"。他在进入毕沅幕府后，曾应毕沅之邀代作《黄鹤楼铭》和《汉上琴台铭》。据江藩称："后毕尚书沅开府湖北，君往投之，命作《琴台铭》。甫脱稿，好事者争为传诵。"[①] 严长明、毛大瀛、庄炘和杨缙等也曾用骈文为毕沅代写奏章。行伍出身的台湾第一任巡抚刘铭传年轻时没读过什么书，但成名之后却撰有

① 江藩等：《汉学师承记》第 7 卷，《汪中》，生活·读书·新知三联书店，1998，第 134 页。

《大潜山房诗钞》，其实也是幕僚代撰的，据刘声木称："合肥刘壮肃公铭传，撰有《大潜山房诗钞》一卷，卷首有曾文正公题语，亦见《曾文正公文集》，甚为奖励。其语不足凭也，乃一时笼络之术，未必由衷而发。长洲朱孔彰撰《咸丰以来功臣别传》，言其少无赖，贩盐为业，拒捕伤人，母惊毙云云。其出身如此，焉能有传世之诗文。《大潜山房诗钞》，或系幕僚拟作，及代为修饰字句，理或有之。然其中亦有一二语，可决知其为原本者。如《庐江道中》诗，有云'昔日江湖曾落魄，吹箫时节几人闻'等句，必系自出心裁，非幕僚所能代拟修饰矣。"① 不过，这本诗钞倒也不见得全是由幕僚拟作，少数几首也可能出自刘铭传本人，因为诗句内容反映了刘铭传的真实经历。

晚清重臣曾国藩、李鸿章的奏疏，绝大部分系幕僚代写。吴汝纶，字挚甫，安徽桐城人，同治进士，授内阁中书，曾事师曾国藩，曾氏奏议多出其手。据《苌楚斋续笔》载："《曾国藩奏议》□□卷，颇为外间所称诵，并非名不副实，实论者言过其实。每谓之可追迹古人，为数百年来所仅见，窃恐未必然也。其中实多系幕僚代拟之稿，曾文正公所亲为裁定者甚少。然则所誉者，并非曾文正公本人，实誉其当日之幕僚。其幕僚如薛叔耘副宪福成，言奏议之稿，多非曾文正公亲笔，云云。吴挚甫京卿汝纶，亦言在燕之稿，多其所拟，未可鱼目混珠，云云。但他人奏议，多出于俗儒所为。文正笃好古文，幕中多系古文高手，即代拟之作，比之他人，诚为足贵。"② 曾氏幕僚薛福成则对《曾文正公奏议》做了编辑删裁工作，据陈忠倚《清经世文三编》载："奏议，古文之一体也。昔曾文正选钞奏议，宗贾长沙、陆宣公、苏文忠三家，《鸣原堂论文》专论奏疏……窃又以谓文正奏疏，参用近时奏牍之式，运以古文精洁之气，实为六七百年以来奏疏绝调。每欲汰幕客代拟之作，专存文正手笔汇钞数卷，私资揣摩卒卒未果，然奏疏一体，前作三家后则文正，皆福成所服膺弗失者也，曩在幕府，尝裁奏牍均系代作。"③ 洋务大臣李鸿章因为公务繁忙，也有不少文章是请人代笔的，如《苌楚斋随笔》载："李文忠公久不亲文事，实为□□□□□代撰。"④

---

① 刘声木：《苌楚斋随笔》第7卷，《大潜山房诗钞》，中华书局，1998，第136页。

② 刘声木：《苌楚斋随笔》，《续笔》第8卷，《曾国藩奏稿》，中华书局，1998，第412页。

③ 薛福成：《出使四国奏疏序》，见《清经世文三编》第39卷，清光绪间石印本。

④ 刘声木：《苌楚斋随笔》第3卷，《曾国藩预属墓志铭于吴敏树》，中华书局，1998，第56页。

其他游幕文人为幕主代撰的作品还有一些。杜恒灿，字杜若，号苍舒，三原人，顺治戊子副榜贡生，著有《春树草堂集》，“是编凡诗二卷，文四卷，涂乙纵横，犹当时原稿。中多代人之作。盖恒灿历为郎廷极、贾汉复、梁化凤诸人客，毕生出入幕府中，故以卖文为活”①。陆耀遹，字邵文，代人作《画墁剩稿》，临死之前特意叮嘱后人，不要以自己的名义刊行。因此，刘声木在《苌楚斋随笔》中说：“陆邵文征君耀遹撰《画墁剩稿》八卷，本属居幕府时，代府主之作，征君在日，戒后人勿刊。光绪四年三月，其第五孙彦颀刺史佑勤任兴国州知州时，惧其久而散佚，又以征君有遗言，弗能决。杜仲丹孝廉贵墀适居州幕，力劝之刊行，非征君意也。征君代人之作，不欲以己尸其名，尚存古人让善之遗意。”② 唐文治，字蔚芝，近代著名教育家，早年代贝子载振撰《英轺日记》。“戊戌六君子”之一的杨锐，字叔峤，曾代张之洞撰《劝学篇》。《苌楚斋随笔》载：“光绪季末，有固山贝子卫振国将军载振，俗称振贝子，撰《英轺日记》十二卷，相传实为（无锡）［太仓］唐蔚芝侍郎文治所代撰。光绪丁未□月，贝子辞差开缺之摺，实为泗州杨杏城侍郎士琦所代拟。南皮张文襄公之洞，撰《劝学篇》二卷，于光绪戊戌，曾进呈御览，一时风行海内，相传为□□杨□□□□锐所代撰。其寿合肥李文忠公鸿章七十寿序，其中措语失当，致为嘉定徐季和大理致祥所纠参，实为武进刘葆真太史所代撰。皆愿意让善也。”③ 清代著名思想家龚自珍也有代人撰著的经历，“仁和龚定庵礼部自珍诗集内《己亥杂诗》中有云：‘手扪千轴古琅玕，笃信男儿识字难。悔向侯王作宾客，廿篇《鸿烈》赠刘安。’自注云：‘某布政欲撰《吉金款识》，属为编纂。予为聚拓本，穿穴群经，极谈古籀形义，成书四十卷。俄布政书来请绝交，书藏何子贞太史家。’云云。声木案：礼部此语，为南海吴荷屋中丞荣光而发。所谓某布政者，因中丞任福建布政使时，曾属礼部编纂钟鼎文字，未及成而罢，见于中丞《筠清馆金文》卷首中丞自序中。”④ 文中的“某布政”即吴荣光，字殿垣，一字伯荣，广东南海人，官至湖南巡抚、湖广总督。清人胡思敬《国闻备乘》对清朝游幕文人代笔这一文化现象作了评述：

---

① 纪昀等：《钦定四库全书总目》第181卷，《春树草堂》，中华书局，1997，第2531页。

② 刘声木：《苌楚斋随笔》第3卷，《陆耀遹画墁剩稿》，中华书局，1998，第58页。

③ 刘声木：《苌楚斋随笔》，《四笔》第6卷，《英轺日记等代撰人》，中华书局，1998，第796页。

④ 刘声木：《苌楚斋随笔》，《三笔》第1卷，《筠清馆金文别本》，中华书局，1998，第481页。

> 文士厄于时命，托身卑泽，不能及物，欲借一二空言光显于世，往往依附于人，为富贵强有力者所掩。世传《吕氏》八览成于门客之手，以予观国朝诸著述家，如《吕览》一流者盖不少也。南海伍崇曜以赀雄于一乡，延谭莹于家，为辑《粤雅堂丛书》数百种，各有题跋，殿以崇曜之名，后其书盛行海内，士林交口颂南海伍氏，鲜有道及莹者。《行水金鉴》本郑余庆撰，题曰傅泽洪。《皇朝经世文编》本魏源撰，题曰贺长龄。《续经世文编》本缪荃孙、汪洵合撰，题曰盛康。《读史兵略》本汪士铎撰，题曰胡林翼。左宗棠始入张亮基幕，继入骆秉章幕，今所传张、骆二司马奏稿皆宗棠笔也。李鸿章奏议先为薛福成等拟，后为吴汝纶、于式枚等拟。徐松代松筠撰《新疆识略》，筠遂进呈御览，称为“钦定”。毕沅开府武昌，幕宾最盛，精研史学者推邵晋涵，今所传毕氏《续通鉴》一书，半系晋涵裁定，分任纂述者岁久不能具述，盖湮没久矣。至徐乾学谄事明珠，刻《通志堂经解》成，驾名纳兰成德，携板赠之，其卑鄙盖不足道矣。①

胡思敬认为，游幕文人寄人篱下代人著述，除了其自身“厄于时命”，为了养家糊口的经济原因之外，关键还有一点，就是他们也想“借一二空言光显于世”，所以之好依附于“富强有力者”，依靠幕主提供的丰富的藏书及优良的工作环境，来实现自己的抱负。以上所述，是对表3－1《清代幕宾代撰学术著作表》所举情况作的补充。

在上文胡思敬提到的众多代人著述的文士中，需要特别着墨的是缪荃孙。缪荃孙，字炎之，号筱珊，晚年号艺风，江苏江阴人，清末民初著名学者，著述丰富，据清人刘声木《苌楚斋随笔》载：

> 《书目答问》四卷行世已久，皆知其为南皮张文襄公之洞督学四川时所编辑，素无异议也。后闻江阴缪筱珊太史荃孙自言为伊当日所编，初犹不信。不意太史卒后，其家载其事于哀启、行状中，事固确然不诬。《江阴县志》亦云：‘太史生平，为人编刊之书甚多，率署他人名。若张之洞《书目答问》，其少作也。’云云。太史当日入词馆后，以博学嗜古，专与常熟翁文恭公同龢、吴县潘文勤公祖荫、南皮张文襄公之洞、顺德李□□公文田、吴县吴清卿中丞大澄、福山王文敏公懿荣等诸人游，是以考证、碑版、目录之学根柢甚深，而搜罗亦极富。收藏书籍十余万卷，秦汉洎元石刻拓本一万零八百余种，皆手

① 胡思敬：《国闻备乘》第2卷，《托名著书》，中华书局，2007，第57页。

自校勘题识。编刊《云自在龛丛书》五集，一百十五卷，《藕香零拾》九十卷。修纂《清史》儒学、文学、隐逸、土司诸传，及康熙朝大臣传，信核有法。又修《顺天府志》□□卷、《湖北通志》□□卷、《江苏通志》□□卷、《江阴县志》廿八卷。编辑《常州词录》三十一卷、《辽文存》八卷、《续碑传集》八十六卷。自为之书，有《艺风堂文集》八卷、《文续集》八卷、《别集》□卷、《外集》□卷、《辛壬稿》三卷、《藏书记》八卷、《续记》八卷、《金石目》十八卷、《日记》□□卷、《读书记》□□卷。综计太史生平，劬学嗜古，在我朝末造，洵属难得之人材。惜乎乙卯、丙辰之间，夫己氏立筹安会，欲使其后人为石重贵、刘承祐之流。太史虽为人所利用，自甘为景延广、李业、阎晋卿、聂文进等而不悔，真西江之水，不能洗此耻辱。陆放翁以作《南园记》《阅古泉记》蒙羞，太史较之，加千百倍也。①

缪荃孙虽一生不曾显达，但终其一生都在从事文献编撰、校刻事业。许廷长1998年编撰的《缪荃孙研究数据索引》（金陵图书馆排印本），共收录缪氏著述计89种。但实际上，缪荃孙早年为他人充当幕宾，晚年又多为人校刊书籍，为他人代撰了不少图书。如早已为学术界熟知的：代张之洞撰《书目答问》4卷，代张钧衡撰《适园藏书志》16卷，代盛宣怀编《愚斋图书馆藏书目录》18卷，代端方撰《壬寅消夏录》40卷，代盛康编《续经世文编》80卷（注：与汪洵合作编纂）。不过缪荃孙代人著述的数量远不止以上5种。幸亏缪氏每撰一书，都会在《艺风老人日记》中详述其经过，故今人杨洪升据《艺风老人日记》及其他相关史料的记载，作《缪荃孙代人编撰著作考》②，考证出缪氏为他人编撰的其他著述27种（笔者按：其中实际撰著16种，另有《吴越春秋逸文》等11种乃缪氏辑佚得来，非其自撰，但仍可看作缪氏的编辑作品）。为便于说明，兹据杨文所考，胪列如下。

代盛宣怀编撰图书8种：《昭明太子集补遗》《文恭集补遗》《春卿遗稿补遗》《蒋之翰之奇遗稿》《毗陵集补遗》《归愚集补遗》《荆川集补遗》《从野堂集补遗》各1卷，入盛氏《常州先哲遗书》。代刘承干编撰图书6种：其中《周易正义校勘记》2卷、《尚书正义校勘记》2卷、《毛诗正义校勘记》3卷、《礼记正义校勘记》1卷、《谷梁疏校勘记》2卷、《南唐书

① 刘声木：《苌楚斋随笔》第6卷，《缪荃孙撰述》，中华书局，1998，第27页。
② 杨洪升：《缪荃孙代人编撰著作考》，《中国典籍与文化》2007年第4期，第75－83页。

补注》18卷，入刘氏《嘉业堂丛书》。代贵池刘世珩编撰图书6种：其中《论语注疏解经札记》《孔子家语札记》各1卷，入刘氏《玉海堂景印宋元丛书》；《启祯两朝削复录札记》《吴次尾年谱》《刘宗伯年谱》《剧谈录逸文》各1卷，入刘氏《贵池先哲遗书》。代浙江乌程张钧衡编撰图书3种：《尚书注疏校记》《唐书直笔校记》各1卷，入张氏《择是居丛书》；《重刊湖海新闻夷坚续志补遗》1卷，入张氏《适园丛书》。代南陵徐乃昌编撰图书3种：《吴越春秋札记》《云仙散录札记》《吴越春秋逸文》各1卷，入《随庵徐氏丛书》。代吴隐著图书1种：《铁书》3卷。缪荃孙《癸甲稿》卷2载有《吴石潜铁书序》。

缪荃孙代人著述，偶尔也署真名为该书作序跋，但在跋文中则尽力避免提及自己对该书的撰述之功。如缪荃孙《艺风藏书记》云："荃孙在鄂，见宜都杨惺吾学博所藏《前集》钞本，《后集》元刻本，字极精……此本多于杨本，然取杨本《前集》对校，亦多出四十一条，辑为补遗。"① 据此可知该书之来历。但《重刊湖海新闻夷坚续志补遗》一书卷末缪跋则删除了"辑为补遗"等句，其他内容则几乎一字不差。这也是缪荃孙为配合张钧衡将校刻与补遗之功据为己有而故意为之，诚可叹也。与之相反，该书卷尾张氏跋则云："今以两本合校，以图书馆本为主，杨本溢出者另为补遗一卷传之。"只字未提缪荃孙，俨然以校勘补遗者自居。有的干脆将缪荃孙为该书作的序跋也署上了自己的名字，如《剧谈录逸文》，该书卷末刘世珩跋文系缪荃孙所撰，见于《艺风堂文续集》卷六和《艺风藏书续记》卷八《剧谈录》叙录。刘氏仅将原跋中的"并取旧藏明刻稽古堂本补录自序一篇"改为"并假缪艺风丈所藏明刻稽古堂本补录自序一篇"，并在跋末加上"近世珩搜辑乡邦文献，因亟刊之"和"光绪三十年甲辰六月贵池后学刘世珩跋于江宁暖红室"两句，变为自己的语气而已。其他被代者也多属此类。

综上所述，中国古代的代笔现象非常复杂。第一，就著作体裁而言，碑记、墓志、奏疏、公牍、序跋、诗文、书画、汇编、专著等，应有尽有，其中以各种应用文体和应酬之作比较常见，学术价值相对较低。但到了后期，特别是有清一代，代笔作品中学术专著的比例明显增多，学术价值有了显著的提升。第二，就署名者与代笔人之间的社会关系来看，有君臣关系、幕僚关系、父子关系、师生关系、夫妻关系、叔侄关系、文友关系等，不一而足。其中早期以君臣、父子、师生之间的代笔最为常见，后期代笔出现了职业化

① 缪荃孙：《艺风藏书记》第8卷，《重刊湖海新闻夷坚续志》，上海古籍出版社，2007，第202页。

的趋向，出现了以游幕为生的职业代笔者。而像代著中的君臣关系、幕僚关系、师生关系、父子关系，署名者与代笔人之间的社会关系是不平等的，而相对平等的文人之间的代著现象并不占据主流地位。这反映出代著这一文献现象承载了太多的古人的封建伦理观念，因而并不纯粹是一种著作权关系。第三，就代笔动机而言，有奉迎君上者，有阿谀上司者，有为权势所迫者，有为衣食所迫者，有为报知遇之恩者，有为家人分忧者，有以诗文娱情者，芸芸众生相，千姿百态。但无论是何种文体，无论是属于何种社会关系，也无论出于何种动机，代笔这一社会现象客观上还是扰乱了原本自然和正常的著作权关系，成为诱发古代图书著作权保护的一个重要因素。

第二节 作伪

所谓伪书，通俗地讲，就是那些作者不真、年代不实以及内容造假的历史文献。其中作者不真侵犯了原作者的署名权，内容造假则破坏了原作品内容的完整性，这些其实都涉及了著作权关系。作者不真的作伪与代笔的区别是，前者是在署名作者不知情的情况下发生的，而后者一般是应署名作者的请求，或在得到其允许的情况下发生的。因此也可以说，代笔是一种特殊的作伪形式。

一 先秦两汉的作伪

先秦两汉之际，图书作伪现象已较为普遍。早期的图书作伪，多是作者主动放弃自己的著作权，表现为掩其真名，而伪托古代圣贤之名。这与后期将他人作品伪署自己姓名的做法是截然不同的。由此可以看出，早期的人们更看重自己思想和学说的流布，将之置于个人声名之上。当然，这也跟当时文献制作、传播手段落后的现状，以及人们尊贤尚古的风气有极大的关系。早期文献传播主要靠口耳相传的讲唱方式及简策帛书的传抄方式，如果不是圣贤之作，其流传范围是十分有限的。有些人偶有所作，深恐不能取重于当时而致湮没，为了使它传之广远，只好依托古人。正如《淮南子·修务训》中所指出的：“世俗之人，多尊古而贱今，故为道者必托之于神农、黄帝而后入说。乱世闇主，高远其所从来，因而贵之。为学者，蔽于论而尊其所闻，相与危坐而称之，正领而诵之，此见是非之分不明。”① 于是乎出现了道家借重黄帝，医家借重神农、黄帝，墨家借重禹，

① 张双棣：《淮南子校释》，北京大学出版社，1997，第2008页。

儒家借重舜来抬高自己学术地位的现象，出现了托名古代圣明君主的伪书。所以说，先秦诸子书的著作权关系十分复杂，在四部中也是伪书数量最多，问题最多的。诸子著作或出己手，或由门徒采摭言行编纂而成，或为本派后学依傍其学说演绎而成，多撰非一人，成非一时，后人增窜、补缀的成分较多。有的是整部书作伪，如《鬼谷子》《关尹子》之类；有的是内容有后人增窜的成分，如《管子》《庄子》《晏子》；有的是本无其书而凭空杜撰，如《亢仓子》《子华子》等。除子书外，诗赋亦有托名前人的。如“世传《珞琭三命赋》，不知何人所作。序而释之者，以为周灵王太子晋，世以为然。考其赋所引秦河上公如悬壶化杖之事，则皆后汉末壶公、费长房之徒，则非周灵王太子晋明矣。”①

秦始皇统一中国，为加强文化专制和中央集权，采纳丞相李斯焚书的建议，“非秦记皆烧之”，“所不去者，医药、卜筮、种树之书”②，同时颁布“挟书律”，除允许官方可以藏书外，民间和个人一律不得私藏图书。这个事件对先秦古书来说是一次空前的灾难，诸国史记及天下诗书损失惨重。虽如此，有的文献在民间还不至于完全绝迹，人们或凭记忆口耳相传，或藏之深山宅壁，至西汉初，“《诗》《书》往往间出”③，但这同时也加剧了图书作伪，尤其是在汉惠帝废除“挟书律”之后，图书作伪问题愈为严重。如汉文帝时，晁错受命前往齐鲁伏生处受《尚书》28 篇，因由当时通行的隶书写就，故称《今文尚书》。汉武帝时，命丞相公孙弘“广开献书之路，建藏书之策，置写书之官”，于是有人伪作《泰誓》篇，献给朝廷，合《尚书》为 29 篇。汉成帝时，以书颇散亡，使谒者陈农求遗书于天下，张霸又趁机作伪，他将 29 篇《尚书》分析合并为数十篇，用《左传》《书叙》作首尾，共拆分为 102 篇，然后献给朝廷。该伪本《尚书》数篇简牍即为一篇，文意甚为浅陋，后有人（唐陆德明认为当为刘向）以中书本《尚书》校之，其文大不相同。张霸辩称此书是他父亲传授给他的，其时“父有弟子尉氏樊并。时太中大夫平当、侍御史周敞劝上存之。后樊并谋反，乃黜其书”④。从平当、周敞等人劝汉成帝存其书的举动来看，汉人对于以作伪手段侵犯图书内容完整性的做法还是比较容忍的，只是后来因张霸受其父亲的弟子樊并谋反一事的牵连，此书才被罢黜于官学，但在民间

① 朱弁：《曲洧旧闻》第 8 卷，见《宋元笔记小说大观（三）》，上海古籍出版社，2001，第 3014 页。

② 司马迁：《史记》第 6 卷，《秦始皇本纪》，中华书局，1959，第 255 页。

③ 司马迁：《史记》第 130 卷，《太史公自序》，中华书局，1959，第 3319 页。

④ 班固：《汉书》第 88 卷，《儒林传》，中华书局，1962，第 3607 页。

仍有流传。

王莽新朝及东汉初期，谶纬之风盛行，也导致了大量伪书的出现。谶书，特指神学迷信的占验书，最早起源于先秦时期秦汉间巫师、方士编造的预示吉凶的隐语；纬书，是汉代假托神意解释儒家经典的书，其内容附会人事吉凶，预言治乱兴废，颇多怪诞之谈，但对古代天文、历法、地理等知识以及神话传说之类，均有所记录和保存。几乎每种经书都有解释它的数种纬书，如《易》有《乾凿度》《坤灵图》；《书》有《刑德放》《帝命验》；《诗》有《推度灾》《含神雾》；《礼》有《含文嘉》《稽命征》；《春秋》有《演孔图》《元命苞》《感精符》《潜潭巴》，等等。从这些古怪的书名，我们或许已能感受到其中的神秘色彩了。历史上不少政治人物借谶纬以天人感应之名达到政治目的。如王莽篡汉之后，遣五威将王奇等12人颁《符命》42篇于天下，“德祥五事，符命二十五，福应十二，凡四十二篇。其德祥言文、宣之世黄龙见于成纪、新都，高祖考王伯墓门梓柱生枝叶之属。符命言井石、金匮之属，福应言雌鸡化为雄之属，其文尔雅依托，皆为作说，大归言莽当代汉有天下云”。颜师古注曰：“尔雅，近正也，谓近于正经，依古义而为之说。”[①] 光武帝刘秀初起兵时，也以谶纬为号召。《后汉书·光武帝纪》云：“地皇三年，南阳饥荒，诸家宾客多为小盗。光武避吏新野，因卖谷于宛。宛人李通等以图谶说光武云：‘刘氏复起，李氏为辅’……天下方乱，遂与定谋，于是乃市兵弩。”[②] 为了巩固皇权，刘秀还诏令虎贲中朗将梁松收集的谶纬之语在封禅泰山时刻石勒铭。谶书很多都是内容胡编乱造，一般不涉及作者署名的著作权问题，但纬书因为是对儒家经典的解释，其牵强附会的解释实际上是对儒经原著内容肆意的歪曲和篡改，因而涉及了著作权关系。

关于汉代作伪，常有学者举刘歆篡改古文《左传》《周官》之例，其实是不妥的。刘歆及校秘书，有机会得见古文《春秋左氏传》、古文《易经》及《逸礼》等书，“大好之”，乃向研治《左传》有师承的丞相史尹咸请教。这些古书只有原文，不见经传，没能立于学官，故传授者极少，刘歆于是“引传文以解经，转相发明，由是章句义理备焉”。他认为：“左丘明好恶与圣人同，亲见夫子，而《公羊》《谷梁》在七十子后，传闻之与亲见之，其详略不同。”[③] 因此，《左传》的价值当在《公羊》《谷梁》

① 班固：《汉书》第99卷上，《王莽传》，中华书局，1962，第4112页。
② 范晔：《后汉书》第1卷下，《光武帝纪》，中华书局，1965，第2页。
③ 班固：《汉书》第36卷，《楚元王传》，中华书局，1962，第1967页。

之上。他进而提出将《左传》以及《毛诗》《逸礼》《古文尚书》等古文经立于学官。这引起了今文学派的五经博士们的极大恐慌与怨恨。以治《诗》起家的大司空师丹上书控告刘歆“改乱旧章，非毁先帝所立”，名儒光禄大夫龚胜甚至辞职以示抗议。其实这里涉及的是今古文之争，刘歆为推广古文经而对之进行传注是很正常的事情，并非作伪问题。康有为在《新学伪经考》中，指责刘歆窜乱伪撰了《左传》《周礼》《逸礼》《毛诗》等，其真正目的是为了利用今文经学的旧形式来为其变法维新的政治主张造声势，学术态度有欠严谨。

二 魏晋南北朝的作伪

秦汉以来的作品因多不署名，到了魏晋南北朝时期不但篇籍杂乱，作者也难考了。如汉末产生的《古诗》，至晋陆机时已称“古诗”而不知作者了，或托名苏武、李陵，或假名枚乘、傅毅，甚至被怀疑为建安时曹植、王粲所作，颇费时人思量，故南朝钟嵘《诗品·序》说“古诗眇邈，人世难详”，表达了对这一现象的无奈。这也为后人托名作伪提供了更多的机会。魏晋南北朝的不少笔记小说就是托名汉人所作的，如《西京杂记》《汉武故事》《汉武内传》等。《西京杂记》由西晋葛洪伪托刘歆而作，《汉武故事》由南朝刘宋王俭伪托班固而作，《汉武内传》亦托名班固。这类伪托都是借重古人之名，使己书流传后世的意思。除了借重古人之外，也有借重当代人物盛名作伪的，如建安诗人曹植当世即享盛名，他死后，其族弟曹冏就曾借其名伪作《六代论》。据《晋书》载：“帝尝阅《六代论》，问志曰：‘是卿先王所作邪?’志对曰：‘先王有手所作目录，请归寻按。’还奏曰：‘按录无此。’帝曰：‘谁作?’志曰：‘以臣所闻，是臣族父冏所作。以先王文高名著，欲令书传于后，是以假托。’帝曰：‘古来亦多有是。’”① 在晋武帝看来，托名作书是自古以来常有的事。陆喜，字恭仲，一作文仲，吴郡吴人，少有声名，好学有才思，入晋之后，“又作《西州清论》传于世，借称诸葛孔明以行其书也”②。

不过，前人在论及曹魏作伪史时，常举王肃伪造《孔子家语》为例，则有欠妥当。魏王肃伪造《孔子家语》一说，历来颇多争议。宋王柏《家语考》、清姚际恒《古今伪书考》、范家相《家语证伪》、孙志祖《家语疏证》均认为是王肃所作的伪书。宋朱熹《朱子语录》、清陈士珂《孔子家

① 房玄龄：《晋书》第50卷，《曹志传》，中华书局，1974，第1390页。

② 房玄龄：《晋书》第54卷，《陆喜传》，中华书局，1974，第1486页。

语疏证》、黄震《黄氏日抄》等则持有异议。1973 年，河北定县八角廊西汉墓出土竹简《儒家者言》，其内容与今本《家语》相近。1977 年，安徽阜阳双古堆西汉墓也出土了篇题与《儒家者言》相应的简牍，内容同样和《家语》有关。这些考古发现说明，今本《孔子家语》是有来历的，早在西汉即已有原型存在和流传，并非伪书，更不能直接说成是东汉王肃所伪撰。它当陆续成于孔安国以及与王肃同时的孔孟等孔氏学者之手，经历了一个很长的编纂、改动、增补过程，是孔氏家学的产物。晋代作伪最著名的例子当属东晋豫章内史梅赜所献的《孔传古文尚书》。它一共 58 篇，其实是一个今文《尚书》与古文《尚书》合编的版本。其中今文《尚书》33 篇，是由原来伏生所传的今文《尚书》28 篇分析而成，另有古文《尚书》25 篇和孔安国（孔子后人）作的《序》和《传》。这部书出来以后，成了儒家必备的经典，直到宋代才被吴棫和朱熹等人看出破绽。清代的阎若璩在前人的基础上，潜心作《尚书古文疏证》。该书引经据典，旁参互证，以不可辩驳的论据证明了《古文尚书》及孔传、孔序均系伪造的事实。但这部伪《古文尚书》究竟出于何人之手，学界说法尚不统一，有学者认为是梅赜本人所作，也有学者认为是魏王肃所作，一般认为该书系魏晋间人士伪造。东晋的张湛也伪作过《列子》一书。列御寇，春秋末期郑国人，道家代表人物，《庄子》中有提及，《汉书·艺文志》也著录有"《列子》八篇"，但该书至晋时已佚，张湛于是搜集前说，附以己见，自编自注伪作了《列子》一书，这实际上是借古人之名推行自己学说的行为。

南北朝时期作伪之风比魏晋还要盛行，这与当时看重名人效应的社会风气有很大关系。如南梁有一个叫张率的人，将自己的作品给人看，遭人讥讽，于是托名当时的名士沈约，对方乃大加称赞。据《不下带编》载："梁张率多属文，虞讷见而诋之。率更为诗以示，托名沈约，讷便句句嗟称，无字不善。率曰：'此吾作也。'讷惭而退。今人无论文之佳恶，但云出自名腕，则恶亦称佳，所以古人往往以假托得名。如汉庆虬作《清思赋》，人不知贵，托以相如，所作遂见重。魏曹冏作《六代论》，托名子建乃传。郢人为赋，托以灵均，举世而诵之。赵人有曲者，托以伯牙之声，人竞习之。又邯郸托曲于李奇，士季托论于嗣宗，不可枚举。盖世多虞讷之见，自古如此已！"① 只要是出自"名腕"，"恶亦称佳"，完全是看人不看作品，难怪托名之风大行其道。托名之外，摹拟也是伪书产生的一大途径。历史上一些经典名作，往往成为后世学习模仿的对象。但也有一些好

① 金埴：《不下带编》第 4 卷，中华书局，1982，第 70 页。

事者，刻意摹拟而不署名，或虽署名，但时间一长而读者失其名，最后难免以假乱真，被误收入他人文集，成了伪作。如南朝著名文学家江淹，钟嵘在《诗品》中说他“善于摹拟”。他有杂体诗三十多首，都是拟古而作，几近逼真。江淹曾拟陶渊明《田居》诗“种苗在东皋，苗生满阡陌”一首，后人将之收在陶渊明集中，成了历史的误会。也许正是由于江淹过于专注于摹拟他人作品，到后来反而失去了自己的创作力，于是便有了“江郎才尽”的传说。南齐还有一个造伪的人，叫姚方兴，据唐人刘知几《史通》载：“齐建武中，吴兴人姚方兴采马、王之义以造孔传《舜典》，云于大航购得，诣阙以献。举朝集议，咸以为非。及江陵板荡，其文入北，中原学者得而异之，隋学士刘炫遂取此一篇列诸本第。故今人所习《尚书·舜典》，原出于姚氏者焉。”① 姚方兴伪作的《舜典》在南方被看出破绽，流传到北方却受到重视，北齐的经师将其列入《尚书》中。

三 隋唐五代的作伪

上文提到的北齐经师刘炫，他本人也是一个作伪书的高手。入隋以后，牛弘奏请购求遗书，以物质奖励的方式向天下征求遗逸之书，“炫遂伪造书百余卷，题为《连山易》《鲁史记》等，录上送官，取赏而去。后有人讼之，经赦免死，坐除名，归于家，以教授为务。”② 《连山》《归藏》在《周礼》中有提及，但那是伪作《周礼》的人编造出来的。刘炫因《周礼》而想起伪作《连山》《归藏》，最终被人识破，差点丢了脑袋。不过刘炫在经济困顿的情况下作伪领赏，也是情有可原的。据《隋书》载：“爰自汉、魏，硕学多清通，逮乎近古，巨儒必鄙俗。文、武不坠，弘之在人，岂独愚蔽于当今，而皆明哲于往昔？在乎用与不用，知与不知耳。然曩之弼谐庶绩，必举德于鸿儒，近代左右邦家，咸取士于刀笔。纵有学优入室，勤逾刺股，名高海内，擢第甲科，若命偶时来，未有望于青紫，或数将运舛，必委弃于草泽。然则古之学者，禄在其中，今之学者，困于贫贱。明达之人，志识之士，安肯滞于所习，以求贫贱者哉？此所以儒罕通人，学多鄙俗者也。”③ 隋朝不重儒，俸禄也低，学者多困于贫贱，整天饿着肚子，也就顾不得那么多斯文道德了。

隋朝末年还出了一本书，叫《文中子》（又名《中说》），作者王通，

① 刘知几：《史通》第12卷，《古今正史》，辽宁教育出版社，1997，第96页。
② 魏徵：《隋书》第75卷，《刘炫传》，中华书局，1973，第1720页。
③ 魏徵：《隋书》第75卷，《儒林传序》，中华书局，1973，第1706页。

字仲淹，河东郡人，死后由门人谥为文中子。书中称其学问堪比孔子，把隋唐之际的名臣将相都拉作他的朋友或门人，如苏威、杨素、贺茗弼、李德林、李靖、窦威、房玄龄等。但实际上，这些人的著述言论中竟从未提到这位可比孔子的恩师或朋友，且《隋史》也并未载其名。王通在《文中子》中以师长的身份对学生的提问一一作答，却漏洞百出。如书中记隋仁寿四年（604 年），王通去长安见李德林，而事实上此时李已经去世九年，可见“德林请见”之语不实；又记开皇十八年（598 年）文中子有四方之志，同礼于河东关子明，而关子明乃于北魏太和中见孝文帝，距开皇已逾百年，显是捏造。因此，后代学者多以此书为伪书，清人姚际恒甚至主张一烧了之，梁启超在《中国历史研究法》中斥曰：“此种病狂之人、妖诬之书，实人类所罕见。”① 不过历史上确有王通其人，如唐薛收《隋故征君文中子碣铭》通篇以王通弟子自居，将其比作孔子。陈叔达《答王绩书》、杨炯《王勃集序》、刘禹锡《唐故宣歙池等州都团练观察处置使宣州刺史兼御史中丞赠左散骑常侍王公神道碑》、陆龟蒙《送豆卢处士谒丞相序》亦皆言及王通及其事迹，且评价不菲。此外，皮日休《请韩文公配飨太学书》《文中子碑》及司空图《文中子碑》亦皆一再称道王通，对之推崇备至。王通的弟弟王绩、孙子王勃，也均提及王通的生平事迹及其学术思想。王绩《游北山赋》自注：“吾兄通，字仲淹，生于隋末，守道不仕。大业中隐于此溪，续孔子《六经》近百余卷。门人弟子相趋成市，故溪今号王孔子之溪也。”② 王勃《续书序》《送劼赴太学序》亦不厌其烦地叙述了其祖王通的学术功绩。虽有拔高溢美之词，但不至于凭空捏造一个没有的人物来赞扬他。近 30 年来，学界逐渐认识到王通在儒学发展史上的作用，一批研究成果相继问世。如孙叔平所著《中国哲学史稿》（上海人民出版社 1980 年版）、任继愈主编的《中国哲学发展史》（人民出版社 1994 年版）、姜林祥主编的《中国儒学史》（广东教育出版社 1998 年版）皆以专门章节论述王通。至于前文提到《文中子》种种不实之处，尹协理、魏明从不同角度辨析了《文中子》及附录的种种谬误之处，尔后得出结论：“《中说》不是伪书。它的基本思想是王通的，它所记载的王通的言论基本上是真实的，但对话者的姓名多有假，当是王福畤（王通之子）为抬高王通地位而窜改的。除薛收、温彦博、杜淹外，其他唐初名臣均非王通弟子，其中某些人至多也仅是交游与相识而已。《中说》附录均疑是王福畤述作和伪造，

---

① 梁启超：《中国历史研究法》，上海文艺出版社，1999，第 108 页。

② 王绩：《王无功文集》第 1 卷，《游北山赋》，上海古籍出版社，1987，第 5 页。

伪事颇多，但其中所及家事，也有可信之处。”① 王福畤替父作伪，本意是想抬高父亲的地位，结果是侵犯了其父的著作权，让后人怀疑其父亲著作的真实性，继而怀疑其人存在的真实性，此教训不可谓不深刻。

唐代文坛有一起著作权公案，这就是千古名篇《陋室铭》的作伪问题。《陋室铭》一文广受人们青睐，始于清康熙间吴楚材等人所编《古文观止》行世之后。而《古文观止》中所收《陋室铭》题名为刘禹锡所作，故世人皆以为然。但实际上，在北宋时期就有人对《陋室铭》的作者提出了质疑。《全宋文》收录有北宋释智圆《雪刘禹锡》一文，其曰：“俗传《陋室铭》，唐刘禹锡所作，谬矣。盖阘茸辈狂简斐然，窃禹锡之盛名，以诳无识者，俾传行耳。夫铭之作，不称扬先祖之美，则指事以成过也。出此二涂，不谓之铭矣。称扬先祖之美者，宋鼎铭是也；指事成过者，周庙金人铭是也。俗称《陋室铭》，进非称先祖之美，退非指事以成过，而奢夸矜伐，以仙、龙自比，复曰‘惟吾德馨’。且颜子愿无伐善，圣师不敢称仁，禹锡巨儒，心知圣道，岂有如是狂悖之辞乎？陆机云：‘铭博约而温润。’斯铭也，旨非博约，言无温润，岂禹锡之作邪？昧者往往刻于琬琰，悬之屋壁，吾恐后进童蒙慕刘之名，口诵心记，以为楷式，岂不误邪？故作此文，以雪禹锡耻，且救复进之误。”② 从此文记载“昧者往往刻于琬琰，悬之屋壁”的情况来看，北宋时托名刘禹锡的《陋室铭》就已经广为流传了。智圆主要从三个方面对之进行了辨伪：一是《陋室铭》不符合铭文或“称扬先祖之美”，或“指事以成过”的体例；二是以“仙”“龙”自比不符合刘禹锡巨儒的身份；三是“旨非博约，言无温润”的行文不符合刘禹锡的风格。但也有学者不同意智圆的观点，理由是宋人王象之多次提到刘禹锡的《陋室铭》，应该不是无中生有，如《舆地碑记目》记：“唐刘禹锡《陋室铭》，柳公权书，在厅事西偏之陋室。”③ 《舆地纪胜》卷四八《和州·景物上》记：“陋室，唐刘禹锡所辟。又有《陋室铭》，禹锡所撰，今见存。”同卷《官吏》条又记：“刘禹锡，为和州刺史，有《和州刺史壁记》及《陋室铭》。”④ 对此，南京大学卞孝萱教授认为，王象之将一件事重复叙述了三次，可谓郑重，但也不能轻信。理由是⑤：第一，刘禹锡在和州任上勤政廉洁，关心民众疾苦。《和州谢上表》云：“伏以地在

① 尹协理、魏明：《王通论》，中国社会科学出版社，1984，第59页。

② 曾枣庄、刘琳主编《全宋文》（第8册）第312卷，巴蜀书社，1988，第249页。

③ 王象之：《舆地碑记目》第2卷，《和州碑记》，中华书局，1985，第44页。

④ 王象之：《舆地纪胜》第48卷，《和州》，中华书局，1992。

⑤ 卞孝萱：《〈陋室铭〉非刘禹锡作》，《文史知识》1997年第1期，第123－127页。

江、淮，俗参吴、楚。灾旱之后，绥抚诚难。谨当奉宣皇恩，慰彼黎庶。久于其道，冀使知方。"[①]《历阳书事七十韵》云："比屋惸嫠辈，连年水旱并。退思常后已，下令必先庚……受遣时方久，分忧政未成。比琼虽碌碌，于铁尚铮铮。"[②] 这与《陋室铭》中描写的"无案牍之劳形"逍遥形态判若两人。第二，刘禹锡本人工于书法，其自撰自书之碑，不仅见于欧阳修《集古录跋尾》、赵明诚《金石录》、郑樵《通志·金石略》《宝刻类编》等记载，个别拓片仍见存。刘禹锡在和州撰《陋室铭》，不必远道求柳公权书写。而《宝刻类编》卷四著录有柳公权书碑 76 件，并不见《陋室铭》。南宋王象之与中唐刘禹锡相距约 400 年，其记载难免以讹传讹。卞孝萱教授还从唐人"陋室"的概念、《陋室铭》与刘禹锡的文格不类、《陋室铭》与刘禹锡的思想作风和生活环境不符等方面，论证了《陋室铭》非刘禹锡所作。

既如此，《陋室铭》究竟为何人所作呢？有人根据《新唐书》有"（崔）沔俭约自持，禄禀随散宗族，不治居宅，尝作《陋室铭》以见志"的记载，认为由崔沔所作。崔沔，字善冲，京兆长安人，后周陇州刺史崔士约四世孙，其生活时代约早出刘禹锡半个世纪。其生平事迹，史书很少记载，仅《新唐书》有其传，称他"性情敦厚，纯谨无二言，事亲笃孝，有才章。擢进士。举贤良方正高第，不中者诵訾之，武后敕有司覆试，对益工，遂为第一"[③]，可见是一个有才学而性情温厚低调的人。但崔沔所作《陋室铭》是否就是我们今天见到的《陋室铭》？仅从崔沔性情节俭、助人好施、不讲究居所的高洁品行与《陋室铭》思想相符，而今本《刘梦得文集》及《刘宾客集》不收《陋室铭》，就认为署名刘禹锡的《陋室铭》为崔沔所作，还是缺乏实据，难以令人信服，姑且存疑。退一步讲，即便是崔沔所作，其伪署刘禹锡之名也是后人所为，因为崔沔所处的年代比刘禹锡要早半个世纪。至于作伪的原因，当如释智圆所言，只不过想借刘禹锡的盛名，"以诳无识者，俾传行耳"。

唐代的作伪甚至卷入了朝廷大臣的政治纷争。以牛僧孺和李德裕为代表的牛、李二派的朋党之争，历时长达 40 年，双方势力水火不容，相互倾轧。为达到打击牛党的目的，李德裕的门人韦瓘不惜伪作《周秦行纪》一书。该书托名牛僧孺，以唐人小说的笔法对君主多有不敬之语。但该书作

① 刘禹锡：《刘梦得文集》第 18 卷，《和州谢上表》，四部丛刊本。

② 刘禹锡：《刘梦得文集》，《外集》第 9 卷，《历阳书事七十韵》，四部丛刊本。

③ 欧阳修：《新唐书》第 129 卷，《崔沔传》，中华书局，1975，第 4475 页。

伪手法低劣，甚至连唐文宗都看出来是伪书。据宋人张洎《贾氏谭录》记载："牛奇章初与李卫公相善，尝因饮会，僧孺戏曰：'绮纨子何预斯坐？'卫公衔之。后卫公再居相位，僧孺卒遭谴逐。世传《周秦行纪》非僧孺所作，是德裕门人韦瓘所撰。开成中，曾为宪司所覈。文宗览之，笑曰：'此必假名。僧孺是贞元中进士，岂敢呼德宗为沈婆儿也。'事遂寝。"①《关尹子》一书也是伪作于唐五代间。陈振孙《直斋书录解题》说："《汉志》有《关尹子》九篇，而《隋》《唐》及《国史》志皆不著录。意其书亡久矣。徐蒇子礼得之于永嘉孙定，首载刘向校定序，篇末有葛洪后序。未知孙定从何传授，殆皆依托也。序亦不类向文。"② 明人宋濂《诸子辨》进一步分析说："间读其书，多法释氏及神仙方技家，而藉吾儒言文之。如'变识为智'、'一息得道'、'婴儿蕊女、金楼绛宫、青蛇白虎、宝鼎红炉'、'诵咒土偶'之类，聃之时无是言也。其为假托，盖无疑也。"《四库全书总目》推测："《墨庄漫录》载黄庭坚诗'寻师访道鱼千里'句，已称用《关尹子》语，则其书未必出于定，或唐五代间方士解文章者所为也。"③《亢仓子》一书也是唐人伪作的，据宋濂《诸子辨》："《亢仓子》五卷，凡九篇。相传周庚桑楚撰。予初苦求之不得，及得之，终夜疾读，读毕叹曰：'是伪书也！剿《老》《庄》《文》《列》及诸家言而成之也。'其言曰：'危代以文章取士，则剪巧绮繿益至，而正雅典实益藏。'夫文章取士，近代之制，战国之时无有也。其中又以'人'易'民'，以'代'易'世'。'世民'，太宗讳也，伪之者其唐士乎？予犹存疑而未决也。后读他书，果谓'天宝初，诏号《元桑子》为《洞灵真经》，求之不获。襄阳处士王士元，采诸子文义类者，撰而献之。'其说颇与予所见合。"④ 宋濂分别从典制、避讳及文献考证三个方面论证了《亢仓子》系由唐人伪撰的。唐代也有身不由己"被作伪书"而侵犯他人著作署名权的。尹知章，字文叔，绛州翼城人，唐前期大臣，曾作《管子注》。但该书后世多题房玄龄撰。宋人晁公武在《郡斋读书志》中认为是尹知章托名房玄龄所作。而《四库全书总目》根据《新唐书·艺文志》只著录尹知章注《管子》30卷，而并未另外著录房玄龄注本，认为："知章本未托名，殆后人以知章

① 张洎：《贾氏谭录》，见《宋元笔记小说大观（一）》，上海古籍出版社，2001，第240页。

② 陈振孙：《直斋书录解题》第9卷，《关尹子》，上海古籍出版社，1987，第288页。

③ 纪昀等：《钦定四库全书总目》第146卷，《关尹子》，中华书局，1997，第1938页。

④ 宋濂：《文宪集》第27卷，《诸子辨》，清文渊阁四库全书本。

人微，玄龄名重，改题之以炫俗耳。"[①] 也就是说，后人嫌尹知章名气不够大，于是将其《管子注》改题房玄龄作。

与唐代尹知章的作品被后人改署姓名不同，五代的和凝则是主动将自己的作品改署他人名氏的，这是作伪的一个新动向。和凝，字成绩，汶阳须昌人，幼而聪敏，姿状秀拔，19岁中进士，官至后晋宰相，但据《北梦琐言》载："晋相和凝少年时好为曲子词，布于汴、洛。洎入相，专托人收拾焚毁不暇。然相国厚重有德，终为艳词玷之。契丹入夷门，号为'曲子相公'。所谓好事不出门，恶事行千里，士君子不得不戒之乎！"[②] 和凝当了宰相后，为年少轻狂时写就的曲子词懊恼不已，乃专门托人收集焚毁，但最终声名为艳词所污。因为在中国古人的价值观里，香词艳曲是不入流的，更何况他以宰相之尊的身份呢。又据《梦溪笔谈》载："和鲁公凝有艳词一编，名《香奁集》。凝后贵，乃嫁其名为韩渥。今世传韩渥《香奁集》，乃凝所为也。"[③]《旧五代史·和凝传》注引《宋朝类苑》也有同样的记载。故明人胡应麟说："有耻于自名而伪者，和氏《香奁》之类是也。"[④] 和凝为摆脱年轻时候的著作，真是费尽了心机。除了集中焚烧之外，伪署他人姓名的手段也用上了。如此看来，人在年轻时从事文献著述不可不慎重啊。

四　宋元的作伪

宋代作伪比隋唐时期更为严重，所作伪书有《碧云騢》《志怪集》《括异志》《倦游录》《辨奸论》《龙城录》《云仙散录》《李卫公问对》《王氏元经薛氏传》《关子明易传》《涑水纪闻》，等等。

宋人作伪有一个特点，即喜欢诋毁他人名誉。魏泰，字道辅，襄阳人，"《桐江诗话》载其试院中，因上请忿争，殴主文几死，坐是不得取应。潘子真《诗话》称其博极群书，尤能谈朝野可喜事。王铚《跋范仲尹墓志》，称其场屋不得志，喜伪作他人著书，如《志怪集》《括异志》《倦游录》，尽假名武人张师正。又不能自抑，作《东轩笔录》，用私喜怒诬蔑前人。最后作《碧云騢》，假作梅尧臣，毁及范仲淹。"[⑤] 魏泰因对梅尧臣不满，假其名作《碧云騢》，露骨地责骂当时朝廷官员，想以此激起时人对梅尧

① 纪昀等：《钦定四库全书总目》第101卷，《管子》，中华书局，1997，第1314页。

② 孙光宪：《北梦琐言》第6卷，《以歌词自娱》，中华书局，2002，第134页。

③ 沈括：《梦溪笔谈》第16卷，《艺文三》，岳麓书社，1998，第132页。

④ 胡应麟：《少室山房笔丛》第30卷，《四部正讹上》，上海书店出版社，2001，第290页。

⑤ 纪昀等：《钦定四库全书总目》第141卷，《东轩笔录》，中华书局，1997，第1854页。

臣的公愤。宋人张邦基《墨庄漫录》也说："魏泰道辅，自号临汉隐君，著《东轩杂录》《续录》《订误》《诗话》等书。又有一书，讥评巨公伟人阙失，目曰《碧云騢》。取庄献明肃太后垂帘时，西域贡名马，颈有旋毛，文如碧云，以是不得入御闲之意。嫁其名曰'都官员外郎梅尧臣撰'，实非圣俞所著，乃泰作也。"① 但也有人对此持怀疑态度，宋人邵博说："梅圣俞（尧臣字）著《碧云霞应昭陵》时，名下大臣惟杜祁公、富郑公、韩魏公、欧阳公无贬外，悉讥诋之，无少避。其序曰：'碧云霞，厩马也。庄宪太后临朝，以赐荆王，王恶其旋毛。太后知之，曰：'旋毛能害人邪？吾不信。'留以备上闲，为御马第一，以其吻肉色碧如霞片，故号云。世以旋毛为丑，此以旋毛为贵，虽贵矣，病可去乎？噫。'范文正公者，亦在诋中。以文正微时，常结中书吏人范仲尹，因以破家。文正既贵，略不收恤。王铚性之不服，以为魏泰伪托圣俞著此书，性之跋《范仲尹墓志》云：'近时襄阳魏泰者，场屋不得志，喜伪作他人著书，如《志怪集》《括异志》《倦游录》，尽假名武人张师正，又不能自抑，出其姓名，作《东轩笔录》，皆用私喜怒诬蔑前人，最后作《碧云霞》，假名梅圣俞，毁及范文正公，而天下骇然不服矣。且文正公与欧阳公、梅公立朝同心，讵有异论，特圣俞子孙不耀，故挟之借重以欺世。今录杨辟所作《范仲尹墓志》，庶几知泰乱是非之实至此也。则其他泰所厚诬者，皆迎刃而解，可尽信哉！仆犹及识泰，知其从来最详，张而明之，使百世之下文正公不蒙其谬焉。颍人王铚性之题。'予以为不然，亦书其下云：美哉，性之之意也。使范公不蒙其谬，圣俞亦不失为君子矣。然圣俞蚤接诸公，名声相上下，独穷老不振，中不能无躁，其《闻范公讣诗》：'一出屡更郡，人皆望酒壶。俗情难可学，奏记向来无。贫贱常甘分，崇高不解谀。虽然门馆隔，泣与众人俱。'夫为郡而以酒悦人，乐奏记，纳谀佞，岂所以论范公者，圣俞之意，真有所不足邪！如著文公灯笼锦事，则又与《书窜诗》合矣。故予疑此书实出于圣俞也。"②

王铚，字性之，汝阴人，他在《跋范仲尹墓志》中指出魏泰伪作《碧云騢》，而他自己可能也是一个惯于作伪的人，如他曾被指伪作了李歜注杜甫诗、注东坡诗，宋代的两部伪书《云仙散录》（又名《云仙杂记》）和《龙城录》也都与他有牵连。关于《云仙散录》之伪，张邦基《墨庄漫录》说："近时传一书曰《龙城录》，云柳子厚所作。非也，乃王铚性之伪为

① 张邦基：《墨庄漫录》第 2 卷，见《宋元笔记小说大观（五）》，上海古籍出版社，2001，第 4657 页。

② 邵博：《邵氏闻见后录》第 16 卷，中华书局，1983，第 125 页。

之。其梅花鬼事，盖迁就东坡诗‘月黑林间逢缟袂’及‘月落参横’之句耳。又作《云仙散录》，尤为怪诞，殊误后之学者。又有李歜注杜甫诗及注东坡诗事，皆王性之一手，殊可骇笑，有识者当自知之。”① 陈鹄《西塘集耆旧续闻》亦说：“容斋先生语余云：唐金城冯贽编《云仙散录》，不著出处，皆为伪撰，初无此事。予偶得此本，退而读之，有张曲江语人曰：‘学者常想胸次吞云梦，笔头涌若耶溪，量既并包，文亦浩瀚。’殊不知若耶在会稽云门寺前，特一涧水耳，何得言‘涌’耶？以此知其伪明矣。观贽自叙之文，乃是近代人文格，亦非唐人之文也。世有伪作《东坡注杜诗》，内有《遭田父泥饮》篇‘欲起时被肘’云：‘孔文举就里人饮，夜深而归，家人责其迟，曰：欲命驾，数被肘。工部造诗要妙，胸中无国子监书者，不可读其书。’此大疏脱处，不知国子监能有几书，亦何尝有此书耶？余谓：‘笔头涌若耶溪’与‘胸中无国子监书’，可谓的对，后以语容斋，遂共发一笑。”② 该书最明显的漏洞就是征引错误百出，胡编乱造的痕迹非常明显。《云仙散录》征引别书均注明出处，共征引他书计135种，但可考者仅20余种，而其中居然有唐代以后的作品《五代史补》《南部新书》《北梦琐言》等。更可笑的是，还引用了“《通鉴》”一书，而实际上，通鉴体为北宋司马光所创，之前根本没有以“通鉴”为名的书。成书于宋神宗元丰七年（1084年）的《资治通鉴》，180余年前的唐人冯贽如何征引？另外，该书序文所记年号也存在前后颠倒，内容文字存在无中生有和篡改等问题。《云仙散录》为宋人假名唐人冯贽所作确无疑问，但究竟是不是王铚所为，仍存有疑问。曹之先生从《云仙散录》所引图书最晚者《资治通鉴》初刻于北宋哲宗元祐元年（1086年）的事实，推断《云仙散录》作伪的时间上限为1086年；又从评论《云仙散录》最早的图书《墨庄漫录》成书于高宗绍兴十八年（1148年）的事实，推断《云仙散录》作伪时间的下限为1148年，即《云仙散录》作伪于1086－1148年之间。他还从王铚所著《默记》所体现出来的治学严谨的态度，《默记》与《云仙散录》文风的迥异，王铚之子王廉清因保护家藏图书得罪秦桧父子的史实，认为《云仙散录》不大可能是王铚伪作，作伪者当另有其人③。

---

① 张邦基：《墨庄漫录》第2卷，见《宋元笔记小说大观（五）》，上海古籍出版社，2001，第4659页。

② 陈鹄：《西塘集耆旧续闻》第9卷，《伪撰与伪注》，见《宋元笔记小说大观（五）》，上海古籍出版社，2001，第4848页。

③ 曹之、郭伟玲：《〈云仙散录〉作伪小考》，《图书情报知识》2011年第6期，第70－71页。

余嘉锡先生也认为："（张）邦基既无所考证，又不言其何所据，以洪迈、陈振孙、赵与时之博洽，而不能得其作伪者之主名，则邦基之说，恐亦出乎臆测，未可便据为定谳。"①

关于另一部伪书《龙城录》究竟是否为王铚所作，学界也尚存争议。除了以上张邦基《墨庄漫录》卷二所载外，宋人何薳《春渚纪闻》卷五、陈振孙《直斋书录解题》卷十一、朱熹《朱子语类》卷一三八、元人吴师道《敬乡录》卷一、明人杨慎《丹铅总录》卷二七、胡应麟《少室山房笔丛》卷三二、清《钦定四库全书总目》卷一四四等，也都认为《龙城录》是由王铚伪作。而宋人洪迈《夷坚志》支戊卷五、《容斋随笔》卷十则认为是刘焘（字无言）所造。唯独清人曾钊在《面城楼集钞》卷二《龙城集跋》中力驳其说，坚持认为确由柳宗元所作，《龙城录》不伪。今人程毅中在《唐代小说琐记》② 一文中也认为，柳宗元对《龙城录》的著作权不能轻易否定。以上学者坚持《龙城录》非柳宗元所作的理由主要有三：一是史志目录未有著录；二是文风与《柳宗元集》截然不同；三是内容多附会前人诗文词语故实。至于说该书为王铚或刘焘伪作，则未提供更多的证据。而坚持《龙城录》为柳宗元所作，而非王铚作的理由主要有二：第一，此书曾为王铚同时或稍前之许彦周及樊汝霖所称引，故非王铚作。第二，此书与柳文文风不同，是由于文体性质不同。这两个理由最早是由清人曾钊在《龙城录跋》中提出的：

> 《龙城录》二卷，唐柳子厚撰。《河东集附录》同《浙江采遗书目》作一卷，盖所见别一本也。然《唐志》无此书，何薳《春渚纪闻》《朱子语录》并以为王铚性之作。按《许彦周诗话》："柳子厚守柳州日，筑城得白石，微辨刻画曰'龙城柳，神所守，驱厉鬼，山左首，福土氓，制九丑'，此柳子厚自记也"云云。今《龙城录》正载此文，然则许云子厚自记者，谓自记其事于《龙城录》云尔。性之绍兴初始以荐为枢密编修，而许《诗话》成于建炎戊申，则《龙城录》非性之作一证也；《五百家昌黎集注》引樊汝霖曰"子厚《龙城录》"云云，朱子《韩文考异》二十一《韦侍讲盛山十二诗序》载"方云樊谓"云云，《考异》目录前又载汪季路书偁樊泽之第，据《文献通考》樊著《韩文公志》，樊宣和六年进士，是樊在性之前，安有性之依托

① 余嘉锡：《四库提要辨证》第17卷，科学出版社，1958，第1035页。
② 程毅中：《唐代小说琐记》，《社会科学战线》1982年第4期，第291－298页。

而樊称之之理？则非性之作又一证也。但所录似与柳文不类，然出于随笔札记，本不求工，亦犹昌黎、习之《论语笔解》与其文集如出两人耳。又其文句拙朴，终异宋人文字，何可据《唐志》不著录，而遂疑其伪耶？至《夷坚志》谓刘无言作，亦属臆说，不足据也。①

李剑国《唐五代志怪传奇叙录·龙城录》（南开大学出版社 1993 版）在曾钊的基础上作了进一步考证后，指出：第一，成书于建炎、绍兴之际的孔传《续六帖》也曾引《龙城录》，说明书"必不出于同时之王铚之手"，而尤袤《遂初堂书目》将《龙城录》列于唐末诸小说之间，说明尤氏以此书为唐人书。第二，据《万姓统谱》，刘焘虽为北宋哲宗元祐三年（1088 年）进士，在许顗、樊汝霖、孔传之前，但王安石、苏轼、黄庭坚、秦观诗中已多次引用《龙城录》典故，北宋佚名的《五色线》卷下曾明引《龙城录》，北宋人托名唐人钟辂的《续前定录》征采《龙城录》5 条，其书为仁宗庆历元年编成的《崇文总目》所著录，时代均在刘焘前，说明该书决非刘焘作。第三，韩愈《调张籍》用"六丁"事，《答道士寄树鸡》用华阳洞小儿化龙事，《柳州罗池庙碑》用"罗池石刻"事，"三作写作时间既可在柳宗元刺柳卒官后"，则韩诗文"用《龙城录》中事正顺理成章"。第四，韩愈同时诗人殷尧藩《送刘禹锡侍御出刺连州》《友人山中梅花》二诗中也用了《龙城录》中"罗浮梦"的典故，故"朱熹等称伪托者正就韩、苏等人诗文而撰"，"真本末倒置之论"。至于行文不类柳文，李剑国则认为是由于"《龙城》乃为消遣之作，初无寓意，故与他作大不类"②。陶敏《柳宗元〈龙城录〉真伪新考》则在综合前人研究成果的基础上，考证出殷尧藩《送刘禹锡侍御出刺连州》《友人山中梅花》二诗并非殷尧藩所作，而系明人伪造，且韩愈《调张籍》《答道士寄树鸡》《柳州罗池庙碑》三文引用《龙城录》之说也不能成立，相反《龙城录》是附会韩文而作，正印证了朱熹所称"（《龙城录》）皆写古人诗文中不可晓知底于其中，似暗影出"的观点。因此他得出结论：《龙城录》并非柳宗元所作，但作伪者既不是王铚也不是刘焘，而是另有其人。此书的编造大约在北宋前期的宋太祖至仁宗的这六七十年间。由此例可见，作伪导致古代图书著作权问题之复杂程度。

北宋熙宁年间，王安石发动了一场旨在革除大宋建国以来积弊的变法

---

① 曾钊：《面城楼集钞》第 2 卷，《龙城录跋》，清光绪十二年（1866 年）学海堂刻本。

② 陶敏：《柳宗元〈龙城录〉真伪新考》，《文学遗产》2005 年第 4 期，第 45－53 页。

运动，本意虽好，但由于触动了官僚地主阶级的利益，遭到了激烈的反对。保守派想尽各种办法攻击和阻挠改革派，其中作伪也是他们惯用的手段，而当时司马光是反对变法的保守派领袖，因此作伪者多依托司马光之重名，故苏轼在《司马温公神道碑》中说："当时士大夫不附安石，言新法不便者，皆倚公（即司马光）为重。"① 首先是借司马光之名伪造了一份《奏弹王安石表》，该表收录在《司马文正公传家集》卷 17 中，迷惑了不少人。此表开首即称："熙宁三年（1070 年），御史中丞光等累次全台上疏"云云，与司马光履历明显不符。实际上，熙宁三年司马光任的是翰林学士兼侍读学士，于治平四年（1067 年）四月才以右谏议大夫代王陶为权御史中丞，同年九月署中丞后，再没有出任或兼任御史中丞，故该表不可能是司马光所作。洪迈在《容斋随笔》中指出了《奏弹王安石表》的伪撰经过："司马季思知泉州，刻《温公集》，有作中丞日弹王安石章，尤可笑。温公以治平四年解中丞还翰林，而此章乃熙宁三年者……出本家子孙而为妄人所误……季思不能察耳。"② 季思即司马光从曾孙司马伋，是他在整理刻印《司马文正公传家集》时，未加认真核实，误把此文收入司马光集中。其次是伪造司马光给王安石的书信，对王氏进行诬陷。据《续资治通鉴长编》引《林希野史》记载：

初，司马光贻书王安石，阙下争传之。安石患之，凡传其书者，往往阴中以祸。民间又伪为光一书，诋安石尤甚，而其辞鄙俚。上闻之，谓左右："此决非光所为。"安石盛怒曰："此由光好传私书以买名，故致流俗亦效之。使新法沮格，异论纷然，皆光倡之。"即付狱穷治其所从得者，乃皇城使沈惟恭客孙杞所为。惟恭居常告杞时事，又语常涉乘舆，戏令杞为此书，以资笑谑。狱具，法官坐惟恭等指斥乘舆，流海岛。杞弃市，以深禁民间私议己者。其后，探伺者分布都下。③

林希是当时翻覆于变法派与保守派之间的人物，绍圣间曾参与编撰《神宗实录》，这段记载应比较符合当时的事实，说明当时社会上确有人伪作司马光的文书。再者是托名伪作图书。邵伯温，字子文，洛阳人，著名理学家邵雍之子，反对变法，但长期不得伸展其志，因此假冒苏洵之名，

---

① 苏轼：《苏东坡全集》第 82 卷，《碑》，北京燕山出版社，1997，第 4627 页。

② 洪迈：《容斋随笔》，《五笔》第 9 卷，《擒鬼章祝文》，上海古籍出版社，1978，第 909 页。

③ 李焘：《续资治通鉴长编》第 211 卷，中华书局，1986，第 5136 页。

作《辨奸论》，攻击王安石以泄私愤。清人蔡上翔认为："闻《杜鹃》《辨奸》皆伪书也，遂为荆公两大公案。作伪者亦皆年岁不合，事实亦异，因其伪而辨之。"①《辨奸论》的作者以预言家的口吻，咬定王安石是阴险毒辣之人，扬言王安石当政，天下"将被其祸"。而方勺在《泊宅编》中叙述苏洵作《辨奸论》的经过则显得十分牵强：

> 温公在翰苑时，尝饭客。客去，独老苏少留，谓公曰："适府有囚首丧面者，何人？"公曰："王介甫也。文行之士，予不闻之乎？"洵曰："以某观之，此人异时必乱天下。使其得志立朝，虽聪明之主，亦将为其诳惑。内翰何为与之游乎？"洵退，于是作《辨奸论》行于世。是时介甫方作馆职，而明允犹布衣也。②

两人素不相识，在同一个饭桌上吃饭却不交一言，仅因对方"囚首丧面"（意指头不梳如囚犯，脸不洗如居丧）就作书诽谤别人，这也太不合常理了，纯属无稽之谈。邵伯温与苏氏父子当时分属不同的政治派系，此作《辨奸论》，一则攻击了改革派王安石，二则破坏了苏氏父子的名誉，三还离间了王安石与苏氏的关系，可以说是一石数鸟，居心可谓险恶。另一本署名《涑水纪闻》的图书部分内容也涉嫌作伪。该书开始确由司马光所撰，且态度非常严谨，书中采用传闻之处也都标注出处，但在流传过程中，被后人加入了攻击改革派王安石个人隐私的言论。司马光虽是保守派，政见与王安石对立，但以他史家的修养和史德，绝不至于做出如此卑劣之事。何况，司马光的从孙司马伋曾上奏书，称此经篡改的《涑水纪闻》非其祖父所作。这种未经原作者同意擅自篡改他人作品内容的行为，明显侵害了原作者的名誉。

阮逸，字天隐，建州建阳人，天圣五年（1027 年）进士，亦好作伪欺世。《邵氏闻见后录》载："世传王氏《元经》、薛氏《传》、关子明《易》《李卫公问对》，皆阮逸拟作。逸尝以私稿示苏明允也。晁以道云：'逸才辩莫敌，其拟《元经》等书，以欺一世之人不难也。'予谓逸后为仇家告'立太山石，枯上林柳'之句，编窜抵死，岂亦有阴谴耶！"③ 所谓《李卫公问对》，也叫《李靖问对》，是假托唐初著名将领李靖所造的一部军事著

---

① 蔡上翔：《王荆公年谱考略》第 10 卷，《嘉祐八年》，上海人民出版社，1959，第 150 页。

② 方勺：《泊宅编》卷上，中华书局，1983，第 65 页。

③ 邵博：《邵氏闻见后录》第 5 卷，中华书局，1983，第 36 页。

作，动机是借李靖之名传播自己的军事思想。据陈师道《后山谈丛》称："世传《王氏元经薛氏传》《关子明易传》《李卫公对问》，皆阮逸所著。逸以草示苏明允，而子瞻言之。"① 可见，阮逸造假之后，还将这些书的手稿捧给苏洵看，最后由苏轼将其作假的秘密泄露了出来，倒也省略了考据家们的麻烦。其实，唐人杜佑《通典》、北宋《太平御览》中皆录有《卫公兵法》遗文，与阮逸所伪造绝不相类。古人造假，大多秘而不宣，阮逸主动泄露其行径，实在有些得意忘形了。有意思的是，这部伪书在宋元丰间还一度被列为《武经七书》，授于官学。神宗还曾让人按《李靖问对》所记的古代阵法进行军事演练。但伪书就是伪书，假的真不了，明人胡应麟毫不客气地说："《李卫公问对》，其词旨浅陋猥俗，兵家最亡足采者，而宋人以列《七经》，殊可笑。"② 清人姚际恒认为此书多"鄙俚之辞"，主张此书"可废"。

宋代一些诗文大家经常遭人作伪。一代文宗和儒宗的欧阳修，诗词以质朴无华深受人们喜爱，但其作品也免不了被人作假。《四库全书总目》云："曾慥《乐府雅词序》有云：'欧公一代儒宗，风流自命，词章窈眇，世所矜式。乃小人或作艳曲，谬为公词。'蔡绦《西清诗话》云：'欧阳词之浅近者，谓是刘辉伪作。'《名臣录》亦云：'修知贡举，为下第举子刘辉等所忌，以《醉蓬莱》《望江南》诬之。'则修词中已杂他人之作。"③ 刘辉，原名几，字之道，性格乖张，常作"险怪之语"。有一次他参加进士考试，试卷被主考官用朱笔从头至尾抹了一遍，并大批一"谬"字，这个主考官就是欧阳修。刘辉因此嫉恨在心，伪作《醉蓬莱》《望江南》等所谓"艳词"以污欧阳修之清誉。唐宋八大家之一的苏轼，也经常有人冒用其大名为诗文作注，如陈鹄《西塘集耆旧续闻》载："伪注《赠王中允维》末句云：'穷愁应有作，试诵《白头吟》。'旧注虞卿著《白头吟》，以人情乐新而厌旧，义自明白。伪注乃云：'张跋欲娶妾，其妻曰：子试诵《白头吟》，妾当听之。跋惭而止。此妇人女子善警戒者也。'是以《白头吟》为文君事，有何干涉？往往特引史传所有之事及东坡已载于笔录者，饰伪乱真，其言又皆鄙缪。近日有刊《东莱家塾诗武库》，如引伪注'苦吟诗瘦'、'翠屏晚对'、'眼前无俗物'、'短发不胜簪'、'日月不相饶'、

---

① 陈师道：《后山谈丛》第2卷，《阮逸作伪书》，见《宋元笔记小说大观（二）》，上海古籍出版社，2001，第1590页。

② 胡应麟：《少室山房笔丛》第31卷，《四部正讹中》，上海书店出版社，2001，第311页。

③ 纪昀等：《钦定四库全书总目》第198卷，《六一词》，中华书局，1997，第2780页。

‘独立万端忧’等事，伪作《东坡注》，不知此何传记邪？世俗浅识辈又引其注为故事用，岂不误后学哉？所谓《诗武库》者，又伪指为东莱之书也。余后观周少隐《竹溪录》云，东坡《煮猪肉》诗有“火候足”之句，乃引《云仙录》‘火候足’之语以为证。然此亦常语，何必用事？乃知少隐亦误以此书为真，后来引用者亦不足怪。”① 伪注与伪书一样，既侵犯了被署名者的名誉，也欺骗了读者。周少隐就是误信了这部伪东坡注《诗武库》，而误引了其内容。南宋理学大师朱熹也曾托名“邹訢”注《参同契》，明人李诩解释了“邹訢”一名的来历：“朱子注《参同契》，讬名邹訢。邹与邾同出姬姓，是朱字；訢与熹同训喜字。”② 与《东坡注》的伪作者不同，朱熹在这里只是使用了一个笔名，没有侵犯他人的署名权。可见，不同性质的作伪与著作权的关系是不一样的。

宋人也有喜欢伪作前代名人书画的，如李公麟，字伯时，号龙眠居士，博学好古，尤善画山水和佛像。他有一个助手叫赵广，合肥人。李公麟作画时，“常令侍左右，久遂善画，尤工画马，几乱真。遭乱，为贼胁之作画，不肯从，斫其右手；乃以左手画大士。宋南渡，士夫家所藏伯时大士，多是广笔。”③ 葛蕴，字叔忱，长于诗文，尤善书法，尝以淡墨旧纸假借古人之名戏成墨迹，传示于人，而无人能辨别之，据《邵氏闻见后录》载：“世传李太白草书数轴，乃葛叔忱伪书。叔忱豪放不群，或叹太白无字画可传。叔忱偶在僧舍，纵笔作字一轴，题之曰‘李太白书’，且与其僧约，异日无语人，每欲其僧信于人也。其所谓得之丹徒僧舍者，乃书之丹徒僧舍也。今世所传《法书要录》《法书苑》《墨薮》等书，著古今能书人姓名尽矣，皆无太白书之品第也。”④ 葛蕴的作伪动机纯粹是为了戏谑后世，他主动放弃了自己作品的署名权，但冒署他人名字的做法却侵犯了他人的名誉。宋代一些书画作伪高手，甚至可以骗过像米芾这样著名的书画家以及像唐询这样的鉴赏家。据宋人陈鹄称：“余观近代酷收古帖者，无如米元章；识画者，无如唐彦猷。元章广收六朝笔帖，可谓精于书矣，然亦多赝本。东坡跋米所收书云：‘画地为饼未必似，要令痴儿出馋水。’山谷和云：‘百家传本略相似，如月行天见诸水。’又云：‘拙者窃钩辄折趾。’盖讥之也……唐彦猷博学好古，忽一客携黄筌《梨花卧鹊》，于花中敛羽合

① 陈鹄：《西塘集耆旧续闻》第9卷，《伪注饰伪乱真》，见《宋元笔记小说大观（五）》，上海古籍出版社，2001，第4849页。

② 李诩：《戒庵老人漫笔》第7卷，《注参同契讬名》，中华书局，1982，第288页。

③ 王士禛：《池北偶谈》第21卷，《谈异二》，中华书局，1982，第496页。

④ 邵博：《邵氏闻见后录》第27卷，中华书局，1983，第212页。

目，其态逼真。彦猷蓄书画最多，取蜀之赵昌、唐之崔彝数名画较之，俱不及。题曰：‘锦江钓叟笔。绢色晦淡，酷类唐缣。’其弟彦范揭图角绢视之，大笑曰：‘黄筌唐末人，此乃本朝和买绢印，后人矫为之。’遂还其人。以此观之，真赝岂易辨邪？”①

元代因历时不长，作伪不多见，兹举一例。吾衍，字子行，号贞白，钱塘人，著有《竹素山房诗集》《续古篆韵》等，曾伪作《晋史乘》《楚梼杌》。这是两部春秋时期诸侯国的史书，书名最早见于《孟子·离娄下》："王者之迹熄而《诗》亡，《诗》亡然后《春秋》作。晋之《乘》，楚之《梼杌》，鲁之《春秋》一也。"② 这些诸侯国史在秦统一天下后都被付之一炬了，在以后历代书目中都不见载。然而有一天，元人吾衍突然拿出了这两部书。明人胡应麟在对它们进行考察后说："《晋乘》，疑即《竹书》，余详记之矣。元人有伪作《晋史乘》《楚梼杌》者，吾衍子行序谓一日并得之。其书乃杂取《左传》《国语》《新序》《说苑》《中论》文、庄二伯事，节约成编。宋景濂王子充谓即衍撰。盖眇人作此玩世，而元士之浅陋亦可见。"③ 不过清四库馆臣认为，这两部书其实本非伪书，是吾衍的辑佚之作，原名叫《晋文春秋乘》和《楚史梼杌》，这在王袆集《吾子行传》中有详细记载，然"传其书者欲以新异炫俗，因改《晋文春秋》为《晋乘》，以合《孟子》所述之名，并伪撰衍序冠之耳。序文浅陋，亦决不出衍手也。"④ 由此看来，元人吾衍是"被作伪"了。

五　明清的作伪

顾炎武曾这样评价明人的著述："若有明一代之人，其所著书无非窃盗而已。"又云："吾读有明弘治以后经解之书，皆隐没古人名字将为己说者也。"⑤ 评价可能有点偏激，但至少说明，明代确是个作伪和伪书盛行的时代。这与明人学风空疏又好炫俗的心理大有关系，故《四库全书总目》也说："盖明季士风浮伪，喜以藏蓄异本为名高。其不能真得古书者，往往赝作以炫俗；其不能自作者，则又往往窜乱旧本，被以新名。如是者指

① 陈鹄：《西塘集耆旧续闻》第9卷，《藏书画者多赝本》，见《宋元笔记小说大观（五）》，上海古籍出版社，2001，第4847页。

② 杨伯峻：《孟子译注》，中华书局，1960，第192页。

③ 胡应麟：《少室山房笔丛》第32卷，《四部正讹下》，上海书店出版社，2001，第313页。

④ 纪昀等：《钦定四库全书总目》第66卷，《载记类存目》，中华书局，1997，第914页。

⑤ 顾炎武：《日知录》第18卷，《窃书》，上海古籍出版社，2006，第1074页。

不胜屈。”[①]

明人丰坊就是一个作伪以炫名的典型。丰坊，字存礼，鄞县人，嘉靖二年（1523 年）进士。丰氏本来是鄞县世家，累代藏书，购致极富，但丰坊本人嗜书如命，虽然抄本很多，仍不满足，还要伪作一些假书借以炫名。丰坊作伪有两个优势，一是藏书丰富，二是精通书法，尤擅篆隶，所以他的伪书多是手写抄本。据《明史》载：“坊博学工文，兼通书法，而性狂诞……别为《十三经训诂》，类多穿凿语。或谓世所传《子贡诗传》，亦坊伪纂也。”[②] 所谓《十三经训诂》，是指丰坊伪作的《古易世学》《古书世学》《鲁诗世学》等书。另外他还伪作了《子贡诗传》和《申培诗说》。这些书以秦篆写成，并附以楷书作音注，当时还真蒙蔽了不少人，如凌濛初专门为之作注（《孔门两弟子言诗翼》），甚至连毛晋这样的藏书家和刻书家也将之收入《津逮秘书》，并为之作跋。明人作伪与前代一样，喜欢借重名人，因此有的名人就身不由己地“被作伪”了，如明代大才子杨慎就曾被书贾借名，如有《家礼仪节》一书，“旧本题明杨慎编。慎有《檀弓丛训》，已著录。是编前有慎序，词极鄙陋。核其书，即邱浚之本，改题慎名。其图尤为猥琐，《送葬图》中至画四僧前导，四乐工鼓吹而随之。真无知之坊贾所为矣。”[③]

除了托名古人或名人外，借托身边最亲近的人也是明代作伪常见的方式。有门人托名老师者，如张萱，字孟奇，托名他的老师李贽作《疑耀》。据王士禛说：“余家有《疑耀》一书，凡七卷，乃李贽所著，而其门人张萱序刻者。余尝疑其为萱自撰，而嫁名于贽，盖以中数有‘校秘阁书’及‘修玉牒’等语。萱尝为中书舍人，撰《文渊阁书目》，而贽未尝一官禁近也。及观《论温公》一条，中云‘余乡海忠介’，益信不疑。萱，广东人，与忠介正同乡里。然必嫁名于李，又何说也?”[④] 屈大均也说：“《疑耀》者，博罗张萱所撰。坊刻以为李贽，非也。中有称‘予乡海忠介’语。又萱不喜佛，《疑耀》中辞多辟佛。谓列子述孔子言。西方有圣人。西方圣人，即诗中四方美人，盖周文王也。此非贽之言，明甚。”[⑤] 也有儿子托名父亲者，如马应龙，字伯光，安丘人，都御史文炜子，万历间进士，官至

---

① 纪昀等：《钦定四库全书总目》第 126 卷，《杂家类存目》，中华书局，1997，第 1682 页。

② 张廷玉：《明史》第 191 卷，《丰坊传》，中华书局，1974，第 5072 页。

③ 纪昀等：《钦定四库全书总目》第 25 卷，《礼类存目》，中华书局，1997，第 324 页。

④ 王士禛：《古夫于亭杂录》第 6 卷，《疑耀撰者》，中华书局，1988，第 140 页。

⑤ 屈大均：《广东新语》第 21 卷，《疑耀》，中华书局，1985，第 330 页。

礼部郎中，“注《道德经》二卷，考订《古本周礼》六卷、《参同契》二卷、《尚书》七卷、《毛诗》七卷、《艺林钩元录》二十六卷”。据王士禛《池北偶谈》载：“今《安丘旧志》二十八卷，最精赡，有体裁，署其父文炜撰，实应龙少时手笔也。”①

邀赏也是明人作伪的一大动机，如明朝开国功臣郭英的后代武定侯郭勋，曾伪作《英烈传》，故意在书中夸大渲染郭英的战功，以达到邀赏的目的。据沈德符《万历野获编》载：“武定侯郭勋，在世宗朝号好文多艺，能计数。今新安所刻《水浒传》善本，即其家所传，前有汪太函序，托名天都外臣者。初，勋以附会张永嘉议大礼，因相倚互为援，骤得上宠，谋进爵上公，乃出奇计，自撰开国通俗纪传名《英烈传》。内称其始祖郭英战功，几埒开平中山，而鄱阳之战，陈友谅中流矢死，当时本不知何人，乃云郭英所射。令内官之职平话者日唱演于上前，且谓此相传旧本。上因惜英功大赏薄，有意崇进之，会勋入值撰青词，大得上眷，几出陆武惠、仇咸宁之上。遂用工程功峻拜太师，后又加翊国公世袭，则伪造纪传，与有力焉。此通俗书今传播于世。”② 像此类作伪，只是杜撰事实，属内容作伪，一般与作者无关，因此与著作权没什么关系。

世上总有这么一些人，他们做事并不一定需要什么具体的动机。说到底，还是才华无以施展，于是作伪也成了他们闲暇的消遣。明代不乏这样的好事者，如昆山王逢年，字舜华，伪作《天禄阁外史》。李诩《戒庵老人漫笔》载：“《天禄阁外史》，乃近年昆山王逢年所诡托者。逢年特一有笔性浪子耳。迩有余姚人胡御史某，沾沾以文学自喜，杂此文于《左》《国》、司马诸篇中刊行，颁于苏、常四郡学官，令诸生诵习之。殆亦一奇事也。”③ 明成化间太监汪直统领西厂时权势熏天，后又受诏巡边，得以监管九边兵马，有人托名汪直门人王钺作谶诗一首，据都穆《都公谈纂》载：“左都御史王钺，尝出太监汪直门下，又尝从汪出征北边，官骤升至威宁伯。一日，忽作诗曰：‘归去来兮归去来，千金难买钓鱼台。也知世事只如此，试问古人安在哉！白发有情怜我老，黄花无主为谁开？平生报国心如水，一夜西风化作灰。’未几，汪败。钺以附汪故，竟削爵为安陆州民，亦诗谶欤？僧起宗为予言：‘近适绍兴某寺，有老僧，年七十余，五十

① 王士禛：《池北偶谈》第11卷，《谈艺一》，中华书局，1982，第259页。

② 沈德符：《万历野获编》第5卷，《武定侯进公》，中华书局，1959，第139页。

③ 李诩：《戒庵老人漫笔》第7卷，《辨天禄阁外史》，中华书局，1982，第277页。

年前曾手录此诗，起宗亲见此稿。’始知非王所作，盖好事者嫁之耳。”①

此外，明人还经常利用编辑前人诗集的机会，采用鱼目混珠的手法，将当代的作品混编其中，以欺世人。例如，戴叔伦为唐代大历至贞元间重要诗人，《全唐诗》编其诗为2卷，录诗300首，而可确定为伪作的就有56首，其中就有明人刘崧、汪广洋、刘绩、苏伯衡、苏平等人的诗作；《全唐诗》录唐人殷尧藩诗1卷共88首，是据明人胡震亨《唐音统签·丁签》补入，其中《过雍陶博士邸中饮》等16首诗为明人史谨的作品，《帝京二首》等3首诗为明人吴伯宗的作品。这些伪唐诗的作伪手法大体相同，即将诗题中明人名字改换成唐人姓氏，有的还加署职官身份。如明人刘崧的《寄范实夫》《寄旷伯逵》，收入戴叔伦诗时被改成了《寄司空曙》《寄刘禹锡》《寄孟郊》，明人史谨的《渡江》被改成《送白舍人渡江》而收入殷尧藩诗中。这种托名的做法一般不是当事人所为，而是后来的编刻者所为，侵害的实际上是明人的著作权。

明代书画作伪也比较严重，如崇祯间还有一个叫张泰阶的人，曾专门收集自晋唐以来的伪画200余幅，“刻为《宝绘录》，凡二十卷，自六朝至元、明，无家不备。宋以前诸图，皆杂缀赵松雪、俞紫芝、邓善之、柯丹邱、黄大痴、吴仲圭、王叔明、袁海叟十数人题识，终以文衡山，而不杂他人”②。先精心伪造这么一部画谱，并使之广为流传，等读者接受得差不多了，再出售伪画以牟利，没有不上当受骗的。此种作伪手段，真可谓处心积虑。

清代是我国考据学异常发达的时期，与考据相关的目录、版本、校勘、辑佚、文字、音韵、训诂等诸学也风靡一时，取得了可观的成就。在这样一种朴实的学术风气下，清代文人伪作图书的现象有了很大收敛（但书贾版本作伪问题依然严重，本书将此划为“盗印”一节，详见第四章），兹举数例。如《里堂书品》有清抄本，卷首目录题“里堂焦氏书品”，下署“廷琥手录”。焦循，字里堂，一作理堂。焦廷琥，字虎玉，焦循之子，因此该书一般认为是焦廷琥手录其父焦循之作。但今人刘建臻③在仔细考证后，发现该书其实是一部伪书，主要理由是：该书在焦循本人的著述及焦廷琥的《先府君事略》中从未提及，这从目录学的角度分析很不合情理；该书与现存焦廷琥手稿的字体风格全然不同；在写作风格与内容主旨方面，该书与焦循一贯严谨有加的学风和主要学术观点不符。例如，该书虽名为“书品”，但多见

① 都穆：《都公谈纂》卷下，见《明代笔记小说大观（一）》，上海古籍出版社，2005，第577页。

② 梁章钜：《浪迹丛谈续谈三谈》第9卷，《宝绘录》，中华书局，1981，第170页。

③ 刘建臻：《〈里堂书品〉辨伪》，《文献》2006年第1期，第139－143页。

离“书”而发的议论，或综论学术专题，或叙一代一家之学，或释词语音韵，或评人评事，甚至还有碑记之类，体例极为不纯；内容方面与焦循易学“迁善改过”的学术宗旨了无所及，在涉及对历代学人学术的评价方面与其代表作《雕菰集》的观点大相径庭，特别是多载焦循身后之事，显见是后人托名焦循的伪作。传世的太平天国文献也颇多伪作，如太平天国史料里的第一部大伪书《江南春梦庵笔记》，署名“武昌沈懋良撰”，即伪作于清光绪间，收入上海申报馆聚珍版《四溟琐记》。经罗尔纲详加考证，该书关于太平天国官制方面的记载多与事实不符，对赞王蒙得恩的个人经历及其他史实存在捏造、篡改等情况。可笑的是，这样一部伪书，后来还被《磷血丛钞》（署名吴县谢绥之撰）改头换面地剽窃过来。已经确知的，《太平天国史料专辑》节选的《磷血丛钞》，一共抄袭《江南春梦庵笔记》十二段，成了伪中之伪。

和前代一样，清人作伪也涉及各类文体的各个方面，如有伪托他人作诗歌者，据王士禛《池北偶谈》载：“周婴方叔极称辨博，然有不必辨者，如诠钟辨文明太后青台雀歌，杜兰香赠张硕诗数条，不知《名媛诗归》，乃吴下人伪托钟、谭名字，非真出二公之手，何足深辨?”[①] 有伪作他人奏稿者，据清人方浚师称：“乾隆十七年，有伪作孙文定公嘉淦奏稿累万言，指斥乘舆，遍诋大学士鄂尔泰、张廷玉、徐本、尚书讷亲等，传播遐迩。事闻，上震怒，饬各省穷治。久不得主名。复命尹继善来京，随同在京各大臣审办，始讯出卢鲁生、刘时达等会商捏造实情。”[②] 有依托史书伪作古人书信者，如严可均《全上古三代秦汉三国六朝文》全汉文“张良”条下按：“小说有《张良与四晧书》《四晧答张良书》，谓出殷芸小说，其辞肤浅，非秦汉人语。殷芸，梁人，亦未必收此。盖近代人伪作也，今姑附于后。”[③] 有伪作石刻者，阮元《（道光）广东通志·金石略五》“韩文公鸢飞鱼跃四字”条谨案：“四字在连州阳山县，后有退之二小字，下刻万承风诗，中云：‘手迹留鸢鱼，镵摹供资借’，则四字即万所刻伪作也。”[④] 有伪造文书者，太平天国文献中曾有一篇《讨满清诏》，文中开首就是“朕祖洪武”的话，也就是继承朱明大统的意思，经罗尔纲先生考证，这篇诏书实际上是天地会假托太平天国之名伪造的。有好事托名者，如刘声木《苌楚斋随笔》载：“有人于青齐旅店，见壁上维扬女子题诗，情词凄婉，低徊欲绝。阅自跋语，知其为遇人

---

① 王士禛：《池北偶谈》第18卷，《谈艺八》，中华书局，1982，第435页。

② 方濬师：《蕉轩随录》第1卷，《伪稿案》，中华书局，1995，第18页。

③ 严可均辑《全上古三代秦汉三国六朝文》，中华书局，1958，第201页。

④ 阮元监修：《广东通志》第203卷，《金石略五》，江苏广陵古籍刻印社，1986。

不淑，流落天下者。其书法亦美，遂钞录之。过数驿，适遇故人，偶谈及此，故人问诗工否？其人赞云：‘绝佳，但未知貌何如耳。’故人自捋其鬓，曰：‘与仆相似。’其人不解，再三诘之，乃知即翁所作，特嫁名耳。”①

清代的书画作伪可谓达到了极致，其作伪手法不但翻新，作伪手段层出不穷，甚至形成了前所未有的地区性作伪风格，有“苏州片”“广东造”“扬州片”“山东造”“绍兴片”“河南货”“松江造”“江西造”“湖南造”“北京后门造”等不同的界分，涌现了一批作伪高手。如乾隆间有沈氏兄弟，善伪作书法，据钱泳《履园丛话》载：“又文忠（苏文忠）《橘颂》卷，有赵松雪题跋，向藏洞庭山席氏。乾隆丙午，有沈某兄弟二人善作伪书，以售于人，遂借于双钩，与原迹无二，以示毕秋帆先生。时先生为河南巡抚，竟以千金得之。实伪迹也。”② 梁章鉅《浪迹丛谈续谈三谈》记载了一例清人作伪画的方法：“高房山《春云晓霭图》立轴，《销夏录》所载，乾隆间，苏州王月轩以四百金得于平湖高氏。有裱工张姓者，以白金五两买侧理纸半张，裁而为二，以十金属翟云屏临成二幅，又以十金属郑雪桥摹其款印，用清水浸透，实贴于漆几上，俟其干，再浸，再贴，日二三十次，凡三月而止。复以白芨煎水蒙于画上，滋其光润，墨痕已入肌里。先装一幅，因原画绫边上有‘烟客江村’图记，复取‘江村’题签嵌于内。毕涧飞适卧疴不出房，一见叹赏，以八百金购之。及病起谛视，虽知之已无及矣。又装第二幅携至江西，陈中丞以五百金购之。今其真本仍在吴门，乃无过而问之者。”③ 陈邦彦，字世南，号匏庐，康熙间进士，官至礼部侍郎，善书法，行草出入二王而得董其昌神髓，几能乱真，据陈其元《庸闲斋笔记》载：“家匏庐宗书得香光神髓，自少至老，日有所课，临摹至千万本。人往往取公书截去‘某人临’数字，即以赝香光书售得善价，收藏家多不能辨。圣祖最喜香光字，遇外吏进呈之本，有疑似者，辄为沉吟曰：‘其陈邦彦书耶？’高宗尝出内府香光真迹数十轴，召公询问：‘内中孰为汝书者？’公审视良久，叩首谢，亦竟不能自辨也。”④ 作伪作到了连自己都不能分辨的地步，诚为可叹。书画作伪得以盛行，主要还是因为它可以给作伪者带来丰厚的利益。有一个叫钱伯声的人，善于临摹钱塘著名画家戴熙（谥号文节）的山水画，并伪署戴名，开始只是好玩，没想到人人争着购买，所以“时时作小幅，署戴名”，获利不菲。有

---

① 刘声木：《苌楚斋随笔》，《五笔》第9卷，《旅店壁题诗多托名妇女》，中华书局，1998，第1070页。

② 钱泳：《履园丛话》第10卷，中华书局，1979，第272页。

③ 梁章巨：《浪迹丛谈续谈三谈》第9卷，《高房山》，中华书局，1981，第169页。

④ 陈其元：《庸闲斋笔记》第9卷，《鉴别书画真伪之不易》，中华书局，1989，第217页。

一年消夏无事，又“以文节名作册页十二副，装潢，交陈仙海司马，戏索廿四金。时某廉访备兵上海，留意翰墨，适欲购文节画，陈以钱作示之，廉访极为赏鉴，即留不还。陈惧以欺获咎，因以实告，廉访笑曰：‘此子不忍割爱，故造作此语耳！’亟取金如数予之。伯声得重值焉。”① 正是“某廉访”这种附庸风雅不懂装懂的人，助长了书画作伪之风。不过，也并不是所有作伪者都能一帆风顺，如“国初苏州专诸巷有钦姓者，父子兄弟，俱善作伪书画。近来所传之宋、元人如宋徽宗、周文矩、李公麟、郭忠恕、董元、李成、郭熙、徐崇嗣、赵令穰、范宽、燕文贵、赵伯驹、赵孟坚、马和之、苏汉臣、刘松年、马远、夏珪、赵孟頫、钱选、苏大年、王冕、高克恭、黄公望、王蒙、倪瓒、吴镇诸家，小条短幅，巨册长卷，大半皆出其手，世谓之‘钦家款’。余少时尚见一钦姓者，在虎丘［卖］（买）书画，贫苦异常，此其苗裔也。从此遂开风气，作伪日多。就余所见，若沈氏双生子老宏老启、吴廷立、郑老会之流，有真迹一经其眼，数日后必有一幅，字则双钩廓填，画则模仿酷肖，虽专门书画者，一时难辨，以此获巨利而愚弄人；不三十年，人既绝没，家资荡尽，至今子孙不知流落何处，可叹也。《尚书》曰：‘作德心逸日休，作伪心劳日拙。’此之谓欤?”② 这也从一个方面反映了书画作伪市场竞争之激烈。

综上所述，中国古代作伪现象亦非常复杂，涉及图书作者、内容及出版时间等各个方面。其中作者作伪又可分为三种情况：一是将自己的作品伪署他人名字，二是将他人作品伪署自己名字，三是将自己作品伪署子虚乌有的人物名字。第一种情况不论是托名古人还是托名时贤，不论是主动的还是被动的，也不论是出于何种动机，都在一定程度上侵犯了他人的精神名誉；第二种情况即属剽窃，更是严重侵犯了他人的著作权，本书第四章专辟“剽窃”一节讨论之。第三种情况一般与著作权关系无涉，不属本书研究的重点。内容作伪一般是指对原作内容事实的篡改、杜撰，是对作品完整性和真实性的侵犯。出版时间作伪是在流通环节发生，属版本作伪，此在第四章“盗印”一节将专门论及。由此可见，古代大部分作伪现象涉及了著作权问题，因而是我们研究古代图书著作权时必须要考察的因素之一。

① 陈其元：《庸闲斋笔记》第9卷，《鉴别书画无真识》，中华书局，1989，第216页。

② 钱泳：《履园丛话》第11卷，中华书局，1979，第298页。

第四章　中国古代图书著作权关系的形成（中）：传播环节

古代图书作品在完成创作之后，一般都要进入社会流通领域。这个环节也最容易出现侵犯作者权益的情况，比如常见的剽窃、盗版等现象。正常情况下，人们读书是为了从中汲取有益的经验和知识，以丰富自己的学识，提高自己的修养。但也有人为名利所诱惑，动起了歪心思，在未经作者同意或在作者不知情的情况下，抄袭了原作的内容，这就是我们常说的剽窃。从图书的出版制作角度来看，也有人未经作者或图书出版商的许可，通过抄写或雕印等方式复制传播他人现成的图书以获利，这就是古代的盗版（包括佣书和盗印）现象。剽窃侵犯的是作者的署名权和作品的完整权，盗版既侵犯了作者的精神权益，也侵犯了图书出版商的经济利益。它们也都是构成中国古代著作权关系的重要因素。

第一节　剽窃

图书剽窃现象自古有之。儒家经典《礼记·曲礼上》有这样的话："毋剿说，毋雷同。"其注曰："剿，犹掣也。取人之说为己说。"[①] 这里的"剿说"作为一种不良现象而提出，其含义实际等同于后来的"抄袭""剽窃"。这从一个侧面说明先秦时期就已经出现了图书抄袭现象。

一　汉代的剽窃

入汉以后，抄袭现象已较为普遍了。汉代实行"郡举孝廉"制度，同时"又有贤良、文学之选"，读书人通过经术、文学才能的选拔，也可以入仕为官。在这种利益的驱动下，"诸生竞利，作者鼎沸。其高者颇引经训风喻之言；下则连偶俗语，有类俳优；或窃成文，虚冒名氏"[②]。有些待诏之士，自己没有学问，只好偷窃他人现成的文章来冒名顶替。因此，清代史学家赵翼《陔余丛考》引东汉蔡邕奏疏说："昔人亦有窃人著作者，

① 孙希旦撰，沈啸寰、王星贤点校《礼记集解》，中华书局，1989，第38页。

② 范晔：《后汉书》第60卷下，《蔡邕传》，中华书局，1965，第1996页。

蔡邕疏云：‘待诏之士，或窃成文，虚冒姓氏’，是汉末已有此风。”①

汉代的两部文献《文子》与《淮南子》的关系问题，曾经引起学术界的广泛关注，其核心就是谁抄袭了谁的问题。《文子》是继承和发展老子道家学说的一部重要著作，早期一般认为它是伪书，这主要是受《汉书·艺文志》的影响。《汉书·艺文志》著录《文子》为9篇，其注云：“老子弟子，与孔子并时；而称周平王问，似依托者也。”此说一出，后世多以为《文子》是伪书。但1973年河北定县西汉中山怀王墓出土了竹简本《文子》，证实《文子》在西汉就已经存在了。其实，无论是竹简本《文子》还是传世本《文子》，都只称“平王”，并不特指“周平王”。徐文武先生在《〈文子〉在楚国成书的新线索》② 一文中，从竹简本《文子》中找到了与文子对话的“平王”为“楚平王”的佐证，这样《汉书·艺文志》斥《文子》为伪书的理由就难成立了。

通过对今本《文子》与竹简本《文子》的比较发现，两者不是简单的同书异本关系。它们在内容与形式上存在较大差异，而这种差异是全面的、整体的、系统的。今本《文子》在思想上虽然与竹简本有呼应之处，但对竹简本思想的继承和保存只占次要地位，更多的是训释、发挥、增删，甚至割裂和背离，这说明今本必晚出于竹简本。班固之后，竹简本《文子》的散佚跟儒学的一家独尊有很大关系。自汉武帝“罢黜百家，独尊儒术”以来，汉章帝又召集儒生“讲议五经同异”，由官方统一解释儒家经典，进一步确立了儒学的地位。作为道家著作的《文子》本来就不是特别引人注目，加上谶纬盛行，它受到冷落以至于散佚是很自然的事情。

今本《文子》与竹简本《文子》差异较大，却与《淮南子》在章节文字上有大量重复。据张丰乾先生统计，今本《文子》与《淮南子》有80%的内容完全重合，这已经不是简单的文献征引问题，而是抄袭问题了。而关于两者谁抄袭谁，学界历来存在争议。有学者认为今本《文子》大量抄袭了《淮南子》；也有学者坚持认为《淮南子》抄袭了《文子》，而今本《文子》大体可信；还有学者认为《文子》和《淮南子》相互抄袭；另有学者认为，《文子》和《淮南子》不存在谁抄袭谁的问题，而是它们有共同的来源。张丰乾先生认为③，从班固所注《文子》内容来看，他所见的《文子》在文体上与竹简本是一致的，都是问答体。班固生活的年代跟中

① 赵翼：《陔余丛考》第40卷，《窃人著述》，河北人民出版社，2007，第829页。

② 徐文武：《〈文子〉在楚国成书的新线索》，《江汉论坛》2005年第3期，第93－96页。

③ 张丰乾：《试论竹简〈文子〉与今本〈文子〉的关系——兼为〈淮南子〉正名》，《中国社会科学》1998年第2期，第117－126页。

山怀王下葬的年代相去不远，且班固的《汉书·艺文志》是本刘歆《七略》而来，刘歆生活的年代距怀王更近。刘歆及班固所见《文子》都为9篇，且都是问答体，当与竹简本《文子》差异不大。因此，今本《文子》的出现不会早于东汉。这样从时间上说，《淮南子》不可能抄袭今本《文子》。今本《文子》和竹简本《文子》相对应的部分恰恰是《淮南子》所无者，这也证明了今本《文子》确非无源之水、无本之木，与竹简本《文子》存在一定的继承关系。但今本《文子》的其余大部分内容都能在《淮南子》中找到原文。这说明今本《文子》在抄袭《淮南子》时，作了文字上的润色，改正了明显的错误，但也有对《淮南子》原文的误解与背离。兹举一例：

《淮南子》多用典故人名，而今本《文子》不明其意，往往据字形及段落大意妄改之。如今本《文子·上德》有“虽未能见”之语，在《淮南子·缪称训》中对应为“离朱弗能见也”[①]。其实，“离朱”是人名，古之明目者，《庄子》和《孟子》都有提到，如《庄子·外篇·骈拇第八》：“是故骈于明者，乱五色，淫文章，青黄黼黻之煌煌非乎？而离朱是已。”[②]《孟子·离娄上》：“离娄之明，公输子之巧，不以规矩，不能成方圆。”汉赵歧注：“离娄者，古之明目者，盖以为黄帝之时人也。黄帝亡其玄珠，使离朱索之。离朱即离娄也，能视于百步之外，见秋毫之末。”[③] 今本《文子》不解“离（離）朱”为谁，而据字形改为“虽（雖）未”，给后人留下了抄袭的痕迹。

二 魏晋南北朝的剽窃

魏晋南北朝之际也发生了几件与剽窃有关的丑闻，因文献记载白纸黑字，言之凿凿，因而广为人知。首先，是郭象剽窃向秀《庄子注》的案例。向秀，字子期，河内怀县人，竹林七贤之一，喜谈老庄之学，曾注《庄子》。郭象，字子玄，洛阳人，玄学家，年轻时就是一个很有才学的人。但据《世说新语》载：“初，注《庄子》者数十家，莫能究其旨要。向秀于旧注外为《解义》，妙析奇致，大畅玄风。唯《秋水》《至乐》二篇未竟而秀卒。秀子幼，《义》遂零落，然犹有别本。郭象者，为人薄行，有俊才。见秀《义》不传于世，遂窃为己注。乃自注《秋水》《至乐》二

① 张双棣：《淮南子校释》，北京大学出版社，1997，第1054页。

② 刘建国、顾宝田注译《庄子译注》，吉林文史出版社，1993，第159页。

③ 赵歧注，孙奭疏《孟子注疏》，中华书局，1957，第297页。

篇，又易《马蹄》一篇，其余众篇，或定点文句而已。后秀《义》别本出，故今有向、郭二《庄》，其义一也。”① 郭象欺负向秀儿子年幼，将窃取来的向秀《庄子注》，杂合他自己所作的几篇《庄子》注文，凑成了一部新的《庄子注》。虽如此，世人仍以为“向、郭二《庄》，其义一也”，其学术主体，依然是窃夺了向秀的原著。

其次，是虞预剽窃王隐《晋书》的风波。关于《晋书》一书，著者颇多，据历代史志记载，计有臧荣绪、王隐、虞预、朱凤、谢灵运、萧子云、萧子显、沈约、何法盛等九家。王隐，字处叔，陈郡陈人，其父王铨素有著述之志，曾私录晋事及功臣行状，可惜未就而卒。王隐受父遗业，以儒素自守，留心晋代史事。太兴初，王隐及郭璞同为著作郎，受诏合撰晋史，“时著作郎虞预私撰《晋书》，而生长东南，不知中朝事，数访于隐，并借隐所著书窃写之，所闻渐广。是后更疾隐，形于言色。预既豪族，交结权贵，共为朋党，以斥隐，竟以谤免，黜归于家。贫无资用，书遂不就，乃依征西将军庾亮于武昌。亮供其纸笔，书乃得成，诣阙上之。隐虽好著述，而文辞鄙拙，芜舛不伦。其书次第可观者，皆其父所撰；文体混漫义不可解者，隐之作也。”② 虞预，字叔宁，余姚人。他借私访王隐的机会，“窃写”了王隐所撰《晋书》的部分内容，并且勾结权贵，构陷王隐，致使其罢官归家。王隐幸得庾亮纸笔之助，才得以最后完成了《晋书》的撰写。以上这段史料透露出，王隐的文笔并不好，而且“文体混漫义不可解”，但虞预还是迫于“赖有著述流声于后”的压力，不惜剽窃他人著述，以成就自己的声名。

再者，是何法盛窃取郗绍《晋中兴书》的丑闻。何法盛，南朝宋人，官至湘东太守。据《南史》载：“时有高平郗绍亦作《晋中兴书》，数以示何法盛。法盛有意图之，谓绍曰：‘卿名位贵达，不复俟此延誉。我寒士，无闻于时，如袁宏、干宝之徒，赖有著述，流声于后。宜以为惠。’绍不与。至书成，在斋内厨中，法盛诣绍，绍不在，直入窃书。绍还失之，无复兼本，于是遂行何书。”③ 何法盛见到郗绍所示的《晋中兴书》，竟厚着脸皮索要该书，还大言不惭地对郗绍说：您已经声名在外，地位高贵，不再需要靠这部书来提高知名度了。而我一个穷读书人，期望能够像袁宏、干宝那样的史学家凭着著述，留下声名。您就把这书送给我吧。郗绍没有

① 刘义庆：《世说新语》，《文学第四》，浙江古籍出版社，1998，第79页。

② 房玄龄：《晋书》第82卷，《王隐传》，中华书局，1974，第2143页。

③ 李延寿：《南史》第33卷，《郗绍传》，中华书局，1975，第859页。

答应。何法盛明要不成，就来暗取，一次趁郗绍不在家，竟直入其斋，窃走了这部书。尤为可恨的是，郗绍当时没抄留副本，后世流行的竟然是署名何法盛的《晋中兴书》。对于何法盛的所为，后代学者多有谴责。如宋代学者王应麟指其为剽窃丑行："向秀注《庄子》，而郭象窃之；郗绍作《晋中兴书》，而何法盛窃之。二事相类。"[①] 顾炎武《日知录》卷十八专门列有"窃书"一条，其中写道："汉人好以自作之书而托为古人。张霸《百二尚书》、卫宏《诗序》之类是也。晋以下人则有以他人之书而窃为己作，郭象《庄子注》、何法盛《晋中兴书》之类是也。"[②] 郭象毕竟还自注了《秋水》《至乐》二篇，虞预也只是"窃写"了王隐《晋书》的部分内容，何法盛却是把偷来的整部书直接署上自己的名字，性质显然更为恶劣。

最后，是释宝月偷窃柴廓的诗作《行路难》的丑行。《行路难》是乐府旧题，唐代诗人李白、卢照邻、柳宗元都用过此题，南朝的释宝月也有以此为名的诗作。释宝月，南朝萧齐时期的诗僧，俗姓康，一说姓庾，胡人后裔，善解音律，有文名。但据南朝钟嵘《诗品》载："《行路难》是东阳柴廓所造。宝月尝憩其家，会廓亡，因窃而有之。廓子赍手本出都，欲讼此事，乃厚赂止之。"[③] 柴廓的儿子柴赍发现父亲的诗作被窃后，本要告官，释宝月赶紧用钱封住了他的口，也算是暂时保住了自己的名声。但纸终究包不住火，这件事还是没能瞒过世人的眼睛，被钟嵘白纸黑字地记了下来，给自己的文学之路留下了个难以洗刷的污点。

除了以上比较完整地窃取他人成果的例子外，还有抄袭他人成果片段的。如南朝刘宋时的庾仲雍（字穆之）所撰《湘州记》，就抄袭了《韩非子》的部分文字。清人刘声木斥其为"生吞活剥，真属下乘"。他说：

> 岳阳君山上，有美酒数斗，得饮之，即不死，为神仙。汉武帝闻之，斋居七日，遣栾巴将童男女数十人来求之。累得酒进御，未饮，东方朔在旁窃饮之。帝大怒，将杀之。朔曰："使酒有验，杀臣亦不死，无验，安用酒为。"帝笑而释之云云。语见（此缺五字）《岳阳风土记》引宋庾穆之《湘州记》。声木谨案：《韩非子》云："有献不死之药于荆王者，谒者操之以入。中射之士问曰：'可事乎？'曰可。因夺而食之。王大怒，使人杀中射之士。中射之士使人说王曰：'客献不死之药，臣食之而杀臣，是死药也，是客欺王也。夫射无罪之臣，

---

① 王应麟撰，孙通海校点《困学纪闻》第10卷，辽宁教育出版社，1998，第219页。

② 顾炎武：《日知录》第18卷，《窃书》，上海古籍出版社，2006，第1073页。

③ 钟嵘著，张朵、李进栓注《诗品》卷下，中州古籍出版社，2010，第253页。

而明人之欺王也，不如释臣。’王乃不杀。”云云。《湘州记》一段，全袭《韩非子》一段，似此生吞活剥，真属下乘，宜其书之不传也。[①]

面对各种剽窃行为，人们也并不总是无动于衷，有时也会采取一定措施以还原著的本来情形。南陈有个叫姚察的人，字伯审，吴兴武康人，官至吏部尚书，曾撰写过《汉书训纂》一书。后来注释《汉书》的人，多摘抄他书中的学说，却不注明出处。这与前面提到的“窃书”有所不同，采用的是“剿说”的方法，即抄袭原作的部分观点。但到唐代时，姚察的曾孙姚珽“尝以其曾祖察所撰《汉书训纂》，多为后之注《汉书》者隐没名氏，将为已说。珽乃撰《汉书绍训》四十卷，以发明旧义，行于代。”[②] 姚珽通过“发明旧义”的方式，将其中一些原创性的学说或观点的著作权，还给了其曾祖父姚察。

还有一种拟古的作文方法与剽窃多少有点关系。在古代，一部优秀的作品问世之后，受到了人们的喜爱和欢迎，也会引发更多的后来者去学习模仿它。楚屈原有《离骚》，西汉扬雄便仿作《广骚》，又仿《论语》作《法言》，仿《周易》作《太玄》；东汉班固有《两都赋》，东汉张衡便仿作《两京赋》，西晋左思又仿作《三都赋》；西汉枚乘有《七发》，魏晋学者竞相模仿，据傅玄《七谟并序》载：“昔枚乘作《七发》，而属文之士若傅毅、刘广世、崔骃、李尤、桓麟、崔琦、刘梁、桓彬之徒，承其流而作之者纷焉。《七激》《七兴》《七依》《七款》《七说》《七蠲》《七举》《七设》之篇。于是通儒大才马季长、张平子亦引其源而广之。马作《七厉》，张造《七辩》。或以恢大道而导幽滞，或以黜瑰奓而讬讽咏，扬辉播烈，垂于后世者十有余篇。自大魏英贤迭作，有陈氏《七启》、王氏《七释》、杨氏《七训》、刘氏《七华》、从父侍中《七诲》，并陵前而邈后，扬清风于儒林，亦数篇焉。”[③]

三 隋唐五代的剽窃

隋唐五代以后，剽窃之风愈演愈烈。“剽窃”一词正式出现在唐代，据唐人柳宗元《辨文子》载：“其浑而类者少，窃取他书以合之者多。凡

① 刘声木：《苌楚斋随笔》，《四笔》第 6 卷，《袭韩非子语》，中华书局，1998，第 798 页。

② 刘昫：《旧唐书》第 89 卷，《姚珽传》，中华书局，1975，第 2907 页。

③ 严可均辑《全上古三代秦汉三国六朝文》第 46 卷，《全晋文》，中华书局，1958，第 1723 页。

孟、管辈数家，皆见剽窃。”① 显然，至晚在唐，剽窃前人作品的现象已非常严重。唐代社会流行一种风气，即读书人为了顺利通过考试而入仕，往往先将自己的诗文呈献给当时社会上有名誉和地位的人，以便他们推荐给主考官，这叫行卷。行卷的目的无非是借有声名的人的推荐增加自己及第的机会，然而有些胸无点墨的人自己作不出像样的文章，只好剽窃他人的诗文。《太平广记》卷二六一就记载了这样一则令人哭笑不得的故事：

> 唐郎中李播典蕲州日，有李生称举子来谒。会播有疾病，子弟见之。览所投诗卷，咸播之诗也。既退，呈于播。惊曰：“此昔应举时所行卷也，唯易其名矣。”明日，遣其子邀李生，从容诘之曰：“奉大人咨问，此卷莫非秀才有制乎？”李生闻语，色已变，曰：“是吾平生苦心所著，非谬也。”子又曰：“此是大人文战时卷也，兼笺翰未更，却请秀才不妄言。”遽曰：“某向来诚为诳耳，二十年前实于京辇书肆中，以百钱赎得，殊不知是贤尊郎中佳制，下情不胜恐惊。”子复闻于播，笑曰：“此盖无能之辈耳，亦何怪乎？饥穷若是，实可哀也。”遂沾以生饩，令子延食于书斋。数日后，辞他适，遗之缣缯。是日播方引见。李生拜谢前事毕，又云：“某执郎中盛卷，游于江淮间，已二十载矣。今欲希见惠，可乎？所贵光扬旅寓。”播曰：“此乃某昔岁未成事所怀之者，今日老为郡牧，无用处，便奉献可矣。”亦无愧色，旋置袖中。播又曰：“秀才今拟何之？”生云：“将往江陵，谒表丈卢尚书耳。”播曰：“贤表丈任何官？”曰：“见为荆南节度使。”播曰：“名何也？”对曰：“名弘宣。”播拍手大笑曰：“秀才又错也，荆门卢尚书，是某亲表丈。”生惭悸失次，乃复进曰：“诚君郎中之言，则并荆南表丈，一时曲取。”于是再拜而走出。播叹曰：“世上有如此人耶！”蕲间悉话为笑端。②

这个举子李生因与李播同姓而冒名顶替，将李播应举时的行卷据为己有长达20年，当遇见真李播被揭穿时，他竟厚着脸皮求李播将诗送给他，顺便把李播当节度使的表丈也一并借给他去行骗，厚颜无耻可谓到了极致。无独有偶，《唐语林》也记载了一则类似的故事：“卢司空钧为郎官，守衢州。有进士贽谒，公开卷阅其文十余篇，皆公所制也。语曰：‘君何许得此文？’对曰：‘某苦心夏课所为。’公云：‘此文乃某所为，尚能自诵。’客

---

① 柳宗元：《柳宗元集》，中华书局，1979，第109页。

② 李昉等：《太平广记》第261卷，《李秀才》，中华书局，1961，第2035页。

乃伏，言：‘某得此文，不知姓名，不悟员外撰述者。’”① 看来，类似这样“李鬼撞见李逵”的事例在唐代还真不是个案。唐代竟有凭借窃诗而中进士的。杨衡，字仲师，吴兴人，有诗名，登第前曾与符载、崔群、宋济隐庐山，号“山中四友”。据《唐诗记事》载，就在杨衡隐居庐山时，有人剽窃他的诗句而登进士第。后来杨衡也应试及第，正好遇见此人，不无嘲讽地当面质问他：“‘一一鹤声飞上天’在否？”此君回答：“此句知兄最惜，不敢偷。”杨衡这才戏谑道：“犹可恕也。”② 唐代还有人因为剽窃，甚至闹到了对簿公堂的地步。据唐人张鷟《朝野佥载》载：“国子进士（原注：一作祭酒）辛弘智诗云：‘君为河边草，逢春心剩生。妾如堂上镜，得照始分明。’同房学士常定宗为改‘始’字为‘转’字，遂争此诗，皆云我作。乃下牒见博士，罗为宗判云：‘昔五字定表，以理切称奇；今一言竞诗，取词多为主。诗归弘智，‘转’还定宗。以状牒知，任为公验。’”③ 常定宗将同居一室的学友辛弘智所作的诗，仅篡改一字，就想据为己有，简直到了明火执仗地强取豪夺的地步。幸亏国子博士罗为宗秉公明断，并以官方公牒的形式宣判了裁决结果，将该诗的著作权归还了辛弘智。这可能是我国有文字记载以来的第一例著作权判例。

唐人刘禹锡《刘宾客嘉话录》记载了一则因强取他人诗句而害人性命的故事：“刘希夷诗曰：‘年年岁岁花相似，岁岁年年人不同。’其舅宋之问苦爱此两句，恳乞，许而不与。之问怒，以土袋压杀之。宋生不得其死，天报之也。”④ 唐人刘肃《大唐新语》也有类似记载：“（希夷）善抚琵琶，尝为《白头翁咏》曰：‘今年花落颜色改，明年花开复谁在？’既而自悔曰：‘我此诗似谶，与石崇《白首同所归》何异也？’乃更作一句云：‘年年岁岁花相似，岁岁年年人不同。’既而叹曰：‘此句复似向谶矣！然死生有命，岂复由此。’乃两存之。诗成未周，为奸所杀。或云宋之问害之。”⑤ 这里只说“或云”，既不确认，也不否认。元人辛文房《唐才子传》的记载则更加详细：“希夷，字廷芝，颍川人。上元二年，郑益榜进士，时年二十五。射策有文名。苦篇咏，特善闺帷之作，词情哀怨，多依古调，体势与时不合，遂不为所重。希夷美姿容，好谈笑，善弹琵琶，饮酒至数斗不醉，落魄不拘常检。尝作《白头吟》，一联云：‘今年花落颜色改，明年花

① 王谠撰，周勋初校《唐语林校证》第7卷，《补遗》，中华书局，1987，第650页。
② 计有功：《唐诗记事》第51卷，《杨衡》，巴蜀书社，1989，第1394页。
③ 张鷟：《朝野佥载》第2卷，中华书局，1979，第48页。
④ 刘禹锡撰，韦绚辑《刘宾客嘉话录》，中华书局，1985，第4页。
⑤ 刘肃：《大唐新语》第8卷，《文章》，中华书局，1984，第128页。

开复谁在。’既而叹曰：‘此语谶也。石崇谓‘白首同所归’，复何以异。’乃除之。又吟曰：‘年年岁岁花相似，岁岁年年人不同。’复叹曰：‘死生有命，岂由此虚言乎！’遂并存之。舅宋之问苦爱后一联，知其未传于人，恳求之，许而竟不与。之问怒其诳己，使奴以土囊压杀于别舍，时未及三十，人悉怜之。”[①] 作为一代风华卓绝的青年诗人的代表，刘希夷少有才华，代表作有《从军行》《采桑》《春日行歌》《春女行》《捣衣篇》《代悲白头翁》《洛川怀古》等，可惜英年遇害，令人为之扼腕。

我们先来看刘希夷的《代悲白头翁》（一作《白头吟》）：

> 洛阳城东桃李花，飞来飞去落谁家。洛阳女儿好颜色，坐见落花长叹息。今年花落颜色改，明年花开复谁在。已见松柏摧为薪，更闻桑田变成海。古人无复洛城东，今人还对落花风。年年岁岁花相似，岁岁年年人不同。寄言全盛红颜子，应怜半死白头翁。此翁白头真可怜，伊昔红颜美少年。公子王孙芳树下，清歌妙舞落花前。光禄池台开锦绣，将军楼阁画神仙。一朝卧病无相识，三春行乐在谁边。宛转蛾眉能几时，须臾鹤发乱如丝。但看古来歌舞地，惟有黄昏鸟雀悲。[②]

再看宋之问的一首《有所思》：

> 洛阳城东桃李花，飞来飞去落谁家。幽闺女儿惜颜色，坐见落花长叹息。今年花落颜色改，明年花开复谁在。已见松柏摧为薪，更闻桑田变成海。古人无复洛城东，今人还对落花风。年年岁岁花相似，岁岁年年人不同。寄言全盛红颜子，须怜半死白头翁。此翁白头真可怜，伊昔红颜美少年。公子王孙芳树下，清歌妙舞落花前。光禄池台交锦绣，将军楼阁画神仙。一朝卧病无相识，三春行乐在谁边。婉转蛾眉能几时，须臾鹤发乱如丝。但看古来歌舞地，唯有黄昏鸟雀飞。[③]

比照以上两首诗，除第三句“洛阳女儿好颜色”与“幽闺女儿惜颜色”略作变通外（倒是前句更显自然），第 14 句“应怜”与“须怜”、第 19 句“开锦绣”与“交锦绣”、第 23 句“宛转”与“婉转”、末句“鸟雀悲”与“鸟雀飞”有细微差别，其余悉数相同。从宋之问平时的作为和人品来看，他杀甥夺诗是完全有可能的。宋之问先后谄事张易之和太平公主，

---

① 辛文房撰，周本淳校《唐才子传校正》第 1 卷，江苏古籍出版社，1987，第 15 页。

② 刘希夷：《代悲白头翁》，见《全唐诗》第 82 卷，中州古籍出版社，2008，第 408 页。

③ 宋之问：《有所思》，见《全唐诗》第 51 卷，中州古籍出版社，2008，第 291 页。

不仅为武则天的男宠张易之代写诗赋，甚至谄媚到为张易之捧夜壶的地步。《新唐书》载他“与阎朝隐、沈佺期、刘允济倾心媚附，易之所赋诸篇，尽之问、朝隐所为，至为易之奉溺器”[①]，可见他平时就给别人当枪手惯了的，窃取别人的成果也就顺其自然了。《旧唐书》还载他“及易之等败，左迁泷州参军。未几，逃还，匿于洛阳人张仲之家。仲之与驸马都尉王同皎等谋杀武三思，之问令兄子发其事以自赎。及同皎等获罪，起之问为鸿胪主簿，由是深为义士所讥。”[②] 这样一个告发自己救命恩人以求自赎的小人，还有什么事情做不出来呢？退一步说，不论宋之问是否杀害了刘希夷，他夺取《代悲白头翁》一诗著作权的事是确凿的，因为此诗就白纸黑字地收录在他的别集《之问集》中。

唐代是诗歌创作的繁荣期，蹈袭之风亦比往朝更为盛行，甚至一些名家也难以幸免。初唐文坛四杰之一的王勃以《滕王阁序》名扬天下，其中“落霞与孤鹜齐飞，秋水共长天一色”句更是令人叫绝。但令人意想不到的是，这句联句诗却是模仿北周庾信（字子山）的“落花与芝盖齐飞，杨柳共春旗一色”而来的。宋人王得臣说：“王勃《滕王阁序》世以为精绝，曰：‘落霞与孤鹜齐飞，秋水共长天一色。’予以为唐初缀文尚袭南朝徐庾体（笔者按：南朝梁徐摛、徐陵父子及庾肩吾、庾信父子，诗文绮艳，时称“徐庾体”），故骆宾王亦有如此等句。庾子山《三月三日华林园马射赋》序云：‘落花与芝盖齐飞，杨柳共春旗一色。’则知勃文盖出于此。”[③] 像这类模仿而作的联句，后人还专门给它取了个名字，叫“类俳”，事见宋人邵博《邵氏闻见后录》载：“王勃《滕王阁记》‘落霞孤鹜’之句，一时之人共称之，欧阳公以为‘类俳’，可鄙也。”[④] 明人徐𤊹也说：“晋羊球《西楼赋》‘画栋浮细细之轻云，朱栱湿濛濛之飞雨’，王勃《滕王阁》则袭为‘画栋朝飞南浦云，珠帘暮卷西山雨’也；杜甫《阳城郡王新楼》又袭为‘碧窗宿雾濛濛湿，朱栱浮云细细轻’也。唐人多读古赋，往往变化而用之。若勃序一篇，蹈袭甚多。前人拔出，不独‘落霞’、‘秋水’而已。”[⑤] 再如，王勃《滕王阁序》“层台耸翠，上出重霄，飞阁流丹，下临无地”句，乃袭南朝梁王巾《头陀寺碑》“层轩延袤，上出云霓，

① 欧阳修：《新唐书》第 202 卷，《宋之问传》，中华书局，1975，第 5747 页。

② 刘昫：《旧唐书》第 190 卷，《宋之问传》，中华书局，1975，第 5025 页。

③ 王得臣：《麈史》卷中，《论文》，上海古籍出版社，1986，第 53 页。

④ 邵博：《邵氏闻见后录》第 15 卷，中华书局，1983，第 115 页。

⑤ 徐𤊹：《笔精》第 3 卷，《诗谈》，金沛霖主编《四库全书子部精要》（中册），天津古籍出版社，1998，第 834 页。

飞阁逶迤，下临无地”。

正如徐𤊹所言，唐人多读古诗赋，前代佳句烂熟于胸，有时分不出你我，在创作过程中往往会无意识地袭用前人的句子。这种情况，即便是李白、杜甫、王维这样伟大的诗人也是难免的。如宋人王明清《挥麈后录余话》云：“‘柳色黄金嫩，梨花白雪香’，阴铿诗也，李太白取用之。杜子美《太白诗》云：‘李白有佳句，往往似阴铿。’后人以谓以此讥之。然子美诗有‘蛟龙得云雨，雕鹗在秋天’一联，已见《晋书·载记》矣。如‘冰肌玉骨清无汗，水殿风来暗香满’，孟蜀王诗，东坡先生度以为词。昔人不以蹈袭为非。”① 唐人李肇《唐国史补》载：“王维好释氏，故字摩诘。立性高致，得宋之问辋川别业，山水胜绝，今清源寺是也。维有诗名，然好取人文章嘉句。‘行到水穷处，坐看云起时’，《英华集》中诗也；‘漠漠水田飞白鹭，阴阴夏木啭黄鹂’，李嘉祐诗也。”② 唐人段成式《酉阳杂俎》记载了唐代大诗人张九龄蹈袭三国虞翻的故事：“予大和初，从事浙西赞皇公幕中，尝因与曲宴。中夜，公语及国朝词人优劣，云：‘世人言‘灵芝无根，醴泉无源’，张曲江著词也，盖取虞翻《与弟求婚书》，徒以‘芝草’为‘灵芝’耳。予后偶得《虞翻集》，果如公言。”③ 唐诗蹈袭六朝佳句的例子还有很多，如“戴叔伦‘一年将尽夜，万里未归人’，则梁武帝‘一年漏将尽，万里人未归’也；郎士元‘暮蝉不可听，秋叶岂堪闻’，则吴均‘落叶思纷纷，蝉声犹可闻’也；高适‘功名万里外，心事一杯中’，则庾信‘悲生万里外，恨起一杯中’也。杜甫‘薄云岩际宿，孤月浪中翻’，则何逊‘薄云岩际出，孤月波中上’也。”④ 清人王士禛对唐代蹈袭六朝诗句的情况作了比较详细的总结：

> 唐诗佳句，多本六朝，昔人拈出甚多，略摘一二，为昔人所未及者。如王右丞“积水不可极，安知沧海东”，本谢康乐“洪波不可极，安知大壑东”；“春草年年绿，王孙归不归”，本庾肩吾“何必游春草，王孙自不归”；“还家剑锋尽，出塞马蹄穿”，本吴均“野战剑锋尽，攻城才智贫”；“结庐古城下，时登古城上”，本何逊“家本青山下，

---

① 王明清：《挥麈录》第 1 卷，《挥麈后录余话》，见《宋元笔记小说大观（四）》，上海古籍出版社，2001，第 3820 页。

② 李肇：《唐国史补》卷上，上海古籍出版社，1979，第 17 页。

③ 段成式：《酉阳杂俎》，《续集》第 4 卷，《贬误》，中华书局，1985，第 201 页。

④ 徐𤊹：《笔精》，《诗谈》，见金沛霖主编《四库全书子部精要》（中册），天津古籍出版社，1998，第 834 页。

好登青山上”；“莫以今时宠，能忘昔日恩”，本冯小怜“虽蒙今日宠，犹忆昔时怜”；“飒飒秋雨中，潺潺石溜泻”，本王融“潺湲石溜泻，绵峦山雨闻”；“白发终难变，黄金不可成”，本江淹“丹砂信难学，黄金不可成”；“如何此时恨，嗷嗷夜猿鸣”，本沈约“嗷嗷夜猿鸣，溶溶晨雾合”。孟襄阳“木落雁南度，北风江上寒”，本鲍明远“木落江渡寒，雁还风送秋”。郎士元“暮蝉不可听，落叶岂堪闻”，本吴均“落叶思纷纷，蝉声犹可闻”。崔国辅“长信宫中草，年年愁处生。故侵珠履迹，不使玉阶行”，则竟用庾诗“全因履迹少，并欲上阶生”也。①

当然，也不排除恶意抄袭的。如唐代有个叫张怀庆的人，专好偷窃名士文章。据唐人刘肃《大唐新语》载：“李义府尝赋诗曰：‘镂月成歌扇，裁云作舞衣。自怜回雪影，好取洛川归。’有枣强尉张怀庆，好偷名士文章，乃为诗曰：‘生情镂月成歌扇，出意裁云作舞衣。照镜自怜回云影，时来好取洛川归。’人谓之谚曰：‘活剥王昌龄，生吞郭正一。’”② 由于“不以蹈袭为非”的观念作祟，古人诗文抄袭比较盛行。唐代僧人释皎然甚至在《诗式》中将诗文抄袭划分为“偷语”“偷意”“偷势”三种类型，并以举例的方式分别说明之：第一，偷语诗例，“如陈后主诗云：‘日月光天德’，取傅长虞‘日月光太清’上三字同，下二字义同。”第二，偷意诗例，“如沈佺期诗‘小池残暑退，高树早凉归’，取柳恽‘太液沧波起，长杨高树秋。’”第三，偷势诗例，“如王昌龄诗‘手携双鲤鱼，目送千里雁。悟彼飞有适，嗟此罹忧患’，取嵇康‘目送归鸿，手挥五弦。俯仰自得，游心太玄。’”③ 这实际上是将剽窃划分为三个层次：一是简单的文字剽窃，属比较低层次的，容易识别和判断；二是语言意境的剽窃，主要是写作手法和语言技巧的模仿，经过比较也还好识别；三是思想内容的剽窃，这属高层次的，仅从文字比较是无法识别出来的，必须对其思想内容有准确的把握。皎然对剽窃三个层次的划分，是我国历史上第一次从理论上对剽窃行为进行归类和总结。

五代时期也发生过一起著名的剽窃案例，这就是《化书》一案。清人陆以湉在《冷庐杂识》中说：“窃人之书为己有，自昔已然。如虞预之窃

---

① 王士禛：《池北偶谈》第12卷，《谈艺二》，中华书局，1982，第277页。

② 刘肃撰，许德楠、李鼎霞点校《大唐新语》第13卷，《谐谑》，中华书局，1984，第189页。

③ 释皎然著，李壮鹰校注《诗式校注》第1卷，齐鲁书社，1986，第46页。

王隐，郭象之窃向秀，法盛之窃褚生，齐邱之窃谭子是也。”① 这里的“齐邱之窃谭子”，指的就是这件事。谭峭，字景升，泉州人，唐国子司业谭洙之子，自幼熟读经史，尤酷好黄老等道书，不求仕途显荣，而以学道自隐，在终南山修道时著有《化书》一书。谭峭游历至建康时，遇到南唐大臣宋齐丘（字子嵩，庐陵人），见他有道骨，请其作序传世。可宋齐丘对之稍作增改，便将该书窃为己有，把书名改作《齐丘子》，以至于南唐沈汾《续仙传》为谭峭立传时，未述及谭峭撰《化书》一事，《宋史·艺文志》也只著录“宋齐丘《化书》六卷”。但这件事情最终还是被谭峭的朋友著名道士陈抟揭露出来。据《四库全书总目》：“《化书》六卷，旧本题曰《齐丘子》，称南唐宋齐丘撰。宋张耒跋其书，遂谓齐丘‘犬鼠之雄，盖不足道’。晁公武亦以齐丘所撰著于录。然宋碧虚子陈景元跋称：旧传陈抟言‘谭峭景升在终南著《化书》。因游三茅，历建康，见齐丘有道骨，因以授之曰：‘是书之化，其化无穷，愿子序之，流于后世。’于是杖靸而去。齐丘遂夺为己有而序之。’则此书为峭所撰，称《齐丘子》者，非也。”② 陈抟为谭峭本人的师友，碧虚子陈景元为宋代道人，两者所处的时代相距非常近，此说当可确信。于是，元代道士赵道一在《历世真仙体道通鉴》中为谭峭立传时，即在沈汾《续仙传》的基础上补叙了陈景元所述陈抟揭露宋齐丘夺《化书》一事。不过，这件事还有一个更耸人听闻的版本，据宋人俞琰《周易参同契发挥》说：“谭景升以《化书》授宋齐丘。齐丘杀景升，并窃其书自名之，寻亦不得善终。”③ 明人陈耀文在《天中记》中描写得更是绘声绘色：“谭景升于终南山著《化书》，出授宋齐丘，曰：‘是书之化，其化无穷，愿子序之，流于后世。’齐丘将酒灌之沉湎，以牛皮裹缝抛于江中。后为渔人所获，剖开，见先生睡齁齁不止。唤之颇久，方觉，乃曰：‘宋齐丘夺我《化书》，坠我于江，今天下颁行矣。齐丘何在?’因留诗，化风起去不见。”④ 类似的描述在明人蒋一葵《尧山堂外纪》卷41《五代》中也有记载。宋齐丘杀谭峭一事，演义的成分可能较大，但宋齐丘剽窃谭峭《化书》一案，则是铁板钉钉的事实。因此，后人知其原委后，便将《齐丘子》改复原名，称《谭子化书》。

不过，在现实中如何界定剽窃和传承的关系往往是很困难的。对此，唐人刘知几有着自己的理解。他在《史通》中说：“述者相效，自古而

---

① 陆以湉：《冷庐杂识》第4卷，《窃人之书》，中华书局，1984，第206页。
② 纪昀等：《钦定四库全书总目》第117卷，《化书》，中华书局，1997，第1572页。
③ 俞琰：《周易参同契发挥》，《下篇第一》，明代刻本。
④ 陈耀文：《天中记》第37卷，清文渊阁四库全书本。

然……若不仰范前哲，何以贻厥后来。”[①] 刘氏倒不是在刻意为剽窃作辩解，而是文学创作确实存在雷同的情况。客观地说，并不一定都是当事人有意而为之，这种情况在诗歌创作领域表现得尤为明显。在相同的创作主题和情景下，诗歌用语相似或雷同有时是难免的，这跟恶意剽窃还是有区别的。古人用了“蹈袭”一词，以示和恶意抄袭和剽窃有所区别。“蹈袭”的情况自汉魏以来，就已有之。如唐人段成式《酉阳杂俎》所言：“庾信作诗用《西京杂记》事，旋自追改，曰：‘此吴均语，恐不足用也。’魏肇师曰：‘古人讬曲者多矣。然《鹦鹉赋》，祢衡、潘尼二集并载；《弈赋》，曹植、左思之言正同。古人用意，何至于此？’君房曰：‘词人自是好相采取，一字不异，良是后人莫辨。’魏尉瑾曰：‘《九锡》或称王粲，《六代》亦言曹植。’”[②] 清人金埴在《不下带编》中总结道：

> 古人成句，即古人亦不嫌重复。如李陵“明月照高楼，想见余光辉。”曹植亦云：“明月照高楼，流光正徘徊。”宋子侯：“花花自相对，叶叶自相当。”曹植亦云：“枝枝自相值，叶叶自相当。”曹植：“公子敬爱客，终宴不知疲。”应德琏亦云：“公子敬爱客，乐（效）饮不知疲。”刘桢：“步出北寺门，遥望西苑园。”谢灵运亦云：“步出西城门，遥望城西岑。”王粲：“合座同所乐，但愬杯行迟。”潘岳亦云：“元醴染朱颜，但愬杯行迟。”凡此类，不可更（平）仆。盖古人兴到笔随，不觉暗符成句。刘贡父云：“大抵讽咏古人诗多，则往往即为己得也。”埴谓：陆龟蒙咏白莲无情有恨之句，直用李贺昌谷笋句，盖李前陆后，即明知彼作，而恰好著题，便不能避，非有心蹈袭也。今人若故为抄取，则难免偷江东之诮矣。[③]

这里的“偷江东”，指的是五代时期邺王罗绍威的故事。据孙光宪《北梦琐言》载：“邺王罗绍威喜文学，好儒士，每命幕客作四方书檄，小不称旨，坏裂抵弃，自劈笺起草，下笔成文。又癖于七言诗。江东有罗隐，为钱镠客，绍威申南阮之敬，隐以所著文章诗赋酬寄，绍威大倾慕之，乃目其所为诗集，曰《偷江东》。今邺中人士，多有讽诵。”[④]

---

① 刘知几：《史通》第 8 卷，《模拟》，辽宁教育出版社，1997，第 66 页。

② 段成式：《酉阳杂俎》，《前集》第 12 卷，《语资》，中华书局，1985，第 89 页。

③ 金埴：《不下带编》第 4 卷，中华书局，1982，第 69 页。

④ 孙光宪：《北梦琐言》第 17 卷，《邺王偷江东诗》，中华书局，2002，第 326 页。

四　宋元的剽窃

五代入宋以后，雕版印刷得到广泛普及和应用，图书的数量和种类大为增长和丰富。从作者角度来看，发表作品更为方便快捷；从读者角度来说，图书也更容易获得了；但从另一个角度来看，也为剽窃提供了更多的可趁之机。特别是在诗歌创作领域，剽窃蹈袭前人诗句的现象依然较为严重。如北宋僧人惠崇曾有"河分岗势断，春入烧痕青"等佳句，传诵都下，但据宋人江休复《江邻幾杂志》载："诗僧惠崇，多剽前制。缁弟作诗嘲之：'河分岗势司空曙，春入烧痕刘长卿。不是师兄多犯古，古人言语似师兄。'"① 惠崇的得意之句，竟是从唐大历诗人司空曙和刘长卿诗中剽窃来的，难怪被人揶揄。晚唐诗人李商隐（字义山）的诗在宋初非常流行，但被人剽窃的现象也很严重，"祥符天禧中，杨大年、钱文僖、晏元献、刘子仪以文章立朝。为诗皆宗尚李义山，号'西昆体'。后进多窃义山语句。"② 一些名人学者也难免涉嫌抄袭，如北宋名相寇准《寇忠愍公诗集》中有一首《春日登楼怀归》，其中有"野水无人渡，孤舟尽日横"句，而唐韦应物《滁州西涧》早有"野渡无人舟自横"名句，寇准只不过点窜一二字，改为一联句，"殆类生吞活剥，尤不为工"③。著名理学家程颢，字伯淳，人称明道先生，也曾蹈袭过唐代诗人贾岛的诗句："'松下问童子，言师采药去。只在此山中，云深不知处'，贾岛诗也。明道先生《九日访张子直诗》云'下马问老仆，言公赏花去。只在近园中，丛深不知处'，直袭岛语，何耶？"④ 一代文坛领袖欧阳修，因为喜欢韩愈的诗文，在自己的作品中也经常不自主地蹈袭韩文。据邵博《邵氏闻见后录》载："刘中原父望欧阳公稍后出，同为昭陵侍臣，其学问文章，势不相下，然相乐也。欧阳公喜韩退之文，皆成诵，中原父戏以为'韩文究'，每戏曰：'永叔于韩文，有公取，有窃取。究窃取者无数，公取者粗可数。'永叔《赠僧》云：'韩子亦尝谓，收敛加冠巾。'乃退之《送僧澄观》'我欲收敛加冠巾'也。永叔《聚星堂燕集》云：'退之常有云，青蒿依长松。'乃

---

① 江休复：《江邻幾杂志》，见《宋元笔记小说大观（一）》，上海古籍出版社，2001，第594页。

② 潘永因：《宋稗类钞》第5卷，《诗话》，书目文献出版社，1985，第407页。

③ 纪昀等：《钦定四库全书总目》第152卷，《寇忠愍公诗集》，中华书局，1997，第2034页。

④ 方濬师：《蕉轩随录》第6卷，《程明道袭贾岛诗》，中华书局，1995，第229页。

退之《醉留孟东野》‘自惭青蒿依长松’也。非公取乎？”[①] 所谓“公取”，即文中标明了出处，如“韩子亦尝谓”“退之常有云”之语，这属于正常的引用，但毕竟“窃取者无数，公取者粗可数”，也即是说，大多数情况不属此类正常引用，而是所谓“窃取”。剽袭之风盛行，也引起了宋代一些学者的忧虑，如胡仔说：“《苕溪渔隐》曰：‘剽窃他人诗句，以为己出，终当败露，不可不戒。’如近时吴可《晚春诗》云：‘小醉初醒过别村，数家残雪拥篱根。枝头有恨梅千点，溪上无人月一痕。’亦洒落可喜。余偶于一达官处见谭知柔所献诗文一编，试取阅之，即吴可之诗在焉，但易其题曰《晚醉口占》，仍改诗中三四字而已：‘晚醉扶筇过竹村，数家残雪拥篱根。风前有恨梅千点，沙上无人月一痕。’然知柔诗文编中小诗极有可喜者……又诗文编中有《印累累》古风一篇，与余旧所传《吕居仁诗》亦有《印累累》古风一篇略不异一字，未知竟谁作也。”[②]

诗歌之外，宋人剽窃他人文章乃至图书的情况也不少。北宋有个叫丘良孙的人，肆意剽窃他人作品到了令人发指的地步。据《东轩笔录》载：“欧阳文忠公修自言，初移滑州，到任，会宋子京曰：‘有某大官，颇爱子文，俾我求之。’文忠遂授以近著十篇。又月余，子京告曰：‘某大官得子文，读而不甚爱，曰：何为文格之退也？’文忠笑而不答。既而文忠为知制诰，人或传有某大官极称一丘良孙之文章。文忠使人访之，乃前日所投十篇，良孙盗为己文以贽，而称美之者，即昔日子京所示之某大官也。文忠不欲斥其名，但大笑而已。未几，文忠出为河北都转运使，见邸报，丘良孙以献文字，召试拜官，心颇疑之，及得所献，乃令狐挺平日所著之《兵论》也。文忠益叹骇。异时为侍从，因为仁宗道其事，仁宗骇怒，欲夺良孙之官。文忠曰：‘此乃朝廷已行之命，但当日失于审详，若追夺之，则所失又多也。’仁宗以为然，但发笑者久之。”[③] 丘良孙与“某大官”合谋骗得欧阳修的10篇文章，伪署己名，不但不做贼心虚，还让“某大官”大张旗鼓地宣扬其文名，替他造舆论，为丘良孙进一步谋取官位铺路。丘良孙接着又故伎重演，剽窃了令狐挺的《兵论》。正是凭借这部剽取来的《兵论》，丘良孙得以拜官授职。令人遗憾的是欧阳修的态度，他在丘良孙丑行败露即将被仁宗罢官之际，做起了和事佬，劝阻了宋仁宗对丘良孙的

---

① 邵博：《邵氏闻见后录》第18卷，中华书局，1983，第140页。

② 胡仔：《苕溪渔隐丛话前集》第54卷，《宋朝杂纪上》，人民文学出版社，1962，第369页。

③ 魏泰：《东轩笔录》第4卷，见《宋元笔记小说大观（三）》，上海古籍出版社，2001，第2704页。

惩戒。这也反映了宋人著作权意识淡薄的一面，在他这样一位封建贤臣看来，还有什么比皇帝的脸面更重要的呢？有人本来就是代别人写作，却也敢抄袭他人作品，如“宋新仲在王彦昭幕下，代作《春日留客致语》，有云：‘寒食止数日间，才晴又雨；牡丹盖数十种，欲拆又芳。’皆《鲁公帖》与《牡丹谱》中全语也。”①

剽袭之风也延及翰林草制文书，“依样画葫芦”这个词就是由此而来的。据宋人祝穆《事文类聚》载：“陶谷文翰为一时冠。后为宰相者，往往不由文翰，而闻望皆出谷下。谷不平，乃俾其党，因事荐谷，以为谷久在词禁，宣力实多。太祖笑曰：‘颇闻翰林草制，皆检前人旧本，改换词语，此乃俗所谓依样画葫芦尔，何宣力之有？’谷闻之，乃作诗书于玉堂之壁云：‘官职须从生处有，才能不管用时无。堪笑翰林陶学士，年年依样画葫芦。’太祖益薄其怨望，决意不用。”② 陶谷与宋太祖赵匡胤同为后周旧臣，入宋后在翰林院负责起草文书多年，他本想通过这层关系谋得高位，没想到被宋太祖讥为“依样画葫芦”。这也可以反映出当时翰林草制文书是有一定规式的。杨椿，字元老，眉山人，官至参知政事，据《建炎以来系年要录》载：“参知政事杨椿辅政期年，专务謟谀，以奉同列，议论政事之际，则拱手唯唯。既归私第，则酣饮度日，以备员保禄为得计，朝廷何赖焉？殿中侍御史吴芾言：椿自为侍从，已无可称。其在翰苑所为辞命类，皆剽窃前人，缀缉以进，冒登政府，一言无所关纳，一事无所建明。”③ 可见，宋代的剽窃风气已从学界扩散到了政界。另外，宋代科场剽窃也渐成风气，南宋理学家陈淳指出：“圣贤之学与科举之学，事同而情异。同是书也，同是语也。科举之儒，专事涉猎剽窃，以妆点时样，取妍于人。”④ 陈藻也有“从来剽窃为场屋，直是无繇识古书”⑤ 之句。

中国古代有一种赌博游戏叫彩选，玩家根据掷骰子的点数来决定选官的大小，让普通人也可以体验到宦海沉浮的感觉，很受人们欢迎。自唐代房千里首编《骰子选格》以来，宋代不少文人也陆续编制了不少彩选图谱，如刘蒙叟《彩选格》、杨亿《文班彩选格》、赵明远《皇宋进士彩选》、宋保国《文丰彩选》、刘攽《汉官仪》等。但很可惜，这些书除了刘攽的

① 蒋一葵：《八朝偶隽》第5卷，明木石居刻本。

② 祝穆：《新编古今事文类聚》第6卷，《别集》，日本京都：株式会社中文出版社，1989，第1570页。

③ 李心传：《建炎以来系年要录》第198卷，上海古籍出版社，1992，第839页。

④ 陈淳：《北溪大全集》第29卷，《答苏德甫二》，清文渊阁四库全书本。

⑤ 陈藻：《乐轩集》第3卷，《次韵回叔经》，清文渊阁四库全书本。

《汉官仪》之外，都未能流传下来。刘攽，字贡父，曾协助司马光编修《资治通鉴》，当时他负责的就是汉代部分内容，对汉代官制尤为熟悉，于是取西汉官秩升黜次第，编成《汉官仪》。但据宋人徐度《却扫编》云："《彩选格》起于唐都李郃。本朝踵之者，有赵明远、尹师鲁。元丰官制行，有宋保国皆取一时官制为之。至刘贡父独因其法取西汉官秩升黜次第为之，又取本传所以升黜之语注其下，局终遂可类次其语为一传，博戏中最为难驯。初，贡父之为是书也，年甫十四五，方从其兄原父为学。怪其数日程课稍稽，初视所为，则得是书，大喜，因为序冠之，而以为己作。贡父晚年复稍增而自题其后，今其书盛行于世。"① 刘敞（字原父）将自己十四五岁的弟弟所作的书序而冠之，"以为己作"，显然侵犯了刘攽的著作权。不过，刘攽到了晚年对其书稍加增益，又将作者改署成自己的名字。这是兄弟之间争夺著作权的案例。宋人也有父子之间存在著作权纠葛的，如南宋王偁，字季平，眉州人，撰有《东都事略》。据王士禛《古夫于亭杂录》说："王偁《东都事略》，淹贯有良才，与曾子固《隆平集》颉颃上下。然《蜀志》载偁父礼部侍郎赏著《玉台集》《东都事略》一百二十卷，则此书亦如迁、固之《史记》《汉书》本于谈、彪耶？但未得此书全本，不知是百二十卷否？偁于父书之外有所增益否？偁亦不当没其父之名，掩为己有也。"② 可见王偁的《东都事略》本自其父，而王偁完全掩没了其父王赏的名字。

宋代有的学者为了赶写作进度，也剽窃了其他书的不少内容，如南宋著名学者洪迈的志怪小说集《夷坚志》即存在此类问题。据陈振孙《直斋书录解题》，该集分甲、乙、丙、丁、戊、己、庚、辛、壬、癸 10 集 200 卷；支甲至支癸 10 集 100 卷；三甲至三癸 10 集 100 卷；四甲、四乙 2 集 20 卷；总计 420 卷。该书卷帙浩繁，取材广杂，宋代社会生活方方面面的资料无不收录。但该书写作时洪迈已处于晚年，因急于成书，有时 5 天就能写成一卷。一些好事妄为者便投其所好，以《太平广记》中的故事稍加改窜，另拟篇名就送给他，因此《夷坚志》的内容常见于他书。《直斋书录解题》云："世传徐铉喜言怪，宾客之不能自通与失意而见斥绝者，皆诡言以求合，今迈亦然。晚岁急于成书，妄人多取《广记》中旧事，改窜首尾，别为名字以投之，至有数卷者，亦不复删润，径以入录。虽叙事猥

① 徐度：《却扫编》卷下，见《宋元笔记小说大观（四）》，上海古籍出版社，2001，第 4525 页。

② 王士禛：《古夫于亭杂录》第 3 卷，《东都事略》，中华书局，1988，第 62 页。

酿，属辞鄙俚，不恤也。"① 赵与时也说："洪文敏著《夷坚志》，积三十二编，凡三十一序，各出新意，不相复重，昔人所无也。今撮其意书之观者，当知其不可及……《辛志》记初著书时，欲仿段成式《诺皋记》，名以《容斋诺皋》，后恶其沿袭，且不堪读者辄问，乃更今名，因载向巨原答问之语。《壬志》全取王景文《夷坚别志序》，表以数语。《癸志》谓九志成，年七十有一，拟缀辑癸编。稚子櫰复云更须从子至亥接续之乃成书。予拊之曰：'天假吾年，虽倍此可也，人生未可料，恶知吾不能及是乎？'《支甲》谓或疑所载，颇有与昔人传记相似处，殆好事者饰说剽掠，借为谈助，证以蒙庄之语，辨其不然。"② 洪迈自己也在《夷坚支庚序》中直言不讳地说："虽予亦自骇其敏也。盖每闻客语，登辄纪录，或在酒间不暇，则以翼旦追书之。仍亟示其人，必使始末无差戾乃止。既所闻不失亡而信可传，又从吕德卿得二十说。乡士吴潦伯秦出其乃公时轩居士昔年所著笔记，剽取三之一为三卷，以足此篇，故能捷疾如此。"③ 与洪迈坦然承认剽取了他人作品相比，魏周辅却为自己百般辩解，认为文章相犯自古理所当然，结果遭到了陈亚的嘲弄。据《群书通要》载："魏周辅有诗上陈亚，犯古人一联。亚不为礼。周辅复上一绝句：'无所用心惟饱食，争如窗下作新词。文章大抵多相犯，刚被人言爱窃诗。'亚次韵曰：'昔贤自是堪加罪，非敢言君爱窃诗。叵耐古人无意智，预先偷子一联诗。'"④ 有意思的是，宋人的蹈袭之风受到了明人陆容的嘲笑："左氏、庄周、屈原、司马迁，此四人，豪杰之士也。观其文章，各自成一家，不事蹈袭，可见矣。史迁纂述历代事迹，其势不能不袭，若左、庄、屈三人千言万语，未尝犯六经中一句。宋南渡后，学者无程、朱绪余，则做不成文字。而于数子亦往往妄加贬议，可笑也。"⑤

五　明清的剽窃

明代早期学风尚可，中后期剽窃渐成风气。《四库全书总目》云："是以正德、嘉靖、隆庆之间，李梦阳、何景明等崛起于前，李攀龙、王世贞等奋发于后，以复古之说递相唱和，导天下无读唐以后书。天下响应，文

---

① 陈振孙：《直斋书录解题》第 11 卷，《夷坚志》，上海古籍出版社，1987，第 336 页。

② 赵与时：《宾退录》第 8 卷，上海古籍出版社，1983，第 97 页。

③ 洪迈：《夷坚支志》庚卷 1，《夷坚支庚序》，清影宋抄本。

④ 佚名：《群书通要》，《己集》第 2 卷，《先偷一联》，清嘉庆间宛委别藏本。

⑤ 陆容：《菽园杂记》第 15 卷，中华书局，1985，第 182 页。

体一新。七子之名，遂竟夺长沙之坛坫。渐久而摹拟剽窃，百弊俱生。”① 又说：“明代文章，自何、李盛行，天下相率为沿袭剽窃之学。逮嘉、隆以后，其弊益甚。”②

明人剽窃的例子很多，兹举几例。卓明卿，字征甫，钱塘人，万历中由国子监生官至光禄寺署正。其人不学无术，却好窃书。张之象编纂《唐诗类苑》200 卷，嘉靖间已编定，但书稿流落，为卓明卿所得。卓氏割裂此书初唐、盛唐部分先行刊刻，署上自己的名字。嘉靖间王良枢作《藻林》，亦为卓明卿攘为己有，书名也被改为《卓氏藻林》，可谓无耻之尤。明景泰间有个叫晏壁的人，剽窃元人吴澄所著的《三礼考注》时，凡原文中出现“澄曰”“澄按”的字样，均被篡改，真可谓欲盖弥彰。据赵翼《陔余丛考》载：“明杨士奇《跋三礼考》，注云：此书本吴澄所作，旧藏康震家。后有晏璧者，从康之孙求得之，遂掩为己作。余见其所录初本有称‘澄曰’者皆改作‘先君曰’，有称‘澄按’者改作‘愚谓’，用粉涂其旧字而书之，其迹尚隐然可见。”③ 瞿佑，字宗吉，钱塘县人，剽窃过杨维桢的传奇小说《剪灯新话》，据明人王锜《寓圃杂记》载：“《剪灯新话》，固非可传之书，亦非瞿宗吉所作。廉夫杨先生，阻雪于钱塘西湖之富氏，不两宵而成。富乃文忠之后也。后宗吉偶得其稿，窜入三篇，遂终窃其名。此周伯器之言也，得之审者。”④ “廉夫杨先生”即杨维桢，字廉夫，号铁崖，元末明初人。不过明人都穆对这种说法表示了怀疑：“钱塘瞿宗吉，著《剪灯新话》，多载鬼怪淫亵之事；同时庐陵李昌期，复著《剪灯余话》续之。二书今盛传市井。予尝闻嘉兴周先生鼎云：‘《新话》非宗吉著。元末有富某者，宋相郑公之后，宗杭州吴山上。杨廉夫在杭，尝至其家。富生以他事出，值大雪，廉夫留旬日，戏为此作，将以遗主人。宗吉少时为富氏养婿，尝侍廉夫，得其稿。后遂掩为己作。唯《秋香亭记》一篇，乃其自笔。’今观《新话》之文，不类廉夫。周先生之言，岂别有所本耶？昌期名桢，登永乐甲申进士，官至河南左布政司，致仕卒。其为人清谨，所著诗有《运甓漫稿》。景泰间，韩都宪雍巡抚江西，以庐陵乡贤礼学官，昌期独以作《余话》不得入。著述可不慎欤！”⑤

---

① 纪昀等：《钦定四库全书总目》第 190 卷，《明诗综》，中华书局，1997，第 2662 页。

② 纪昀等：《钦定四库全书总目》第 190 卷，《明文海》，中华书局，1997，第 2661 页。

③ 赵翼：《陔余丛考》第 40 卷，《窃人著述》，河北人民出版社，2007，第 829 页。

④ 王锜：《寓圃杂记》第 5 卷，《剪灯新话》，中华书局，1984，第 36 页。

⑤ 都穆：《都公谈纂》卷上，见《明代笔记小说大观（一）》，上海古籍出版社，2005，第 560 页。

以上所举均是剽取整部书的例子。明人书稿中部分篇章剽取他人作品的例子也很多，如陆容《菽园杂记》卷十五“班孟坚《汉书》大抵沿袭《史记》”条，据笔者比较，与宋人周密《齐东野语》卷十“史记多误”条几乎一字不差，系全文抄袭。董复亨，字元仲，元城人，万历壬辰进士，撰《繁露园集》22 卷，清《四库全书总目》称“其文喜剽掇词藻”①。易学实，字去浮，崇祯己卯举人，所撰《犀崖文集》，《四库全书总目》称：“是集学实所自编，其文一往有骏气，而微伤于剽。”② 至于诗句蹈袭，也是一如前代，但颇有粗俗不堪者，如沈德符《万历野获编》云：“‘河分冈势，山入烧痕’，虽剽旧语，不害其佳。向见兖州城楼榜曰‘平野入青’，以为此是何语，既而思之，乃用子美《东郡趋庭》诗第四句而去一‘徐’字也，为之胡卢不已。又一山人家拈杜诗作对联，上句‘纵饮久拚人共弃’，而改下句‘懒朝’为‘懒游’，亦堪喷饭也。如王敬美所纪滕王阁扁，讹飞阁‘流丹’为‘流舟’；胡元瑞所纪温泉亭内五扁，尽用朱晦翁‘半亩池塘’一绝，又不胜书矣。近日更有可笑者，涿州城外有一太山玉女行宫，香火甚盛，道士鼎新之，涿之城楼旧悬一联云：‘日边冲要无双地，天下繁难第一州’，道士乃用其语为行宫对曰：‘日边冲要元君殿，天下繁难碧霞宫’，即令包老睹之亦必绝倒。”③ 陈章，成化间华亭人，“其《秋怀诗》云：‘人老渐惊生白发，家贫未办买青山。’史公度《怀隐》诗云：‘家贫犹未卖春山。’亦巧于偷者矣。”④ 针对明季剽窃之风盛行，清代学者钱大昕说：“顾宁人（即顾炎武）谓有明一代之人所著书，无非盗窃，语虽太过，实切中隐微深痼之病。”⑤

当然，明人也有操守出众者耻于抄袭者，如蔡云程著《鹤田草堂》10 卷，《四库全书总目》称：“云程当王、李盛行之时，独无摹拟剽窃之习，可谓不转移于风气。”⑥ 只可惜他缺乏足够的号召力，尚不能在明代读书人中独树一帜。有的人对于他人为自己书稿所做的校改、润色工作，也能在序言中一一指明，以示尊重，如“明王九思撰《渼陂集》十六卷、《续集》三卷，自序称：‘始为翰林时，诗学靡丽，文体萎弱，其后德涵、献吉道予

① 纪昀等：《钦定四库全书总目》第 179 卷，《繁露园集》，中华书局，1997，第 2493 页。
② 纪昀等：《钦定四库全书总目》第 181 卷，《犀崖文集》，中华书局，1997，第 2516 页。
③ 沈德符：《万历野获编》第 26 卷，《窃旧句》，中华书局，1959，第 674 页 。
④ 阮葵生：《茶余客话》第 11 卷，《诗句袭用》，见《清代笔记小说大观（三）》，上海古籍出版社，2007，第 2730 页。
⑤ 钱大昕：《十驾斋养心录》第 18 卷，《诗文盗窃》，江苏古籍出版社，2000，第 395 页。
⑥ 纪昀等：《钦定四库全书总目》第 177 卷，《赫田草堂》，中华书局，1997，第 2441 页。

易其习。献吉改正予诗，稿今尚在，而文由德涵改正者尤多。'云云。献吉，明李梦阳字。德涵，明康海字。金门林瘦云□□树梅撰《啸云文钞初编》十四卷，□□□□□谓其全由其师光泽高雨农舍人澍然润色、改定、付梓云云。然则诗文由他人改定付梓，并不以为嫌，且可自序之以告后人，尚不失古人肫实之意。较之掩埋他人善，及盗窃他人书以为己有者，其用心之厚薄，有不可以道里计者矣。"①

清代是我国古代著述相对繁荣的时期，但作品良莠不齐，剽窃者也不少。《苌楚斋随笔》连举了五个清人剽窃的例子："高士奇所撰之《春秋地名考略》十四卷，实为秀水徐善所撰，见于《潜邱札记》及《勉行堂文集》。任大椿所撰之《字林考逸》八卷，实为归安丁杰所撰，见于□□□□及《国朝汉学师承记》。秦嘉谟所撰之《辑补世本》十卷，实为阳湖洪饴孙所撰，见于《史目表》中。马国翰所辑之《玉函山房辑佚书》□□□种，实为会稽章宗源所编，见于□□□□。傅洪泽所撰之《行水金鉴》一百七十五卷，实为休宁戴震所撰，或云归安郑余庆撰，见于□□□□。五人皆盗窃他人撰述，以为己书，真撰述中之盗贼也。"② 陆以湉也说："窃人之书为己有，自昔已然。如虞预之窃王隐，郭象之窃向秀，法盛之窃褚生，齐邱之窃谭子是也。元、明以来，如吴澄《三礼考注》，晏璧曾有之；倪士毅《四书辑释》，胡广等袭之；唐汝询《诗史》，顾正谊据之；张自烈《正字通》，廖文英攘之；张岱《石匮书》，谷应泰得之（原文小字注：改名《明史纪事本末》）。近代王尚书《明史稿》，实万季野所缮也；傅观察《行水金鉴》，实郑芷畦所撰也；王履泰《畿辅安澜》，实戴东原所著也。此皆彰彰在人耳目者。"③ 实际上，谷应泰《明史纪事本末》不仅剽窃了张岱的《石匮书》，还剽窃了谈迁、徐倬、蒋棻、陆圻、张溥等人的著述。谷应泰，字赓虞，号霖苍，直隶丰润人，顺治四年（1647年）进士，官至户部主事，顺治十三年（1656年）调任提督浙江学政佥事，《明史纪事本末》就是他在浙江任上花重金"礼聘"一些文人学士编撰完成的。该书80卷65万字，其中史事部分主要由张岱、谈迁、徐倬等完成，史论部分由蒋棻、陆圻、张溥等完成。据清人周寿昌《思益堂集》云："《明史纪事本末》八十卷，谷应泰撰。《四库提要》称其排比纂次，详略得中，首尾秩然于一代，事实极为淹贯。又云，考邵廷采《遗民传》

---

① 刘声木：《苌楚斋随笔》第4卷，《代作改定各集》，中华书局，1998，第82页。

② 刘声木：《苌楚斋随笔》，《续笔》第4卷，《盗窃他人著述》，中华书局，1998，第325页。

③ 陆以湉：《冷庐杂识》第4卷，《窃人之书》，中华书局，1984，第206页。

称：山阴张岱尝辑明一代遗事为《石匮藏书》，应泰作《纪事》，以五百金购请，岱慨然许之。又称，明季稗史虽多，惟谈迁《编年》、张岱《列传》两家具有本末，应泰并采之，以成《纪事》。据此，则应泰是编取材颇备集众长，以成完本，其用力亦可谓勤，云云。"① 今人将《明史纪事本末》与《石匮藏书》两相比较，发现前者对后者因袭颇多。至于每篇之后的史论，大部分采自明末清初蒋棻的《明史纪事》。孙志祖《读书脞录》也说："《明史纪事本末》，题谷应泰撰，而姚氏际恒《庸言录》云，本海昌一士人所作，亡后为某以计取，攘为己书。其事后总论一篇乃募杭诸生陆圻作，每篇酬以十金。"② 不过话又说回来，谷应泰的剽窃与前代相比还算是光明正大的，毕竟他是花了重金向当事人索购的，至少是征得了作者本人的同意。

与谷应泰相比，王鸿绪剽窃万斯同《明史稿》的行径就不那么磊落了。清初诏修《明史》，万斯同经时任明史馆总裁的徐元文推荐入局，在徐元文家不署衔、不受禄，行宾客礼以纂修明史。康熙三十二年（1693年）张玉书、陈廷敬、王鸿绪继任总裁，延聘万斯同住在王鸿绪家修史。当时陈廷敬主纂本纪，张玉书主修志，而王鸿绪独任列传，多赖万斯同之力。据钱大昕《万先生斯同传》载："乾隆初，大学士张公廷玉等奉诏刊定《明史》，以王公鸿绪史稿为本而增损之，王氏稿大半出先生手也。"③ 王鸿绪利用明史馆总裁的身份，将万斯同所著《明史稿》大肆篡改，形成所谓的"横云山人所著"之书，梁启超将这种行径斥之为"无异于杀人灭尸，后人毫无根据，尤为险毒"。可见同样是剽窃，也是有高下之分的，因此谈迁说："《开国事略》，本湖广行都司经历蔡于璧之《龙飞纪略》。卓氏《藻林》，本吴兴王氏所辑。嘉隆以来，诸公掠美者颇多。噫，仰眠床上，看屋梁著书，千秋万岁谁传此者？幸传矣，又为宋齐丘所据，惜哉！凡纂书有三：货得之可也；阴得之次之；最下则蹠跖。"④ 在谈迁看来，谷应泰花钱买别人的作品，属"货得之"，尚可接受；王鸿绪在同僚可能知情的情况下，还将万斯同的成果强行据为己有，则属豪夺，是"最下"者。

至于诗文绝句的剽窃蹈袭，有故意而为者，也有无意而为之者。如清人应是撰《纵钓居文集》8卷，属有意为之，其"集中多载论策，盖康熙

---

① 周寿昌：《思益堂集》，《日札》第2卷，《明史纪事本末》，清光绪十四年（1883年）王先谦刻本。
② 孙志祖：《读书脞录》第4卷，《明史纪事本末》，清嘉庆间刻本。
③ 钱大昕：《潜研堂集》第38卷，《万先生斯同传》，上海古籍出版社，1989，第683页。
④ 谈迁：《枣林杂俎》，中华书局，2006，第254页。

丁未改八比为论策时所拟作。文多摹拟苏氏父子，辨论澜翻，而未免过求骏快，遂剽而不留。其他序、记、传、志诸篇则欲拟其乡人王安石，而边幅亦微狭焉。”① 刘廷玑作诗蹈袭前人，还为自己作了辩解。他说：“余诗《将进酒》直用太白‘一杯一杯复一杯’句，刻成悔之。门人尹半檐颖慧曰：‘古人诗有直用古人者：‘柳色黄金嫩，梨花白雪香’，阴铿句而太白直用之。有用古人句而增字佳者：‘水田飞白鹭，夏木啭黄鹂’，李嘉祐句而王右丞加以‘漠漠’、‘阴阴’，遂夺为己有。更有直用己句者：许仰晦‘一尊酒尽青山暮，千里书回碧树秋’，一见于《京口闲居寄两都亲友》，再见于《郊园秋日寄洛中故人》。有今人直用古人之句者：如王新城先生《渔洋集》怀人诗‘道予问讯今何如’与‘道甫问讯今何如’同直用少陵，不少嫌也。况所用太白成句非出色佳构，不过平率无奇者。若欲抄袭，何取乎此？’识者自当知之。余诗‘童去自埋生后火，饭来还掩读残书’，或谓直抄放翁。然陆句‘呼童不应自生火，待饭未来还读书’，余变其意，非直抄也。”② 此当属无意而为之者。

清代科场上的剽窃现象也很常见，康熙、乾隆、嘉庆各朝都有记载，如“康熙十七年，初试博学宏词。与试者，疑尽皆名副其实矣，不意场中竟有雷同之卷，为考官所察出。缘王霖与徐笠山联席，笠山不工为排律，即用王霖诗以图含混。旋经部议，徐革职，王罚俸，真异闻也。事见杭大宗太史《词科掌录》。”③ 可见，清代对科场抄袭处罚还是很严厉的，但还是屡禁不绝，如方濬师《蕉轩随录》载：“乾隆壬子江南乡试，首题为‘舜有臣五人而天下治’、‘武王曰予有乱臣十人’。桐城家勿庵先生诸文格老识高，主司已定，及搜落卷，得常字四十号，与先生文无一字异，遂被黜。先生始终未得一第，以明经终。惜哉！”④ 陈其元《庸闲斋笔记》亦载：“嘉庆戊寅，福建乡试，先外舅闻蓝樵先生充同考官，题为‘既庶矣’二节。主司阅文，合意者少，至十八日，犹未定元。外舅适得一卷，荐之主司。大喜，以为得骊珠矣。传集诸房考示之，合座传观，咸啧啧赞赏。内中一人独曰：‘文甚好，记从何处见之。’主司骇曰：‘是必抄刻，不可中矣。然此文君究从何处来？’某凝思良久，无以应。外舅乃前谓之曰：

① 纪昀等：《钦定四库全书总目》第183卷，《纵钓居文集》，中华书局，1997，第2553页。

② 刘廷玑：《在园杂志》第2卷，中华书局，2005，第64页。

③ 刘声木：《苌楚斋随笔》，《续笔》第1卷，《博学宏词钞袭》，中华书局，1998，第234页。

④ 方濬师：《蕉轩随录》第1卷，《雷同被黜》，中华书局，1995，第1页。

‘每科必有解元，解元原无足奇，各人房中必有一房元，我房中即不得解元亦无足损，然君无确据，而以莫须有一言误人功名，未免不可耳。’某大惭，因向主司力白，谓其文剧佳，读之有上句即有下句，故似曾经见过，实则并未见过也。主司又令各房客于刻文中再加搜索，竟无所得，遂定解元。比放榜后，某公于落卷内随手翻得一卷，即已前所见者，与解元文一字不讹，持以示外舅，共相惊叹，谓此君必有阴德。继乃知其母抚孤守节三十余年，子又甚孝，其解元固天之所以报节孝也。”① 分明是抄袭，偏要说成是阴德报应。不过文字偶然巧合的情况也是有的，如王士禛所言：“文字之于先达遇合，似有夙缘。有不可解者，如高阳李文勤公之于曹祭酒颂嘉禾，真定梁公之于汪刑部季用懋麟，临朐冯文毅公之于陈舍人赓明玉堪，柏乡魏公之于董秀才文友以宁，服膺赞歌，不啻若自其口出。然诸君皆及门，若文友与柏乡，则平生未尝识面，而倾倒如此，更可异也。”②

与一般读书人剽窃不同，清代一些著名学者涉嫌剽窃就格外引人注目了，如著名学者徐乾学为巴结权势，就曾助人剽窃。徐乾学，字原一，号健庵，昆山人，顾炎武外甥，与其弟徐元文、徐秉义合称“昆山三徐”，名震于时。徐乾学曾于康熙十一年（1672 年）任顺天乡试副主考，明珠长子纳兰性德（原名成德）恰好这一年中举，遂成了徐氏门生。徐乾学为了攀附明珠父子，不仅费尽心力为纳兰讲授经史，还取出家藏的宋元经解，“俾成德刻之”，名《通志堂经解》。这部大书共收 140 多种宋元解经之作，均嫁名纳兰性德。如清人周寿昌《思益堂日札》云：“《陈氏礼记集说补正》三十八卷，纳兰性德撰。性德本名成德，字容若，满洲进士。此书《方望溪集》谓本陆元辅撰，徐健庵刻经解时改题性德名。”③ 不过徐乾学的所做所为并没能瞒骗过世人的眼睛，据清姚元之《竹叶亭杂记》称：“《通志堂经解》，纳兰成德容若校刊，实则昆山徐健庵家刊本也。高庙有‘成德借名、徐乾学逢迎权贵’之旨。成为明珠之子，徐以其家所藏经解之书，荟而付梓，镌成名，携板赠之，序中绝不一语及徐氏也。”④ 连康熙帝都惊动了，也堪称剽窃史上的绝唱了。清人剽窃也有贼喊捉贼的，著名学者戴震就干过这类事情。据陈康祺《郎潜纪闻四笔》载：“戴东原博极群书，主张汉学，其平日撰著，极不喜程、朱之学。玩婴末疾，自京师与族人祖启书曰：‘生平所记，都茫如隔世，惟义理可以养心耳。’不知东原

① 陈其元：《庸闲斋笔记》第 9 卷，《解元抄袭陈文二则》，中华书局，1989，第 229 页。
② 王士禛：《古夫于亭杂录》第 3 卷，《文字遇合》，中华书局，1988，第 63 页。
③ 周寿昌：《思益堂日札》第 5 卷，《窃袭前人书》，中华书局，1987，第 122 页。
④ 姚元之：《竹叶亭杂记》第 4 卷，中华书局，1982，第 98 页。

所谓义理者，与宋学家所得浅深何如？又云：‘吾所著书，强半为人窃取。’按：东原《畿辅水利志》，窃之赵氏东潜；《水经注》，窃之全氏谢山，张石洲抉发无遗，已成定谳。乃窃人反咎人窃，岂谓穿窬之家屡失藏金耶？”[①] 清末著名学者俞樾也有涉嫌剽窃的记录，据刘声木称：“（俞樾）自以经学为标帜，然《群经平议》《诸子平议》，则人皆谓出某寒士，又有谓稿本出戴子高手。某将死，以稿贱售于俞，俞遂据为著述之基，而附益以他著述，遂裒然成巨帙。”[②]

然而，剽窃也不总是让剽窃者名利双收，有时还会给当事人带来祸害，甚至是灭门之灾。清代著名文字狱——庄廷鑨“明史案”，就是由剽窃而引起的。庄廷鑨，字子相，浙江乌程（今吴兴）人，家资万贯，为南浔巨富。他十五岁贡生，入国子监，后因眼疾失明，欲效法左丘明著史传世，于是费白银千两，购得明故相朱国祯遗稿《列朝诸臣传》，又聘请吴炎、潘柽章等一批名士润色文字，并补写崇祯一朝事，最后定名《明史辑略》，署上庄廷鑨自己的名字。书成之后，庄廷鑨病故，其父庄允城为之雇工刊行，不想该书奉南明为正朔，内容多触犯时忌，为归安知县吴之荣告发，酿成大祸。庄廷鑨被剖棺戮尸，其父庄允城在狱中不堪虐待而死，弟庄廷钺被凌迟处死，其他江南士族被连累者甚众，凡作序者、校阅者及刻书、卖书、藏书者均被处死。据清人陈康祺《郎潜纪闻初笔》载：“国初，庄廷鑨、朱佑明私撰《明史》一案，名士伏法者二百二十一人。庄、朱皆富人，卷端罗列诸名士，盖欲借以自重。故老相传，二百余人中，多半不与编纂之役。甚矣，盛名之为累也。”[③] 庄氏因求名而剽窃，因剽窃而惨遭灭门之祸，实在令人感慨，世人不可不戒。

第二节 佣书

早在先秦两汉时期，图书流通领域也已产生了原始的著作权关系。因为图书的传播者可以通过抄写复制和传播他人的作品而获得经济利益，从而事实上侵犯了原作者的经济权益，这就是佣书现象。

---

① 陈康祺：《郎潜纪闻》，《四笔》第4卷，《戴震窃书反咎人窃》，中华书局，1990，第64页。

② 刘声木：《苌楚斋随笔》，《续笔》第7卷，《论俞樾》，中华书局，1998，第380页。

③ 陈康祺：《郎潜纪闻》，《初笔》第11卷，《盛名为累》，中华书局，1984，第236页。

一　先秦两汉的佣书

早期图书的传播主要依赖于手工抄写。所谓“佣书”，顾名思义就是受人雇佣代人抄书而获取经济报酬。从现有文献记载来看，佣书最早见于战国时期。据王嘉《拾遗记》载：“张仪、苏秦二人，同志好学，迭剪发而鬻之，以相养。或佣力写书，非圣人之言不读。”① 这两位战国后期因分别主张连横、合纵而对立的政治家，在落魄时期曾一度患难与共，以佣书维持生计。

汉初经过数十年的修养生息，出现了“文景之治”，经济文化等各方面很快得到恢复，为佣书业的发展提供了适宜的土壤。汉惠帝废除秦代遗留下来的“挟书律”，使图书收藏在民间得以合法化。汉武帝大收篇籍，广开献书之路，并于元朔五年（前 124 年）诏令“置写书之官”，负责将征集来的图书进行整理和抄写，分送太常、太史、博士以及皇家藏书机构和有关官署。这里的“写书之官”实际就是佣书之人，所不同的是由官方支付固定的佣金。汉成帝河平三年（前 26 年），诏刘向等整理国家藏书，每书《叙录》之后都有“杀青而书，可缮写也”之类的话。汉政府还注意搜访民间藏书，每遇好书，辄令抄写收藏。例如东汉著名学者贾逵精通《左传》《国语》，“为之解诂五十一篇。永平中，上疏献之。显宗重其书，写藏秘馆。”② 这些工作实际上都是由官方雇佣的抄书人来完成的。东汉著名史学家班超年轻时就曾为官府佣书，《后汉书·班超传》载：“（超）家贫，常为官佣书以供养。”③ 与班超同时代的高君孟，为官佣书成其终身职业。据《书林纪事》载：“高君孟自伏写书，著作郎署哀其老，欲代之，不肯。云：我躬自写，乃当十遍读。”④ 盖晋，敦煌人，“贫为官书，得钱，足供而已。”⑤ 这些是为官方佣书的例子。

民间私家藏书风气的兴起也为佣书业的发展起到了推波助澜的作用。河间献王刘德，“修学好古，实事求是，从民得善书，必为好写与之，留其真，加金帛赐以招之。由是四方道术之人，不远千里，或有先祖旧书，多

---

① 王嘉：《拾遗记》第 4 卷，见《汉魏六朝笔记小说大观》，上海古籍出版社，1999，第 521 页。

② 范晔：《后汉书》第 36 卷，《贾逵传》，中华书局，1965，第 1235 页。

③ 范晔：《后汉书》第 47 卷，《班超传》，中华书局，1965，第 1571 页。

④ 马宗霍辑《书林纪事》第 2 卷，文物出版社，1984，第 291 页。

⑤ 李昉：《太平御览》第 426 卷，中华书局，1960，第 1963 页。

奉以奏献王者。故得书多，与汉朝等。”① 刘德花重金向民间征求先秦旧籍，并雇佣一批佣书人替他抄书，书成之后将抄本还给献书人，自己留下底本。由于私家藏书的兴起，带动了民间佣书业的发展，出现了很多民间佣书的例子，如西汉末年出生的桓荣，字春卿，少时入长安太学，因“贫窭无资，常客佣以自给，精力不倦，十五年不窥家园。”② 李郃，字孟节，汉中南郑人，曾在洛阳太学求学。据《李郃别传》：“公居贫，而不好治产，有稻田三十亩，第宅一区，至京学问，常以赁书自给。”③ 东汉末期的陈常，字君渊，“昼则躬耕，夜则赁书以养母。”公孙晔，字春光，曾到太学受《尚书》，因生活困难，乃“写书自给”④。汉代也有因佣书而发家致富的，如傅奕， “善隶札，家贫佣书，后有金帛，洛阳咸称善书而得富也。”⑤

汉代书肆的出现也为佣书业的发展创造了条件。据《三辅黄图》载：“王莽作宰衡时，建弟子舍万区……东为常满仓，仓之北为槐市。列槐树数百行为隧，无墙屋，诸生朔望会此市，各持其郡所出货物及经传书记、笙磬乐器，相与买卖，雍容揖让，或论议槐下。”⑥ “槐市”是西汉末年太学发展的必然产物，由于教育事业的发展，太学生名额猛增，至成帝时增至三千人。平帝元始四年（公元 4 年），王莽奏立明堂、辟雍、灵台，为学者筑舍万区。这么多读书人聚在一起，极大地刺激了对图书的需求，于是就有人把自己抄录的书籍售于别人，或拿到槐市那样的贸易集市上去与别人交换。开始时只是偶然交换，慢慢地成为经常性的，最后发展为以交换为目的的抄书，从而使书籍成为可流通的商品。须说明的是，槐市是由官方出面组织的，以读书人之间互通有无为目的，图书交易主要以儒家经义为主，集市开放的时间（每半月一次）和地点是固定的，因而不能完全满足当时图书交易的需要。这给民间书肆的发展提供了机会。与槐市不同的是，民间书肆是由民间书商组成，以赢利为目的，交易时间不受限制，图书种类丰富，既卖儒家典籍，也卖诸子诗赋，且经营方法灵活，敞开售书，允许自由阅览，因此深受各类读者的欢迎。书肆的出现不仅为读书人交换和购买图书提供了便利，也为佣书人维持生计甚至发财致富提供了机

① 班固：《汉书》第 53 卷，《河间献王刘德传》，中华书局，1962，第 2410 页。
② 范晔：《后汉书》第 37 卷，《桓荣传》，中华书局，1965，第 1249 页。
③ 李昉：《太平御览》第 485 卷，中华书局，1960，第 2221 页。
④ 虞世南：《北堂书钞》第 101 卷，天津古籍出版社，1988，第 421 页。
⑤ 陈思：《书小史》第 3 卷，清文渊阁四库全书本。
⑥ 孙星衍、庄逵吉校《三辅黄图》，中华书局，1985，第 65 页。

会。书肆上的佣书人往往就是售书人，他们一般会选择那些有价值有销路的图书抄写复制，然后售卖以获利。东汉安帝时，琅琊人王溥“家贫不得仕，乃挟竹简插笔，于洛阳市佣书。美于形貌，又多文辞，来僦其书者，丈夫赠其衣冠，妇人遗其珠玉，一日之中，衣宝盈车而归。积粟于廪，九族宗亲，莫不仰其衣食，洛阳称为善笔而得富。”① “僦”者，一是租赁，二是付费预订。可见当时佣书人有两种经营形式：一是将抄写好的图书发租或出售；二是先交订金，按读者指定的书抄写，成书后再如期来取。

无论是为官方佣书还是为私家佣书，无论是租赁还是发售，都是通过复制和传播他人作品而获取了经济利益，这在事实上已经产生了原始的著作权关系。当然，从另一方面讲，佣书者的书法水平必定上乘，否则无以赖此谋生乃至富达。佣书在他们来讲，既是复制书籍的一种普遍手段，同时也是带有一定创作成分在内的艺术行为。因此也有学者认为，佣书取酬类同于书画取酬，姑且将之作为古代润笔的一种早期类型亦可。

二　魏晋南北朝的佣书

魏晋南北朝以后，由于便于书写的纸张的大规模普及，加之藏书、教育及各项文化事业的推动，佣书业也获得了更大的发展空间，社会上逐渐形成了一个职业抄书阶层。他们有的被称作“经生”，有的被称作“佣书人”，都是靠给别人抄书谋生的人。这些书手或受雇于官府，或受雇于私人，或受雇于寺观，或受雇于书商，抄写了大量的书籍，他们在为自己谋得饭碗的同时，也为保护中国古代图书、促进文化知识的交流作出了自己的贡献。

魏晋间为官方佣书的记载不是很多。魏正始间刊刻过三体石经，西晋惠帝时国子祭酒裴頠曾“奏修国学，刻石写经”②，这当中可能有佣书人参与其中。魏晋时为私人佣书的有阚泽、释僧肇等人。吴人阚泽，字德润，会稽山阴人，“家世农夫，至泽好学，居贫无资，常为人佣书。”③ 东晋释僧肇，京兆人，“家贫以佣书为业，遂因缮写，乃历观经史，备尽坟籍”④。晋代有一个著名的“洛阳纸贵”的故事，讲的是左思创作《三都赋》，初

① 王嘉：《拾遗记》第 6 卷，见《汉魏六朝笔记小说大观》，上海古籍出版社，1999，第 533 页。

② 房玄龄：《晋书》第 35 卷，《裴頠传》，中华书局，1974，第 1042 页。

③ 陈寿：《三国志》第 53 卷，《吴书·阚泽传》，中华书局，1959，第 1249 页。

④ 释慧皎撰，汤用彤校注《高僧传》第 6 卷，《晋长安释僧肇》，中华书局，1992，第 249 页。

不为人所重，后请皇甫谧为其写了篇序言，张载、刘逵、卫权等又先后为之作注，于是豪贵之家竞相传抄，一时洛阳为之纸贵。这从一个侧面说明了当时抄家之多。

图 4－1　三国吴阚泽佣书图

南北朝时期佣书业发达，官方组织抄书起了推波助澜的作用。据曹之先生统计，南北朝官方大规模抄书见于记载的约有 13 次①，只是由于文献无征，抄书数量大多不得而知。南北朝时期，以梁代抄书最多，共有三次：第一次是梁武帝天监元年（502 年），诏令张率抄乙部书，“又使撰妇人事二十余条，勒成百卷，使工书人琅琊王深、吴郡范怀约、褚洵等缮写，以给后宫。”② 第二次是在梁武帝天监二年（503 年），“（到洽）迁司徒主簿，直待诏省，敕使抄甲部书。”③ 第三次是在梁武帝天监七年（508 年），张率“除中权建安王中记室参军，俄直寿光省，修丙丁部书抄。”④ 至此，梁武帝天监年间把四部群书全部抄写了一遍。其他规模较大的抄书有：宋文帝元嘉间，文帝“使秘书监谢灵运整理秘阁书，补足遗阙”⑤。“补足遗阙”的主要手段就是抄写。南齐永元末，当时“后宫火延烧秘书，图书散乱殆尽。（王）泰表校定缮写，武帝从之。”⑥ 北魏孝庄帝时抄书数量也很多，抄后有一年多没有编目，乱七八糟。后来孝庄帝令高道穆编写秘书目录。除上述较大规模的抄书活动外，官方还设有负责抄书的胥吏，把聚书、抄书当作一项经常性的

① 曹之：《中国古籍版本学》，武汉大学出版社，2007，第 127 页。

② 姚思廉：《梁书》第 33 卷，《张率传》，中华书局，1973，第 475 页。

③ 姚思廉：《梁书》第 27 卷，《到洽传》，中华书局，1973，第 404 页。

④ 李延寿：《南史》第 31 卷，《张率传》，中华书局，1975，第 816 页。

⑤ 朱铭盘：《南朝宋会要》，上海古籍出版社，1984，第 232 页。

⑥ 李延寿：《南史》第 22 卷，《王泰传》，中华书局，1975，第 607 页。

工作。据《魏书·蒋少游传》载：少游因佣书而知名，“被召为中书写书生。”[①] 又《北齐书·张景仁传》载：景仁因“工草隶，选补内书生。”[②]《北齐书·赵彦深传》载：彦深“初为尚书令司马子如贱客，供写书。子如善其无误，欲将入观省舍。”[③]《南史·庾肩吾传》又载：“（肩吾）初为晋安王国常侍，王每徙镇，肩吾常随府。在雍州被命与刘孝威、江伯摇、孔敬通、申子悦、徐防、徐摛、王囿、孔铄、鲍至等十人抄撰众籍。”[④]

随着书籍商品化的进一步发展，南北朝时期的图书贸易也逐渐繁荣起来。在一些商业较为发达的城市，以贩书为业的书肆兴旺起来，这也为佣书业的发展提供了优越的条件。在南方，形成了以建康为中心，辐射荆州、成都、寿春和襄阳的图书贸易圈。建康曾是三国时期孙吴政权的都城，始称秣陵，后称建业，东晋时改称建康，此后宋、齐、梁、陈四代也相继在此定都，因此成为当时的政治、经济、文化中心，也是图书贸易中心。南齐武帝萧赜曾下令“诸王不得读异书，《五经》之外，唯得看《孝子图》而已。”江夏王萧锋时年十岁，喜读书聚书，“乃密遣人于市里街巷买图籍，期月之间，殆将备矣。”[⑤] 花了一个月的时间才把市面上有关的书买齐，这说明当时建康的图书品种还是很丰富的。梁元帝萧绎在荆州任刺史时，“博极群书”，聚书十万卷，据其所著《金楼子》载：“前在荆州时，晋安王子时镇雍州，启请书写，比应入蜀，又写得书，又遣州民宗孟坚下都市得书。又得鲍中记泉上书。”[⑥] 说明荆州书肆上不仅有一般图书出售，甚至有孤本、异本售卖。成都的书业也很有名，西晋左思在《三都赋》中这样描述魏时的成都：“市廛所会，万商之渊。列隧百重，罗肆巨千。贿货山积，纤丽星繁。”[⑦] 在“罗肆巨千”中就有书肆这个行业。北朝人往往通过成都购买南朝的书籍。寿春和襄阳位于南朝北部边境，是南北互市的枢纽。南朝撰著、抄写的大批图书（包括佛经）经常通过这两个城市流通到北朝境内，如北齐的辛术就曾到淮南寿春一带，“大收篇籍，多是宋、齐、梁时佳本，鸠集万余卷”[⑧]。

在北方，则形成了以洛阳为中心，覆盖邺城、长安和晋阳的书业圈。洛

---

① 魏收：《魏书》第91卷，《蒋少游传》，中华书局，1974，第1970页。
② 李百药：《北齐书》第44卷，《张景仁传》，中华书局，1972，第591页。
③ 李百药：《北齐书》第38卷，《赵彦深传》，中华书局，1972，第505页。
④ 李延寿：《南史》第50卷，《庾肩吾传》，中华书局，1975，第1246页。
⑤ 李延寿：《南史》第43卷，《齐高帝诸子下》，中华书局，1975，第1088页。
⑥ 萧绎撰，许逸民校笺《金楼子》第2卷，《聚书篇六》，中华书局，2011，第515页。
⑦ 左思撰，于学仁书《于湜之小楷书三都赋》，天津杨柳青画社，2007，第65页。
⑧ 李百药：《北齐书》第38卷，《辛术传》，中华书局，1972，第503页。

阳是北方的政治、文化中心，也是书业贸易中心。北魏时，孝文帝、宣武帝曾两次大规模修建洛阳街坊，全城有三个热闹的市场，书肆多集中于城南的“四通市”。各市设市令来管理市场和收税。市中心有市楼，悬钟鼓，击之以开市、闭市。西域一些少数民族政权如高昌、龟兹、鄯善、车师等，常派使者来洛阳购书。洛阳的书肆也常常出售南朝的书籍。北魏的散骑常侍崔鸿为撰写《十六国春秋》，经常到书肆“搜集诸国旧史”，花 7 年时间草成 95 卷，“唯常璩所撰李雄父子据蜀时书，寻访不获，所以未及缮成”①，因为该书是南朝撰录的，一时不易购得。20 年后，崔鸿之子崔子元任秘书郎，终于在洛阳书肆购得李翃《蜀书》，并参照该书加以补充改写，完成了《十六国春秋》102 卷。北魏末期的秘书监常景也经常在洛阳书肆购书，“若遇新异之书，殷勤求访，或复质买，不问价之贵贱，必以得为期。”② 洛阳以外，邺城也是北魏的大城市。它又是东魏、北齐的都城，书肆也较繁荣，不仅卖儒家经典和诸子百家，也出售适合民间说唱的通俗读物。据《北史・阳俊之传》：“当文襄时，多作六言歌辞，淫荡而拙，世俗流传，名为《阳五伴侣》，写而卖之，在市不绝。俊之尝过市，取而改之，言其字误。”③ 文襄帝，即掌握东魏朝廷实权的高澄。他从洛阳迁都至邺城，几经修建，使邺城繁荣起来，从而带动了东魏书业的发展。阳俊之就是《阳五伴侣》的作者。他发现书肆卖的这本书有错字，乃“取而改之”。北魏时期的长安和晋阳是一方的都会，图书贸易也较活跃。平城是北魏的旧都，随着鲜卑族的日益汉化，那里也出现了书肆。

在当时的图书市场上，有三类书是畅销书。一是儒家经典。南朝的五经博士严植之曾在建康设馆讲学，“每当登讲，五馆生毕至，听者千余人。”④ 这么多儒生需要五经之类的图书，不可能都是由读书人自己抄写，大多数是买自书肆。二是玄学著作。由于当时玄学风行，学者好讲《易》《老》《庄》，因此这三种书的各家注释也是书肆的常销品种。三是启蒙读物。由于民间基础教育的需要，像《急就篇》《幼学篇》《启蒙记》《小学篇》《字指》之类的启蒙字书，需求量非常大。在当时没有发明雕版印刷术的情况下，这些书的生产复制只能依靠手工抄写，这就为佣书业的存在和发展提供了广阔的市场。

随着佣书业的发展，佣书人的队伍必然壮大。据《南史・张缵传》记

① 魏收:《魏书》第 67 卷,《崔鸿传》，中华书局，1974，第 1504 页。
② 魏收:《魏书》第 82 卷,《常景传》，中华书局，1974，第 1805 页。
③ 李延寿:《北史》第 47 卷,《阳俊之传》，中华书局，1974，第 1728 页。
④ 李延寿:《南史》第 71 卷,《严植之传》，中华书局，1975，第 1735 页。

载，张缵（字伯绪，范阳方城人）晚年“颇好积聚，多写图书数万卷。”① 抄写数万卷的图书，不可能凭一己之力，想必是雇人所抄。北齐神武皇帝长子高澄曾雇书手抄写过《华林遍略》，据《北齐书·祖珽传》载：“州客至，请卖《华林遍略》，文襄（即高澄）多集书人，一日一夜写毕，退其本曰：‘不须也。’”②《华林遍略》是一部700卷的类书，一昼夜抄毕，只能说明当时社会上的书手极易招募，佣书业已是一个较为发达的行业。至于当时佣书的价格，从文献记载也可窥见一斑。据《高僧传》记载，刘宋时，京师瓦官寺僧释慧果，掘地得钱三千文，“为造《法华》一部”③。刘宋时期的陶贞宝，书法相当精妙，他不仅抄写一般书籍，更擅长抄写佛经，《云笈七签》载他“善藁隶书，家贫，以写经为业，一纸直价四十，书体以羊欣、萧思话为法”④，收入可谓不菲。限于文献记载，表4－1以不完全列举的方式记录了南北朝佣书人的基本情况。从中可以看出，佣书者多为一些有文化的知识贫民。这主要得益于当时官私教育的普及和发展，为佣书业造就和储备了大量的人力资源。

表4－1　南北朝时期佣书人一瞥

姓　名	字号籍贯	佣书情况	文献出处
陶贞宝	字国重，秣陵人	“家贫，以写经为业，一纸直价四十。书体以羊欣、萧思活为法。”	《云笈七签》卷一〇七《纪传部·华阳隐居先生本起录》
周山图	字季寂，义兴人	“少贫微，佣书自业。”	《南齐书》卷二九《周山图传》
沈崇傃	字思整，吴兴武康人	“六岁丁父忧，哭踊过礼。及长，佣书以养母焉。”	《梁书》卷四七《沈崇傃传》
庾　震	字彦文，新野人	“丧父母，居贫无以葬，赁书以营事，至手掌穿，然后葬事获济。”	《南史》卷七三《孝义上》
王僧孺	字僧孺，东海郯人	“家贫，常佣书以养母。”	《梁书》卷三三《王僧孺传》
朱　异	字彦和，吴郡钱塘人	“居贫，以佣书自业，写毕便诵。”	《南史》卷六二《朱异传》

① 李延寿：《南史》第56卷，《张缵传》，中华书局，1975，第1387页。

② 李百药：《北齐书》第39卷，《祖珽传》，中华书局，1972，第515页。

③ 释慧皎撰，汤用彤校注《高僧传》第12卷，《宋京师瓦官寺僧释慧果》，中华书局，1992，第466页。

④ 张君房辑《云笈七签》第107卷，《纪传部·华阳隐居先生本起录》，齐鲁书社，1988，第588页。

续表

姓　名	字号籍贯	佣书情况	文献出处
崔　光	字长仁，东清河鄃人	“年十七，随父徙代。家贫好学，昼耕夜诵，佣书以养父母。”	《魏书》卷六七《崔光传》
崔　亮	字敬儒，清河东武城人	“居家贫，佣书自业。”	《魏书》卷六六《崔亮传》
刘　芳	字伯文，彭城人	“（因战乱流落平城）处穷窘之中……昼则佣书以自资给。”	《魏书》卷五五《刘芳传》
蒋少游	乐安博昌人	“见俘，入于平城，充平齐户……以佣写书为业。”	《魏书》卷九一《蒋少游传》
赵彦深	南阳宛人	“初为尚书令司马子如贱客，供写书。”	《北齐书》卷三八《赵彦深传》
房景伯	字良晖，生于桑乾	“家贫，佣书自给，养母甚谨。”	《北史》卷三九《房景伯传》

三　隋唐五代的佣书

隋唐以后，佣书业更为发达。以为官方佣书为例，隋朝政府部门供养了大批专业书手，如中书省就有书手200人，秘书省有书手20人。隋朝官方抄书主要由秘书省负责，可考的大规模的抄书活动有5次①：第一次是隋文帝开皇三年（583年），据秘书监牛弘的建议，于各地搜访图书，“每书一卷，赏绢一匹。校写既定，本即归主。”② 第二次是开皇九年（589年）平陈之后，据《隋书·经籍志》载：“及平陈已后，经籍渐备。检其所得，多太建时书，纸墨不精，书亦拙恶。于是总集编次，存为古本。召天下工书之士，京兆韦霈、南阳杜頵等于秘书内补续残缺，为正副二本，藏于宫中。其余以实秘书内、外之阁，凡三万余卷。”第三次是在开皇十七年（597年），许善心编写《七林》时，善心“奏追李文博、陆从典等学者十许人，正定经史错谬。”③ 按照惯例，文献整理完毕都要重抄一遍。第四次是开皇二十年（600年），王劭等在编写《开皇二十年书目》时，按

① 曹之：《隋代官方出版考略》，《晋图学刊》2004年第5期，第1－3页。

② 魏徵等：《隋书》第32卷，《经籍志》，中华书局，1973，第908页。

③ 魏徵等：《隋书》第58卷，《许善心传》，中华书局，1973，第1427页。

照“校写”图书的习惯做法，也抄写了不少图书。第五次是在隋炀帝即位之后。这次抄书活动规模之大，远非前四次可比。据司马光《资治通鉴·隋纪六》：“初，西京嘉则殿有书三十七万卷，帝命秘书监柳顾言等诠次，除其重复猥杂，得正御本三万七千余卷，纳于东都修文殿。又写五十副本，简为三品，分置西京、东都宫、省、官府。其正书皆装剪华净，宝轴锦褾。”① 隋代民间佣书业依然兴隆，兹举二例。沈光，字总持，吴兴人，“陈灭，家于长安……家甚贫窭，父兄并以佣书为事。”② 虞世基，字茂世，会稽余姚人，“及陈灭归国，为通直郎，直内史省。贫无产业，每佣书养亲，怏怏不平。”③

唐政府机关都配备有专事抄书的书手，据张九龄《唐六典》载，唐玄宗时，集贤院有书直及写御官100人、装书直14人、造笔直4人；秘书省有校书郎8人、楷书手80人、熟纸匠10人、装潢匠10人、笔匠6人；著作局有楷书手5人；太史局有楷书手2人、装书历生5人；弘文馆有楷书手75人、笔匠3人，熟纸装潢匠8人；司经局有楷书25人。这些书手除了抄写公文外，还兼事抄书，实际上就是为官方服务的佣书人。唐代官方大规模抄书共有七次④：第一次是在高祖武德五年（622年），因图书在隋末战乱中丧失殆尽，令狐德棻“奏请购募遗书，重加钱帛，增置楷书，令缮写。”⑤ 第二次是在太宗贞观年间，“命秘书监魏徵写四部全书，将进内贮库。别置雠校二十人、书手一百人。征改职之后，令虞世南、颜师古等续其事。至高宗初，其功未毕。显庆中，罢雠校及御书手，令工书人缮写，计直酬佣，择散官随番雠校。”⑥ 此次抄书，前后历时30余年。有意思的是，从这段记载来看，官方专职的“雠校及御书手”反不如“工书人”及“散官”的效率高，这可能是“计直酬佣”的经济手段刺激的结果。第三次是在唐高宗乾封年间。乾封元年（666年）十月十四日，“上以四部群书传写讹谬，并亦缺少，乃诏东台侍郎赵仁本、兼兰台侍郎李怀严、兼东台舍人张文瓘等，集儒学之士刊正，然后缮写”⑦。第四次是在唐玄宗开元五年（717年），著名学者褚无量“以内库旧书，自高宗代即藏在宫中，渐致

① 司马光：《资治通鉴》第182卷，《隋纪六》，中华书局，1956，第5694页。
② 魏徵等：《隋书》第64卷，《沈光传》，中华书局，1973，第1513页。
③ 魏徵等：《隋书》第67卷，《虞世基传》，中华书局，1973，第1572页。
④ 曹之：《中国古籍版本学》，武汉大学出版社，2007，第130页。
⑤ 刘昫：《旧唐书》第73卷，《令狐德棻传》，中华书局，1975，第2597页。
⑥ 刘昫：《旧唐书》第190卷上，《崔行功传》，中华书局，1975，第4996页。
⑦ 王溥：《唐会要》第35卷，《经籍》，中华书局，1955，第643页。

遗逸，奏请缮写刊校，以弘经籍之道。玄宗令于东都乾元殿前施架排次，大加搜写，广采天下异本。数年间，四部充备。仍引公卿已下入殿前，令纵观焉。开元六年驾还，又敕无量于丽正殿以续前功。”到开元八年（720年）褚无量死的时候，还没有抄完，“临终遗言以丽正写书未毕为恨”①。第五次在玄宗天宝间，从天宝三年（744年）至十四年（755年），集贤院书库“续写又一万六千八百四十三卷”②。第六次在德宗贞元年间，抄书之后，编有《贞元御府群书新录》。第七次是在唐文宗时，当时“郑覃侍讲禁中，以经籍道丧，屡以为言，诏令秘阁搜访遗文，日令添写。”③ 除上述七次规模较大的抄书活动外，官方平时也抄书，如《旧唐书・吐蕃上》载：“（开元十八年）吐蕃使奏云：‘公主请《毛诗》《礼记》《左传》《文选》各一部。’制令秘书省写与之。”④ 唐代为私人佣书的也不少，兹举数例。吴彩鸾，古代女子抄书的著名代表，据《列仙传》载：“彩鸾写《唐韵》，运笔如飞，日得一部。售之，获钱五缗。”⑤ 萧铣，后梁宣帝曾孙，“少孤贫，佣书自给，事母以孝闻。”⑥ 王琚，怀州河内人，“及同皎败，琚恐为吏所捕，变姓名诣于江都，佣书于富商家。”⑦ 晚唐著名诗人李商隐在《祭裴氏姊文》中也写到自己家贫无资，佣书养家的艰辛：“生人穷困，闻见所无。及衣裳外除，旨甘是急。乃占数东甸，佣书贩舂。”⑧

五代时期，雕版印刷尚处于起步阶段，抄书仍是当时主要的图书生产方式。据《五代会要》载：“后唐长兴三年（932年）二月，中书门下奏：‘请依石经文字刻《九经》印板。’敕：‘令国子监集博士儒徒，将西京石经本，各以所业本经句度抄写注出，仔细看读，然后雇召能雕字匠人，各部随帙刻印板，广颁天下。如诸色人要写经书，并须依所印敕本，不得更使杂本交错。’”⑨ 可见，当时国子监雕印的《九经》，仍以供人抄写为目的，其中就有佣书者。五代历时不长，可考的抄书者却不少，如后汉王景绝，“时时购四方书钞之，晚年集书数千卷。”⑩ 数千卷的抄书规模，想必

① 刘昫：《旧唐书》第101卷，《褚无量传》，中华书局，1975，第3167页。
② 王溥：《唐会要》第35卷，《经籍》，中华书局，1955，第645页。
③ 刘昫：《旧唐书》第46卷，《经籍志上》，中华书局，1975，第1962页。
④ 刘昫：《旧唐书》第196卷上，《吐蕃上》，中华书局，1975，第5232页。
⑤ 叶德辉：《书林清话》第10卷，《女子钞书》，中华书局，1957，第285页。
⑥ 刘昫：《旧唐书》第56卷，《萧铣传》，中华书局，1975，第2263页。
⑦ 刘昫：《旧唐书》第106卷，《王琚传》，中华书局，1975，第3249页。
⑧ 李商隐：《李商隐全集》第7卷，《祭裴氏秭文》，上海古籍出版社，1999，第181页。
⑨ 王溥：《五代会要》第8卷，《经籍》，上海古籍出版社，1978，第128页。
⑩ 吴任臣：《十国春秋》第108卷，《北汉五》，中华书局，1983，第1535页。

也有佣书者参与其中。杨邠，后汉魏州冠氏人，官至中书侍郎兼吏部尚书，“居家谢绝宾客，晚节稍通缙绅，延客门下，知史传有用，乃课吏传写。”①这也是花钱请人抄书的例子。至于因自学或藏书而自抄的，则为数更多，如查文徽，字先慎，南唐休宁人，“幼好学，能自刻苦，手写经史数百卷。”② 文谷，后蜀成都温江人，“所撰《备忘小抄》十卷，杂钞子史一千余事，以备遗忘，世多传写之。”③ 林鼎，字焕文，吴越侯官人，“性谠正而强记，能书欧虞法，比及中年，夜读书每达曙。所聚图书悉由手抄，其残编蠹简亦手缀之，无所厌倦。”④ 崔棁，字子文，博陵安平人，“平生所著文章、碑诔、制诏甚多，人有借本传写者，则曰：‘有前贤，有来者，奚用此为’。”⑤ 冯道，字可道，自号长乐老，瀛州人，“尤长于篇咏，秉笔则成，典丽之外，义含古道，必为远近传写。”⑥ 马裔孙，字庆先，棣州滴河人，“岁余枕籍黄卷中，见《华严》《楞严》，词理富赡，由是酷赏之，仍抄撮之，相形于歌咏，谓之《法喜集》。”⑦ 韩熙载，字叔言，南唐北海人，五代书画家，“性喜提奖后进，见文有可采者，手自缮写，仍为播其声名。”⑧

佣书业的发展，宗教也是一个不可忽视的推动因素。魏晋南北朝时期，佛、道全面发展，与儒学争宠，据当时北魏尚书令王澄奏曰：“今之僧寺，无处不有。或比满城邑之中，或连溢屠沽之肆，或三五少僧，共为一寺。梵唱屠音，连檐接响，像塔缠于腥臊，性灵没于嗜欲，真伪混居，往来纷杂。”当时全国“僧尼大众二百万矣，其寺三万有余”⑨。而一般的寺观都设藏经阁，以供僧、道、俗诵读。比如，南梁时期写下《文心雕龙》的刘勰，“早孤，笃志好学。家贫不婚娶，依沙门僧祐，与之居处，积十余年，遂博通经论，因区别部类，录而序之。”⑩ 为了传经布道，佛经的传抄缮写成为必然。寺院有经济来源，便可雇人抄经。如刘芳（字伯文，彭城人），《魏书》载他“常为诸僧佣写经论，笔迹称善，卷直以一缣，岁中能入百

---

① 欧阳修：《新五代史》第30卷，《杨邠传》，中华书局，1974，第334页。
② 吴任臣：《十国春秋》第26卷，《南唐十二》，中华书局，1983，第370页。
③ 吴任臣：《十国春秋》第56卷，《后蜀九》，中华书局，1983，第816页。
④ 林禹等：《吴越备史》第3卷，清文渊阁四库全书本。
⑤ 薛居正：《旧五代史》第93卷，《崔棁传》，中华书局，1976，第1232页。
⑥ 薛居正：《旧五代史》第126卷，《冯道传》，中华书局，1976，第1656页。
⑦ 薛居正：《旧五代史》第127卷，《马裔孙传》，中华书局，1976，第1669页。
⑧ 吴任臣：《十国春秋》第28卷，《南唐十四》，中华书局，1983，第400页。
⑨ 魏收：《魏书》第114卷，《释老志》，中华书局，1974，第3048页。
⑩ 姚思廉：《梁书》第50卷，《刘勰传》，中华书局，1973，第710页。

余匹，如此数十年，赖以颇振"[①]。有些贵族，信教虔诚，自出家财，雇人写经。冯熙（字晋昌，长乐信都人），《魏书》称他"自出家财，在诸州镇建佛图精舍，合七十二处，写一十六部一切经"[②]。徐孝克，性至孝，《陈书·徐孝克传》载："后主敕以石头津税给之，孝克悉用设斋写经，随得随尽。"[③] 据现有的敦煌写经题记，可以找到抄经人 100 多人，其中专业书手有 34 人，他们活动的年代一直延续到了唐代，其中尤以敦煌令狐家族最具代表性。据敦煌佛经卷子题记和出土石塔铭文记载，从 426 年到 537 年，从事佛教活动而被记录的敦煌令狐家族成员共有 11 人：令狐飒口、令狐广嗣、令狐廉嗣、令狐弄、令狐君儿、令狐崇哲、令狐礼太、令狐永太、令狐世康、令狐陀咒、令狐休宝。这 11 人当中，除令狐陀咒是以佛教信徒"清信女"的身份出现外，其他 10 人都是以佛经抄写人或者碑铭书写人的身份出现的。但他们的职业称呼也不一样，有经生、官经生、典经帅、经生帅和官经生帅等的分别[④]。可见，经生有官经生和一般职业经生之分。

官经生一般在官府有任职，主要为寺院服务，据《敦煌遗书》佛经写本可考者，赵文审、刘大慈、袁元哲为门下省书手，成公道、任道、王智菀为弘文馆楷书，孙玄爽为秘书省楷书，萧敬为左书坊楷书。官经生通过抄写经卷获得的钱物，主要来自寺院。但官经生一般不直接与寺院联系，而是通过典经帅这个中介，由典经帅来组织分工和分配工钱。经生对典经帅负责，典经帅则对寺院负责，由此形成了一条完整的经济链条。一般的职业经生主要受雇于民间各类佛教信徒，相对比较自由，据《敦煌遗书》佛经写本可考者有北魏张阿胜、张显昌、马天安、令狐世康、曹清寿、刘广周、令狐礼太、李道胤，隋朝张才、侯珣，唐代郭德、辅闻开、彭楷、令狐崇哲、王谦、王思谦、令狐善顾等人。一般经生的经济来源不像官经生那样稳定，有的甚至相当窘迫，这可以从有的经生在抄完经卷之后留下的只言片语看出来，如《伯希和劫经录》第 2292 号《摩维诘经讲经文》末题："广政十年（947 年）八月九日，在西川静真祥院写此第二十卷文书，恰遇抵黑。书了，不知如何得到乡地去。"这位经生为了糊口，抄经不觉天黑，完了之后起身，却不知何处栖身，其艰辛可见一斑。

从佛经抄写者的署名来看，由寺院或官经生抄写的正规的经书，一般

---

① 魏收：《魏书》第 55 卷，《刘芳传》，中华书局，1974，第 1219 页。

② 魏收：《魏书》第 83 卷上，《冯熙传》，中华书局，1974，第 1819 页。

③ 姚思廉：《陈书》第 26 卷，《徐孝克传》，中华书局，1972，第 338 页。

④ 尚永琪：《北朝时期的职业佣书人与佛经抄写》，《文史知识》2009 年第 12 期，第 69 - 76 页。

都注明抄写年月、用纸数量、抄写人和校对者，很多还有典经帅的签字或盖印之类；而由佛教信徒做功德请人抄写的经书，往往有做功德的人的姓名，当然有的也署抄写者的姓名，有的干脆就不署抄者姓名。在当时雕版印刷没有发明和普及之前，文献的出版就是靠手抄写，经生在经卷上的署名，实际上也可以看作自身权益的一种宣示。

四 宋元的佣书

宋代是我国雕版印刷技术普及推广及初步繁荣时期，图书的传播复制逐渐转向以依赖雕版印刷为主，但抄书与佣书现象依然存在，且不可能在短期内退出历史舞台。这是因为，首先，从购书者的角度考虑，通常一种书只购买一个复本，如果市场上没有现成刻本的话，重新雕版刊印的成本肯定比请人另写一本的成本要高很多，而且工期缓慢。其次，手写本比一般刻本有更高的艺术收藏价值，因为有的写手通常都是书法高手。再者，从图书流通的角度看，手抄文献也不像刻本那样容易遭查禁，隐秘性较强。

宋代官方藏书的主要机构是馆阁，仅崇文院藏书就达 8 万卷之多，其中写本仍占据了相当高的比例，而这些藏书很多都是向民间征集底本缮写而成。如太宗太平兴国间，悬赏求书，向不愿进献者“借本缮写”；至道元年（995 年），命裴愈到江南两浙寻访图书，“不愿进纳者，就所在差能书吏借本抄写”。真宗咸平二年（999 年）诏令搜访图书，以内府馆阁书目与民间私人书目比对，“其缺少者，借本抄填之”[①]；咸平三年（1000 年）“命三馆写四部书二本，置禁中之龙图阁及后苑之太清楼”；大中祥符八年（1015 年）荣王宫失火，崇文院及秘阁藏书焚毁殆尽，遂“命重写书籍，选官详覆校勘”[②]；景德元年（1004 年）三月，直秘阁黄夷简等进新写御书 24162 卷。仁宗景祐元年（1034 年）诏借《道藏零种》《庄子》等给三馆，差人抄写；嘉祐六年（1061 年）十二月三馆秘阁上所写黄本书 6496 卷，补白本书 2954 卷。神宗元丰七年（1084 年）诏置“补写所”。徽宗崇宁二年（1103 年），秘阁抄书 2082 部，还有 1213 部和待补残缺 289 卷未抄，限期抄完；宣和五年（1123 年）诏令“搜访士民家藏书籍，悉上送官，参校有无，募工缮写，藏之御府。”[③] 高宗绍兴十五年（1145 年），秘书省复置“补写所”，招聘书手数十人，“楷书课程旧制每日写二千字，遇

---

① 程俱撰，张富祥校《麟台故事校证》，中华书局，2000，第 259 页。
② 脱脱：《宋史》第 202 卷，《艺文志》，中华书局，1977，第 5032 页。
③ 徐松：《宋会要辑稿·崇儒四之二〇》，中华书局，1957，第 2240 页。

入冬书写一千五百字。并各置工课手历，每日抄转书勘点检，月终结押。”[①] 孝宗乾道三年（1167 年）准秘书省奏，抄录李焘《续资治通鉴长编》；淳熙六年（1179 年）六月准吏部侍郎阎苍舒奏，派人到四川寻访图书，遍查四路州军官书目录，“如有所阙，即令本司抄写，赴秘书省收藏”[②]。以上都是宋代官方佣书的情况。

宋代民间私人佣书也很盛行。例如，蔡定，字元应，越州会稽人，“家世微且贫。父革，依郡狱吏佣书以生，资定使学，游乡校，稍稍有称。”[③]“刘十二，鄱阳城民也，居槐花巷东，以佣书自给。”[④] 戴之邵，字才美，吉州人，“少涉猎书记，无所成名，贫不能自养，佣书于里中富家。”[⑤] 仲简，字畏之，扬州汪都人，“佣书杨亿门下，亿教以诗赋，遂举进士。”[⑥] 有一个叫翟颍的佣书人，不甘久居人下，甚至改名换姓上书参与时政，据《宋史·胡旦传》载：“有佣书人翟颖者，（胡）旦尝与之善，因为改姓名马周，以为唐马周复出，上书诋时政，且自荐可为大臣，又举材任公辅者十人，其辞颇壮。当时皆谓旦所为。”[⑦] 陆游《跋尹耘师书刘随州集》记载了从书工手中买书的经历：“佣书人韩文持束纸支头而睡，偶取视之，《刘随州集》也。乃以百钱易之，手加装褫。”[⑧] 蔡襄为范仲淹遭贬鸣不平所作的《四贤一不肖》诗，“都市人相传写，鬻书者市之得厚利。”[⑨] 由于抄书以获利为目的，文化程度又不甚高，书工所抄书籍错误较多，甚至存在擅自改动的情况。刘爚《云庄集》曾风行一时，“然皆传录，经于书手，乌焉成马，亘克去取”[⑩]。王安石据宋次道藏本编成《唐百家诗选》，他预先将选好的篇目贴上标签，让书工照标签去抄写。书工嫌字多的诗篇抄起来麻烦，就把长的标签偷换到短诗上。如此成书，质量低劣，贻误后人不浅。但从整体来讲，宋代抄本质量还是很高的，不仅具有文献价值，有的还是不可多得的书法珍品。

元代可考的佣书者也不少。如刘友益，字益友，永新人，“贫不能得

① 徐松：《宋会要辑稿·职官十八之二七》，中华书局，1957，第 2768 页。
② 徐松：《宋会要辑稿·崇儒四三一》，中华书局，1957，第 2245 页。
③ 脱脱：《宋史》第 456 卷，《蔡定传》，中华书局，1977，第 13414 页。
④ 洪迈：《夷坚志·夷坚支甲》第 4 卷，《刘十二》，中华书局，1981，第 740 页。
⑤ 洪迈：《夷坚志·夷坚支甲》第 8 卷，《戴之邵梦》，中华书局，1981，第 770 页。
⑥ 脱脱：《宋史》第 267 卷，《仲简传》，中华书局，1977，第 10077 页。
⑦ 脱脱：《宋史》第 432 卷，《胡旦传》，中华书局，1977，第 12830 页。
⑧ 陆游：《渭南文集》第 26 卷，《跋尹耘师书刘随州集》，中国书店，1986，第 154 页。
⑨ 陈邦瞻：《宋史纪事本末》，《庆历党议》，中华书局，1977，第 232 页。
⑩ 刘爚：《云庄集·后序》，清文渊阁四库全书本。

书，从里之多书者借而读之。朝借暮易，暮借朝易。穷昼夜读不绝声，过日辄记，间为人佣书以给膏火。”① 庄肃，字恭叔，号蓼塘，松江青龙镇人，“性嗜书，聚至八万卷，手抄经史子集，下至稗官小说，靡所不具。”② 八万卷的藏书规模，以一己之力恐难完成，想必也请人抄写过。元代不少文人的诗歌保存了有关佣书人生活情景的描述，如金守正有《清明日思亲》一首，描述了一个迫于生计远游他乡，清明时节仍不能归家拜祭亲人的佣书人的悲苦心境：“岁岁清明日，佣书未得归。先坟违洒饭，孤馆漫沾衣。桑梓晨烟迥，松楸夕露微。伤心南望久，何以报春晖。”③ 邓雅《上判簿二首》云：“迂阔无生计，佣书到白头。岁寒松柏友，月俸稻粱谋。”④ 刘因《和归田园居五首》云：“谁持三径资，笑我囊空虚。佣书易斗米，吾田亦非无。”⑤ 张仲深《酬蒋尚之见寄韵二首》亦云：“世比空门幻六如，我曹漫尔羡三余。设罗自信能罹雉，缘木何由可得鱼。煮字有方踰辟谷，卖文无计胜佣书。”⑥ 从以上这些描述来看，元代佣书人的经济状况并不怎么好，也就是养家糊口而已。

五　明清的佣书

明代是我国雕版印刷发展的黄金时期，刻家、刻本之多，无以伦比。但即便如此，人工抄写依然经久不衰，官方民间佣书者比比皆是。有一次，明宣宗曾视察文渊阁，“亲批阅经史，与少傅杨士奇等讨论，因赐士奇等诗。是时，秘阁贮书约二万余部，近百万卷。刻本十三，抄本十七。”⑦ 由此可见，明代虽然刻本发达，但抄本仍是官方藏书的主体，而这些抄本主要是通过雇佣书工抄写获得。如洪武十五年（1382 年），朝廷特从福建、湖广、江西、浙江、直隶等地征选 1910 名书工到内府各部任职，专事抄写工作。万历间，焦竑奏请访求民间遗书，“愿以古书献者，官给以直；不愿者亦抄写二部，一贮翰林院，一贮国子监。”⑧

明代民间佣书者可考的也不少，如孙纮，字文冕，鄞人，“少贫，佣书

① 揭傒斯：《揭文安公文粹》第 2 卷，《刘先生墓志铭》，商务印书馆，1936，第 59 页。
② 叶昌炽著，王欣夫补正《藏书纪事诗》，第 2 卷，上海古籍出版社，1989，第 81 页。
③ 金守正：《雪厓先生诗集》第 2 卷，《清明日思亲》，明永乐间刻本。
④ 邓雅：《玉笥集》第 4 卷，《上判簿二首》，清文渊阁四库全书本。
⑤ 刘因：《静修先生文集》第 12 卷，《和归田园居五首》，中华书局，1985，第 242 页。
⑥ 张仲深：《子渊诗集》第 4 卷，《酬蒋尚之见寄韵二首》，清文渊阁四库全书本。
⑦ 张廷玉：《明史》第 96 卷，《艺文志》，中华书局，1974，第 2344 页。
⑧ 孙承泽：《春明梦余录》第 32 卷，江苏广陵古籍刻印社，1990，第 347 页。

市肉以养母。既通籍，终身不食肉。”[①] 黄勋，字有功，南海人，“幼有至性，事父母得其欢心。母殁，家贫无以为葬，或议火之而窆其骨。勋哭曰：‘吾母何罪而罹焚烙之酷乎？’乃为人佣书，得钱以葬。”[②] 林大钦，字敬夫，号东莆，海阳县东莆都人，据焦竑《国朝献征录》载：“太史（即林大钦）生而颖敏，幼嗜學，家贫无书。年十二三時，尝从其父如潮过书肆，见眉山《苏氏嘉祐集》，心绝好之，辄伫玩移，日不能去，顷之成诵已。乃操笔为文，文绝似缙绅，长老先生咸器重焉。会中道失怙，家益贫独，与其母居，常自佣书给之。”[③] 崇祯十五年（1642 年）黄道周《免戍辞职疏》中亦有“臣少孤贫，长而佣书，不知学行何似”[④] 等语。明人朱国祯《涌幢小品》记载了一个叫胡贸的佣书人的故事：“荆川先生有书佣胡贸，作《胡贸棺记》。书佣胡贸，龙游人，父兄故书贾。贸少，乏资，不能贾。而以善锥书，往来诸书肆及士人家。余不自揆，尝取《左氏》历代诸史及诸大家文字，所谓汗牛塞栋者，稍删次之，以从简约。既披阅点窜竟，则以付贸，使裁焉。始或篇而离之，或句而离之，甚者或字而离之。其既也，篇而联之，句而联之，又字而联之，或联而复离，离而复联，错综经纬，要于各归其类而止。盖其事甚淆且碎，非特，他书佣往往束手，虽士人细心读书者，亦多不能为此。贸于文义不甚解晓，而独能为此，盖其天窍使然……贸平生无他嗜，而独好酒。佣书所得钱，无少多，皆尽于酒。所佣书家，不问佣钱，必问：‘酒能厌否？’贸无妻与子，佣书数十年，居身无一垄之瓦，一醉之外皆不复知也。其颛若此，宜其天窍之亦有所发也。”[⑤] 胡贸长时间替人佣书，在编辑文稿方面培养成了特别的才能。但从其替人佣书数十年，仍“居身无一垄之瓦”的情况来看，明代佣书人的经济收入不高，社会地位低下。而一些相对富有的藏书家或读书人，则可以雇他们来抄书。如著名藏书家范钦的从子范大澈，“闻人有抄本，多方借之。长安旅中尝雇善书者誊写，多至二三十人。”[⑥] 谢肇淛，字在杭，号武林、小草斋主人，福建长乐人。他曾经通过老乡首辅大学士叶向高的关系，借抄过内阁藏书。据谢氏《五杂俎》载：“吾乡叶进卿先生当国时，余为曹郎，获借抄得一二种。但苦无佣书之资，又在长安之日浅，不能尽窥东观之藏，

---

① 张廷玉：《明史》第 180 卷，《姜绾列传附余浚列传》，中华书局，1974，第 4790 页。
② 黄佐撰，陈宪猷点校《广州人物传》，广东高等教育出版社，1991，第 124 页。
③ 焦竑：《国朝献征录》第 21 卷，《翰林院二》，台湾学生书局，1965，第 877 页。
④ 黄道周：《黄石斋先生文集》第 2 卷，《奏疏笺揭》，清康熙五十三年（1714 年）刻本。
⑤ 朱国祯：《涌幢小品》第 20 卷，《书仆书佣》，中华书局，1959，第 491 页。
⑥ 叶昌炽著，王欣夫补正《藏书纪事诗》第 2 卷，上海古籍出版社，1989，第 187 页。

殊为恨恨耳。"① 由此可知，当时京城佣书业收费还是挺贵的，作为京官曹郎的谢肇淛，竟然无力支付"佣书之资"。祁承㸁，字尔光，山阴人，著名藏书家。他在天启二年（1622 年）的一封家书中说："近所抄录之书，约一百三四十种，共两大卷箱。此是至宝，自家随身携之回也。我仕途宦况，遗汝辈者虽少，而积书已在二千余金之外，汝辈不知耳。只如十余年来所抄录之书，约以二千余本，每本只约用工、食、纸张二三钱，亦便是五六百金矣。"② 从其记载来看，这么多书不可能由祁氏一人在繁忙的公务之余抄成，而主要是花钱雇人抄写，故有工钱、食钱之说。毛晋，原名凤苞，字子晋，虞山人，著名藏书家和出版家，也雇佣了很多书手专事抄书，"其有世罕见而藏诸他氏不能购得者，则选善手以佳纸墨影抄之，与刊本无异，曰'影宋抄'。于是一时好事家皆争仿效，而宋椠之无存者，赖以传之不朽。"③ 相对宋代刻本来讲，明代抄本的质量要高很多。因为明人抄书不像宋人那样以常见书为主，而是精心挑选不易得的所谓秘本、珍本、异本来抄写，且在书法上非常讲究，如吴宽的抄本书法精楷，书贾常居为奇货，以至漫天要价。毛晋女婿高培所抄书法精好，"令人不敢触手，盖深擅楷法也"④。陆师道抄本"丹铅俨然，小楷精绝"⑤。另外，明代出现了影抄本，尤以毛晋汲古阁影宋抄本最为著名。清初著名藏书家孙从添（字庆增）在《藏书纪要》中说："汲古阁影宋精抄，古今绝作。字画、纸张、乌丝、图章追摹宋刻，为近世无有能继其作者。"⑥ 很多宋元以前的书籍凭借明代影抄本得以保留原貌，这里面也有佣书人的一份功劳。

清代官方佣书以《四库全书》的誊抄最为著名。《四库全书》是清乾隆年间编纂的中国古代最大的一部丛书，文津阁藏本共收书 3503 种 79337 卷，仅从卷数上看，相当于明《永乐大典》三倍多。这些书绝大部分是从民间各地征集而来的，经编校整理后，募工抄写。当时四库馆下设缮书处，专门负责抄书，先后招募书工 2841 人，佣书规模前所未有。为保证抄书质量，缮书处规定书手每三个月须考核一次，实行奖惩制度。经过 10 年的努力，至乾隆四十六年（1781 年）这部书才终于编撰完成。但由于卷帙过于

① 谢肇淛：《五杂俎》第 13 卷，上海书店出版社，2001，第 266 页。
② 黄裳：《银鱼集》，安徽教育出版社，2006，第 217 页。
③ 于敏中等：《天禄琳琅书目》第 4 卷，上海古籍出版社，2007，第 97 页。
④ 杨立诚、金步瀛编《中国藏书家考略》，上海古籍出版社，1987，第 185 页。
⑤ 杨立诚、金步瀛编《中国藏书家考略》，上海古籍出版社，1987，第 238 页。
⑥ 孙从添：《藏书纪要・钞录》，见祁承㸁《澹生堂藏书约》，上海古籍出版社，2005，第 39 页。

浩繁，不大可能雕版印行，只好在接下来的三年时间里誊写了3部副本，连同正本一共是4部，分藏在文渊阁、文溯阁、文源阁、文津阁，这就是所谓的“北四阁”；后从乾隆四十七年（1782年）七月至乾隆五十二年（1787年），又抄写了3部副本，分别珍藏在江南文宗阁、文汇阁和文澜阁，这就是所谓的“南三阁”。可见，中国古代一些超大规模的丛书的出版，手抄仍是主要方式。而社会上大量佣书手的存在，也是这类图书正常出版的条件。升平署是清宫中专为承应帝主后妃寻欢作乐、教习戏班、组织演出而设立的专门管理机构，乾隆时叫南府，道光七年（1827年）改称升平署。为便于演员的说诵和满足宫廷的阅读需要，升平署抄有大量杂剧。据傅惜华《清代杂剧全目》著录，内府升平署抄有杂剧300种。清末北京蒙古族车王府抄本主要是唱本方面的内容，戏曲方面包括单折戏、皮影戏、昆腔、皮簧等；说唱方面有鼓词、子弟戏、乐曲等，全部共1444种、5131册，现藏北京大学图书馆、首都图书馆等处。这么大规模的图书抄写，肯定招募过不少佣书手。

清代民间佣书人与前代类似，从业者多为年幼而孤、家庭经济困难的读书人。如李宣范，字君式，安徽宣城人，“五岁而孤，家赤贫。乾隆癸丑，君年仅十九，贸贸走都下，佣书为生。”① 张蓉裳，“贫甚，尝佣书自给，既举嘉庆六年（1801年）湖南乡试，诸张或稍稍招致之。”② 查崇华，字九峰，安徽泾县人，“少孤，游福建佣书。久之，福州将军魁伦辟佐幕，甚见信任。”③ 李克柱，字石唐，新化人，“少孤，佣书养母，非力不食。”④ 毕贵生，字成之，仪征县学生员，早年寄食于舅舅家，“君舅既没，益莫能善君者，境益困。求举又屡黜于有司，所亲之訾毁遂迫也。君故多隐忧，昼夜佣书给衣食。尝日作正书二万字，而不得废酬酢，以是君益羸。”⑤ 侯子琴，名廷椿，后更名侯度，“少贫困，佣书于外。夜归，置灯小几上，踞坐读书。儿女鸡犬环绕之，不厌也。”⑥ 清代佣书人的经济收入仍没有什么改观，仅够勉强糊口度日。关于清代佣书的工价，叶德辉《书林清话》略有记载：“古人钞书工价不可考，惟乾嘉间略见一班。黄记明钞本《草莽私乘》一卷下云：‘此书载《汲古阁珍藏秘本书目》，估值二

① 包世臣：《艺舟双楫》第7卷下，《李君墓志铭》，清道光间安吴四种本。
② 邓显鹤：《南村草堂文钞》第14卷，《张蓉裳墓志铭》，岳麓书社，2008，第253页。
③ 赵尔巽：《清史稿》第363卷，《查崇华传》，中华书局，1977，第11403页。
④ 邓显鹤：《沅湘耆旧集》第173卷，《李秀才克柱》，岳麓书社，2007，第241页。
⑤ 包世臣：《艺舟双楫》第4卷，《毕成之墓志》，清道光间安吴四种本。
⑥ 陈沣：《东塾集》第5卷，《二侯传》，清光绪十八年（1892年）菊坡精舍刻本。

钱。是书之值，几六十倍于汲古所估，旁观无不诧余为痴绝者。然余请下一解曰：今钞胥以四五十文论字之百数，每叶有贵至青蚨一二百文者。兹满叶有字四百四十，如钞胥值约略相近矣，贵云乎哉。’因此可见当时佣书之廉，由于食用之俭。”① 清人诗稿中也有不少对佣书人经济状况的描述，如边中宝《寄舍弟》云：“为官七十赋归来，况是佣书老茂才。小阮俸钱堪共饱，不须解馆重徘徊。”② 斌良《云耕二兄新筑园亭杂植松菊命代书楣语感赋》云：“短墨磨人五十年，追唐摹晋笑纷然。白头化作佣书手，可赚清时卖字钱。”③

图 4-2 （清）黄钺《春帖佣书图》

清代私人抄书蔚然成风，一些著名学者或亲自抄书，或佣人抄书。如顾炎武，字宁人，号亭林，昆山人，著名思想家，一生抄书很多，也曾雇人抄书。他在《钞书自序》中说：“游四方十有八年，未尝干人，有贤主人以书相示者则留，或手抄，或募人抄之。子不云乎：‘多见而识之，知之，次也。’今年至都下，从孙思仁先生得《春秋纂例》《春秋权衡》《汉上易传》等书，清苑陈棋公资以薪米纸笔，写之以归。”④ 朱彝尊，字锡鬯，号竹垞，秀水人，官至翰林院检讨，著名学者和藏书家，抄书很多，计有《周易图说》《内外服制通释》《三礼图》《太平治迹统类前集》《崇文总目》《国史考异》《方泉集》《牟氏陵阳集》《圣宋文选》《吴都文粹》《山中白云词》等。有一次，他听说常熟著名藏书家钱曾刚刚撰成《读书

① 叶德辉：《书林清话》第 10 卷，《钞书工价之廉》，中华书局，1957，第 285 页。
② 边中宝：《竹岩诗草》卷下，清乾隆四十年（1775 年）刻本。
③ 斌良：《抱冲斋诗集》第 23 卷，清光绪五年（1879 年）崇福刻本。
④ 顾炎武：《顾亭林诗文集》第 2 卷，《钞书自序》，中华书局，1983，第 29 页。

敏求记》，想一睹为快，但钱氏爱书成癖，绝不将该书示人，在家就把书锁在书箧中，出门则随身携带。朱彝尊心痒难耐，正好有一天晚上，江南布政使龚某于秦淮河上宴请当地名士，钱曾和朱彝尊都在邀请之列。席间，朱彝尊偷偷以黄金翠裘贿赂钱曾的书童，将《读书敏求记》取出，让在秘室待命多时的10余位抄手当夜抄完，顺带还抄了一本《绝妙好词》，再将原书偷偷放回钱曾的书箧中。等到《绝妙好词》刻印之后，眼看隐瞒不住了，朱彝尊才将此事告诉了钱曾，把钱氏气得半死。像朱彝尊这样的做法，显然侵犯了钱曾的著作权。幸好《读书敏求记》还没有刻印，钱曾强烈要求朱彝尊保证不将此书外传，朱彝尊只得答应。只是到了晚年，朱彝尊怕此书将湮没无闻，最后还是付梓刊行了。从朱彝尊一夜招集10余位书手来看，清代佣书业还是很发达的。

清代的戏曲唱本、弹词小说等民间通俗读本的出版发行非常发达。因为销量可观有利可图，一些书坊和佣书人积极参与其事，如百本堂、金锐堂、聚春堂、老聚春堂、别野堂、燕翼堂、萃雅堂等均以传抄戏曲唱本著称。百本堂主人姓张，故人称“百本张”，江南人，书坊设在北京，专门抄写售卖各种戏曲唱本。百本堂历史悠久，从乾隆直到民国初年，经营时间长达100年。百本张所抄《二簧戏目录》首页有广告云：“本堂专抄各班昆弋、二簧、梆子、西皮、子弟岔曲、赶板、翠岔、代牌子、琴腔、小曲、马头调、大鼓书词、莲花落、工尺字、东西两韵子弟书、石派大本书词，真不二价，不误主顾，逢七逢八在护国寺东碑亭、逢九逢十在隆福寺西角门祖师殿。本堂寓北京西直门内大街高井儿胡同东小胡同路北门，世传四代，起首第一，四远驰名。”① 清道光间，福州女作家李桂玉所撰弹词长篇小说《榴花梦》是传世规模最大的一部古典小说抄本，全书360卷、483.8万字，全赖佣书人手抄。

第三节 盗印

佣书是通过抄写的方式复制传播他人作品；盗印则是通过雕版印刷，大量复制和传播他人作品。两者在性质上是一样的，都侵犯了他人的正当出版权益，都是我们今天所说的“盗版”行为。所不同的是，前者是以手抄的方式，后者是以雕版印刷的方式。由于后者的复制效率更高，因而对他人著作权益的侵害也更为广泛和严重。佣书通常只是侵犯了作者的权益，

---

① 曹之：《清代抄书考》，《图书馆》1990年第1期，第36－40页。

而盗印不仅侵犯了作者的权益，还可能侵犯出版商的权益，与我们今天盗版行为的性质更为接近。

一　唐五代的盗印

唐代处于雕版印刷的初级阶段。从现有资料看，雕版印刷技术的推广应用最初是从佛经开始的，其次是历书、字书、韵书、占梦及相宅等民间常用杂书。这些书因为历时久远，或作者不明，一般不涉及与原作者间的著作权关系，但有时可能会侵犯出版者的权益。如唐代历书的印制，因为事关农业生产，朝廷是禁止私印的，一般由司天台颁布印行。但因为印数可观，有利可图，民间仍有很多盗印历书的，如唐文宗太和九年（835 年）冯宿奏云："准敕禁断印历日版。剑南两川及淮南道，皆以版印历日鬻于市。每岁司天台未奏颁下新历，其印历已满天下，有乖敬授之道。"[①] 唐文宗准冯宿之请，于当年十二月"敕诸道府不得私置历日板。"[②] 另据《唐语林》载："僖宗入蜀。太史历本不及江东，而市有印货者，每差互朔晦，货者各征节候，因争执。里人拘而送公，执政曰：'尔非争月之大小尽乎？同行经纪，一日半日，殊是小事。'遂叱去。"[③] 这些盗版的历书因内容不一而引起争执，既耽误农时影响生产，还败坏了太史局（司天台）的声誉，影响了正版历书的销路，故有此禁约。

个人作品（如诗文别集）的盗写或盗印一般会涉及与原作者的著作权关系。在雕版印刷术应用于诗文集的出版之前，这类作品的传播主要依靠抄写。书商经营图书以获利为根本目的，什么作品好卖就抄写什么作品，什么人的作品好卖就署谁的名字。但任何一位畅销作家的作品数量毕竟都是有限的，为了获取更大利益，书商们不仅大量抄写原作，甚至还将模仿名人的伪作也胡乱编辑成书，署上被模仿作家的名衔，在书肆上挂羊头卖狗肉，这种做法在唐代就已出现。唐代大诗人白居易和元稹的作品风行海内，有"元白体"之称，许多诗人争相模仿，欺世盗名者不一而足，这在当时就被元稹发现了。他在《白氏长庆集序》中说："巴蜀江楚间，洎长安中少年，递相仿效，竞作新词，自谓'元和诗'。"又据元稹《酬乐天余思不尽加为六韵之作》称："律吕同声我尔身，文章君是一伶伦。众推贾谊为才子，帝喜相如作侍臣。次韵千言曾报答，直词三道共经纶。元诗驳

---

① 董诰等编《全唐文》第 624 卷，《冯宿禁版印时宪书奏》，上海古籍出版社，1990，第 2790 页。

② 刘昫：《旧唐书》第 17 卷下，《文宗本纪》，中华书局，1975，第 563 页。

③ 王谠撰，周勋初校《唐语林校证》第 7 卷，中华书局，1987，第 671 页。

杂真难辨，白朴流传用转新。”其中在“元诗驳杂真难辨”句下，元稹自注云：“后辈好伪作予诗，传流诸处。自到会稽，已有人写宫词百篇及杂诗两卷，皆云是予所撰，及手勘验，无一篇是者。”① 正是因为坊间有许多这样模仿的伪作，一些书商就把它们编辑成册，署上白居易和元稹的大名，在市场上售卖以牟利。所以元稹在《白氏长庆集序》中又说：“至于缮写模勒衒卖于市井，或持之以交酒茗者，处处皆是（原文小字注：扬越间多作书，模勒乐天及予杂诗，卖于市肆之中也），其甚者有至于盗窃名姓，苟求自售，杂乱间厕，无可奈何。”② 此处“模勒”，据曹之先生考证，并非雕版印刷之意，而是“模写编辑”的意思③。即是说：扬越间有不少书商把模仿白居易、元稹作品而写的诗歌编辑成书，在市场上售卖。无论是改编作者原作，还是编辑伪作，都属于我们今天讲的“盗版书”的范围。对于这些“盗版”书，白居易和元稹气愤之余，也是无可奈何。

雕版印刷发明之后，也为盗版打开了方便之门。但从现有资料来看，从唐代初期至中期，还不见雕版印刷应用于个人诗文集的出版。但在唐代晚期，出现了这种情况。徐夤，字昭梦，莆田人，唐昭宗乾宁初进士，著有《钓矶文集》。其《自咏十韵》有这样的诗句：“拙赋偏闻镌印卖，恶诗亲见画图呈。”④ 这是作者徐夤亲眼见到自己的诗赋（有《斩蛇剑赋》《人生几何赋》等）被人镌印售卖。此处“镌印”，即刻印之意。这条记载透露了一个非常重要的信息：最迟在晚唐时期，雕版印刷技术已经被书商用来刻印文人的诗文作品了，这无疑属我们所称“盗版”的范畴。而且笔者相信，徐夤遇到的现象，绝对不是晚唐的个别现象，只不过在当时的人看来根本算不得一个问题，这从那些书商根本不避作者的态度就可以看出来。但它对于我们研究古代著作权关系，却有着非常重要的意义。因为，这种先进的图书复制技术被应用到了商业出版领域，必将催生新型的古代著作权关系。

二 宋元的盗印

宋王朝的建立，结束了唐安史之乱至五代十国以来纷争的割据局面。相对稳定的政治形势使得农业和手工业生产得以迅速恢复和发展；统治者

---

① 元稹：《酬乐天余思不尽加为六韵之作》，见《全唐诗》第417卷，中州古籍出版社，2008，第2099页。

② 元稹：《元氏长庆集》第51卷，《白氏长庆集序》，清文渊阁四库全书本。

③ 曹之、郭伟玲：《“模勒”释义辨析》，《出版发行研究》2010年第5期，第70-73页。

④ 徐夤：《自咏十韵》，《全唐诗》第711卷，中州古籍出版社，2008，第3671页。

制定的大兴书院、崇尚儒术、提倡理学、佛道并举、改革科举的文化政策，在社会上形成了读书求学的风气；宋代造纸在用料和工艺上都有了很大改进，纸的韧性和制浆工效得到大幅度的提高；宋代雕版印刷技术在经历了唐、五代的发展和改进之后达到了很高的水准，刻版所用材料有梨、枣、梓、黄杨、银杏等优质木材，用墨讲究，版式趋于规范化。这些都为宋代雕版印刷的初步繁荣创造了条件。宋代刻书单位已成官刻、家刻、坊刻三大稳定体系，并在地理分布上形成了汴京、四川、浙江、福建、江西等五大刻书中心。但雕版印刷技术的成熟，同时也为盗印他人作品提供了便利。从已有的文献记载来看，宋人盗印图书主要有以下几种形式。

第一，未经作者同意，直接将其原稿付诸梨枣。北宋前期著名思想家李觏的作品就这样被人盗印过。他在《皇祐续稿序》中说："觏庆历癸未秋，录所著文曰《退居类稿》十二卷。后三年，复出百余首，不知阿谁盗去。刻印既甚差谬，且题外集尤不韪，心常恶之而未能正，于今又六年所得复百余首，暇日取之合二百三十八首，以续所谓《类稿》者。"[①] 有的盗印者甚至私自更易原作书名，增损其内容，如司马光所作《历年图》，"其书杂乱无法，聊以私便于讨论，不敢广布于他人也。不意赵君摹刻于板传之，蜀人梁山令孟君得其一通以相示。始，光率意为此书，苟天下非一统，则漫以一国主，其年固不能辨其正闰，而赵君乃易其名曰《帝统》，非光志也。赵君颇有所增损，仍变其卷帙，又所为多脱误。今此浅陋之书即不可掩，因刊正使复其旧而归之。"[②] 司马光原本并不打算发表这部读史札记，但赵氏偷偷拿来刊印发卖，并不顾作者意愿更换了书名，内容也多有增损脱误。司马光为了给自己正名，被迫另行出版了正本《历年图》。苏轼兄弟的作品也未能幸免，徐度《却扫编》云："东坡既南窜，议者复请悉除其所为之文，诏从之。于是士大夫家所藏既莫敢出，而吏畏祸，所在石刻多见毁。徐州《黄楼赋》东坡所作，而子由为之赋，坡自书，时为守者独不忍毁，但投其石城濠中，而易楼名'观风'。宣和末年，禁稍弛，而一时贵游，以蓄东坡之文相尚，鬻者大见售，故工人稍稍就濠中摹此刻。有苗仲先者适为守，因命出之，日夜摹印。既得数千本，忽语僚属曰：'苏氏之学，法禁尚在，此石奈何独存！'立碎之。人闻石毁，墨本之价益增。仲先秩满，携至京师，尽鬻之，所获不赀。"[③] 《黄楼赋》乃苏辙（字子

① 李觏：《直讲李先生文集》第25卷，《皇祐续稿序》，四部丛刊本。

② 司马光：《司马光全集》第66卷，《记历年图后》，四川大学出版社，2010，第1374页。

③ 徐度：《却扫编》卷下，见《宋元笔记小说大观（四）》，上海古籍出版社，2001，第4511页。

由）所作，但是苏轼亲笔所书，故有人怀疑为东坡代作，不过苏轼在《答张文潜县丞书》中已明言：“（子由）作《黄楼赋》，乃稍自振厉，若欲以警发愦愦者。而或者便谓仆代作，此尤可笑。”① 北宋崇宁年间禁毁苏文，徐州太守不愿毁此刻石，只是把它投于城濠中藏起来。宣和末年禁令稍弛，权贵之家以蓄东坡手迹为荣，售价昂贵。当时的徐州太守苗仲先取出刻石，日夜摹印，得数千本。然后借口“苏氏之学，法禁尚在”，毁掉石刻。人闻石毁，墨本之价激增，苗仲先因此大发横财。南宋时期，著名理学家朱熹是作品被盗印最为严重的学者之一，据文字记载，至少有六部作品被盗印过：一是《四书或问》，据杨琢《心远楼存稿》载：“朱子于《论孟》一书，先既约其精粹，发明本旨者为《集注》，又疏其所以去取之意为《或问》，然恐学者转而趋薄，故《或问》未尝出以示人，时书肆有窃刊行者，亟请诸县官追索其板。”② 二是《论语集注》，黎靖德《朱子语类》称：“《论语集注》盖某十年前本，为朋友间传去，乡人遂不告而刊，及知觉，则已分裂四出，而不可收矣。其间多所未稳，煞误看读。”③ 三是《论孟精义》，据朱熹《答吕伯恭》云：“熹此粗如昨，岁前附一书于城中寻便，不知达否？纸尾所扣婺人番开《精义》事，不知如何？此近传闻稍的，云是义乌人，说者以为移书禁止，亦有故事，鄙意甚不欲为之，又以为此费用稍广，出于众力，今粗流行，而遽有此患，非独熹不便也，试烦早为问故，以一言止之，渠必相听。如其不然，即有一状，烦封致沈丈处，唯速为佳。盖及其费用未多之时止之，则彼此无所伤耳。熹亦欲作沈丈书，又以顷辞免未获，不欲数通都下书，只烦书中为道此意。此举殊觉可笑，然为贫谋食，不免至此，意亦可谅也。”④ 四是《论孟解》，据《晦庵集》称：“《论孟解》乃为建阳众人不相关白而辄刊行，方此追毁，然闻鬻书者已持其本四出矣。”⑤ 五是《伊洛渊源录》，编成于乾道九年（1171 年），但“当时编集未成而为后生传出，致此流布，心甚恨之。”⑥ 六是《周易本义》，该书成于《伊洛渊源录》之后几年，也是“未能成书而为人窃出，再行模印，有误观览”⑦。就连朱熹受托为已逝的理学家张栻整理的《南轩

① 苏轼：《苏东坡全集》第 62 卷，《书》，北京燕山出版社，1997，第 3502 页。
② 杨琢：《心远楼存稿》第 7 卷，《跋晦庵先生手书》，清康熙三十九年（1700 年）刻本。
③ 朱熹著，黎靖德编《朱子语类》第 19 卷，中华书局，1986，第 438 页。
④ 朱熹：《晦庵集》第 33 卷，《答吕伯恭》，四部丛刊本。
⑤ 朱熹：《晦庵集》第 55 卷，《答苏晋叟》，四部丛刊本。
⑥ 朱熹：《晦庵集》第 59 卷，《答吴斗南》，四部丛刊本。
⑦ 朱熹：《晦庵集》第 60 卷，《答刘君房》，四部丛刊本。

集》也未能幸免，“访得诸四方学者所传凡数十篇，又发吾箧，出其往还书疏，读之亦多有可传者，方将为之定著缮写，归之张氏。则或者已用别本摹印，而流传广矣。”① 洪迈刚刚写成《容斋随笔》，婺州书坊就将之私刻售卖于市了。该书的刻本被宫人购入内廷，蒙孝宗御览，并将这件事亲口告诉了洪迈，洪迈这才知道自己的书被人盗印了。可见当时书坊为了在市场上竞利，盗印图书的速度是非常快的。

第二，取已有刻本，翻刻其内容。在翻刻过程中，常随意增删或篡改其内容。这类盗印，多以当时的畅销书为对象。大文学家苏轼的诗文集，就经常被书坊翻刻，市面上一度多达20余种集子。傅增湘《元建安熊氏本百家注苏诗跋》指出，宋时闽中刊本苏集“版式行格皆同，盖人士喜诵苏诗，风行一时，流播四出，闽中坊肆遂争先镌刻，或就原版以摹刻，或改标名以动听，期于广销射利，故同时同地有五六刻之多，而于文字初无所更订也。”② 不过也正是借助翻刻这种方式，苏氏文集甚至传播到了辽国。据王辟之《渑水燕谈录》载：“张云叟奉使大辽，宿幽州馆中，有题子瞻《老人行》于壁者。闻范阳书肆亦刻子瞻诗数十篇，谓《大苏小集》。子瞻才名重当代，外至夷虏亦爱服如此。云叟题其后曰：‘谁题佳句到幽都，逢著胡儿问大苏。’”③ 在当时，社会上甚至有专门以刻卖苏轼、黄庭坚文集而养家的刻工。据王明清《挥麈录》载：“九江有碑工李仲宁，刻字甚工，黄太史题其居曰‘琢玉坊’。崇宁初，诏郡国刊元祐党籍姓名，太守呼仲宁使劖之。仲宁曰：‘小人家旧贫窭，止因开苏内翰黄学士词翰，遂至饱暖。今日以奸人为名，诚不忍下手。’守义之曰：‘贤哉，士大夫之所不及也。’馈以酒而从其请。”④ 但由于刻家众多，难免鱼目混珠，错误百出，如费衮《梁溪漫志》载：“蜀中石刻东坡文字稿，其改窜处甚多，玩味之，可发学者文思。今具注二篇于此，乞校正。《陆贽奏议上进札子》‘学问日新’下云：‘而臣等才有限，而道无穷’，于‘臣’字上涂去‘而’字。‘窃以人臣之献忠’改作‘纳忠’，‘方多传于古人’，改作‘古贤’，又涂去‘贤’字，复注‘人’字。‘智如子房而学则过’，改‘学’字作‘文’。‘但其不幸，所事暗君’，改‘所事暗君’作‘仕不遇时’。

① 朱熹：《晦庵集》第76卷，《张南轩文集序》，四部丛刊本。

② 傅增湘：《藏园群书题记》第13卷，《元建安熊氏本百家注苏诗跋》，上海古籍出版社，1989，第686页。

③ 王辟之：《渑水燕谈录》第7卷，《歌咏》，中华书局，1981，第89页。

④ 王明清：《挥麈录·三录》第2卷，见《宋元笔记小说大观（四）》，上海古籍出版社，2001，第3771页。

‘德宗以苛察为明’，改作‘以苛刻为能’。‘以猜忌为术，而贽劝之以推诚’，‘好用兵，而贽以消兵为先’，‘好聚财，而贽以散财为急’，后于逐句首皆添注‘德宗’二字。‘治民驭将之方’，先写‘驭兵’二字，涂去，注作‘治民’。‘改过以应天变’，改作‘天道’。‘远小人以除民害’，改作‘去小人’。‘以陛下圣明，若得贽在左右，则此八年之久可致三代之隆’，自若字以下十八字并涂去，改云：‘必喜贽议论，但使圣贤之相契，即如臣主之同时。’‘昔汉文闻颇牧之贤’，改‘汉文闻’三字作‘冯唐’。‘论取其奏议，编写进呈’涂去‘编’字，却注‘稍加校正缮’五字。‘臣等无任区区爱君忧国感恩思报之心’，改云‘臣等不胜区区之意’。《获鬼章告裕陵文》自‘孰知耘耔之劳’而下云：‘昔汉武命将出师，而呼韩来廷，效于甘露，宪宗厉精讲武，而河湟恢复，见于大中’，后乃悉涂去不用。‘犷彼西羌’，改作‘憬彼西戎’。‘号称右臂’，改作‘古称’。‘非爱尺寸之疆’，改作‘非贪’。‘自不以贼遗子孙’而下云：‘施于冲人，坐守成算，而董毡之臣阿里骨外服王爵，中藏祸心，与将鬼章首犯南川后’，乃自‘与将’而上二十六字并涂去，改云：‘而西蕃首领鬼章首犯南川’。‘爰敕诸将’，改作‘申命诸将’。‘盖酬未报之恩’，改作‘争酬’。‘生擒鬼章’，改作‘生获’。其下一联初云：‘报谷吉之冤，远同强汉；雪渭水之耻，尚陋有唐’，亦皆涂去，乃用此二事别作一联云：‘颉利成擒，初无渭水之耻；郅支授首，聊报谷吉之冤’。末句‘务在服近而柔远’，改作‘来远’。”① 苏轼还在世时，就见过这类误本，据苏轼的孙子苏符（字仲虎）言，“有以澄心纸求东坡书者，令仲虎取京师印本《东坡集》诵其中诗，即书之，至‘边城岁莫多风雪，强压香醪与君别’，东坡阁笔怒目仲虎云：‘汝便道香醪！’仲虎惊惧，久之，方觉印本误以‘春醪’为‘香醪’也。”② 以上所举这些翻刻的错误，正傅增湘所谓“于文字初无所更订也”。

第三，将已有之书，改易名目，刻作新书以射利。这类盗印实际上兼具作伪性质。北宋庆历二年（1042 年），杭州府上书言：“知仁和县、太子中舍翟昭应将《刑统律疏》正本改为《金科正义》，镂板印卖。”虽然这位知县最后被“诏转运司鞫罪，毁其板”③，但从他身为政府官员竟然盗印国家法律以卖钱的这个事件的性质来看，北宋时期盗版已很猖獗。北宋名臣

---

① 费衮：《梁溪漫志》第 6 卷，《蜀中石刻东坡文字稿》，三秦出版社，2004，第 168 页。

② 邵博：《邵氏闻见后录》第 19 卷，中华书局，1983，第 148 页。

③ 徐松：《宋会要辑稿·刑法二之二六》，中华书局，1957，第 6508 页。

司马光的“平日论著”也曾被人以这种方式盗印过，据他的曾孙司马伋上言：“建安近刊行一书，曰《司马温公纪闻》，其间颇关前朝故事，缘曾祖平日论著，即无上件文字，显是妄借名字，售其私说，伏望降旨禁绝，庶几不惑群听，诏委建州守臣，将不合开板文字尽行毁弃。”[①] 南宋嘉熙间祝穆刻有《方舆胜览》《四六宝苑》及《事文类聚》等书籍，他担心“书市嗜利之徒，辄将上件书板翻开，或改换名目，或以节略《舆地纪胜》等书为名，翻开搀夺，致本宅徒劳心力，枉费钱本，委实切害”，乃“乞给榜下衢、婺州雕书籍处张挂晓示，如有此色，容本宅陈告，乞追人毁版，断治施行。”[②] 可见“改换名目”或节略改编是当时盗版惯用的手法。

第四，将一般图书改署名人姓名，或在名人名作中搀入伪作，以牟取更多经济利益。这类盗版也兼具作伪性质。南宋初年范浚，字茂名，浙江兰溪人，以秦桧当政，闭门研学，人称兰溪先生。他于理学有精深造诣，为朱熹所仰慕。正是由于他声名在外，福建建阳书坊曾冒充其名氏，雕印了一部《和元祐赋》。该书流传后，幸亏被范浚发现，他在《答姚令声书》中说“妄人假仆姓名《和元祐赋》，锓板散鬻”，于是“白官司，移文建阳，破板矣。”[③] 可见范浚还是很珍爱自己的名誉，对借自己的名字出盗版书的行为是非常憎恨的。廖行之，字天民，号省斋，著有《省斋集》。但因周必大也号省斋，而社会影响比廖氏大，于是有的书商将廖著《省斋集》改署上周必大的名字，刊行于世。今本《省斋集》有潜敷跋，谓嘉定己巳（1209 年）春，向省斋之子（廖谦）“求其遗编读之，至骈四俪六，遽惊叹以尝载之《周益公表启中》。质诸小倅，且称其先君子昔侍亲官沅陵，随兄仕湞阳，以笺翰供子弟职。既登第，尉巴陵，形之尺牍，履历可见。逮寺簿刘公守衡阳，诿以图志，手泽具存。方其时益公已登政府，岂容远涉熊湘，俯从朱墨事也？此焉可诬！窃惟益公亦尝名斋以‘省’，岂书市之不审耶？抑故托之以售其书耶？又岂料刊之家塾，而不可紊如是乎！”[④] “书市不审”的可能性很小，多半是“故托之以售其书”，即改换署名以牟利。岂料有廖氏家刻正本在，两相对照，盗印本即显形矣。吕祖谦，字伯恭，人称“东莱先生”，生前为朱熹好友。他的著作在当时也是热门“畅销书”之一，因而被接二连三地盗印。据朱熹《答沈叔晦》云：“麻沙所刻吕兄文字，真伪相半。书坊嗜利，非闲人所能禁，在位者恬然

① 李心传：《建炎以来系年要录》第 154 卷，上海古籍出版社，1992，第 143 页。

② 叶德辉：《书林清话》第 2 卷，《翻板有例禁始于宋》，中华书局，1957，第 36 页。

③ 范浚：《香溪集》第 18 卷，《答姚令声书》，中华书局，1985，第 176 页。

④ 廖行之：《省斋集·原跋十七首》，清文渊阁四库全书本。

不可告语，但能为之太息而已。”① 对于大多数文人来说，他们虽然憎恶盗印行为，但终究还是无可奈何的居多，像范浚、朱熹、祝穆那样告官“追人毁板”的毕竟还是少数。有的书坊竟盗印到官方刻书机构国子监的头上，并伪作祭酒批注，如南宋庆元四年（1198 年），“福建麻沙书坊见刊雕《太学总新文体》，内丁巳太学春季私试都魁郭明卿《问定国是》《问京西屯田》《问圣孝风化》……多是撰造怪辟虚浮之语，又妄作祭酒以下批凿，似主张伪学，欺惑天下，深为不便。乞行下福建运司，追取印版，发赴国子监交纳。及已印未卖，并当官焚之。仍将雕行印卖人送狱根勘因依供申，取旨施行。”②

除了名人名作外，宋代书肆为了满足科场考试的需要，还盗印了不少专供晚进小生、场屋士子投机取巧的“程文短晷”。据《宋会要辑稿》记载，徽宗大观二年（1108 年）七月二十五日新差权发遣提举淮南西路学事苏棫札子称：“今之学者，程文短晷之下，未容无忤。而鬻书之人，急于锥刀之利，高立标目，镂板夸新，传之四方。往往晚进小生以为时之所尚，争售编诵，以备文场剽窃之用。”③ 这些盗印的科场程文短晷，因求速印速售，内容来不及仔细校读，往往错讹百出，以至闹出笑话。如陆游《老学庵笔记》载：“三舍法行时，有教官出《易》义题云：‘乾为金，坤又为金，何也?’诸生乃怀监本至帘前请云：‘题有疑，请问。’教官作色曰：‘经义岂当上请?’诸生曰：‘若公试，固不敢。今乃私试，恐无害。’教官乃为讲解大概。诸生徐出监本，复请曰：‘先生恐是看了麻沙本，若监本，则‘坤为釜’也。’教授皇恐，乃谢曰：‘某当罚。’即输罚，改题而止。”④

宋代是印本盛行的时代，但写本传卖的情况仍然存在，如王辟之《渑水燕谈录》载：“景祐中，范文正公知开封府，忠亮谠言，言无回避，左右不便，因言公离间大臣，自结朋党。仍落天章阁待制，黜知饶州。余靖安道上疏论救，以朋党坐贬。尹洙师鲁言：‘靖与仲淹交浅，臣与仲淹义兼师友，当从坐。’贬郢州税。欧阳永叔贻书责司谏高若讷不能辩其非辜。若讷大怒，缴其书，降授夷陵县令。永叔复与师鲁书云：‘五六十年来，此辈沉默畏慎，布在世间，忽见吾辈作此事，下至灶间老婢亦为惊怪。’时

---

① 朱熹：《晦庵集》第 53 卷，《答沈叔晦》，四部丛刊本。
② 徐松：《宋会要辑稿·刑法二之一二九》，中华书局，1957，第 6560 页。
③ 徐松：《宋会要辑稿·刑法二之四八》，中华书局，1957，第 6519 页。
④ 陆游：《老学庵笔记》第 7 卷，见《宋元笔记小说大观（四）》，上海古籍出版社，2001，第 3518 页。

蔡君谟为《四贤一不肖诗》，布在都下，人争传写，鬻书者市之，颇获厚利。”[①] 至于书画作品的摹写，其实也属盗版性质，这在宋代也比较常见。北宋著名书法家米芾，字元章，天资高迈，世号“米颠”，其书画自成一家，又长于临摹古人书法，达到乱真的地步。他为了得到别人收藏的古帖真迹，常亲手临搨，以伪易真，屡屡得手。据周辉《清波杂志》载：“老米酷嗜书画，尝从人借古画自临搨，搨竟，并与真赝本归之，俾其自择而莫辨也。巧偷豪夺，故所得为多。东坡《二王帖跋》云：‘锦囊玉轴来无趾，粲然夺真疑圣智。’因借以讥之。旧传老米在仪真，于中贵人舟中见王右军帖，求以他画易之，未允。老米因大呼，据舷欲赴水，其人大惊，亟畀之。好奇喜异，虽性命有所不计，人皆传以为笑。”[②] 叶梦得《避暑录话》里也有两则描摹别人画作的记载：一是卢鸿《草堂图》，“旧藏中贵人刘有方家。余往有庆历中摹本，亦名手精妙。”[③] 二是李思训《明皇幸蜀图》，“藏宗室汝南郡王仲忽家，余尝见其摹本，方广不满二尺，而山川云物、车辇人畜、草木禽鸟，无一不具。”[④] 以上这些行为也都属于宋人盗版的范畴。

元代刻书，尤其坊肆刻书风气之盛，较之南宋有过之而无不及。清人叶德辉说：“元时书坊所刻之书，较之宋刻尤多。盖世愈近则传本多，利愈厚则业者众，理固然也。”[⑤] 也正因为从业者众多，盗印也是元代书商不正当竞争的重要手段之一。建安有一家著名的书坊，即叶日增的“广勤堂”。它继建安余氏而兴起，自元至明，刻书最多。但该书坊刻书有一个特点，喜欢将别家得来的书版改易姓名堂记，换成自家的牌记。这是不折不扣的盗版行径。如建安余氏勤有堂刻有《千家注分类杜工部诗集》一书，目录后有“皇庆壬子余志安刊于勤有堂”的木记。该书版片后辗转到了叶日增手里，叶氏即将余氏木记挖去，改刻成“广勤堂新刊”。这些书版后传至叶日增的儿子叶景逵手上，他又如法炮制，把“广勤堂”的鼎式木记换成“三峰书舍”的钟式木记。不过因果循环，盗版来的书也有被再

---

① 王辟之：《渑水燕谈录》第 2 卷，《名臣》，中华书局，1981，第 15 页。

② 周辉撰，刘永翔校《清波杂志校注》第 5 卷，《王右军帖》，中华书局，1994，第 227 页。

③ 叶梦得：《避暑录话》第 1 卷，见《宋元笔记小说大观（三）》，上海古籍出版社，2001，第 2584 页。

④ 叶梦得：《避暑录话》第 3 卷，见《宋元笔记小说大观（三）》，上海古籍出版社，2001，第 2652 页。

⑤ 叶德辉：《书林清话》第 4 卷，《元时书坊刻书之盛》，中华书局，1957，第 103 页。

盗版的时候。明正统年间，该书版片流落到金台汪谅手中，汪氏再将“三峰书舍”的木记改易为“汪谅重刊”。如此这般，短短几十年的时间里，这套书版两换主家，三易牌记。除了改换牌记外，伪刻序跋或进书表也是书贾作假的重要手法。叶日增广勤堂刻本《针灸资生经》，卷首冠以宋徽宗崇宁中陈承、裴宗元、陈师文等校奏医书表，但其内容与序与书皆不相应。据考证，陈承等人正是《太平惠民和剂局方》的校正者。叶氏欲以官书取重，故将《太平惠民和剂局方》的进书表移入《针灸资生经》卷首，以欺世盗名。元人盗印的书中，也有将原书翻刻而另取书名的，如元末有麻沙刻本《议史摘要》，全书各处题名不一，或曰《议史摘要》，或曰《新刊祖谦吕先生议史摘要》，或曰《议史摘粹》。实际上，该书只不过将南宋吕祖谦的《左氏博议》改头换面，附以注释而已。

三　明清的盗印

明代刻书很多，但总体质量却最次，常为后人诟病。除了受明代学风虚浮影响外，盗印盛行也是一个很重要的原因。明人盗印图书的手法跟前代类似，但性质更为恶劣。有的直接改挖版片，将他人功劳据为己有。如明万历刻本《牡丹亭还魂记》，版片为朱元镇所得。朱氏删去原刊者石林居士序，增刻“歙县玉亭朱元镇校”字样。转瞬之间，该书便成了朱氏校刻本。明仇英《绘图列女传》的汪道昆刻本，其板片几经转手，至清乾隆年间为鲍廷博所得，重新印出，世人几误为知不足斋本。有的径改原书书名，如明人张九韶撰有《群书拾唾》，坊间又有《群书备数》，“核检其文，与《群书拾唾》一字不异。盖书肆重刊，改新名以炫俗也。”① 有的将原书增编重刻，如元人苏天爵著有《国朝文类》（一作《元文类》），明人叶盛曾见至正初浙省元刻大字本，有陈旅序，后又见明坊刻本，“自增《考亭书院记》《建阳县江源复一堂记》，并《高昌偰氏家传》云。”② 有的盗人声名，假托前贤。元末明初杨维祯，字廉夫，号铁崖，“名重东南，从游者极其尊信”，明人陆容在《菽园杂记》中说：“观其《正统辩》《史钺》等作，皆善已。若《香奁》《续奁》二集，则皆淫亵之词。予始疑其少年之作，或出于门人子弟滥为笔录耳。后得印本，见其自序，至以陶元亮《赋闲情》自附，乃知其素所留意也。按：《闲情赋》有云‘尤蔓草之为会，诵《召南》之余歌。’盖‘发乎情，止乎礼义’者也。铁崖之作，去此远

① 纪昀等：《钦定四库全书总目》第137卷，《群书备数》，中华书局，1997，第1808页。
② 叶盛：《水东日记》第25卷，《苏天爵元文类》，中华书局，1980，第247页。

矣。不以为愧而以之自附，何其悍哉！《香奁》《续奁》，惟昆山有刻本，后又有杨东里跋语。玩其辞气，断非东里之作，盖好事者盗其名耳。”① 昆山盗印本，用的是伪作序跋的手法。明代著名文学家袁宏道（字中郎）的大名也经常被人假托。据明人钱希言《戏瑕》揭露：“顷又有赝袁中郎书以趋时好。如《狂言》，杭人金生撰，而一时贵耳贱目之徒，无复辨其是非，相率倾重赀以购，秘诸帐中，等为楚璧，良可嗤哉！”② 可见，作假盗版者确实大赚了一笔，而袁中郎的名誉则不免受损。有的剽窃他书，颠倒次序，如明商维浚《稗海》刻本《搜采异闻集》，“旧本题宋永亨撰。诸家书目皆不载，惟明商维浚《稗海》中刻之。今考其文，皆剽取洪迈《容斋随笔》，而颠倒其次序。其中‘濮安王子宗绰藏书目录’一条，尚未及改去‘忠宣公’字。又‘兄公’一条，亦未及改去‘余奉使金国’字。”③ 有的删节改编原书，以图速售和节约成本。明代著名学者杨慎对此类现象进行过抨击：“余于滇南见故家收《唐诗纪事》抄本甚多，近见杭州刻本，则十分去其九矣。刻《陶渊明集》，遗《季札赞》。《草堂诗余》旧本，书坊射利，欲速售，减去九十余首，兼多讹字，余抄为《拾遗辩误》一卷。先太师收唐百家诗，皆全集，近苏州刻则每本减去十之一，如《张籍集》本十二卷，今只三四卷，又傍取他人之作入之；王维诗取王涯绝句一卷入之，诧于人曰‘此维之全集’，以图速售，今王涯绝句一卷，在《三舍人集》之中，将谁欺乎？此其大关系者。若一句一字之误尤多。”④ 建阳书坊在这方面的名声不大好，明人郎瑛就指出：“我朝太平日久，旧书多出，此大幸也，亦惜为福建书坊所坏。盖闽（估）专以货利为计，但遇各省所刻好书，闻价高即便翻刊，卷数、目录相同，而于篇中多所减去，使人不知，故一部只货半部之价，人争购之。近如徽州刻《山海经》，亦效闽之书坊，只为省工本耳。”⑤ 而对于部帙较小的唐人诗集，明代书商又将一些伪诗编入其中，打着“足本”或“宋刻”的幌子兜售。今存数种明人伪造唐集都属此类，如明代书贾黄凤池曾将唐人五绝、七绝与画相配，编刻了《唐诗五言画谱》《唐诗七言画谱》，发现销路很好，遂又编了一部《唐诗六言画谱》。但唐人六言绝句传世者绝少，黄氏不得已伪作了许多唐人六

① 陆容：《菽园杂记》第9卷，中华书局，1985，第113页。

② 钱希言：《戏瑕》第3卷，《赝籍》，中华书局，1985，第52页。

③ 纪昀等：《钦定四库全书总目》第126卷，《杂家类存目》，中华书局，1997，第1682页。

④ 杨慎：《升庵集》第60卷，《书贵旧本》，清文渊阁四库全书本。

⑤ 郎瑛：《七修类稿》第45卷，《书册》，上海书店出版社，2001，第478页。

言绝句，如该书所载韦元旦诗二首，其中《雪梅》诗袭用了马致远《天净沙·秋思》“枯藤老树昏鸦，小桥流水人家”的成句；另一首《烟雨》“烟雨湖光潋漾，空蒙山色生奇”，显然是抄袭了苏轼《饮湖上初晴后雨》“水光潋滟晴方好，山色空蒙雨亦奇”之句。该书所收李白六言绝句八首，均未见于李白集，其中春、夏、秋、冬四景诗的《秋景》诗有“推敲韵落寒砧”之句，竟用上了晚唐贾岛“推敲”的典故。明代书贾逐利之不择手段，由此可见一斑。还有就是改头换面地翻刻，在明代亦达到了登峰造极的地步。正如清人叶德辉所说：“明人刻书有一种恶习，往往刻一书而改头换面，节删易名。如唐刘肃《大唐新语》，冯梦祯刻本改为《唐世说新语》；先少保公《岩下放言》，商维濬刻《稗海》本改为郑景望《蒙斋笔谈》。朗奎金刻《释名》，改作《逸雅》，以合《五雅》之目。全属臆造，不知其意何居。又如陶九成《说郛》，胡文焕《格致丛书》，陈继儒《秘笈新书》，尤为陋劣。然《说郛》为后人一再改编，信非南村之病。胡文焕一坊估，无知妄作，亦不必论其是非。独《秘笈》全出于欺世盗名，其智计与书帕房卷何异！否则岂有自命文人，而为此诬乱古人疑误后学之事者？此明季山人人品之卑下，即此刻书而可见矣。”[①] 又称明人翻刻为“割裂首尾，改换头面，直得谓之焚书，不得谓之刻书矣。”[②] 如此翻刻牟利，既败坏了著者的名声，贻误后学，也侵害了出版商的经济利益。

不过，明代的盗印技术却是很高超的，几乎可以达到以假乱真的地步。王士禛《池北偶谈》记载了一则摹刻宋本的故事：“明尚宝少卿王延喆，文恪少子也。其母张氏，寿宁侯鹤龄之妹，昭圣皇后同产。延喆少以椒房入宫中，性豪侈。一日，有持宋椠《史记》求鬻者，索价三百金。延喆绐其人曰：‘姑留此，一月后可来取直。’乃鸠集善工，就宋版本摹刻，甫一月而毕工。其人如期至，索直，故绐之曰：‘以原书还汝。’其人不辨真赝，持去。既而复来，曰：‘此亦宋椠，而纸差，不如吾书，岂误耶？’延喆大笑，告以故，因取新雕本数十部，散置堂上，示之曰：‘君意在获三百金耳，今如数予君，且为君书幻千万亿化身矣。’其人大喜过望。今所传有震泽王氏摹刻印，即此本也。”[③] 有的则在用纸和装帧上下足功夫，如高濂在《遵生八笺》中详述了明人作假宋版书的种种手法：“近日作假宋板

---

① 叶德辉：《书林清话》第 7 卷，《明人刻书改换名目之谬》，中华书局，1957，第 182 页。

② 叶德辉：《书林清话》第 5 卷，《明人刻书之精品》，中华书局，1957，第 127 页。

③ 王士禛：《池北偶谈》第 22 卷，《谈异三》，中华书局，1982，第 536 页。

书者，神妙莫测。将新刻模宋板书，特抄微黄厚实竹纸，或用川中茧纸，或用糊褙方帘绵纸，或用孩儿白鹿纸，筒卷用槌细细敲过，名之曰刮，以墨浸去臭味印成。或将新刻板中残缺一二要处，或湿霉三五张，破碎重补。或改刻开卷一二序文年号，或贴过今人注刻名氏留空，另刻小印，将宋人姓氏扣填。两头角处或妆茅损，用砂石磨去一角，或作一二缺痕。以燎（一作灯）火燎去纸毛，仍用草烟熏黄，俨状古人伤残旧迹。或置蛀米柜中，令虫蚀作透漏蛀孔，或以铁线烧红，锤书本子，委曲成眼。一二转折，种种与新不同。用纸装衬，绫锦套壳，入手重实，光腻可观，初非今书彷佛，以惑售者。”①

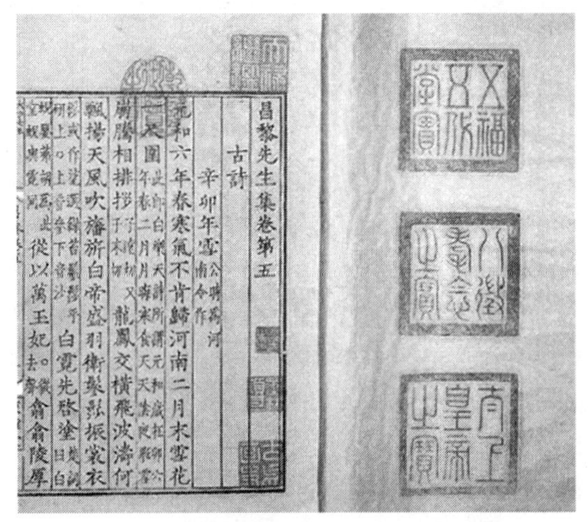

图 4－3　明万历东雅堂翻刻南宋世彩堂本《昌黎先生集》

明代书画作品的临摹盗印也很盛行。以《淳化帖》为例，明人谢肇淛《五杂俎》说：“《淳化》一出，天下翕然从风，其后临摹重儓，不知几十百种，盖墨刻之盛行，从此始也。然摹仿既久，渐致乱真，辨论纷纷，遂成聚讼，盖不独《兰亭》《黄庭》为然矣。”② 沈德符《万历野获编》记载了一个临摹唐阎立本《醉道士图》的故事：“时娄江曹孝廉家一仆范姓，居苏城，亦好骨董，曾购一阎立本《醉道士图》，真绝笔也。王（伯谷）以廉值胁得之，索价千金，损之亦须数百，好事者日往商评。不知范素狡黠，已先令吴人张元举临摹一本，形模仿佛，几如校桓元子之于刘越石，酬之十金，王所收者是也。真本别得善价售矣。元举眇一目，偶为王所侮，

① 高濂：《遵生八笺》第 14 卷，《论藏书》，清文渊阁四库全书本。

② 谢肇淛：《五杂俎》第 7 卷，上海书店出版社，2001，第 132 页。

因宣言于外，谓若双目盲于鉴古而诮我偏目耶？此语传播，合城引为笑端，王遂匿不敢出。"[①] 瞎了一只眼睛的作伪画者，反过来讥讽受骗者"双目盲于鉴古"，而受骗者竟怕被人笑话，躲在家里不敢出门。这种是非颠倒的怪现象反映出明代盗版风气之盛。明代奸相严嵩父子喜欢字画，一些阿谀之徒就代为搜罗以献之，但有时弄不好反而会惹祸上身，因为这些献给严氏的书画中有不少是临摹的赝品，如明顾起元《客座赘语》言："张择端《清明上河图》，旧云在南京一质库，后入魏公家，或云在王守溪相公公子处。嘉靖中，一贵人以重价购送严世蕃者，乃时人昆山王彪从王公子处私临本也。世蕃甚喜。装潢人汤姓号百川者索赂不得，指言其伪。世蕃大怒，卒以陷贵人。顾东桥以尚书考满入京，分宜请其宴。堂上挂吴小仙《月明千里故人来图》，公入堂，甫揖罢，昂首看之，大声曰：'此摹本也。真迹在吾乡倪青溪家。此画甚佳，当求其真者。'严为色变。"[②] 可见，盗版在明代是无处不在，防不胜防。

清代乾嘉间，以卢文弨、钱大昕、黄丕烈等为代表的版本学家和图书收藏家在学界掀起一股崇尚宋元旧本的风气，一度有"佞宋"的倾向。这股风气也对清代的盗印产生了影响，如清人郭麟云："近时贵宋板书，于是作伪滋多。有以明人及近时初印本仿宋刻之精好者，以物染纸作旧色。其无缺笔者，或另刻一二页，或伪刊年号以实之。"[③] 叶德辉也说："自宋本日希，收藏家争相宝贵，于是坊估射利，往往作伪欺人，变幻莫测。总之不出以明翻宋板剜补改换之一途，或抽去重刊书序，或改补校刊姓名，或伪造收藏家图记钤满卷中，或移缀真本跋尾题签，掩其赝迹。"[④] 这只是在版刻形式上动脑筋，有的则在内容上动心思，如清刻《汉魏丛书》《守山阁丛书》等都是在原《秘册汇函》《墨海金壶》等书的明刻版的基础上重编增刻而成的。还有的干脆打起了书名的主意，如刘廷玑《在园杂志》所记："近来词客稗官家，每见前人有书盛行于世，即袭其名，著为后书之副，取其易行，竟成习套。有后以续前者，有后以证前者，甚有后与前绝不相类者，亦有狗尾续貂者。'四大奇书'，如《三国演义》名《三国志》，窃取陈寿史书之名。《东西晋演义》亦名《续三国志》，更有《后三国志》，与前绝不相侔；如《西游记》乃有《后西游记》《续西游记》。《后西游记》虽不能媲美于前，然嬉笑怒骂皆成文章，若《续西游记》则

---

① 沈德符：《万历野获编》第26卷，《假骨董》，中华书局，1959，第655页。

② 顾起元：《客座赘语》第8卷，《赏鉴》，南京出版社，2009，第216页。

③ 郭麟：《灵芬馆诗话·续诗话》第6卷，新文丰出版公司，1987，第491页。

④ 叶德辉：《书林清话》第10卷，《坊估宋元刻之作伪》，中华书局，1957，第264页。

诚狗尾矣。更有《东游记》《南游记》《北游记》，真堪喷饭耳；如《前水浒》一书，《后水浒》则二书：一为李俊立国海岛，花荣、徐宁之子共佐成业，应高宗‘欲上金鳌背上行’之谶，犹不失忠君爱国之旨；一为宋江转世杨么，卢俊义转世王魔，一片邪污之谈，文词乖谬，尚狗尾之不若也；《金瓶梅》亦有续书，每回首载《太上感应篇》，道学不成道学，稗官不成稗官，且多背谬妄语，颠倒失伦，大伤风化。况有前本奇书压卷，而妄思续之，亦不自揣之甚矣。外而《禅真逸史》一书，《禅真后史》二书：一为三教觉世，一为薛举托生瞿家，皆大部文字，各有各趣，但终不脱稗官口吻耳。再有《前七国》《后七国》。而传奇各种，《西厢》有《后西厢》，《寻亲》有《后寻亲》，《浣纱》有《后浣纱》，《白兔》有《后白兔》，《千金》有《翻千金》，《精忠》有《翻精忠》，亦名《如是观》，凡此不胜枚举，姑以人所习习见闻者，笔而志之。总之，作书命意，创始者倍极精神，后此纵佳，自有崖岸。不独不能加于其上，而求媲美并观，亦不可得，何况续以狗尾，自出下下耶？演义、小说之别名，非出正道，自当凛遵谕旨，永行禁绝。”①

清代一些名人名家的作品经常被盗印。李渔，字谪凡，明末清初著名戏曲家，其南京寓所即著名的“芥子园”，也是他开设书铺编刻图籍的地方。李渔的不少戏剧小说就是在这里出版的，但由于畅销也遭到了书商的疯狂盗版，甚至他设计的一种水印笺纸也未能幸免。明末清初，文人们流行用木刻水印笺纸写信，显得非常古朴优雅。这种信纸虽是文人的日用之物，却也是一件艺术品，其图案、花色、做工大有讲究。李渔亲手设计的“芥子园笺”既留自用，也刻印出售，大受读书人的欢迎，于是坊间出现了许多仿制品。这令李渔大为恼火，于是在《闲情偶寄》后写下了这样一段跋语：“是集中所载诸新式，听人效而行之；惟笺帖之体裁，则令奚奴自制自售，以代笔耕，不许他人翻梓。已经传札布告，诫之于初矣。倘仍有垄断之豪，或照式刊行，或增减一二，或稍变其形，即以他人之功冒为己有，食其利而抹煞其名者，此即中山狼之流亚也。当随所在之官司而控告焉，伏望主持公道。”写到这里，李渔大概是想起了自己辛苦创作的戏剧小说被大量冒名翻刻的恨事，又咬牙切齿地加了一段：“翻刻湖上笠翁之书者，六合以内，不知凡几。我耕彼食，情何以堪？誓当决一死战，布告当事，即以是集为先声。总之，天地生人，各赋以心，即宜各生其智，

① 刘廷玑：《在园杂志》第3卷，《续书》，中华书局，2005，第124页。

我未尝塞彼心胸，使之勿生智巧，彼焉能夺吾生计，使不得自食其力哉！”① “湖上笠翁”是李渔的号，这段文字表现了李渔对其盗版者深恶痛绝的态度。但不论是咒骂盗版者为中山狼也好，表示决一死战的决心也罢，没有严格的著作权法保障，一切都无济于事。孔尚任，字聘之，号东塘，别号岸堂，清初著名诗人和戏曲家，其名作《桃花扇》在他在世时就被大量传写和翻刻，据清金埴《巾箱说》载：“阙里孔稼部东塘尚任手编《桃花扇》传奇，乃故明弘光朝君臣将相之实事。其中以东京才子侯朝宗方域、南京名妓李香君为一部针线，而南朝兴亡遂系之桃花扇底。时长安王公荐绅，莫不借钞，有纸贵之誉。康熙己卯秋夕，内侍索《桃花扇》本甚急，东塘缮稿不知流传何所，乃于张平州中丞家觅得一本，午夜进之直邸，遂入内府。总宪李公柟买优扮演，班名‘金斗’，乃合肥相君家名部。一时翰部台垣群公咸集，让东塘独居上座，诸伶更番进觞，座客啧啧指顾，大有凌云之气。今四方之购是书者，其家染刷无虚日。”② 小说家蒲松龄，他的《聊斋志异》青柯亭刊本一出，就风行天下，翻刻本也竞相问世。扬州八怪之一的郑板桥的《板桥集》初版时，各地书商群起仿冒翻版，伪作丛生。有鉴于此，郑氏再版时，在《后刻诗序》中特意添上了这样一段文字：“板桥诗刻，止于此矣。死后如有托名翻板，将平日无聊应酬之作，改窜烂入，吾必为厉鬼以击其脑！”③ 与李渔、郑板桥对盗版的痛恨相比，袁枚对盗版的行径则要宽容大度得多。袁枚，字子才，号简斋，晚年自号仓山居士、随园主人、随园老人，钱塘人，清乾嘉时期代表性诗人之一。后人评价其诗“不拘格律破空行，绝世奇才语必惊”，其文议论、铭录、志传、碑记、书序、尺牍、随笔，皆多佳作。据《随园诗话》自述：“余刻《诗话》《尺牍》三种，被人翻板，以一时风行，卖者得价故也。近闻又有翻刻《随园全集》者。”④ 他在《小仓山房诗集》卷三三有诗《余所梓尺牍、诗话被三省翻板近闻仓山全集亦有翻者戏作一首》云：“自梓诗文信未真，麻沙翻板各家新。左思悔作《三都赋》，枉是便宜卖纸人。”⑤ 不仅其作品被盗印，其大名也屡屡被假冒。对于假冒的作品，“不佳者”，袁枚一笑了之；若冒名者“诗序俱佳”，袁枚竟买归欣赏。这反映了袁枚对盗

---

① 李渔：《闲情偶寄》第4卷，《器玩部》，时代文艺出版社，2001，第386页。

② 金埴：《巾箱说》，中华书局，1982，第134页。

③ 郑燮著，卞孝萱编《郑板桥全集》，齐鲁书社，1985，第30页。

④ 袁枚：《随园诗话·补遗》第3卷，人民文学出版社，1982，第630页。

⑤ 袁枚著，王英志主编《袁枚全集·小仓山房诗集》，江苏古籍出版社，1993，第811页。

版者和冒名者的大度。清道光年间，李汝珍积30余年之心血写成的古典名著《镜花缘》也惨遭盗版。近人许绍蘧在其1933年发表的《读〈镜花缘〉传说辨证的反响》一文中，曾引用家藏的李兆翱（李汝珍之侄）写给许桂林的小简二则。其一云："《镜花缘》一书，甫刻成，而江宁桃红镇已有人翻版，以致耽住吴门半月，书不能销，拟赴县察办。"① 盗版抢先，正版滞销，李汝珍经济利益损失惨重，遂愤而告官。

正是由于盗版的盛行，那些善于鉴定版本的专家也大受书贾和藏书家的欢迎，因为他们一言九鼎，一句话就能决定一本书的价值。清人王士禛就是这样一位专家级的人物，据其《古夫于亭杂录》载："昔在京师，士人有数谒予而不获一见者，以告昆山徐尚书健菴乾学，徐笑谓之曰：'此易耳，但值每月三五，于慈仁寺市书摊候之，必相见矣。'如其言，果然。庙市赁僧廊地鬻故书小肆，皆曰摊也。又书贾欲昂其直，必曰此书经新城王先生鉴赏者；鬻铜玉、窑器，则曰此经商丘宋先生鉴赏者，谓今冢宰牧仲荦也。士大夫言之，辄为绝倒。"②

---

① 徐子方：《李汝珍年谱》，《文献》2000年第1期，第162－171页。

② 王士禛：《古夫于亭杂录》第3卷，中华书局，1988，第68页。

第五章　中国古代图书著作权关系的形成（下）：利用环节

图书作品在进入流通领域后肯定要被人利用，这样才能发挥它的社会价值。而人们利用图书主要有两种途径：一是直接将其内容转化为读者的个人经验或知识，然后通过读者的社会实践活动使之表现出来；二是对原作内容进行组织加工，使之应用于图书文献的再创作和再生产，如对原作内容的编述（如采摭、引用、改编、删裁、注释、翻译等）与抄纂。前者属图书的基本功能，通常不涉及读者与原作之间的著作权关系；而后者由于在组织加工过程中破坏和割裂了原作的内容结构，混淆了部分原作内容的作品归属关系，因而一般涉及著作权关系。如果说，第三章所述的“代笔”与“作伪”主要涉及图书作者的署名权，那么本章所述内容则主要涉及作品内容的完整权和改编权，它们同属著作权中的精神权利。对图书的采摭、引用、改编、删裁、注释、翻译、抄纂等文献现象自古就有之，它们也是促使中国古代图书著作权关系形成的重要因素。

第一节　编述

编述，按照张舜徽先生的说法，是“将过去已有的书籍，重新用新的体例，加以改造、组织的工夫，编为适应于客观需要的本子”①。编述的特点是将原文融会贯通到新著之中，原文不会整体性地出现在新作之中（个别局部的引用是有的）。因为它是在已有的文献基础上进行的，在编述作品与原著的内容之间形成了错综复杂的关系，因而涉及著作权问题。

一　采摭与引用

西汉时，刘歆编《七略》立“杂家”类，后世多以为该类目收书不当，理由是杂家不杂，里面收录的书大多有自己的思想观点和政治倾向。殊不知，《七略》立“杂家”一类，不仅因为这类书思想驳杂，而且因为这类书都是采摭群书而成，内容来源驳杂，如《吕氏春秋》《淮南子》等

① 张舜徽：《中国文献学》，上海古籍出版社，2005，第27页。

都是这类性质的书。

所谓“采摭群书”，就是抄录和编排他书资料，与类书的性质相似，按现在的标准来看，都是涉嫌侵犯著作权的行为。如《吕氏春秋》的《十二纪》取自《月令》，《至味篇》取自《伊尹书》，《当染》篇几乎原封不动地抄录《墨子》卷一《所染》，《上农》《任地》《辩土》《审时》四篇述后稷之言，与《亢苍子》所载略同。《吕氏春秋》还大量引用老庄之言，许多史实来源于《庄子》，如《贵公》《贵生》《当务》《诚廉》《慎人》《必已》《观世》《离俗》《审为》等篇引用了《庄子》的许多故事。《圜道》论“天道圜，地道方，圣王法之，所以立上下。何以说天道之圜也？精气一上一下，圜周复杂，无所稽留，故曰天道圜。何以说地道之方也？万物殊类殊形，皆有分职，不能相为，故曰地道方”，直接取自《庄子·天运》的“天道运而无所积，故万物成”。《庄子·在宥》说“主者天道也，臣者人道也”，《吕氏春秋·圜道》就说：“主执圜，臣处方，方圜不易，其国乃昌。”《吕氏春秋·贵当》所称“性者万物之本也，不可长、不可短，因其固然而然之，此天地之数也”，就是《庄子·骈姆》“彼正正者，不失其性命之情”“长者不为有余，短者不为不足”“故性长非所断，性短非可续”思想的翻版。《吕氏春秋·执一》“因性任物而莫不宜当”“为国之本在于为身”与《庄子·在宥》“无为也而后安其性命之情。故贵以身于为天下，则可以托天下”，《吕氏春秋·任数》“因者君术也，为者臣道也”与《庄子·天运》“上必无为而用天下，下必有为为天下用，此不易之道也”何其相似！《吕氏春秋》有的话更是直接取自《老子》，如《乐成篇》“大智不行，大器晚成，大音希声”，取自《老子》第四十一章“大方无隅，大器晚成，大音希声，大象无形”；《制乐》篇“故祸兮福之所倚，福兮祸之所伏”，取自《老子》第五十八章“祸，福之所倚；福，祸之所伏。”这些都是《吕氏春秋》采摭群书的证据。其他如《淮南子》，仿《吕氏春秋》成书，博采众说，分诸部类；刘向《新序》《说苑》也是率取古说，分类条列。

“采摭群书”是古代成书的一种方法，特别是史书的编撰，它不可能像文学作品那样完全凭借作者个人的想象和创造性思维来完成，而是必须建立在前代史料和史书的基础之上。但因为涉及对其他图书文献内容的抄录和编排，必然会引起著作权关系的纠葛。以《汉书》与《史记》的关系为例，有学者认为，《汉书》没有抄袭《史记》，而是在《史记》等系列史料的基础上编述出来的新作品，如葛剑雄先生在就某教授涉嫌抄袭事件接受《重庆晨报》记者采访时就说：“袁枢的《通鉴纪事本末》从书名上就声明了是对《资治通鉴》的‘重新编排’，怎么能说是‘抄’呢？班固同样没有‘抄’司马迁。说《汉书》抄了《史记》，只能表明对历史学的无知。”① 但也有学者认为《汉书》抄袭了《史记》，如宋代学者郑樵在《通志·总序》中讥讽说：“班固者，浮华之士也。全无学术，专事剽窃。”② 宋人张端义在《贵耳集》甚至这样批评班固：“郑渔仲《通志·总序》不取班固作。西汉自高祖至武帝，凡六世之前，尽窃迁书，不以为惭；自昭帝至平帝，凡六世之后，资于贾逵、刘歆，复不以为耻。有曹大家终篇，则固之自为书也。司马谈有其书，而司马迁能成父志；班彪有其业，而班固不能读父书。固为彪子，既不能保其事，又不能传其业，其为人如此，安在乎言为天下法？”③ 清人赵翼也颇嫌《汉书》“多用”④《史记》原文。韩国外国语大学朴宰雨教授在《〈史记〉〈汉书〉比较研究》一书的第二章第三节⑤中，以翔实的事实说明《汉书》100 篇中袭用《史记》者（实包含采取一些资料者）有 61 篇，并详述了袭用的各种情形。

第一，从袭用的范围来看，分以下几种情况：①有《汉书》某一篇袭用《史记》某一篇者，如《汉书·张耳陈余传》袭用《史记·张耳陈余传》。②多有《汉书》某一篇袭用《史记》某二篇以上者，如《汉书·张陈王周传》袭用《史记》之《留侯世家》《陈丞相世家》《绛侯周勃世家》三篇。《汉书》某一篇袭用《史记》某几篇时，有袭用的比重比较平均的，如《汉书·萧何曹参传》袭用《史记》之《萧相国世家》与《曹相国世家》相当。也有以一篇为主，其他篇为辅的，如《汉书·高帝纪》主要袭用《史记·高帝本纪》为主，也多少袭用了《项羽本纪》为辅。③有《汉书》某二篇以上袭用《史记》某一篇者，如《汉书》之《张汤传》《杜周传》《酷吏传》共袭用《史记·酷吏传》。

第二，从袭用的程度或篇幅来看，又有以下几种情况：①全文袭用者。如《汉书·司马相如传》，除个别字句有所增减外，长达七、八千字全都抄自《史记·司马相如列传》，其“赞语”亦袭用《史记》列传的“太史公曰”，只是删去了最后的一句话。《汉书·郊祀志》除去开头一段序论与昭帝以后部分，其余都是袭用《史记·封禅书》。《汉书·荆燕吴传》论荆

---

① 屈弓：《两场官司引出学术爆料》，《重庆晨报》2002 年 2 月 3 日 A11 版。
② 郑樵：《通志·总序》，中华书局，1987。
③ 张端义：《贵耳集》卷中，见《宋元笔记小说大观（四）》，上海古籍出版社，2001，第 4292 页。
④ 赵翼：《廿二史札记》第 2 卷，中国书店，1987，第 15 页。
⑤〔韩〕朴宰雨：《〈史记〉〈汉书〉比较研究》，中国文学出版社，1994，第 75 页。

王刘贾、燕王刘泽，亦是袭用《史记》相应的“太史公曰”。《汉书·张周赵任申屠传》形式上虽有单传、全传之差，但其文字则抄自《史记》相关的部分。②基本袭用者。如《汉书·吴王濞传》基本上是照抄《史记·吴王濞列传》。《汉书·韩安国传》基本上袭用《史记·韩长孺列传》。《汉书·司马迁传》基本上袭用《史记·太史公自序》和《报任少卿书》。《汉书·文帝纪》基本上是袭用《史记·孝文本纪》。《汉书·高惠高后文功臣表》亦基本袭用《史记·高祖功臣侯者年表》与《惠景间侯者年表》的有关部分而成。③部分照抄而又有所增删、新添、改动。如《汉书·李广传》基本袭用《史记·李将军列传》的有关文字，但有所增补，而其所附《李陵传》，则是重新写作。《汉书·卫青霍去病传》基本上袭用《史记·卫将军骠骑列传》，稍有增写、删改。《汉书·公孙弘传》基本上袭用《史记·平津侯传》，而又有所增补续写。《史记·西南夷列传》主要写西南夷七国的地理情况与汉朝关系的事情。《汉书·西南夷传》基本袭用《史记》的有关材料，然后续写而成。

《汉书》与《史记》的关系问题及《吕氏春秋》等“杂家”类图书的成书过程，用今人的眼光来看，确实涉嫌侵犯著作权的问题，但在当时的人们看来，这都不成为问题，因为它们代表的是中国古代文献生成的一种重要方式——编述。宋代学者周密在总结《汉书》与《史记》关系时说：“班孟坚《汉书》，大抵沿袭《史记》。至于季布、萧何、袁盎、张骞、卫、霍、李广等赞，率因《史记》旧文稍增损之，或有全用其语者，前作后述，其体当然。至如《司马相如传赞》，乃固所自为。”① 这里周密提出了“前作后述”的说法。所谓“述”，即编述。《说文》解释为：“述，循也。”但这种因循并不是简单的继承，而是有所创造的继承。它要求述者对前人的作品有个消化、吸收、领会的过程。在领会的过程中，可能还有所增益，使之更加完整；或有所删订，使之更正确。而对于那些隐晦的道理，还要作一番探微素隐的工作。《吕氏春秋》的成书过程遵循的正是“编述”的方法。它分十二纪、八览、六论，内容兼儒墨，合名法，集众家之长，涉及治国、哲学、政治、道德、军事、艺术、经济、历史，甚至做人、养生等各方面，各篇都有精心拟定的标题，在体例上整齐有序。司马迁撰写《史记》时，也曾大量参考引用先秦古文献。据今人张大可先生在《史记研究》一书中以《史记》本书考校，司马迁所见古书即达102

① 周密：《齐东野语》第10卷，见《宋元笔记小说大观（五）》，上海古籍出版社，2001，第5546页。

种，其中六经及训解书23种，诸子百家及方技书52种，历史地理及汉室档案20种，文学书7种。他凭借古代已有的文献典籍，用裁剪、熔铸的方式加以改编，使之成为贯通古今的通史。例如，他依据《尚书》写成夏、商、周《本纪》；依据《左传》和《国语》写成列国《世家》；依据《论语》写成《孔子世家》《仲尼弟子列传》。其他如《孟荀列传》《老庄申韩列传》，也都是从诸子百家的书里，通过提要钩玄的工夫总结出来的。因此从这个意义上讲，班固也只是编述了《史记》的相关内容，算不得“抄袭”。

其他历代“正史”的编撰也无不采摭和借鉴前人的史作，如范晔《后汉书》之前，已有不下十部有关东汉历史的著作，如东汉刘珍等奉敕修撰的《东观汉记》、三国时吴人谢承《后汉书》、晋司马彪《续汉书》、华峤《后汉书》、谢沈《后汉书》、袁山松《后汉书》，还有薛莹《后汉记》，张莹《后汉南记》、张璠《后汉记》、袁宏《后汉记》等。范晔《后汉书》以《东观汉记》为基本史料依据，再以华峤《后汉书》为主要蓝本，吸取各家之长。陈寿撰《三国志》以前，也已出现了有关魏、吴的史作，如王沈《魏书》、鱼豢《魏略》、韦昭《吴书》等。《三国志》主要取材于这些史书。房玄龄等人的《晋书》以臧荣绪《晋书》为蓝本。沈约《宋书》参考了何承天、山谦之、苏宝生、徐爰等人递撰的65卷本《宋书》，对之进行了增删补订甚至直接沿用。萧子显《南齐书》之前，已经有沈约《齐纪》、刘陟《齐纪》、吴均《齐春秋》和江淹《齐史·十志》等可资参考。姚思廉《梁书》依据的材料有谢昊的《梁书》、许亨的《梁史》、刘璠的《梁典》、阴僧仁的《梁撮要》、萧欣的《梁史》等。姚思廉《陈书》的史料来源除了其父姚察所编旧稿外，还参考了陈朝史官陆琼、顾野王、傅縡等人有关陈史的撰述。魏收《魏书》采摭北魏邓渊《代记》、崔浩《国书》（一称《国记》）编年史、李彪等改修的纪传体史书之外，还参考了崔鸿《十六国春秋》、孙盛《晋阳秋》、檀道鸾《续晋阳秋》等。李百药《北齐书》在其父李德林旧稿的基础上，借鉴吸收了王劭《齐志》、崔子发《齐纪》、杜台卿《齐纪》和姚最《北齐纪》等成果。令狐德棻《周书》的撰写参考了西魏史官柳虬等所写的官史、隋代牛弘没有完成的周史，以及唐初征集的家状之类。魏徵等《隋书》参考吸收了王劭《隋书》的有益部分。李延寿《南史》直接以《宋书》《南齐书》《梁书》及《陈书》为本，删繁就简，重新编纂，成为史林新著；《北史》则以《魏书》《北齐书》《周书》《隋书》为基础删订改编，同时参考了当时所见各种杂史。刘昫《旧唐书》参考了吴兢、韦述等人的《唐书》、贾纬《唐年补遗录》等内容。欧阳修等撰《新唐书》，在《旧唐书》的基础上借鉴了吴兢《唐书备阙记》、王彦威《唐典》、蒋乂《大唐宰辅录》、凌璠《唐录政要》、南卓《唐朝纲领图》、薛璠《唐圣运图》、刘肃《大唐新语》、李肇《国史补》、林恩《补国史》等史作。薛居正《旧五代史》的编撰以范质的《建隆五代通录》为底本。欧阳修撰《新五代史》，材料多本自《旧五代史》，兼采实录以外的笔记、小说等。脱脱等《宋史》以宋朝编年体实录和纪传体“国史”为基础，还参考了李焘《续资治通鉴长编》、徐梦莘《三朝北盟会编》等私家撰述；《辽史》有辽耶律俨的《辽实录》、金陈大任的《辽史》和南宋叶隆礼的《契丹国志》可资参考；《金史》除依据张柔所献金实录外，还参考了刘祁的《归潜志》和元好问的《壬辰杂编》。宋濂修《元史》有《皇朝经世大典》《元典章》《后妃功臣列传》可供参考。张廷玉《明史》是参考了官修的《大明会典》《大明一统志》《万历会计录》以及私撰的明史，如万斯同《明史稿》、郑晓《吾学编》、陈建《皇明从信录》、谈迁《国榷》、王世贞《弇州山人史料》等；赵尔巽《清史稿》参考了《国史列传》《东华录》等成作。除参考别家既成的史学著作外，历朝起居注、实录、奏议、诏令、时政记、日历、律令、会要等官方档案史料，以及历代碑记、志铭、谱牒、笔记、逸史、文集等私家资料，更是历代史书编撰的主要资料来源。从史书的成书规律来看，史书的撰著是一个长期性的累积过程，涉及作者众多，且采摭前人已有成果是普遍现象，因而势必引起非常复杂和纠葛的著作权关系。

除了以上这种整体性的采摭群书外，古人在著述过程中也会像今人一样引述前人作品中的个别段落或语句，以增强文字的表现力，这就是引用。引用他人作品而不标明出处，与剽窃无异；相反，注明引文出处则是尊重前人著作权的表现。关于引文注出处，清人钱大昕认为是自唐代开始的。他在《十驾斋养心录》中说：“余萧客仲林云：引书注某卷，向谓始于辽僧行均《龙龛手鉴》、宋程大昌《演繁露》二书，然亦偶有一二条耳。后读江少虞《事实类苑》，竟体注卷，在程大昌前。顷阅《道藏》，见王悬河《三洞珠囊》，每事称某书某卷。悬河，唐人，又在少虞之前矣。《四库全书总目》谓李匡乂《资暇集》引《通典》，多注出某卷，匡乂亦唐人。”①而实际上，引文标注出处早在先秦就有先例，《论语》《左传》等在引用《诗经》的时候，多标注其名，如《论语·学而》：“子贡曰：《诗》云：

① 钱大昕：《十驾斋养心录》第19卷，《引书记卷数》，江苏古籍出版社，2000，第398页。

‘如切如磋，如琢如磨’，其斯之谓与？”《左传·隐公元年》云：“《诗》曰：‘孝子不匮，永锡尔类。’其是之谓乎。”但先秦引文标注出处并不普遍，且不严格遵照原文。例如，如《左传·成公二年》：“及卫地，韩献子将斩人，郤献子驰。将救之。至，则既斩之矣。郤子使速以徇。告其仆曰：‘吾以分谤也。’”《韩非子·难一》引之为：“靡笄之役，韩献子将斩人。郤献子闻之，驾往救之。比至，则已斩之矣。郤子因曰：‘胡不以徇？’其仆曰：‘曩不将救之乎？’郤子曰：‘吾敢不分谤乎。’”两者文意相同，但在文字上稍有出入，亦不注出处。故南朝刘勰说：“观夫屈宋属篇号依诗人，虽引古事，而莫取旧辞。唯贾谊《鹏赋》始用鹖冠之说，相如《上林》撮引李斯之书：此万分之一会也。及扬雄《六官箴》，颇酌于《诗》《书》，刘歆《遂初赋》，历叙于纪传，渐渐综采矣。至于崔班张蔡，遂捃摭经史，华实布护，因书立功，皆后人之范式也。”①可见，引文之例自西汉扬雄之后才逐渐增多，并最后成为一种写作惯例。

汉代引文较之先秦有了显著增多，在一般的经史著作及其注释作品中极为常见。如《司马法》是我国春秋末战国初的一部兵书，经常被汉人引用。《史记》云：“《司马法》曰：国虽大，好战必亡；天下虽平，忘战必危。”② 与今本《司马法·仁本篇》的文字完全一致。班固《汉书·翟义传》引王莽诏：“《司马法》不云乎：‘赏不逾时，欲民速睹为善之利也。’”③ 今本《司马法·天子之义第二》：“赏不逾时，欲民速得为善之利也。”只有个别文字的差异，并不害义。东汉经学家郑玄也常引《司马法》以注《周礼》，如“若师有功，则左执律，右秉钺，以先恺乐献于社”下，郑玄注曰：“《司马法》曰：‘得意则恺乐，恺歌示喜也。’”④“凡国之勇力之士，能用五兵者属焉，掌其政令”下，郑玄注曰：“《司马法》曰：弓矢围，殳、矛守，戈、戟助，凡五兵，长以卫短，短以救长。”⑤ 西汉时期的作品至东汉时就经常被引用，如《淮南子》常被东汉王充《论衡》、桓谭《新论》、王逸《楚辞章句》、高诱《吕氏春秋注》等引用。例如，王充《论衡》：“《淮南书》曰：‘仁鄙在时不在行，利害在命不在智。’”⑥ 而今

① 刘勰：《文心雕龙·事类第三十八》，中华书局，2004，第 52 页。
② 司马迁：《史记》第 112 卷，《平津侯主父列传》，中华书局，1959，第 2954 页。
③ 班固：《汉书》第 84 卷，《翟义传》，中华书局，1962，第 3436 页。
④ 郑玄注，贾公彦疏《周礼注疏》第 29 卷，中华书局，1980，第 1065 页。
⑤ 郑玄注，贾公彦疏《周礼注疏》第 31 卷，中华书局，1980，第 1124 页。
⑥ 王充：《论衡》第 1 卷，《命禄第三》，上海人民出版社，1974，第 10 页。

本《淮南子》原文为："仕鄙在时不在行，利害在命不在智。"① 陈昌齐在《淮南子正误》中说："'仕鄙'当为'仁鄙'，字之误也。仁与鄙相反，利与害相反。"高诱注《吕氏春秋》时也多次引用《淮南子》，如《仲春纪·贵生》注云："《淮南记》曰：'鱼相忘乎江湖，人相忘乎道术。'"② 原文见《淮南子·俶真训》："夫鱼相忘于江湖，人相忘于道术。"③ 东汉学者郑玄、应劭等人在他们的经传中多次引用《说文》的解释，如《礼记·杂记上》有"大夫以布为輤而行，至于家而说輤，载于輲车，入自门"句，郑玄注曰："輲，读为槫。许氏《说文解字》曰：'有辐曰轮，无幅曰辁。'"④ 以上引文均注明了出处，这是汉代引文规范的一面。

但大多数情况下，汉代引文表现出不规范的另一面。首先是引文不注出处，特别是在征引当时习见之书时更是如此。以当时综采古今的经学大师郑玄为例，张舜徽先生说："郑氏注书，自广征群经传记以助证说外，论及邱封，则引《汉律》；论及军声，则引《兵书》；论及马社，则引《世本》；论及毒蛊，则引《贼律》；考证萍字，则引《天问》；考证圭制，则引《相玉书》；考证月令，则引《农书》。他若《国语》《离骚》《司马法》《淮南子》《王霸记》《王度记》《中霤礼》《食货志》《太史公传》《说文解字》之属，亦时见于注中，其征引可谓博矣。"⑤ 郑氏注书采获虽广，但大多不标明出处，如《仪礼·觐礼》郑玄注"马八尺以上为龙"，本为《周礼·廋人职》之文，郑玄就没有注出处；《周礼·大司马》郑注"出曰治兵，入曰振旅"，本为《春秋公羊传·庄公八年》之文，郑氏亦不注出处；《诗·楚茨》郑玄笺"冬祭曰烝，秋祭曰尝"，《书·洪范》注"福者，备也。备者，大顺之总名"，皆出自《礼记·祭统篇》之文，郑玄仍不注出处。其次，汉代引文的不规范还表现在引用同一书时，常把不同篇卷的内容合于一处而不注明。如《史记·伯夷列传》："孔子曰：'伯夷、叔齐，不念旧恶，怨是用希'；'求仁得仁，又何怨乎？'"⑥ "孔子曰"的这两句话均出自《论语》，但前句出自《公冶长》，后句出自《述而》。又《盐铁论·刺复》："《尚书》曰：'俊乂在官，百僚师师，百工惟时'，'庶尹允谐。'"马非百注曰："前三句是《尚书·皋陶谟》文。后一句是《尚

① 张双棣：《淮南子校释》第11卷，《齐俗训》，北京大学出版社，1997，第1197页。
② 吕不韦著，高诱注《吕氏春秋》，中华书局，1954，第15页。
③ 张双棣：《淮南子校释》第2卷，《俶真训》，北京大学出版社，1997，第147页。
④ 郑玄注，孔颖达正义《礼记正义》，上海古籍出版社，2008，第1575页。
⑤ 张舜徽：《郑学丛著》，华中师范大学出版社，2005，第63页。
⑥ 司马迁：《史记》第61卷，《伯夷列传》，中华书局，1959，第2122页。

书·益稷篇》。这里是把两处文字合并引用。"[①] 再如，《汉书·五行志下》下引文："《诗》曰：'赫赫宗周，褒姒灭之'；'颠覆厥德，荒沈于酒'"[②]。前句引自《小雅·正月》，而后句引自《大雅·抑》。像这类引文很容易让读者误以为两者原出于一体，这就涉嫌破坏原著的内容结构了。

魏晋南北朝时期，引文注明出处之例越来越多。晋葛洪《抱朴子》征引《玉策记》《太史公记》《汉书》等书时，皆注明出处。刘宋裴松之注《三国志》引书210种，梁刘孝标注《世说新语》引书400余种，北魏郦道元《水经注》引书437种，均一一注明出处[③]。像《淮南子》这类采摭群书的"杂家"著作，因为资料丰富，常成为征引的对象。魏晋间陆玑《毛诗草木鸟兽虫鱼疏》、王肃注《孔子家语》、王嘉《拾遗记》、干宝《搜神记》、郭璞注《山海经》和《穆天子传》等，均曾征引《淮南子》。南北朝裴骃《史记集解》、裴松之《三国志注》、刘孝标《世说新语注》、郦道元《水经注》、贾思勰《齐民要术》等，亦曾多次征引《淮南子》。甚至在一些单篇诗赋中也有征引的，如庾信《枯树赋》："《淮南子》云：'木叶落，长年悲。'斯之谓矣。"[④]汉人作品被魏晋南北朝文人引用的还有很多，如刘向《列士传》（或作《烈士传》）、许慎《说文》等。《列士传》原书已佚，但佚文见诸南北朝以来书籍征引。目前可确定最早征引《列士传》的著作是南朝裴骃《史记集解》，如《史记·鲁仲连邹阳列传》"公为人灌园"下，裴骃《史记集解》："《列士传》曰：'楚于陵子仲，楚王欲以为相，而不许，为人灌园。'"[⑤] 北魏郦道元《水经注》亦引《列士传》曰："秦昭王会魏王。魏王不行，使朱亥奉璧一双。秦王大怒，置朱亥虎圈中。亥瞋目视虎，眦裂，血出溅虎。虎不敢动。"[⑥] 裴骃《史记集解》亦引《说文》，如《史记·五帝本纪》："其民析，鸟兽字微"，裴骃《史记集解》曰："孔安国曰：春事既起，丁壮就功，言其民老壮分析也。乳化曰字。《尚书》'微'作'尾'字。《说文》云：'尾，交接也。'"[⑦]。

唐代的注释取得了不小的成就，如陆德明《经典释文》、李善《文选注》、玄应和慧琳分别所作的《一切经音义》、孔颖达《五经正义》、司马

---

① 桓宽撰，马非百注《盐铁论简注·刺复第十》，中华书局，1984，第77页。
② 班固：《汉书》第27卷下之下，《五行志下》，中华书局，1962，第1511页。
③ 曹之：《古书引文考略》，《四川图书馆学报》1997年第2期，第49-53页。
④ 庾信：《庾子山集》第1卷，《枯树赋》，中华书局，1980，第46页。
⑤ 司马迁：《史记》第83卷，《鲁仲连邹阳列传》，中华书局，1959，第2475页。
⑥ 郦道元：《水经注》第19卷，《渭水》，浙江古籍出版社，2001，第302页。
⑦ 司马迁：《史记》第1卷，《五帝本纪》，中华书局，1959，第18页。

贞《史记索隐》、张守节《史记正义》等。这些注释作品大量征引了汉人许慎《说文》的内容。以中华书局标点本《史记》为例，三家注共引用《说文》135 次，加上张衍田《史记正义佚文辑校》中的引文 4 次，总计 139 次。其中唐人司马贞《史记索隐》引《说文》108 次，张守节《史记正义》引《说文》28 次[①]。如《史记·陈涉世家》："今诚以吾众诈自称公子扶苏、项燕，为天下唱。""《索引》：《汉书》作'倡'，倡谓先也。《说文》云：'倡，首也。'"[②] 但今本《说文》作："倡，乐也。"两者语义相去甚远。又《史记·白起王翦列传》："秦王乃使人遣白起，不得留咸阳中。武安君既行，出咸阳西门十里，至杜邮。""《正义》：《说文》云：'邮，境上行舍'，道路所经过。"[③] 今本《说文》作"境上行书舍"，有一字之差。再以慧琳《一切经音义》为例，它在解释语词时多采前人成说，引用已有各种辞书或释文，引用各种古籍达 740 余种，引文总数达五万条。除了一些佛教典籍外，上至《周易》《尚书》，下至颜师古《字样》、唐玄宗《孝经注》，几乎囊括了当时所能见到的各种解释词语的典籍。但古代引文多有不严格遵照原文的毛病，唐代也不例外，如慧琳《一切经音义》卷九五引许慎《说文》云："礿，夏祭名也，从示，勺声。亦作禴。"其中"亦作禴"三字为衍文，非许书所固有。同书卷五七引许书云："祟，神为祸也，从示，出声。"[④] 其中"为"是衍文。这都属于引文不确。在引文的标注方面，唐人著述也存在不规范的问题。比如，同一部作品被多次征引，但书名或篇名却不一致，如汉人贾谊《新书》，在唐欧阳询《艺文类聚》中，或作《新书》，或作《贾谊书》；《孔子家语》，在唐徐坚《初学记》中或作《孔子家语》，或作《家语》；晋桓玄《南游衡山诗序》，《初学记》或引作《南游衡山序》，或引作《南游山诗序》等。当然，像此类情况并不是自唐代始有，在这之前就是如此，而且更为严重，如前文提到的西汉刘安《淮南子》一书，汉魏至南北朝以来的各家著述，或引作《刘安子》，或引作《淮南书》，或引作《淮南记》，或引作《淮南子》，或引作《淮南鸿烈》，不一而足。唐人著述中的引文还存在同名异书、同名异人标注不确的问题，甚至引文的书名或篇名均不注明，只注作者。如晋人盛弘之与南朝刘澄之均有《荆州记》一书，唐徐坚《初学记》在征引该书时，有时

---

① 冯玉涛：《〈史记〉三家注引〈说文〉校补"大徐"》，《宁夏大学学报（社科版）》2002 年第 5 期，第 5 - 8 页。

② 司马迁：《史记》第 48 卷，《陈涉世家》，中华书局，1959，第 1950 页。

③ 司马迁：《史记》第 73 卷，《白起王翦列传》，中华书局，1959，第 2337 页。

④ 释慧琳、释希麟：《正续一切经音义》第 95 卷，上海古籍出版社，1986，第 3579 页。

只注书名不标作者，让读者很难分辨。三国吴学者陆玑，著有《毛诗草木鸟兽虫鱼疏》，只因西晋文学家陆机字士衡，《初学记》将“陆玑”误作“陆士衡”。像《艺文类聚》中的“信诗曰”、《初学记》中的“胡伯始曰”这类只标注引文著者的做法，则显得十分随意和粗陋了。唐人在引述他著时，还经常采用节引的方法，如《文选》卷二《西京赋》“张平子”下，唐人李善注引范晔《后汉书》曰：

> 张衡，字平子，南阳西鄂人也，少善属文。时天下太平日久，自王侯以下，莫不逾侈。衡乃拟班固《两都》，作《二京赋》，因以讽谏。十年乃成。安帝雅闻衡善术学，公车征拜郎中。出为河间相。乞骸骨，征拜尚书，卒。①

而《后汉书·张衡传》原文如下：

> 张衡，字平子，南阳西鄂人也。世为著姓。祖父堪，蜀郡太守。衡少善属文，游于三辅，因入京师，观太学，遂通《五经》，贯六艺。虽才高于世，而无骄尚之情。常从容淡静，不好交接俗人。永元中，举孝廉不行，连辟公府不就。时天下承平日久，自王侯以下，莫不逾侈。衡乃拟班固《两都》，作《二京赋》，因以讽谏。精思傅会，十年乃成……安帝雅闻衡善术学，公车特征拜郎中，再迁为太史令……阳嘉元年……永和初，出为河间相……视事三年，上书乞骸骨，征拜尚书。年六十二，永和四年卒。②

比照以上两段文字，引文比原文简略许多，且引文在叙事时纪年不清，容易引起读者的误解。唐人诗歌可以做到豪放不拘，但其注释引文却很难做到严谨，这与当时的学风是有关系的，如陆德明《经典释文》就公开声称：“余今所撰，务从易识。援引众训，读者但取其意义，亦不全写旧文。”③

宋代依然存在引文不严谨的问题，表现最为突出的就是类书。以宋代四大类书之一的《太平御览》为例，该书引用图书计1690种，但在书名的标引方面存在许多问题：有的一书引作多名，如刘澄《宋永初山川古今记》分别被引作《宋永初山川记》《永初山川记》《山川古今记》《刘澄山川记》等5种书名；有的误引其他书名，如该书卷三一六引《论语》云：

---

① 萧统编，李善注《文选》第2卷，《西京赋》，上海古籍出版社，1986，第47页。

② 范晔：《后汉书》第59卷，《张衡传》，中华书局，1965，第1897页。

③ 陆德明：《经典释文》第1卷，《序录》，上海古籍出版社，1985，第6页。

"太公曰：阴谋书，武王伐殷，兵至牧野，晨举脂烛，推掩不备。"而《论语》中绝无此语。另一大类书《太平广记》也存在书名前后不一、标错书名、滥用简名等问题。如《博异志》或引作《博异传》《博异记》《博异录》；《嘉话录》或引作《刘公嘉话录》等；郭颁《世语》误作郭颂《世语》；《冥报记》误作《冥报拾遗》，而《冥报拾遗》又误作《冥报记》；《蔡邕别传》简引作《邕别传》等。另外，宋人注释也存在引文不实的问题，如洪兴祖《楚辞补注》卷二《九歌·大司命》题下，洪兴祖注曰："按《史记·天官书》：'文昌六星，四曰司命。'……而《汉书·郊祀志》：'荆巫有司命。说者曰：文昌，第四星也。'"[①] 而查核《史记·天官书》，原文为："斗魁戴匡六星曰文昌宫：一曰上将，二曰次将，三曰贵相，四曰司命，五曰司中，六曰司禄。"[②] 再查核《汉书·郊祀志》，原文为："荆巫祠堂下，巫先、司命、施糜之属。"颜师古注文："堂下，在堂之下；巫先，巫之最先者也。司命，说者云文昌第四星也。"[③] 对照引文与原文，我们可以看出引文是根据原文缩略而来，且引文存在将注文混入原文的现象，如"荆巫有司命。说者曰：文昌，第四星也"之语，显然出自颜师古的注文，而非《汉书》原文。这是宋代引文不严谨的一面。但同时我们也要看到，宋代一些杰出的文人学者在从事著述或文献整理时，对引文要求非常严格。如苏洵就曾说过这样的话："学者于文用引证，犹讼事之用引证也。既引一人得其事，则止矣。或一人未能尽，方可他引。"[④] 他将引文比作法律诉讼的证据一样重要。也许正是在他的教育和熏陶下，苏洵的儿子大文学家苏轼在引用经传时，就非常注意注明出处，堪称引文严谨的典范。据宋人洪迈说："东坡先生作文，引用史传，必详述本末，有至百余字者，盖欲使读者一览而得之，不待复寻绎书策也。如《勤上人诗集叙》引翟公罢廷尉宾客反覆事，《晁君成诗集叙》引李郃汉中以星知二使者事，《上富丞相书》引左史倚相美卫武公事，《答李琮书》引李固论发兵讨交趾事，《与朱鄂州书》引王浚活巴人生子事，《盖公堂记》引曹参治齐事，《滕县公堂记》引徐公事，《温公碑》引慕容绍宗、李勣事，《密州通判题名记》引羊叔子、邹湛事，《荔枝叹》诗引唐羌言荔枝事是也。"[⑤] 可

① 洪兴祖撰，白化文点校《楚辞补注》，中华书局，1983，第71页。

② 司马迁：《史记》第27卷，《天官书第五》，中华书局，1959，第1293页。

③ 班固：《汉书》第25卷上，《郊祀志上》，中华书局，1962，第1211页。

④ 邵博：《邵氏闻见后录》第14卷，中华书局，1983，第111页。

⑤ 洪迈：《容斋随笔》，《三笔》第11卷，《东坡引用史传》，上海古籍出版社，1978，第548页。

见，苏轼“详述本末”的主要目的还是在于“使读者一览而得之，不待复寻绎书策也”。这既是尊重原作，也是尊重读者的态度。苏颂，字子容，曾任馆阁校勘、集贤校理等职，也许是职业养成的习惯，他每一遇一事都习惯检索文献出处，据清人梁章钜说：“读书必以细心为主，苏子容闻人语故事，必检出处；苏文忠每有撰著，虽目前事，率令少章叔党诸人，检视而后出。”① 卫湜，字正叔，吴郡人，所撰《礼记集说》，网罗郑玄以下144家注解，均一一注明引文出处，“其言有曰：‘他人作书，惟恐不出诸己；某作书，惟恐不出诸人。’”② 可见卫湜在引述他人作品时，非常尊重他人的著作权。由此，也可见宋代学者治学态度之严谨。

明代方以智《通雅》云：“古人称引，略得其概，则以意摘辞。”③ 也就是说，引文只要会其意，而不必强求与原文语辞一致。这既是对古代引文特点的概括，也是明人自己对引文的认识。受明代学风流于空疏的影响，明人著述引文也表现得相当随意和混乱。清初顾炎武曾这样评价道：“万历间，人多好改窜古书，人心之邪，风气之变，自此而始。且如骆宾王《为徐敬业讨武氏檄》，本出《旧唐书》。其曰‘伪临朝武氏’者，敬业起兵在光宅元年九月，武氏但临朝而未革命也。近刻古文，改作‘伪周武氏’，不察檄中所云‘包藏祸心，睥睨神器’，乃是未篡之时，故有是言。其时废中宗为庐陵王，而立相王为皇帝，故曰‘君之爱子，幽之于别宫’也。不知其人，不论其世，而辄改其文，谬种流传，至今未已。”④骆宾王《为徐敬业讨武氏檄》本是引自《旧唐书》，明人刻书不但未加核对，还擅自妄改原文。而有的因避讳当改回原文的，又仍沿袭之，如“《晋书》‘刘元海’、‘石季龙’，作史者自避唐讳，后之引书者多不知而袭之，惟《通鉴》并改从本名。”⑤ 明人引文的随意和混乱，首先表现为引文大多不标注出处，如宋人罗愿《新安志》云：“吴新都郡不载户口之数；晋新安郡统县六，户五千；（刘）宋统县五，户一万二千五十八，口三万六千六百五十一；隋歙州统县三，户六千一百五十四；唐旧领县三，户六千二十一，口二万六千六百一十七……”⑥ 明成化进士汪舜民（字从仁）编纂弘治《徽州府志》时引用了这段话，却未注明出处。薛虞畿，字舜祥，海阳人，

① 梁章钜：《退庵随笔》第3卷，《劝学》，江苏广陵古籍刻印社，1997，第73页。

② 徐珂：《清稗类钞·序》，中华书局，1984。

③ 方以智：《通雅·卷首之一》，《古书参差说》，中国书店，1990，第25页。

④ 顾炎武：《日知录》第18卷，《改书》，上海古籍出版社，2006，第1076页。

⑤ 顾炎武：《日知录》第19卷，《古文未正之隐》，上海古籍出版社，2006，第1115页。

⑥ 罗愿：《新安志》第1卷，《州郡沿革》，清文渊阁四库全书本。

杂采《春秋》三传所遗之事汇辑成《春秋别典》十五卷，“参互考订，世悬者更，数殊者析，删其繁复者十一，苴其阙略者十三……惜其抄撮具有苦心，惟各条之末不疏明出何书，明人之习，大都若是。”① 可见他只是做了简单的考订工作，各条之末均不标明出处。明人引书不注出处甚至闹出了误把古人当今人的笑话，如北齐邢劭（字子才）是一位著名藏书家，据《北齐书》载：“有书甚多，而不甚雠校。见人校书，常笑曰：‘何愚之甚，天下书至死读不可遍，焉能始复校此。且误书思之，更是一适。’”② 明人陆深《春风堂随笔》引述此事时说：“邢子才藏书甚多，而独不好校雠，尝曰：天下书至死不能读尽，且误字思之，亦是一适。”③ 因为陆深引《北齐书》未注出处，以至于有的读者误把北齐邢劭当作明人。其次，明人好窜改引文，为己所用，如明万历六年（1578 年）刻本门无子评《韩子迂评》，将元人李瓒注文和何犿校文删改得面目全非。《四库全书总目》云：“（何）犿序称李瓒注鄙陋无取，尽力削去，而此本仍间存瓒注，已非何本之旧。且门无子序又称取何注折衷之，则并犿所加旁注，亦有增损，非尽其原文。明人好窜改古书，以就己意，动辄失其本来，万历以后刻板皆然，是书亦其一也。”④

清代学者也认识到了古代引文“略其文而用其意”的特点，如顾炎武说：“《书·泰誓》：‘受有亿兆夷人，离心离德；予有乱臣十人，同心同德。’《左传》引之，则曰：‘《太誓》所谓商兆民离，周十人同者，众也。’《淮南子》：“舜钓于河滨，期年而渔者争处湍濑，以曲隈深潭相予。’《尔雅注》引之，则曰：‘渔者不争隈。’此皆略其文而用其意也。”⑤ 但顾氏没有像明人一样沿用这种略文用意的引文方法，而是提出了“凡引前人之言必用原文”⑥ 的观点，并进而指出：“凡述古人之言，必当引其立言之人。古人又述古人之言，则两引之，不可袭以为己说也。《诗》曰：‘自古在昔，先民有作。’程正叔传《易·未济》三阳皆失位，而曰：‘斯义也，闻之成都隐者。’是则时人之言，而亦不敢没其人，君子之谦也，然后可与进于学。”⑦ 也就是说，不但一般引文要注明作者，如果是引中有引的，

① 纪昀等：《钦定四库全书总目》第 50 卷，《春秋别典》，中华书局，1997，第 696 页。
② 李百药：《北齐书》第 36 卷，《邢劭传》，中华书局，1972，第 478 页。
③ 转引自曹之《古书引文考略》，《四川图书馆学报》1997 年第 2 期，第 49－53 页。
④ 纪昀等：《钦定四库全书总目》第 101 卷，《韩子迂评》，中华书局，1997，第 1318 页。
⑤ 顾炎武：《日知录》第 20 卷，《引书用意》，上海古籍出版社，2006，第 1163 页。
⑥ 顾炎武：《日知录》第 20 卷，《引古必用原文》，上海古籍出版社，2006，第 1162 页。
⑦ 顾炎武：《日知录》第 20 卷，《述古》，上海古籍出版社，2006，第 1162 页。

还必须兼注二次被引的作者，不可掩为己有。这不仅是君子之德，更是治学的基本素养。朱彝尊著《日下旧闻》，仿照宋人卫湜的做法，引书1400余种，一一注明出处，他自称："所抄群书，凡千四百余种，虑观者莫究其始，必分注于下，非以侈摭采之博也。昔卫正叔尝纂《礼记集说》矣，其言病世儒剿取前人之说以为己出，而曰：'他人著书，惟恐不出于己；予此编惟恐不出于人'。彝尊不敏，窃取正叔之义。"[①] 可见，朱彝尊注引文出处，并不是炫耀摭采之博，而是为了方便读者究其始末。无独有偶，清人刘声木也有和朱彝尊一样的想法。他在《苌楚斋三笔序》中说："予撰《续笔》即成，复编《三笔》十卷，体例仍如前。其中虽多征引前人旧说，不尽出于己意，然北宋卫正叔有云：他人著述，惟恐不出于己。予书惟恐不出于人。声木虽不敏，窃愿附此义。果使后人见其采辑尚无疵谬，可备参考，许其附骥以传，使微贱名氏千载下得挂名于艺林之末，如江阴缪筱珊京卿荃孙所云，则予心已大慰矣。"[②]

正是基于以上认识，清代引文一反明代粗疏的陋习，而以严谨准确见长。如乾隆间周书昌、李南涧修《历城县志》，仿朱彝尊《日下旧闻》例，引文均标明出处，得到了史学家章学诚的称许："前周书昌与李南涧合修《历城县志》，无一字不著来历：其古书旧志有明文者，固注原书名目；即新收之事，无书可注，如取于案牍，则注某房案卷字样；如取投送传状，则注家传呈状字样；其有得于口述者，则注某人口述字样。此明全书并无自己一语之征，乃真仿《旧闻》而画一矣。"[③] 周城撰《宋东京考》，亦仿朱彝尊，备列引文出处。嘉庆间陈鸿墀预修《全唐文》时，顺便将有关资料辑录为《全唐文纪事》，该书引书580种，每条下俱注明出自何书，如卷十一"璹以帝王谟训，不可阙纪，请仗下所言军国政要，责宰相自撰，号时政记，以授史官。从之。时政有记自璹始"下小字注"《新唐书·姚璹传》"[④]。清人在转引时，尤为慎重，如前文顾炎武主张"古人又述古人之言，则两引之"；陆樾轩则主张穷本溯源以核原文，以免以讹传讹。他曾这样告诫他的学生："近见后生小子，皆喜诵《毛西河集》，其所称引，甚

① 朱彝尊：《曝书亭集》第35卷，《日下旧闻序》，世界书局，1937，第440页。

② 刘声木：《苌楚斋随笔》，《苌楚斋三笔序》，中华书局，1998，第475页。

③ 章学诚：《文史通义》第8卷，《报广济黄大尹论修志书》，中华书局，1985，第873页。

④ 陈鸿墀：《全唐文纪事》第11卷，《政治》，中华书局，1959，第125页。

未足据。必须搜讨源头，字字质证，慎勿为悬河口所谩。”①

清代学者对引文有深入研究，章学诚即是其中的杰出代表。他在《文史通义》中说：

> 著作之体，援引古义，袭用成文，不标所出，非为掠美，体势有所不暇及也。亦必视其志识之足以自立，而无所借重于所引之言；且所引者，并悬天壤，而吾不病其重见焉，乃可语于著作之事也。考证之体，一字片言，必标所出。所出之书，或不一二而足，则必标最初者（譬如马、班并有，用马而不用班）。最初之书既亡，则必标所引者（譬如刘向《七略》既亡，而部次见于汉《艺文志》；阮孝绪《七录》既亡，而阙目见于隋《经籍志》注，则引《七略》《七录》之文，必云《汉志》《隋注》），乃是慎言其余之定法也。书有并见，而不数其初，陋矣。引用逸书而不标所出（使人观其所引，一似逸书犹存），罔矣。以考证之体，而妄援著作之义，以自文其剽窃之私焉，谬矣。②

在章学诚看来，“著作之体”与“考证之体”对引文的要求是不一样的。前者因引文语义已和成文融为一体，可以不必标出，而后者因考证对材料的特殊要求，故“一字片言，必称所出”，且有多个出处时，“则必称最初者”。章学诚还专门研究了史志的引文问题：“史志引用成文，期明事实，非尚文辞。苟于事实有关，即胥吏文移，亦所采录，况上此者乎？苟于事实无关，虽班扬述作，亦所不取，况下此者乎？……如恐嫌似剿袭，则于本文之上，仍标作者姓名，以明其所自而已。至标题之法，一仿《史》《汉》之例。《史》《汉》引用周秦诸子，凡寻常删改字句，更不识别，直标‘其辞曰’三字领起。惟大有删改，不更仍其篇幅者，始用‘其略曰’三字别之。若贾长沙诸疏是也。”③ 他主要谈了史志引文的三个方面：一是引文目的在于“期明事实，非尚文辞”；二是引文“仍标作者姓名”；三是引文有详略二类，凡“大有删改，不更仍其篇幅者，可用“其略曰”三字。

清代后期学者陈澧，字兰甫，一字兰浦，人称东塾先生，广东番禺人

---

① 阮葵生：《茶余客话》第10卷，见《清代笔记小说大观（三）》，上海古籍出版社，2007，第2669页。

② 章学诚：《文史通义》第4卷，《说林》，中华书局，1985，第349页。

③ 章学诚：《文史通义》第8卷，《修志十议》，中华书局，1985，第846页。

（见图5-1）。他在《引书法示端溪书院诸生》中比较系统地提出了一整套引文的方法：

图5-1　清代岭南大儒陈澧像

1. 前人之文，当明引不当暗袭。《曲礼》所谓必则古昔，又所谓毋剿说也。明引而不暗袭，则足见其心术之笃实，又足征其见闻之渊博。若暗袭以为己有，则不足见其渊博，且有伤于笃实之道。明引则有两善，暗袭则两善皆失之也。

2. 引书须识雅俗，须识时代先后。书之雅者当引，俗者不可引也。时代古者当先引，时代后者当后引，又或不必引也。在精不在多也。若引浅陋之书，则不足以登大雅之堂矣。

3. 书之显赫者，但当举其书名，亦有当举其人之姓氏者；其次则当兼举其字、或号、或官、或谥。若其人其书皆不显赫，则举其名。此当斟酌于其间也。文字之内说古人，亦当斟酌。

4. 所引之书，卷帙少而人皆熟习者，但引其文可矣。否则当并引篇名，或注明卷数，以征核实。

5. 引书条数，固当以时代先后为次第，然亦不可尽拘。有以此一说为主，以彼一说佐之者；有以此一说牵连彼一说而出之者，则当审其文义，以定其次第也。

6. 所引之书，其说甚长者，当择其要语，或不必直录其文而但浑插其意，如孔疏引郑注有云郑以为者，此亦引书之一法。

7. 引书必见本书而引之。若未见本书而从他书转引者，恐有错误，且贻诮于稗贩者矣。或其书难得，不能不从他书转引，宜加自注云："不见此书，此从某书转引。"亦笃实之道也。若其书已亡，自当从他书转录，然亦必须注明所出之书也。

8. 引书之后，继以自己之语，必加"案"字或"据此"云云。如引书多，不每条如此，亦须斟酌文义，使自己之语与所引之说，不相混淆。

9. 引前人之说而加以称赞，必须斟酌。如郑君、朱子之经注，许氏之《说文》，马班之史书，何待称赞者！必须称赞，则其语须简而实，如以浮辞称赞则愚矣。

10. 前人之说，有当辩驳者，必须斟酌语气。如郑君、朱子之书，亦岂能无误？但当辨析，不可诋諆。即辨析亦当存尊敬之心。如注《周礼》不从先郑之说者，但曰"玄谓"云云，此当奉以为法者也。若其不必尊敬，其说又乖谬足以误人，则当正言斥驳，仍不可加以谩骂，致有粗暴之病。至其人其书皆无足轻重，则更不必辩驳矣。①

以上十条可概括为三句话：引前人之说必有出处，引前人之文必见原文，引用当尊重前辈学人。此乃清人治学之精义，虽不足以概括清代学术规范之全貌，但毕竟是一种学术规范形式，于今天仍有重要的启示意义。清人能在引文理论与方法方面有所建树，与清代乾嘉以来兴起的考据学大有关系。对于考据家来讲，一字一句的差异，得出的结论就谬之千里了。特别是由于版本的不同导致的文字差异，如果不严加注明，其文本的准确性和权威性就要大打折扣，因此注明引文的出处就关乎其立论的依据，引文注明出处就成了清代学者不得不遵守的学术规范。

综上所述，中国古代引文滥觞于先秦，盛行于唐宋，规范于清代。在绝大多数的时间里，古代引文都体现出略文而用意的特点，在形式上不严格核照原文，在书名、作者名的标署上随意性较大，也有相当多的著述存在引文不注出处的情况。但这种状况到了清代为之一变，引文渐趋严格和规范。这从著作权意义上来讲，其实也是对前代著者的尊重和对其作品的保护。

二　改编与删裁

改编是编述的一种重要形式。所谓改编，是指在不改变原作基本思想

① 陈澧：《引书法示端溪书院诸生》，张舜徽选编《文献学论著辑要》，中国人民大学出版社，2011，第350页。

主旨的前提下，变换原作的表现形式。我国最早改编他人著作的记载当属孔子删订《春秋》了。据《史记·孔子世家》记载，孔子根据鲁国历代史官递相编撰的国史，“约其文辞”，“笔则笔，削则削”，修成《春秋》。至于具体对旧史作了哪些整理和修改，则并未提及。清代史学家赵翼《陔余丛考》考证孔子删削《春秋》旧文：“孔子修《春秋》，鲁史旧文不可见，故无从参校圣人笔削之处。今以《汲冢竹书》考之，其书‘鲁隐公及邾庄公盟姑蔑’，即《春秋》‘公及邾仪父盟于蔑’也；书‘晋献公会虞师伐虢灭下阳’，即《春秋》‘虞师灭夏阳’也。据此可见当时国史，其文法大概本与《春秋》相似，孔子特酌易数字，以寓褒贬耳。杜预所谓推此可以知古者国史策书之常也。而孔子删订《春秋》之处，亦即此可见。又鲁庄公七年星陨如雨，《公羊传》谓原本‘雨星不及地尺而复’，孔子修《春秋》改曰‘星陨如雨’。是亦可见圣人改削之迹。”[①] 孔子修《春秋》，微言大义，用语精省。自公元前722年到公元前481年共242年的鲁国历史，全书统共才用了18000多个字。每年记事最多不过20来条，最长的条目才47个字，最短的只有1字，如鲁隐公八年，只记一“螟”字。

汉初，张良等对兵书进行过整理改编，据《汉书·艺文志》载：“汉兴，张良、韩信序次兵法，凡百八十家，删取要用，定著三十五家。”刘向奉诏与任宏、尹咸、李柱国等整理编校政府藏书，也对很多先秦古书作过改编。如左丘明著有《国语》二十一篇，“刘向分《国语》”[②] 为《新国语》五十四篇。这里的“分”，即分析整合，有改编之意。两汉以来经学大盛，出现了今古文之争。今文经学由于重微言大义，对六经的解释日渐烦琐。特别是自汉武帝立五经博士以来，用数万字来解释经文中几个字的例子屡见不鲜。例如《书经》大师秦延君，竟然用十多万字解释“尧典”两个字，用三万字解释“曰若稽古”四个字。为此，读书人吃尽了苦头，“幼童而守一艺，白首而后能言”（《汉书·艺文志》）。所谓物极必反，这样就势必在经学领域出现一种追求简略的风气。《论衡·效力篇》云：“王莽之时，省五经章句，皆为二十万。”[③]《后汉书·章帝纪》载章帝诏书称：“中元元年诏书，五经章句烦多，议欲减省。”[④] 是知两汉之际，经学中已经出现了简化的趋势。《后汉书·孔奋传》：“奋少从刘歆受《春秋左氏

---

① 赵翼：《陔余丛考》第2卷，《春秋》，河北人民出版社，2007，第37页。

② 班固：《汉书》第30卷，《艺文志》，中华书局，1962，第1714页。

③ 王充：《论衡》第13卷，《效力第三十七》，上海人民出版社，1974，第202页。

④ 范晔：《后汉书》第3卷，《章帝纪》，中华书局，1965，第138页。

传》，……弟奇……作《春秋左氏删》。"① 又，《后汉书·樊宏传》："初，（樊）儵删定《公羊严氏春秋》章句，世号'樊氏学'。"② 删减后的"樊氏学"仍然不能使人满意，于是又有继续删减者。《后汉书·张霸传》："初，霸以樊儵删《严氏春秋》犹多繁辞，乃减定为二十万言，更名《张氏学》。"③ 改编者以"某氏学"的形式题名，实际上也是改编作品著作权的一种宣示形式。当然，删书并不只限《春秋》一家，再如《尚书》，《后汉书·桓荣传》："初，荣受朱普章句四十万言，浮辞繁长，多过其实。及荣入授显宗，减为二十三万言。郁复删定为十二万言。由是有《桓君大小太常章句》。"④ 删减《尚书》章句的还有张奂，如《后汉书·张奂传》："奂少游三辅，师事太尉朱宠，学《欧阳尚书》。初，《牟氏章句》浮辞繁多，有四十五万余言，奂减为九万言。"⑤ 也有删减《诗》经义者，如《后汉书·伏恭传》：伏恭父"黯，字稚文，以明《齐诗》，改定章句，作《解说》九篇……父黯章句繁多，恭乃省减浮辞，定为二十万言。"⑥ 东汉以后，经学大师郑玄及荆州学派诸学者也做过此类删繁就简工作。《后汉书·郑玄传》末尾范晔论曰："及东京学者，亦各名家。而守文之徒，滞固所禀，异端纷纭，互相诡激，遂令经有数家，家有数说，章句多者或乃百余万言。学徒劳而少功，后生疑而莫正。郑玄括囊大典，网罗众家，删裁繁芜，刊改漏失，自是学者略知所归。"⑦ 又，东汉蔡邕《蔡中郎集》载："（刘表）深愍末学远本离实，乃令诸儒改定五经章句，删划浮辞，芟除烦重。"⑧

继经学之后，两汉史学领域也兴起了删裁改编之风。司马迁的史学名著《史记》就曾被校书郎杨终删订过，据王弘《山志》载："汉校书郎杨终，字小山，受诏删《太史公书》，为十余万言。是《史记》曾经删定，非元书矣。然今之《史记》又非小山元本也。刘子骏著《汉书》一百卷，传之刘歆，歆撰《汉书》，未及而亡。班固所作，全用刘书，则今之《汉书》，亦非但袭司马也。"⑨卫飒、杨终、应奉、伏无忌、杨方、荀悦等人都对史著进行过改编。如《隋书·经籍志》史部杂史类："《史要》十卷。"

---

① 范晔：《后汉书》第31卷，《孔奋传》，中华书局，1965，第1099页。
② 范晔：《后汉书》第32卷，《樊宏传》，中华书局，1965，第1125页。
③ 范晔：《后汉书》第36卷，《张霸传》，中华书局，1965，第1242页。
④ 范晔：《后汉书》第37卷，《桓荣传》，中华书局，1965，第1256页。
⑤ 范晔：《后汉书》第65卷，《张奂传》，中华书局，1965，第2138页。
⑥ 范晔：《后汉书》第79卷下，《伏恭传》，中华书局，1965，第2571页。
⑦ 范晔：《后汉书》第35卷，《郑玄传》，中华书局，1965，第1213页。
⑧ 蔡邕：《蔡中郎集》第6卷，《刘镇南碑》，清文渊阁四库全书本。
⑨ 王弘：《山志》，《二集》第5卷，中华书局，1999，第268页。

注："汉代桂阳太守卫飒撰。约《史记》要言，以类相从。"卫飒，字子产，河内修武人，《后汉书》有传。从《隋志》的著录情况来看，卫飒将130卷的《史记》删减为10卷，且将纪传体改为分类编排的体例。杨终，字子山，蜀郡成都人，曾"受诏删《太史公书》为十余万言"[①]。应奉，字世叔，南顿人。《后汉书·应奉传》注引袁山松书曰："奉又删《史记》《汉书》及《汉记》三百六十余年，自汉兴至其时，凡十七卷，名曰《汉事》。"[②] 另，《后汉书·伏湛传》："元嘉中，桓帝复诏无忌与黄景、崔寔等共撰《汉记》；又自采集古今，删著事要，号曰《伏侯注》。"本传注："其书上自黄帝，下尽汉质帝，为八卷，见行于今。"[③] 东汉赵晔著有《吴越春秋》12卷，其后杨方作《吴越春秋削烦》5卷，事见《隋书·经籍志》。

改编史书最著名者当属汉末荀悦对《汉书》的删裁。两汉之际为纪传体创立和渐行的时期。自司马迁著《史记》、班固撰《汉书》之后，纪传体一跃而成为修史的主要形式。相比之下，编年体这种古老的史体，显得有些沉寂和落寞。这种状况直到东汉末年荀悦受诏编《汉纪》才得以改变，使得编年与纪传二体处于相对平等的地位。究其原因，主要得益于荀悦在编年体上有以下重要发展和突破。

第一，《汉纪》预设编书凡例。所谓凡例，也称发凡起例，是在编纂一部文献之前事先指明全书要旨，提示全书通例的文字。《春秋》《左传》的书法散见于书中，是后人归纳为具有条理性的凡例。《汉纪》则不同，它事先在序言中就明确提出了自己的写作原则："立典有五志焉：一曰达道义，二曰鄣法式，三曰通古今，四曰著功勋，五曰表贤能。"并且为了实现这五条原则规定了"十六条例"："凡《汉纪》有法式焉，有鉴戒焉；有废乱焉，有持平焉；有兵略焉，有政化焉；有休祥焉，有灾异焉；有华夏之事焉，有四夷之事焉；有常道焉，有权变焉；有策谋焉，有诡说焉；有术艺焉，有文章焉。"[④]

第二，改纪传为编年，创立断代编年体史书。荀悦奉汉献帝旨意改编《汉书》，据《后汉书·荀悦传》："帝好典籍，常以班固《汉书》文繁难省，乃令悦依《左氏传》体以为《汉纪》三十篇，诏尚书给笔札。"[⑤] 荀

① 范晔：《后汉书》第48卷，《杨终传》，中华书局，1965，第1599页。
② 范晔：《后汉书》第48卷，《应奉传》，中华书局，1965，第1607页。
③ 范晔：《后汉书》第26卷，《伏湛传》，中华书局，1965，第898页。
④ 荀悦：《汉纪序》，张溥辑《汉魏六朝百三家集》第17卷，清文渊阁四库全书本。
⑤ 范晔：《后汉书》第62卷，《荀悦传》，中华书局，1965，第2062页。

悦的具体做法是“约撰旧书，通而叙之，总为帝纪。列其年月，比其时事，撮要举凡，存其大体。”[①] 具体来讲，就是把《汉书》的“纪、表、志、传”打通，重新简化组合，然后分别归纳为十二帝纪，按年编排。他在运用编年体方法的同时，成功地加入了“人经事纬”等纪传体的记叙方法，能根据需要突破时间界限，或补叙前因，或备述后果，或兼及同类人等事物，从而克服了过去编年史记人不完整的缺陷。该书总共 18 万字，只有《汉书》的四分之一，内容大致不出《汉书》范围，然亦有所增补，因而以“词约事详”而著称。唐代科举考试时，甚至将《史记》《汉书》《汉纪》列为一科，由此可见其影响之巨。荀悦的创造为后代编年史（如《资治通鉴》的编纂）的发展提供了经验，同时又开断代编年史的先例，后继者络绎不绝，如《后汉纪》《晋纪》《齐纪》等。

第三，突出了史论的作用。《汉纪》以前，史论处于初始阶段，一般都是就史论史，很少触及现实，而且文辞简略，三言两语，难以表达作者完整的思想。《史记》《汉书》偶有大段论赞，但纪传体重在论人，局限了它们的作用。《汉纪》常以“荀悦曰”的形式阐述自己的政治和史学思想，不仅有很多长达数百字，甚至还有千字左右的长篇大论。如文帝十三年六月诏“除民田租”一事，班固只以惠政而加称颂；荀悦则尖锐地指出，“豪强富人占田逾制，输其赋太半，官收百一之税，民收太半之赋，官家之惠优于三代，豪强之暴酷于亡秦”，客观地反映出当时社会的实际情况，继而指出：“今不正其本，而务除租税，适足以资富强。”[②]《汉纪》突破了编年体重在论事的传统，评人论事各有所重，且能联系实际，议论得失，把史论提高到了一个新的高度，对后世影响很大。

魏晋南北朝至隋唐时期，改编删裁的作品也有不少。例如《东观汉纪》，是东汉官修的一部史书，据《隋书·经籍志》著录有 143 卷，内容记述稍嫌烦杂，魏晋以后有诸多史家对它进行过改编，如西晋司马彪《续汉书》、华峤《后汉书》、东晋袁宏《后汉纪》、袁山松《后汉书》等即是。司马彪撰写《续汉书》的理由是：“汉氏中兴，讫于建安，忠臣义士亦以昭著，而时无良史，记述烦杂，谯周虽已删除，然犹未尽，安顺以下，亡缺者多。”[③] 华峤撰写《后汉书》，也是意在删减，“初，峤以《汉纪》烦秽，慨然有改作之意。会为台郎，典官制事，由是得遍观秘籍，遂就其

---

① 荀悦：《前汉纪》第 1 卷，《高祖》，清文渊阁四库全书本。

② 荀悦：《前汉纪》第 8 卷，《孝文》，清文渊阁四库全书本。

③ 房玄龄：《晋书》第 82 卷，《司马彪传》，中华书局，1974，第 2141 页。

绪。起于光武，终于孝献，一百九十五年，为帝纪十二卷、皇后纪二卷、十典十卷、传七十卷及三谱、序传、目录，凡九十七卷。”① 较之《东观汉纪》，也删减不少。东晋袁宏在《后汉纪》自序中谈及写作动机说：“予尝读后汉书，烦秽杂乱，睡而不能竟也，聊以暇日，撰集为《后汉纪》。”② 这里的后汉书，即指《东观汉纪》。正因如此，故《文心雕龙·史传》云：“《后汉》纪传，发源东观。”③ 南北朝时期还有许多其他删裁改编之作，如王隐《删补蜀记》7 卷，阮孝绪《正史削繁》94 卷，谢士泰《删繁方》13 卷，何偃删《王逸注楚辞》11 卷，阴僧仁《梁撮要》30 卷，王延秀《史要》38 卷，萧肃《合史》20 卷，吉文甫《十五代略》10 卷，信都芳删注《乐书》9 卷，杜信《史略》30 卷、《删书经》10 卷，江承宗《删繁药咏》3 卷；隋朝许敬宗删改敬播撰《高祖实录》20 卷等；唐代许孟容等《元和删定制敕》30 卷、李绛删定《兆人本业》3 卷、谢登新删定《格后敕》50 卷。唐代还在《贞观礼》《显庆礼》的基础上，折中改编，撰成《大唐开元礼》150 卷，据《新唐书》载：“玄宗开元十年（722 年），以国子司业韦縚为礼仪使，以掌五礼。十四年，通事舍人王岩上疏，请删去《礼记》旧文而益以今事，诏付集贤院议。学士张说以为《礼记》不刊之书，去圣久远，不可改易，而唐《贞观》《显庆礼》，仪注前后不同，宜加折衷，以为唐礼。乃诏集贤院学士右散骑常侍徐坚、左拾遗李锐及太常博士施敬本撰述，历年未就而锐卒，萧嵩代锐为学士，奏起居舍人王仲丘撰定，为一百五十卷，是为《大唐开元礼》。”④

宋代节选、改编他人作品亦成风气，如“贾师宪常刻《奇奇集》，萃古人用兵以寡胜众如赤壁、淝水之类，盖自诧其援鄂之功也。又《全唐诗话》乃节唐《本事诗》中事耳。又自选《十三朝国史会要》。诸杂说之会者，如曾慥《类说》例，为百卷，名《悦生堂随抄》，板成未及印，其书遂不传。其所援引，多奇书。”⑤ 贾师宪，即南宋奸相贾似道，好编书和刻书，但从其内容来看，多是节选或改编前人著述，其作品因人废文，今已不传。宋代还有一种奇特的禁书方法，就是将其他书的内容杂编入该书，使其失其本真，如唐人李淳风所作《推背图》，历“五季之乱，王侯崛起，

---

① 房玄龄：《晋书》第 44 卷，《华峤传》，中华书局，1974，第 1264 页。

② 袁宏：《后汉纪·原序》，清文渊阁四库全书本。

③ 刘勰：《文心雕龙》，《史传第十六》，中华书局，1985，第 23 页。

④ 欧阳修：《新唐书》第 11 卷，《礼乐志》，中华书局，1975，第 306 页。

⑤ 周密：《癸辛杂识·后集》，《贾廖刻书》，见《宋元笔记小说大观（六）》，上海古籍出版社，2001，第 5751 页。

人有幸心，故其学益炽。闭口张弓之谶，吴越至以遍名其子，而不知兆昭武基命之烈也”。宋代立国之后，宋太祖为巩固政权，“始诏禁谶书，惧其惑民志以繁刑辟。然图传已数百年，民间多有藏本，不复可收拾，有司患之。一日，赵韩王以开封具狱奏，因言‘犯者至众，不可胜诛’。上曰：‘不必多禁，正当混之耳。’乃命取旧本，自已验之外，皆紊其次而杂书之，凡为百本，使与存者并行。于是传者懵其先后，莫知其孰讹。间有存者，不复验，亦弃弗藏矣。”① 赵匡胤为了禁绝《推背图》，命人杂编了一百本内容造假的《推背图》，使其与真本流存于世，使得读者真伪莫辨，无所适从，最终失去了对该书的信任，也就自然禁绝了该书的流行。从这个例子来看，宋人已经懂得利用改编图书达到禁毁图书的目的。这也从侧面说明了改编与图书著作权的密切关系。宋代有的史臣利用修史的机会，擅自在他人作品内掺入其他内容，实际上也侵犯了他人的著作权。如王安石所作《日录》一书，就被其女婿蔡卞改篡过。据《邵氏闻见录》载：“荆公尝谓其侄防曰：‘吾昔好交游甚多，皆以国事相绝。今闲居，复欲作书相问。’防忻然为设纸笔案上。公屡欲下笔作书，辄长叹而止，意若有所愧也。公既病，和甫以邸吏状视公，适报司马温公拜相，公怅然曰：‘司马十二作相矣。’公所谓《日录》者，命防收之。公病甚，令防焚去。防以他书代之。后朝廷用蔡卞请，下江宁府至防家取《日录》以进。卞方作史，惧祸，乃假《日录》减落事实，文致奸伪。上则侮薄神宗，下则诬毁旧臣，尽改元祐所修《神宗正史》。盖荆公初相，以师臣自居，神宗待遇之礼甚厚。再相，帝滋不悦，议论多异同，故以后《日录》卞欺，神宗匿之。今见于世止七十余卷，陈莹中所谓‘尊秘史以压宗庙’者也。”② 蔡卞的所作所为，也受到了时人的鄙夷，据宋人周辉《清波杂志》载：“王荆公《日录》八十卷。毗陵张氏有全帙，顷曾借观。凡旧德大臣不附己者，皆遭诋毁；论法度有不便于民者，皆归于上；可以垂耀后世者，悉己有之。尽出其婿蔡卞诬罔。其详具载陈了斋莹中《四明尊尧集》。陈亦自谓：‘岂敢以私意断其是非，更在后之君子审辩而已。’故《神宗实录》后亦多采《日录》中语增修。章子厚为息女择配，久而未谐。蔡因曰：‘相公择婿如此其艰，岂不男女失时乎？’子厚曰：‘待寻一个似蔡郎者。’蔡甚惭。”③

宋代甚至因史料的改编与删裁而形成了一种新的史体，这就是司马光

① 岳珂：《桯史》第 1 卷，《艺祖禁谶书》，中华书局，1981，第 2 页。

② 邵博：《邵氏闻见录》第 12 卷，中华书局，1983，第 128 页。

③ 周辉撰，刘永翔校《清波杂志校注》第 2 卷，《王荆公日录》，中华书局，1994，第 85 页。

创立的“通鉴体”。司马光与其主要助手刘恕、刘攽、范祖禹等人合编《资治通鉴》，做了大量的史料的收集、甄别、删裁等工作，“两汉事则属之贡甫（刘攽），唐事则属之纯夫（范祖禹），五代事则属之道原（刘恕）。余则公自为之，且润色其大纲”①。《资治通鉴》的编纂程序大体分三步走：先作丛目，次作长编，最后删削定稿成为《通鉴》正文。丛目又分为两步：先以《实录》为主并参照其他史料，将重要史事列出纲目，按年月日顺序调整安排妥当，称为事目；然后广泛搜罗史料，并在各条事目之下注明全部有关史料的出处，称为附注。丛目完成后，再依据丛目的规范和指引，将事目下附注的全部史料全部检阅一遍，斟酌详略，比较异同，作出取舍，然后抄录下来加以排列，便成为长编。显然，长编就是史料汇编，《资治通鉴》就是一部改编删裁的史作，它的最大特色就是将史书的撰著与史料的编纂很好地结合起来了。司马光这种修史先编丛目和长编的做法，对后世产生了深远的影响，后人纷纷仿效，如南宋李焘的《续资治通鉴长编》、李心传的《建炎以来系年要录》、徐梦莘的《三朝北盟会编》等，都借鉴了长编的体例。

元、明以来的文人也有改编或续写前代作品的风气，如谈迁《枣林杂俎》云：“新安谢陛少连，改陈寿《三国志》为《季汉书》，予蜀正统，魏、吴世家。宋萧常《后汉书》、郑雄飞《续后汉书》、翁冉《蜀汉书》，元金华张枢、陵川郝经，明长洲吴尚俭，并续《后汉书》。”② 明人朱国祯也说：“近年新安谢生改《三国志》为《季汉书》，尊昭烈以继东西汉之后。然先年吴中有德园吴先生者，挺庵宪副之父，以岁贡受子封，不仕。孝友饶文学，亦窜定《三国志》，订正统，名曰《续后汉书》。可见好事都有人先做去。其曰‘季’，不若‘续’为妥。”③ 明代也存在增删前人著述的情况，如明朝初年曾删订过《孟子》，据明人李诩《戒庵老人漫笔》载：“《孟子》古本十四卷。孟子谓惠王曰：‘虐政杀人，何异刃耶？庵有肥肉，厩有肥马，民有饥色，野有饿莩……。’右与今本异同者凡七条，今本绝无者亦七条。岂皆在十四卷中之逸乎？我太祖国初尝删‘国人寇雠’、‘反覆易位’等数章不用。此删本至今犹在南礼部堂柜中。然卒寝前旨，以全书行世。”④ 冯惟讷，字汝言，号少洲，他曾托何良俊删定《风雅逸篇》，

① 徐度：《却扫编》卷下，见《宋元笔记小说大观（四）》，上海古籍出版社，2001，第4525页。

② 谈迁：《枣林杂俎》，中华书局，2006，第247页。

③ 朱国祯：《涌幢小品》第18卷，《书已先做》，中华书局，1959，第414页。

④ 李诩：《戒庵老人漫笔》第2卷，中华书局，1982，第73页。

据何良俊《四友斋丛说》云："冯少洲《风雅逸篇》，尝托余删定，其所载《道门》一卷，皆取之《真诰》与《云笈七签》等书，盖佛经诸偈，皆出六朝人之手，犹有可观。道家诸书，皆张君房辈所纂，乃科书之类，极为芜陋，一无足取者，如何一概混入？余皆削去，今十不存一矣。"① 李贽的《藏书》也曾因增删他人成稿而受到后人的批评："贽所著书，唯《易因说》书尚可采。《焚书》固不足观，《藏书》则率本他人之成稿，而增删无法，叙述欠详，间附己意，故作畸论，语不雅训，多失体。"②

清代为书坊和科场选文也很盛行，如陈康祺《郎潜纪闻》载："李文贞公幼工举子业，好为坊社选文，尝自夸其明文前选之精曰：'一乡一国士子，有能熟于此者，可永免兵水之灾。'吾乡谢山先生痛诋之，谓：'相公纸尾之学，所以成中和位育之功者，尽在于此。'言虽大苟，然理学经济如榕树，乃戋戋以兔园册子，妄自炫暴，洵不知其命意之何居。"③ 龚炜在《巢林笔谈续编》中提出"选文不可阿狥"的观点："选近今诗文，不容阿好，尤不可狥情。阿好失之编，狥情并失之伪矣。"④ 清人在编辑整理前人著述时态度一般比较严谨，如全祖望（号谢山）病危濒死之际，"以诗文稿付其弟子董秉纯小钝藏弆，手定凡六十卷，其余残篇剩简，几满一竹笥。小钝泣拜而受，粘连补缀，又汇为七十卷。其中与正集重复，及别见于他作者，几十之四，拟重删定，以多先生手书，不忍涂乙。因手自誊写，课徒之隙，钞得三百余纸。船唇驴背，挟以俱行，竟未竣事。"⑤ 但即便如此，有的清人著作难免在当代就有被窜乱的，如"新城王文简公士祯所编之《感旧集》十六卷，久已脍炙人口，咸谓出自王文简公所手定，故鉴别精粹，可推善本。而不知今世所行之《感旧集》，系由后人所窜乱，并非王文简公原本。声木谨案：长洲顾贻禄字禄百，又号瑗堂，撰有《吹万阁诗文集》十二卷，乾隆戊子家刊本，前有里生沈文悫公德潜序。《诗集》中有《论诗绝句》二十首，中有诗云：'感旧新城洒泪频，搜罗遗帙慰陈人。自从雅雨矜繁富，顿失庐山真面目。'自注云：'昔见《感旧集》原本，不及今刻之半。'云云。是顾氏当日尚得《感旧集》原本，不及今

① 何良俊：《四友斋丛说》第 36 卷，中华书局，1959，第 334 页。

② 王弘：《山志：初集》第 4 卷，李贽，中华书局，1999，第 96 页。

③ 陈康祺：《郎潜纪闻》，《三笔》第 3 卷，《李文贞好为坊社选文》，中华书局，1984，第 690 页。

④ 龚炜：《巢林笔谈》，《续编》卷上，《选文不可阿狥》，中华书局，1981，第 189 页。

⑤ 陈康祺：《郎潜纪闻》，《三笔》第 12 卷，《董秉纯整理全谢山遗稿之风义》，中华书局，1984，第 859 页。

刻之半，其为德州卢雅雨鹾使见曾所窜乱者多矣。”[①] 再如，“《朱子格言》‘黎明即起’一篇，为前明朱用纯作，今《大全》中尚载入此文。又有‘居家要言’一则，皆其后人增入者，当为删去。”[②] 这些都是在删裁改编他人作品时产生的著作权问题。

三 注释与翻译

在编述的文献类型中，对原有作品进行注释而形成的新作品也占了很大比重。早在先秦时期，文献注释就已出现。汉代经学研究的兴起，更是带动了注释的发展，形成了早期的“六经注我”和后期的“我注六经”两大注释模式。经学之外，子学、文学、史学文献也都有大量的注释作品出现。先秦两汉时期的注释有很多别称，有“传”，如《春秋》有《左传》《公羊传》与《谷梁传》；有“注”，如马融《周易注》《尚书注》《毛诗注》，高诱《战国策注》等；有“解”，如服虔《春秋左氏传解》，高诱《孝经解》《淮南解》，《韩非子》有《解老》等；有“说”，如《诗》有《鲁说》《韩说》，《论语》有《齐说》《鲁夏侯说》，《孝经》有《长孙氏说》《江氏说》《翼氏说》《后氏说》等；有“训”，如高诱注《淮南子》，每篇目下加一训字，如《览冥训》《天文训》等；有“故”，如《诗经》有《鲁故》《齐后氏故》《齐孙氏故》《韩故》；有“笺”，如郑玄《毛诗笺》；有“章句”，如西汉《易经》有施、孟、梁丘氏章句，《尚书》有欧阳章句、大小夏侯章句，《诗经》有韦君、许氏、伏氏章句等。东汉流传至今的有赵岐《孟子章句》、王逸《楚辞章句》等；有“音义”，如延笃《史记音义》等。从《汉书·艺文志》的著录及卷端题名来看，汉人是将注释作品与原著作了区别处理的，将之看作独立于原著之外的新作，这反映了汉人对编述作品的著作权的归属态度。

汉代注释的特点是质朴、简略、严谨，但这也使其字义简奥，不易明了。到了南北朝时期，不仅原文经典读起来有困难，就连汉人所作的注释也有重新解读的必要，于是义疏之学兴起。所谓义疏，是指会通经典义理，加以阐释发挥，或广搜群书以补旧注，究明原委，其特点为“引取众说，以广异闻”（皇侃《论语义疏自序》）。它与集解的体例较为接近，但注释内容更为详尽。义疏最早兴于南北朝佛家经典的解释，后延至儒家经义，

---

① 刘声木：《苌楚斋随笔》，《续笔》第7卷，中华书局，1998，第394页。

② 赵慎畛：《榆巢杂识》卷上，《朱子格言》，中华书局，2001，第24页。

当时“俗间儒士，不涉群书，经纬之外，义疏而已”[①]。南朝梁皇侃《论语义疏》就是以何晏《论语集解》为本，参以江熙所集十三家注，既注解原文，也注释前人的注解。南北朝时期有南学、北学之分，这也导致了经学多门，章句繁杂的局面。到了唐贞观年间，孔颖达、颜师古等人受诏作《五经正义》，对《易》《书》《诗》《左传》《礼记》五部经典的义疏作了整理，旨在统一对儒家经典的认识。《五经正义》通常选定一种注本为主，而不杂他家之说，如《易》用王弼注，《书》用孔安国伪传，《诗》用毛传、郑笺，《左传》用杜预注，《礼记》用郑玄注。《五经正义》以“疏不破注”为原则，以解释原注为主，通常不重新解释原文，而只对原注未解释的原文，或义疏不认可原注的部分作重新解释。这也部分体现了唐人尊重前人注释作品著作权的态度，但也因此有人认为唐人注释显得演绎有余，而发明不足。南北朝至隋唐时期，是我国注释作品取得丰硕成绩的时期，出现了文献史上所谓的“四大名注”，即南朝宋裴松之的《三国志注》，南梁刘孝标的《世说新语注》，北魏郦道元的《水经注》和唐代李善的《文选注》。另外比较重要的注释作品还有陆德明的《经典释文》，颜师古的《汉书注》《五经文字》《匡谬正俗》等。这些注释作品都大量征引其他图书，并注明出处，以补阙或考辨原书所载史实，如《三国志注》注引魏晋人著作210种，所引材料文字超过了正文。《世说新语注》注引书籍400多种。《水经注》引书437种，注文超过原文20倍。[②] 由此可见，虽然中国古代将注释作品看作独立于原作的新作，但注释作品毕竟是依附于原书而存在的，且其注释引文也大量保存了其他图书的内容，因而难免与其他作品发生著作权关系。

宋代受理学的影响，注释也讲求义理，提出“六经为我”的口号，因此一改前代注释严谨烦琐的风气，比较注重用简明的语言阐述前人的作品，且敢于疑古翻新，如王安石于北宋神宗熙宁间主持完成的《三经新义》（即《周官新义》《诗经新义》《书经新义》），开宋代义理之学代替汉唐传注经学之风，在当时的思想界产生了很大的影响，被称为“荆公新学”。但当这种注释风格发挥到极致的时候，也就难免带来了严重的臆断之弊，这种情况在南宋表现得尤为严重。从著作权意义来讲，这种主观臆解原著、背离原著精神的做法，也是对原著的著作权的侵害。身为理学家的朱熹对

---

① 颜之推撰，王利器集解《颜氏家训集解》第3卷，《勉学》，上海古籍出版社，1980，第176页。

② 杨燕起、高国抗主编《中国历史文献学》，北京图书馆出版社，2003，第386页。

此深有感触："尝窃谓秦汉以来，圣学不传，儒者惟知章句训诂之为事，而不知复求圣人之意，以明夫性命道德之归。至于近世，先知先觉之士（注：当指北宋二程）始发明之，则学者既有以知夫前日之为陋矣。然或乃徒诵其言以为高，而又初不知深求其意，甚者遂至于脱略章句，陵籍训诂，坐谈空妙，展转相迷，而其为患有甚于前日之为陋者。"[①] 因此，朱熹虽也讲求义理，但他推崇汉注，强调在先儒旧说的基础上推陈出新，主张解经要贴近原文，而反对轻弃旧注，随意立说。他一生注有《四书章句集注》《诗集传》《周易本义》《楚辞集注》等，晚年还叮嘱弟子蔡沈作《尚书集传》。朱熹的集注，通常是他自己先作注，然后引他人的注，并注明出处。另外，邢昺的《七经义疏》被当作官定范本流通使用，该系列注释也大致承袭了汉唐经学的传统。宋代史部文献的注释以注《新唐书》和两《五代史》居多，其中注《新唐书》较早的有窦苹《唐书音训》、不著撰人的《唐书音义》、题名樊先生的《注唐纪》和董衡《唐书释音》等；注《旧五代史》的有王皞《唐余录》。该书仿裴松之《三国志注》，对有关史实加以注明，以补旧史之缺。元代注释以元初胡三省《资治通鉴音注》为代表，该注随文释义，凡词语间义、名物辨析、典故出处、制度沿革、史实订正等无不具备，尤对职官、地理考证精详。由于《资治通鉴》本身为长篇巨帙，头绪繁多，胡注则着力贯连事件本末。凡涉及上年的事，必注明见某年某卷，涉下年之事，必注明为某事张本，重要人物出现，必注明某人事始于此，从而使事之原委，人之始末，前后照应，以便读者。元代出现了直解这样一种注释形式，顾名思义就是用通俗直白的话解释经典。直解一般不旁征博引，以明白为度。

明代由于思想文化钳制的加剧，八股文成为文人科举取仕的必由之路，传统的注释之学受到严重影响，但也出现了胡广等奉敕编撰的《五经大全》《四书大全》《性理大全》之类的集解之作。大全的特点就是非常全面，一般以朱程理学派的传注本为基础，而这些传注本又多是集注本，如《书传大全》以宋蔡沈《尚书集传》为本，《诗传大全》以《诗集传》为本，再参合诸儒要说，有的还增加一些图表、论说等资料，力图囊括一切与原书内容相关的资料。明末清初顾炎武提倡经世致用，在治经时开始注重考据，别开清代朴学的风气，因而迎来了清代注释学发展的高峰期，出现了大批考据学家和训诂学家，以及一大批高质量的注释之作。阮元辑刊的《皇清经解》精选清代乾嘉年间 74 位经学家的经学名著，共计 173 种

---

① 朱熹：《晦庵集》第 75 卷，《中庸集解序》，四部丛刊本。

1408卷；王先谦辑刊的《续皇清经解》则搜采乾嘉以后的经学名著，并及乾嘉以前为阮元《皇清经解》所遗者，共计209种1430卷，作者113家。清末章炳麟最后一次对清代经学作了总结，从《皇清经解》《续皇清经解》以及两者未收的经注中选出16种，定为《群经新疏》。在史注领域，王先谦《汉书补注》在颜师古《汉书注》的基础上，广征博引，再次全面总结了历来尤其是清代学者对《汉书》的研究成果，堪称迄今《汉书》注释最为完备的本子。清人敢于打破对古人的迷信，以实事求是的精神对前代注释中存在的问题进行纠正，比如阎若璩考证出伪《古文尚书》和伪《孔传》，并对前代注释中的空疏妄说用的方法加以辨正，提出了很多新的见解。另外，这个时期的学者已不再像以前的传注家那样，只单就一部书作注，而是将所有经史子集当中的疑难问题集中起来，运用各种不同的方法加以解释和解决，其研究范围也不仅是古词古音，还包括典章史实，这类代表性的作品有王念孙的《读书杂志》，王引之的《经传释词》《经义述闻》，俞樾的《群经平议》《诸子平议》《古书疑义举例》等。

翻译也是文献编述的一种重要形式。它是将一种语言转换成另一种语言，通常采取意译的方式，这种通释其义的做法跟注释中的“疏义”非常类似，译者还可在翻译过程中加入自己的理解。但不管怎样，它只是在原有作品的基础上进行的一种加工整理方式，与原作之间产生了著作权关系。从现有的资料来看，司马迁当属我国古文今译的第一人。他在撰著《史记》过程中，引用了很多先秦古籍，而这些古书大多是用先秦籀书写成的，有的存在语义古奥的问题，司马迁要利用这些文献，首先要做的就是翻译工作。《史记》大量采用了《尚书》的内容，他用汉代通行的文字代替了原文中的古奥字句，例如《尚书・尧典》有“克明峻德”“庶绩咸熙”的话，《史记・五帝本纪》分别译作“能明驯德”和“众功皆兴”。这对于帮助后人理解古代文献，有着不可磨灭的功绩。佛教传入中国后，对佛经的翻译也属编述的范畴。东汉时期的安世高、安玄、支娄加谶、支谦等，魏晋南北朝时期的朱士行、竺法护、释道安、鸠摩罗什、法显、觉贤、昙无谶、求那跋陀罗、菩提留支、真谛等，唐代的玄奘、义净、实叉难陀、菩提流志等，都是历史上著名的译经师。据专家统计，从印度、西域译成汉文的佛教经、律、论、集、传等有1692部6241卷，著名的译师不下200人。①这是一个特殊的著者群体。他们在序跋中对译经过程的文字说明，抑或在译本卷端上的直接署名，甚至历代佛经目录中对译者的著录，也都可

① 杜泽逊：《文献学概要》，中华书局，2001，第49页。

看作翻译作品署名权的一种宣示形式。

第二节 抄纂

古代还有一种文献生成方式涉及原始的著作权关系，那就是抄纂。所谓抄纂，是“将过去繁多复杂的材料，加以排比、撮录，分门别类地用一种新的体式出现”[①]。它的特点是对原文进行原封不动的辑录，新作中可以明显地看到原作整体性的内容。前文所述的《儒家言》《道家言》《法家言》《杂家言》《百家》等，就是这种方式生成的。除了以上这些子书的抄纂外，将其他单行的诗文篇目汇编成集，也属抄纂的范畴，因为它也是原封不动地辑录原文。由于汇编以一种新的组织方式编排原文，产生了一系列新的文献体裁，如类书、杂钞、总集、别集等。

一 类书的抄纂

类书是古代抄纂的重要文献类型。所谓类书，就是采摭群书，辑录各门类或某一门类的资料，随类相从而加以编排，以利寻检引用的一种工具书。因其内容包罗万象，又有古代百科全书之称。我国古代类书数量众多，据台湾学者庄芳荣所编《中国类书总目初稿》（台湾学生书局 1984 版）参考历代史志、公私藏书目录及 15 家今人目录，计得历代公私类书 824 种，扣除同书异名和疑为同名书者，计 766 种，远超前人的统计数目。类书有一个共同的特点，那就是采获群书，以类相从，即将原文整段、整篇乃至于整部书抄入，而不加篡改，然后按既定的类例重新编排。这当然会涉及古代图书的著作权问题。

类书起源于曹魏时期的《皇览》。东汉末年，农民起义及军阀混战，造成了图书的严重散失。魏文帝曹丕爱好文学著述，深知文化典籍对于一个国家的重要性，因此在他执政的七年中，采取了采拾亡遗、搜集图书的措施。据《三国志》载：“初，帝好文学，以著述为务，自所勒成垂百篇。又使诸儒撰集经传，随类相从，凡千余篇，号曰《皇览》。”[②] 该书编成于魏皇初元年（220 年），凡八百余万言，参与其事的有王象、缪袭、桓范、刘劭、韦诞等人。清孙冯翼《问经堂丛书》辑本《皇览》序言：“其书采集经传，以类相从，实为类书之权舆。”《皇览》虽已亡佚，但引用该书条

---

① 张舜徽：《中国文献学》，上海古籍出版社，2005，第 27 页。

② 陈寿：《三国志》第 2 卷，《魏书・文帝纪》，中华书局，1959，第 88 页。

目的其他古书仍有部分存在，如《太平御览》引《皇览·冢墓记》20条，并多次引《皇览逸礼》；《水经注》引《皇览》13条。其他如《初学记》《北堂书钞》《艺文类聚》《史记集解》等，也都引用过《皇览》的条目。把这些条目集中起来，亦可窥见《皇览》的部分内容。该书为迎合帝王的需要，内容主要偏重前朝掌故、文人轶事、名臣言行、宫闱趣闻、帝王之术及典章制度等方面，不像后世的类书那样内容无所不包。《皇览》的编纂手法主要是割裂古书，寻章摘句，以类相从，即将经传中的文字材料按一定的需要辑录出来，分门别类地编排，以便皇帝阅览。自《皇览》开创类书摘抄旧书，以类相从的编纂体例后，后世纷纷仿效。晋代类书有陆机《要览》、虞喜《志林》、韦谀《典林》等。南北朝崇尚骈偶排丽，讲究用典使事，写文章可以博采纪传旧事和前人诗文旧辞。因此，王公贵族竞相聚集文士，大兴类书编纂之事，如南齐东观学士奉敕编纂《史林》、南齐竟陵王萧子良集学士编纂《四部书略》、南梁徐勉奉敕编纂《华林遍略》、梁简文帝萧纲敕陆罩纂《法宝联璧》。可见，帝王贵族往往是类书编纂的直接推动者。他们一方面希望通过类书的编纂可使贵族成员尽快熟悉和掌握封建文化的全部知识，另一方面也可宣示王朝的文治之功。这一时期编纂的类书还有南梁刘峻《类苑》、刘杳《寿光书苑》、陶弘景《学苑》、张缵《鸿宝》、朱澹远《语对》《语丽》；南陈张式《书图渊海》；北魏崔安《帝王集要》、元晖《科录》；北齐祖珽《修文殿御览》等。另外还出现了不少宗教类专科类书，佛教类的如刘宋沙门昙宗《数林》、释僧璩《僧尼要事》；南齐比丘释王宗《佛所制名数经》、释超度《律例》、萧子良《僧制》《三宝记》；南梁释宝唱《经律异相》、释法超《出要律仪》、释僧祐《世界记》、释僧旻《众经要钞》、释智藏《义林》、虞孝敬《内典博要》；北齐释法上《增一法数》；北周释静蔼《三宝集》等。道教类书也已出现，如北周时期的《无上秘要》等。这部书原100卷292品，是在周武帝灭佛的历史背景下，由通道观道士帮助宇文邕完成编纂的。

隋朝享国虽短，却也编了不少类书，举其要者，有柳顾言、虞绰、虞世南等编纂的《长洲玉镜》，杜公瞻奉敕编纂的《编珠》，诸葛颖辑的《玄门宝海》。唐代类书编纂之风日盛，官修、私修类书相得益彰，不仅数量众多，而且体例严密，品类丰富，选辑精当。官修类书有高祖时欧阳询领衔纂修的《艺文类聚》，太宗时高士廉等纂修的《文思博要》，高宗时许敬宗等纂修的《瑶山玉彩》《累璧》，武后时有题名为天后撰的《玄览》（实由周思茂、范履冰、卫敬业等编纂）、张昌宗等纂修的《三教珠英》，玄宗时徐坚等纂修的《初学记》等。私修类书著名的有虞世南《北堂书钞》、陆赞《备举文言》、元稹《元氏类集》、白居易《白氏经史事类》（又名《白氏六帖》）、温庭筠《学海》、李商隐《金钥》、皮日休《皮氏鹿门家钞》等。隋唐类书在采摭资料时，注意标引出处。据孔广陶统计，我国现存最早的类书《北堂书钞》所引图书，除集部外约800多种。它每种书采获引文多至一千数百条，少则三两条。其引书的年代断限，“皆三代、汉、魏，迄于宋、齐。最晚者沈约《宋书》、萧方等《三十国春秋》、崔鸿《十六国春秋》、魏收《后魏书》；其诗、赋、颂则颜、谢、鲍为最晚；陈、隋只字不钞。”[①] 其编纂体例是在每一类目下，把典籍中有关的材料汇集在一起，每一事摘出一句，然后以小注的形式说明文句的出处、上下文以及有关的解释，注文中间或出现虞世南的案语。如卷九五“艺文部经典一”“六籍”之下有：“班固《东都赋》云：盖六籍所不能谈，前圣靡得而言焉。谨案：六籍，六经也。”再如，《艺文类聚》卷八一“药香草部上·菖蒲”子目下征引了10种相关文献资料，这些引用的文献资料，均注明出处，标示书名、篇目、作者和文体类别。《艺文类聚》以后的类书，大多沿用这种形式，只是罗列文献资料的形式略异。类书注明所抄原文的出处，除了方便核对引文和提高可信度外，也是表明对原作的一种尊重态度。

入宋以后，类书的编纂迎来了一个高潮。这一时期官方编有著名的四大类书，即《太平御览》《册府元龟》《太平广记》《文苑英华》。民间私修类书著名的有吴淑《事类赋注》、高承《事物纪原》、潘自牧《记纂渊海》和王应麟《玉海》等。太平兴国二年（977年），李昉等受诏编纂《太平御览》，至八年（983年）书成，计1000卷。该书类分55门，门下又分4558个子目，征引至为浩博。据洪迈《容斋随笔》称太平兴国中编次《御览》，引书1690种，如果加上所引诗赋，则达2800多种，如天部“太始”条顺次征引了《易·乾凿度》《帝王世纪》《楚辞·天问》（包括王逸注）、张衡《玄图》和阮籍《大人先生传》。这些资料，既注明了出处，又大多是原文照录，为读者提供了便利。《太平御览》之前的类书引书都有一个毛病，就是正文、注文连写而不加区别，如唐代的《初学记》《艺文类聚》都征引了北周宗懔的《荆楚岁时记》，它们在处理正文和注文时就未加区分。而《太平御览》却克服了这一毛病，将正文和注文区分得十分清楚。这说明编者在编书时不是简单地采录前代类书，而是检核了不少引文的原文。但《太平御览》在引书方面也存在不少问题：首先，所引书名不尽统一。如刘澄《宋永初山川古今记》就有《宋永初山川记》《永初山

① 严可均：《铁桥漫稿》第8卷，清光绪十一年（1885年）长洲蒋氏心矩斋刻本。

川记》《山川古今记》和《刘澄山川记》五个异名。其次，书名与篇名相混淆。如《〈太平御览〉经史图书纲目》（即引书目录）所列《立后土国语》《讽谏木国语》《见君大韩子》《杀谏庚符子》，不像书名而更像篇名，不当与书名并列。再者，有些引文脱略书名。如卷二七一引刘向《新序》论兵事，其“又曰”云：“乐毅以弱燕破强齐七十余城者，齐无法故也……近者，曹操以八千破袁绍五万者，袁无法故也。”[①] 这里所谓“又曰”，按其通例，是继续征引刘向《新序》。然而西汉刘向怎么可能叙述东汉末年曹操、袁绍间的战事呢？显然有违常理，“又曰”前当脱略了另一书名。《册府元龟》1000 卷，由王钦若、杨亿等奉敕编纂，自真宗景德二年（1005 年）始，至祥符六年（1013 年）成。该书分 31 部，其下又分 1104 门，“其书止采六经、诸史、《国语》《国策》《管》《安》《孟》《晏》《淮南》《吕览》《韩诗外传》，及《修文御览》《艺文类聚》《初学》等书。即如《两京杂记》《明皇杂录》等，皆摈不采。其编修官供帐饮馔，皆异常等。王钦若以《魏书》《宋书》有‘索虏’、‘岛夷’之号，欲改去。王文正公谓旧文不可改。又如杜预以长历推甲子多误，皆以误注其下而不改。帝下手诏，凡悖逆之事，不足为训者，删去之。复亲览，摘其舛误，多出手书诘问，或召对指示商略，凡八年而成。”[②] 但《册府元龟》有一个最大的缺点，即引文不注出处，如：“汉文帝即位十七年，改元后元年。（注云）：‘新垣平候日再晕，以为吉祥，故改元年，以求延年之祚也。’尽七年。”再如“（武帝）元鼎元年。（注云）：‘得宝鼎，故因是改元。’尽六年。”[③] 前引注文乃《汉书》张晏注，后引注文乃应劭注，《册府元龟》皆不予注明，这是对前人著作权的不尊重。《太平广记》500 卷，亦由李昉奉敕监修，同修者扈蒙、李穆、汤悦、徐铉、宋白、王克贞、张洎、董淳、赵邻畿、陈鄂、吕文仲、吴淑等 12 人。该书按题材分 92 类，下分 150 余细目，每一细目下再列事目，每条事目都征引原文，并注明出处。如“神仙”诸条，分别引自《神仙传》《神仙传拾遗》和《洞宾记》三书。《太平广记》前列引用书目共 343 种，其中《妖乱志》《河洛记》复出，实为 341 种。然书中所引远不止此数，其中不见于卷前引用数目者 138 种，实引书凡 479 种。

金、元因历时不长，所编类书很少，如金章宗泰和四年（1204 年）完

---

① 转引自崔文印《中国历史文献学述要》，商务印书馆，2000，第 256 页。

② 袁褧：《枫窗小牍》卷下，中华书局，1985，第 29 页。

③ 王钦若等：《册府元龟》第 15 卷，《帝王部·年号》，清文渊阁四库全书本。

颜纲等奉敕编有《编类陈言文字》，今已失传。元文宗时期，赵世延、虞集等奉敕编《经世大典》。元代私修类书有胡炳文《纯正蒙求》、严毅《增修诗学集成押韵渊海》、高耻传《群书钩玄》等。明代类书数量较多，据黄虞稷《千顷堂书目》著录，有150部左右，著名的有《永乐大典》、俞安期《唐类函》、顾起元《说略》、章潢《图书编》、邹道元《汇书详注》、唐顺之《荆州稗编》、徐元太《喻林》、王志庆《古俪府》、彭大翼《山堂肆考》、焦竑《类林》、王圻《三才图会》等。明代类书与前代相比，质量普遍下降了不少。如唐顺之《荆州稗编》虽然订正了不少所引书名、人名，但也存在不少问题，“如程大昌《诗议》在所撰《考古编》中，而乃以为出自《新安文献志》；《正谏》本《说苑》篇名，而标之为论；《林泉高致集》所载荆浩《山水赋》、李成《山水诀》乃其人所自作，而概以为出郭思之手；敖陶孙字器之，而讹作孙器之。”① 董斯张《广博物志》，“其征引诸书，皆标列原名，缀于每条之末，体例较善。而中间亦有舛驳者，如《太平御览》《太平广记》皆采摭古书，原名具在，乃斯张所引，凡出自二书者，往往但题《御览》《广记》之名，而没所由来，殊为不明根据。又图经不言某州，地志不言某代，随意剽掇，亦颇近于稗贩。”② 以上所举，有的显然与古代著作权有关。徐元太《喻林》，自序称引书400百余种，而检其所列书名，实不逾半，有夸大之嫌。该书引书用程大昌《演繁露》之例，皆于条下注明出处，亦迥异于明人剽窃扯挦之习，但错误却不少，“如‘儿说宋人善辩者’一条，本出《韩非子》；‘周人有仕不遇者’一条，本出王充《论衡》，皆引《艺文类聚》；‘怀金玉者至不生归’一条，本出《后汉书·耿弇传》，而引《文选》李善注；‘头白可期，汗青无日’一条，本出刘知几《史通》，而引《事文类聚》；‘天寒即飞鸟走兽尚知相依’一条，本出沈约所作《阮籍咏怀诗》注，而亦以为李善。此类颇多。又如以杜预、何休、范宁为汉人，以陈寿为魏人，以李善为隋人，皆时代舛迕。申培《诗说》《天禄阁外史》《武侯心书》之类，皆明代伪书，不能辨别。《广成子》本苏轼从《庄子》摘出，偶题此名，乃别为一书。无能子，云不知何代人，皆未免失于疏略。”③ 明代类书也有质量相对较高的，如王志庆《古俪府》，仿欧阳询《艺文类聚》之例，“或载全篇，或节存本，与他类书割裂饾饤，仅存字句者不同。所引止于宋以前。又皆从各总

① 纪昀等：《钦定四库全书总目》第136卷，《荆川稗编》，中华书局，1997，第1790页。
② 纪昀等：《钦定四库全书总目》第136卷，《广博物志》，中华书局，1997，第1794页。
③ 纪昀等：《钦定四库全书总目》第136卷，《喻林》，中华书局，1997，第1791页。

集、别集采出，亦不似明人类书辗转稗贩，冗琐舛讹。惟间收《玉海》所载偶句，稍为猥杂。”① 明代类书大抵剽窃饾饤，无资实用，而顾起元所编《说略》比较注意引书来历，“尚颇有体裁。凡所采摭，大抵多出自本书，不由贩鬻，其史别、典述诸门，尤为有益于考证。”② 明人类书大都隐其出处，以至于凭臆增损，无可征信，但陈耀文所编《天中记》虽援引繁富，却能一一著所由来。

清代类书据《清史稿·艺文志》及其《补编》，共计 146 部 13847 卷。其中较著名的有陈梦雷等编的《古今图书集成》、张玉书等编的《佩文韵府》，张廷玉等编的《子史精华》，陈元龙等编的《格致镜原》等。清代几部高质量的官编类书在处理所涉前代图书著作权关系时，能尊重原作者及其作品，如《佩文韵府》就比较注意标明引文出处，“其一语而诸书互见者，则先引最初之书，而其余以次注于下。又别以事对摘句附于其末。”③《格致镜原》针对明代类书引文不载原书之名的陋习，对之加以考订，所出必系以原书之名。倒是一些民间私修的类书，在这方面做得不够好。如朱昆田编《三体摭韵》，采集前人新艳字句排纂而成，但其引文却存在不少问题，“即以一东韵而论，阿童为王濬小字，见《三国志注》，乃云出苏轼诗；鹤氃氋而不舞，乃羊祜事，见《世说新语》，乃云本陆龟蒙诗。此犹云惟引词赋，不及子、史也。至于椒风殿名见《两都赋》，乃引崔国辅诗。唐弓字见庾信《三月三日华林园马射赋序》，乃引贺知章诗。比红儿自有罗虬本诗，乃引陆游诗。”④ 宫梦仁编《读书纪数略》54 卷，大抵以宋王应麟《小学绀珠》、张九韶《群书拾唾》为蓝本，而稍摭宋、元、明事附益之。该书引书出处，凡例称“题下必注某书，示不忘本也”，但并没有严格做到，“其间多有不注者，大约世所习见之书，亦或钞时偶忘”⑤。其他如王文清编《考古原始》6 卷，不著出典，益不足征。汪文柏编《杜韩集韵》3 卷，所摘之句，不著原题。杨拥编《是庵日记》14 卷，采辑群书，分类排纂，但“各注所引之书名，亦间附以己意。其凡例自云：‘会心即录，叙次不伦，挂漏孔多，体殊握要。’盖亦随意撮抄之书也。”⑥ 朱

① 纪昀等：《钦定四库全书总目》第 136 卷，《古俪府》，中华书局，1997，第 1794 页。

② 纪昀等：《钦定四库全书总目》第 136 卷，《说略》，中华书局，1997，第 1792 页。

③ 纪昀等：《钦定四库全书总目》第 136 卷，《佩文韵府》，中华书局，1997，第 1796 页。

④ 纪昀等：《钦定四库全书总目》第 139 卷，《三体摭韵》，中华书局，1997，第 1831 页。

⑤ 纪昀等：《钦定四库全书总目》第 136 卷，《读书纪数略》，中华书局，1997，第 1797 页。

⑥ 纪昀等：《钦定四库全书总目》第 139 卷，《是庵日记》，中华书局，1997，第 1833 页。

虚编《古今疏》15 卷，征引浩繁，但不详所出，旧文与新义相杂乱，这些都是历代抄撮成书的通病。

二　杂钞的抄纂

杂钞也是古代抄纂的一种文献类型。它与类书不同，类书是事先有计划地，分门别类地摘抄资料，按一定体例编排而成，杂钞更多是信手摘录古书的某些资料，有的也按分类编排，但不严格，通常注明出处；有的只是摘录书中的精华部分，类似于今天的读书笔记。这类文献自东汉以来就已有之。据《隋书·经籍志》："自后汉已来，学者多钞撮旧史，自为一书，或起自人皇，或断之近代，亦各有志，而体制不经。"① 三国时魏人桓范，字元则，有文才，裴松之《三国志注》引魏鱼豢《魏略》云："范尝抄撮《汉书》中诸杂事，自以意斟酌之，名曰《世要论》。"② 晋代以后，杂钞者可考的有郭璞、葛洪等。郭璞，字景纯，河东闻喜人，曾"抄京、费诸家要最"③。葛洪，字稚川，号抱朴子，丹杨句容人，曾"抄《五经》《史》《汉》、百家之言、方技杂事三百一十卷，《金匮药方》一百卷，《肘后要急方》四卷"④，总数达 400 余卷。晋祠部郎王蔑也曾"抄《史记》，入《春秋》者不录"⑤，成《史汉要集》2 卷。

南北朝是杂钞风行的时期。究其原因，一方面文献经过一定的历史积累，数量上有了很大的增长，人们传播和利用文献的需求也随之提高；另一方面，纸张在晋代以后的普及为人们大范围地传抄文献提供了可能。南梁袁峻，字孝高，陈郡阳夏人，"笃志好学，家贫无书。每从人假借，必皆抄写，自课日五十纸，纸数不登，则不休息……抄《史记》《汉书》各为二十卷"⑥。王筠，字元礼（一字德柔），琅邪临沂人，少擅才名，"幼年读《五经》，皆七八十遍。爱《左氏春秋》，吟讽常为口实，广略去取，凡过三五抄。余经及《周官》《仪礼》《国语》《尔雅》《山海经》《本草》并再抄。子史诸集皆一遍。未尝倩人假手，并躬自抄录，大小百余卷。不足传之好事，盖以备遗忘而已"⑦。王筠抄书，只是"以备遗忘"，并非要"传

---

① 魏徵等：《隋书》第 33 卷，《经籍志》，中华书局，1973，第 962 页。

② 陈寿：《三国志》第 9 卷，《魏书·桓范传》，中华书局，1959，第 288 页。

③ 房玄龄：《晋书》第 92 卷，《郭璞传》，中华书局，1974，第 1910 页。

④ 房玄龄：《晋书》第 172 卷，《葛洪传》，中华书局，1974，第 1913 页。

⑤ 魏徵等：《隋书》第 33 卷，《经籍志》，中华书局，1973，第 961 页。

⑥ 姚思廉：《梁书》第 49 卷，《袁峻传》，中华书局，1973，第 689 页。

⑦ 姚思廉：《梁书》第 33 卷，《王筠传》，中华书局，1973，第 486 页。

之好事”，与现代人作读书笔记非常类似。庾仲容，字子仲，颍州鄢陵人，少有盛名，曾“抄诸子书三十卷、众家地理书二十卷、《列女传》三卷、《文集》二十卷，并行于世”[①]。庾于陵，字子介，博学有才思，“齐随王子隆为荆州，召为主簿，使与谢朓、宗夬抄撰群书”[②]。张缅，字元长，曾任梁豫章内史等职，“性爱坟籍，聚书至万余卷。抄《后汉》《晋书》众家异同，为《后汉纪》四十卷，《晋抄》三十卷。又抄《江左集》，未及成”[③]。《后汉书》120卷，《后汉纪》抄为40卷；《晋书》130卷，《晋抄》节为30卷，为的是取之精华，方便阅读。类似的还有南陈陆瑜，字干玉，曾任东宫学士、太子洗马等职，“时皇太子好学，欲博览群书，以子集繁多，命瑜钞撰，未就而卒，时年四十四”[④]。这里的“钞撰”，很可能是节录卷帙浩繁的子书、集书的精华部分，有点类似节略本。

笔者据《隋书·经籍志》《旧唐书·经籍志》《新唐书·艺文志》等史志目录及六朝正史的记载，将魏晋南北朝至隋唐时期的杂钞之作胪列如下（详见表5－1）。

表5－1　魏晋南北朝至隋唐时期的杂钞

<table>
<tr><th colspan="2">原　作</th><th>杂　钞</th><th>文献出处</th></tr>
<tr><td rowspan="7">经
部</td><td>徐整《毛诗谱》3卷</td><td>《谢氏毛诗谱钞》1卷</td><td rowspan="3">《隋书·经籍志》</td></tr>
<tr><td>《丧礼》</td><td>王隆伯《丧礼钞》3卷</td></tr>
<tr><td>谢峤《丧服义》10卷</td><td>《丧服义钞》3卷</td></tr>
<tr><td rowspan="2">《礼记》</td><td>缑氏《礼记要钞》10卷</td><td>《隋书·经籍志》</td></tr>
<tr><td>缑氏《礼记要钞》6卷</td><td>《旧唐书·经籍志》</td></tr>
<tr><td rowspan="2">何承天《礼论》300卷</td><td>庾蔚之《礼论钞》20卷
王俭《礼论要钞》10卷
贺玚《礼论要钞》100卷
《礼论钞》69卷
又有《礼论要钞》10卷
荀万秋《礼论钞略》2卷</td><td>《隋书·经籍志》</td></tr>
<tr><td>任预《礼论抄》66卷
《礼论抄略》13卷</td><td>《旧唐书·经籍志》</td></tr>
</table>

① 姚思廉：《梁书》第50卷，《庾仲容传》，中华书局，1973，第724页。
② 姚思廉：《梁书》第49卷，《庾于陵传》，中华书局，1973，第689页。
③ 姚思廉：《梁书》第34卷，《张缅传》，中华书局，1973，第492页。
④ 姚思廉：《陈书》第34卷，《陆瑜传》，中华书局，1972，第463页。

续表

<table>
<tr><th colspan="2">原　作</th><th>杂　钞</th><th>文献出处</th></tr>
<tr><td rowspan="5">经
部</td><td>《春秋左氏传》30 卷</td><td>《春秋左氏抄》10 卷</td><td>《旧唐书·经籍志》</td></tr>
<tr><td>范宁《礼杂问》10 卷
《礼杂答问》8 卷
《礼杂答问》6 卷</td><td>何佟之《礼杂问答钞》1 卷</td><td>《隋书·经籍志》</td></tr>
<tr><td>孔衍《琴操》3 卷</td><td>《琴操钞》2 卷
《琴操钞》1 卷</td><td>《隋书·经籍志》</td></tr>
<tr><td>各类韵书</td><td>《纂韵钞》10 卷</td><td>《隋书·经籍志》</td></tr>
<tr><td>诸葛颖《桂苑珠丛》100 卷</td><td>《桂苑珠丛略要》20 卷</td><td>《新唐书·艺文志》</td></tr>
<tr><td rowspan="15">史
部</td><td rowspan="3">司马迁《史记》130 卷</td><td>袁峻《史记钞》20 卷</td><td>《梁书》卷四九</td></tr>
<tr><td>葛洪《史记钞》14 卷</td><td rowspan="2">《新唐书·艺文志》</td></tr>
<tr><td>张莹《史记正传》9 卷</td></tr>
<tr><td rowspan="3">班固《汉书》115 卷</td><td>袁峻《汉书钞》20 卷</td><td>《梁书》卷四九</td></tr>
<tr><td>葛洪《汉书钞》30 卷</td><td>《隋书·经籍志》</td></tr>
<tr><td>《汉书英华》8 卷</td><td>《新唐书·艺文志》</td></tr>
<tr><td>司马迁《史记》130 卷
班固《汉书》115 卷</td><td>王蔑《史汉要集》2 卷</td><td>《隋书·经籍志》</td></tr>
<tr><td>韦昭《汉书音义》7 卷
刘嗣等《汉书音义》26 卷</td><td>孔文祥《孔氏汉书音义抄》2 卷</td><td>《旧唐书·经籍志》</td></tr>
<tr><td rowspan="4">谢承《后汉书》130 卷
薛莹《后汉记》100 卷
华峤《后汉书》97 卷
谢沈《后汉书》122 卷
袁山松《后汉书》100 卷
范晔《后汉书》97 卷</td><td>裴子野《后汉事》40 卷</td><td>《梁书》卷三十</td></tr>
<tr><td>张缅《后汉纪》40 卷</td><td>《南史》卷五六</td></tr>
<tr><td>张缅《后汉略》25 卷</td><td>《隋书·经籍志》</td></tr>
<tr><td>葛洪《后汉书抄》30 卷</td><td>《旧唐书·经籍志》</td></tr>
<tr><td>司马迁《史记》130 卷
班固《汉书》115 卷
谢承《后汉书》130 卷</td><td>张温《三史略》29 卷</td><td>《隋书·经籍志》</td></tr>
<tr><td>王隐《晋书》93 卷
虞预《晋书》44 卷
朱凤《晋书》14 卷
谢灵运《晋书》36 卷
臧荣绪《晋书》110 卷</td><td>张缅《晋书抄》30 卷</td><td>《南史》卷五六
《隋书·经籍志》</td></tr>
</table>

续表

	原　作	杂　钞	文献出处
史部	刘道荟《晋起居注》320 卷 晋朝历代起居注	何始真《晋起居注钞》51 卷 《晋起居注钞》24 卷	《新唐书·艺文志》
	《梁大同七年起居注》10 卷 《陈起居注》41 卷 《隋开皇元年起居注》6 卷	王逡之《三代起居注钞》15 卷	《新唐书·艺文志》
	晋、宋、齐、梁四代律令著作	《条钞晋宋齐梁律》20 卷	《新唐书·艺文志》
	“钞《文思博要》《艺文类聚》为秘要”	尹植《文枢秘要》7 卷	《新唐书·艺文志》
	陆澄《地理书》149 卷 任昉《地记》252 卷	庾仲容《地理书钞》20 卷	《南史》卷三五
		陆澄《地理书钞》20 卷 任昉《地理书钞》9 卷 刘黄门《地理书钞》9 卷	《隋书·经籍志》
	工僧孺《百家谱》30 卷 贾执《百家谱》20 卷 傅昭《百家谱》15 卷，等	王僧孺《东南谱集钞》10 卷	《梁书》卷三三
		王俭等《百家谱钞》	《南齐书》卷五二
		王僧孺《百家谱集钞》15 卷 《百家谱钞》5 卷	《隋书·经籍志》
	（不详）	《扬州谱钞》5 卷	《隋书·经籍志》
子部	诸子百家著作	庾仲容《子抄》30 卷 《子钞》20 卷 沈约《子钞》15 卷	《隋书·经籍志》
		卢藏用《子书要略》1 卷 马总《意林》3 卷 魏謩《魏氏手略》20 卷	《新唐书·艺文志》
	（不详）	《杂事钞》24 卷	《隋书·经籍志》
	（不详）	《杂书钞》44 卷 《杂书钞》13 卷	《隋书·经籍志》
	（不详）	《书钞》174 卷	《隋书·经籍志》
	《梁武帝兵书》若干卷	《梁武帝兵书》1 卷 《梁武帝兵书要钞》1 卷	《隋书·经籍志》
	各类兵书	《兵书要略》10 卷 《用兵撮要》2 卷	《新唐书·艺文志》

续表

	原作	杂钞	文献出处
子部	道基《杂心玄章》	道基《杂心玄章并钞》8卷 慧修《杂心玄章钞疏》	《新唐书·艺文志》
	义湘《大乘章》	吕氏《大乘章钞》8卷	《新唐书·艺文志》
	(不详)	玄会《时文释钞》4卷	《新唐书·艺文志》
	各种大乘经义	《遍摄大乘论义钞》13卷	《新唐书·艺文志》
	(不详)	智首《五部区分钞》21卷	《新唐书·艺文志》
	《起信论》	宗密《起信论钞》3卷	《新唐书·艺文志》
	(不详)	《圆觉经大小疏钞》1卷	《新唐书·艺文志》
	陈卓《天文集占》10卷 韩杨《天文集要》40卷 《天文集占》100卷 李暹《天文占》6卷，等	《天文集要钞》2卷	《隋书·经籍志》
	《九宫行棋经》3卷 房氏《九宫行棋法》1卷 王琛《九宫行棋立成法》1卷 《九宫行棋杂法》1卷，等	《九宫行棋钞》1卷	《隋书·经籍志》
	《黄帝阴阳遁甲》6卷 伍子胥《遁甲诀》1卷 伍子胥《遁甲文》1卷	《遁甲经要钞》1卷	《隋书·经籍志》
	《遁甲囊中经》1卷 《遁甲立成》6卷 《遁甲法》1卷 《遁甲术》1卷，等	《杂遁甲钞》4卷	《隋书·经籍志》
	《东方朔占》2卷 《东方朔书》2卷 《东方朔历》1卷 《东方朔占候水旱下人善恶》1卷，等	《东方朔书钞》2卷	《隋书·经籍志》
	《百忌历术》1卷 《百忌通历法》1卷 《历忌新书》12卷，等	《百忌大历要钞》1卷	《隋书·经籍志》

续表

原作		杂钞	文献出处
子部	《黄帝针经》9 卷 《玉匮针经》1 卷 《赤乌神针经》1 卷，等	《徐叔向针灸要钞》1 卷	《隋书·经籍志》
	《相手板经》6 卷，等	韦氏《相板印法指略抄》1 卷	《隋书·经籍志》
	王叔和《脉经》10 卷 《黄帝流注脉经》1 卷 徐氏《脉经》2 卷，等	许建吴《脉经钞》2 卷	《隋书·经籍志》
	《神农本草经》3 卷 蔡英《本草经》4 卷 《本草经略》1 卷 《本草经类用》3 卷，等	《本草钞》4 卷	《隋书·经籍志》
	《神农本草》8 卷 《神农本草》5 卷 《神农本草属物》2 卷 《蔡邕本草》7 卷 《华佗弟子吴普本草》6 卷 《陶隐居本草》10 卷 《随费本草》9 卷 《秦承祖本草》6 卷 《王季璞本草经》3 卷 《李谠之本草经》1 卷，等	《谈道术本草经钞》1 卷 《宋大将军参军徐叔向本草病源合药要钞》10 卷 《徐叔向等四家体疗杂病本草要钞》10 卷 《王末钞小儿用药本草》2 卷 《甘浚之痈疽耳眼本草要钞》9 卷	《隋书·经籍志》
	各种医书医方	崔知悌《崔氏纂要方》10 卷	《旧唐书·经籍志》
集部	刘义庆《集林》181 卷	《集林钞》11 卷 沈约《集钞》10 卷 丘迟《集钞》40 卷	《隋书·经籍志》
	孔逭《文苑》100 卷	《文苑钞》30 卷	《隋书·经籍志》
	殷淳《妇人集》30 卷	《妇人集钞》2 卷	《隋书·经籍志》
	谢灵运《赋集》92 卷 惠侯《赋集》50 卷 刘彧《赋集》40 卷	《赋集钞》1 卷	《隋书·经籍志》

续表

原　作		杂　钞	文献出处
集部	谢灵运《诗集》50 卷 张敷、袁淑补谢灵运《诗集》100 卷 颜峻《诗集》100 卷 刘彧《诗集》40 卷，等	《诗钞》10 卷 谢灵运《诗集钞》10 卷 谢灵运《杂诗钞》10 卷 谢朏《杂言诗钞》5 卷	《隋书·经籍志》
		徐陵《六代诗集钞》4 卷	《旧唐书·经籍志》
	《古乐府》8 卷	《乐府歌辞钞》1 卷	《隋书·经籍志》
	《歌录》10 卷	《古歌录钞》2 卷	《隋书·经籍志》
	（不详）	庾仲容《诸集钞》30 卷	《南史》卷三五
	江左诸文集	张缅《江左集》（未及成）	《南史》卷五六

从表 4-1 可以看出，魏晋至隋唐时期，杂钞别书另成一书的做法是很盛行的。从内容来看，经史子集四部都有分布；从来源来看，既有杂钞多部书的，也有只抄一部书的，但所做工作都是删繁就简，择其精要；从其题名来看，抄写者多署己名，俨然以新书作者自居，故又有“抄撰”一说，寓意“抄中有撰”。但实际所做的工作只是一般节录或改编原作而已，并非全新的撰著。用我们今天的眼光来看，显然已涉嫌侵犯了原作的著作权。在杂钞署名的这个问题上，明显反映出古人与今人著述观念的差异。

宋代杂钞类的著作也很多，如著名文学家苏轼的《东坡志林》，又名《东坡手泽》，就属杂钞类著作。所谓“手泽”，就是亲手录记。该书“多自署年月者，又有署读某书书此者，又有泛称昨日今日不知何时者。盖轼随手所记，本非著作，亦无书名。其后人裒而录之，命曰《手泽》。”① 自宋以后，杂钞主要以史钞为主。宋人喜谈义理，厌烦趋简的风气渐兴，那些大部头的史书便有了简化的需要，这也为史钞的繁荣提供了条件。《宋史·艺文志》专立“史钞”一类，著录史钞类著作 74 部 1324 卷，加上卢文弨《宋史艺文志补》著录的 2 种 25 卷，合计 76 部 1349 卷，如高似孙《史略》、宗谏《三国采要》、杜延业《晋春秋略》、赵氏《六朝采要》、范祖禹《唐鉴》、陈傅良《西汉史钞》《叶学士唐史钞》，等等。宋代抄纂史书最多的当属吕祖谦，计有《史记详节》20 卷、《西汉书详节》30 卷、《东汉书详节》30 卷、《三国志详节》20 卷、《晋书详节》30 卷、《南史详节》25 卷、《北史详节》28 卷、《隋书详节》20 卷、《唐书详节》60 卷、

① 纪昀等：《钦定四库全书总目》第 120 卷，《东坡志林》，中华书局，1997，第 1607 页。

《五代史详节》10卷。以上各书总称《十七史详节》，总计273卷。宋代史钞不仅在数量上有了急剧的增长，选材也不再局限于纪传体正史，且在抄纂方法上形成了一定的体例："《通鉴总类》之类，则离析而编纂之；《十七史详节》之类，则简汰而刊削之；《史汉精语》之类，则采摭文句而存之；《两汉博闻》之类，则割裂词藻而次之。"①

明代学风缺乏原创精神，热衷于摘抄、节录、改编前代作品，尤偏好史钞类著作。如陈深《诸史品节》，采自《国语》及《后汉书》，随意杂钞，漫无体例；茅坤《史记钞》删削《史记》之文，只略施评点；凌迪知《左国腴词》，编采《左传》《国语》字句，既不具其始末，又不标为何人之言，正文与注文亦混淆不清；项笃寿《全史论赞》，特撮取《史记》《汉书》《后汉书》等21部正史中的论赞材料，以备观览，而不知读史必先知事之始末，方可断其人之是非；赵维寰《读史快编》，上自《史记》，下迄于《新唐书》，专于诸史中摘录新异之事，满足人们猎奇的需要，但割裂裁剪，漫无义例；余文龙《史脔》也是杂录旧史，与《读史快编》有点类似，只不过取材迄于金元，也是饾饤堆砌，无资实用。陈仁锡《史品赤函》所采上起古初，下迄于《晋书》，"或采其文，或节录一二事，茫无义例，尤时时参以伪撰。如《云长遇害不屈》一篇，不知其从何来。而《刘聪辱怀愍》一篇，称聪为汉昭烈玄孙，云出《续三国志》，亦未见有是书也。"②《明史·艺文志》仅著录史钞类史籍34部1413卷，遗漏甚多。正是由于明代史钞的泛滥，《四库全书总目》这样评价道："迨乎明季，弥衍余风。趋简易，利剽窃，史学荒矣。"③

清代朴学学风扎实，提倡创新，因而杂钞之风反不及宋、明两代那样盛行。据《清史稿·艺文志》及其补编，共著录有清一代史钞著作48部1290卷，著名者如杭世骏《汉书蒙拾》和《后汉书拾蒙》、萧光远《汉书汇钞》、王士禄《读史蒙拾》、陈允锡《史纬》、陈维崧《两晋南北集珍》等。清人在抄纂过程中，也多有侵犯古代图书著作权的行为，如陈允锡《史纬》杂录旧史时，就多所改窜，"有合并重复者，如周、秦以前入《史记》，而汉高祖以至武帝则割入《汉书》。《宋》《齐》《梁》《陈》《魏》《齐》《周》《隋》八史则与《南》《北》二史参考归一。其余表、志、纪、传互见者，亦悉从汰除之类是也；有删削繁冗者，如《宋史》宗室世系但

---

① 纪昀等：《钦定四库全书总目》第65卷，《史钞类序》，中华书局，1997，第893页。
② 纪昀等：《钦定四库全书总目》第65卷，《史品赤函》，中华书局，1997，第900页。
③ 纪昀等：《钦定四库全书总目》第65卷，《史钞类序》，中华书局，1997，第893页。

系族谱，《元史·刑法志》全抄律文，及但叙官阀无关褒贬之列传是也；有更易旧第者，如退魏于蜀后，削二牧于昭烈之前，移吕布、二袁、刘表于东汉之类是也；有窜改旧名者，如项羽、吕后、武后不称本纪，宋留从效、陈洪进不称世家之类是也。其他如《新唐书》则点正其文句，《元史·食货志》则连属其篇次者，为数尤多。"①

三 总集的抄纂

所谓总集，乃多个作者的作品的合集，又有单体总集和多体总集之分。单体总集只收录一种文体，如《诗经》只收录诗歌一种文体；多体总集则收录多种文体，如《文选》收录赋、诗、骚等39种文体。我国早期著作都是以单篇的形式传世的，当积累到一定数量时，很不便于后人保存和阅读，于是有人将这些数量众多的单篇作品按照一定的体例进行归类排列，结成文集，并取一个总书名，成为一部新的著作。这就是人们通常所说的"结集"或"编集"。考虑到它是事先由编者自行拟定体例，将原作者散乱的单篇作品按编者设定的结构组织起来，照录单篇原文，亦符合张舜徽先生关于文献产生方式中"抄纂"的定义，故将文集的编集归为抄纂之列。因为编者在编纂过程中，可能出现漏收或张冠李戴的情况，有的还可能变动了原作内容，这就不可避免地要涉及著作权问题。

我国早在先秦时期就已出现了单体总集，如最早的诗歌总集《诗经》、最早的辞赋总集《楚辞》。根据《左传·襄公二十九年》记载，春秋中期《诗经》已经编辑成册。《诗经》汇编的原始资料主要来自三个方面：一是"行人"从各地采集来的民歌，以供朝廷考察民情风俗、政治得失。《国风》中大多就属此类作品。《汉书·艺文志》云："古有采诗之官，王者所以观风俗，知得失，自考正也。"采诗之官所采集的民歌多为集体创作，作者可考者仅有《鄘风·载驰》《秦风·无衣》等数篇。二是西周王畿地区的正声雅乐，用于诸侯朝会和贵族宴享，多为贵族文人所作，作者可考者有《小雅·常棣》《小雅·六月》《大雅·抑》等十余篇。三是周王室宗庙祭祀的舞曲歌辞，主要经乐工、乐师整理而成。西汉司马迁在《史记·孔子世家》首倡孔子删诗之说："古者《诗》三千余篇，及至孔子，去其重，取可施于礼义，上采契、后稷，中述殷周之盛，至幽、厉之缺……礼乐自此可得而述，以备王道，成六艺。"实际上将《诗经》的改编权奉送给了孔子。但也有学者否认孔子删订过《诗经》，理由有三：第一，《左传·

① 纪昀等：《钦定四库全书总目》第65卷，《史纬》，中华书局，1997，第902页。

襄公二十九年》记载吴公子季扎到鲁国观演周乐，当时演奏的十五国风和雅颂各部分的编排顺序与今天的《诗经》大体相同。而据现有资料来看，孔子当时只有8岁，根本不可能删《诗》。第二，孔子自己只是说“乐正”（《论语·子罕》：“吾自卫返鲁，然后乐正，雅颂各得其所。”），虽然当时的诗是配乐的，但诗和乐毕竟是有区别的。孔子自卫返鲁正乐时已69岁，如果删《诗》与此同时发生，那之前提到的“《诗》三百”就不好解释。第三，《诗经》中有不少所谓的“淫诗”，亦不符合孔子一贯倡导的礼乐仁政的思想。因此，孔子删《诗》之说并不可信。比较合理的解释是，《诗经》诸篇是由各诸侯国协助周王朝采集而来，然后由史官和乐师编纂整理成型，之后孔子也可能对它进行过相应的整理。

“楚辞”原是战国时期以伟大诗人屈原为代表的楚人创造的一种诗体。它运用今两湖一带的文学样式、方言声韵，叙写楚地山川人物和历史风情，具有浓厚的地方色彩。西汉成帝时，刘向整理国家藏书，将战国时期屈原、宋玉的作品及汉代贾谊、淮南小山、东方朔、严忌（即庄忌，因避汉明帝名讳而改“庄”为“严”）、王褒及刘向本人“承袭屈赋”之作共16篇辑录成集，定名《楚辞》。后王逸又增入自己的《九思》1卷，成17卷，并叙而注之，名曰《楚辞章句》。刘向辑录《楚辞》之说始见东汉王逸《楚辞章句》，其卷端题署：“汉左都水使者臣刘向集，后汉校书郎臣王逸章句。”因此《四库全书总目》云：“裒屈、宋诸赋，定名《楚辞》，自刘向始也。”① 但刘向编定的《楚辞》在《汉书·艺文志》中并不见著录，《楚辞》初次的结集已难窥原貌。因此，也有学者质疑刘向是否编纂过《楚辞》。客观地说，汉代为屈原等人作品的流传提供了适宜的文化土壤，如汉王朝从汉武帝开始设立乐府机关，大规模采集民间歌辞。《汉书·礼乐志》云：“乃立乐府，采诗夜诵，有赵、代、秦、楚之讴。以李延年为协律都尉，多举司马相如等数十人，造为诗赋，略论律吕，以合八音之调，作十九章之歌。”② 这是续周代《诗经》之后又一次声势浩大的采风壮举。据《史记》和《汉书》记载，汉武帝、汉宣帝还多次征召“能为楚辞”者，庄助、朱买臣、九江被公等人因此被召到内廷，加官进爵，受到宠幸。而且，在各藩国君臣之间楚辞也颇为流传，如淮南王刘安门下宾客就曾在楚国故地寿春广泛搜求和研究楚辞。这些都注定会为楚辞的结集提供恰当的机会。因此，并没有史实表明，楚辞的结集在时机和模式的选择上只有

① 纪昀等：《钦定四库全书总目·楚辞类序》，中华书局，1997，第1973页。

② 班固：《汉书》第22卷，《礼乐志》，中华书局，1962，第1045页。

一种可能性。刘向对《楚辞》的纂辑权和命名权，之所以至今仍是一个有争议的问题，是因为在他之前和之后的刘安、朱买臣、被公、班固等人，都完全有可能编纂过或见到过与今本差异甚大或与今本大同小异的《楚辞》本子。但不论是谁将《楚辞》纂辑成册，都涉及编纂他人作品的问题，也就是说，在先秦两汉时期，客观上已经出现了因编纂他人（有的可能是当代作者）作品而产生的著作权关系。

多体总集的编纂起源于三国曹魏时期曹丕所编的《建安七子集》。晋代以后，总集逐渐增多，如挚虞《文章流别》、杜预《善文》、李充《翰林论》、谢混《文章流别本》等。南北朝时期编纂的总集有孔宁《续文章流别》、刘义庆《集林》、沈约《集钞》等。这些总集虽已湮没，体例无征，但它们也曾辉映艺林，成一时之盛。而现存最早的诗文总集《文选》就是它们之中的杰出代表。《文选》由南梁太子萧统编选，因萧统谥号昭明，故是书亦称《昭明文选》。该书一共收录上起先秦下迄南梁间的 729 家作品，按体裁分为赋、诗、骚、七、诏、册、令、教、文、表、上书、启、弹事、笺、奏记、书移等 39 体，再在卷数较多的赋体、诗体下又按事分类。如赋体下分京都、郊祀、游览、江海等 15 类；诗体下分咏史、咏怀、赠答、行旅等 23 类。《文选》的编排体例的确体现了编者运思的创作性，但它毕竟是对已有作品的编辑加工，不仅收录先秦两汉时期的作品，也包括南北朝时期的当代作品，其涉及著作权关系是毫无疑问的。南朝徐陵所编的《玉台新咏》是我国现存最早的古诗总集，选录汉魏至南梁间的 769 首诗歌，分体编录，第一至八卷录五言诗，第九卷录七言歌行，第十卷录五言绝句，内容多男女闺情、离愁别恨之作，其中多有不署名的。

唐代是我国诗歌极为繁盛的时期，诗歌的汇编结集也非常盛行。诗人高正臣在东都洛阳有高氏林亭，众多初唐诗人多次在此宴饮作诗，高正臣将他们的诗作编为《高氏三宴诗集》3 卷流传后世，与宴者凡 21 人，该集以一会为一卷，各冠以序，著名诗人陈子昂也参与其中，并为诗集作序。元结编《箧中集》，录沈千运、王季友、于逖、孟云卿、张彪、赵微明、元季川 7 人之诗，凡 24 首，“其诗皆淳古淡泊，绝去雕饰，非惟与当时作者门径迥殊，即七人所作见于他集者，亦不及此集之精善。盖汰取精华，百中存一。特不欲居刊薙之名，故托言箧中所有仅此云尔。”① 这 24 首诗与其他唐诗慷慨豪迈的风格迥异，而多以写实的手法反映社会现实，这与编者元结一贯主张诗应有所规讽寄托、有益政教的观点有关。殷璠编《河

① 纪昀等：《钦定四库全书总目》第 186 卷，《箧中集》，中华书局，1997，第 2602 页。

岳英灵集》，选录开元至天宝年间自常建至阎防24人的诗作，共计234首。殷氏主张评诗应注重“风骨”和“兴象”，提出了“既闲新声，复晓古体，文质半取，《风》《骚》两挟”[①]的选诗标准，因为这一时期的优秀诗人大多得以入选，该集也基本反映了盛唐诗歌的风貌。由以上所举可见，编者虽是抄纂原诗，但仍然可以体现自己的编纂思想在里面。唐人所编的其他诗集还有，芮挺章编《国秀集》，收录90位诗人的诗作230首；令狐楚奉敕编《御览诗》，收录30位诗人的诗作289首；高仲武编《中兴间气集》，收录26位诗人的诗作140首；姚合编《极玄集》，所取王维至戴叔伦等21位诗人的诗作100首。五代后蜀韦縠编《才调集》10卷，每卷录前代诗人的诗作100首，共录诗1000首。从这些总集的单篇作者署名来看，但凡原作有作者可考的，一般保留了原作者的题名。

宋代总集的编纂很多，如邓忠臣编有《同文馆唱和诗》，宋代的同文馆负责接待西域、高丽来的使者，该集录邓忠臣及其同舍张耒、晁补之、蔡肇、余幹、耿南仲、商倚、曹辅、柳子文、李公麟、孔武仲等11人的诗作，另有2人不署姓，但题其名曰“向”、曰“益”。邵浩编《坡门酬唱集》，取苏轼、苏辙兄弟唱和及门下六君子平日唱和两苏之诗，摭而录之。郭茂倩编《乐府诗集》，总括历代乐府，上起陶唐，下迄五代，其解题尤征引浩博，援据精审。但由于卷帙浩繁，该集也难免存在一些问题，如“有取诗首一二语窜入前题，如‘自君之出矣’，则鲍令晖《题诗后寄行人》，‘长安少年行’则何逊学古诗《长安美少年》之类；有辞类前题原未名为歌曲，如《苦热行》，任昉、何逊但云‘苦热’，《斗鸡》篇，梁简文但云‘斗鸡’之类；有赋诗为题，而其本辞实非乐府，若张正见‘晨鸡高树鸣’，本阮籍《咏怀诗》‘晨鸡鸣高树，命驾起旋归’，张率‘雀乳空井中’，本傅玄《杂诗》‘鹊巢邱城侧，雀乳空井中’之类；亦有全不相蒙，如《善哉行》则江淹《拟魏文游宴》，《秋风》则吴迈远《古意赠今人》之类；有一题数篇半为牵合，如杨方《合欢诗》后三首为杂诗，《采莲曲》则梁简文后一首本《莲花赋》中歌之类”[②]，显然有的已涉及著作权问题。王安石依据著名藏书家宋次道的藏书选编过《唐百家诗选》，但因公务繁忙，曾嘱小吏抄录，小吏因嫌有的篇幅太长，专拣短的抄，遇到长的则删削之，所以今天的传本，乃小吏所定本。像这样的选诗，编者已名不符实，且侵犯了原作者的作品完整性。不过也有学者不同意这种说法，如清人王

① 殷璠：《河岳英灵集》，见《唐人选唐诗（十种）》，上海古籍出版社，1978，第41页。
② 纪昀等：《钦定四库全书总目》第187卷，《乐府诗集》，中华书局，1997，第2615页。

士禛从王安石的个性出发，认为："诸说皆言王介甫与宋次道同为三司判官时，次道出其家藏唐诗百余编，俾介甫选其佳者。介甫使吏钞录。吏倦于书写，每遇长篇辄削去。今所传本，乃群牧吏所删也。余观新刊《百家诗选》，又不尽然。如删长篇，则王建一人入选者凡三卷，乐府长篇悉载，何为刊削？王右丞、韦苏州十数大家，何以绝句亦不存一字？余谓介甫一生好恶拂人之性，是选亦然，庶几持平之论尔。"① 纵是如此，编选诗集出错也是难免的，如《西清诗话》就误载了黄庭坚的诗句，据方濬师《蕉轩随录》说："'青衫乌帽芦花鞭，送君直至明君前。若问旧时黄庭坚，谪在人间十一年。'此山谷送乡人赴廷试诗，见宋吴坰《五总志》。今山谷诗别集据《西清诗话》截去首句，'十一年'讹'今八年'。青神史季温注云：'近世诗格必须合联以成章，三句者盖亦罕见。周诗则亦有之，《麟趾》《甘棠》等篇是也。山谷此诗盖舍近例而援古法。由是推之，山谷不特平生句法奇妙，早年诗格已高古矣。'按：季温不考其讹误，而直夸三句诗为高古，颇蹈疏陋。"② 史季温，青神人，南宋宝祐进士，他不但不识误句，还直夸其奇妙高古，尤为可笑。南宋洪迈编有《万首唐人绝句诗》，但陈振孙《直斋书录解题》说其中多采宋人李九龄、郭振、滕白、王喦、王初等人的诗作，也是对作者考究不深造成的。刘克庄《后村诗话》也说他但取唐人文集杂说，抄类成书，"琐屑摭拾，以足万首之数"，故不能精审，难怪受后人诟病。宋人所编《南岳酬唱集》收录朱熹、张栻、林用中同游南岳唱和之诗，但"卷中联句，往往失去姓氏标题。其他诗亦多依朱子集中之题，至有题作次敬夫韵，而其诗实为栻作者"③，也存在著作权问题。

《唐诗鼓吹》，旧题金元好问撰，郝天挺注，专选唐人七律，其中以中晚唐诗人居多，但该书误收宋人胡宿诗20余首，据李诩《戒庵老人漫笔》载："《唐诗鼓吹》有胡宿诗，考胡宿乃宋仁宗庆定间知湖州，是误收为唐人也。"④ 这是编者不明作者的情况，朝代都弄错了，当然是对作者权益的一种损害。元代也编了不少总集，如杜本编《谷音》2卷，张桀跋称录诗100首，作者27人，其中4人不署名氏；房祺编《河汾诸老诗集》，收录金代遗老张宇、陈赓、陈飏、房皞、段克己、段成己、曹之谦8人之诗，

① 王士禛：《分甘余话》第2卷，《王安石选唐诗》，中华书局，1989，第46页。
② 方濬师：《蕉轩随录》第3卷，《误载山谷诗首句》，中华书局，1995，第79页。
③ 纪昀等：《钦定四库全书总目》第187卷，《南岳酬唱集》，中华书局，1997，第2616页。
④ 李诩：《戒庵老人漫笔》第6卷，《唐诗鼓吹误收》，中华书局，1982，第240页。

人各1卷；方回编《瀛奎津髓》，兼选唐、宋二代五七言律诗；祝尧编《古赋辨体》，自《楚辞》以下，凡两汉、三国、六朝、唐、宋诸赋，每朝录取数篇，凡8卷；赖良编《大雅集》，收录元末诗作，分古体、近体各4卷。

明人对元代诗歌编集的，如明初无名氏编《元音》，所录自元初诗人刘因至龙云从，凡176人，末附无名氏诗11首，尤为浅俗，与全书体例稍异，可能是后来刻书人窜入。偶桓编《乾坤清气集》，集录有元一代之诗，分体编次，对元人诗集多有补遗，但也有小疵，如“甘立《乌夜啼》一首，既见八卷古乐府，又载入一卷中，作《晚出西掖》第二首”[①]。高棅编《唐诗品汇》，初录凡620家，诗5769首，分体编次，后又搜补作者61人，诗954首。该集也因卷帙巨富，难免存在瑕疵，如“章怀太子黄台瓜词、沈佺期《古意》之类，或点窜旧文；康宝月、刘令娴之类，或泛收六代；杜常、胡宿之类，或误采宋人”[②]。宋绪（字公传）编有《元诗体要》，其中第8卷杨维桢《出浴》绝句，实出自唐韩偓七言律诗后四句，明显涉及著作权问题。冯惟讷编《古诗纪》156卷，由于跨越时代较长，采摭繁富，其中真伪错杂以及抵牾舛漏之处甚多，以至于冯舒又作《诗纪匡谬》以纠正之，凡112条，“其中如《于忽操》三章为宋王令诗，‘两头纤纤青玉玦’一章为王建诗，《休洗红》二章为杨慎诗，一一辨之”，可见《古诗纪》所选诗作的署名有不少存在著作权问题，冯舒对此作了纠谬。但冯舒《诗纪匡谬》也存在不少问题，如“杨慎《石鼓文》伪本全载卷中，乃置不一诘。又苏伯玉妻《盘中诗》，《诗纪》作汉人，固谬。宋本《玉台新咏》列于傅休奕诗后，不别题苏伯玉妻，乃嘉定间陈玉父刻本偶佚其名。观《沧浪诗话》称苏伯玉妻有此体，见《玉台集》，则严羽所见之本，实题伯玉妻名。又桑世昌《回文类聚》载《盘中诗》，亦题苏伯玉妻，则惟讷所题姓名，不为无据。舒之所驳，是知其一不知其二也。”[③] 李蓘用13年的时间搜录有宋一代237位诗人的诗作，编成《宋艺圃集》，后又续编《元艺圃集》，收录元代109位作者的625首诗作，但该集误把宋人刘辰翁，金人王庭筠、高克恭、元好问，明人僧来复的作品收入其中，也是编者对作者所属年代的失察。梅鼎祚编《古乐苑》52卷，是对宋郭茂倩《乐府诗集》的增补，但其收录作品止于南北朝，其中有一首五言诗《刘勋妻》，

① 纪昀等：《钦定四库全书总目》第189卷，《乾坤清气集》，中华书局，1997，第2639页。

② 纪昀等：《钦定四库全书总目》第189卷，《唐诗品汇》，中华书局，1997，第2640页。

③ 纪昀等：《钦定四库全书总目》第189卷，《诗纪匡谬》，中华书局，1997，第2644页。

其作者历来说法不一，如《艺文类聚》称魏文帝作，《玉台新咏》称王宋自作，邢凯《坦齐通编》则称曹植作。梅鼎祚编纂该诗时采取的是模糊的做法，“然总为五言诗，不云乐府，亦不以《刘勋妻》三字为乐府题也”①，有意回避了其著作权问题。与之相成鲜明对比的是著名出版家毛晋对著作权的态度。唐人王建、五代后蜀花蕊夫人以及宋人王珪作有大量的宫词（中国古代诗歌的一个特殊种类，专以描写后妃、宫女的生活为主题），但他们的作品多被后人搞混淆了，如王珪的《华阳集》在明代时已佚，“惟此宫词有别本孤行，而流俗传写，误以其中四十一首窜入花蕊夫人诗中，而移花蕊夫人诗三十九首属之于珪，又摭唐诗二首足之，颠舛殊甚”②，毛晋遂编《三家宫词》4 卷，人各 1 卷，并考旧本，一一厘清其著作权关系，使其个人作品各归其名下。

清代康熙和乾隆两位皇帝御定了不少总集，由康熙御定的有《御定历代赋汇》《御定全唐诗》《御定佩文斋咏物诗》《御定题画诗》《御定四朝诗》《御定全金诗》《御选唐诗》《御定千叟宴诗》等。由乾隆御定的有《御选唐宋文醇》《御选唐宋诗醇》《钦定千叟宴诗》等。在这些御定总集的编纂过程中，有的也涉及对古代著作权的处理问题。如康熙御定、由曹寅主持的扬州诗局编纂的《御定全唐诗》900 卷，就对前代诗集存在的诸多著作权问题作了纠正，如“《册府元龟》所载唐高祖赐秦王诗，则考订其伪托。又旧以六朝人误作唐人者，如陈昭仪沈氏、卫敬瑜妻之类，以六朝人讹其姓名误为唐人者，如杨慎即陈阳慎、沈烟即陈沈炯之类，以六朝诗误入唐诗者，如吴昀《妾安所居》、刘孝胜《武陵深行》误作曹邺，薛道衡《昔昔盐》误作刘长卿之类，唐诗之误以诗题为姓名者，如上官仪《高密公主挽词》作高密诗、王维《慕容承携素馔见过》诗作慕容承诗之类，亦并厘正”③。清代民间学者也编纂了大量的总集，如王士禛《唐贤三昧集》《二家诗选》《唐人万首绝句》等，朱彝尊《明诗综》，吴之振《宋诗抄》，陈焯《宋元诗会》，汪森《粤西诗载》，顾嗣立《元诗选》，徐倬《全唐诗录》，胡文学《甬上耆旧诗》，沈季友《槜李诗系》，沈嘉辙等《南宋杂事诗》，曹廷栋《宋百家诗存》等。这些总集，有不少也涉及著作权问题，如王士禛《唐贤三昧集》录盛唐诗作，误将宋人蔡襄的四绝句，当作唐人张旭的作品收入。陈焯《宋元诗会》裒集宋元诸诗，用心甚勤，

---

① 纪昀等：《钦定四库全书总目》第 189 卷，《古乐苑》，中华书局，1997，第 2649 页。

② 纪昀等：《钦定四库全书总目》第 189 卷，《三家宫词》，中华书局，1997，第 2655 页。

③ 纪昀等：《钦定四库全书总目》第 190 卷，《御定全唐诗》，中华书局，1997，第 2656 页。

但“今观其书，不载诸诗之出处，犹明人著书旧格”①。汪森《粤西诗载》，“录谢朓诗，误为晋人，又唐郑愚、蔡京授岭南节度使二制，本《文苑英华》所引《玉堂遗范》之文，初无撰人姓名，乃讹玉堂为王堂，颇有舛误。”② 而沈嘉辙等《南宋杂事诗》将所引典故注于每首诗下，名言警句颇多。该书援据浩博，所引书几近千种，一字一句悉有出处。

四　别集的抄纂

所谓别集，是指单个作者的作品的汇集，同样有单体和多体之分，也是抄纂形成的一大文献类型。将一个人的作品汇编成集，汉魏之时就已蔚然成风，如萧绎《金楼子》云：“诸子兴于战国，文集盛于两汉，至家家有制，人人有集。”③ 如东汉的张衡，“所著诗、赋、铭、七言、《灵宪》《应间》《七辩》《巡诰》《悬图》，凡三十二篇。”④ 三国时期的王粲，“著诗、赋、论、议垂六十篇。”⑤ 可见，他们的作品是经汇集了的，只不过尚无“文集”之名罢了。《汉书·艺文志》将这些个人作品的汇集收入“诗赋类”，共著录106家。晋代以后，文集之名方始出现，如《晋书·束皙传》：“其《五经通论》《发蒙记》《补亡诗》、文集数十篇，行于世云。”⑥《晋书·郭澄之传》亦云：“所著文集行于世。”⑦ 南北朝以后，文集盛行，梁阮孝绪《七录》始设“别集”之目，以后历代书目都仿效之。

别集的编纂可分为自编和他编两大类。自编者，如唐代崔道融《东浮集》、王贞白《灵溪集》、郑谷《云台集》、皮日休《文薮》、白居易《白氏长庆集》等。自编文集由作者本人亲自执笔，而作者本人对自己的作品当然最熟悉不过，因而一般不会涉及著作权问题，除非有意为之，那就涉嫌剽窃了，如唐代宋之问将刘希夷的《代悲白头翁》收入自己的《之问集》中，并将其易名为《有所思》。其他编者，多是在作者身后由作者的门人故旧、亲属后代越俎代庖，由于他们对作者本人的著述情况未必很熟悉，或历时久远，难免张冠李戴，误收他人作品，这就不可避免地会引起著作权关系的紊乱。这里举一个唐代王建的例子。王建，字仲初，颍川人，

① 纪昀等：《钦定四库全书总目》第190卷，《宋元诗会》，中华书局，1997，第2663页。
② 纪昀等：《钦定四库全书总目》第190卷，《粤西诗载》，中华书局，1997，第2663页。
③ 萧绎撰，许逸民校笺《金楼子》第4卷，《立言上》，中华书局，2011，第852页。
④ 范晔：《后汉书》第59卷，《张衡传》，中华书局，1965，第1940页。
⑤ 陈寿：《三国志》第21卷，《魏书·王粲传》，中华书局，1959，第599页。
⑥ 房玄龄：《晋书》第51卷，《束皙传》，中华书局，1974，第1434页。
⑦ 房玄龄：《晋书》第92卷，《郭澄之传》，中华书局，1974，第2406页。

诗人，工乐府，与张籍齐名，著有宫词百首，尤传诵人口。后人为之编集，结果误将张籍、白居易、杜牧、王昌龄、刘禹锡等人的作品收入其中。据宋人赵与时《宾退录》载："王建以宫词著名，然好事者多以他人之诗杂之，今世所传百篇，不皆建作也。余观诗不多，所知者如'新鹰初放兔初肥，白日君王在内稀。薄暮千门临欲锁，红妆飞骑向前归。''黄金捍拨紫檀槽，弦索初张调更高。尽理昨来新上曲，内官帘外送樱桃。'张籍宫词二首也；'泪尽罗巾梦不成，夜深前殿按歌声。红颜未老恩先断，斜倚熏笼坐到明。'白乐天《后宫》词也；'闲吹玉殿昭华管，醉折梨园缥蒂花。十年一梦归人世，绛缕犹封系臂纱。'杜牧之《出宫人》诗也；'红烛秋光冷画屏，轻罗小扇扑流萤。瑶阶夜月凉如水，坐看牵牛织女星。'杜牧之《秋夕》诗也；'宝仗平明秋殿开，且将团扇暂徘徊。玉颜不及寒鸦色，犹带昭阳日影来。'王昌龄《长信秋词》也；'日晚长秋帘外报，望陵歌舞在明朝。添炉欲爇熏衣麝，忆得分时不忍烧。''日映西陵松柏枝，下台相顾一相悲。朝来乐府歌新曲，唱著君王自作词。'刘梦得《魏宫词》二首也。或全录，或改一二字而已。"① 赵与时又说："余首卷辨王建《宫词》，多杂以他人所作，今乃知所知不广。盖建自有宫词百篇，传其集者，但得九十篇，蜀末建集序可考。后来刻本梓者，以他人十诗足之，故尔混淆。余既辨其八已，尚有二首：'殿前传点各依班，召对西来六诏蛮。上得青花龙尾道，侧身偷觑正南山。''鸳鸯瓦上忽然声，昼寝宫娥梦里惊。原是吾皇金弹子，海棠窠下打流莺'者，未详谁作也。"②

宋代别集也有很多由后人编纂的，其中也多涉著作权问题，如王安石《临川集》世行刊本，乃宋绍兴十年（1140 年）詹大和据浙、闽二本校定重刊本，豫章黄次山为之序。"案蔡絛《西清诗话》载：'安石尝云：'李汉岂知韩退之，辑其文不择善恶，有不可以示子孙者，况垂世乎？'以此语门弟子，意有在焉。'而其文迄无善本，如'春残密叶花枝少'云云，皆王元之诗；《金陵独酌》《寄刘原甫》皆王君玉诗；'临津艳艳花千树'云云，皆王平甫诗。陈善《扪虱新话》所载亦大略相同。据二人所言，则安石诗文本出门弟子排比，非所自定，故当时已议其舛错。"③ 王安石嘲笑韩愈弟子李汉所编《昌黎先生文集》良莠不分，没想到他自己的弟子门人将其身后的别集编得也不怎么样，窜入了北宋诗人王禹偁（字元之）、王

---

① 赵与时：《宾退录》第 1 卷，上海古籍出版社，1983，第 1 页。

② 赵与时：《宾退录》第 8 卷，上海古籍出版社，1983，第 100 页。

③ 纪昀等：《钦定四库全书总目》第 153 卷，《临川集》，中华书局，1997，第 2062 页。

琪（字君玉），以及王安石弟弟王安国（字平甫）的诗作。还有一次，诗人方惟深（字子通，号玉川翁，福建莆田人）去拜会王安石，恰好王安石不在家。方惟深于是题诗一首，诗云："春江渺渺抱墙流，烟草茸茸一片愁。吹尽柳花人不见，春旗催日下城头。"王安石归家见其诗，乃"亲书方册间，因误载《临川集》，后人不知此诗乃子通作也。"[①] 北宋大文学家苏轼诗词文赋无一不工，他的作品在其身后以多种形式流传，有总集如《三苏文粹》，有别集如《东坡集》，有选本如《北归集》，也有单体别集如《东坡书简》。这些书多是后人编辑，难免有张冠李戴，杂入他人作品甚至伪作的情况发生。据陈振孙《直斋书录解题》著录"《东坡别集》四十六卷"云："坡之曾孙给事峤季真刊家集于建安，大略与杭本同。盖杭本当坡公无恙时已行于世矣。麻沙书坊又有《大全集》，兼载《志林》《杂说》之类，亦杂以颍滨及小坡之文，且间有讹伪剿入者。"[②] 颍滨，即苏辙；小坡，即苏轼之子苏过。元人李冶在《敬斋古今黈》中也说："《东坡大全文集》所载《渔樵闲话》凡十一事，其言论颇涉粗浅，恐非坡笔。纵是坡笔，决其少作。然独《记伥鬼》一说，为能曲尽小人之所为，虽百世不可废也。又载《艾子杂说》凡四十一事，虽俱俳优俚俗之语，而所托讽大有切中于时病者，却应真出坡手。又坡集中有《诗评》两卷，引据丛杂，殊可鄙笑。盖中间既有坡说，而复有后人论坡者，一切以坡语概之。不知其纂集者谁也?"[③] 可见，宋刻麻沙本《东坡大全集》不仅收录了苏辙、苏过的作品，甚至孱入了《渔樵闲话》之类的粗俗文字，诗话题跋中竟混入了"后人论坡者"。又据陈善《扪虱新话》称，《叶嘉传》乃其邑人陈元规作，《和贺方回青玉案词》乃华亭姚晋作，集中如《睡乡》《醉乡记》鄙俚浅近，也决非东坡所作。这都是由于编刻出于多门造成的，特别是有的书坊，为了速售获利，往往增添改换，掺入不少他人的作品，混淆了古代著作权关系。不仅名家别集如此，其他一般文人学者的别集也难幸免，如宋初诗人林逋撰有《和靖诗集》，编者在其后所附《省心录》一卷，实际上是宋人李邦献所作，而非林逋所作。宋人魏仲举编《五百家注音辨昌黎先生文集》，收录集注、补注、广注、释事、补音、协音、正误、考异等计 368 家，不足五百之数，"所云新添诸家，皆不著名氏，大抵虚构其目，务以炫博，非实有其书。即所列一百四十八家，如皇甫湜、孟郊、张籍等，皆同

① 龚明之：《中吴纪闻》第 4 卷，《方子通诗误入荆公集》，上海古籍出版社，1986，第 89 页。

② 陈振孙：《直斋书录解题》第 17 卷，《东坡别集》，上海古籍出版社，1987，第 502 页。

③ 李冶撰，刘德权点校《敬斋古今黈》第 5 卷，中华书局，1985，第 63 页。

时倡和之人，刘昫、宋祁、范祖禹等，亦仅撰述《唐史》，均未尝诠释文集。乃引其片语，即列为一家，亦殊牵合。盖与所刊《五百家注柳集》，均一书肆之习气。”这是魏编韩集注释作者信息不实的一面，但同时这种广搜诸家注释的做法，客观上也起了保护前人作品的作用，“期间如洪兴祖、朱子、程敦厚、朱廷玉、樊汝霖、蒋璨、任渊、孙汝听、韩醇、刘崧、祝充、张敦颐、严有翼、方崧卿、李樗、郑耕老、陈汝义、刘安世、谢无逸、李朴、周行己、蔡梦弼、高元之、陆九渊、陆九龄、郭忠孝、郭雍、程至道、许开、周必大、史深大等，有考证音训者，凡数十家。原书世多失传，犹赖此以获见一二，亦不可谓非仲举之功也。”① 宋人别集甚至有编者将伪作窜入者，如罗公升撰有《罗沧州集》，但“第二卷之首有《皇帝阁春帖子》二首、《端午帖子》一首、《皇后阁春帖子》一首、《夫人阁春帖子》一首、《端午帖子》一首。考帖子词为翰林学士之职，公升一县尉，何由得有此作？且其祖既于宋末殉节，则其孙必不及南宋承平之盛，而其词乃皆治世之音，殊为可疑。又第一卷末有《得家问》二首，一曰‘乍喜平安报，俄增放逐愁’，又曰‘东风严濑水，不是冷扁舟’，公升未放逐严州也；一曰‘万里平泉梦，惟怜创业难’，又曰‘长平门下客，知复几任安’，公升亦非故将相也。又皆与其生平不合。至于《燕城》《俗吏》诸作，词气鄙俚，如出二手，殆其子孙所为，以装点其忠义者，盖窜乱失真。”② 也有误将同一作品同时编入两家者，如《道山清话》载：“石曼卿一日在李驸马家，见杨大年写绝句诗一首云：‘折戟沉沙铁未消，自将磨洗认前朝。东风不与周郎便，铜雀春深锁二乔。’后书‘义山’二字。曼卿笑云：‘昆里没这般文章。’涂去‘义山’字，书其傍曰‘牧之’。盖两家集中皆载此诗也。”③

元、明两代文人在编别集的时候，由于编者对作者生平或作品情况并不完全熟悉，也经常存在误收他人之作、擅改原作篇名等侵犯作者著作权的问题。如元人徐明善（字志友，号芳谷，鄱阳人）《芳谷集》中有《平章董士选三代赠官制》三首，考徐氏生平从未居馆职，不应有代拟制书，《四库全书总目》案云：“苏天爵《元文类》载此三制，题元明善所作，盖

① 纪昀等：《钦定四库全书总目》第150卷，《五百家注音辨昌黎先生文集》，中华书局，1997，第2007页。

② 纪昀等：《钦定四库全书总目》第174卷，《罗沧州集》，中华书局，1997，第2376页。

③ 佚名：《道山清话》，见《宋元笔记小说大观（三）》，上海古籍出版社，2001，第2935页。

编《芳谷集》者，因‘明善’之名相同，遂不加考核而误收。”① 明人叶盛说：“古人制作，名集编次，多出于己，各有深意存焉。或身后出于门生故吏、子孙学者，亦莫不然。周必大所识欧阳文忠公集，亦可见已。今人不知此，动辄妄意并辏编类前人文集，如处州《叶学士文集》又曰《水心文集》，曰《文粹》；江西《文山先生前集》三十二卷，后集七卷；四川等处《宋学士文》，览者当自见之。其尤谬则苏州新刻《高太史大全集》也，太史《缶鸣集》九百八十七首，后人足成一千首，《大全集》又合为二千首。其《姑苏杂咏》一书，自有序，乃为牵制置诸各体中，如《白龙庙迎送神曲》，删去本题并注，引入曲类，题曰《迎神曲》《送神曲》云，奈何！”② 明人在编类诗集时也存在误收的情况，如叶盛《水东日记》又说：“元人挽文丞相近体之字韵诗，史家以为翰林王磐作，或又云徐世隆作，未知孰是。赵松雪集《怀德清别业》第二诗，唐钱起诗也，但‘花尽’作‘花落’不同耳，岂公尝手书之编类者，遂误收入集耶？荆公《临川集》亦有类此者。近黄谏侍讲集解学士文，以宋景濂《送张藻仲归娶诗》亦编入，又不知广西有宣成书院，遂妄改其诗题为宣圣书院，至诗中不可念，则又改曰文宣书院，皆可笑之甚者也。”③ 像这类不仅误收他人作品，还擅改诗题的做法，显然更加严重地侵犯了他人的著作权。明人方孝孺的遗著《逊志斋集》中也混入了他人的作品，陆容《菽园杂记》卷十五称：“《逊志斋集》三十卷，《拾遗》十卷，《附录》一卷，台人黄郎中世显、谢侍讲鸣治所辑，今刻在海宁县。其二十八卷内《勉学诗》二十四章，本苏士陈谦子平所作，误入方《集》耳。”④ 明代刻书者还有故意隐去编书者姓名的，如有不著撰人名氏编《东雅堂韩昌黎集注》，卷末只有“东吴徐氏刻梓家塾”小印。清代史学家陈景云《韩集点勘》书后曰：“其注采建安魏仲举五百家注本为多，间有引他书者，仅十之三。复删节朱子单行《考异》，散入各条下，皆出莹中手也……徐氏刊此本，不著其由来，殆深鄙莹中为人，故削其氏名并开板年月耶。”⑤ 此书编者即为宋人廖莹中，据《四库全书总目》考证，“前列重校凡例九条，内称庙讳一条，确为宋人之

① 纪昀等：《钦定四库全书总目》第166卷，《芳谷集》，中华书局，1997，第2219页。

② 叶盛：《水东日记》第2卷，《编次文集》，中华书局，1980，第18页。

③ 叶盛：《水东日记》第16卷，《编类诗集误收》，中华书局，1980，第162页。

④ 陆容：《菽园杂记》第15卷，中华书局，1985，第183页。

⑤ 卞孝萱：《〈韩集书录〉十则》，《许昌师专学报（社会科学版）》1993年第3期，第49－56页。

语，景云之说为可信。知此本为莹中注也。”[①] 而其刻书者，据陈景云考《明进士题名碑》，“东吴徐氏”乃明人长洲徐时泰，他因鄙薄廖莹中的为人（曾为奸相贾似道的幕下客），在刻书时故意隐去其名，也涉嫌侵犯前人著作权。

清代文人的诗文由亲友或弟子门人编纂成集的现象仍很常见，多体别集如吴绮《林蕙堂集》，就是在吴绮殁后，由其子寿潜搜访遗稿，合而编之而成。李光第《榕村集》，除诗下注‘自选’以外，其余都由其孙李清植编纂而成。李颙《二曲集》，由其门人王心敬所编，皆其讲学教授之语，或出自著，或门人弟子所辑。李懋绪《荆树居文略》，由其门人杨士琼所编。单体总集，如孙致弥殁后词稿凡三种，分别是《别花余事》《海沂》《衲琴》，均由其门人楼俨所定。汪琬《尧峰文抄》，亦由其门人侯官林佶手写刊定。梁佩兰《药亭诗集》两卷，乃休宁汪观所选编。邵长衡《青门簏稿》，是由其兄子璇等编次。赵申乔《赵恭毅剩稿》，由其孙赵侗斅所编。因为编者非原作者，误收他人之作在所难免。如《五经堂文集》，署“范鄗鼎撰”，但该集“皆各体杂文，本名《草草草》。卷首有鄗鼎自序，文格酷摹《尚书》。虽本之夏侯玄《昆弟诰》，然未免太近游戏。末附《语录》一本，乃其子翽搜辑诸刻书中鄗鼎评识之语，汇成一帙，因并梓之。实非鄗鼎自作，亦非门人所记也。”[②] 徐嘉炎《抱经斋集》，末附录《焚余草》1 卷，乃嘉炎父肇森所作。清人吴瞻泰撰《陶诗汇注》4 卷，但多杂入他人诗作，“集中《归田园》诗末首据《遁斋闲览》，定为江淹诗，有《文选》可证；《问来使》诗题一首，据《七修类稿》，定为苏舜钦诗，有《苏子美集》可证；其《四时》一章，但据许觊《彦周诗话》定为顾恺之诗，而恺之诗于古书别无所见，似尚当存疑，未可遽删也。”[③] 清人吴乔撰《西昆发微》，是编原是评说唐李商隐诗，但“杨亿《西昆倡酬集序》称取玉山册府之义名曰‘西昆’，则‘西昆’之名又非李商隐所作。此书标题先已失考，其所说凡无题之诗，又无一不归于令狐绹，如《锦瑟》一首，刘攽《中山诗话》以为令狐楚青衣之名，其说本谬。计有功《唐诗纪事》称为令狐丞相青衣，盖沿此文，特省书楚名耳。乔不考其源，但据‘丞相’之文，亦执为绹之青衣。他如《少年》一首明言‘外戚平羌第一功’，

---

① 纪昀等:《钦定四库全书总目》第 150 卷，《东雅堂韩昌黎集注》，中华书局，1997，第 2008 页。

② 纪昀等:《钦定四库全书总目》第 183 卷，《五经堂文集》，中华书局，1997，第 2552 页。

③ 纪昀等:《钦定四库全书总目》第 174 卷，《陶诗汇注》，中华书局，1997，第 2355 页。

《富平少侯》一首明言‘十三身袭富平侯’，《可叹》一首明言‘赵后楼中赤凤来’，与绚何与，皆锻炼入之。然则《柳枝》五首，非商隐明作一序，亦必谓为绚作矣。”①

纵观中国古代文献的产生与流布史，文献在完成第一次创作进入流通领域后，被其他作者采摭、引用、改编、删裁、注释、翻译与抄撮的情况非常普遍，几乎是文献二次生成的必然形式。这种对原始文献的改造加工必然引发原作与新作、原作者与现作者之间的名誉与利益关系的纠葛，诱发了原始著作权关系的形成。

综合本章及前文第三、四章所述内容，可以看出，涉及中国古代著作权关系的因素非常复杂，从作品的创作、复制、传播、利用到再创作的整个过程，均有涉及。有的侵犯了原作者或他人（通常是名人）的精神权利，如代笔、伪署姓名、剽窃等；有的侵犯了原作品的完整性，如改编删裁、采摭引用、抄纂补缀等；有的侵犯了原作者或出版商的财产权利，如佣书，盗印等。而且，从中国古代图书及书画的创作、流传来看，以上现象均非常普遍地存在，延续的时间也很漫长。这就必然在原作与新作之间，原作者与改编者、蹈袭者之间，初次出版者与盗写者、盗印者之间引起广泛、持久的利益冲突。不同的利益主体有不同的权利诉求，这就要求社会以某种道德、伦理或法制的规范对之加以约束和调整，从而为中国古代原始著作权关系的孕育和形成创造了条件。

---

① 纪昀等：《钦定四库全书总目》第174卷，《西昆发微》，中华书局，1997，第2360页。

第六章　中国古代著述观念与著作权意识

我们研究和讨论著作权问题，离不开“名”与“利”这两个核心问题。所谓“名”，即作者通过著述获得作品署名及由此带来的社会声誉等各项精神权利；所谓“利”，即作者通过出版作品获得物质报酬的财产权利。古人于著述活动中，在这两个问题上的基本看法和价值取向，对中国古代原始著作权关系的发展趋向具有决定性影响。我们只有深入考察和探讨古人著述观念的发展变化及著作权意识的形成过程，才有可能对古代原始著作权关系的发展变化有一个比较全面的认识。但我们在探讨古人著述观念的发展变化及著作权意识形成过程时，不能脱离当时的历史背景和社会一般价值观念，因此有必要对中国古代义利观作一探究。

第一节　古代文人的义利观

义利之争是中国传统思想及价值观念的核心问题之一。所谓“义”，即符合古人所说的“天道”，“人道”，也就是遵照当时的礼仪制度和道德规范行事。所谓“利”，即指个人欲望的满足，包括精神和物质两方面。“义利观”通俗地讲，就是人们如何在社会伦理道德与个人欲望的满足之间取舍。它是一种价值观，关乎人类社会伦理生活的基本问题。义利关系在理论上的解决，直接关系到一个思想伦理体系的性质；在实践上的解决，则直接关系到人们社会行为的选择，因而必然对古代著述行为产生实质性的影响，表现在具体的图书著述活动中，就是有人淡泊名利，有人争名夺利；有人视金钱如粪土，却惜名誉如生命；有人唯利是图，可以为金钱而置个人荣辱甚至身家性命于不顾。

我国早在西周时期就提出了要“遵王之义”，要求统治者重视道德修养，如“敬德”“保民”，实行德政，施惠于民。周人“敬德”的思想对后世产生了深远的影响。春秋末期和战国时期迎来了义利观发展的第一个高潮。由于我国奴隶社会瓦解，封建社会逐渐形成，社会呈现出大变革、大动荡、大分化的局面。道义和名利已成为上层统治者和下层百姓社会生活中面临的现实问题，也是各家学派争论的焦点。道家主张“绝仁弃义，民复孝慈；绝巧弃利，盗贼无有"[①]，认为道义、名利都是历史倒退的结果，应该放弃这些东西，回到最自然、最原始的无为状态中去，追寻一种最高的精神境界；墨家认为道义与名利是绝对统一的，有道德的行为一定能给人带来名誉与利益，而无道德的行为只能给人带来灾难；法家则认为，人与人之间的关系主要是纯粹的利害关系，但两者不是绝然对立的。对于道义来说，名利是必需的，人们只是因为有名利的动力，才会行义，所谓"正直之道可以得利，则臣尽力以事主"，"故善为主者，明赏设利以劝之，使民以功赏而不以仁义赐"[②]。以上这些思想在古代中国虽有一定影响，但都没能成为主流思想。

春秋末年，儒家创始人孔子针对奴隶制社会解体过程中出现的有关社会道义与名利的相互关系的论争，提出了"义主利从"论，开创了儒家义利观。孔子说，"君子喻于义，小人喻于利"[③]，认为名利与道义之间存在着矛盾，但他肯定这种矛盾是可以解决的，解决的方法就是重道义而轻名利。他主张"见利思义""义然后取"，即要求人们把自己的所得利益完全建立在道德行为的基础上，消除一切不符合"义"的行为。此后的儒家学者的观点与孔子一脉相承，如孟子主张"何必曰利""去利怀义"，把追求义看做是人们行为的唯一目的，将"以义制利"论发挥到了极致。荀子则认为："义与利者，人之所两有也。虽尧、舜不能去民之欲利，然而能使其欲利不克其好义也。"[④] 即谓，义与利皆是人的本性，义虽重要，但也不能一味追求义而否定利，这在一定程度上是对孟子义利观的纠正。

儒家提出的"以义制利"的义利观，在一定程度上有利于社会理性及和谐秩序的建立，因此，汉武帝实行"罢黜百家，独尊儒术"之策，确立了儒家思想的正统与主导地位。汉代学者继承和发展了儒家的义利观，如董仲舒提出了"正其谊（笔者注：谊通义）不谋其利，明其道不计其功"[⑤]，仍是对名利的轻视。东汉王充一方面总结了司马迁、桑弘羊等人"义从利来"的观点，提出了"让生于有余，争起于不足。谷足食多，礼仪之心生；礼丰义重，平安之基立矣"[⑥] 的命题，另一方面受儒家影响，

---

① 李存山注译《老子》，中州古籍出版社，2004，第25页。

② 高华平等译注《韩非子》，中华书局，2010，第141页。

③ 杨伯峻译注《论语》，中华书局，1980，第39页。

④ 王先谦：《荀子集解》第19卷，《大略篇第二十七》，云南大学出版社，2009，第330页。

⑤ 班固：《汉书》第56卷，《董仲舒传》，中华书局，1962，第2524页。

⑥ 王充：《论衡》第17卷，《治期篇第五十三》，上海人民出版社，1974，第274页。

又强调礼义的重要性，认为“国之所以存者，礼义也。民无礼义，倾国危主”[①]，在一定程度上发展了孔孟儒家的义利观。

魏晋以后，由于外来佛教及本土道教的兴盛，中国的思想伦理也发生了相应的变化，出现了儒、释、道三教纷争及相互融合的趋势。魏晋玄学论争的主题主要是“名教”与“自然”的关系，道义与名利的关系也由“名教”与“自然”的关系展开。“名教”派主张儒家礼义、君臣父子、纲常之道；“自然”派则提出“越名教而任自然”，即跳出儒家纲常的限制，顺从人本性的自然欲望和需求。这对于追求人的个性解放有一定积极意义。魏人李康在《运命论》中曾说过一番为人熟知的话：“木秀于林，风必摧之；堆出于岸，流必湍之；行高于人，众必非之。”[②] 主张为人处事要低调，但很多志士仁人“蹈之而弗悔”，目的是为了“遂志而成名”。士林中甚至有人借此私欲膨胀，招权纳贿，表现为追求放纵的食、色、利，结果只能导致“逐利弃义”，正如晋人干宝所言：“由是毁誉乱于善恶之实，情慝奔于货欲之途。选者为人择官，官者为身择利，而秉钧当轴之士，身兼官以十数。大极其尊，小录其要，而世族贵戚之子弟，陵迈超越，不拘资次。悠悠风尘，皆奔竞之士，列官千百，无让贤之举。”[③] 但也有例外，如东晋的陶渊明虽受玄风余流濡染，却能保持内心的操守。他在《感士不遇赋》中说：“宁固穷以济意，不委曲而累己。既轩冕之非荣，岂缊袍之为耻。诚谬会以取拙，且欣然而归止。拥孤襟以毕岁，谢良价于朝市。”[④] 陶渊明还躬耕田园，自食其力。他在《庚戌岁九月中于西田获早稻》中说：“人生归有道，衣食固其端。孰是都不营，而以求自安?”[⑤] 认为衣食是人生及一切道德观念的基础。他在《癸卯岁始春怀古田舍・其二》中还委婉地批评了儒家义利观的空洞和不切实际：“先师有遗训，忧道不忧贫。瞻望邈难逮，转欲志长勤。”[⑥] 这实际上是对儒家义利观的发展和超越。

南北朝隋唐时期的儒、释、道之争（其中主要是儒、释之争），则是伦理世俗主义与宗教出世主义之争，在道义与名利的关系上，则相应地体

① 王充：《论衡》第10卷，《非韩篇第二十九》，上海人民出版社，1974，第150页。

② 萧统编，李善注《文选》第53卷，上海古籍出版社，1986，第2302页。

③ 房玄龄：《晋书》第5卷，《帝纪第五》，中华书局，1974，第136页。

④ 陶渊明：《陶渊明集》第5卷，《感士不遇赋》，山西古籍出版社，2004，第213页。

⑤ 陶渊明：《陶渊明集》第3卷，《庚戌岁九月中于西田获早稻》，山西古籍出版社，2004，第114页。

⑥ 陶渊明：《陶渊明集》第3卷，《癸卯岁始春怀古田舍・其二》，山西古籍出版社，2004，第101页。

现为“人道”原则与“神道”原则之争。但这种论争也为三者的交流与融合提供了绝好的机会，如佛教经义中平等、利群、生死轮回、因果报应的思想对儒家产生了一定的影响，而佛教主张重义修心，有“即心即佛”，“明心见性”之说，这里提出的“心”，是在接受儒家“人性心性”的思想过程中，将抽象的佛性伦理化，使之与人性相通。佛教自西汉末年传入中国后，渐自改变了印度佛教“手不捉金银”，“不掘地垦土”的教义，使之适应了当时中国小农经济的生产生活方式，走上了自食其力的道路。但同时强调，在佛家看来，一切身外之物均处于“诸行无常”的状态。宇宙、社会，包括人生的一切都是暂时的，现实存在也是短暂的。物质财富易得易失，权势利禄变幻无常，因此没有必要贪恋。唯有精神方可永存，重精神是“智者”所为，贪物欲是“愚人”所求。故佛家提倡抑欲求义，即以修炼的方式灭去各种欲望，从迷界达到悟界的彼岸。道教发源于中国本土，形成于东汉时期，广泛流行于民间，后被封建统治阶层利用、改造，这个利用与改造的过程也就是它的教义和戒律渐被儒化的过程。道教讲求尊道重德，认为“道”和“德”是维护世界和谐的纲纪，是道教义理中最重要的内容，故道家把修道立德视为人生第一要务，主张“抱扑守真”“轻利寡欲”“致虚守静”“无私不争”，对钱财货利的态度适可而止，除满足人的基本物质需要之外，不贪求、不奢靡，同时尽可能济世度人，这样才有助于增进个人道德和修为。这一时期，儒家义利观也有所发展，如唐代的文学家韩愈就从不讳言功利乃至“私利”，在个人权利基础上倡言“公利”，以“爱而宜”“爱而公”作为处世的原则，对儒家传统义利观的发展有所推进。韩愈在《原道》篇首说：“博爱之谓仁，行而宜之之谓义，由是而之焉之谓道，足乎己无待于外之谓德。仁与义，为定名；道与德，为虚位。”① 把儒家之“道”与道家之“道”作了区分。道家之“道”是天道，即宇宙自然之道；儒家之“道”是人道，即历史人文之道。韩愈继承了儒家重义轻利的传统，在义与利的关系上，主张先义而后利，“于为义若嗜欲，勇不顾前后；于利于禄，则畏避退处如怯夫然”②，“惟义之趋，岂利之践”③，但同时不讳言功利乃至“私利”，如他在《上兵部侍郎李巽书》中坦陈自己的入仕动机：“家贫不足以自活，应举觅官”④，并自嘲云：

---

① 韩愈：《韩愈集》第 11 卷，《原道》，岳麓书社，2000，第 145 页。

② 韩愈：《韩愈集》第 26 卷，《唐故赠朝散大夫司勋员外郎孔君墓志铭》，岳麓书社，2000，第 311 页。

③ 韩愈：《韩愈集》第 23 卷，《祭张给事文》，岳麓书社，2000，第 290 页。

④ 韩愈：《韩愈集》第 15 卷，《上兵部侍郎李巽书》，岳麓书社，2000，第 199 页。

“为利而止真贪馋”[①]“惟名利之都府兮，羌众人之所驰；竞乘时而射势兮，纷变化其难推”[②]。他甚至在《符读书城南》中以功名利禄劝导自己的儿子“飞黄腾达去，不能顾蟾蜍”[③]。这种做法虽为时人诟病，但他对个人合理权利的提倡，还是具有一定的积极意义。

儒家思想对中国社会的影响在宋代达到了高潮，其标志就是理学思想的发展和成熟。而儒家传统的重义轻利的价值观也发展到了极致，如二程提出“饿死事极小，失节事极大”[④]，表现出对社会名誉的极端重视，反映到著述活动中就是重视精神权利，而忽视财产权利。儒家耻于言利，然而也并非全然不言利，宋代理学的代表人物朱熹在《不自弃文》中就认为“商其业者必至于盈赀”，即商人追求正当的利益，就好像士人登科、农者积粟、工者作巧一样天经地义，无可厚非，这也为书商追求出版利润提供了思想基础。陆游在《夜游宫》里说“自许封侯在万里，有谁知，鬓虽残，心未死”[⑤]，则反映了宋代知识分子立功求名的执着。对于名与利的关系，史学家司马光认为：“汲汲于名者，犹汲汲于利也。”[⑥]名与利，两者不同却相通。名可以是利的阶梯，利可以为名铺路。对于名与利的取舍，有一首《长相词》比较有代笔性：“名也成，利也成，利也成时不似名，名成天下惊。”[⑦]它反映了宋代读书人既重名又重利，但比较而言，更看重名的心态。当然，宋代也不乏一些优秀的知识分子对名利非常超脱，北宋人张公昇，字杲卿，阳翟人，曾自撰一首《满江红》，其中有“无利无名，无荣无辱，无烦无恼。夜灯前独歌独酌，独吟独笑”[⑧]之句，闻者莫不慕其旷达。

明清以后知识分子的义利观与宋元相比没有什么大的变化，即都以儒家义利观为主流。知识分子通向名利之路几乎只有仕途一条。而做官就要

---

① 韩愈：《韩愈集》第5卷，《酬司门卢四兄云夫院长望秋作》，岳麓书社，2000，第63页。

② 韩愈：《韩愈集》第1卷，《复志赋》，岳麓书社，2000，第2页。

③ 韩愈：《韩愈集》第6卷，《符读书城南》，岳麓书社，2000，第77页。

④ 程颐著，朱熹编《二程遗书》第22卷下，《附杂录后》，清文渊阁四库全书本。

⑤ 陆游：《渭南文集》第50卷，《夜游宫》，中国书店，1986，第309页。

⑥ 司马光：《司马光全集》第66卷，《谏院题名记》，四川大学出版社，2010，第1371页。

⑦ 潘永因编，刘卓英点校《宋稗类钞》第5卷，《词品》，书目文献出版社，1985，第441页。

⑧ 潘永因编，刘卓英点校《宋稗类钞》第5卷，《词品》，书目文献出版社，1985，第434页。

科举，科举就离不开文章，所谓“学好文武艺，货于帝王家”，正是封建时代知识分子实现社会自我价值的真实写照，也是唯一的所谓“正途”，名与利的实现尽在其中。明代有一首流传甚广的“金榜题名”的顺口溜：“起他一个号，刻它一部稿，坐它一乘轿，讨它一个小”①，生动地反映了部分读书人的价值观。由于明清资本主义生产关系有所发展，知识分子价值观念更加开放，对于名利的追求更不必隐讳。而在一般的工商阶层，更是如此。

综上所述，中国在汉代以前的义利观呈现出多元状态，道家、墨家、法家、儒家各有其说。自汉武帝确立儒家一家独尊的地位以来，儒家知足安分、重义轻利的义利观便逐渐发展为中国古代主流的道德规范，其主要内容就是将宗法伦理的等级秩序置于物质利益之上，要求重义轻利、先义后利、以义制利，以义生利，以道取利。但这并不意味着儒家绝然反对功利主义，只是它将名利的追求控制在纲常伦理的范围之内。在中国道德体系中占据重要地位的儒家义利观，必然对中国古代文人的著述活动产生广泛而深刻的影响，决定他们在著述过程中对个人名誉与经济利益所持的态度。

第二节　著述观念的发展与著作权意识的形成

纵向考察中国古代著述观念的形成与发展，我们发现，它经历了一个从君王政治的附庸发展成为相对独立的文化意识的过程，而推动这一进程的主要是社会价值观念的发展以及书籍媒介传播方式的进步。在著述观念的发展过程中，古代文人也萌生了保护自己精神权利与财产权利的意识。

一　先秦著述观念与著作权意识

春秋以前没有独立的著述观念，这是由垄断的史官文化所决定的。其时，巫史集团不仅掌握着直接与神事有关的占卜、祭祀的大权，而且事实上还控制着军事、司法、教育、历法、记事、保管档案等方面的大权，当然也控制着文化的创制和传播。而实际上，史官撰史书，天官撰历书，太卜撰占卜之书，也都是奉王命而作，无非恪尽职守而已。因此，他们所撰篇籍只能成为官书，而不能属于自己。身处这样的环境，作者的头脑里连

① 官伟勋：《古往今来名利观》，《炎黄春秋》2000 年第 12 期，第 49－53 页。

视作品为己有的想法都无法产生，更不用说著作权意识。所以章学诚说："未有空言著述不隶官籍，如后世之家自为书者也。"他又说："古未尝有著述之事也，官师守其典章，史臣录其职载。"① 这里并不是说没有著述活动，而是说没有独立的私家著述活动。因此，史官文化时期虽然有不少著述，但都是君王手中的工具，是隶属于官府政治的附庸。这一时期的著述活动有两个特点：一是作品并不代表作者本人的意愿，而是完全听命于君王的意志；二是作者不关心作品的命运，对它的处置（如修改、流通等）均听任官方的意愿，与作者无关。作者从自己作品中获得的利益，主要是通过作品获得君王的赏识，进而获得封赏或晋升。至于作品受读者的欢迎程度，则与作者无关。在这种情况下，作者不可能关心自己作品的命运，也没有必要关心。

春秋末年，史官制度渐被打破，学术向民间下移，私家著述开始兴起。这一时期，对著述观念影响最大的社会因素有二：一是诸子学的兴起。各种思想学说的传播异常活跃，使得士大夫开始重视书籍的媒介作用。二是民间教育的兴起。孔子办学获得巨大的成功，带动各国私学热潮，促使史官文化进一步瓦解，民间开始出现私人藏书和著述活动。与此相适应，人们对著述活动的认识发生了明显的变化。一个较有代表性的事件就是，公元前 549 年，鲁国的叔孙豹出使晋国，前来迎接的范宣子问他："古人有言，死而不朽，何谓也？"叔孙豹发表了一番宏论："太上有立德，其次有立功，其次有立言，虽久不废，此之谓不朽。"② 在他看来，真正不朽的是"虽久不废"的声名，而不是加官进爵和世代不绝的香火。具体来讲，就是"立德"，"立功"，"立言"。这是儒家价值观在人生价值目标设定上的集中表现。所谓"立德"，用唐人孔颖达的话讲，就是"创制垂法，博施济众"，如周公制礼作乐，建立典章制度；所谓"立功"，就是"拯厄除难，功济于时"，如大禹治水，救百姓于危难。而对于大多数人来讲，"立德"，"立功"毕竟有些遥不可及，这种机遇并不是人人都有的，只好退而求其次，通过"立言"来达成不朽。而所谓"立言"，用唐人孔颖达的话讲，只要"言得其要，理足可传"即可。因此，通过著述活动来"立言"，是大多数知识分子实现自己人生价值的现实选择。同样，这种价值观必然对他们的著述观念和著述态度产生影响，具体反映到他们的著述活动中，就是不重名利的牟取，而更看重自己思想学说的传播，看重其社会价值的

---

① 章学诚：《文史通义》第 1 卷，《诗教上》，中华书局，1985，第 62 页。

② 左丘明著，朱宏达、李南晖直解《春秋直解》，浙江文艺出版社，2000，第 536 页。

实现。这也是中国古代以来一直阻碍原始著作权关系向著作权制度发展的一个重要因素。身处春秋末年的孔子是儒家著述人物的杰出代表，他所处的春秋末期正是我国社会历史由奴隶制向封建制过渡的时期。其时周室式微，一系列社会制度和价值观也随之崩溃。孔子这个人用他自己的话讲就是“信而好古”，因此对“礼坏乐崩”的社会趋势有很大的不满，企图“恢复周礼”。为了推行其政治主张，他曾周游列国，劝说诸侯，但到处碰壁。由于他的政治主张不能为诸侯所用，遂认为“我欲载之空言，不如见之于行事之深切著明也”①。在此无可奈何之际，他只有转而从事古代文献的整理和编纂，以“追迹三代之礼”，并通过兴办教育的途径，以所编订的《六经》为教本，传播其以“仁”为主旨的政治思想，以达其“拨乱世反诸正”的政治目的。从这个意义上讲，孔子著述的动机是单纯的，既非为名，亦非为利，纯粹是为了实现个人的社会理想。当然，从事文献编纂活动及教育事业给孔子身后带来的声名，恐怕是他本人也始料未及的。

战国时期，私学的蓬勃发展，使得书籍在思想文化传播中的媒介作用进一步凸显出来，人们的著述观念也在悄悄地发生着重大转变。例如，战国中期的孟子提出了“知人论世”的观点，这是读者关心作者的开端。《孟子·万章下》有言：“以友天下之善士为未足，又尚论古之人。颂其诗，读其书，不知其人，可乎？是以论其世也，是尚友也。”② 也即是说，仅仅读古人的著作是不够的，还要“知其人”“论其世”。所以读书之人，必须了解作者的生平事迹、思想见解，了解作者所处的时代背景，这样才有助于深刻理解作品的思想内容。孟子“知人论世”的核心，是从读者接受的立场出发，阐释了了解作者及其所处时代的重要性。显然，这是一种新型的读者与作者的关系。到战国晚期，吕不韦组织门客撰《吕氏春秋》，这是作者具有公众传播意识的开端。从战国后期图书的流传情况来看，有些子书的传播范围相当广泛，甚至超越了国界，如韩非子写的《五蠹》，就从韩国流传到了秦国，得到了秦始皇的赏识。作品传播范围的扩大，必然会扩大作品的社会影响，进而提高作者的声誉。吕不韦无疑看到了书籍媒介的这种放大作用，他不仅将自己的姓氏嵌入了书名，还以“文信侯”（吕不韦封文信侯）的名义作了一篇《序意篇》，对《吕氏春秋》的“十二纪”内容要旨作了介绍。该篇相当于全书的总序，也是我国最早的自序。吕不韦的这种做法，是在向社会传达这样一种观念：《吕氏春秋》无

① 司马迁：《史记》第130卷，《太史公自序》，中华书局，1959，第3297页。

② 杨伯峻：《孟子译注》，中华书局，1960，第251页。

论是在精神上还是在名义上，都是属于他一个人的，他是该书的全权代表。这样的著述观念，是前所未有的。

二　汉代著述观念与著作权意识

入汉以后，尤其是汉惠帝四年（前191年）“挟书律”废止之后，书籍的流通更加自由广泛，延续了千百年的官书垄断局面最终被破除。民间收藏的先秦书籍可任由传写，汉代作者的新作也广为传播。这种图书自由流动的景象是先秦以来从未有过的。但同时，各种古书新作混杂在一起，几乎没有固定的版本和作者署名，大大影响了图书传播的效果。因此，汉成帝河平三年（前26年），诏光禄大夫刘向等校勘整理官府藏书，包括广罗异本、确定书名、审定篇章、校勘文字、缮写定本、撰写叙录等具体环节。其中的叙录相当于图书提要，除了介绍图书内容、成书经过、学术源流等，还包括对作者生平行状的介绍。也就是说，刘向等人的文献整理工作，实际上包含了为每一本书查考作者、确定作者署名的工作。这种为前代古书查考作者恢复署名的做法，是对前代作者著作权的尊重，是一次著作权意识的大觉醒。

如果说战国时期吕不韦“著书布天下”的著述动机还只是个别现象，那么入汉以后，以著述求“扬名于后世”就是相当普遍的社会现象了。如司马迁的父亲司马谈在临终前留下遗言：“且夫孝始于事亲，中于事君，终于立身。扬名于后世，以显父母，此孝之大也……今汉兴，海内一统，明主贤君忠臣死义之士，余为太史而弗论载，废天下之史文，余甚惧焉，汝其念哉！”司马迁听后，俯首流涕曰：“小子不敏，请悉论先人所次旧闻，弗敢阙。”① 可见，司马迁继承父亲遗志撰写通史《史记》，既有出于史家的历史使命感，更有“扬名于后世”的内在动力。西汉末年的扬雄，不求仕进，一心著书，“恬于势利乃如是，实好古而乐道，其意欲求文章成名于后世”②。东汉的王充在《论衡·自纪篇》中说：“身与草木俱朽，声与日月并彰，行与孔子比穷，文与扬雄为双，吾荣之。身通而知困，官大而德细，于彼为荣，于我为累。偶合容说，身尊体佚，百载之后，与物俱殁。名不流于一嗣，文不遗于一札，官虽倾仓，文德不丰，非吾所臧。”③ 显然，王充认为官大位尊比不上著述更能让自己的声名传之不朽，

① 司马迁：《史记》第130卷，《太史公自序》，中华书局，1959，第3295页。

② 班固：《汉书》第87卷下，《扬雄传》，中华书局，1962，第3583页。

③ 王充：《论衡》第30卷，《自纪第八十五》，上海人民出版社，1974，第454页。

所以他追求的是“文”和“文德”。这说明，随着作者声名与著述关系的日益紧密，知识分子越来越看重个人的声誉了，著述的地位在人们的观念中有了很大的提高，有人甚至可以通过著述直接获得功名，如李尤，字伯仁，“少以文章显。和帝时，侍中贾逵荐尤有相如、扬雄之风，召诣东观，受诏作赋，拜兰台令史”①。“立言”虽不能完全独立于事功，但在部分士人心目中，著述与“立德”“立功”已可等量齐观了。

然而要强调的是，汉人对著述给自己带来的个人声名的追求并不是绝对的。有些学者虽然也非常看重自己的作品能否为时人所重，并传之久远，但对于它能否给自己带来额外的声名和利益，基本上是抱一种放任自流的态度。一个典型的例子就是西汉辞赋家司马相如。他口吃而善著书，著有《子虚赋》《上林赋》《大人赋》等名篇。据《史记》载：“相如既病免，家居茂陵。天子曰：‘司马相如病甚，可往后悉取其书；若不然，后失之矣。’使所忠往，而相如已死，家无书。问其妻，对曰：‘长卿固未尝有书也，时时著书，人又取去，即空居。’”② 司马相如临终之际，汉武帝尚且有替他保护作品的意识，遣人去他家取书。没想到的是，他平时在随著随送之间，就把自己的作品都分送给人了。由于他的声名太大，有人为使自己的作品得以流传于世，不惜假托司马相如之名，主动放弃自己的署名权。例如，“长安有庆虬之，亦善为赋。尝为《清思赋》，时人不之贵也，乃托以相如所作，遂大见重于世。”③ 与汉代作者对作品传播久远及个人声名的追求形成鲜明对比的，是作者对作品能否带来相关物质利益所持的冷漠态度。如西汉大儒董仲舒，以疾免居家，“至卒，终不治产业，以修学著书为事”④。他养病在家，怀抱的仍是以著述传播儒家教义的理想，而不是把它当作赖于谋利的产业来经营。再如西汉的扬雄，著述态度非常严谨审慎，在当时就享有极大的声誉，在作品中或褒或贬，很有权威，大有当年孔子作《春秋》“一词之褒胜于华衮，一语之贬严于五刑”之势。当时有一位富豪希望借他的笔名垂青史，就贿赂扬雄，被扬雄严辞拒绝。事见《论衡·佚文》云：“扬子云作《法言》，蜀富人赍钱千万，愿载于书，子云不听。夫富无仁义之行，犹圈中之鹿，栏中之牛也。安得妄载！’”⑤

---

① 范晔：《后汉书》第80卷上，《李尤传》，中华书局，1965，第2616页。

② 司马迁：《史记》第117卷，《司马相如列传》，中华书局，1959，第3063页。

③ 刘歆撰，葛洪辑《西京杂记》第3卷，《赋假相如》，见《汉魏六朝笔记小说大观》，上海古籍出版社，1999，第99页。

④ 司马迁：《史记》第121卷，《儒林传》，中华书局，1959，第3128页。

⑤ 王充：《论衡》第20卷，《佚文第六十一》，上海人民出版社，1974，第314页。

两汉经学盛行一时，围绕着经学的传承与创新，也发生了不少故事，从中亦可窥见汉人的著述观念和著作权意识。兹举数例：据《世说新语》记载："郑玄在马融门下，三年不得相见，高足弟子传授而已。尝算浑天不合，诸弟子莫能解。或言玄能者，融召令算，一转便决，众咸骇服。及玄业成辞归，既而融有'礼乐皆东'之叹。恐玄擅名而心忌焉。玄亦疑有追，乃坐桥下，在水上据屐。融果转式逐之，告左右曰：'玄在土下水上而据木，此必死矣。'遂罢追。玄竟以得免。"① 马融见自己的学生郑玄有可能超过自己，担心他"擅名"而心生嫉妒，一边转着占卜的工具一边追赶郑玄，亏得郑玄机智，才得以脱身。与马融截然不同的是，郑玄却很乐意将自己的经学研究成果与人分享。"郑玄欲注《春秋传》，尚未成时，行与服子慎遇宿客舍。先未相识，服在外车上与人说己注传意。玄听之良久，多与己同。玄就车与语曰：'吾久欲注，尚未了。听君向言，多与吾同。今当尽以所注与君。'遂为《服氏注》。"② 郑玄与服虔初次相逢，偶然听见服虔讲起他为《春秋传》作注的思路，发现与自己的想法大多雷同，不仅不与之争，还将自己已完成的《春秋传》注奉送给了服虔，完全放弃了自己的著作权。《世说新语》还记载了一个故事："服虔既善《春秋》，将为注，欲参考同异，闻崔烈集门生讲传，遂匿姓名，为烈门人赁作食。每当至讲时，辄窃听户壁间。既知不能逾己，稍共诸生叙其短长。烈闻，不测何人，然素闻虔名，意疑之。明蚤往，及未寤，便呼：'子慎！子慎！'（注：服虔，字子慎。）虔不觉惊应，遂相与友善。"③ 服虔为打探另一位《春秋》注家的虚实，不惜隐姓埋名，乔装改扮窃听别人讲解《春秋》的内容，知道对方不如自己，这才放心。可见，汉人在做学问和著述方面的竞争意识还是很强烈的。不过需要说明的是，汉人对抄袭一事的态度跟今人是大不相同的，并没有把它看成是多么严重的事情，这主要是因为当时的著作和作者的实际利益还没有太大的关系。宋人郑樵在《通志·总序》里说："（西汉）自高祖至武帝，凡六世之前，尽窃迁书，不以为惭；自昭帝至平帝，凡六世，资于贾逵、刘歆，复不以为耻。"④ 虽为过激之词，却也反映了汉人普遍的著述观念。

汉人著作权意识的觉醒还表现在书法作品的创作中。东汉灵帝时期有个叫师宜官的书法家，以八分书法闻名天下。据《晋书·卫恒传》载：

① 刘义庆：《世说新语》，《文学第四》，浙江古籍出版社，1998，第73页。
② 刘义庆：《世说新语》，《文学第四》，浙江古籍出版社，1998，第73页。
③ 刘义庆：《世说新语》，《文学第四》，浙江古籍出版社，1998，第74页。
④ 郑樵：《通志·总序》，中华书局，1987。

“至灵帝好书，时多能者，而师宜官为最，大则一字径丈，小则方寸千言，甚矜其能。或时不持钱诣酒家饮，因书其壁，顾观者以酬酒，讨钱足而灭之。每书，辄削而焚其柎。梁鹄乃益为版而饮之酒，候其醉而窃其柎。鹄卒以书至选部尚书。”① 灵帝好书，征召天下擅长书法的人集于鸿都门，其中以师宜官的八分法为最善。他写的字，大的直径过丈，小的可以在方寸的竹简上书写千言。师宜官恃才傲物，好饮酒，但经常不带钱，只在墙壁上写字，向欣赏其书法的人讨钱，等到凑足了酒钱，就把墙上的字涂掉。这说明，他已经懂得利用自己的艺术创作获得报酬了。更有意思的是，他写在柎（木片，汉代供书写的材料）上的文字，事后也要把字迹削掉或焚毁，生怕被别人模仿。但有一个叫梁鹄的人，为了偷学师宜官的书法，投其所好，给他带去许多美酒，趁他喝醉了，将写有他字迹的柎片偷换出来。就这样，梁鹄的书法艺术获得了长足的进步，最后获举孝廉，被汉灵帝召在鸿都门下任侍郎，官至选部尚书。魏武帝曹操非常喜爱梁鹄的书法，认为他的书法成就胜过他的老师师宜官，常将他的条幅钉在墙上，或悬挂帐中，以供随时欣赏。以上这个例子说明，在汉代书法作品领域，已经产生了著作权保护意识。

三　魏晋南北朝著述观念与著作权意识

魏晋以后，著述的地位进一步提高。魏文帝曹丕在《典论·论文》中将著述的地位提高到了一个空前的高度：“盖文章，经国之大业，不朽之盛事。年寿有时而尽，荣乐止乎其身。二者必至之常期，未若文章之无穷。是以古之作者，寄身于翰墨，见意于篇籍，不假良史之辞，不托飞驰之势，而声名自传于后。”② 将著述视为“经国之大业”“不朽之盛事”，也就是将立言与事功并列。就著述与德行的关系而言，曹丕仍首推“立德”：“惟立德扬名，可以不朽，其次莫如篇籍。”③ 但晋代的葛洪对此持有不同看法：“文章之与德行，犹十尺之与一丈，谓之余事，未之前闻也。”④ 他认为应将“立言”与“立德”并重。这一观点虽未能获得儒家主流观念的认可，但魏晋以后，著述的地位显著提升则是不争的事实。究其深层次原因，

① 房玄龄：《晋书》第36卷，《卫恒传》，中华书局，1974，第1064页。

② 曹丕：《典论·论文》，郁沅等编选《魏晋南北朝文论选》，人民文学出版社，1996，第14页。

③ 曹丕：《与王朗书》，郁沅等编选《魏晋南北朝文论选》，人民文学出版社，1996，第16页。

④ 葛洪：《抱朴子》第45卷，《文行》，上海古籍出版社，1990，第307页。

书籍媒介传播方式的进步是一个不容忽视的因素。东汉蔡伦发明“蔡侯纸”以后，尽管造纸术仍在不断改进，但作为一种实用的书写材料，纸卷至东晋末年才完全取代简牍。与简牍相比，纸卷的书写优势是显而易见的：便于携带典藏，便于展卷阅读，且物美价廉，因而它的流通速度和传播范围有了质的提升。这带来的一个直接后果就是，书籍的媒介作用被放大了。人们通过著述可以迅捷地传播自己的思想和学说，作者得以扬名当世，而不必留待身后了。以至于南梁刘勰在《文心雕龙·序志》中发出了“岁月飘忽，性灵不遏；腾声飞实，制作而已”[①] 的感慨。先进的书籍媒介加上通过著述以成名的动机，促使越来越多的士人加入著述的队伍中去。魏晋南北朝时期经常发生的“纸贵”之事，就是作品传播迅速的直接体现。如左思《三都赋》出，“于是豪贵之家，竞相传写，洛阳为之纸贵。”[②] 庾仲初作《扬都赋》，“亮以亲族之怀，大为其名价云：‘可三《二京》，四《三都》。’于此人人竞写，都下纸为之贵。”[③] 邢邵（字子才），“雕虫之美，独步当时，每一文初出，京师为之纸贵，读诵俄遍远近。”[④] 在当时社会等级和门阀制度森严的情形下，士族与庶民在仕宦、通婚等方面都是有严格规定的，但文献的传播却足以超越这种界限。如东晋裴启作《语林》，“始出，大为远近所传。时流年少，无不传写，各为一通。”[⑤] 南梁刘孝绰，“辞藻为后进所宗，世重其文，每作一篇，朝成暮遍，好事者咸讽诵传写，流闻绝域。”[⑥] 南陈徐陵，“每一文出，好事者已传写成诵，遂被之华夷，家藏其本。”[⑦] 北周庾信，诗文绮艳，“当时后进，竞相模范，每有一文，都下莫不传诵。累迁通直散骑常侍，聘于东魏，文章辞令，盛为邺下所称。”[⑧] 宋齐时卞彬，济阴人，好饮酒，恃才傲物，仕途不遂，“乃著《蚤虱》《蜗虫》《虾蟆》等赋，皆大有指斥”，因而大受欢迎，遂“文章传于闾巷”[⑨]。可见，当时文献传播的范围已经深入平民市井阶层，形成了一定的读者群体。

由于作品的迅速传播，作者可以亲身感受到作品的社会价值及自我价

---

① 刘勰：《文心雕龙》，《序志第五十》，中华书局，1985，第 68 页。
② 房玄龄：《晋书》第 92 卷，《左思传》，中华书局，1974，第 2377 页。
③ 刘义庆：《世说新语》，《文学第四》，浙江古籍出版社，1998，第 101 页。
④ 李百药：《北齐书》第 36 卷，《邢邵传》，中华书局，1972，第 476 页。
⑤ 刘义庆：《世说新语》，《文学第四》，浙江古籍出版社，1998，第 105 页。
⑥ 姚思廉：《梁书》第 33 卷，《刘孝绰传》，中华书局，1973，第 483 页。
⑦ 姚思廉：《陈书》第 26 卷，《徐陵传》，中华书局，1972，第 335 页。
⑧ 令狐德棻：《周书》第 41 卷，《庾信传》，中华书局，1971，第 733 页。
⑨ 李延寿：《南史》第 72 卷，《卞彬传》，中华书局，1975，第 1768 页。

值的实现，因而极大地提高了著述的积极性和主动性，由此带来的著述意识的变化，就是作者的读者意识和作品评判意识的提高。曹丕在《与吴质书》和《典论·论文》中首论建安七子之文，开文人相互品评之风。与此同时，也出现了借重名人品评以邀名的现象。例如，曹植在《与杨德祖书》中提到："以孔璋之才，不闲辞赋，而多自谓与司马长卿同风，譬画虎不成还为狗者也。前为书嘲之，反作论盛道仆赞其文。夫钟期不失听，于今称之。吾亦不敢妄叹者，畏后之嗤余也。"① 陈琳（字孔璋）本不擅长辞赋，偏认为自己有司马相如之才。曹植去信讥讽他，他反作文说曹植赞赏他的文章。陈琳此举，分明是想借曹植的品评以邀取时名，以至于曹植自嘲不敢再妄评他人作品，省得被人利用。从这件事上可以看出，魏晋时期作者重视名人的品评已成风气，但这一时期的文艺品评尚无一定之规。南北朝时期出现了两部文学批评名著，即钟嵘的《诗品》和刘勰的《文心雕龙》。《诗品》专评五言诗，试图将作者与作品结合起来，建立一种批评标准。《文心雕龙》则提出了具体的评判标准，即六观：一观位体，二观置辞，三观通变，四观奇正，五观事义，六观宫商。日渐规范和成熟的文学批评理论对于提高作者的原创意识具有积极意义。兹举一例：东汉的班固作《两都赋》，名噪一时；后张衡又作《两京赋》，在结构谋篇方面多模仿《两都赋》；西晋左思再作《三都赋》，其写作手法与风格也多与《两都赋》雷同。可见，汉晋以来，人们虽然在著述的内容和思想立意上各有追求，但在著述的形式和结构上却不避抄袭之嫌。但至东晋时，这种著述观念有了变化。据《世说新语》载："庾仲初作《扬都赋》成，以呈庾亮。亮以亲族之怀，大为其名价云：'可三《二京》，四《三都》。'于此人人竞写，都下纸为之贵。谢太傅云：'不得尔。此是屋下架屋耳，事事拟学，而不免俭狭。'"② 庾仲初，名阐，颍川鄢陵人。他把写就的《扬都赋》献给庾亮（字元规，东晋外戚），庾亮看在同族的份上，称赞他的作品可与《两京赋》鼎足而三，可与《三都赋》并列为四。但谢安（字安石，东晋宰相）却不这么认为，他用"屋下架屋"这样一个形象的比喻，指出"事事拟学"的做法"不免俭狭"，其实是对作品缺乏创新精神提出的批评。而从另一面来讲，对原创精神的提倡，是有利于著作权意识的养成的。

魏晋南北朝时期，人们的著述观念还有一个新的变化，用清人顾炎武

---

① 曹植：《与杨德祖书》，郁沅等编《魏晋南北朝文论选》，人民文学出版社，1996，第25页。

② 刘义庆：《世说新语》，《文学第四》，浙江古籍出版社，1998，第102页。

的话说，就是“汉人好以自作之书而托为古人”，而“晋以下人则有以他人之书而窃为已作”①。汉人托古作伪者，如张霸百二篇《尚书》、卫宏《诗序》等；晋以下人剽窃者，有郭象剽窃向秀《庄子注》、虞预剽窃王隐《晋书》、何法盛剽窃郗绍《晋中兴书》等。伪托他人是主动放弃自己的著作权，剽窃作品则是夺取他人的著作权，两者的性质是截然不同的。存在这种行为上的区别，根本原因还是在于他们著述观念有很大的不同。如前所述，汉人著述观念中自我意识还是比较淡薄的，更看重的是承载自己思想与学说的作品的流传。晋代以下就不同了，大约这时的著作已经开始和作者的实际利益挂钩，所以何法盛才会对郗绍说：“卿名位贵达，不复俟此延誉。我寒士，无闻于时，如袁宏、干宝之徒，赖有著述，流声于后。宜以为惠。”（见前文第四章第一节“魏晋南北朝的剽窃”）有“著述”，则不仅有得“誉”之“惠”，还可以终获“贵达”，说明“窃书”可以名利双收。当然，也有像汉代司马相如那样淡泊名利的，如竹林七贤之一的阮籍，不拘礼教，发言玄远，时“魏朝封晋文王为公，备礼九锡，文王固让不受。公卿将校当诣府敦喻。司空郑冲驰遣信就阮籍求文。籍时在袁孝尼家，宿醉扶起，书札为之，无所点定，乃写付使。时人以为神笔。”② 阮籍代郑冲写劝进信，分文未取。南北朝时期人们著作权意识淡薄也是剽窃盛行的一个原因。据《酉阳杂俎》载：“庾信作诗用《西京杂记》事，旋自追改，曰：‘此吴均语，恐不足用也。’魏肇师曰：‘古人托曲者多矣，然《鹦鹉赋》，祢衡、潘尼二集并载；《弈赋》，曹植、左思之言正同。古人用意，何至于此？’君房曰：‘词人自是好相采取，一字不异，良是后人莫辨。’魏尉瑾曰：‘《九锡》或称王粲，《六代》亦言曹植。’”③ 在魏肇师等人看来，“古人托曲者多矣”俨然成了抄袭别人作品的托辞。

四 隋唐五代著述观念与著作权意识

隋唐五代时期的著述观念在前代基础上得以延续和发展。一方面，著述不署名的现象仍然存在，如唐代有不少题壁诗不署真名：“唐时虎丘石壁，隐出幽独君诗二首。其一云：‘幽明虽异路，平昔忝工文。欲知潜寐处，山北有孤坟。’其二云：‘高松多悲风，萧萧清且哀。南山接幽垅，幽垅空崔嵬。白日徒昭昭，不照长夜台。虽知生者乐，魂魄安能回？况复念

① 顾炎武：《日知录》第18卷，《窃书》，上海古籍出版社，2006，第1073页。

② 刘义庆：《世说新语》，《文学第四》，浙江古籍出版社，1998，第97页。

③ 段成式：《酉阳杂俎》，《前集》第12卷，《语资》，中华书局，1985，第89页。

所亲，恸哭心肝摧。恸哭更何言，哀哉复哀哉！'其辞甚奇怆。后人又有赋《答幽独君》一诗，不知谁氏所作。"[①] 但另一方面，作者的著述观念又有了进一步发展，这主要表现在以下几个方面。

首先，这一时期的作者具有强烈的读者意识和传播意识。据宋僧惠洪《冷斋夜话》记载，唐代著名诗人白居易为了使自己的诗作通俗易懂，一直要将自己的诗作修改到能让老妪理解才定稿。白居易在创作时，非常注意读者对象的不同，例如，他的《秦中吟》写得"浅切"，《新乐府》则写得富艳。"浅切"者，是为了"愿得天子知"；富艳者，是为了迎合社会时尚。前者流闻于禁中，后者传播于民间。正因其有强烈的读者意识，白居易的诗作才能为广大读者所接受，并广为流传，"禁省、观寺、邮候墙壁之上无不书；王公、妾妇、牛童马走之口无不道"[②]，甚至在其生活的时代就已远播到了日本。据唐人段成式《酉阳杂俎》载："荆州街子葛清，勇不肤挠，自颈已下，遍刺白居易舍人诗。成式尝与荆客陈至呼观之，令其自解，背上亦能暗记。反手指其札处，至'不是此花偏爱菊'，则有一人持杯临菊丛。又'黄夹缬林寒有叶'，则指一树，树上挂缬，缬窠锁胜绝细。凡刻三十余首，体无完肤，陈至呼为'白舍人行诗图'也。"[③] 此人对白居易诗歌的狂热，颇有点类似今天的"追星族"。所不同的是，他所追捧的是大诗人，而不是什么歌星、影星。再以题壁为例，它是古代作品传播的一种重要形式，最早见于汉代，前文所述东汉的师宜官是我国古代最早见之于文字记载的题壁者之一。魏晋以后，题壁者代不乏人，如晋代酒泉太守马岌为了见著名隐士宋纤而题诗于石壁（事见《晋书·宋纤传》）。南北朝时期的刘孝绰、王僧虔、王融、王筠、刘显等均有题壁作品传世。但自唐代以后，题壁作品骤然大增，渐成一种风气。这从唐人的诗句中也可反映出来，如孟浩然诗云："逆旅相逢处，江村日暮时。众山遥对酒，孤屿共题诗。"[④] 李白诗云："江祖一片石，青天扫画屏。题诗留万古，绿字锦苔生。"[⑤] 刘禹锡诗云："高楼贺监昔曾登，壁上笔踪龙虎腾……唯恐尘

① 龚明之：《中吴纪闻》第 3 卷，《幽独君诗》，上海古籍出版社，1986，第 62 页。

② 元稹：《元氏长庆集》第 51 卷，《白氏长庆集序》，清文渊阁四库全书本。

③ 段成式：《酉阳杂俎》第 8 卷，中华书局，1985，第 60 页。

④ 孟浩然：《永嘉上浦馆逢张八子容》，见《全唐诗》第 160 卷，中州古籍出版社，2008，第 762 页。

⑤ 李白：《秋浦歌十七首》，见《全唐诗》第 167 卷，中州古籍出版社，2008，第 795 页。

埃转磨灭，再三珍重嘱山僧。”[①] 白居易诗云：“每到驿亭先下马，循墙绕柱觅君诗。”[②] 就载体而言，又有石壁、驿壁、寺壁、邮亭屋、厅壁和屋壁等之分。题于石壁者，如唐代僧人寒山的无题诗：“一住寒山万事休，更无杂念挂心头。闲于石壁题诗句，任运还同不系舟。”[③] 题于驿壁者，如章孝标诗：“樟亭驿上题诗客，一半寻为山下尘。世事日随流水去，红花还似白头人。”[④] 题于寺壁者，如白居易自谓：“逢山辄倚棹，遇寺多题诗。”[⑤] 题于邮亭壁者，如元稹诗云：“邮亭壁上数行字，崔李题名王白诗。尽日无人共言语，不离墙下至行时。”[⑥] 厅壁题诗有主人自题和客人题诗之分。主人自题者如郑谷诗：“冷曹孤宦本相宜，山在墙南落照时。洗竹浇莎足公事，一来赢写一联诗。”[⑦] 客人题诗如崔涂诗：“雕琢文章字字精，我经此处倍伤情。身从宦谪方沾禄，才被槌埋更有声。过县已无曾识吏，到厅空见旧题名。长江一曲年年水，应为先生万古清。”[⑧] 屋壁题诗亦有自题和他题之分。自题屋壁者，如白居易为其庐山草堂所题诗：“五架三间新草堂，石阶桂柱竹编墙。”[⑨] 他人题屋有访人不遇的留言性质的留题，也有宾主尽欢后的赞美性留题。前者如陈子昂诗：“闻莺忽相访，题凤久裴回。”[⑩] 钱起诗：“忽看童子扫花处，始愧夕郎题凤来。”[⑪] 这里所谓的“题凤”，即主人对客人题诗的尊称，喻示高人雅士的莅临。后者如王迥诗：“共赋新诗发宫徵，书于屋壁彰厥美。”[⑫] 国子司业崔融也有题屋的爱好，据李绰《尚书故实》记载：“公平康里宅，乃崔司业融旧第，有司业题壁

---

① 刘禹锡：《洛中寺北楼见贺监草书题诗》，见《全唐诗》第359卷，中州古籍出版社，2008，第1834页。

② 白居易：《蓝桥驿见元九诗》，见《全唐诗》第438卷，中州古籍出版社，2008，第2227页。

③ 寒山：《诗三百三首》，见《全唐诗》第806卷，中州古籍出版社，2008，第4071页。

④ 章孝标：《题杭州樟亭驿》，见《全唐诗》第506卷，中州古籍出版社，2008，第2615页。

⑤ 白居易：《自问行何迟》，见《全唐诗》第444卷，中州古籍出版社，2008，第2272页。

⑥ 元稹：《骆口驿二首》，见《全唐诗》第412卷，中州古籍出版社，2008，第2083页。

⑦ 郑谷：《小北厅闲题》，见《全唐诗》第677卷，中州古籍出版社，2008，第3487页。

⑧ 崔涂：《过长江贾岛主簿旧厅》，见《全唐诗》第679卷，中州古籍出版社，2008，第3494页。

⑨ 白居易：《香炉峰下新卜山居草堂初成偶题东壁》，见《全唐诗》第439卷，中州古籍出版社，2008，第2235页。

⑩ 陈子昂：《酬田逸人游岩见寻不遇题隐居里壁》，见《全唐诗》第84卷，中州古籍出版社，2008，第420页。

⑪ 钱起：《酬赵给事相寻不遇留赠》，见《全唐诗》第239卷，中州古籍出版社，2008，第1219页。

⑫ 王迥：《同孟浩然宴赋》，见《全唐诗》第215卷，中州古籍出版社，2008，第1033页。

处犹在。”① 甚至还有在妓院题诗的，如吴楚狂生崔涯，“与张祜齐名。每题一诗于倡肆，无不诵之于衢路。”② 除了题壁外，“诗板”也是唐代传播诗作的一种好工具。它是一种用木料制成的薄板，类似于过去的木制黑板，只不过是木质底色，上以墨汁书写文字。为方便诗人写作，不少驿馆、寺院都专门备有诗板以供诗人题写。据《唐摭言》载：“李建州，尝游明州磁溪县西湖题诗。后黎卿为明州牧，李时为都官员外，托与打诗板，附行纲军将入京。蜀路有飞泉亭，亭中诗板百余，然非作者所为。后薛能佐李福于蜀，道过此，题云：‘贾掾曾空去，题诗岂易哉！’悉打去诸板，惟留李端《巫山高》一篇而已。”③ “亭中诗板百余，然非作者所为”，显然是有心人事先做好诗板，在亭中等待诗人来题诗的。唐人这种为诗人题写提供方便的做法，也可从《山西通志》中的一则记载得到印证：“（白居易）曰：‘历山刘郎中禹锡，三年理白帝，欲作一诗于此，怯而不为，罢郡经过，悉去诗板千余首，但留沈佺期、王无竞、皇甫冉、李端四章而已。’”④ “诗板千余首”，可见其数量相当可观。后蜀何光远《鉴诫录》记载了一则与元稹、白居易有关的故事，其中提到长安慈恩寺中的诗板：“长安慈恩寺浮图，起开元，至太和之岁，举子前名登游题纪者众矣。文宗朝，元稹、白居易、刘禹锡唱和千百首，传于京师，诵者称美，凡所至寺观、台阁林亭，或歌或咏之处，向来名公诗板潜自撤之，盖有愧于数公之诗也。会元、白因传香于慈恩寺塔下，忽视章先辈八元所留之句，命僧拂去埃尘，二公移时咏味，尽日不厌，悉令除去诸家之诗，惟留章公一首而已。”⑤ “向来名公诗板”，看来所存诗板亦不在少数。正是由于作者具有强烈的传播意识，这些为数众多的诗板才有了广阔的市场。那些喜爱诗歌的人们每到题咏聚集之地，也养成了寻找诗板读诗的风习。正如唐人郑谷诗云：“吟看秋草出关去，逢见故人随计来。胜地昔年诗板在，清歌几处郡筵开。”⑥

其次，作者具有强烈的个人名誉意识。如前文所述，五代后晋宰相和凝，少年时好为曲子词，被人称为“曲子相公”。等到入相之后，专门托

① 李绰：《尚书故实》，中华书局，1985，第4页。

② 范摅：《云溪友议》卷中，《辞雍氏》，古典文学出版社，1957，第32页。

③ 王定保：《唐摭言》第13卷，《惜名》，上海古籍出版社，1978，第149页。

④ 觉罗石麟监修，王轩等撰《山西通志》第229卷，华文书局股份有限公司，1969，第4482页。

⑤ 何光远：《鉴诫录》第7卷，《四公会》，中华书局，1985，第52页。

⑥ 郑谷：《送进士吴延保及第后南游》，见《全唐诗》第676卷，中州古籍出版社，2008，第3479页。

图 6-1 《看山诗就旋题壁图》（见《芥子园画谱·人物》）

人收拾年轻时的作品加以焚毁，还将自己早期编写的艳词《香奁集》嫁名韩渥，以至于孙光宪在《北梦琐言》中发出“所谓好事不出门，恶事行千里，士君子不得不戒之乎！”① 的感叹。与和凝低调放弃作品署名权不同，唐人李昌符则善于通过炒作使自己出名。据《北梦琐言》载：“唐咸通中，前进士李昌符有诗名，久不登第，常岁卷轴，怠于装修。因出一奇，乃作婢仆诗五十首，于公卿间行之。有诗云：‘春娘爱上酒家楼，不怕归迟总不留。推道那家娘子卧，且留教住待梳头。’又云：‘不论秋菊与春花，个个能噇空肚茶，无事莫教频入库，一名闲物要些些。’诸篇皆中婢仆之讳。浃旬，京城盛传其诗篇，为奶妪辈怪骂沸腾，尽要掴其面。是年登第。”② 唐代科举的一个特点就是趋向于以诗赋取士，应进士科者通常将自己的文学作品择优编成文卷，投献给当时的达官贵人或文坛领袖，以求得他们的赏识，以提高社会知名度，这样就可以增加及第机会。这种习尚称为“行卷”。李昌符深谙炒作之道，通过剑走偏锋博得声名，然后顺利进士及第。当然，也有人可能出于某些特殊原因，放弃其作品带给他本人的声誉。例如，“代有《山东士大夫类例》三卷，其非士族及假冒者，不见录，署云相州僧昙刚撰。后柳常侍冲亦明于族姓，中宗朝为相州刺史，询问旧老，云：‘自隋以来，不闻有僧昙刚。’盖惧嫉于时，故隐名氏云。”③ 这是因“惧嫉于时”而放弃作品署名权的例子。也有人出于义举而放弃署名权，如“柳芳与韦述友善，俱为史官。述卒后，所著书有未毕者，多芳与续之成轴也。”④ 还有因避祸而放弃作品著作权的，如晚唐著名诗人韦庄在长安

① 孙光宪：《北梦琐言》第6卷，《以歌词自娱》，中华书局，2002，第134页。

② 孙光宪：《北梦琐言》第10卷，《李昌符咏婢仆》，中华书局，2002，第228页。

③ 刘餗：《隋唐嘉话》卷下，中华书局，1979，第44页。

④ 李肇：《唐国史补》卷上，上海古籍出版社，1979，第20页。

应举时，恰“遇黄寇犯阙，著《秦妇吟》一篇，内一联云：‘内库烧为锦绣灰，天街踏尽公卿骨。’尔后公卿亦多垂讶，庄乃讳之。时人号‘《秦妇吟》秀才’。他日撰家戒，内不许垂《秦妇吟》障子，以此止谤，亦无及也。”①《秦妇吟》是现存唐诗中最长的一首叙事诗，通过一位从长安逃难出来的女子“秦妇”的叙说，描写了黄巢入长安时一般公卿的狼狈以及官军骚扰人民的情状，因前蜀皇帝王建当时是官军杨复光部的将领之一，而韦庄后在王建手下任事，官至前蜀宰相，所以后来韦庄讳言此诗，竭力设法想使它消失，并特别嘱咐家人“不许垂《秦妇吟》障子”。后来他的弟弟韦蔼为他编《浣花集》时有意未将此诗收入，后渐至失传。直到清光绪末年，英人斯坦因、法人伯希和先后在我国甘肃敦煌县千佛洞盗取古物，才发现了这首诗的残抄本。1924 年，王国维据巴黎图书馆所藏天复五年（905 年）张龟写本和伦敦博物馆所藏贞明五年（919 年）安友盛写本，加以校订，恢复了该诗的原貌。

最后，作者已具有朦胧的著作权保护意识。大唐是文学繁荣，尤其是诗歌昌盛的时代，精美华章遍传天下，这些优秀作品在带给作者无上荣光的同时，有时也给作者带去了无尽的烦恼。他们的文章诗赋在广大读者之间传抄的同时，也被书商借以牟利，经济利益的损失还在其次，更为严重的是，有人趁机割裂原文、剽窃抄袭以欺世盗名，严重破坏了原著的作品完整性。有的甚至因为嫉妒时贤，不惜毁灭别人的作品，给他人作品带来严重的损害。唐代诗人李贺的作品流传至今的偏少，就是这个原因。据唐人张固《幽闲鼓吹》载：“李藩侍郎尝缀李贺歌诗，为之集序未成。知贺有表兄与贺笔砚之旧者，召之见，托以搜访所遗。其人敬谢，且请曰：‘某尽记其所为，亦见其多点窜者，请得所葺者视之，当为改正。’李公喜，并付之。弥年绝迹。李公怒，复召诘之。其人曰：‘某与贺中外自小同处，恨其傲忽，常思报之。所得兼旧有者，一时投于溷中矣！’李公大怒，叱出之，嗟恨良久。故贺篇什流传者少。”② 再以大诗人白居易为例，前文谈到他的作品上至王公贵族，下至贩夫走卒，无不传读，但也遭侵权最多。据元稹《白氏长庆集序》称：“至于缮写模勒炫卖于市井，或持之以交酒茗者，处处皆是（原文小字注：扬越间多作书，模勒乐天及予杂诗，卖于市肆之中也），其甚者有至于盗窃名姓，苟求自售，杂乱间厕，无可奈何。”③

---

① 孙光宪：《北梦琐言》，中华书局，2002，第 134 页。

② 张固：《幽闲鼓吹》，见《唐五代笔记小说大观（下）》，上海古籍出版社，2000，第 1450 页。

③ 元稹：《元氏长庆集》第 51 卷，《白氏长庆集序》，清文渊阁四库全书本。

明人胡震亨起初认为元稹这段叙述有夸大其辞之嫌，后来读到《丰年录》中类似的描述，始信之。他在《唐音癸签》中说："唐诗人生素享名之盛，无如白香山。初疑元相白集序所载未尽实，后阅《丰年录》：'开成中，物价至贱。村路卖鱼肉者，俗人买以胡绡半尺，士大夫买以乐天诗。'则所云交酒茗，信有之。"① 在唐开成年间，白居易的诗作竟然可以用来换鱼肉，实在令人吃惊。也正是因为有利可图，书商浑水摸鱼，社会上出现了不少真伪混杂、鱼目混珠的劣作，让白乐天实在是"乐"不起来了。为了保护自己的作品，他一方面将自己的作品整理誊抄了五个副本，分藏在五处，"一本在庐山东林寺经藏院，一本在苏州禅林寺经藏内，一本在东都胜善寺钵塔院律库楼，一本付侄龟郎，一本付外孙谈阁童"，另一方面又郑重声明，称自己的作品"前后七十五卷，诗笔大小凡三千八百四十首……其文尽在大集，录出别行于时。若集内无而假名流传者，皆谬为耳!"② 这则声明明确告诉世人：除了文集中收集的作品之外，其他一概是他人伪托，与白居易本人无关。我们从白居易愤懑不平却又无可奈何的声明里，能隐约窥见古代作家版权保护意识的浮现。姚岩杰，大唐贤相梁国公姚崇的裔孙，"弱冠博通坟典，慕班固、司马迁之为文，时称大儒。常以诗酒放游江左，尤肆陵忽前达，旁若无人。乾符中，颜标典鄱阳，鞠场亭宇初构，岩杰纪其事。文成，粲然千余言，标欲刊去一两字，岩杰大怒。既而标以睚眦，已勒石，遂命覆碑于地，以牛车拽之磨去其文。岩杰以篇纪之曰：为报颜公识我么，我心唯只与天和。眼前俗物关情少，醉后青山入意多。田子莫嫌弹铗恨，宁生休唱饭牛歌。圣朝若为苍生计，合有公车到薜萝。"③ 姚岩杰应颜标之请，为他的政绩撰文，并刻碑以纪其事，洋洋洒洒竟至千言。颜标想删去一两个字，姚岩杰非但不同意，竟撕破脸皮发起怒来。这说明姚岩杰非常看重自己的作品，不能容忍别人对他的作品内容进行删改。这也是他个人著作权意识的一种反映。另据《唐国史补》记载："白岑尝遇异人传《发背方》，其验十全，岑卖弄以求利。后为淮南小将、节度使高适胁取其方，然终不甚效。岑至九江，为虎所食，驿吏收其囊中，乃得真本，太原王升之写以传布。"④ 在权贵的胁迫下，白岑将假的《发背方》交出，也是为使自己的利益不受侵害。《唐国史补》还记载了一个保护作品的事例："熊执易类《九经》之义，为《化统》五百卷，四十

① 胡震亨：《唐音癸签》第25卷，《谈丛一》，上海古籍出版社，1981，第270页。

② 白居易：《白香山诗集》，《白氏文集自记》，清文渊阁四库全书本。

③ 王定保：《唐摭言》第10卷，《海叙不遇》，上海古籍出版社，1978，第110页。

④ 李肇：《唐国史补》卷上，上海古籍出版社，1979，第18页。

年乃就。未及上献，卒于西川。武相元衡欲写进，其妻薛氏虑坠失，至今藏于家。"① 熊执易以40年的心血撰成《化统》500卷，还没来得及奏献朝廷就身先死。武相元衡"欲写进"，熊氏妻子"虑有坠失"，可能是担心在誊抄进献的过程中被人做了手脚，宁肯将该书藏于家而不公布于众，反映出她有较强的权利保护意识。以上这些例子，都可视作唐人著作权意识的初步觉醒。

五　宋元著述观念与著作权意识

五代入宋以后，雕版印刷技术的普及推广为文人学者出版图籍提供了极大的便利，这也刺激了更多的读书人去从事著述活动，因而图书的数量较之写本时期有了显著增长。在宋代，著述的多少已然成为评价一位学者的学术地位和社会影响的重要方面，如杨亿提出："学者当取三多：看读多、持论多、著述多。三多之中，持论为难。"② 所谓"看读多"，就是知识面要广博；"持论多"，就是要有自己的见解和原创性。再就是要有具体的成果——著述。不过在杨亿看来，"著述多"固然重要，但更重要的还是"持论多"，即要有自己学术的原创性。洪迈也强调作文要"不随人后"，并在《容斋随笔》中历数前人蹈袭之弊："自屈原词赋假为渔父日者问答之后，后人作者悉相规仿。司马相如《子虚》《上林赋》以子虚、乌有先生、亡是公，扬子云《长杨赋》以翰林主人、子墨客卿，班孟坚《两都赋》以西都宾、东都主人，张平子《两都赋》以凭虚公子、安处先生，左太冲《三都赋》以西蜀公子、东吴王孙、魏国先生，皆改名换字，蹈袭一律，无复超然新意稍出于法度规矩者。晋人成公绥《啸赋》，无所宾主，必假逸群公子，乃能遣辞。枚乘《七发》本只以楚太子、吴客为言，而曹子建《七启》遂有玄微子、镜机子。张景阳《七命》有冲漠公子、殉华大夫之名。言话非不工也，而此习根著未之或改。"与之形成鲜明对比的是，洪迈对苏轼文学作品的创新精神赞赏有加："若东坡公作《后杞菊赋》，破题直云：'吁嗟先生，谁使汝坐堂上称太守？'殆如飞龙搏鹏，骞翔扶摇于烟霄九万里之外，不可搏诘，岂区区巢林翾羽者所能窥探其涯涘哉？于诗亦然。乐天云：'醉貌如霜叶，虽红不是春。'坡则曰：'儿童误喜朱颜在，一笑哪知是酒红。'杜老云：'休将短发还吹帽，笑倩傍人为正冠。'坡则

① 李肇：《唐国史补》卷下，上海古籍出版社，1979，第54页。

② 杨亿：《杨文公谈苑》，《三多》，见《宋元笔记小说大观（一）》，上海古籍出版社，2001，第488页。

曰：‘酒力渐消风力软，飕飕，破帽多情却恋头。’郑谷《十日菊》云：‘自缘今日人心别，未必秋香一夜衰。’坡则曰：‘相逢不用忙归去，明日黄花蝶也愁。’”① 正是因为推崇原创性，当时的优秀图书作品，甚至一句脍炙人口的诗句，都可以成为作者身份的一个标志，如蔡絛《铁围山丛谈》载：“范内翰祖禹作《唐鉴》，名重天下。坐党锢事。久之，其幼子温，字元实，与吾善。政和初，得为其尽力，而朝廷因还其恩数，遂官温焉。温，实奇士也。一日，游大相国寺，而诸贵珰盖不辨有祖禹，独知有《唐鉴》而已。见温，辄指目，方自相谓曰：‘此《唐鉴》儿也。’又温尝预贵人家，会贵人有侍儿善歌秦少游长短句，坐闲略不顾，温亦谨，不敢吐一语。及酒酣欢洽，侍儿者始问：‘此郎何人耶？’温遽起，叉手而对曰：‘某乃‘山抹微云’女婿也。’闻者多绝倒。”② 这种以作品代人的现象的出现，说明宋代文人崇尚原创性作品已然成为一种风气。

但蹈袭之风由来已久，并不是一时间能去得掉的。宋代有一个叫李士宁的人，就曾提出“意到即可用，不必皆自己出”的观点。“李士宁，蓬州人，有异术，王荆公所谓‘李生坦荡荡，所见实奇哉’者。……初，士宁赠荆公诗，多全用古人句。荆公问之，则曰：‘意到即可用，不必皆自己出。’又问：‘古有此律否？’士宁笑曰：‘《孝经》，孔子作也。每章必引古诗，孔子岂不能自作诗者？亦所谓意到即可用，不必皆自己出也。’荆公大然之。”③ 连王安石都认为有道理，可见这种说法在文人中还是很有市场的。也正因为此，有的文人学者仍不以蹈袭为意，如“张云叟作《凤翔吴生画记》，秦少游作《五百罗汉图记》，皆法韩退之《画记》，俱无愧色也。”④ 陈鹄在考察了很多宋词后认为，一些名人佳作只不过善于将前人作品加以“转换”而已，谈不上什么创新。他说：“余谓后辈作词，无非前人已道底句，特善能转换尔。《三山老人语录》云：‘从来九日用落帽事，东坡独云：破帽多情却恋头。尤为奇特。’不知东坡用杜子美诗：‘羞将短发还吹帽，笑倩傍人为整冠。’近日陈子高作《谒金门》云：‘春满院，飞去飞来双燕。红雨入帘寒不卷，小屏山六扇。’乃《花间集》和凝词：‘拂

---

① 洪迈：《容斋随笔》，《五笔》第7卷，《东坡不随人后》，上海古籍出版社，1978，第888页。

② 蔡絛：《铁围山丛谈》第4卷，见《宋元笔记小说大观（三）》，上海古籍出版社，2001，第3082页。

③ 邵博：《邵氏闻见后录》第17卷，中华书局，1983，第134页。

④ 张邦基：《墨庄漫录》第4卷，见《宋元笔记小说大观（五）》，上海古籍出版社，2001，第4686页。

水双飞来去燕，曲槛小屏山六扇。’赵德庄词云：‘波底夕阳红湿’，‘红湿’二字以为新奇，不知盖用李后主‘细雨湿流光’与《花间集》‘一帘疏雨湿春愁’之湿。辛幼安词：‘是他春带愁来，春归何处，却不解带将愁去。’人皆以为佳，不知赵德庄《鹊桥仙》词云：‘春愁元是逐春来，却不肯随春归去。’盖德庄又本李汉老《杨花词》：‘蓦地便和春带将归去。’大抵后之作者，往往难追前人。盖唐词多艳句，后人好为谑语；唐人词多令曲，后人增为大拍。又况屋下架屋，陈腐冗长，所以全篇难得好语也。”① 南宋罗大经在《鹤林玉露》中也列举了不少“诗犯古人”的例子：“近时赵紫芝诗云：‘一瓶茶外无祇待，同上西楼看晚山。’世以为佳。然杜少陵云：‘莫嫌野外无供给，乘兴还来看药栏。’即此意也。杜子野诗云：‘寻常一样窗前月，才有梅花便不同。’世亦以为佳。然唐人诗云：‘世间何处无风月，才到僧房分外清。’亦此意也。欲道古人所不道，信矣其难矣。紫芝又有诗云：‘野水多于地，春山半是云。’世尤以为佳。然余读《文苑英华》所载唐诗，两句皆有之，但不作一处耳。唐僧诗云：‘河分冈势断，春入烧痕青。’有僧嘲其蹈袭云：‘河分冈势司空曙，春入烧痕刘长卿。不是师兄偷古句，古人诗句犯师兄。’此虽戏言，理实如此。”不过，他又认为：“作诗者岂故欲窃古人之语，以为己语哉！景意所触，自有偶然而同者。盖自开辟以至于今，只是如此风花雪月，只是如此人情物态。”② 在他看来，作者并不一定都是故意窃取前人诗句，只不过因为面对的是同样的风花雪月和人情物态，历代诗人在营造诗歌意境甚至遣词造句方面雷同是在所难免的。

宋代学者不但对蹈袭之风多有议论，对请人捉刀代笔的现象也颇有反感者。赵以夫，字用父，号虚斋，南宋嘉熙初以枢密都丞旨兼国史院编修官。但他作为一位史官，在这个位置上受到了同僚赵汝腾的强烈反对，其中一个很重要的理由就是他经常找人捉刀代笔，有失史德。赵汝腾在《缴赵以夫不当为史馆修撰事奏》说：

> 右臣伏准中书门下省录黄，五月二十三日三省同奉圣旨，尤焴兼秘书监，高斯得兼直史馆，牟子才兼史馆检讨，李献可兼史馆校勘。臣观焴、斯得、子才三人皆儒雅有词笔，献可家有史学，亦无可议。

① 陈鹄：《西塘集耆旧续闻》第2卷，《作词须善于转换前人已道底句》，见《宋元笔记小说大观（五）》，上海古籍出版社，2001，第4803页。

② 罗大经：《鹤林玉露》第3卷，《诗犯古人》，见《宋元笔记小说大观（五）》，上海古籍出版社，2001，第5272页。

惟史馆之长端明赵以夫，人品庸凡，寡廉鲜耻，心术回邪，为鬼为蜮，凡善类空于陈垓之手者，皆半与焉。王伯大、卢壮父特其一二也。郑清之以雅故，欲开其殊渥，遂以进史属之以夫，四海传笑，谓其进《易》尚且代笔，而可进史乎？其后闻其为史馆长，人又笑曰：'是昔日以代笔进《易》之以夫也。'及更化后，领史馆如故。人又笑曰：'是又即昔日以代笔进史之以夫也。'夫史，天下万世公是非之笔，韩愈犹不敢当，而以夫不学不文，凡有奏陈，辄求假手，乃敢冒然当之，岂独万口传笑？臣入国门，见诸贤之议藉藉，执政徐清叟问臣，臣不敢答。其后诸贤又言之，或谓其不识文义，于旧作擅加改窜，或谓其作，南渡以前史妄通贯为一。曾巩、洪迈犹不敢，而以夫乃冒然率属为之。人有不祥之议，臣乍到，不得而详知其是与否。但以其心事回谲天下，号为奸魁，又素无文学，何至敢擅秉史笔乎？臣与之薄有葭莩，本不欲言，见公论藉藉之甚。又思奸回不去，梗陛下之更化，臣不言，一罪也。祖宗国朝史，岂可使不识文义之人擅加涂窜？祖宗在上，未必不震怒。臣不言，二罪也。其他官皆可使无文学人为之，史乃诏万世公是非而可使动，求假手之人为之，人言藉藉，谓自古无求代笔之司马迁，此岂可以传天下闻，外域示万世？臣而不言，三罪也。揣度以夫之意无他，不过昂首望执政恩例耳，藉此为他日名色，非材取诮，不知辱国辱祖宗为甚。欲望皇帝陛下赫然威断，畀以夫名藩权，以史事属之，尤煯为之长，固能成大典，亦可免天下后世笑。伏望圣慈，亟赐施行，宗社幸甚，公道幸甚。①

这篇言辞激烈的奏章，历数赵以夫找人代笔之过：先是以代笔进《易》，后是以代笔进史，最后发展到"凡有奏陈，辄求假手"，可就是这样一个"不学不文"的欺世盗名之徒，偏偏还是"史馆之长"，难怪要引起有正义感的士大夫的强烈反对。赵汝腾的这篇奏文，比较典型地反映了宋代士大夫对于文字场中找人捉刀代笔的行径的抵制态度，很有代表性。

总体上来讲，宋人的著述态度还是非常严谨的，往往斟酌再三，反复修改才最后定稿，一些文学大家也是如此，如欧阳修、苏轼都是这类典型。朱弁《曲洧旧闻》云："旧说欧阳文忠公虽作一二字小简，亦必属稿，其不轻易如此。然今集中所见，乃明白平易，反若未尝经意者，而自然尔雅，非常人所及。东坡大抵相类，初不过文采也。至黄鲁直，始专集取古人才

① 赵汝腾：《庸斋集》第4卷，《缴赵以夫不当为史馆修撰事奏》，清文渊阁四库全书本。

语以叙事，虽造次间，必期于工，遂以名家。二十年前，古大夫翕然效之，至有不治他事而专为之者，亦各一时所尚而已。"① 何薳《春渚纪闻》亦云："自昔词人琢磨之苦，至有一字穷岁月，十年成一赋者。白乐天诗词疑皆冲口而成，及见今人所藏遗稿，涂窜甚多。欧阳文忠公作文既毕，贴之墙壁，坐卧观之，改正尽善，方出以示人。薳尝于文忠公诸孙望之处得东坡先生数诗稿，其《和欧叔弼》诗云：'渊明为小邑。'继圈去'为'字，改作'求'字；又连涂'小邑'二字，作'县令'字，凡三改乃成今句。至'胡椒铢两多，安用八百斛'，初云'胡椒亦安用，乃贮八百斛'，若如初语，未免后人疵议。又知虽大手笔，不以一时笔快为定而惮于屡改也。"② 有的作者，甚至将自己以前的作品尽行毁弃，只以精品留存世间，著名书法家米芾就是这样一个人。据曾敏行《独醒杂志》载："米元章尝写其诗一卷，投许冲元，云：'芾自会道言语，不袭古人。年三十，为长沙掾，尽焚毁已前所作，平生不录一篇投王公贵人。遇知己索一二篇则以往。元丰中至金陵，识王介甫。过黄州，识苏子瞻。皆不执弟子礼，特敬前辈而已。'其高自誉道如此。"③

宋代一些名臣学士非常看重自己的名誉，绝不轻易在图书作品上署名。宋庠，字公序，原名郊，入仕后改名庠，官至参知政事（相当于副宰相），"尝手校郭忠恕《佩觿》三篇，宝玩之。其在中书，堂吏书牒尾，以俗体书宋为宋。公见之，不肯下笔，责堂吏曰：'吾虽不才，尚能见姓书名，此不是我姓。'堂吏惶惧，改之。乃肯书名。"④ 宋庠仅仅因为书牒上的"宋"字是以俗体字书写的，就是不肯署上自己的名字。宋代学者不仅自重，也同样尊重他人的著作权益。例如，《新唐书》是在宋仁宗时期下诏修撰的，参与其事的有欧阳修、宋祁、范镇、吕夏卿等人。其中列传由宋祁负责，本纪、志、表主要由欧阳修负责。在最后合并定稿时，由于两者文体风格不一，韩琦想让欧阳修对列传部分加以修改润色，使其文风一致，但欧阳修坚辞不肯。据宋人张邦基《墨庄漫录》载："公于修《唐书》，最后至局，专修纪、志而已，列传则宋尚书祁所修也。朝廷以一书出于两手，体

---

① 朱弁：《曲洧旧闻》第9卷，见《宋元笔记小说大观（三）》，上海古籍出版社，2001，第3021页。

② 何薳：《春渚纪闻》第7卷，《诗词事略》，《作文不惮屡改》，见《宋元笔记小说大观（三）》，上海古籍出版社，2001，第2426页。

③ 曾敏行：《独醒杂志》第5卷，见《宋元笔记小说大观（三）》，上海古籍出版社，2001，第3248页。

④ 欧阳修：《归田录》第2卷，中华书局，1981，第26页。

不能一，遂诏公看详列传，令删修为一体。公虽受命，退而叹曰：‘宋公于我为前辈，且人所见多不同，岂可悉如己意。’于是一无所易。及书成奏，御史局旧例，修书只列书局中官高者一人姓名，云某等奉敕撰，而公官高当书。公曰：‘宋公于列传亦功深者，为日且久，岂可掩其名而夺其功乎?’于是纪、志书公姓名，列传书宋姓名，此例皆前未有，自公为始也。宋公闻而喜曰：‘自古文人不相让，而好相陵掩，此事前所未闻也。’”① 欧阳修认为修史本来就是见仁见智的事，没有道理都按自己的观点来，所以宁愿与宋祁合作署名，也不愿对宋祁的稿子作一字的改动。在这件事情上，欧阳修体现了对前辈著作权的尊重态度。当然，宋人也有淡薄著述名誉的，如晁端友，字君成，济州人，“沉静清介，君子人也。工文辞，尤长于诗。常自晦匿，不求人知，而人亦无知者。以进士从仕二十余年，为著作佐郎以卒。其子补之录诗三百六十篇，求子瞻序之。方子瞻通守杭也，端友为新城令，与游三年，知其君子而不知其能为诗。夫以端友之文，子瞻之明且好贤，而又相从久，犹有所不知。则士之蕴文行，不自求闻达，卒不为世知者，可胜数耶!”② 晁端友与苏轼交游三年，苏轼居然不知道他能为诗，其“不求人知”如此。和前代一样，宋代也有许多不署名的题壁诗，如“东坡于闽中驿舍见一诗，录之，不知谁氏子作。后闻乃姚嗣宗。诗云：‘欲挂衣冠神武门，先寻水竹渭南村。却将旧斩楼兰剑，买得黄牛教子孙。’”③ 王安石在金陵也见过无名诗，“熙宁七年四月，王荆公罢相，镇金陵。是秋，江左大蝗，有无名子题诗赏心亭，曰：‘青苗免役两妨农，天下嗷嗷怨相公。惟有蝗虫感恩德，又随钧旆过江东。’荆公一日饯客至亭上，览之不悦，命左右物色，竟莫知其为何人也。”④ 因为有的题壁诗的内容往往比较敏感，作者不署名的情况比较多见。

与注重作者精神权利和著作完整性相比，宋代学者对作品所能带来的经济效益显然要看轻许多。文莹《湘山野录》记载了这么一则故事很能说明问题：“欧公撰《石曼卿墓表》，苏子美书，邵餗篆额。山东诗僧秘演力干，屡督欧俾速撰。文方成，演以庚二两置食于相蓝南食殿。砻讫，白欧公写名之日为具，召馆阁诸公观子美书。书毕，演大喜，曰：‘吾死足

① 张邦基：《墨庄漫录》第 8 卷，见《宋元笔记小说大观（五）》，上海古籍出版社，2001，第 4726 页。

② 王辟之：《渑水燕谈录》第 6 卷，《文儒》，中华书局，1981，第 72 页。

③ 赵令时：《侯鲭录》第 3 卷，见《宋元笔记小说大观（二）》，上海古籍出版社，2001，第 2049 页。

④ 岳珂：《桯史》第 9 卷，《金陵无名诗》，中华书局，1981，第 106 页。

矣。’饮散，欧、苏嘱演曰：‘镌讫，且未得打。’竟以词翰之妙，演不能却。欧公忽定力院见之，问寺僧曰：‘何得？’僧曰：‘半千买得。’欧怒，问诟演曰：‘吾之文反与庸人半千鬻之，何无识之甚！’演滑稽特精，徐语公曰：‘学士已多他三百八十三矣。’欧愈怒曰：‘是何？’演曰：‘公岂不记作《省元》时，庸人竞摹新赋，叫于通衢，复更名呼云：两文来买欧阳《省元赋》。今一碑五百，价已多矣。’欧因解颐。徐又语欧曰：‘吾友曼卿不幸蚤世，固欲得君文张其名，与日星相磨；而又穷民售之，颇济其贫，岂非利乎？’公但笑而无说。”① 诗人石曼卿英年早逝，他的好友诗僧秘演请欧阳修撰写墓志，并请苏辙书写碑文。完事后，欧、苏二人特意叮嘱秘演不要让别人来摹拓，可见他们还是有著作权保护意识的。但事与愿违，欧阳修后来在另一寺院见到了自己的这篇墓志，向该寺的和尚一打听，原来是花五百文钱买来的。欧阳修气坏了，回来质问秘演：你让人摹拓我的文章也就罢了，居然还卖得这般便宜，太掉我的身价了。没想到秘演这样回应他：学士您别忘了，当初您会试时的文章满大街地被人传买，才两文钱一篇。现在一篇碑文就五百文，已经够多了。而且，通过这种方式，我的好友石曼卿可以通过您的文章名播四海，同时您也救济了那些拓卖您文章的穷人，何乐而不为呢？欧阳修一听，只得一笑了之，不再追究。《宋朝事实类苑》也记载了一则类似的故事：“王逵以祠部员外郎知福州，尚气自矜。福唐有当垆老媪，常酿美酒，士人多饮其家，有举子谓曰：‘吾能与媪致十数千，媪信乎？’媪曰：‘倘能之，敢不奉教。’因俾媪市布为一酒帘，题其上曰：‘下临广陌三条阔，斜倚危楼百尺高。’又曰：‘太守若出，呵道者必令媪卸酒帘，但佯若不闻。俟太守行马至帘下，即出卸之，如见责稽缓，即推以事故，谢罪而已。必问酒帘上诗句何人题写，但云：‘某尝闻饮酒者好诵此二句，言是酒望子诗。’’媪遂托善书者题于酒旗上，自此酒售数倍。王果大喜，呼媪至府，与钱五千，酒一斛，曰：‘赐汝作酒本。’诗乃王咏酒旗诗也，平生最为得意者。”② 王逵作为咏酒旗诗的作者，自己的作品被别人免费拿去做了广告，非但不生气，反赠之千金。宋代文人唯名好名的极端心态暴露无遗。

宋人虽然比较注意保护自己的著作权，但在特定的场合和情形下，也会将自己的作品慷慨转授他人。据司马光《涑水记闻》载：“李穆字孟庸，阳武人。幼沉谨，温厚好学，闻酸枣王昭素先生善《易》，往师之。昭素

① 文莹：《湘山野录》卷下，中华书局，1984，第59页。

② 江少虞：《宋朝事实类苑》第38卷，《酒帘》，上海古籍出版社，1981，第488页。

喜其开敏，谓人曰：‘观李生才能气度，他日必为卿相。’昭素先时著《易论》三十三篇，秘不示人。至是，尽以授穆。穆由是知名。”[①] 王昭素认为李穆“孺子可教”，就倾囊将自己平生所著的《易论》传授给了李穆。苏东坡甚至以自己的书画作品帮一位卖扇子的人还债，据何薳《春渚纪闻》载：“先生临钱塘日，有陈诉负绫绢钱二万不偿者。公呼至询之，云：‘某家以制扇为业，适父死，而又自今春已来连雨天寒，所制不售，非故负之也。’公熟视久之，曰：‘姑取汝所制扇来，吾当为汝发市也。’须臾扇至，公取白团夹绢二十扇，就判笔作行书草圣及枯木竹石，顷刻而尽，即以付之，曰：‘出外速偿所负也。’其人抱扇泣谢而出，始逾府门，而好事者争以千钱取一扇，所持立尽。后至而不得者，至懊恨不胜而去。遂尽偿所逋。一郡称嗟，至有泣下者。”[②]

金人和元人在著述方面也具有较强的创新意识，如前文第三章提到的李天英，“为诗刻苦，喜出奇语，不蹈袭前人，妙处人莫能及。”[③] 刘祁也说：“文章各有体，本不可相犯，故古文不宜蹈袭前人成语，当以奇异自强。”[④] 金代文学家李纯甫，字之纯，号屏山，“教后学为文，欲自成一家，每曰：‘当别转一路，勿随人脚跟。’故多喜奇怪。”[⑤] 这些论述强调的都是不蹈袭前人的自主意识。元好问，字裕之，号遗山，生于金末元初，据王恽《玉堂嘉话》载：“遗山尝与张啸斋论文，见有窃前人辞意而复加雌黄者，遗山曰：‘既盗其财物，又伤事主，可乎？’一坐绝倒。”[⑥] 在元好问看来，窃取他人作品并妄加篡改的行为，不仅侵害了“事主”的财产权，也侵犯了其名誉权，是不可取的。王磐，字文炳，号鹿庵，广平永年人，金正大四年（1227 年）进士，授归德府录事判官，未赴。入元后，拜翰林直学士，同修国史。《玉堂嘉话》亦载其言：“鹿庵曰：‘文章以自得不蹈袭前人一言为贵。’曰：‘取其意而不取其辞，恐终是踵人足迹，惧不若孟轲氏一字皆存经世大法，其辞庄而有精彩也。”[⑦] 直取其辞，固不足取。即便

---

① 司马光：《涑水记闻》第 2 卷，见《宋元笔记小说大观（一）》，上海古籍出版社，2001，第 795 页。

② 何薳：《春渚纪闻》第 6 卷，《写画白团扇》，见《宋元笔记小说大观（三）》，上海古籍出版社，2001，第 2421 页。

③ 刘祁：《归潜志》第 2 卷，北京：中华书局，1983，第 12 页。

④ 刘祁：《归潜志》第 12 卷，北京：中华书局，1983，第 138 页。

⑤ 刘祁：《归潜志》第 8 卷，中华书局，1983，第 87 页。

⑥ 王恽：《玉堂嘉话》第 7 卷，《遗山论窃用前人辞意而复加雌黄者》，中华书局，2006，第 165 页。

⑦ 王恽：《玉堂嘉话》第 2 卷，《鹿庵言文章》，中华书局，2006，第 55 页。

只取其意，亦终究是因循前人，所以一言一语均由自制才是最好。像《孟子》那样既有深邃道理，又有精妙辞法的作品，应成为人们学习的榜样。在图书收藏领域，元代也有恪守职业道德的鉴定家，如李和，“钱塘贫士也。国初时尚在，鬻故书为业，尤精于碑刻，凡博古之家所藏，必使之过目。或有赝本，求一印识，虽邀之酒食，惠以钱物，则毅然却之。”① 那些盗印作假者，想高价求李和的印记，以图卖个好价钱，但李和就是不干，宁愿守着旧书摊，也不肯同流合污。像这种职业操守和社会风尚，对于打击盗版、鼓励原创，当然是有正面意义的。

六　明清著述观念与著作权意识

明季士人崇尚空谈、放弃实学已成普遍风气，著述质量显见下降。明末清初顾炎武在《钞书自序》中借其先祖之口，对明人的著述观念提出了批评：“先祖曰：‘著书不如钞书。凡今人之学，必不及古人也，今人所见之书之博，必不及古人也。小子勉之，惟读书而已！’……（又）曰：‘凡作书者，莫病乎其以前人之书改窜而为自作也。班孟坚之改《史记》，必不如《史记》也。宋景文之改《旧唐书》，必不如《旧唐书》也。朱子之改《通鉴》，必不如《通鉴》也。至于今代，而著书之人几满天下，则有盗前人之书而为自作者矣。故得明人书百卷，不若得宋人书一卷也。”② 可见，当时文人的观念是“著书不如钞书”。“著书”劳神费力，周期又长；“钞书”则可速成，坐收名利。但这样做的后果是，明人一百卷书尚不如宋人一卷书有含金量。明人著述缺乏原创性的根源就在于摹仿，故顾氏又说：“近代文章之病，全在摹仿，即使逼肖古人，已非极诣，况遗其神理而得其皮毛者乎！”兹举一例：沈愚，字通理，昆山人，宣德间与海宁苏平等号为十才子。沈愚为人风流蕴藉，所著《续香奁》4 卷，就是模仿晚唐韩偓《香奁》的作品。才子尚且如此，遑论普通文人。不过，明代学者已经意识到了这个问题，如于慎行在《谷山笔麈》中对古人著述与明人著述作了深刻的比较：“古人之文如煮成之药，今人之文如合成之药。何也？古人之文，读尽万卷，出入百家，惟咀嚅于理奥，取法其体裁，不肯模拟一词，剽窃一语。泛而读之，不知所出；择而味之，无不有本。此如百草成煎，化为汤药，安知其味之所由成哉？今之工文者不然，读一家之言，则舍己以从之；作一牍之语，则合众以成之，甚至全句抄录，连篇缀辑。为

① 杨瑀：《山居新语》第 3 卷，中华书局，2006，第 219 页。

② 顾炎武：《顾亭林诗文集》第 2 卷，《钞书自序》，中华书局，1983，第 30 页。

者以为摹古，读者以为逼真。此如合和众药，萃为一剂，指而辨之，孰参，孰苓，孰甘，孰苦，可折而尽也。乃世之论文者，以渣滓为高深，汤液为肤浅，取古人之所不为，谓其未解；拾古人之所已吐，笑其未尝，不亦鄙而可怜也哉。"① 在于慎行看来，明代以前的作品如同百草煎熬而成的汤药，虽取材百家，却是原汁原味的精华；而明代作品，却像是用各种现成的药剂调和在一起，参苓不分，甘苦相杂。最要命的是，明人"以渣滓为高深，汤液为肤浅"，这就有点本末倒置、良莠不分了。

但任何一个时代，无论其学风如何，总有一些有操行的知识分子能坚守住自己的学术底线，明代也不例外。马翯，字公素，号自庵，"读书甚博，作诗文绝不蹈袭前人之言，自成一家，必一极其妙而已。"② 但要自成一家，又何其难也，何良俊在《四友斋丛说》中引宋代诗人黄庭坚的话说："山谷云：'作文自造语最难。老杜作诗，韩退之作文章，无一字无来处。盖后人读书少，故谓韩、杜自作此语耳。古之能为文章者，真能陶冶万物，虽取古人之陈言入于翰墨，如灵丹一粒，点铁成金也。文章最为儒者末事，然索学之，又不可不知其曲折，幸熟思之。至于推之使高如泰山之崇，如重天之云，作之使雄壮如沧江八月之涛，崛如海运吞舟之鱼，又不可守绳墨令俭陋也。'"③ 与宋代米芾一样，明代张嘉孚也有精品传世意识，曾亲手焚毁过自己的著作。张嘉孚，渭南人，嘉靖丁未进士，历官副使，有清名，"将卒，谓子孙曰：'世人生但识几字，死即有一部遗文；生但余几钱，死即有一片志文，吾耻之。否德不足辱明公笔，自题姓名、官位、家世、岁月纪诸石尔，盖先达有行之者。子孙必遵吾言，不则为不孝。'所著述率焚，草草任散佚，戒勿收，故无得而称焉。致仕家居，终日不去书。晚好《易》，事多先觉，秘不语人。常曰：'不须名位，不用身后之誉，袁缓是吾师也。'署其庭曰：'四十余年策名，却悔红尘浪度；七旬暮齿学《易》，几能黄发无愆。'年七十九卒。"④ 张嘉孚所处的时代，人们但凡认识几个字，死后就有一部遗稿；但凡有几个钱，死后都要请人作碑志。在这种人人好名的风气下，张嘉孚"不须名位，不用身后之誉"的做法真可谓惊世骇俗。这是明人著述观念积极的一面，虽然不是主流。

明代商品经济有了较大发展，张瀚在《松窗梦语》中对明代商贾有如下描述："财利之于人，甚矣哉！人情徇其利而蹈其害，而犹不忘夫利也。

① 于慎行：《谷山笔麈》第8卷，《诗文》，中华书局，1984，第88页。
② 王锜：《寓圃杂记》，第7卷，中华书局，1984，第55页。
③ 何良俊：《四友斋丛说》第23卷，中华书局，1959，第208页。
④ 朱国祯：《涌幢小品》第6卷，《耻志文》，中华书局，1959，第131页。

故虽敝精劳形，日夜驰骛，犹自以为不足也。夫利者，人情所同欲也。同欲而共趋之，如众流赴壑，来往相续，日夜不休，不至于横溢泛滥，宁有止息。故曰：'天下熙熙，皆为利来；天下攘攘，皆为利往。'穷日夜之力，以逐锱铢之利，而遂忘日夜之疲瘁也。"[①] 在这种商业文化的熏染下，明代知识分子诗文创作的功利化倾向日趋明显，大多为应酬之作。清人吴乔在《围炉诗话》中批评道："诗坏于明，明诗又坏于应酬。朋友为五伦之一，既为诗人，安可无赠言？而交道古今不同，古人朋友不多，情谊真挚。世愈下则交愈泛，诗亦因此而流失焉。《三百篇》中，如仲山甫者不再见。苏李赠别诗，未必是真。唐人赠诗已多，明朝之诗，惟此为事。唐人专心于诗，故应酬之外，自有好诗。明人之诗，乃时文之尸居余气，专为应酬而学诗。"[②] 至于有的文人为了逐利，或窃人著述，或伪托名人，前章已有详述，此不赘述。不过，在金钱利益面前，明代也有不少学者能安贫乐道。明初史学家宋濂，字景濂，号潜溪，曾有日本使者以百金求其文，但他坚辞不受。据焦竑《玉堂丛话》载："宋潜溪临财廉，尝大书于门曰：'宁可忍饿而死，不可苟利而生。'君子以为名言。权要非其人，虽置金满橐，一字不肯，纵与之，亦不受馈。日本使奉敕请文，以百金为献，先生却不受。上以问先生，先生对曰：'天朝侍从之臣而受小夷金，非所以崇国体也。'"[③] 在书画创作领域，亦不乏固守清贫不为权贵作画的耿介之士。倪瓒，字元镇，元末明初著名画家，性格高雅，素有洁癖。有一次，张士诚的弟弟张士信听说他擅画，"使人持绢兼侑以币，求其笔。元镇怒曰：'倪元镇不能为王门画师！'即裂其绢，而却其币。一日，士信与诸文士游太湖，闻渔舟中有异香。士信曰：'此必有异人。'及傍舟近之，乃元镇也。士信见之大怒，欲手刃之。诸文士力为劝解，然犹鞭元镇。元镇竟不吐一语，以是得释。后有人问之曰：'君被士信窘辱，而一语不发，何也？'元镇曰：'一说便俗。'"[④] 文征明也是这样一位高人，据张怡《玉光剑气集》载："文衡山先生征明，孝友恺弟，致身清华，未衰引退，以清名长德主中吴风雅之盟……先生于辞受，界限甚严，里巷小人，持饼一箬，来索书画，欣然应之，略无难色；而唐王以黄金数笏，遣专使求画，先生坚拒不纳，竟不见其使，书不启封，使逡巡数日而去。俞中丞谏，其年家

① 张瀚：《松窗梦语》第4卷，《商贾记》，中华书局，1985，第80页。

② 吴乔：《围炉诗话》第4卷，中华书局，1985，第101页。

③ 焦竑：《玉堂丛话》第5卷，《廉介》，中华书局，1981，第163页。

④ 都穆：《都公谈纂》卷上，见《明代笔记小说大观（一）》，上海古籍出版社，2005，第537页。

也，欲遗之金，谓：‘君不苦朝夕耶？’曰：‘饘粥可具也。’俞公指其衣曰：‘敝至此乎？’先生曰：‘雨中故衣敝衣耳。’”① 乡间平民向文征明求画，很容易得手，一箸饼即可充润笔物。反倒是王公贵族，任你给多少金银就是不给你画。类似的还有画家崔子忠，字道母，一名丹，字青蚓，“居京师。困于诸生，弃去。荜门圭窦，无终日之计。工图绘，慎交游，能为诗歌古文词，而人惟知其画。一妻四妾，皆能点染设色，共相娱悦。间出以贻知己，他人不能得也。宋九青玫居谏垣，数求其画，诱而致之邸舍，不得已，乃画。画成别去，坐邻家，使童往取，曰：‘有树石简略处，须增润数笔。’九青欣然与之，立碎而去。史公可法自皖抚家居，一日过其室，萧然闭户，晨炊不继。乃留所乘马赠之，徒步归。子忠货之，得四十金，呼朋友叹，曰：‘此酒自史道邻来，非贪泉也。’”② 崔子忠只为知己者画，偶尔被宋九青骗画一次，还设计让书童毁了该画。宋濂、倪瓒、文征明、崔子忠等人的身上体现了中国传统知识分子重义轻利的风骨。

在著作权意识方面，明人表现不如宋人。本书第四章论及明代剽窃、盗印盛行自不必说，从作者角度来讲，甚至还有人包庇纵容作假行为，文征明就是一个典型的例子。据明人何良俊《四友斋丛说》记载：“衡山精于书画，尤长于鉴别。凡吴中收藏书画之家，有以书画求先生鉴定者，虽赝物，先生必曰：‘此真迹也。’人问其故。先生曰：‘凡买书画者，必有余之家。此人贫而卖物，或待此以举火。若因我一言而不成，必举家受困矣。我欲取一时之名，而使人举家受困，我何忍焉？’同时有假先生之画，求先生题款者，先生即手书与之，略无难色。则先生虽不假位势，而吴人赖以全活者甚众。”③ 文征明不仅把假冒他人的画作故意鉴定为真迹，甚至别人仿造他本人的画作，他都慷慨题上自己的款印。我们不得不说，文征明有一颗仁慈善良的心，但完全没有一点著作权意识。另一位大画家董其昌也是如此，“贵人钜公郑重请乞者，多倩人应之，或点染已就。僮奴以赝笔相易，亦欣然题署，都不诘也。”④ 手下人拿赝品来请他署名，董其昌连问都不问一声，就欣然题名钤印，也是没有著作权意识的表现。明代还有学者喜欢改易别人文字，如叶盛《水东日记》载：“杨文定公最善王简讨振、张修撰益，相见辄出所作，就二人评，有所改易，即乐从。公亦喜改人文字。泰和陈学士当笔撰祭文，公欲有所易，陈忿然不平，见于言色，

① 张怡：《玉光剑气集》第18卷，《高人》，中华书局，2006，第691页。
② 张怡：《玉光剑气集》第18卷，《高人》，中华书局，2006，第700页。
③ 何良俊：《四友斋丛说》第15卷，中华书局，1959，第130页。
④ 张怡：《玉光剑气集》第19卷，《艺苑》，中华书局，2006，第745页。

公即已之。"[①] 至于题壁诗不署姓名，明代仍很常见，例如，"明末蓟州难妇题诗野店壁上，不著姓名。曰：'俯首漫凭几，难将旧日题。夫君镇紫塞，妾命落黄泥。风惨尘为粉，天寒革作衣。何日归桑梓，心酸只暗啼。'味其诗，必守边将帅之妻也。"[②]

清代著述观念在明代基础上又有了较大的发展，主要表现在以下几个方面。

第一，清人对创新有深刻的理解。顾炎武就说过："古人作文，时有利钝。梁简文《与湘东王书》云：'今人有效谢康乐、裴鸿胪文者。学谢则不届其精华，但得其冗长；师裴则蔑弃其所长，惟得其所短。'宋苏子瞻云：'今人学杜甫诗，得其粗俗而已。'金元裕之诗云：'少陵自有连城璧，争奈微之识珷玞。'文章一道，犹儒者之末事，乃欲如陆士衡所谓'谢朝华于已披，启夕秀于未振'者，今且未见其人。进此而窥著述之林，益难之矣。效《楚辞》者，必不如《楚辞》；效《七发》者，必不如《七发》。盖其意中先有一人在前，既恐失之，而其笔力复不能自遂。此寿陵余子学步邯郸之说也。"[③] 顾炎武总结历代著述的得失，认为凡是模仿之作，必不如原创之作，这是顾氏总结出来的一条铁律。吕星垣，字叔讷，毗陵七子之一，著有《白云草堂文钞》5 卷、《诗钞》3 卷，其嘉庆癸亥孟秋刊本有任大椿序曰："今夫义法，非一家所创，要非百家所袭，必以己得己出者为真，否则伪耳。故无几法之病，为芜庸，为凌乱，为剽窃，为造作，蹈空摭实，互相讥弹，五十步笑百步也。若其义精法熟，言有其物，行有其恒，抑易有其宜，博约有其旨，其理道不繁而自明，其矩矱不拟而自得，故其出之也。'"[④] 任大椿认为，作文"义法"，必须"己得己出者"方为原创，否则无论如何"蹈空摭实"，都是"五十步笑百步"。刘声木则提出了"编辑不如撰述"的观点，他在《苌楚斋随笔》中说："朱梅崖《答林育万书》云：'承谕欲作《经史通考》，奇功美志，令人钦羡，但事体浩大，又虞挂漏。窃谓先生天资高妙，才识绝人，正不必于故纸堆中作生活。何如破去依附，自得圣贤之意？立法立言，无不可者。近世人束书不观，故豪杰之士，多以博览相尚，要诸古人，正不尚此。陈彭年、夏竦、高若讷，皆博极群书，于今曾无一字之传，亦何为哉！'云云。声木谨案：

① 叶盛：《水东日记》第 3 卷，《诸公才学心量》，中华书局，1980，第 27 页。

② 宋荦：《筠廊偶笔》卷下，见《清代笔记小说大观（一）》，上海古籍出版社，2007，第 39 页。

③ 顾炎武：《日知录》第 19 卷，《文人摹仿之病》，上海古籍出版社，2006，第 1097 页。

④ 刘声木：《苌楚斋随笔》，《续笔》第 9 卷，《任大椿论文语》，中华书局，1998，第 442 页。

湘乡曾文正公国藩复何廉昉太守栻书云：‘当以为四部之书，浩如烟海，而其中自为之书，有源之水，不过数十部耳。经则《十三经》是已，史则《廿四史》暨《通鉴》是已，子则《五子》暨《管》《晏》《韩非》《淮南》《吕览》等十余种是已，集则《汉魏六朝百三家》之外，唐宋以来，廿余家而已。此外入子集部书，皆赝作也，皆剿袭也。’云云。钱塘袁简斋明府枚，亦以考证家为述，诗文家为作。两义相较，优劣自见，皆以研究诗文为见传。诗文又以昌黎所云‘惟古于词必己出’为职，质言之，即周栎园侍郎亮工所谓诗文莫妙于杜撰。朱梅崖见之，深以为然，自恨其文求为杜撰而不工。亦即曾文正公言为文须自我作古，《六经》皆陈言，不足依傍，况他书哉！李汉序昌黎遗书，亦曰约其旨，则曰教人自为而已。辞必己出，所以自为也。”① 刘声木借引朱梅崖、曾国藩等人的原话，认为著述是有高下和源流之分的。历代著述中的经史子集各有其源，“撰述”的就那么数十家近百种，而其他的多属“编辑”之流。两者优劣自见。故作家欲以著述传世，仅仅博览群书是不够的，还要做到“辞必己出”，也就是强调其原创性。

第二，清代学者具有很强烈的精品意识和传世意识。顾炎武提出了“文不贵多”的论点，他说：“二汉文人所著绝少，史于其传末每云：‘所著凡若干篇。’惟董仲舒至百三十篇，而其余不过五六十篇，或十数篇，或三四篇。史之录其数，盖称之，非少之也。乃今人著作则以多为富，夫多则必不能工，即工亦必不皆有用于世，其不传宜矣……文以少而盛，以多而衰。以二汉言之，东都之文多于西京，而文衰矣。以三代言之，春秋以降之文多于《六经》，而文衰矣。《记》曰：‘天下无道，则言有枝叶。’”② 著述并不是越多越好。相反，如果粗制滥造的作品盛行，只能说明这个社会的学风堕落和学术的衰败。顾氏的这段论述对我们当下仍有很强的警示意义。著述不能只为作者一己之私利，“须有益于天下”，这是顾炎武提出的另一个重要的观点。他说：“文之不可绝于天地间者，曰明道也，纪政事也，察民隐也，乐道人之善也。若此者，有益于天下，有益于将来；多一篇，多一篇之益矣。若夫怪力乱神之事，无稽之言，剿袭之说，谀佞之文，若此者，有损于己，无益于人，多一篇，多一篇之损矣。”③ 不独顾炎武如此，清初黄宗羲有一方砚台，上有一铭，文曰：“毋酬应而作，

① 刘声木：《苌楚斋随笔》第3卷，《编辑不如撰述》，中华书局，1998，第45页。

② 顾炎武：《日知录》第19卷，《文不贵多》，上海古籍出版社，2006，第1080页。

③ 顾炎武：《日知录》第19卷，《文须有益于天下》，上海古籍出版社，2006，第1079页。

毋代人而作，毋因时贵而作。宁不为人之所喜，庶几对古人而不怍。”① 也即是说，著述是见真性情的事情，不可虚与委蛇，更不可为权贵折腰，替人捉刀。不能为了迎合时人的喜好，而愧对古代先圣。这几“不作”，可以说是黄宗羲著述观的集中体现，并对后世产生了深刻的影响。如梁山舟，字符颖，书名满天下，但他不以伪欺人，不请人代作，“求书者纸日数束。尝言：‘古善书者皆有代者，我独无，盖不欲以伪欺人也。’其诚笃如此。”② 王庞，字雅宜，书名擅于一时，“人有以千金进者，欲得其一言，适又有夙逋（笔者注：积累的拖欠）当完，公不顾，麾之。父尤焉。跪谢曰：‘人所为重庞者，好修耳。使自污，不乃见轻，而又因利之耶！”③ 也正是因为能不为名利所诱惑，所以清人著述大多能抱谨慎的态度，如侯方域，字朝宗，“以文章名天下，睥睨千古。然每撰一篇，非经徐恭士点定，不敢存稿。”④ 朱梅崖，字裴瞻，号梅崖，乾隆进士，他写文章，也是反复修改，据清人梁章钜《退庵随笔》载：“近闻吾乡朱梅崖先生，每一文成，必粘稿于壁，逐日熟视，辄去十余字。旬日以后，至万无可去，而后脱稿示人。”⑤

第三，清代学者对名誉有着深刻的认识。王弘的观点较有代表性，他说：“圣人不好名，然非辞名也。故曰：‘必得其名。’又曰：‘君子疾没世而名不称焉。’诸语名者不一。三代而后人能斤斤好名，不亦君子乎？乃小人议君子多以‘好名’二字。范忠宣曰：‘人若避好名之嫌，则无为善之路矣。’”⑥ 他认为，君子不要因为害怕小人以“好名”来攻击他，就故作清高姿态而刻意“辞名”。正确的态度是，不“好名”，但也不“辞名”，只要这个“名”来得正当，就应该大大方方地接受它，坦然地面对它。担任过四库全书馆总纂官的纪昀对自己的著述名誉就抱着一种淡泊自然的态度。他几乎不怎么刻意保存自己的著作，据清人陈康祺《郎潜纪闻》载：“纪文达平生未尝著书，间为人作序记碑表之属，亦随即弃掷，未尝存稿。或以为言，公曰：‘吾自校理秘书，纵观古今著述，知作者固已大备。后之

---

① 金埴：《不下带编》第2卷，中华书局，1982，第41页。

② 陈康祺：《郎潜纪闻》，《三笔》第11卷，《梁山舟书名播于日本琉球》，中华书局，1984，第850页。

③ 张怡：《玉光剑气集》第18卷，《高人》，中华书局，2006，第686页。

④ 宋荦：《筠廊偶笔》，《二笔》卷下，见《清代笔记小说大观（一）》，上海古籍出版社，2007，第91页。

⑤ 梁章钜：《退庵随笔》第19卷，《学文》，江苏广陵古籍刻印社，1997，第488页。

⑥ 王弘：《山志》，《初集》第2卷，《好名》，中华书局，1999，第33页。

人竭心思才力，要不出古人之范围，其自谓过之者，皆不知量之甚者也。'"[①] 也许是因为编纂《四库全书》的关系，纪昀古今著述阅览无数，越发感受到古人著述的博大精深，觉得要写出新意而超出古人，都是不自量力的行为，因而干脆抱着一种守成的态度。但不可否认，清代也有一些文人想尽一些取巧的方法来追名逐誉。据阮葵生《茶余客话》载："查夏重、姜西溟、唐东江、汤西崖、宫恕堂、史蕉饮，在辇下与同志为文酒之会，尝谓吾辈将来人各有集，传不传未可知。惟彼此牵缀姓氏于诸集，百年以后，一人传而皆传矣。文人好名，结习难忘如是。"[②] 这些文人结成小团体，约好在彼此的著作里互相牵缀姓名，想以此留名，真是可怜又可笑。

在著作权意识方面，清人著述不署名的风气仍然存在。有因身份特殊、际遇沉浮而不署名者，如"顺德李仲约侍郎藏《松下堂目下旧见》六册，钞本，不著编辑人。侍郎据书中'康熙三十五年二月三十日随上亲征'及'先考皇八子'云云，定为康亲王允禩之子。允禩，于雍正四年命圈禁高墙，改名阿其那者也。"[③] 有题壁诗即兴抒怀不署名者，如金埴《不下带编》所记："辛巳夏，与朱竹垞太史锡鬯暨西湖诸子有湖上楼之集，客有言，顷见一士题诗邻壁，甚佳。太史即偕予及宝崖步往观之，则墨瀋犹濡，而其人已去。诗云：'昔年湖上荡船频，风日清融二月新。横出一枝临水艳，桃花看杀卷帘人。日日东风第四桥，夭桃故故泥人娇。春声只爱啼红树，不信黄鹂恨未销。'太史赏其风调，以为佳作，嘱予记之，惜不署姓氏。"[④] 褚人获《坚瓠集》也记录了很多驿站题壁诗不署名的情况："梦笔驿乃江淹旧居，姚金声宏题一绝云：'一宵短梦惊流俗，千载高名挂里闾。遂使晚生矜此意，痴眠不读一行书。'建州崇安分水驿一绝云：'江南三月已闻鹃，麦熟梅黄茧作绵。料得故园烟雨里，轻寒犹作养花天。'又镇江丹阳玉乳泉壁间一绝云：'驿马出门三月暮，杨花无奈雪漫天。客情最苦夜难渡，宿处先寻无杜鹃。'诗有风人遗意，惜不知作者姓氏也。"[⑤] 有扇页题诗寄怀不署名者，如方濬师《蕉轩随录》载："予官京师时，散步厂

---

① 陈康祺：《郎潜纪闻》，《二笔》第 6 卷，《纪文达不轻著书原因》，中华书局，1984，第 428 页。

② 阮葵生：《茶余客话》第 11 卷，《文人好名》，见《清代笔记小说大观（三）》，上海古籍出版社，2007，第 2724 页。

③ 吴庆坻：《蕉廊脞录》第 5 卷，《松月堂目下旧见》，中华书局，1990，第 145 页。

④ 金埴：《不下带编》第 3 卷，中华书局，1982，第 59 页。

⑤ 褚人获：《坚瓠集》，《己集》第 1 卷，《驿壁诗》，见《清代笔记小说大观（二）》，上海古籍出版社，2007，第 1099 页。

肆，见旧纨扇一柄，画墨兰数笔，并题一绝于上云：‘不买胭脂画牡丹，三秋风雨楚江寒。可怜一样瑶阶种，摇落人间当草看。’寄托深情，读之令人生感，惜不著作者姓名。”[①] 也有化名题署者，如“《烟海纪闻》钞本八巨册，不著撰人姓名，自署曰闲园散人，纪道光间禁烟事。”[②]“《求己录》三卷，署名芦泾遯士编，相传以为秀水陶拙存孝廉葆廉所辑。据吴县张翰伯茂才廷骧《不远复斋见闻杂志》言，系秀水陶勤肃公模所辑。”[③] 陶葆廉，字拙存，别署淡庵居士，晚清“维新四公子”之一，陶模之子。因为用化名署名，让旁人弄不清这父子俩究竟谁才是《求己录》的真正作者。

对于诗文蹈袭，清人也有自己独特的理解。王应奎在《柳南随笔》中说：“‘从军有苦乐，但问所从谁’，王仲宣作也，而鲍明远亦云：‘客行有苦乐，但问客何行。’‘鸡鸣高树颠，狗吠深宫中’，古乐府也，而陶渊明亦云：‘犬吠深巷中，鸡鸣桑树颠。’‘水细飞白鹭，夏木啭黄鹂’，‘竹影横斜水清浅，桂香浮动月黄昏’，江为诗也，而林君复亦云：‘疏影横斜水清浅，暗香浮动月黄昏。’近王阮亭集中亦多此类，如‘白鸟破溪光’，刘长卿句也，而阮亭亦云‘白鸟破溪烟’；‘青山带行骑’，王摩诘句也，而阮亭亦云‘青山带行客’；‘心与浮云闲’，李太白句也，而阮亭亦云‘心与孤云闲’。昔弇州先生谓：‘裒览既富，机锋亦圆，古语出口吻间，若不自觉。’而近日李安溪相国亦谓：‘意之所至，岂必词自己出？不本于性情之教，但以不沿袭剽窃为工，非至极之论也。’虽然，两先生之论，皆为学问已成者言，若初学亦以此借口，则偷句为钝贼，难免杼山所诃矣。”[④] “弇州先生”，即王世贞；“李安溪相国”，即李光地。前者是明代文坛盟主，后者是清代康熙朝名臣、学者。王应奎借此两人之口表达了这样一个观点：已学有所成的学者，在诗文创作时偶尔蹈袭前人，无伤大雅。但对于初学者而言，必须更严格要求自己，一旦窃人成句，则可能损誉终身。

第三节　古代著述观念与著作权意识的特点

中国古代知识分子独立的著述观念是随着私家著述的出现而产生的。在儒家“立德”“立功”“立言”的三大人生目标中，“立言”对于社会上一般知识分子而言，比较现实也容易操作，因而著述便成为广大知识分子

---

① 方濬师：《蕉轩随录》第3卷，《画兰诗》，中华书局，1995，第84页。
② 吴庆坻：《蕉廊脞录》第5卷，《烟海纪闻》，中华书局，1990，第154页。
③ 刘声木：《苌楚斋随笔》第6卷，《求己录》，中华书局，1998，第130页。
④ 王应奎：《柳南随笔》第4卷，中华书局，1983，第71页。

实现人生价值的一大手段，格外为中国古代文人所看重。在漫长的著述实践中，古代文人著述观念的演进及著作权意识的形成表现出以下规律。

第一，特定历史时期的学术风气对中国古代文人的著述观念具有重大影响。如孔子“述而不作”的学术理念造就了两汉以注释文献为标志的朴学的繁荣，但也在一定程度上扼杀了文人的创新性；在玄学熏染下的魏晋知识分子大胆追求个性自由，他们的创作热情和想象力得到了激发和释放，对原创性作品大为提倡；宋代理学的发达，使得宋人著述观念表现出积极主动的创新意识、精品意识和名誉意识；但到了明代，阳明之学盛行，空谈心性，不重实学，必然导致著述内容空疏，再加上商品经济的发展和商业意识的影响，表现在著述观念上，便是对“义”的轻视放弃与对“利”的畸形追逐；入清以后，顾炎武、黄宗羲等大儒提倡经世致用之学，加上他们在学界的影响力，对有清一代形成良好的著述风气、树立积极的著述观念起到了良好的示范作用。

第二，社会主流价值观念对中国古代文人的著作权意识具有决定性作用。受儒家传统义利观重名轻利、贵文贱商的影响，中国古代大多数作者对出版作品可能带给自己的精神权利格外重视，而对财产权利则一贯比较轻视。如私家著述出现之初，人们便开始在图书作品上标记姓名，标志着作者精神权利意识的觉醒；在文献编纂整理过程中，对图书原作者的考订，对图书的校勘、辨伪，对他人作品改编的审慎等，都是对前代作者精神权利的尊重；在图书创作过程中，古代文人对原创性的推崇，对抄袭行为的鄙夷，对作品署名的审慎，对作品内容的反复斟酌，以及在图书创作完成后，通过誊抄副本、寄存名山等方式保护作品内容的完整性等，都是对作者本人精神权利的尊重和保护。而在作者财产权利的维护上，大多数知识分子耻于言利或不敢公开言利，敢于公开追求和维护自己财产权利的作者少之有少，甚至成为文人的异类。与之形成对比的是，历史上总有一些比较有个性的文人，不但不屑于言利，甚至对一般士人非常看重的名也全然不顾，真正做到了淡泊名利，如汉代的司马相如、明代的张嘉孚等。这种极端的个性和意识，不利于著作权观念的养成。

第三，书籍媒介传播方式的进步对中国古代文人著述观念的发展及著作权意识的形成具有巨大推动作用。简册时代落后的文献生产方式，使得通过复制和传播文献获得经济利益的空间非常狭小，文人考虑得最多的是如何将自己的作品传播出去，通过作品负载的思想、学说去影响和改造社会，而对于作品可能带给自己的任何精神或物质权利都没有或很少考虑。纸张的发明和普及应用，使得图书数量第一次有了大幅增长，且流通速度和传播范围有了很大提高、扩大，这使得作者在当世就可以亲身感受自己作品的社会影响及自我价值实现的满足，因而提高了作者的传世意识、精品意识和名誉意识，从而触发了作者保护自身精神权利的需要。而这个时期图书出版业带来的利益空间仍然有限，作者对财产权利的关注程度仍然不高。雕版印刷技术是图书复制技术的一次革命，图书制作和传播效率有了质的飞跃，图书出版既可以为作者赢得巨大的社会声誉，也可为出版者带来现实的经济利益。此后，文人的著述观念开始发生明显分化，传统知识分子仍然重视著述活动中精神权利的维护，而部分开明知识分子已不讳言财产权利了，也有一些文人在两者之间寻求平衡。

最后必须指出的是，古代著述观念对于早期著作权意识的形成具有两面性：一方面，对于个人声誉的珍视和作品原创性的追求，有利于催生作者个人精神权利的保护意识；另一方面，重义轻利的儒家义利观不利于养成著作权中的财产权利的保护意识。

第七章　中国古代图书著作权的经济性保护

我们现在理解的著作权保护通常是法律意义上的，即通过与著作权相关的法律法规，对作者和出版者的人身或财产权利进行保护。但在中国古代，在与著作权相关的法律、法规出现之前，是否就没有著作权保护活动呢？答案是否定的。事实上，著作权保护活动要先于著作权法出现。这种非法律意义上的著作权保护活动，可以归结为经济性、学术性和技术性三个方面。以下以三章篇幅分别叙述之。

所谓著作权的经济性保护，即从经济上维护作者的利益，这主要通过稿酬来实现。凡著书、撰文、绘画、写字所收受财物，统称稿酬。但在早期，人们从事创作活动更多的是出于一种精神满足的自我需要。青年男女歌咏其爱情，于是有十五“国风”；屈子遭忧别愁而撰得《离骚》；孟轲为捍卫自己的学说，滔滔不绝，于是有《孟子》……他们都不是为了赚取稿费而创作。这与儒家倡导的“君子谋道不谋食”① 的价值观是一致的。所谓“谋道”，即研究和传播学说，就要著述。但随着知识私有观念的兴起，“谋道”与“谋食”也不是绝然对立的事情了。作文受谢现象及古代润笔制度的出现表明，古人通过著述也可以获得经济利益，这对于鼓励人们从事原创性的创作活动无疑是大有裨益的。因此，古代稿酬制度实际上是从经济层面保护了中国古代著作权（作者的财产权利）。

第一节　中国古代稿酬的起源

受儒家价值观的影响，中国古代稿酬的称谓多比较含蓄。如有称“作文受谢”者，实际表明了作者通过创作作品可获得一定的物质报酬。隋代以后，亦有“润笔”“润毫”“润格”“濡润”等不同名称。

一　众说纷纭

关于作文受谢的起源，历史上有过三种不同的说法。

---

① 杨伯峻：《论语译注》，中华书局，1980，第168页。

第一，晋代说。此说由南宋洪迈提出，他认为："作文受谢，自晋宋以来有之，至唐始盛。"① 清代钱泳同意这一看法："润笔之说，昉于晋宋，而尤盛于唐之元和、长庆间。"② 不过，此说的提出，材料依据不足。

第二，西汉说。与洪迈同时代的另一学者王楙不同意晋代说，他在《野客丛书》中说："作文受谢非起于晋宋。乞米受金为人作传，不足道也。观陈皇后失宠于汉武帝，别在长门宫，闻司马相如天下工为文，奉黄金百斤为文君取酒，相如因为文以悟主上，皇后复得幸，此风西汉已然。"③ 这个陈阿娇奉金求赋的故事见于《乐府诗集》卷四二《长门怨》。相传那位曾被汉武帝许以"金屋藏娇"的陈阿娇后来失宠，别居长门宫，但她不甘心从此就过"雨打梧桐宫灯冷"的孤寂生活，听说司马相如"天下工为文"，乃奉赠黄金百斤，请司马相如作解愁之赋。生性风流豁达的司马相如慨然应允，为她作了一篇《长门赋》进献给汉武帝，汉武帝阅后大为感动，陈皇后于是复得宠幸。但此例被王楙引作汉代"润笔"之谈，却不足为凭。据清人顾炎武考证，"陈皇后无复幸之事，此文盖后人拟作"。《长门赋》首句即云："孝武皇帝陈皇后。""武"是刘彻死后的谥号，司马相如比刘彻早死31年，前者怎么可能提到后者的谥号呢？因此不可能是司马相如的作品。但昭明太子《文选》将《长门赋》连同小序当作汉赋收入，说明它仍然是汉人的作品。因此顾炎武又说："此文盖后人拟作，然亦汉人之笔也。"④ 虽然陈阿娇奉金求赋的故事是汉人杜撰出来的，但这个故事从一个侧面说明，最迟在汉代，作文受酬已作为一种社会现象而存在了。但这显然还不足以说汉代是作文受谢的起源时期。

第三，隋唐说。明人彭大翼在《山堂肆考》中说："分纪草麻，润笔自隋唐有之。"⑤ 其依据主要是《隋书·郑译传》的记载："上令内史令李德林立作诏书，高颎戏谓译曰：'笔干。'译答曰：'出为方岳，杖策言归，不得一钱，何以润笔？'上大笑。"⑥ "润笔"一词作为古代稿酬的特定名词，确实是隋代最早出现，但作文受谢这一社会现象在隋以前早已经存在了，彭大翼此说显然不妥。

限于材料的不足或欠妥，前人关于作文受谢起源问题上的三种说法都

① 洪迈：《容斋随笔》，《续笔》第6卷，《文字润笔》，上海古籍出版社，1978，第285页。

② 钱泳：《履园丛话》第3卷，中华书局，1979，第73页。

③ 王楙：《野客丛书》第17卷，中华书局，1987。

④ 顾炎武：《日知录》第19卷，《作文润笔》，上海古籍出版社，2006，第1109页。

⑤ 彭大翼：《山堂肆考》第56卷，《润笔》，清文渊阁四库全书本。

⑥ 魏徵等：《隋书》第38卷，《郑译传》，中华书局，1973，第1137页。

不准确。实际上，作文受谢这一社会现象的出现要早于以上任何一种说法。

二　先秦的稿酬

穷根溯源，作文受谢是与知识私有观念的兴起分不开的。西周末年，随着以宗法血缘为纽带的世卿世禄制的崩溃，社会阶层发生了剧烈的分化。士人作为一个新兴的社会阶层登上了历史舞台，对社会生活产生了广泛而深刻的影响。士人阶层分为四等：第一等为学士，第二等为策士，第三等为方士或术士，第四等为接近庶人阶层的食客。其中，学士以及方士、术士的活动主要在思想文化层面，他们多聚众讲学，探究学说，成一家之言；而策士、食客则奔走于王公贵族之间，摇唇鼓舌，左右逢源，风云际会，主要影响在于社会政治层面。随着私家著述的产生和知识私有观念的形成，人们已经很难将“谋道”与“谋食”割裂开来。最迟在战国末期，作文受谢现象就已经出现了。

秦国宰相吕不韦可能是自有文字记载以来给文人发“稿酬”的第一人。“当是时，魏有信陵君，楚有春申君，赵有平原君，齐有孟尝君，皆下士喜宾客以相倾。吕不韦以秦之强，羞不如，亦招致士，厚遇之，至食客三千人。是时诸侯多辩士，如荀卿之徒，著书布天下。吕不韦乃使其客人人著所闻，集论以为八览、六论、十二纪，二十余万言。以为备天地万物古今之事，号曰《吕氏春秋》。布咸阳市门，悬千金其上，延诸侯游士宾客有能增损一字者予千金。”① 古有“立功、立德、立言”之说，吕相与战国四公子相比，在“立功”“立德”方面自觉不如，未免有点自卑，所以决意“立言”显于世。但著书立说自成一家之言，毕竟是件苦差事，吕不韦以秦相之尊，自然不肯亲手操笔，于是招揽士人代劳，酒肉饭菜供给从丰，反正他“家累千金”“家僮万人”的大贾出身也不差这个钱。待书成之后，署上自己的名字。这就是今天我们看到的《吕氏春秋》。正因为吕不韦为其宾客解决了衣食之忧，他们才肯为之著书立说。那酒肉以及一字千金的赏酬，分明就是给宾客文人写作发的酬劳。虽然这与后来的稿酬还有很大的区别，但从某种意义上说，可看做我国古代稿酬制度的滥觞。另外，像《吕氏春秋》这样一部集体作品，它的署名方式与今天的“职务作品”颇有相似之处。首先，从制定写作计划、组建写作班子、拟订标题内容、收集筛选材料，到书成之后征求多方意见等，吕不韦在整部书的创制过程中确实起了组织、协调的作用，体现了他本人的意志；其次，食客与

---

① 司马迁：《史记》第85卷，《吕不韦传》，中华书局，1959，第2510页。

蓄养自己的贵族之间近似于主仆关系，他们在写作过程中需要的各种物资、资料均由吕氏提供，作品完成后由他本人审核把关。

第二节　中国古代稿酬的发展

随着著述活动的繁荣及商品经济的发展，通过创作获取一定的物质报酬已然成为社会生活的一种常态。

一　汉代的稿酬

汉代以后，作文受谢的情况更为普遍。承吕不韦之遗风，淮南王刘安广召宾客以著书。刘安博学多才，在科学、文学、哲学、音乐等诸多领域均有建树，史载他“为人好读书鼓琴，不喜弋猎狗马驰骋”，曾“招致宾客方术之士数千人，作为《内书》二十一篇，《外书》甚众，又有《中篇》八卷，言神仙黄白之术，亦二十余万言。”[①] 其著作，《汉书·艺文志》著录为“淮南《内》二十一篇。王安；淮南王《外》三十三篇”，将这些作品的著作权都归在了刘安名下。这其实也是集体作品专署一人之名的例子。关于刘安的著述情况，唐人胡宿《淮南王》诗有很精妙的描述：“贪铸金钱盗写符，何曾七国戒前车。长生不待炉中药，鸿宝谁收篋里书。碧井床空天影在，小山人去桂丛疏。云中鸡犬无消息，麦秀渐渐遍故墟。”[②] 这里所说的“鸿宝”，一般认为是道教修仙炼丹之书。据《汉书·刘向传》说：“上复兴神仙方术之事，而淮南有《枕中鸿宝苑秘书》。”[③] 《汉书·艺文志》著录“淮南王赋八十二篇”，就赋作产量而言，仅次于“枚皋赋百二十篇”。至于“小山”，则是在刘安的主持下，他周围文士们创作的文学作品。作为淮南王，刘安仿效吕不韦招募宾客写书，给出的待遇自然是优厚的，因此天下俊伟之士多有追慕相从者。他们各尽才智，著作篇章，分造辞赋，按照内容形式分类，有的称“大山”，有的称“小山”，取与《诗经》中“大雅”“小雅”相对应之意。这些文士多不留名，将自己的作品出卖给淮南王，换取的是锦衣美食，这何尝不是稿酬的一种形式呢。

从现有的史料记载来看，入汉以后，作文受谢的形式更趋多样。例如，有以作文直接获赠钱财的，如夏侯胜，字长公，少孤好学，从始昌受《尚

---

① 班固：《汉书》第44卷，《刘安传》，中华书局，1962，第2145页。

② 胡宿：《淮南王》，见《全唐诗》第731卷，中州古籍出版社，2008，第3753页。

③ 班固：《汉书》第36卷，《刘向传》，中华书局，1962，第1928页。

书》及《洪范五行传》，说灾异，“受诏撰《尚书》《论语说》。赐黄金百斤。”① 桓荣，字春卿，沛郡龙亢人，光武帝刘秀曾召见他，“令说《尚书》，甚善之。拜为议郎，赐钱十万。”② 有以作文获赠衣物的，如《西京杂记》记载了这样一个故事，西汉梁孝王刘武曾“游于忘忧之馆，集诸游士，各使为赋”，命枚乘作《柳赋》、路乔如作《鹤赋》、公孙诡作《文鹿赋》、邹阳作《酒赋》、公孙乘作《月赋》、羊胜作《屏风赋》、韩安国作《几赋》。其他人都顺利完成了赋作，惟独韩安国作《几赋》不成，请邹阳代作，于是“邹阳、安国罚酒三升，赐枚乘、路乔如绢，人五匹”③。再如，司马相如，字长卿，蜀郡成都人，曾经有一次，“相如将献赋，未知所为。梦一黄衣翁谓之曰：‘可为《大人赋》。’遂作《大人赋》，言神仙之事以献之。赐锦四匹。”王褒，字子渊，辞赋家。“上令褒与张子侨等并待诏，数从褒等放猎，所幸宫馆，辄为歌颂，第其高下，以差赐帛”④，显然皇帝要对王褒等人的作品评其高下，按等级分别给予赏赐。丁鸿，字孝公，颍川定陵人，“永平十年诏征，鸿至即召见，说《文侯之命篇》。赐御衣及绶，禀食公车，与博士同礼。”⑤ 贾逵，字景伯，扶风平陵人。肃宗时降意儒术，特好《古文尚书》和《左氏传》，贾逵乃上书说《左氏传》，及“书奏，帝嘉之，赐布五百匹，衣一袭，令逵自选《公羊》严、颜诸生高才者二十人，教以《左氏》，与简纸经传各一通”⑥。有以诗文而晋升官职的，如东方朔，字曼倩，好诙谐，但颇有才能，著有《封泰山》《责和氏璧》及《皇太子生禖》《屏风》《殿上柏柱》《平乐观赋猎》等，曾因奏上《泰阶六符》一书，“上乃拜朔为太中大夫给事中，赐黄金百斤。”⑦ 甚至有以诗文代缴酒钱的，如东汉著名书法家师宜官是可考的最早题壁诗作者之一，有一次他去酒馆喝酒忘了带钱，“因书其壁，顾观者以酬酒，讨钱足而灭之”⑧。他向题壁诗的读者收取“稿费”是为了偿还酒债。从以上所举例子来看，我们不难发现，那个时候的人们从事著述的动机是比较单纯的，通过著述活动获得各种实际的物质利益是相对被动的。

---

① 班固：《汉书》第75卷，《夏侯胜传》，中华书局，1962，第3159页。
② 范晔：《后汉书》第37卷，《桓荣传》，中华书局，1965，第1250页。
③ 刘歆撰，葛洪辑《西京杂记》第4卷，《梁孝王忘忧馆时豪七赋》，见《汉魏六朝笔记小说大观》，上海古籍出版社，1999，第105页。
④ 班固：《汉书》第64卷下，《王褒传》，中华书局，1962，第2829页。
⑤ 范晔：《后汉书》第37卷，《丁鸿传》，中华书局，1965，第1264页。
⑥ 范晔：《后汉书》第36卷，《贾逵传》，中华书局，1965，第1239页。
⑦ 班固：《汉书》第65卷，《东方朔传》，中华书局，1962，第2851页。
⑧ 房玄龄：《晋书》第36卷，《卫恒传》，中华书局，1974，第1064页。

如果说，以上所举作文受谢的例子，主人公大多处于被动接受的状态，那么东汉的蔡邕则完全是另一种姿态了。蔡邕，字伯喈，陈留圉（今河南杞县）人，东汉著名的文学家兼书法家，尤长于篆隶，且擅撰碑文。刘勰认为："自后汉以来，碑碣云起。才锋所断，莫高蔡邕。观杨赐之碑，骨鲠训典，陈郭二文，句无择言。周乎众碑，莫非清允。其叙事也，该而要；其缀采也，雅而泽。清词转而不穷，巧义出而卓立，察其为才，自然而至。"① 可见，单从碑文创作来看，其文学水平还是很高的。但蔡邕的碑文确也存在谀墓不实的弊端。他一生"为时贵碑诔之作甚多，如胡广、陈寔各三碑，桥玄、杨赐、胡硕各二碑。至于袁满来年仅十五、胡根年七岁，皆为之作碑。"② 根据《蔡中郎集》的记载，蔡邕共为人撰写碑志铭数十篇，甚至为七岁而夭折的小孩撰写碑文，竟至"得金万计"，时人讥之"谀墓金"。而他所撰写的碑文，多是言过其实的溢美之词和泛泛空言，就连他自己也承认，"吾为碑铭多矣，皆有惭德，唯郭有道无愧色耳"③。写了那么多墓志铭，仅有一篇是问心无愧的。南宋王应麟对此提出了尖锐的批评："蔡邕文，今存九十篇，而铭墓居其半。曰碑，曰铭，曰神诰，曰哀赞，其实一也。自云为《郭有道碑》独无愧辞，则其他可知矣。其颂胡广、黄琼，几于老、韩同传，若继成汉史，岂有南、董之笔。"④ 也许蔡邕替人作碑诔有碍于情面的成分，但其获取物质报酬的动机也不容置疑，难怪顾炎武说他"自非利其润笔，不至为此"⑤。但从现代人的角度来看，蔡邕的做法完全是按照市场需求规律来从事创作的，这预示着汉代文人文章经济意识的初步觉醒。

二 魏晋南北朝的稿酬

与西汉的扬雄严辞拒绝"富人赍钱十万，愿载于书"（见《论衡·佚文》）的要求截然不同，魏晋之际的陈寿则主动推销自己的文章。据《晋书·陈寿传》记载："或云丁仪、丁廙有盛名于魏，寿谓其子曰：'可觅千斛米见与，当为尊公作佳传。'丁不与之，竟不为立传。"⑥ 如果这则记载属实，说明陈寿有着非常强烈的文章经济意识。因为他是先找销路后作文

① 刘勰：《文心雕龙》，《诔碑第十二》，中华书局，1985，第 17 页。

② 顾炎武：《日知录》第 19 卷，《作文润笔》，上海古籍出版社，2006，第 1108 页。

③ 范晔：《后汉书》第 68 卷，《郭太传》，中华书局，1965，第 2227 页。

④ 王应麟：《困学纪闻》第 13 卷，《考史》，辽宁教育出版社，1998，第 266 页。

⑤ 顾炎武：《日知录》第 19 卷，《作文润笔》，上海古籍出版社，2006，第 1108 页。

⑥ 房玄龄：《晋书》第 82 卷，《陈寿传》，中华书局，1974，第 2137 页。

章，交换的目的非常明确，且抱着“优稿优酬”的原则。古时候的一斛为十斗，一斗为十升。当时一升约合今天205毫升①。千斛米堆在一起，体积为20.5立方米，数量可谓惊人。这笔买卖虽然最后没有做成，但从陈寿开价如此之高、胃口如此之大来看，不排除他在别人那里曾成功推销过自己的作品。从现有文献记载来看，魏晋时期的陈寿堪称中国历史上主动明码标价卖文章的第一人。晋代的张华，字茂先，“挺生聪慧，好观秘异图纬之部，捃采天下遗逸，自书契之始，考验神怪，及世间闾里所说，撰《博物志》四百卷，奏于武帝”，晋武帝“即于御前赐青铁砚，此铁是于阗国所出，献而铸为砚也；赐麟角笔，以麟角为笔管，此辽西国所献；赐侧理纸万番，此南越所献。”② 这是通过著述获得实物赏赐的例子。文章之外，书法作品也可赚取报酬。例如，王羲之是我国东晋时期的著名书法家，有“书圣”之誉。他生性爱鹅，认为养鹅不仅可以陶冶情操，还能从鹅的某些体态姿势上领悟到书法执笔、运笔的道理。据《晋书·王羲之传》记载：“会稽有孤居姥养一鹅，善鸣，求市未能得，遂携亲友命驾就观。姥闻羲之将至，烹以待之，羲之叹惜弥日。又山阴有一道士，养好鹅，羲之往观焉，意甚悦，固求市之。道士云：‘为写《道德经》，当举群相赠耳。’羲之欣然写毕，笼鹅而归，甚以为乐。”王羲之以一副《道德经》换得道士一群鹅，物物交换，各取所需。还有一次，王羲之“又尝在山见一老姥，持六角竹扇卖之。羲之书其扇，各为五字。姥初有愠色。因谓姥曰：‘但言是王右军书，以求百钱邪。’姥如其言，人竞买之。”③ 王羲之为了帮助老姥，在其扇面上各题五字，百钱一把仍供不应求。用现在的话讲，王羲之用自己的艺术创作提高了扇子的附加值。

魏晋之际，由于碑文浮夸不实，且耗金甚多，官方开始禁止为人撰写碑铭。咸宁四年（278年），晋武帝诏曰：“此石兽碑表，既私褒美，兴长虚伪，伤财害人，莫大于此，一禁断之。其犯者虽会赦令，皆当毁坏。”④ 义熙中，裴松之也曾上表力陈墓碑之弊，受到官方的重视。因此，传世魏晋文献中关于碑刻的记载非常罕见。到了南北朝时期，南朝由于晋代碑禁的影响，碑刻仍然不多。相比之下，北朝碑刻则日渐增多。北齐天统中，

① 许世德：《我国古代量器和量值是怎样的》，见《中国文化史三百题》，上海古籍出版社，1987，第174页。

② 王嘉：《拾遗记》第9卷，《晋时事》，见《汉魏六朝笔记小说大观》，上海古籍出版社，1999，第554页。

③ 房玄龄：《晋书》第80卷，《王羲之传》，中华书局，1974，第2100页。

④ 沈约：《宋书》第15卷，《礼二》，中华书局，1974，第407页。

袁聿修出任信州刺史，颇有政声，“州民郑播宗等七百余人请为立碑，敛缣布数百匹，托中书侍郎李德林为文，以纪功德。敕许之。”① 这里李德林作文的收入当是稿酬已确凿无疑。惟其受请为文须报皇上恩准，又说明当时收受文酬尚未成大气候。南朝关于书酬的记载见于《南史》。据《南史·王智深传》载：“又敕智深撰《宋纪》，召见芙蓉堂，赐衣服给宅。智深告贫于豫章王，王曰：‘须卿书成，当相论以禄。’”② 豫章王明确告诉王智深赶紧去撰写《宋纪》，等到书成之后就可以“禄”济贫。这里的“禄”自然就是写书的报酬了。南梁的周兴嗣编《千字文》，也得到了皇帝的恩赏。据《尚书故实》记载：“《千字文》，梁周兴嗣编次，而有王右军书者，人皆不晓。其始乃梁武帝教诸王书，令殷铁石于大王书中拓一千字不重者，每字片纸，杂碎无序。武帝召兴嗣，谓曰：‘卿有才思，为我韵之。’兴嗣一夕编缀进上，鬓发皆白，而赏赐甚厚。”③ 又据《南史·丘巨源传》载：“元徽初，桂阳王休范在寻阳，以巨源有笔翰，遣船迎之，饷以钱物。巨源因齐高帝自启，敕板起之，使留都下。桂阳事起，使于中书省撰符檄，事平，除奉朝请。巨源望有封赏，既而不获，乃与尚书令袁粲书自陈，竟不被申。”④ 丘巨源因有文才，在中书省撰“符檄”，本指望撰成之后能有封赏，结果却大失所望，上书“自陈”也无果。显然，这种依靠封赏的稿酬是没有实质保障的，全凭帝王心情一时的好坏而定。

三　隋唐五代的稿酬

如前文所述，隋代首次出现的“润笔”（见《隋书·郑译传》）一词，成为中国古代稿酬最常见的一种雅称。文人作文，以恩赏作为稿酬也是常有的事。如隋朝许善心作《神雀颂》，事成之后，“奏之。高祖甚悦，曰：‘我见神雀，共皇后观之。今旦召公等入，适述此事，善心于座始知，即能成颂。文不加点，笔不停毫，常闻此言，今见其事。’因赐物二百段。”⑤ 隋朝替人撰写墓志也很盛行，既可获得报酬，还可扬名。如“隋文帝子齐王攸薨，僚佐请立碑。帝曰：‘欲求名，一卷史书足矣。若不能，徒为后人作镇石耳。’”⑥

---

① 李百药：《北齐书》第42卷，《袁聿修传》，中华书局，1972，第565页。

② 李延寿：《南史》第72卷，《王智深传》，中华书局，1975，第1771页。

③ 李绰：《尚书故实》，中华书局，1985，第13页。

④ 李延寿：《南史》第72卷，《丘巨源传》，中华书局，1975，第1769页。

⑤ 魏徵等：《隋书》第58卷，《许善心传》，中华书局，1973，第1427页。

⑥ 封演撰，赵贞信注《封氏闻见记校注》第6卷，《碑碣》，中华书局，2005，第57页。

唐代是润笔大为风行的时期，撰文得酬的各种途径，在唐大致臻于齐备。

第一，最大宗的稿酬仍然是作者编撰图书获得的朝廷赏赐。中国古代的图书编撰是与史官制度密切联系在一起的。中国古代的史官制度，一般以为至唐方始定型。其制大抵以起居郎隶门下省，专记帝王与大臣议政情况；又别置史馆于禁中，掌编国史，以他官兼领，命宰臣监修。在史官的职能上，一是明确了史官与历法官的分途。二是强调了记注与撰述分工。一般著作郎、佐郎等主撰述，起居舍人、起居郎等掌起居注。而史馆则以宰相监修国史掌之。史馆据起居注修实录，实录多为编年史。另有宰相所撰《时政记》及史官所撰日历，亦近于实录。三是制定了详细的征集史料办法。其“诸司应送史馆事例”规定，政府各部门及地方官府须将相关事项如天象变异、自然灾害、四裔民族关系、礼乐法令因革、州县废置、官员任免、地方政绩、表彰节义、大臣亡故定谥、诸王朝觐等按月定期报送史馆，为修史提供了足够的资料。唐代是我国古代图书编撰的繁荣期，尤其是太宗、高宗、武则天、玄宗几朝，图书编撰的数量远超唐代后期。就内容而言，四部皆备，其中尤以史书、法典、类书、诗文集为最多。从唐代始，皇帝死后，其继位者必敕史臣为其编修实录，沿为定例。每部书撰修完成之后，撰官奏献朝廷之后通常都会得到封赏。这笔封赏是俸禄之外的收入，其实就是作者获得的稿酬。在史官这个体制之外，以一己之力修书、著书的人也不在少数，只要上献给朝廷，一般也能获得赏赐。有唐一代因撰修图书获得赏赐的事例非常多，笔者翻检《旧唐书》《新唐书》，将这些事例胪列成表（如表 7－1 所示）。

表 7－1　唐代修书获赏赐例

编撰者	书名	赏赐情况	文献出处
李贤等	《后汉书注》	“十二月丙申，皇太子贤上所注《后汉书》，赐物三万段。”	《旧唐书》卷五《高宗本纪下》
崔铉等	《续会要》	“十月，尚书左仆射、门下侍郎、平章事、太清宫使、弘文馆大学士崔铉进《续会要》四十卷，修撰官杨绍复、崔瑑、薛逢、郑言等，赐物有差。”	《旧唐书》卷十八下《宣宗本纪》
裴矩	《西域图记》	“撰《西域图记》三卷，入朝奏之。帝大悦，赐物五百段。”	《旧唐书》卷六三《裴矩传》

续表

编撰者	书名	赏赐情况	文献出处
李　泰	《括地志》	“十五年，泰撰《括地志》功毕，表上之，诏令付秘阁，赐泰物万段。”	《旧唐书》卷七六《濮王泰传》
高士廉 魏徵等	《文思博要》	“（高士廉）又正受诏与魏徵等集文学之士，撰《文思博要》一千二百卷。奏之，赐物千段。”	《旧唐书》卷六五《高士廉传》
令狐德棻	《周史》	“（贞观）十年，以修《周史》赐绢四百匹。”	《旧唐书》卷七三《令狐德棻传》
	《氏族志》	“（贞观）十一年，修《新礼》成，进爵为子。又以撰《氏族志》，赐帛二百匹。”	
	《太宗实录》	“以修贞观十三年以后《实录》功，赐物四百段。”	
房玄龄	《高祖实录》 《太宗实录》	“寻以撰《高祖》《太宗实录》成，降玺书褒美，赐物一千五百段。”	《旧唐书》卷六六《房玄龄传》
岑　羲	《中宗实录》	“及羲监修《中宗实录》，自书其事，睿宗览而大加赏叹，赐物三百段，细马一匹，仍下制书褒美之。”	《旧唐书》卷七十《岑羲传》
王珪等	编定《五礼》	“（贞观）十一年，与诸儒正定《五礼》书成，赐帛三百段，封一子为县男。”	《旧唐书》卷七十《王珪传》
魏　徵	《隋书》等	“徵受诏总加撰定（诸史），多所损益，务存简正。《隋史》序论，皆徵所作。《梁》《陈》《齐》各为总论，时称良史。史成，加左光禄大夫，进封郑国公，赐物二千段。”	《旧唐书》卷七一《魏徵传》
李百药	《北齐书》	“十年，以撰《齐史》成，加散骑常侍，行太子左庶子，赐物四百段。”	《旧唐书》卷七二《李百药传》
姚思廉	《梁书》 《陈书》	“撰成《梁书》五十卷、《陈书》三十卷。魏徵虽裁其总论，其编次笔削，皆思廉之功也，赐彩绢五百段，加通直散骑常侍。”	《旧唐书》卷七三《姚思廉传》

续表

编撰者	书名	赏赐情况	文献出处
颜师古	《汉书注》	“时承乾在东宫，命师古注班固《汉书》，解释详明，深为学者所重。承乾表上之，太宗令编之秘阁，赐师古物二百段、良马一匹。”	《旧唐书》卷七三《颜师古传》
		“与撰《五礼》成，进爵为子。又为太子承乾注班固《汉书》上之，赐物二百段、良马一。”	《新唐书》卷一九八《颜师古传》
顾　胤	《太宗实录》《国史》	“撰《太宗实录》二十卷成，以功加朝散大夫，授弘文馆学士。以撰武德、贞观两朝《国史》八十卷成，加朝请大夫，封余杭县男，赐帛五百段。”	《旧唐书》卷七三《顾胤传》
孔颖达	《五礼》	“又与魏徵撰成《隋史》，加位散骑常侍。十一年，又与朝贤修定《五礼》，所有疑滞，咸谘决之。书成，进爵为子，赐物三百段。”	《旧唐书》卷七三《孔颖达传》
于志宁	《谏苑》	“志宁以承乾数亏礼度，志在匡救，撰《谏苑》二十卷讽之，太宗大悦，赐黄金十斤、绢三百匹。”	《旧唐书》卷七八《于志宁传》
傅仁均	《戊寅元历》	“经数月，历成奏上，号曰《戊寅元历》，高祖善之。武德元年七月，诏颁新历，授仁均员外散骑常侍，赐物二百段。”	《旧唐书》卷七九《傅仁均传》
上官仪	《晋书》	“俄又预撰《晋书》成，转起居郎，加级赐帛。”	《旧唐书》卷八十《上官仪传》
来　济	《国史》	“（永徽）五年，加银青光禄大夫，以修《国史》功封南阳县男，赐物七百段。”	《旧唐书》卷八十《来济传》
孙处约	《太宗实录》	“处约以预修《太宗实录》成，赐物七百段。”	《旧唐书》卷八一《孙处约传》
许敬宗	《武德实录》《贞观实录》	“（贞观）十七年，以修《武德》《贞观实录》成，封高阳县男，赐物八百段。”	《旧唐书》卷八二《许敬宗传》
许敬宗 许圉师 上官仪 杨思俭等	《瑶山玉彩》	“龙朔元年，命中书令、太子宾客许敬宗，侍中兼太子右庶子许圉师，中书侍郎上官仪，太子中舍人杨思俭等于文思殿博采古今文集，摘其英词丽句，以类相从，勒成五百卷，名曰《瑶山玉彩》，表上之。制赐物三万段。”	《旧唐书》卷八二《李弘传》

续表

编撰者	书名	赏赐情况	文献出处
李义府	《承华箴》	“义府尝献《承华箴》……太子表上其文，优诏赐帛四十匹，又令预撰《晋书》。”	《旧唐书》卷八二《李义府传》
韦承庆	《谕善箴》	“又尝为《谕善箴》以献太子，太子善之，赐物甚厚。”	《旧唐书》卷八八《韦承庆传》
裴光庭	《瑶山往则》《维城前轨》	“光庭乃撰《瑶山往则》及《维城前轨》各一卷，上表献之，手制褒美，赐绢五百匹。”	《旧唐书》卷八四《裴光庭传》
张文琮	《太宗文皇帝颂》	“永徽初，表献《太宗文皇帝颂》，优制褒美，赐绢百匹。”	《旧唐书》卷八五《张文琮传》
无名氏	诗赋若干	“（韦嗣立）尝于骊山构营别业，中宗亲往幸焉，自制诗序，令从官赋诗，赐绢二千匹。”	《旧唐书》卷八八《韦嗣立传》
萧至忠	《姓族系录》	“至忠与窦怀贞、魏知古、崔湜、陆象先、柳冲、徐坚、刘子玄等撰成《姓族系录》二百有卷，有制加爵赐物各有差。”	《旧唐书》卷九二《萧至忠传》
崔　融	《则天实录》	“神龙二年，以预修《则天实录》成，封清河县子，赐物五百段，玺书褒美。”	《旧唐书》卷九四《崔融传》
		“以修《武后实录》劳，封清河县子。”	《新唐书》卷一一四《崔融传》
崔仁师	《清暑赋》	“（帝）幸翠微宫。上《清暑赋》以讽。帝称善，赐帛五十段。”	《新唐书》卷九九《崔仁师传》
褚无量	《翼善记》	“尝撰《翼善记》以进之，皇太子降书嘉劳，赉绢四十匹。”	《旧唐书》卷一〇二《褚无量传》
贾　耽	《海内华夷图》及《古今郡国县道四夷述》	“至十七年，又撰成《海内华夷图》及《古今郡国县道四夷述》四十卷，表献之……赐锦采二百匹、袍段六、锦帐二、银瓶盘各一、银柜二、马一匹，进封魏国公。”	《旧唐书》卷一三八《贾耽传》
穆元休	《洪范外传》	“父元休，以文学著，撰《洪范外传》十篇，开元中献之，玄宗赐帛，授偃师县丞、安阳令。”	《旧唐书》卷一五五《穆宁传》

续表

编撰者	书名	赏赐情况	文献出处
薛怀义 法　明	《大云经》	“怀义与法明等造《大云经》，陈符命，言则天是弥勒下生，作阎浮提主，唐氏合微。故则天革命称周，怀义与法明等九人并封县公，赐物有差，皆赐紫袈裟、银龟袋。”	《旧唐书》卷一八三《薛怀义传》
陆德明	《经典释文》	“撰《经典释文》三十卷、《老子疏》十五卷、《易疏》二十卷，并行于世。太宗后尝阅德明《经典释文》，甚嘉之，赐其家束帛二百段。”	《旧唐书》卷一八九上《陆德明传》
敬　播 许敬宗	《高祖实录》 《太宗实录》	“与给事中许敬宗撰《高祖、太宗实录》，自创业至于贞观十四年，凡四十卷，奏之，赐物五百段。”	《旧唐书》卷一八九上《敬播传》
李　善	《文选注》	“尝注解《文选》，分为六十卷，表上之，赐绢一百二十匹，诏藏于秘阁。”	《旧唐书》卷一八九上《李善传》
柳　冲	《系录》	“开元二年，又敕冲及著作郎薛南金刊定《系录》，奏上，赐绢百匹。”	《旧唐书》卷一八九下《柳冲传》
许景先	《大像阁赋》	“景先诣阙献《大像阁赋》，词甚美丽，擢拜左拾遗。累迁给事中。开元初，每年赐射，节级赐物。”	《旧唐书》卷一九〇中《许景先传》
员半千	《明堂新礼》 《封禅四坛碑》	“半千因撰《明堂新礼》三卷，上之。则天封中岳，半千又撰《封禅四坛碑》十二首以进，则天称善。前后赐绢千余匹。”	《旧唐书》卷一九〇中《员半千传》
谢　偃	《述圣》	“授偃使赋。偃缘帝指，名篇曰《述圣》，帝悦，赐帛数十。”	《新唐书》卷二〇一《谢偃传》

从表7-1可以看出，唐代以绢帛赏赐著书者的做法非常盛行，几成通例。而在我国货币史上，“唐代可以称为一个‘钱帛兼行时期’。在这个时期，绢帛也‘当作流通手段发生机能’，成了‘货币商品’，和铜钱同时流通。这种状况，用唐人的成语来说，就叫做‘钱帛兼行’。”[①] 可见，绢帛在当时是作为一种特殊的货币来流通的，因此不能把这种赏赐看做一种单纯的物资补偿，而是带有货币奖励的性质。

① 李埏：《略论唐代的“钱帛兼行”》，《历史研究》1964年第1期，第169-190页。

第二，作者撰写碑铭获得的稿酬。唐代承北朝遗风，墓志繁兴，石刻中为数最多的就是墓志铭。为先人树碑立传，并延请当时文章高手撰作碑志，成了所有孝子贤孙们的共同心愿。中唐以后，立碑之风尤其盛行，场合无论公私，阶层无论僧俗，事情无论大小，常立碑铭文，以冀传之久远。据唐封演《封氏闻见录》载："今近代碑稍众，有力之家，多辇金帛以祈作者，罹人子罔极之心，顺情虚饰，遂成风俗。"① 这种风俗愈演愈烈，竟至于有的大官家里才死了人，门口就挤满了争着写碑铭的人，闹哄哄地像菜市场一样。据《唐国史补》载："长安中，争为碑志，若市贾然。大官薨卒，造其门如市，至有喧竞构致，不由丧家。"② 而所写的碑文，往往阿谀奉承，极尽溢美之词。对此，白居易在《秦中吟十首·立碑》中讽刺道：

> 勋德既下衰，文章亦陵夷。但见山中石，立作路旁碑。铭勋悉太公，叙德皆仲尼。复以多为贵，千言直万赀。为文彼何人？想见下笔时。但欲愚者悦，不思贤者嗤。岂独贤者嗤，仍传后代疑。古石苍苔字，安知是愧词！③

唐代的韩愈、皇甫湜、李邕、张鷟、柳公权堪称是售卖碑文最成功人士的代表。其中作为唐宋八大家之首的韩愈，尤为引人注目。他号称"文起八代之衰"，名头最响，因而找他替亲友写碑文的人也最多，可这并不妨碍他收取高价的润笔费。据刘禹锡为他写的《祭韩吏部文》称，他所写"公鼎侯碑，志隧表阡，一字之价，辇金如山"④。他的稿酬标准高到什么程度呢？唐宪宗平定淮西藩镇吴元济之乱后，为勒石记功，特诏韩愈作《平淮西碑》，宪宗将石本颁赐有功人员，其中有个叫韩弘的将军得到碑文后，赠绢五百匹给韩愈以示感谢。宪宗的国舅王用死后，韩愈为之作碑文，得到王用儿子赠予的白马一匹、白玉腰带一条。五百匹绢的购买力有多少呢？唐国子博士李翱在《疏改税法》一文中说："臣以为自建中元年初定两税，至今四十年矣。当时绢一匹为钱四千，米一斗为钱二百。税户之输十千者，为绢二匹半而足矣。今税额如故，而粟帛日贱，钱益加重。绢一

---

① 封演撰，赵贞信注《封氏闻见记校注》第6卷，《碑碣》，中华书局，2005，第57页。

② 李肇：《唐国史补》卷中，上海古籍出版社，1979，第41页。

③ 白居易：《秦中吟十首》，《立碑》，见《全唐诗》第425卷，中州古籍出版社，2008，第2138页。

④ 刘禹锡著《瞿蜕园笺证》，《刘禹锡集笺证》，《外集》第10卷，《祭韩吏部文》，上海古籍出版社，1989，第1537页。

匹价不过八百，米一斗不过五十。”① 建中元年为公元780年，四十年之后为公元820年，正是唐宪宗元和十五年。当时一匹绢值800钱，一斗米不过50钱，换句话说，一匹绢可以买米16斗，而唐朝量器，当时一斗米约有13斤②。韩愈作《平淮西碑》获得500匹绢的稿酬，可以买米8000斗，即104000斤。按时下一斤大米2元的市价计算，韩愈的稿费折合成现在的人民币约为208000元。而这篇《平淮西碑》有多少字呢？1468字。平均每个字的稿酬约为141.7元人民币。“一字之价，辇金如山”，诚不诬也。当时有个叫刘乂的人，任侠能诗，慕名投奔韩愈门下，“后以争语不能下宾客，因持愈金数斤去，曰：‘此谀墓中人得耳，不若与刘君为寿。’愈不能止，归齐、鲁，不知所终。”③ 可见，刘乂看不惯韩愈为死人歌功颂德捞取稿费的作为。

但韩愈的稿费在唐代还不是最高的，更高者另有其人，那就是韩愈的门生皇甫湜。皇甫湜，字持正，睦州新安人，也是位才华横溢的文士。他给人家写碑铭，润笔银不到位是不肯交稿的，且漫天要价毫无愧色。《唐阙史》记载了这样一件事情：

> （裴）公讨淮西日，恩赐巨万，贮于集贤私第，公信浮屠教，且曰：“燎原之火，漂杵之诛，其无玉石俱焚者乎？”因尽舍讨叛所得，再修福先佛寺。危楼飞阁，琼砌璇题，就有日矣。将致书于秘监白乐天，请为刻珉之词。值正郎在座，忽发怒曰：“近舍某而远征白，信获戾于门下矣。且某之文，方白之作，自谓瑶琴宝瑟，而比之桑间濮上之音也。然何门不可以曳长裾，某自此请。”长揖而退。座客旁观，靡不股栗。公婉词敬谢之，且曰：“初不敢以仰烦长者，虑为大手笔见拒。是所愿也，非敢望也。”正郎赩怒稍解，则请斗醖而归。至家，独饮其半，寝酣数刻，呕哕而兴，乘醉挥毫，黄绢立就。又明日，洁本以献，文思古謇，字复怪僻。公寻绎久之，目瞪舌涩，不能分其句。读毕叹曰：“木元虚、郭景纯《江》《海》之流也。”因以宝车名马、缯彩器玩约千余缗，置书，命小将就第酬之。正郎省札大忿，掷书于地，叱小将曰：“寄谢侍中，何相待之薄也！某之文，非常流之文也，曾与顾况为集序外，未尝造次许人。今者请制此碑，盖受恩深厚尔。其辞约三千余字，每字三匹绢，更减五分钱不得。”小校既恐且怒，

① 李翱：《李文公集》第9卷，《疏改税法》，上海古籍出版社，1993，第45页。

② 丘光明：《中国历代度量衡考》，科学出版社，1992，第259页。

③ 欧阳修：《新唐书》第176卷，《刘乂传》，中华书局，1975，第5266页。

跃马而归。公门下之僚属列校，咸扼腕切齿，思脔其肉。公闻之笑曰："真命世不羁之才也。"立遣依数酬之。①

当时的宰相裴度（字中立，河东闻喜人，中唐名相）用征讨淮西获得的恩赏钱修福先寺，事成之后准备延请白居易写碑文。时在裴度门下任判官的皇甫湜知道这件事后非常生气，卷起铺盖就要走人，说裴度太小看自己，居然舍近求远。裴度也不好硬驳他面子，只好请他写。而皇甫湜一提笔洋洋洒洒就是三千余字。裴度遣人随信给他送去"宝车名马、缯彩器玩约千余缗"作为润笔。皇甫湜却嫌少，愤然将信掷在地上，提出一个字三匹绢，少一分一毫也不行。亏得裴度宰相肚里能撑船，竟依数付给。韩愈1468个字得绢500匹，平均每个字才0.34匹。皇甫湜的稿酬差不多是韩愈的十倍，真是青出于蓝而胜于蓝。从这则故事还透露出，皇甫湜这样做并不是第一次了，因为他之前"曾与顾况为集序"，但他自视甚重，"未尝造次许人"。这也算是文人的另类清高吧，要不然他早成为亿万富豪了。不过，后来也有人对皇甫湜是否拿过这么高的稿酬持怀疑态度，如明人朱国祯就说："文之长短疏密，各有体制。皇甫湜为裴度作《福先寺碑》，至三千言，其冗长亦已甚矣。事未必真，盖后人欲夸润笔之多，而曰'字三缣，何遇我薄'。则其态可知已。凡读古事，当以时论以理推。"② 这也算一家之言吧。

李邕（其父李善，曾为《文选》作注），字泰和，江都人，初为谏官，开元中历汲郡、北海太守，时称李北海。他工诗善书，碑颂之词尤精。其行文笔力雄劲，气度舒缓，纵横开合，风采动人。据《旧唐书·李邕传》载："初，邕早擅才名，尤长碑颂。虽贬职在外，中朝衣冠及天下寺观，多赍持金帛，往求其文。前后所制，凡数百首。受纳馈遗，亦至钜万。时议以为自古鬻文获财，未有如邕者。"③ 官绅及寺观排着队等他写文章的大有人在，着实令一般文士羡慕不已，不由得发出"自古鬻文获财，未有如邕者"的感慨。对此，大诗人杜甫在《赠秘书监江夏李公邕》中也有过描述："干谒走其门，碑版照四裔。各满深望还，森然起凡例。"④ 不过李邕

① 高彦休：《唐阙史》卷上，《裴晋公大度》，见《唐五代笔记小说大观（下）》，上海古籍出版社，2000，第1331页。

② 朱国祯：《涌幢小品》第18卷，《文冗长》，中华书局，1959，第410页。

③ 刘昫：《旧唐书》第190卷中，《李邕传》，中华书局，1975，第5043页。

④ 杜甫：《八哀诗》，《赠秘书监江夏李公邕》，见《全唐诗》第222卷，中州古籍出版社，2008，第1083页。

确是贤吏，文才与人品双璧。他曾协助直臣宋璟弹劾武则天的男宠张昌宗兄弟，为匡复李唐天下舍命伸张正义，时人慕其声名，所获润笔丰厚也就顺理成章了。

张鷟，字文成，聪警绝伦，书无不览，授长安尉，迁鸿胪丞，文章天下无双。员外郎员半千这样评价他："张子之文如青钱，万简万中，未闻退时。"时流重之，故有"青钱学士"之美誉。《旧唐书·张荐传》载："鷟下笔敏速，著述尤多，言颇诙谐。是时天下知名，无贤不肖，皆记诵其文。天后朝，中使马仙童陷默啜，默啜谓仙童曰：'张文成在否？'曰：'近自御史贬官。'默啜曰：'国有此人而不用，汉无能为也。'新罗、日本东夷诸蕃，尤重其文，每遣使入朝，必重出金贝以购其文，其才名远播如此。"[①] 连新罗、日本等国的使者来华时都慕其名，出高价买他的文章。张鷟将文章卖到了国外，他所得的润笔费想必也不菲。

唐代著名书法家柳公权替人撰书碑文，所得稿费也颇为丰厚。据《旧唐书·柳公权传》载："公权初学王书，遍阅近代笔法，体势劲媚，自成一家。当时公卿大臣家碑板，不得公权手笔者，人以为不孝。外夷入贡，皆别署货贝，曰此购柳书。"由于他的名声在外，求书者络绎不绝，以至于社会上形成了一种风气，谁家老人去世如果不请柳公权书写碑文，大家都会骂他为不孝子孙。海外公使来华者，也都要专门准备一笔钱买他的书法作品。在这种社会氛围下，柳公权想不发家致富都难了。可"公权志耽书学，不能治生，为勋戚家碑板，问遗岁时巨万，多为主藏竖海鸥、龙安所窃"[②]。柳公权虽然稿费"巨万"，但他本人并不看重金钱，多为"主藏竖"偷去。"唐初四杰"之一的王勃，因为能文，"请者甚多，金帛盈积，心织而衣，笔耕而食"[③] 所谓"心织""笔耕"，即替人撰写碑文。著名诗人王维的弟弟王缙也替人写了不少碑文，"有送润笔者，误致王右丞院。右丞曰：'大作家在那边！'"[④] 王维言语中有嘲讽之意，可见他对弟弟谀墓中人的做法不是很满意。李华，字遐叔，赞皇人，"晚事浮图法，不甚著书，惟天下士大夫家传、墓版及州县碑颂，时时赍金帛往请，乃强为应。"[⑤] 唐代还有一个叫段维的人，经历颇为奇特，"年及强仕，殊不知书；一旦自悟其非，闻中条山书生渊薮，因往请益。众以年长犹未发蒙，不与

① 刘昫：《旧唐书》第149卷，《张荐传》，中华书局，1975，第4024页。

② 刘昫：《旧唐书》第165卷，《柳公权传》，中华书局，1975，第4312页。

③ 辛文房撰，周本淳校正《唐才子传校正》第1卷，江苏古籍出版社，1987，第6页。

④ 王谠撰，周勋初校《唐语林校证》第5卷，《补遗》，中华书局，1987，第486页。

⑤ 欧阳修：《新唐书》第203卷，《李华传》，中华书局，1975，第5773页。

授经。或曰，以律诗百余篇，俾其讽诵。翌日维悉能强记，诸生异之。复受八韵一轴，维诵之如初，因授之《孝经》。自是未半载，维博览经籍，下笔成文，于是请下山求书粮。至蒲陕间，遇一前资郡牧即世，请维志其墓。维立成数百言，有燕许风骨，厚获濡润。"① 大器晚成的段维下山赚的第一笔钱，就是替人撰写墓志获得的稿费。唐代诗人杜牧奉圣旨撰《韦丹遗爱碑》，也曾得到江西观察使纥干泉给的润笔费彩绢300匹。诗人白居易为元稹生前挚友，元稹去世后，白居易为其撰写了墓志铭。元氏家人为表示感谢，赠以大量财物作润笔。据白居易《修香山寺记》云："予早与故元相国微之定交于生死之间，冥心于因果之际。去年秋，微之将薨，以墓志文见托。既而元氏之老，状其臧获（臧获：古代对奴婢的贱称）、舆马、绫帛、洎银鞍、玉带之物，价当六七十万，为谢文之贽，来致于予。予念平生，分文不当辞，贽不当纳。自秦至洛，往返再三，讫不得已，回施兹寺。"② 元稹生前和裴度同时拜相，后出任同州刺史、越州刺史兼浙东观察史，居高官多年，富庶一方。其家人出手之阔绰，时人为之砸舌。但白居易坚辞不受，将此润笔银用于佛礼，修了一座"香山寺"。"香山居士"即得名于此。

第三，作者通过书画创作获得稿酬。隋唐时，求人字画也是要付出高昂的稿费的。如有的书法家按字论价。据刘餗《隋唐嘉话》载："褚遂良问虞监曰：'某书何如永师？'曰：'闻彼一字，直钱五万。官岂得若此？'"③ 这里的"永师"，指的是智永法师。他俗姓王，隋会稽人，相传是晋代著名书法家王羲之的第七世孙。李绰《尚书故实》称："右军孙智永禅师，自临八百本（《千字文》）散与人间，诸寺各留一本。永往住吴兴永福寺，积年学书，秃笔头十瓮，每瓮皆数石。人来觅书并请题头者如市，所居户限为之穿穴，乃用铁叶裹之，人谓为'铁门限'。"④ 求书之人多到把永福寺的门槛都踏烂了，难怪他的字每个"直钱五万"。裴行俭，字守约，高宗时官至礼部尚书，兼检校右卫大将军。其人文武全才，既是唐代著名的儒将，也是一代书法大家，擅长草隶，与虞世南、褚遂良齐名。高宗曾经以白绢让他写《文选》，完成后，高宗爱不释手，给了他一大笔稿费。事见《旧唐书・裴行俭传》："高宗以行俭工于草书，尝以绢素百卷，

---

① 王定保：《唐摭言》第10卷，《海叙不遇》，上海古籍出版社，1978，第112页。

② 白居易：《白氏长庆集》第68卷，《修香山寺记》，清文渊阁四库全书本。

③ 刘餗：《隋唐嘉话》卷中，中华书局，1979：27。

④ 李绰：《尚书故实》，中华书局，1985，第13页。

令行俭草书《文选》一部，帝览之称善，赐帛五百段。”① 阎立本，绘画世家出身，是初唐著名的画家。刘餗《隋唐嘉话》说：“阎立本家代善画。至荆州，视张僧繇旧迹，曰：‘定虚得名耳。’明日又往，曰：‘犹是近代佳手。’明日更往，曰：‘名下定无虚士。’坐卧观之，留宿其下，十日不能去。张僧繇始作《醉僧图》，道士每以嘲僧。群僧于是聚钱数十万，贸阎立本作《醉道士图》。今并传于代。”② 这则记载告诉我们，当时是可以向画家预订作品的。作一副《醉道士图》，就得钱数十万，收入确实丰厚。唐人韩幹善画马，有一次他正闲居，“忽有一人朱衣玄冠而至。幹问曰：‘何得及此?’对曰：‘我鬼使也，闻君善图良马，愿赐一匹。’立画焚之。数日出，有人揖而谢：‘蒙惠骏足，免为山川跋涉之苦。亦有以酬效。’明日有人送索缣百匹，不知其来，幹取用之。”③ 这虽然是荒诞不经的神鬼传说，但它毕竟是现实社会生活的反映，说明唐代求画付给作者润笔费是一件非常普遍的事情。

第四，是文人间宴饮即席赋诗唱和得酬。唐人胡楚宾，字不详，宣州秋浦人。自殷王文学拜右史，与元万顷等被召入禁中，专任修撰，前后参与修撰《列女传》《臣轨》《百僚新诫》《乐书》等凡千余卷。他文思敏捷，当时的民谣有“前有胡楚宾，后有李翰林。词同三峡水，字值万黄金”（见《池州府志》）之说。《旧唐书·文苑传中》称他：“属文敏速，每饮半酣而后操笔。高宗每令作文，必以金银杯盛酒令饮，便以杯赐之。楚宾终日酣宴，家无所藏，费尽复入待诏，得赐又出。”④ 从他“费尽复入待诏，得赐又出”的生活规律来看，胡楚宾完全把写文章当做一种谋生的手段了。李肇《唐国史补》载：“郭暧，昇平公主驸马也。盛集文士，即席赋诗，公主帷而观之。李端中宴诗成，有荀令、何郎之句，众称妙绝，或谓宿构。端曰：‘愿赋一韵。’钱起曰：‘请以起姓为韵。’复有金埒、铜山之句。暧大喜，出名马金帛遗之。”⑤ 李端、钱起等文士在驸马府宴饮赋诗，也是能得到酬谢的。

第五，抄写或刻印自己的诗文直接售卖以获得稿酬。唐末诗人李梦符喜欢钓鱼，常在市肆向人们兜售自己所作的《渔父引》词。据《全唐诗》卷八六一载：“李梦符，开平初人。在洪州日，与布衣饮酒狂吟。尝以钓竿

---

① 刘昫：《旧唐书》第84卷，《裴行俭传》，中华书局，1975，第2802页。
② 刘餗：《隋唐嘉话》卷中，中华书局，1979，第22页。
③ 钱易：《南部新书》，中华书局，2002，第171页。
④ 刘昫：《旧唐书》第190卷中，《文苑中》，中华书局，1975，第5011页。
⑤ 李肇：《唐国史补》卷上，上海古籍出版社，1979，第21页。

悬一鱼，向市肆唱《渔父引》，卖其词。好事者争买之。得钱，便入酒家。”[①] 从记载来看，李梦符推销自己的作品很有策略。首先他以钓竿为道具，扮成渔夫的模样，配合了《渔父引》的内容；其次是以吟唱表演的方式，吸引“好事者”的注意力。“好事者争买之”，说明李梦符的诗作销路很好。李梦符以颇似现代“行为艺术”的方式为自己的诗歌做了很好的宣传，为自己赚得了买酒钱。从李梦符善于营销策划来看，他很可能事先就抄写或刻印好了自己的作品，以备不时之需。不过，唐代文人亲自出面售卖自己作品的例子仅见此一例，说明以这种方式获得稿酬在当时还不是很普遍。这可能与古代文人耻于言商和经商的观念有关。

以上五种途径是隋唐时期文人获得稿酬的主要方式，但并不排除还有其他方式获得文酬。例如，唐范摅《云溪友议》记载：“李博士涉，谏议渤海之兄，尝适九江看牧弟。临袂，凡有囊装，悉分匡庐隐士，唯书籍薪米存焉。至浣口之西，忽逢大风，鼓其征帆，数十人皆驰兵仗，而问是何人。从者曰：‘李博士船也。’其间豪首曰：‘若是李博士，吾辈不须剽他金帛。自闻诗名日久，但希一篇，金帛非贵也。’李乃赠一绝句。豪首饯赂且厚，李亦不敢却。”[②] 李涉路遇强盗，强盗的首领久闻李涉的诗名，不抢金帛，但求一诗，完了还厚给钱财。连强盗也知道付润笔费，说明唐人的稿酬意识非常普及。唐代也有因为撰书而升官的，这可看做一种变相的文酬，如岑文本，“又先与令狐德棻撰《周史》，其史论多出于文本。至十年史成，封江陵县子。”[③] 另外，校对和誊写也是要计稿酬的。据《旧唐书·崔行功传》载：“先是，太宗命秘书监魏徵写四部群书，将进内贮库，别置雠校二十人、书手一百人，徵改职之后，令虞世南、颜师古等续其事，至高宗初，其功未毕。显庆中，罢雠校及御书手，令工书人缮写，计直酬佣，择散官随番雠校。”[④] 可见，在七世纪中叶，校对、誊写也是以字计值的。显庆中，只是把人员的固定性改为临时性的罢了。

唐代文人对待稿酬的态度也是截然不同的，大致可以分为以下三种类型。

第一，刻意追逐润笔，惟利是图。这一类型的文人主要以下层文人为主。前文论及《唐国史补》所载，长安城内每有大官去世，其家门口“争为碑志”的人门庭若市，“至有喧竞构致，不由丧家”。毫无疑问，这些人

① 彭定求等编《全唐诗》第861卷，《李梦符》，中州古籍出版社，2008，第4345页。

② 范摅：《云溪友议》卷下，《江客仁》，古典文学出版社，1957，第61页。

③ 刘昫：《旧唐书》第70卷，《岑文本传》，中华书局，1975，第2536页。

④ 刘昫：《旧唐书》第190卷上，《崔行功传》，中华书局，1975，第4996页。

都是卖文逐利之徒。当然，上层文人中也不乏这类人，前文所述的皇甫湜就是他们的代表。兹再举两例。蒋乂，字德源，常州义兴人，开元中任弘文馆学士。据《唐国史补》载："蒋乂撰《宰臣录》，每拜一相，旬月必献一卷，故得物议所嗤。"又载："王仲舒为郎中，与马逢有善，每责逢曰：'贫不可堪，何不求碑志见救？'逢笑曰：'适有人走马呼医，立可待否？'"① 为了救穷，竟然盼着死人，好撰写碑志赚钱，实在过分。王仲舒和马逢之间看似玩笑的对话，透露了他们在润笔问题上的态度。

第二，不刻意求之，但对于自己正当劳动所得的润笔，也绝不排斥，甚至据理力争。唐代文人中，以此类型居多，且各个阶层的人士都有。如李凝古，"执事中损之子，冲幼聪敏绝伦，工为燕许体文……凝古辞学精敏，义理该通，凡数千言，冠绝一时，天下仰风。无何，溥奏诸将各领一麾，凝古获濡润而不之谢，溥因兹减薄。"② "濡润"即润笔，从李凝古"获濡润而不之谢"来看，他认为润笔是自己劳动所得，受之无愧。张嘉贞，蒲州猗氏人，玄宗时曾任中书令（宰相）。后因事罢相，贬定州刺史兼知北平军事。"至州，于恒岳庙中立颂，嘉贞自为其文，乃书于石，其碑用白石为之，素质黑文，甚为奇丽。先是，岳祠为远近祈赛，有钱数百万，嘉贞自以为颂文之功，纳其数万。"张嘉贞为恒岳庙作《北岳恒山祠碑》，作为定州最高长官，他不好意思以官方的名义给自己发稿酬，但他有办法——从恒岳庙的香火钱中取出"数万"，作为润笔费。从《旧唐书·张嘉贞传》来看，"嘉贞虽久历清要，然不立田园。及在定州，所亲有劝植田业者，嘉贞曰：'吾忝历官荣，曾任国相，未死之际，岂忧饥馁？若负谴责，虽富田庄，亦无用也。比见朝士广占良田，及身没后，皆为无赖子弟作酒色之资，甚无谓也。'闻者皆叹伏。"③ 可见张嘉贞是一位颇有远见的清官。他居官不贪，却又取香火钱作为自己的稿酬。该是我的我就取之，理直气壮，义无反顾，丝毫不用愧疚。这说明作文取酬在当时是得到社会普遍认可的。诗圣杜甫也颇看重自己应得的稿酬。唐肃宗上元二年（761年），杜甫为避安史之乱，客居成都草堂。唐兴县令王潜修建客馆，请杜甫作文记之。杜甫作《唐兴县客馆记》，文章作成之后交付王潜。可这位县令偏偏是个小气鬼，迟迟不肯付文酬。为催讨稿酬，杜甫接连写了《敬简王明府》和《重简王明府》两首诗给王潜。《敬简王明府》中有"骥病

① 李肇：《唐国史补》卷中，上海古籍出版社，1979，第42页。

② 王定保：《唐摭言》第10卷，《海叙不遇》，上海古籍出版社，1978，第116页。

③ 刘昫：《旧唐书》第99卷，《张嘉贞传》，中华书局，1975，第3093页。

思偏秫，鹰愁怕苦笼。看君用高义，耻与万人同”句，意思是希望对方不要和常人一样，要多付酬资。《重简王明府》又云：“行李须相问，穷愁岂有宽。君听鸿雁响，恐致稻粱难。”[①] 这是明白地告诉对方，自己连下锅的米都快没了，请速付稿酬。须知道，杜甫曾说过“有求常百虑，斯文亦吾病”[②] 的话，是个极讲斯文、爱面子的文人，如果没有文章经济的社会文化背景，他是不会这样向王潜开口索要稿酬的。与杜甫同时代的斛斯融也是一个靠替人写碑志为生的落魄文人，类似今天的职业撰稿人，但他的稿费标准很低，遇到拖欠稿费的就常常衣食无着。为此，他不得不经常上门去追讨稿费。杜甫曾作诗记之曰：“故人南郡去，去索作碑钱。本卖文为活，翻令室倒悬。荆扉深蔓草，土锉冷疏烟。老罢休无赖，归来省醉眠。”[③] 可见，当时像韩愈、李邕这样诗文走俏的人毕竟是极少数，大多数靠卖文为生的人都门庭冷落，难免生活窘迫。陆龟蒙就曾自嘲：“唯我有文无卖处，笔锋销尽墨池荒。”[④] 唐代人重视稿酬的文化习俗的形成，与当时经济富足、文化繁荣的社会背景有密切关系。经济富足为支付丰厚的稿酬提供了经济基础，开放繁荣的文化赋予了唐人个性自由、思想活跃、勇于追求个体人生价值的品质。唐代文人对文章价值尤为看重，杜甫所说的“文章千古事”成为当时文人的共识。总之，重视稿酬的文化习俗是物质文明与精神文明发展到一定程度的产物。一个物质贫瘠的社会，不会产生这种习俗；一个精神麻木的社会，也不会产生这种习俗。

第三，淡泊名利，拒收润笔。有唐一代，这样的人也不在少数，如柳玭、路随、韦贯之、白居易、李德阳等即是。据《北梦琐言》载：“唐柳大夫玭，清廉耿介，不以利回。家世得笔法，盖公权少师之遗妙也。责授泸州牧，礼参东川元戎顾彦朗相公，适遇降德政碑，顾欲濡染以光刊刻。亚台曰：‘恶札固无所吝，若以润笔先赐，即不敢闻命。’相固钦之，书讫，竟不干渎也。”[⑤] 柳玭替顾彦朗写《德政碑》，事先约好不受润笔，这才肯动笔。路随，字南式，阳平人。《唐会要》载：“宝历元年（825 年），路随为翰林学士，有以金帛谢除制者，必叱而却之曰：‘吾以公事接私财

---

① 杜甫：《敬简王明府》，《重简王明府》，见《全唐诗》第 226 卷，中州古籍出版社，2008，第 1121 页。

② 杜甫：《早发》，见《全唐诗》第 223 卷，中州古籍出版社，2008，第 1095 页。

③ 杜甫：《闻斛斯六官未归》，见《全唐诗》第 226 卷，中州古籍出版社，2008，第 1123 页。

④ 陆龟蒙：《顾道士亡弟子奉束帛乞铭于袭美因赋戏赠》，见《全唐诗》第 626 卷，中州古籍出版社，2008，第 3232 页。

⑤ 孙光宪：《北梦琐言》第 12 卷，《柳大夫不受润笔》，中华书局，2002，第 251 页。

邪?’终无所纳。”[①] “除制”，即授官的诏令。唐穆宗时，路随在翰林院负责起草这类公文。有人得授官职后私下给他送润笔费，他一概断然拒绝。这说明唐代以制文受润笔尚未形成制度。官员给翰林学士送润笔费，主要是出于一种人情关系。这与后来的宋代有很大的不同。韦贯之，本名纯，以宪宗庙讳，遂以字称。在他任尚书右丞时，宰相裴均去世，“是时裴均之子，将图不朽，积缣帛万匹，请于韦相，贯之举手曰：‘宁饿死，不苟为此也。’”[②] 像韦贯之这样不逢迎权贵，不贪慕钱财，确实难能可贵。这与他平时一贯的为人有很大关系。据《旧唐书》载：“贯之自布衣至贵位，居室无改易。历重位二十年，苞苴宝玉，不敢到门。性沉厚寡言，与人交，终岁无款曲，未曾伪词以悦人。身殁之后，家无羡财。”[③] “未曾伪词以悦人”就是他不贪慕稿酬的真实写照。大诗人白居易替元稹写墓志铭，其家人“将臧获、舆马、绫帛、洎银鞍、玉带之物，价当六七十万，为谢文之贽”，白居易婉言谢绝，往返再三，不得已受下来，把这笔钱捐给了香山寺。他这是看在老朋友的情分上，重义疏财。道士也有不重润笔的，庐岳道士李德阳即是，“梁世兖州有下猛和尚，聚徒说法，檀施云集，时号‘金刚禅’也。他日物故，建塔树碑。庐岳道士李德阳善欧书，下猛之徒，请书碑志，许奉一千缗。德阳不允，乃曰：‘若以一醉相酬，得以施展。千缗之遗，非所望也。’终不肯书。斯亦近代一高人也。”[④]

承隋唐之遗风，五代作文受润笔费仍很盛行。韩熙载，字叔言，青州人，五代时南唐宰相，颇有文采。据《玉壶清话》载：“韩熙载才名远闻，四方载金帛，求为文章碑表，如李邕焉。俸入赏赉，倍于他等。”[⑤] 南唐后主李煜入宋后，生活困顿，其旧臣徐铉曾以自己的润笔费资助过他。据《钱通》卷十四引《圣宋掇遗》：“徐铉初自南唐入京，市宅以居。岁余，见故主贫甚，铉怜而召之。曰：‘得非售宅，亏价而致是也。余近撰碑，获润笔二百千，可偿尔矣。’其主坚辞不获，亟命左右辇以付之。”[⑥] 围绕着索讨稿费，五代也留了不少趣话。和凝历仕梁、唐、晋五朝，累官为相。一次，其门生李翰代和凝作制文毕，便将恩师旧阁中所藏的图书珍玩收入

① 王溥：《唐会要》第57卷，《翰林院》，中华书局，1955，第982页。

② 李肇：《唐国史补》卷中，上海古籍出版社，1979，第41页。

③ 刘昫：《旧唐书》第158卷，《韦贯之传》，中华书局，1975，第4175页。

④ 孙光宪：《北梦琐言》第12卷，《柳大夫不受润笔（李德阳附）》，中华书局，2002，第251页。

⑤ 释文莹：《玉壶清话》第10卷，中华书局，1984，第104页。

⑥ 胡我琨：《钱通》第14卷，清文渊阁四库全书本。

私囊，并留诗一首："座主登庸归凤阁，门生批诏立鳌头。玉堂旧阁多珍玩，可作西斋润笔不？"① 李翰留诗取财物而去，实际上是变相索要代和凝作制文的稿酬。南唐汤文圭也曾作诗催讨润笔费。"汤文圭，吴人。时李德诚加司空，文圭草麻，（德诚）濡毫之赂不至。汤以诗促之云：'紫殿西头日欲斜，曾草临川上相麻。润笔已曾关奏谢，更飞章句问张华。'时人笑之。"②

四 宋元的稿酬

宋代是一个重文轻武的王朝，历代皇帝都执行"兴文教、抑武事"的政策。宋太祖赵匡胤甚至立下过誓碑，禁止诛戮士大夫及上书言事人。两宋三百余年间，历朝皇帝也确实遵守着这一祖训，极少直接下令处死士大夫和知识分子。生活在这一时代的文人是幸运的，他们享有封建时代知识分子的最高尊严，拿着优厚的俸禄和恩赏，以至于许多士大夫得以家蓄歌伎，过着优裕的声色犬马的生活，故清代史学家赵翼在羡慕之余，发出了"恩逮于百官者，惟恐其不足"③ 的感慨。

宋代文人地位提高的另一个表现就是，润笔作为一种制度被官方确立了下来。据宋人洪遵《翰苑群书》载："草麻润笔，自隋、唐已来皆有之。近朝武臣移镇及大僚除拜，因循多不送遗。先帝以公久在内署，虑经费有阙，特定草麻例物，朝谢日命阁门督之，既得，因以书进呈，自是无敢有阙者，迄今以为定制。"④ 又据沈括《梦溪笔谈》载："内外制凡草制除官，自给谏待制以上，皆有润笔物。太宗时，立润笔钱数，降诏刻石于舍人院。每除官，则移文督之。在院官下至吏人院驺皆分沾。元丰中，改立官制，内外制皆有添给。罢润笔之物。"⑤《续资治通鉴长编》亦载："学士院言：'本院久例，亲王使相公主妃并节度使等除授并加恩，并送润笔钱物。自官制既行，已增请俸。其润笔乞寝罢。'并中书省亦言：'文臣待制、武臣横行副使及遥郡刺史已上除改，自来亦送舍人润笔。乞依学士例罢之。'

① 王士祯原编，郑方坤删补《五代诗话》第2卷，《李翰》，人民文学出版社，1989，第97页。

② 无名氏：《氏族大全》第9卷，《润笔》，清文渊阁四库全书本。

③ 赵翼：《廿二史札记》第25卷，《宋制禄之厚》，中国书店，1987，第331页。

④ 苏耆：《次续翰林志》，见傅璇宗，施纯德编《翰学三书》，辽宁教育出版社，2003，第72页。

⑤ 沈括：《梦溪笔谈》第2卷，《故事二》，岳麓书社，1998，第12页。

并从之。"[①] 从以上记载来看，早期起草制书的官员，自给谏、待制以上都有润笔钱物，宋太宗时甚至以立碑的形式明文规定了润笔制度。只是元丰改制以后，翰林学士、中书舍人和知制诰都增加了薪俸，才取消了润笔钱物。但增加的薪俸，实际上可以看做学士们起草制书的职务稿酬，且更为稳定。

所谓制书，是中国古代社会以皇帝的名义发布的一种下行文书。两宋制书的制度基本上沿袭唐制，但又有所细化。由翰林学士负责起草的关于任免宰相、颁布朝廷大政、批复高级官员的奏章以及外事往来的制书称为"内制"，通常只有带有"知制诰"头衔的学士才有起草内制的权力，如徐度《却扫编》载："韩康公、王荆公之拜相也，王岐公为翰林学士，被召命词。既授旨，神宗因出手札示之曰：'已除卿参知政事矣，国朝以来，因命相而遂用草制学士补其处，如此者甚多，近岁亦时有之，世谓之润笔执政。'"[②] 而由中书舍人院下属的制书案起草的文书称为"外制"，为一般性内容。欧阳修称："近时舍人院草制，有送润笔物稍后时者，必遣院子诣门催索，而当送者往往不送。相承既久，今索者、送者，皆恬然不以为怪也。"[③] 这说明起草制书须付给润笔物已成社会惯例，大家都习以为常。当然，起草制书的词臣一般都是由辞藻华丽的文章高手充任，如"南渡内外制，多出汪内翰彦章之手，脍炙人口。同时有孙仲益、韩子苍、程致道、张焘、朱新仲、徐师川、刘无言，后有三洪兄弟。"[④] 除制书外，请谥也须供给酒食润笔，这也是官方稿酬的一种形式。据《春明退朝录》记载："国朝以来博士为谥，考功覆之，皆得濡润。庆历八年，有言博士以美谥加于人，以利濡润，有同纳赂。有诏不许收所遗，于是旧臣子孙竞来请谥。既而礼院厌其烦，遂奏厘革。嘉祐中，李尚书维家复来请谥，博士吕缙叔引诏以罢之。"[⑤] 《宋史·礼志》也载："国家给谥，一用唐令。然请谥之家，例供尚书省官酒食，撰议官又当有赠遗，故或阙而不请。景祐四年（1037 年），宋绶建议，令官给酒食。其后，又罢赠遗。自此，既葬而请谥

---

① 李焘：《续资治通鉴长编》第 334 卷，中华书局，1986，第 8040 页。

② 徐度：《却扫编》卷上，见《宋元笔记小说大观（四）》，上海古籍出版社，2001，第 4481 页。

③ 欧阳修：《归田录》第 1 卷，中华书局，1981，第 10 页。

④ 陈鹄：《西塘集耆旧续闻》第 6 卷，《三洪汪浮溪词章》，见《宋元笔记小说大观（五）》，上海古籍出版社，2001：4828。

⑤ 宋敏求：《春明退朝录》卷中，中华书局，1980，第 29 页。

者甚众。"[①] 从以上两则记载来看，宋初请谥按规定是要供给酒食或润笔的，只是后来因有的博士为人取谥号时滥用溢美之词，所得润笔如同贿赂的性质一样，最后才被罢止。

宋代词臣润笔费之高，令人艳羡。周密《武林旧事》载："先一日，宣押翰林院学士锁院草册后制词，赐学士润笔金二百两。"[②] 在众多词臣中，杨亿所得润笔是比较多的。据吴曾《能改斋漫录》载："杨文公亿以文章幸于真宗，作内外制，当时辞诰，盖少其比，朝之近臣，凡有除命，愿出其手。俟其当直，即乞降命，故润笔之入，最多于众人。"有一次，杨亿为寇准作拜相麻词，寇准"以为正得我胸中事，例外赠金百两"。可见，这"金百两"是在官方润笔"正例"的基础上另加的。杨亿得润笔太多，恐引起同僚猜忌他为官不廉，"遂乞与同列均分，时遂著为令。"[③] 翰林学士王寓所获稿费也很多，他在《谢赐笔记札》中说："宣和七年八月二十一日，一夕草四制，翌日有中使赍赐上所常御笔砚等十三事：紫青石砚一方、琴光漆螺甸匣一、宣和殿墨二、斑竹笔一、金华笺格一、涂金镇纸天禄二、涂金砚滴虾蟆一、贮粘曲涂金方奁一、镇纸象人二、荐砚紫柏床一。"[④] 但还有得稿费更多的，如绍兴二十四年（1153 年），"时百官多阙，大抵一人兼数职，故凡以进士入官者，皆预考校，独监察御史王纶不入，盖备折号也。内制既阙官，有旨命王纶时暂兼权，适刘婉仪进位贵妃，纶草其制，润笔殆万缗。上称有典诰体，竟至大用。"[⑤] 王纶身兼监察御史与翰林之职，临时受命作刘婉仪进位贵妃制文，没想到深得宋高宗的赏识，竟得润笔万缗（即一万贯）。我们再来比较一下宋代士大夫的俸禄。据王林《燕翼诒谋录》载："国初，士大夫俸入甚微。簿、尉月给三贯五百七十而已，县令不满十千，而三之二又复折支茶、盐、酒等，所入能几何？所幸物价甚廉，粗给细孥，未至冻馁，然艰窘甚矣。景德三年五月丙辰诏：'赤畿知县，已令择人，俸给宜优。'"[⑥] 也就是说，宋初知县的月俸不满十贯，簿尉的月俸只三贯五百七十文，而且三分之二是支付茶盐酒等实物。真宗景德三年（1006 年）以后，官俸才有所增加。赤畿县知县月支现钱二

① 脱脱：《宋史》第 124 卷，《礼志》，中华书局，1977，第 2914 页。

② 周密：《武林旧事》，《册皇后仪》，学苑出版社，2001，第 215 页。

③ 吴曾：《能改斋漫录》第 12 卷，《杨文公辞诰润笔与同列均分》，中华书局，1985，第 317 页。

④ 赵翼：《陔余丛考》第 31 卷，《润笔》，河北人民出版社，2007，第 623 页。

⑤ 周必大：《文忠集》第 180 卷，《察官兼翰林》，清文渊阁四库全书本。

⑥ 王林：《燕翼诒谋录》第 2 卷，《增百官俸》，中华书局，1981，第 13 页。

十贯、米麦共七斛。其他级别的县令则在二十贯以下。而王纶的一篇制文就获得润笔费一万贯，数目可谓惊人。宋代词臣待遇之优还表现在，有的人家里偶尔经济困难，朝廷也能给予格外的关照。例如，赵邻几，字亚之，郓州须城人，“善属文，有名于时。太宗用知制诰，未数旬卒，中使护葬。淳化末，苏易简上言，邻几有子柬之，亦好学，善属文，任北地邑，佐部送刍粟，死塞下，家睢阳。邻几平生多著文，家有遗稿。上遣直史馆钱熙往访之，得《补会昌以来日历》二十六卷，文集三十四卷，所著《鲰子》一卷，《六年帝略》一卷，《史氏懋官志》五卷，及佗书五十余卷来上。皆邻几点窜之迹，令宋州赐其家钱十万。”① 宋代名相李沆，字太初，谥文靖公。他初知制诰时，“太宗知其贫，多负人息钱，曰：‘沆为一制诰，俸入几何？家食不给，岂暇偿逋耶？’特赐钱一百三十万，令偿之。”② 可见，宋代词臣在经济收入方面是能得到相当保障的，这也是对他们职务著述的一种认可。

宋代词臣待遇这么好，但还是有人对所获润笔不满足，想方设法多捞润笔，如周麟之，字茂振，历擢兵部侍郎、给事中、知制诰、翰林学士，据《建炎以来系年要录》载：“殿中侍御史杜莘老言：……麟之剽窃小才，殊无器识，迹其举措，市井不如，世家泰州，因用建康户籍取解中第，乃认故相秦桧父子为乡人，专事阿谀。务其结托，遂从正字遽擢西掖，其进用不正，已见于此。至若主封驳，则因书黄而潜受金瓶；在翰苑，则因草制而多求润笔。”③ 不过，像周麟之这样钻营逐利的知识分子毕竟不是主流，大多数词臣都能按照官方规定的润笔制度来行事，有的甚至还拒收润笔财物。例如，王禹偁，字元之，济州巨野人，著名诗人和散文家，据《宋史》载：“禹偁尝草《李继迁制》，送马五十匹为润笔，禹偁却之。及出滁，闽人郑褒徒步来谒，禹偁爱其儒雅，为买一马。或言买马亏价者。太宗曰：‘彼能却继迁五十马，顾肯亏一马价哉！’”④ 宋太宗根据王禹偁拒收五十匹马为润笔这件事，断定他不会亏欠一匹马的价钱，可谓知人识人。前文提到的杨亿（字大年），历任著作佐郎、知制诰、翰林学士，曾为枢密副使马知节之父全乂撰神道碑，但“润笔一物不受”。马知节向宋真宗奏请：“臣以杨某为先臣撰碑，况词臣润笔，国之常规。乞降圣旨，俾受臣

① 杨亿：《杨文公谈苑》，《赵邻几》，见《宋元笔记小说大观（一）》，上海古籍出版社，2001，第524页

② 释文莹：《玉壶清话》第5卷，中华书局，1984，第52页。

③ 李心传：《建炎以来系年要录》第191卷，上海古籍出版社，1992，第728页。

④ 脱脱：《宋史》第293卷，《王禹偁传》，中华书局，1977，第9795页。

所赠。”宋真宗闻奏后传旨：“润笔卿宜无让。”[①]《宋史·祖无择传》还记载了一个发生在王安石与祖无择之间的故事：“初，词臣作诰命，许受润笔物。王安石与无择同知制诰，安石辞一家所馈不获，义不欲取，置诸院梁上。安石忧，去。无择用为公费，安石闻而恶之。”[②] 王安石将无法拒收的润笔物放在翰林院的房梁上，后因丁忧去职，祖无择便将这笔钱物充作了公款。王安石不明就里，还以为祖无择贪污了这笔钱，从此影响了他对祖无择人品的看法。协助司马光编撰过《资治通鉴》的范祖禹，曾奉敕为宋魏王赵廷美撰写墓志，后收到朝廷“润笔银二百两、绢三百匹”，为此他专门写了《辞润笔札子》递呈朝廷，称：“臣误膺诏委撰述志铭，翰墨微勤，乃其职业，岂可缘公辄受馈遗。伏望圣慈，特降指挥令孝诒寝罢，臣无任悬切之至。”[③] 最终还是辞退了这笔丰厚的润笔费。王珪，字禹玉，四川华阳人，著名文学家，曾任北宋宰相，性宽厚沉稳，为人谦和礼让。有一次，翰林院按所得润笔要均分的惯例，给他送来了一份润笔银。王珪坚辞不受，还随所退银两附上一封奏札，文云：“臣蒙降中使赐宝庆公主加恩润笔银一百两，綵一百匹。学士院故事，凡润笔并与见在院学士均分。缘臣参命二府，理难以当，又当时新学士元绛、杨绘并未到院，所有恩赐，今附中使随札子缴纳。”[④] 还有一次，王珪奉敕撰写进卫王高琼、康王高继勋神道碑，获宋神宗恩赐“银绢各五百两匹，金腰带一条，衣一袭”[⑤]，他仍坚辞不受。南宋也有类似的情况，如周必大为韩彦古之父韩世忠书写神道碑，彦古送“金器二百两充润笔”，周必大觉得“义有未安”而不受，并向宋孝宗上《辞免润笔札子》陈情，结果皇上御笔批复：“依例收受，不须悬辞。”[⑥] 可见奉送与接受润笔确已成为“国之常规”，皇帝只是依例裁决。以上事例也说明，尽管有官方润笔的定规，但仍有部分文人拒收润笔，由此也可以看出儒家价值观对宋代士大夫的深刻影响。

宋代词臣收受润笔，是官方专门为职务写作确立的一种稿酬制度。同时，还有另一种职务创作可以获得朝廷的恩赐，那就是修书、修史。宋代史官制度的发展，逐渐形成了一套相对成熟完备的制度体系，相应的机构包括起居院、时政记房、日历所、史院、会要所、玉牒所、书局等。这些

---

① 文莹：《湘山野录》卷下，中华书局，1984，第59页。

② 脱脱：《宋史》第331卷，《祖无择传》，中华书局，1977，第10659页。

③ 范祖禹：《范太史集》第26卷，《辞润笔札子》，清文渊阁四库全书本。

④ 王珪：《华阳集》第8卷，《免学士院润笔札子》，清文渊阁四库全书本。

⑤ 王珪：《华阳集》第8卷，《免撰高卫王康王碑润笔札子》，清文渊阁四库全书本。

⑥ 周必大：《文忠集》第123卷，《辞免润笔札子》，清文渊阁四库全书本。

机构的设立，基本反映了一个完整的修史过程，包括原始记注材料的生成、档案史料的汇编、史书的撰著等。史官在完成史书的修撰之后，一般可以得到朝廷的赏赐，这实际上也是职务创作获得的稿酬。例如，大中祥符九年（1016年）“二月丁亥，王旦等上《两朝国史》。戊子，加旦守司徒，修史官以下进秩赐物有差。”① 又据周辉《清波杂志》载：“蒲宗孟左丞，因奏书请官属赏。神宗曰：‘所修书谬，无赏。’宗孟又引例，仪鸾司等当赐帛。上以小故未答。右丞王安礼进曰：‘修书谬，仪鸾司恐不预。’上为之笑，赐帛乃得请。”② 蒲宗孟修书质量不高，但讨要赏赐可一点不含糊，这是因为自古修书奖酬，自有定例，宋代也不例外。当然，为官方著述并不一定都是职务范围之内的事，有的也可能是临时受命而作。如有一次，皇子令周孟阳作《让知宗正表》，“每一表饷之金十两。孟阳辞皇子曰：‘此不足为谢，俟得请，方当厚酬耳。’凡十八表，孟阳获千余缗。”③ 徽宗崇宁年间，“初兴书画学。米芾元章为太常博士，奉诏以黄庭小楷作《千文》以献，继以所藏法书名画来，上赐白金十八笏。”④

官方以外，宋代民间润笔之风也非常盛行，其中为人作碑志就是一种重要的形式，且收入不菲。如欧阳修的好朋友陆经，字子履，北宋书法家，“多与人写碑铭，颇得濡润。人有问子履近日所写几何？对曰：‘近日写甚少，总在街上唱道行里。’”⑤ 欧阳修本人替人作碑志，开价也很高。《邵氏闻见后录》载：“某公在章献明肃后垂箔日，密进《唐武氏七庙图》，后怒抵之地曰：‘我不作负祖宗事。’仁皇帝解之曰：‘某欲但为忠耳。’后既上宾，仁皇帝每曰：“某心行不佳。’后竟除平章事。盖仁皇帝盛德大度，不念旧恶故也。自某公死，某公为作碑志，极其称赞，天下无复知其事者矣。某公受润笔帛五千端云。”⑥ 这里受润笔的“某公”即指欧阳修。不过，宋人费衮在读了《邵氏闻见后录》的这段话之后表示不大可信。他说：“予按颍滨《龙川略志》载，进《七庙图》乃程文简也。夫善恶之实，公议不能掩，所谓史官不记，天下亦皆记之矣。然程公墓志、神道碑，皆欧阳公

① 脱脱：《宋史》第8卷，《本纪第八》，中华书局，1977，第159页。

② 周辉撰，刘永翔校《清波杂志校注》第2卷，《修书谬无赏》，中华书局，1994，第46页。

③ 司马光：《涑水记闻》第8卷，见《宋元笔记小说大观（一）》，上海古籍出版社，2001，第860页。

④ 张邦基：《墨庄漫录》第2卷，见《宋元笔记小说大观（五）》，上海古籍出版社，2001，第4656页。

⑤ 孔平仲：《孔氏谈苑》第2卷，见《宋元笔记小说大观（二）》，上海古籍出版社，2001，第2251页。

⑥ 邵博：《邵氏闻见后录》第22卷，中华书局，1983，第171页。

所为。凡碑志等文，或被旨而作，或因其子孙之请，扬善掩恶，理亦宜然。至于是是非非，则天下自有公论。欧阳公一世正人，而谓受润笔帛五千端，人不信也。”① 另一位北宋名臣宋庠，原名郊，据王得臣《麈史》称：“元宪宋公始名郊，字伯庠，文价振天下。”② 这些“文”里面，当然也有不少替别人所作的碑志。钱遹，字德循，婺州浦江人。他在担任殿中侍御史期间，遭御史中丞丰稷弹劾：“顷常假曾肇之名，为豪户撰墓志，又假肇书受豪户金为润笔。”③ 北宋与南宋相交之际的席大光，曾请吴傅朋为其母亲书写碑铭，“以文房玩好之物尽归之，预储六千缗而润毫。或曰：傅朋之贫脱矣。”④ 当时最高行政长官宰相、枢密使的俸禄月给也只有三百贯，而吴傅朋写一篇碑铭就获六千缗（即六千贯），相当于当时宰相 20 个月的现俸，有了这样一大笔钱，吴氏确实可以脱贫了。南宋初期的孙觌，字仲益，所作《鸿庆集》有一大半是志铭，“一时文名猎猎起，四方争辇金帛请，日至不暇给。今集中多云云，盖谀墓之常，不足咤。”⑤ 他也因此发家致富，王明清《挥麈录》就说：“孙仲益每为人作墓碑，得润笔甚富，所以家益丰。”⑥ 南宋高炳如通过卖文，所获收入也不少，他在写给小妾银花的信中自述：“家计尽是笔耕有之，知府未曾置及此也。”⑦

从以上所述来看，宋人润笔多以钱帛支付。不过，在彼此熟悉的文人圈子里，润笔则多用实物替代，更多地体现出人与人之间富有人情味的一面，而非纯粹的金钱关系。王明清《挥麈录》记载了一个有趣的故事：“赵正夫丞相元祐中与黄太史鲁直（即黄庭坚）俱在馆阁，鲁直以其鲁人意常轻之，每庖吏来问食次，正夫必曰：‘来日吃蒸饼。’一日聚饭行令，鲁直云：‘欲五字从首至尾各一字，复合成一字。’正夫沈吟良久，曰：‘禾女委鬼魏。’鲁直应声曰：‘来力敕正整。’叶正夫之音，阖坐大笑。正夫又尝曰：‘乡中最重润笔，每一志文成，则太平车中载以赠之。’鲁直曰：‘想俱是萝卜与瓜虀尔。’正夫衔之切骨，其后排挤不遗余力，卒致宜

---

① 费衮：《梁溪漫志》第 8 卷，《程文简碑志》，三秦出版社，2004，第 260 页。

② 王得臣：《麈史》卷下，《谗谤》，上海古籍出版社，1986，第 82 页。

③ 陈次升：《谠论集》第 3 卷，《奏弹钱遹第一状》，清文渊阁四库全书本。

④ 张端义：《贵耳集》卷下，见《宋元笔记小说大观（四）》，上海古籍出版社，2001，第 4317 页。

⑤ 岳珂：《桯史》第 6 卷，《鸿庆铭墓》，中华书局，1981，第 70 页。

⑥ 王明清：《挥麈录》，《后录》第 11 卷，见《宋元笔记小说大观（四）》，上海古籍出版社，2001，第 3746 页。

⑦ 周密：《癸辛杂识》，《别集》卷下，见《宋元笔记小说大观（六）》，上海古籍出版社，2001，第 5873 页。

州之贬，一时戏剧，贻祸如此，可不戒哉?"[①] 这里赵正夫提到"乡中最重润笔，每一志文成，则太平车中载以赠之"，应该是民间润笔物盛行的真实反映，只不过黄庭坚所称的"萝卜与瓜虀"是戏谑之词，当不得真。

宋代文人雅士的润笔物可谓五花八门，送什么的都有。首先，以文房用具最为普遍。例如，杜君懿曾以唐人许敬宗遗留下来的风字砚为润笔物，求志于孙莘老，没想到孙莘老笑曰："敬宗在，正堪磔以饲狗耳，何以其砚为？盖砚无字，而匣有敬宗名。东坡以为敬宗为奸时，非砚所能知，而哀其所遭之不幸，则欲存其砚而弃匣以去。敬宗之累微东坡，砚几以无罪废人，可不务修德乎哉?"[②] 欧阳修也曾以笔、笔架等为润笔物，请著名书法家蔡襄（字君谟）为其写刻《集古录目序》。据欧阳修自己讲："蔡君谟既为余书《集古录目序》刻石，其字尤精劲，为世所珍，余以鼠须栗尾笔、铜绿笔格、大小龙茶惠山泉等物为润笔。君谟大笑，以为太清而不俗。后月余，有人遗余以清泉香饼一箧者，君谟闻之叹曰：'香饼来迟，使我润笔独无此一种佳物。'"[③] 南宋周必大为梁汝嘉作神道碑，"其子季秘以玉石砚为润笔，背刻篆字，乃玮（笔者注：宋仁宗驸马李玮）讲道斋所用。"[④] 其次，较为常见的润笔物有书画、字帖、名人手稿甚至试卷等。如高似孙《纬略》载："王岐公撰《庞颖公神道碑》，其家以古书画杜荀鹤及第时试卷为润笔。薛绍彭书米元章会稽公、襄阳公，丹阳二夫人告以智永临右军帖为润笔。可谓奇古之甚。"[⑤] 叶梦得《石林燕语》亦称："王禹玉作《庞颖公神道碑》，其家送润笔金帛外，参以古书名画三十种，杜荀鹤及第时试卷亦是一种。"[⑥] 南宋时期，还有以苏东坡亲笔手稿为润笔的，据周必大《文忠集》载："元丰己未，东坡坐作诗谤讪追赴御史狱，当时所供诗案，今已印行，所谓《乌台诗话》是也。靖康丁未岁，台吏随驾挈真案至维扬，张全真参政时为中丞，南渡取而藏之。后张丞相德远为全真作墓志，诸子以其半遗德远充润笔，其半犹存全真家，予尝借观，皆坡亲笔。"[⑦] 再者，还有用其他各种器物甚至婢女充作润笔物的，如曾慥《高斋

---

① 王明清：《挥麈录》，《后录》第 6 卷，见《宋元笔记小说大观（四）》，上海古籍出版社，2001，第 3697 页。

② 周召：《双桥随笔》第 10 卷，清文渊阁四库全书本。

③ 欧阳修：《归田录》第 2 卷，中华书局，1981，第 27 页。

④ 周必大：《文忠集》第 181 卷，《四朝国史误字》，清文渊阁四库全书本。

⑤ 高似孙：《纬略》第 12 卷，《润笔》，中华书局，1985，第 202 页。

⑥ 叶梦得：《石林燕语》第 10 卷，中华书局，1984，第 152 页。

⑦ 周必大：《文忠集》，《记东坡乌台诗案》，清文渊阁四库全书本。

漫录》载："欧公作《王文正墓碑》，其子仲仪谏议送金酒盘盏十副、注子二把作润笔资。欧公辞不受，戏云：'正欠捧者耳。'仲仪即遣人如京师，用千缗买二侍女并献。公纳器物而却侍女，答云：'前言戏之耳。'盖仲仪初不知薛夫人严而不容故也。"① 马仲涂为了得到蔡襄的手迹，甚至以美女作为润笔相赠。宫廷中吟诗作对，还有以宫女的珠花、装幞、头簪等作润笔物的，如熙宁二年（1069 年）中秋夜，宋神宗在小殿设宴，与当值翰林学士王岐公（珪）论诗，一时性起，乃"命左右宫嫔，各取领巾、裙带，或团扇、手帕求诗"。王岐公"来者应之，略不停缀，都不蹈袭前人，尽出一时新意，仍称其所长"。宋神宗说："岂可虚辱？须与学士润笔。""遂各取头上珠花一朵，装公幞头。簪不尽者，置公服袖中。"② 另外，以酒食作润笔的也较常见，如《苏东坡全集》载："赵景贶以诗求东斋榜铭，昨日闻都下寄酒来，戏和其韵，求分一壶作润笔也。"③

不论是以钱帛还是实物充当润笔，作者通过著述能获得一定的经济利益是毫无疑义的。在经济利益面前，宋代文人同前代一样，因各人价值取向的不同，而表现出不同的态度。前文提到的周麟之，利用在翰林院起草制书的机会想方设法多求润笔。钱遹甚至假冒曾肇之名，为豪户撰墓志以多得润笔。其他如陆经、欧阳修、宋庠、吴傅朋、孙觌等，对润笔也是来之不拒，甚至多多益善。因为对润笔费的看重，有的请托人在这个问题上失信于作者，引起了作者的强烈不满。如有一次，孙仲益应一位晋陵主簿的要求，为其死去的父亲作墓志铭。主簿先派人向孙许诺："文成，缣帛、良粟各当以千濡毫也。"孙仲益欣然落笔，且多溢美之词。但没想到的是，文章写成之后，主簿仅"以纸笔、龙涎、建茗代其数，且作启以谢之"。孙仲益气不打一处来，"即以骈俪之词报之。略云：'米五斗而作传，绢千匹以成碑。古或有之，今未见也。立道旁碣，虽无愧词，谀墓中人，遂成虚语。'"④ 对于这位晋陵主簿不守信用、不尊重自己劳动的行为，孙仲益也没有别的办法，只能以文辞激之。对于润笔的多少，长期以来并没有一个客观的按劳取酬的标准，一般都是由索稿者看着给，主观性很大。《喻世明言》记载了一个宋代润笔的故事：宰相吕夷简 60 岁生日，请大词人柳

---

① 曾慥：《高斋漫录》，清文渊阁四库全书本。

② 钱世昭：《钱氏私志》，清文渊阁四库全书本。

③ 苏轼：《苏东坡全集》第 13 卷，《次韵王滁州见寄》，北京燕山出版社，1997，第 721 页。

④ 王明清：《挥麈录》，《后录》第 11 卷，见《宋元笔记小说大观（四）》第 11 卷，上海古籍出版社，2001，第 3746 页。

永写了一首词。写好后，所得润笔为蜀锦二匹、吴绫四匹。柳永觉得太低，借词抒情，他写道："腹内胎生异锦，笔端舌喷长江。纵教匹绢字难偿，不屑与人称量。"① 字里行间充满了不满与牢骚。

由于有了社会需求，宋代诗文买卖已经形成了一定的市场。文人依靠出卖自己的知识劳动获得报酬的意识显著增强，对于润笔费也就不必遮遮掩掩了，甚至可以公开设铺售卖。北宋时汴京有一位张寿山人，自言"某乃于都下三十余年，但生而为十七字诗，鬻钱以糊口"②。曹希蕴也经常卖诗，《桐江诗话》载："曹希蕴货诗都下，人有以敲梢交为韵，索赋《新月》诗者。曹诗云：'禁鼓初闻第一敲，乍看新月出林梢。谁家宝鉴新磨出，匣小参差盖不交。'"③ 扬州有一位诗人吕川，"卖诗于市，句有可采者"④，吕惠卿知扬州时，常与之唱和。宋代还有一个叫隆兴仇（一作裘）的，"万顷未达时，挈牌卖诗，每首三十文，停笔磨墨，罚钱十五。"⑤ 像这类现场按题作诗，对售诗者的才思要求很高，作诗的过程中不能停下来磨墨，必须一气呵成，否则认罚。苏州人许洞，也曾卖诗以还酒债："许洞以文辞称于吴，尤邃《左氏春秋》。嗜酒，尝从酒家贷饮。一日，大写壁，作歌数百言，乡人竞来观之。售数倍，乃尽捐其所负。"⑥ 许洞的作为，颇有汉代师宜官用"稿酬"偿还酒债之遗风。刘斧《青琐高议》别集卷之一"西池春游"条中云，潭州人侯诚叔"久寓都下，惟以笔耕自给。"所谓"笔耕自给"，就是卖文糊口的文雅说法。南宋时期的一些下层文人也有卖文为生的。据吴自牧《梦粱录》载："衣市有李济卖酸文，崔官人相字摊，梅竹扇面儿，张人画山水扇。"⑦ "卖酸文"的铺面与相面的、卖画的、卖扇的一起，组成了夜市的一道风景。王炎在《双溪类稿》卷二五《二堂先生文集序》中自谓"年十四五，学作举子文字"，"其后挟琴书鬻文以糊口"。同卷《南窗杂著序》亦称："某用先大夫之学，侥幸登科。处则鬻文，以补伏腊之不给；出则随牒转徙，糊其口于四方。"他的同宗友人王至卿也曾卖文糊口，同卷《樗叟诗集序》云："至卿浮沉里中，挟琴书鬻

① 冯梦龙：《喻世明言》第 12 卷，远方出版社，2005，第 148 页。
② 王辟之：《渑水燕谈录》第 10 卷，《谈谑》，中华书局，1981，第 125 页。
③ 胡仔：《苕溪渔隐丛话（前集）》，人民文学出版社，1962，第 168 页。
④ 马纯：《陶朱新录》卷上，清文渊阁四库全书本。
⑤ 褚人获：《坚瓠集》，《戊集》第 1 卷，《卖诗》，见《清代笔记小说大观（二）》，上海古籍出版社，2007，第 1003 页。
⑥ 朱长文：《吴郡图经续记》卷下，江苏古籍出版社，1999，第 79 页。
⑦ 吴自牧：《梦粱录》第 13 卷，《夜市》，三秦出版社，2004，第 197 页。

文以为生。"[①] 陈藻在《赠故乡人》诗中也说："我家已破出他乡，如连如卓方阜昌。岂料囊金随后散，一齐开铺鬻文章。"[②] 括苍吴斯立也曾"鬻文以自给"，并赡养老母，时人真德秀称赞"此斯立之所以为贤也"[③]。周密《癸辛杂识》后集"贾廖碑帖"条曾记载婺州人王用和为贾师宪摹榻碑帖，获得丰厚酬谢。宋末曾子良在宋亡后，"归隐山中，鬻文以自给"[④]。宋代商品经济意识的发达，使得文章买卖可以摆摊设铺，与其他商品没有什么区别，只不过做这种营生的收入远比不上代人写碑志所得润笔的收入，只够勉强糊口而已。其实，开铺售卖诗文获得的收入也是润笔的一种形式。与前文所述润笔不同的是，前者是应请托者要求被动创作出售的，而后者是主动创作公开叫卖的。用市场经济的词来说，前者是卖方市场，后者是买方市场，故收入有较大差距也是可以理解的。宋代润笔之风的盛行和卖文为生现象的出现，表明宋代著述作品商品化已发展到一定的程度。

然而，受儒家传统义利观的影响，在民间的著述创作和文献传播活动中，宋代知识分子仍有不少人对润笔抱无所谓的态度，或漠然对之，或拒收润笔。北宋著名学者李觏曾为某僧撰《新成院记》，僧送以"十千润笔"。十千即十贯，在当时的行情来看实在不多，但李觏无所谓，反倒是其友人为之抱不平，作诗云："田翁不知价，只得十千钱。"[⑤] 拒收润笔的也大有人在，如穆修、范仲淹、蔡襄、苏轼、曾肇、周邦彦、张孝祥等。北宋亳州有士子新修佛庙，穆修应约为之撰写记文，记文写成后，却不署其名。"士以白金五斤遗之"，欲"乞载名于石，图不朽耳"[⑥]，但穆修因鄙其为人，既不署名，也不受润笔。一代名臣范仲淹也不收润笔，据祝穆《古今事文类聚》前集卷六十载："范文正公为人作铭文，未尝受遗。后作《范忠献铭》（范忠献即范雍谥号），其子欲以金帛谢，拒之。乃献以所蓄书画，公悉不收，独留《道德经》而还书。戒之曰：'此先君所藏世之所宝，仲淹窃为宗家，惜之毋为人得也。'"[⑦] 范仲淹替人作碑志只收一本《道德经》，象征意义大于实际意义。著名书法家蔡襄曾经为宋真宗妃子李

① 王炎：《双溪类稿》第25卷，《樗叟诗集序》，清文渊阁四库全书本。
② 陈藻：《乐轩集》第2卷，《赠故乡人》，清文渊阁四库全书本。
③ 真德秀：《真西山先生集》第3卷，《送吴斯立序》，中华书局，1985，第42页。
④ 刘壎：《隐居通议》第15卷，《曾平山序水云邨诗》，中华书局，1985，第163页。
⑤ 吴聿：《观林诗话》，中华书局，1985，第17页。
⑥ 苏舜钦：《苏舜钦集》第15卷，《哀穆先生文》，上海古籍出版社，1981，第200页。
⑦ 祝穆：《新编古今事文类聚》，日本京都：株式会社中文出版社，1989，第634页。

宸的弟弟李用和作碑志，其子李璋送上若干财物充作润笔，蔡襄分文未取，并专门给真宗上了《辞李璋润笔札子》："臣奉敕书陇西郡王李用和碑石，了毕，近李璋送到书一封，载上件物与臣充润笔。臣伏念陛下追母后之勤劳，伸元舅之德美，睿藻辉乎河汉，宸章贲于鸾龙。臣学艺不工，朝选猥及名列，坚珉之末，荣幸居多，利兼实篚之来，惶悚无措，所有李璋事例不敢收受。"① 蔡襄不受此项润笔，有阿谀权贵之嫌。一代文豪苏东坡，行事也不流俗，据《读礼通考》云："张师正《倦游录》：'前汉碑极少，魏晋之后其流寖盛。'李北海以此得润笔。金帛、骈罗皆是谀墓之物，韩退之亦不免焉。本朝唯东坡独能守之。"② 苏轼所作《司马公》《范蜀公》等六碑，概不收润笔。曾肇与彭汝砺为生前挚友，"彭之亡，曾公作铭。彭之子以金带、缣帛为谢。却之至再，曰：'此文本以尽朋友之义，若以货见投，非足下所以事父执之道也。'彭子皇惧而止。"③ 彭汝砺的儿子只是按照当时的社会惯例给曾肇送去润笔物，并无不妥，但曾肇为了"尽朋友之义"而拒绝了。北宋末年著名词人周邦彦，"尝为刘昺之祖作埋铭。以白金数十斤为润笔，不受。"④ 南宋的于湖居士张孝祥知京口，"王宣子代之。多景楼落成，于湖为大书楼扁，公库送银二百两为润笔。于湖却之，但需红罗百匹。于是大宴合乐，酒酣，于湖赋词，命妓合唱甚欢，遂以红罗百匹犒之。"⑤ 张孝祥不为200两白银所动，却索要红罗100匹，在一次宴会上将之遍赏歌妓，又是另一番潇洒。

金代撰写制书同样可以获得润笔，如《钦定重订大金国志》载："自发燕京前后，制诰皆孙大鼎及卢之宪二人手笔。是夕草制罢，大鼎在玉堂有诗举（句）似鸿胪卿雍孝孙，孝孙戏之曰：'闻有润笔，不到罚钱。'"⑥

元承宋制，官方在润笔制度上沿袭了宋代的做法，诏敕类文书的写作仍是要付给稿费的。如《元史》载："太禧臣日聚禁中，以便顾问。帝尝问阿荣曰：'鲁子翚饮食何如？'对曰：'与众人同。'又问：'谈论如何？'曰：'翀所谈，义理之言也。'从幸上都，尝奉勅撰碑文称旨。帝曰：'朕

① 蔡襄：《端明集》第26卷，《辞李璋润笔札子》，清文渊阁四库全书本。

② 徐乾学：《读礼通考》第98卷，清文渊阁四库全书本。

③ 洪迈：《容斋随笔》，《续笔》第6卷，《文字润笔》，上海古籍出版社，1978，第285页。

④ 庄绰：《鸡肋编》卷中，中华书局，1983，第70页。

⑤ 周密：《癸辛杂识》，《续集》下，见《宋元笔记小说大观（六）》，上海古籍出版社，2001，第5833页。

⑥ 宇文懋昭：《钦定重订大金国志》第24卷，《纪年》，清文渊阁四库全书本。

还大都，当还汝润笔赀也。'"① 在民间，元代作者的稿酬意识也进一步得到增强。例如，元人方回，凡“市井小人求诗序者，酬以五钱，必欲得钱入怀，然后漫为数语。”② 元人冯子振替人作文，也必须有人拿着润笔银在旁边候着，这样下笔才能如有神助。据《元史》载：“子振于天下之书，无所不记。当其为文也，酒酣耳热，命侍史二三人，润笔以俟。子振据案疾书，随纸数多寡，顷刻辄尽。虽事料醲郁，美如簇锦，律之法度，未免乖剌，人亦以此少之。”③ 元代著名书画家赵孟頫，字子昂，号松雪，虽风流名士，也须先得钱才肯写字。元人孔克齐《静斋至正直记》记录了关于他的一个非常有趣的故事：“一日，有二白莲道者造门求字。门子报曰：‘两居士在门前求见相公。’松雪怒曰：‘甚么居士！香山居士、东坡居士邪？个样吃素食的风头巾，甚么也称居士！’管夫人闻之，自内而出，曰：‘相公不要恁地焦躁，有钱买得物事吃。’松雪犹愀然不乐。少顷，二道者入，谒罢，袖携出钞十锭，曰：‘送相公作润笔之资。有庵记，是年教授所作，求相公书。’松雪大呼曰：‘将茶来与居士吃。’即欢笑逾时而去。盖松雪公入国朝后，田产颇废，家事甚贫，所以往往有人馈送钱米肴核，必作字答之。人以是多得书。然亦未尝以他事求钱耳。”④ 虽说赵孟頫与自己所讨厌的人“欢笑逾时”是为家贫所困，但也反映了他的知识经济意识。同为画家的何澄，其作品《归庄图卷》有虞集跋称：“京师人贵重何翁画，当其在时，每一卷出，不惜千金争售之。官昭文馆大学士，年九十而终，其画益贵数倍。”⑤ 看来，何澄靠卖画是发家致富了的。不过和前代一样，元人知识分子也有不看重润笔的，胡长孺就是这样一位狷介之士。胡长孺，字汲仲，婺州永康人，家里穷得揭不开锅，著名画家赵孟頫托他为某太监的父亲作墓志铭，“以钞百锭为润笔”，满以为他会满口应承，没想到，“汲仲怒曰：‘我岂为宦官作墓铭耶！’是日无米，其子以情告，汲仲却愈坚。尝诵其送人诗‘薄糜不继袄不暖，饥肠犹作钟球鸣’之句，谓人曰：‘此吾秘密藏中休粮方也。'"⑥

---

① 宋濂：《元史》第183卷，《孛术鲁翀传》，中华书局，1976，第4221页。

② 周密：《癸辛杂识》，《别集》卷上，见《宋元笔记小说大观（六）》，上海古籍出版社，2001，第5860页。

③ 宋濂：《元史》第190卷，《冯子振传》，中华书局，1976，第4340页。

④ 孔齐：《静斋至正直记》第1卷，《松雪遗事》，清抄本。

⑤ 罗继祖：《枫窗脞语》，中华书局，1984，第122页。

⑥ 赵翼：《陔余丛考》第31卷，《润笔》，河北人民出版社，2007，第623页。

五 明清的稿酬

朱明王朝建立之后，和历代王朝初期一样，采取了一系列恢复和发展社会经济的措施，使得商品经济获得了较之先前更为开明和宽松的发展环境，各种商贸活动也重新活跃起来。特别是在明代中期以后，中国江南市镇出现了史学家所谓的资本主义生产方式的萌芽。当时的苏州及与之相毗邻的松、嘉、湖地区，是全国商品经济最发达的地区，丝织业、棉布业、冶铁业、珠宝业等相当兴盛，各类商品琳琅满目，来自全国各地的商贾云集于此，他们与全国各地乃至海外都有贸易往来。伴随着商品经济的发展，社会意识也悄然发生了变化，商人的形象和社会地位有了很大的改善，儒生、官员改行经商的例子比比皆是，出现了文人、仕官商人化，商人文人化的社会现象。这种不同阶层的社会意识的融合，必然对著述及其传播活动产生影响，文章经济逐渐为社会各阶层人士所接受，创作作品获得稿酬也就成了天经地义的事情。

首先在官方来讲，沿袭了历代一贯的做法，对于史官修书或翰林诰敕，都给予一定的奖励，有的是提升官职，有的是给金钱赏赐，有的两者兼而有之。如洪武初，理学家汪克宽（字德辅）“聘至京师，同修《元史》。书成，将授官，固辞老疾。赐银币，给驿还。”① 明初大臣解缙，永乐间“奉命总裁《太祖实录》及《列女传》。书成，赐银币。”② 宣德五年（1430年）二月，明宣宗命杨士奇草敕了一道减轻老百姓负担的“宽恤之令”，“敕谕既下，上闻众心悦戴，召士奇赐钞三千缗，文绮二端及羊酒。士奇叩首受赐。上笑曰：‘薄用润笔耳。’”③ 景泰五年（1454年），“选进士十八人改翰林庶吉士，入馆修《寰宇通志》，书成授官。首则丘文庄公濬，次则彭学士华、尹学士直，俱编修；而牛纶以太监玉侄亦与焉；授科道者，吾乡东井陈先生政及耿裕、金坤、刘釪、孟勋、严淦、何琮、宁珍、陈龙、黄甄、王宽、吴祯也。修书兼攻课业，惟此科为然。”④ 明朝名臣杨一清，奉敕修纂《献皇帝实录》，嘉靖五年（1526年）书成，“加太子太师、谨身殿大学士。一清以不预纂修辞，不许。”后又修《明伦大典》，成书后

① 张廷玉：《明史》第282卷，《汪克宽传》，中华书局，1974，第7226页。

② 张廷玉：《明史》第147卷，《解缙传》，中华书局，1974，第4121页。

③ 廖道南：《殿阁词林记》第13卷，《视草》，清文渊阁四库全书本。

④ 黄瑜：《双槐岁钞》第7卷，《绝句近唐》，中华书局，1999，第138页。

"加正一品俸"[①]，参与修纂的桂萼，也因修书有功"加少保兼太子太傅"[②]。王廷陈，字稚钦，号梦泽，正德间进士，《明史》称"廷陈才高，诗文重当世，一时才士鲜能过之"，嘉靖十八年（1539年）诏修《承天大志》，"巡抚顾璘以廷陈及颜木、王格荐。书成，不称旨，赐银币而已。"[③]有的所修并不是史书，也能赏赐金钱，如"训道□□彭大雅、柳州通判常熟桑悦、御史江宁余光、贡士盛时泰、南京刑部郎中临川师机，并作《两京赋》。光奏付史馆，赐钞千贯。"[④]

而在民间，明代知识分子稿酬意识的形成及强化是经历了一个发展过程的。也就是说，明初的稿酬意识并不明显，或者说受到了某种程度的压抑，表现在明初士大夫替人作文绘画取酬的现象并不十分普遍，稿酬也偏低，有的甚至拒绝收费。洪武、永乐间的著名画家王绂，字孟端，号九龙山人，以书画冠绝一时，但"有投金币购片楮者，辄拂袖起，或闭门不出"。有一次他不知怎么来了兴致，送给一位商贾自己的画作。可商贾得寸进尺，"以红氍毹馈，请再写一枝为配"。这下可惹恼了王绂，遂"索前画裂之，还其馈"[⑤]。王氏之清高绝俗，可见一斑。

明初即便有人收取润笔，费用也不高。那当时的润笔究竟是什么行情呢？据叶盛《水东日记》载："三五年前，翰林名人送行文一首，润笔银二三钱可求。事变后文价顿高，非五钱一两不敢请。迄今犹然，此莫可晓也。"[⑥] 翰林名人送行文，从早年的"二三钱可求"，涨到"土木之变"后"非五钱一两不敢请"。明代还出现了买卖书稿的现象，如谈迁《枣林杂俎》载："江阴贡士唐觐，著《延州笔记》。李肇鹗于民家屏障上斗麦易之。噫！文人遗稿，类觐者何限，安得尽肇鹗其人刊以问世耶?"[⑦] 明人唐觐的《延州笔记》，只卖得了一斗麦子的价钱。可见，明人稿酬与宋元以前相比要低不少。但随着观念的开放和进步，明代文人的稿酬意识显著增强，稿酬因而也有了大幅上涨。这里有一个典型的例子很说明问题。张益，字士谦，永乐间中进士，任庶吉士、中书舍人，曾自言："时年向壮，有志文翰，昼夜为人作诗写字，然未尝得人一叶茶。非如今人来乞一诗，则可

① 张廷玉：《明史》第198卷，《杨一清传》，中华书局，1974，第5231页。
② 张廷玉：《明史》第196卷，《桂萼传》，中华书局，1974，第5185页。
③ 张廷玉：《明史》第286卷，《王廷陈传》，中华书局，1974，第7361页。
④ 谈迁：《枣林杂俎》，中华书局，2006，第242页。
⑤ 张廷玉：《明史》第286卷，《王绂传》，中华书局，1974，第7339页。
⑥ 叶盛：《水东日记》第1卷，《翰林文字润笔》，中华书局，1980，第3页。
⑦ 谈迁：《枣林杂俎》，中华书局，2006，第245页。

得一贽见帨帕。向非吾弟贸易以资我，我何以至今日耶？"年轻时的张益没少为别人作诗写字，可"未尝得人一叶茶"，以至学习和生活受到严重影响。不过这种情况在后来彻底改观了，据王锜《寓圃杂记》称："张士谦学士作文，不险怪，不涉浅，若行云流水，终日数篇。凡京师之送行、庆贺，皆其所作，颇获润笔之资。或冗中为求者所逼，辄取旧作易其名以应酬。有除郡守者，人求士谦文为赠。后数月，复有人求文送别驾，即以守文稍易数言与之。忘其同州也。二人相见，各出其文，大发一笑。"① 从永乐时未得人一叶茶，到后来非常老练地应付索文者，且"颇获润笔之资"，张益个人的变化是明代早期知识分子稿酬意识增强和润笔收入提高的一个缩影。

收人钱财替人作文，还涉及一个基本的道德操守问题。明代早期知识分子在收取酬金为人作文时，大多能尊重事实，不写违心的内容，有的还要看买主的身份及品行，并不唯利是图。正统间官至礼部尚书的邱濬，文章写得雄浑壮丽，"限韵命题，即席联句，动辄数百言。豪词警语，如壮涛激浪，飞雪走雷，云触山而电迸发"，而四方求文者纷至沓来。对于求文者，邱濬如果瞧不起其职业品行，"虽以厚币请之不与"②。正统、景泰以下，士大夫或不再耻于言利，但于人格和尊严，尚能顾忌。如"吴希贤拜检讨，预修英庙实录。有贵家子寇姓者，密以贿丐希贤致口词于其父。希贤拒之曰：'苟如此，他日何以见董狐于地下？'"③ 然而，明英宗天顺年间以后，文人的操守开始向孔方兄倾斜，表现为润笔银的多少成为文人文名和身价的体现，写文章拿稿酬已是天经地义之事，而且价格不断看涨，已有"尝积求文银百余两"④ 者。一百两白银，这在俸禄微薄的明代可不是小数目。文人润笔收入的大幅度提高，主要推动力还是社会对文章的巨大需求。从明人文集来看，社会的每一个阶层几乎都有可能出于某种目的出资请人作文。比如，有为给自己父母祝寿而求贺文的；有为亲人丧葬求碑铭的；有为族谱家事求记、碑、铭的；有同学、亲谊或老师升迁、调任请文的；有朋友、同僚间互相迎送、道贺而求文的；有为装裱门面附庸风雅求名人字画的；有文人为自己作品求序跋的；如此等等，不一而足。在这样的背景下，文人的润笔收入已很可观。以碑铭为例，成化、弘治时期，出钱请人写碑铭的风气在官场非常盛行，明人陆容《菽园杂记》对此有详

① 王锜：《寓圃杂记》第4卷，《张学士》，中华书局，1984，第33页。

② 焦竑：《玉堂丛语》第1卷，《文学》，中华书局，1981，第23页。

③ 焦竑：《玉堂丛语》第4卷，《纂修》，中华书局，1981，第130页。

④ 陆容：《菽园杂记》第15卷，中华书局，1985，第187页。

细描述：

> 古人诗集中有哀挽哭悼之作，大率施于交亲之厚，或企慕之深，而其情不能已者，不待人之请也。今仕者有父母之丧，辄遍求挽诗为册，士大夫亦勉强以副其意，举世同然也。盖卿大夫之丧，有当为神道碑者，有当为墓表者，如内阁大臣三人，一人请为神道，一人请为葬志，余一人恐其以为遗己也，则以挽诗序为请。皆有重币入贽，且以为后会张本。既有诗序，则不能无诗。于是而遍求诗章以成之。亦有仕未通显，持此归示其乡人，以为平昔见重于名人。而人之爱敬其亲如此，以为不如是，则于其亲之丧有缺然亦。于是人人务为此举，而不知其非所当急。甚至江南铜臭之家，与朝绅素不相识，不问其人贤否，漫尔应之。铜臭者得此，不但裒册而已，而刻石墓亭，或刻板家塾。有利其贽而厌其求者，为活套诗若干首以备应付。及其印行，则彼此一律，此其最可笑也。①

以前碑铭的撰写一般都是由死者的后人先起草一个草稿，介绍其生平事迹，再由名家修改润色，虽也有对死者过誉之词，但还不算太出格，如沈德符说："从来志状之属，尽出其家子孙所创草稿，立言者随而润色之，不免过情之誉。"② 而明代中期，为应付众多的求文者和获取润笔，有的文人无论与死者相识与否、生前品行如何，一律歌功颂德，有的甚至事先按已有的套路写好，只等死者家属前来索取印行。作文的目的就是卖钱，其他的一概不顾。这已经是完全商业化的操作模式了。而润笔的价格，更是节节攀升，如陆深《俨山集》称："黄良式求陈娘子墓志，润笔不薄，我以五两折祭柩归。"③ 当时买卖诗文明码标价，已是通行的做法。桑悦，字民怿，号思玄，常熟人，成化元年举人。曾经有个和他平时关系非常好的人向他求文，"托以亲昵，无润笔"，没想到桑悦对他说："平生未尝白作文字，最败兴。你可暂将银一锭四五两置吾前，发兴后待作完，仍还汝可也。"④ 桑悦其实是在变相索要润笔，只是碍于情面不好明说罢了。同样的，明人陈献章索要润笔的手法也较隐晦，但比较文雅。陈献章，字公甫，因是新会白沙乡人，世称白沙先生。据蒋一葵《尧山堂外纪》载："陈白

---

① 陆容：《菽园杂记》第15卷，中华书局，1985，第189页。

② 沈德符：《万历野获编》第8卷，《谀墓》，中华书局，1959，第225页。

③ 陆深：《俨山集》第99卷，《京中家书二十四首》，清文渊阁四库全书本。

④ 李诩：《戒庵老人漫笔》第1卷，《文士润笔》，中华书局，1982，第16页。

沙善画梅，人持纸求索者，多无润笔。白沙题其柱云：‘乌音人人来。’或诘其旨。乃曰：‘不闻鸟声曰：白画白画。’客为之绝倒。”① 桑悦、陈献章的表现，反映了明代知识分子不甘愿免费替人作文作画的心态。

明代中后期，民间一些富商大贾、豪家巨族追求名人字画也成为一种文化时尚。据明人俞弁《山樵暇语》载：“正德间，江南富族著姓求翰林名士墓铭或序记，润笔银动数廿两，甚至四五十两，与成化年大不同矣。”② 何良俊《四友斋丛说》也说：“今京师贵人，动辄以数百金买宋人四幅大画，正山谷所谓以千金购取者，纵真未必佳，而况未必真乎！……苏州又有谢时臣，号樗仙，亦善画，颇有胆气，能作大幅。然笔墨皆浊，俗品也。杭州三司请去作画，酬以重价，此亦逐臭之夫。”③ 有钱有势的人为追求高雅层次的文化消费，乐意解囊以高价购取名士字画，不管是出于自觉爱好的动机，还是仅仅满足于附庸风雅或炫耀个人财富的心态，都给士人以极大的鼓励，吸引了更多的士人以自己的文化产品与商贾交换。唐寅、祝允明、文征明、徐渭等就是这类士人的代表。明代“四大才子”之一的唐寅曾把自己所写的应酬性文字专门汇编在一起，订成巨册，题名曰《利市》。利市者，卖以牟利也。唐寅所获稿费之多，可想而知。不过，唐寅对获取稿酬有自己的理由。他在《言志》诗中说：“不炼金丹不坐禅，不为商贾不耕田。日来写就青山卖，不使人间造孽钱。”④ 另一位大才子祝允明也是如此。马怀德曾替人向祝枝山求字，“（祝氏）问曰：‘是见精神否？’（注：俗以取人钱为精神）曰：‘然。’又曰：‘吾不与他计较，清物也好。’问何清物，则曰：‘青羊绒罢。’”⑤ 看来，祝允明对现钱和实物是来者不拒的。还有的画家喜欢更奇怪的润笔物，如慎娱居士李流芳喜欢怪石。据他自己讲：“孟阳乞余画石，因买英石数十头为余润笔，以余有石癖也。”⑥ 嘉靖年间，文征明屡试不第，但其才学却享誉文坛，“四方乞诗文书画者，接踵于道，而富贵人不易得片楮，尤不肯与王府及中人，曰：‘此法所禁也。’周、徽诸王以宝玩为赠，不启封而还之。”⑦ 一方面，文征明将藩王赠送的宝玩“不启封而还”，这是文人清傲自尊的本能反应；但

---

① 蒋一葵：《尧山堂外纪》第86卷，《陈献章》，明万历刻本。

② 俞弁：《山樵暇语》第9卷，齐鲁书社，1995，第68页。

③ 何良俊：《四友斋丛说》第29卷，《画二》，中华书局，1959，第264页。

④ 赵志凡选注《吴中四子》，岳麓书社，1998，第145页。

⑤ 李诩：《戒庵老人漫笔》第1卷，《文士润笔》，中华书局，1982，第16页。

⑥ 李流芳：《檀园集》第11卷，《题怪石卷》，台湾学生书局，1975，第480页。

⑦ 张廷玉：《明史》第287卷，《文征明传》，中华书局，1974，第7363页。

另一方面，他也要想办法维持自己和家人的生计，只好为人作些诗文和书画。文征明替人作的碑铭非常畅销，有些有钱人不惜一切代价去索求，如吴县学士袁飞卿羡慕文征明的大名，甚至认为："死而得文君铭，可不死矣。"① 但文征明为人作文很有原则，"独书生、故人子属、为姻党而窘者，虽强之，竟日不倦。其他即郡国守相连车骑，富商贾人珍宝填溢于里门外，不能博先生一赫蹏。"一些人不甘心，则"募书生、故人子、姻党，重价购之，以故先生书画遍海内外，往往真不能当赝十二。"② 即便这样，仅文征明的个人别集中收录的谀墓之词就多达 104 篇。青藤居士徐渭也是科场失意，不得已寄人篱下。他曾经自嘲"渭于文章不幸若马耕耳""存者亦谀且不工"③。徐渭的诗，有的干脆写明是因了某人的"供馈"，或某人"寄到酒银五两"，或"答某饷"。因人请托，徐渭曾写下大量的序跋以及贺文，如《张母八十序》《赠沈母序》《赠黄母序》和《寿朱母夫人序》等，有的甚至是为人代笔。由于买卖诗文书画成为一种普遍的社会现象，这就必然会形成相应的文化产品交易市场，收藏、买卖诗文书画的行业也应运而生。据《明代徽州方氏亲友手札七百通考释》记载，晚明徽商方用彬自己热衷于诗画，还从事经营书画等买卖。他结交广泛，利用社会关系，四处请文人名士在文化用品上题诗作画，或直接出卖名人高士题作的诗集画册。这为文化产品的交易提供了市场渠道，在一定程度上推动了"文化知识商品化"的发展。

明代晚期，替人撰写碑铭的对象扩大到了商人群体。文人为收取金钱大量为商人及其亲属撰写墓志、寿序、传记，最具代表性的人物可能要数李维桢了。李维桢，字本宁，京山人，隆庆间进士，"其文章，弘肆有才气，海内请求者无虚日，能屈曲以副其所望。碑版之文，照耀四裔。门下士招富人大贾，受取金钱，代为请乞，亦应之无倦，负重名垂四十年。然文多率意应酬，品格不能高也。"④ 在他的别集《大泌山房集》中，为商贾或其亲属撰写的寿序有 13 篇、家传 36 篇，墓志、墓表 63 篇，共 103 篇之多，如他曾经为龙游商人李汝衡作传，而完全不计较李汝衡的出身、职业。名士王世贞也曾受托为新安大盐商蒋克恕撰写《清溪蒋次公墓志铭》。这不能不说是文人传统观念的一大革新。

---

① 文征明：《文征明集》第 32 卷，《袁飞卿墓志铭》，上海古籍出版社，1987，第 738 页。
② 王世贞著，陈书录等选注《王世贞文选》，《文先生传》，苏州大学出版社，2001，第 102 页。
③ 徐渭：《徐渭集·出版说明》，中华书局，1983。
④ 张廷玉：《明史》第 288 卷，《李维桢传》，中华书局，1974，第 7387 页。

以上所述种种社会现象，给人造成明代文人嗜财轻义的印象，如李诩在《戒庵老人漫笔》中就说："嘉定沈练塘龄闲论文士无不重财者。"[①] 但身处明代的沈龄无法看到，士人生计困窘在明代有普遍化的趋势，特别在晚明时期日渐凸显为一个严重的社会问题。这是因为，一方面，随着商品经济的迅速发展及国家税赋的日益荷重，明代中后期士人以耕佐读的传统治生方式受到了严重冲击；另一方面，晚明科举危机日益严重，据顾炎武《亭林诗文集·生员论》统计：明末全国生员 50 余万人，比明前期仁宗时增长了大约 17 倍多，录取的比例却偏低，这就造成大量的士子沉滞于社会。况且"明代百官俸禄在中国各大朝代中几乎是最微薄的"[②]，官俸本来就少，而折俸的实际购买力则更低且不稳定，致使中下层官吏公用支出和家庭开支均非常紧张，在中后期整个社会消费水平普遍提高的情况下表现得尤为明显。清官的生活更是艰苦，如何良俊所说："宪、孝两朝以前，士大夫尚未积聚，如周北野佩，其父舆为翰林编修，北野官至郎中，两世通显，而其家到底只如寒士"[③]，许多官员致仕后，与当秀才时没什么两样。这就不可避免地使得晚明士人陷入"顾使白首青衫，羁穷潦倒，退无营业，进靡阶梯，老死牖下，志业两负"[④] 的窘困境地。

为了治生的需要，那些不愿意弃儒经商或不谙此道的文人，只好选择以文墨糊口作为他们本业治生的重要途径。如陈继儒少时家境贫寒，本人又不愿入仕途，早年一直坐馆、著述，以束修和润笔为主要经济来源，后专心致力于文学创作，以润笔为生，其时"四方征文者，束帛挺金造请无虚日"，润笔之费积数万金，"以润笔之资卜筑余山……纵情山水数十载。"[⑤] 这是文人转型比较成功的例子。但也有混得很惨的，有的甚至入不敷出，穷困至死。如陈昂，字云仲，莆田人，自号白云先生，生活在嘉靖至万历年间。嘉靖末，倭寇破莆田城，他偕妻奔走江西南昌，自是游彭蠡，入巴蜀，后又寓居南京，以代笔卖文为生，"榜片纸，为人佣作诗文，所得百钱斗米耳，随所求以应，无则又卖卜，或间以织履。适林古度寓金陵，过其门，见所榜片纸，突入其室，问知为里人。一扉之内，绳床土灶，败纸退笔，

---

① 李诩：《戒庵老人漫笔》第 1 卷，《文士润笔》，中华书局，1982，第 16 页。

② 余英时：《士与中国文化》，上海人民出版社，2003，第 532 页。

③ 何良俊：《四友斋丛说》第 34 卷，中华书局，1959，第 312 页。

④ 文征明：《文征明集》第 25 卷，《三学上陆冢宰书》，上海古籍出版社，1987，第 585 页。

⑤ 宋起凤：《稗说》第 1 卷，《陈征君余山》，转引自：彭勇，《明代士夫追求润笔现象试析》，《史林》2003 年第 2 期，第 52－56 页。

错处其中。检其诗诵之，每称其诗，辄反而向壁，流涕呜咽，至失声。其后每过门，辄袖饼饵。食之辄喜，复出其诗，泣如前。居数年，竟穷以死。”① 陈昂的境遇，是明代中晚期下层知识分子悲惨生活的真实写照。

在明代，即便是在朝为官的士大夫，也多以润笔作为补贴家用的副业，如刘文安，学识渊博，上至六经子史，下至小说、杂技、释老之书，无所不窥，据焦竑《玉堂丛话》载：“其为文数百千言，援笔立就，雄浑高古，变化莫测，逼真苏氏父子者居多。初年所著经义及策略，业举子者，家传人诵焉。年十七八，已名动郡邑间，比登进士，遂名动天下。求文者日踵门户，公皆曲为应答，不少厌倦。”② 都穆，字玄敬，吴县人，弘治间进士，官至太仆少卿，“修郡志，卖文为养……凡润笔之资，与异母弟共之，次及二子，或推及杨、李门下者。”③ 有一次他生病了，“以帕裹头强起，人请其休息者，答曰：‘若不如此，则无人来求文字矣。’”④ 都穆生病期间还以头巾裹头，正襟危坐，怕的就是别人知道他生病了，不来向他求文，他就没法赚取稿费了。许谷，字仲贻，嘉靖乙未（1535 年）会元、户部主事，“日以赋咏自娱，所得卖文钱，投竹筒中，客至探取之，沽酒酣唱，穷日月不倦。”⑤ 有的官员退休后因生活艰难而卖文，如洪云翼，字望治，怀宁人，“博洽工文，万历中以贡知宣平县，有廉能声。致仕归，仅以卖文自给。”⑥ 有的是因为辞官不做无以养家而卖文，如明人王圣俞“自吏郎归，布袍藿食，居委巷，卖文自给。”⑦ 有的官员则是因为被革职之后无以谋生，也只好卖文为活，如“三山游击□字文固，尝仕宁王府教授，王雅重之。然性刚介少容，竟坐事落职。流寓荆州日，惟卖文为生，求之者甚众。每有所作，辄援笔立就，未尝起草，自巡抚大臣以下，皆礼貌之。”⑧ 明代末年因为官场黑暗，还有的官员因为卖文受人讹诈。如崇祯朝翰林院有位编修叫胡守恒，颇有文采，有位知县慕名请他写篇文章，并愿出 24 两银子作润笔，没想到钱还没到手，却被锦衣卫勒索去 1000 两银子，此据明人李

---

① 张怡：《玉光剑气集》第 18 卷，《高人》，中华书局，2006，第 699 页。

② 焦竑：《玉堂丛话》第 1 卷，《文学》，中华书局，1981，第 22 页。

③ 杨循吉：《续吴中往哲记》第 1 卷，《四库全书存目丛书》，影印明嘉靖刻本。

④ 李诩：《戒庵老人漫笔》第 1 卷，《文士润笔》，中华书局，1982，第 16 页。

⑤ 钱谦益：《列朝诗集》，《丁集》上，《许尚宝谷》，上海古籍出版社，1959，第 455 页。

⑥ 何绍基：《（光绪）重修安徽通志》第 222 卷，《文苑一》，清光绪四年（1878 年）刻本。

⑦ 张怡：《玉光剑气集》第 10 卷，《方正》，中华书局，2006，第 444 页。

⑧ 都穆：《都公谈纂》卷下，见《明代笔记小说大观（一）》，上海古籍出版社，2005，第 569 页。

清《三垣笔记》载："上寄耳目于锦衣卫，称为心膂大臣，托采外事以闻。吴金吾孟明，缓于害人，而急于得贿，其子邦辅尤甚。每缉获州县送礼单，必故泄其名，沿门索贿，贿饱乃止。东厂亦然，尝有某知县送银二十四两，求胡编修守恒撰文，时尚未受，亦索千金方已。一时士大夫皆重足而立。"①

当然，在古代任何一个朝代都有一些知识分子安贫守道，拒绝润笔，明代也不例外，如马从谦，字益之，别号竹湖，"今上以制诰重典命补臣选才学者一人专掌之。会推公学行超卓，简入内阁司内外制。天子以册储臣工咸得膺封赠之。荣公代言，典重有体，诸以润笔遗者，却之。"② 唐顺之，字应德，武造人，文行为学者所宗，"以吏部原职致仕。居家窘甚，而于文章之润笔、弟子之贽仪，未尝妄取。林下三十年，不役官府一人，不受坊价一缗。官府积公所却至三千金。"③ 而有的文人确也想守住知识分子的清誉，但奈何生活窘迫，最后不得不就范。如李东阳，字宾之，弘治朝任礼部尚书兼文渊阁大学士。此人为官清廉，退休后生活相当清贫，但他并不轻易写应酬文字。有一次，有人求写碑志，他一口回绝。"其子曰：'今日宴客，可使食无鲑菜耶?'东阳乃勉为之。"④ 由此看来，清高的知识分子因受家庭所累，想拒收润笔也难。

明代中后期，润笔已为社会各阶层所广泛接受。它对文化产品的生产和创作的影响是深刻和深远的，其中一个重要的结果就是促成了准职业文人群体的诞生。在此之前，文化生产主要是出于文人自身托物寄兴和澄怀观道的艺术追求，更多的是一种修身养性、陶冶情操的文化休闲活动。明代中叶以后，由于社会上出现了大量愿意出资购买文化产品的消费群体，产生了文化作品交流的社会环境，而文人因为治生的需要，也愿意在获得稿酬的前提下，按照文化消费者的意愿来决定创作内容。这与传统文化生产活动的性质有本质上的区别，因为它已经具有"以文营商"的性质。传统的读书人唯有科举做官这条路，实在不济的，才开个塾馆，靠课徒授业维持生计。而随着文化商品化趋势的增强，一批具有自由职业特点的知识分子脱颖而出。这些人大多有意摆脱传统士大夫的生活方式，把生活的重点更多地转向了民间与世俗生活，力图在普通人的生活追求中实现自己的

① 李清：《三垣笔记》，中华书局，1982，第4页。

② 焦竑：《国朝献征录》第71卷，《光禄寺少卿马公从谦墓志》，台湾学生书局，1965，第3078页。

③ 焦竑：《熙朝名臣实录》第22卷，《佥都御史唐公》，清文渊阁四库全书本。

④ 赵翼：《陔余丛考》第31卷，《润笔》，河北人民出版社，2007，第623页。

人生价值，进而成为一种具有相对独立性的文化人，如前文提到的陈继儒、徐渭、唐寅、祝允明、文征明，另外还有汤显祖、张伯起、吴承恩、冯梦龙、凌濛初、袁宏道、沈周、仇英等。他们有一个共同的特点，那就是不贪恋仕途，专心文艺创作，或戏剧小说，或诗文字画，创作贴近世俗社会生活的作品，并以此为生活的经济来源。如张伯起“少年作《红拂记》，演习之者遍国中，后以丙戌上太夫人寿，作《祝发记》，则母已八旬，而身亦耳顺矣。其继之者则有《窃符》《灌园》《扊扅》《虎符》，共刻函为《阳春六集》，盛传于世”。他晚年的时候，“值播事奏功，大将楚人李应祥者，求作传奇以侈其勋，润笔稍溢。”[①] 创作了中国古代四大名著之一《西游记》的作者吴承恩，科场不利，至中年才补上“岁贡生”，后流寓南京，晚年长期靠卖文补贴家用。冯梦龙创作的白话小说“三言”（即《喻世明言》《警世通言》《醒世恒言》）、凌濛初创作的“两拍”（即《初刻拍案惊奇》《二刻拍案惊奇》）都是“因贾人之请”[②]、“受肆中人之邀”[③] 进行创作的，具有很强的商品化特征。凌濛初除了创作之外，还从事雕版印刷和图书发行，全方位地从事文化经营，大获其利。显然，这类通俗读物，有着广阔的社会市场，足以让这些知识分子安身立命。润笔对明朝中后期文化作品的商品化，起到了推波助澜的作用。

入清以后，官方付给文官润笔的旧例仍然延续着，如清初著名史学家赵翼，字云崧，号瓯北，乾隆二十一年（1756年），“先生年三十，是年夏选入军机处行走。时西陲用兵军报旁午，凡汉字谕旨及议奏军需事件，悉先生具草，顷刻千百言……随驾诸大臣和御制诗亦多乞先生代草，颇藉润笔资以给。”[④] 而在民间，润笔仍是许多文人赖以谋生和敛财的主要渠道，润笔的社会化和商业化趋势更加明显。清代关于卖文和润笔的文献记载很多，如明末清初李天植，字因仲，崇祯癸酉举人，明亡后改名确，字潜夫，“甲申后，余田四十亩、宅一区，乃并家具分与所后子震及女，而与妻别隐陈山，绝迹不入城市，训山中童子自给。居十年，以僧开堂，始避喧，返蜃园，卖文自食。”[⑤] 刘廷玑《在园杂志》记载了清初倪永清卖文为生的事：“倪永清匡世选《诗最》四集，可为富矣。人各前一小传，后一小跋，意不重复，句不雷同，适如其人，洵一代高手也。惜其龙鱼溷淆，间亦有

① 沈德符：《万历野获编》第25卷，《张伯起传奇》，中华书局，1959，第644页。
② 冯梦龙：《喻世明言》，《叙》，浙江古籍出版社，1997。
③ 凌濛初：《二刻拍案惊奇·小引》，浙江古籍出版社，1997。
④ 赵怀玉：《瓯北先生年谱·（乾隆）二十一年丙子》，清光绪三年（1877年）刻本。
⑤ 赵尔巽：《清史稿》第501卷，《遗逸传二》，中华书局，1977，第13848页。

出于永清窜易以代成其名者。盖名士多穷，借此卖文自给。”[①] 为了多卖钱，倪永清不惜“窜易以代成其名者”，可见清初文人卖文为生的窘迫。魏禧，字凝叔，宁都人，“性孤介，卖文自给。人士重其文行，争延致之。”[②] 钦兰，字序三，“少为诸生有名，鼎革后高尚不事，卖文自给。”[③] 康熙年间高士奇，字澹人，号江村，钱塘人，“以监生就试北闱，不利，卖文自给。”他在发迹之后为朝廷做了很多文案工作，为此康熙十七年（1678 年）赐敕曰：“尔侍直有年，凡密谕及讲章诗文等类，纂辑书写甚多，特赐表里十匹，白金五百两，以旌其劳。”[④] 这种赏赐实际上也可看做官方给予的润笔费。戴名世，字田有，桐城人，“生而才辨隽逸，课徒自给。以制举业发名廪生，考得贡，补正蓝旗教习。授知县，弃去。自是往来燕、赵、齐、鲁、河、洛、吴、越之间，卖文为活。”[⑤] 沈钟，康熙戊子（1708 年）举人，“官屏南知县，罢官后，卖文自给，久之乃得归。”[⑥] 裘琏，字殷玉，慈溪人，康熙乙未（1715 年）进士。据《两浙輶轩录》载：“裘琏为兆锦孙，才思敏捷，作诗古文词，对客据案，立尽数纸。或中夜有得，燃烛书之。家贫卖文自给，困场屋者，五十余年，迨成进士。”[⑦] 裘琏 50 余年的科举之路，家庭生活来源主要靠卖文所得。乾隆间，“临桂朱小岑，布衣以名家，子生当盛世，幼立志不为科举业，穷居委巷，卖文自给。”[⑧] 著名经学家王鸣盛，字凤喈，一字礼堂，官至内阁学士兼礼部侍郎，后因丁母忧休官不做，家居苏州三十年，“楗户读书，绝不与当事酬接，家贫藉卖文自给。”[⑨] 叶丰，字少曾，号仁圃，临海人，乾隆甲子（1744 年）举人，据《两浙輶轩录》载：“仁圃好读书，不知生产，累世仕宦，至君贫无立锥，往往卖文自给，得钱则沽酒，与妇烧烛共饮。”[⑩] 张熷，字曦亮，号南漪，乾隆丁卯（1747 年）举人，据华岩《挽孝廉张南漪四绝句》称：“孝廉家贫，常卖文自给。”[⑪] 顾翰，字木天，号兼塘，江苏

---

① 刘廷玑：《在园杂志》第 2 卷，中华书局，2005，第 82 页。
② 赵宏恩：《（乾隆）江南通志》第 172 卷，《人物志》，《流寓》，清文渊阁四库全书本。
③ 尤侗：《艮斋杂说》，第 5 卷，清康熙间西堂全集刻本。
④ 丁柔克：《柳弧》第 1 卷，《高士奇》，中华书局，2002，第 46 页。
⑤ 赵尔巽：《清史稿》第 484 卷，《文苑传一》，中华书局，1977，第 13370 页。
⑥ 丁绍仪：《听秋声馆词话》第 6 卷，《沈钟柳外词》，清同治八年（1869 年）刻本。
⑦ 阮元辑《两浙輶轩录》第 12 卷，《裘琏》，清嘉庆间刻本。
⑧ 邓显鹤：《南村草堂文钞》第 4 卷，《九芝草堂诗存序》，岳麓书社，2008，第 88 页。
⑨ 冯桂芬：《同治苏州府志》第 96 卷，《人物》，江苏古籍出版社，1991，第 502 页。
⑩ 阮元辑《两浙輶轩录》第 30 卷，《叶丰》，清嘉庆间刻本。
⑪ 华岩：《离垢集》第 5 卷，《挽孝廉张南漪四绝句》，清抄本。

无锡人，嘉庆十五年（1810 年）举人，“时甫冠，后以教习官京师，卖文自给。”① 道光年间，《天岳山馆文钞》的作者李元度与湖南常宁人唐训方（字义渠）一起在岳麓书院读书，“后客京师，相与卖文自给。”② 清代光绪年间，学者陶煦在他的《周庄镇志》中自称：“余穷于世，自遭兵燹，老病杜门，壹意卖文自给，盖所谓言之謷行之赘者多矣。”③ 所谓“言之謷”，就是吹捧不肖之人。可见，替人撰写碑铭仍是清末文人谋生的重要手段。

从以上所举来看，有清一代文人卖文为生的现象非常普遍。而他们所卖的，通常以应酬类的应用文体居多，如碑铭、记赞、赠答、序跋等，这和前代相比没什么不同。但清代卖文还有一个特点，那就是将书稿整体出售的现象比较常见。如前文第四章曾提到，浙江乌程庄廷钺以白银千两，向前明相国朱国祯的后人购得朱国祯遗稿《列朝诸臣传》；谷应泰以五百两白银购得张岱所辑《石匮藏书》。这些书买来后，不再署原作者的姓名，而是署上买者姓氏，即作品本身内容连同作者署名等精神权利，在交易中一次性地完成了所有权的转移。清代买卖书稿的例子还有不少，如王弘《山志》载：“刘自我名震，徽州人。年二十，以为文讥刺汤霍林，避祸出亡。尝主山东耿中丞、涿州冯阁学家。著有《识大录》，自洪武起至崇祯止，计十二套，稿止一部。陈百史居政府，以五百金托人购去。”④ 刘震的《识大录》能卖到“五百金”，价格相当不菲。像这类出卖整部书稿获取稿费的做法，和当今的图书稿酬已经颇为接近，只是作者署名已经被改易。还有的文人在身处绝境时，将自己的书稿转赠他人，以换取对方的救助，实际上是一种变相转让著作权的行为。陈康祺《郎潜纪闻》就记载了这样一则故事：“惠定宇征君尝病于扬州，需参莫措。时歙人汪对琴比部棣亦侨居邗上，重征士品学，慨然购上品紫团参持赠，费十金。征士病起，举所撰《后汉书训纂》稿本缮本，尽以诒之。”⑤ 但汪对琴人品高洁，并不掠人之美，反而倍加珍护该书稿，多次设法将之梓行于世，只是最后绌于经济实力而作罢。

在传统的字画领域，清代的润笔之风继续盛行。这里有两位才女值得一提，一是清初嘉兴名媛黄皆令，她早年就“诗名噪甚，恒以轻航载笔格

① 丁绍仪：《听秋声馆词话》第 6 卷，《顾蒹塘拜石山房词》，清同治八年（1869 年）刻本。
② 李元度：《天岳山馆文钞》第 23 卷，《直隶布政使前安徽巡抚唐公神道碑铭》，清光绪六年（1880 年）刻本。
③ 陶煦：《周庄镇志》第 3 卷，《冢墓》，清光绪八年（1882 年）陶氏仪一堂刻本。
④ 王弘：《山志》，《初集》第 5 卷，《刘自我》，中华书局，1999，第 126 页。
⑤ 陈康祺：《郎潜纪闻》，《三笔》第 8 卷，中华书局，1984，第 784 页。

诣吴越间”，陈维崧曾亲眼“见其僦居西泠断桥头，凭一小阁，卖诗画自活，稍给便不肯作。”① 另一位是明代名士文征明的曾孙女文俶，据张怡《玉光剑气集》称：“（文俶）性明慧，所见幽花异卉，小虫文蝶，信笔渲染，皆能摹写性情。图得千种，名曰《寒山草木昆虫状》。远近购者填塞，贵姬淑女，争相师事。灵山入而玩其妇写生弄粉，画成，手为题署；出而应四方宾客署额联柱之请，门如流水，应接不暇。”② 乾嘉年间活跃在扬州的“扬州八怪”更是个个都是书画高手，人人靠润笔为生。如金农，字寿门，生平未做过官，旅居扬州 20 余年，靠卖画赚得的钱，岁计千金。李鱓，字宗扬，号复堂，因得罪上司被罢官，后寓居扬州，靠卖画为生，以至于社会上有“索画者必曰复堂”的说法。汪士慎，字近人，号巢林，工诗及八分书，画水仙及梅花清妙独绝，居扬州以卖画为生，安贫乐道。因为性格清高，他常把自己的画交给一些书画贩子代售。黄慎，字恭寿，幼年丧父，以卖画奉养母亲，康熙五十八年（1719 年）至扬州鬻画，人争客之。罗聘，字遯夫，号两峰，乾隆四十九年（1784 年）应地方盐商之请，为扬州重宁寺作大幅壁画，获润笔数百金。高风翰，字西园，号南村，去官后寓居佛门，因右手残疾，仅靠左手绘画篆刻。他的作品朴拙中有生趣，因而求画的人很多，连郑板桥都感叹“短札长笺都去尽，老夫赝作亦无余”③。李方膺，字虬仲，号晴江，早期做过县令，因不肯随上级俯仰而被诬罢官，后寄居南京项氏借园，常往来于扬州，专以卖画为生。至于郑燮（见图 7－1），他靠卖字画获润笔的事迹则更为著名，因为他是明码标价，毫不含糊，在当时轰动一时。郑板桥给自己订了一则润笔榜文，并广而告之：

> 大幅六两，中幅四两，小幅二两；条幅、对联一两；扇子、斗方五钱。凡送礼物食物，总不如白银为妙。公之所送，未必弟之所好也。送现银则中心喜乐，书画皆佳。礼物既属纠缠，赊欠尤为赖帐。年老体倦，亦不能陪诸君子作无益语言也。
>
> 画竹多于买竹钱，纸高六尺价三千。任渠话旧论交接，只当秋风过耳边。乾隆己卯，拙公和尚属书谢客。板桥郑燮。④

---

① 冯金伯：《国朝画识》第 16 卷，《黄媛介》，清道光十一年（1831 年）刻本。

② 张怡：《玉光剑气集》第 27 卷，《列女》，中华书局，2006，第 963 页。

③ 冯金伯：《国朝画识》第 11 卷，《高风翰》，清道光十一年（1831 年）刻本。

④ 郑燮：《郑板桥集》，《板桥润格》，上海古籍出版社，1979，第 184 页。

这则榜文堪称中国稿费史上的一大奇观。它主要强调了三个方面的内容：一是为各类字画明码标价；二是强调润笔以“白银为妙”，拒收实物，但书画例外；三是申明不许讨价还价，更不许赊欠。分析郑板桥此举背后的动机，一方面是因为当时找他求字画的人很多，郑板桥不胜其烦，自订润笔条例并公布于众，可以摆脱那些庸俗之人索取书画的纠缠；另一方面他言明要现银，拒绝攀亲免费作书画，或作无聊闲谈，盖因其时生活来源已完全依靠润笔收入了。

图7－1　扬州八怪之一郑板桥画像

关于清人润笔的形式，虽然文人们大多愿意要现银，但实际生活中往往是银钱与实物兼存，这和前代的做法是一脉相承的。李斗《扬州画舫录》为我们记录了清人润笔的两则例子：“施胖子，山阴人，始从继父学写真，兼画美人，居扬州小秦淮客寓。凡求其画美人者，长则丈许，小至半寸，皆酬以三十金，谓之‘施美人’；同时杨良，字白眉，工画驴。一驴换牛肉一觔，谓之‘杨驴子’。”① 这两位画家，一位要钱，一位要牛肉。现实生活中作为润笔的实物形式还有很多，如有人与郑燮一样，喜欢别人送字画作润笔，据《古夫于亭杂录》载：“华阴王伯佐（宜辅）来求其父山史（弘撰）墓铭，以文五峰画《骊山图》润笔。”② 还有人喜欢以花木作润笔，如吴绮，字园次，顺治间以贡生荐授弘文院中书舍人，升兵部主事，“出知湖州府，有吏能。人谓其多风力，尚风节，饶风趣，称为‘三风太守’。未几，罢归。贫无田宅，购废圃以居。有匄诗文者，以花木润

① 李斗：《扬州画舫录》第2卷，《草河录下》，江苏广陵古籍刻印社，1984，第47页。
② 王士禛：《古夫于亭杂录》第3卷，《骊山吊古图》，中华书局，1988，第69页。

笔，因言其圃曰‘种字林’。”① 有的文人作品传播到海外，润笔物则变成了海产品，如乾隆间画家张莘，号秋谷，工山水花卉，“尝作画百幅，乘海舶散布海东诸国，夷人有得之者，珍为至宝，亦以海物为润笔。”②

清代润笔的多寡也因人而异，常常相差悬殊。一般来说，名气越大的作家润笔费也越高，如号称“当代文章伯”的钱谦益（字受之，号牧斋、蒙叟、东涧老人、虞山宗伯等），他的润笔费就很高。据金埴《不下带编》载：“近代海内求文者，自弇州大泌（笔者注：即明人李维桢）后，则虞山宗伯也。宗伯文价既高，多与清流往来，好延引后进。凡中朝衣冠，不远千里，行縢修繄，丐作隧石之词，寿幢之序，为其亲光荣者，络绎门下。有故人子远来求援，公命少俟，曰：‘润毫至，丰啬尽，以贶子，可归矣。’适一帅具百金请序，公尽与之。其人失金于途，去复来，乃获三百金，则其盛何减于古人。”③ 但正是由于他为人慷慨，晚年又重病缠身，以至于穷困潦倒，颇为身后丧葬事犯愁。不过他有自己的办法，那就是卖文赚钱。据王应奎《柳南随笔》载：“东涧先生晚年甚贫，专以卖文为活。甲辰夏卧病，自知不起，而丧葬事未有所出，颇以为身后虑。适鹾使顾某求文三篇：一为其父云华墓志，一为云华诗序，一为《庄子注》序，润笔千金。先生喜甚，急倩予外曾祖陈公金如代为之。然文成而先生不善也。会余姚黄太冲来访，先生即以三文属之。太冲许诺，而请稍稽时日。先生不可，即导太冲入书室，反锁其门。自晨至二鼓，三文悉草就。先生使人以大字誊真，从枕上视之称善，乃叩首以谢。越数日而先生逝矣。”④ 钱谦益晚年仍有人以1000两白银请他写一篇碑志和两篇序文，但此时他已病入膏肓，不能亲自操笔，请人代作又不满意，恰巧这时大名士黄宗羲来访，钱即嘱其代作三文。也正是靠了这三篇文章的润笔银，钱谦益才得以体面地安排身后事。名重一时的大才子袁枚，卖文润笔积蓄万金，在南京造“随园”，以笔代耕。有一次，淮扬盐商安麓村重刻孙过庭《书谱》时曾请其题跋，袁枚仅书“乾隆五十七年某月某日随园袁某印可，时年七十有七”22字，即获酬二千两白银（事见徐珂《清稗类钞·鉴赏》），几乎一字百金。当然，在特定场合下，润笔费也可以达到令人瞠目的高价，如有一副对联就卖到过1000两银子。据丁柔克《柳弧》言：“纯庙（即乾隆帝）将至金山，江苏官绅无不争先恐后挂对上匾，欲御一览，

① 赵尔巽：《清史稿》第484卷，《陈维崧传》，中华书局，1977，第13342页。

② 钱泳：《履园丛话》第11卷，中华书局，1979，第304页。

③ 金埴：《不下带编》第2卷，中华书局，1982，第30页。

④ 王应奎：《柳南随笔》，《续笔》第3卷，《卖文》，中华书局，1983：180。

则不胜荣幸。一名士见一观察曰：‘君如能送我千金，我做一联，若不蒙御览，千金情愿奉璧。如蒙御览，君勿失信。’观察喜诺之。果蒙上赏，并首肯者再。其联曰：‘东去江流无昼夜，南来山色有春秋’十四字也。名士得金后，有人问之：‘何以知其必蒙赏鉴？’名士曰：‘君等不留心耳。夫圣上万岁，况警跸尊严，虽游观之乐，必取其简易明显者观之。若做长联，再咬文嚼字，那有工夫细细看之讲之，如看书然？吾以七字，再大书之，白底黑字，一览无余，对文再佳，未有不蒙首肯者也。’”① 与名士相比，下层文人的稿酬则要低得多。《坚瓠集》引《秋水涉笔》举了个“一字一文钱”的润笔例子：“有善诗者出一帖云：‘求诗者一文作一字。’一妓将十七文求诗，遂咏曰：‘美貌一佳人，妖娆体态新。调脂并傅粉，观音。’有一和尚而以十六钱求诗，亦咏曰：‘和尚剃光头，葫芦安个柄，睡到五更时，硬。’”② 这种迎合社会底层低俗文化的诗作，其稿酬也不可能太高。

清代润笔的社会化和商业化与文人观念的进一步开放有密切关系。明末清初，顾炎武在《日知录》中对历代文人收取润笔的现象尚有所非议，但清代中期的陆继辂却提出了不同的看法：“文士卖文，与田家卖谷、蚕女卖丝一也，而顾亭林极言其不可。昔王仲舒为郎中，语其友马逢：‘贫不可堪，何不寻碑志相救？’吾意此君必廉介之士，故无他生活而计出于此。若并此诋之，是责陈仲子不当食螬余之实矣。”③ 被顾炎武嘲讽赚取润笔的王仲舒，在陆继辂看来却是“廉介”之士，因为他是靠自己的劳动维持生计。文艺作品与稻谷、丝绸虽有精神与物质的属性之分，但当它们被拿来交换时，却都是劳动产品，并无本质区别。陆继辂将文人卖文与农夫卖谷、蚕女卖丝的性质等同看待，的确是清代文人观念的一大进步。《不下带编》的作者金埴生活于康乾时期，他有一位“祖舅”（即父亲的舅父），名叫马允璜，“隐居嗜学，甚有文章。尝曰：‘鬻文为活，志士所羞。’”对此，金埴分析道：“古来于润笔之典最重。盖馈者固未尝敢轻，而受者亦不以为忝，见古人之于文事如此其不苟也。今则不然，高才视若恒人，奇文不逢识者，无论金帛之投，杳不可得，即区区餔餟，亦不易图矣！何怪乎文士之愈困哉？”④ 针对前文提到的倪永清卖文不惜“窜易以代

① 丁柔克：《柳弧》第4卷，《一联千金》，中华书局，2002，第254页。

② 褚人获：《坚瓠集》，《癸集》第2卷，见《清代笔记小说大观（二）》，上海古籍出版社，2007，第1466页。

③ 陆继辂：《合肥学舍札记》第11卷，《作文润笔》，清光绪四年（1878年）刻本。

④ 金埴：《不下带编》第2卷，中华书局，1982，第31页。

成其名者”的举动，刘廷玑也表示了理解：“盖名士多穷，借此卖文自给。为贫所使，情亦可原。然迩来比比皆然，抑不独一永清也。”① 为了多得润笔，有的文人不惜谀墓中人，如赵翼就在《瓯北集》中亲口承认：“有客忽叩门，来送润笔需。乞我作墓志，要我工为谀。言政必龚黄，言学必程朱。吾聊以为戏，如其意所须。补缀成一篇，居然君子徒。核诸其素行，十钧无一铢。此文倘传后，谁复知贤愚？或且引为据，竟入史册摹。乃知青史上，大半亦属诬。”② 作为史学家的他，非常清楚夸大其辞的碑志对后世造成的恶劣影响，但他还是把一个素日“十钧无一铢”的常人，写成了一个“君子徒”，主要原因还是为了得到那笔丰厚的润笔费。而有的文人为了改善生存环境，甚至学会了商业炒作，如黄均，字谷原，苏州元和人，家贫性慧，工诗文，尤工于画，“乾隆间苏州织造某公爱其画，荐之入京，充内廷如意馆供奉，所进画极称上意，屡椅金绮之赐，每日享大官盛馔。一日复请假归，所携囊中金旋即挥霍散尽。其妻忧之，叹曰：‘有如此际遇，弃之归，诚可惜也。妾无望矣。’抑郁而死。谷原亦困甚，遂附粮艘，再游京师。维时物换星移，无引之者，势不能再入内廷。有同乡蒋竹亭者，在如意馆效力，见其困甚，令其为代笔。之友镇曰：‘握管日仅酒一壶、银五钱而已。’有怜之者曰：‘今日诗人法梧门先生集名士于法源寺看花，君携画笔往，必有所遇。’谷原然其言，次日到寺，果晤诸名士，以所画呈阅，果邀鉴赏。一登龙门，身价十倍，由是润笔渐丰，衣履亦渐华美。”③ 黄均在困境中听从他人建议，利用在法源寺拜会京城名士的机会，将自己及其画作打入上层文人的圈子，从而使自己的身价倍增，润笔费也得以大幅提高。这与现在的商业炒作手法颇为类似，是清代文人商业意识显著增强的表现。

正是由于观念的开放和变化，清代文人在润笔的问题上大多持比较认真的态度，如前文提到的郑板桥公开自己的润笔价码，就是主动维护自己权益的行为。清末的李伯元也曾仿照他的做法，在《世界繁华报》等报纸上多次刊登过《李伯元的书画润例》，其中有“书例：纨折扇每面五角，楹联四尺一元，五尺一元五角，六尺二元，八尺四元，长联撰句另议，堂幅与楹联同润，屏幅每条照楹联折半；以上金笺均加倍。篆隶兴到下笔，不能预定。画例：纨折扇与书例同；素绢小堂幅每尺一元；大件鲜暇不应。

① 刘廷玑：《在园杂志》第2卷，中华书局，2005，第82页。

② 赵翼：《瓯北集》第10卷，《后园居诗》，上海古籍出版社，1997，第197页。

③ 张培仁：《静娱亭笔记》第11卷，《黄谷原》，清刻本。

件交本馆账房，五日取件。"① 而对于故意拖欠或不付润笔的，文人用自己特有的方式维护自身利益，如金埴《不下带编》载："里有董、张二君，一以书，一以绘，名于时，而居相比邻。某以鹅酒饷里人，独不及二君，而乞书、乞绘不已。或题诗于两家之壁云：'绘壁沙门百瓮酒，写经道士一笼鹅。无鹅无酒求书画，徒惹沙门道士诃。'某见之，大惭，遂不再乞。嗣后有不持润毫代鹅酒而渎求书画文咏者，人辄诵此诗以为笑枋。"② 还有的学者因为求文的人太多，不胜应付，故意抬高润笔费的价码，使求文者知难而退。俞樾就是这样一位学者。他在《茶香室丛钞》中说："文士卖文，固亦不伤风雅，如东坡先生者，真令人起敬矣。余从前作文，不受润笔，后以虚名流播人间，求者无虚日，不得已自定章程，不满千字者银五十两，千字以上者银百两。虽违老而戒得之明训，实亦病而求息之苦心也。戏赋一诗云：'公鼎侯碑价不赀，如余謭陋岂相宜。只缘窃据名山席，遂使争求下里词。敢以再三心厌倦，奈因七十力衰羸。詅痴虽有高人笑，此意区区或谅之。'"③

晚清废除科举制以后，传统读书人突然失去了人生奋斗目标，为了解决现实出路问题，一批文人开始转向文学创作或编辑出版的道路。他们以知识积累、文学想象力、写作技巧等智力资源为谋生资本，以写作或编辑为职业，形成了一个专以卖文为生的职业群体。这个文人群体在实现自身价值的同时，也推动了中国近代稿酬、版税制度的建立。

第三节 中国古代稿酬的特点

综上所述，中国古代稿酬是伴随着知识私有化观念出现的，它的发展实质上就是中国自战国末期至晚清以来知识产品的商品化过程。在这个漫长的过程中，中国古代稿酬表现出以下几个特点。

第一，中国古代润笔是官、私两条主线并行发展的，而最终由民间润笔完成了商业化过程。官方性质的润笔发端于封建社会初期的养士制度，后继之以史官和翰林制度。它是由官方主动倡导，通过功名利禄等手段来笼络文士，或修书修史，或起草诏制，士大夫通过自己的知识劳动获得俸

① 魏绍昌编《李伯元研究资料》，《李伯元的书画润例》，上海古籍出版社，1980，第440页。

② 金埴：《不下带编》第1卷，中华书局，1982，第14页。

③ 俞樾：《茶香室丛钞》，《四钞》第12卷，《东坡不受润笔》，中华书局，1995，第1666页。

禄以外的收入。不过，这种收入是以朝廷恩赏的形式出现的，数额和形式比较随意。宋太宗时期曾经降诏刻石“立润笔钱”，一度形成了官方的润笔制度，后虽因元丰改制时官俸有所增加而被取消，但给文官学士润笔的做法却一直沿袭了下来；民间性质的润笔则缘于社会交际和应酬的需要，如为逝者撰碑铭，为生者作序跋，歌功颂德，迎来送往，与官方并行不悖。民间润笔的数量一般随作者名气水涨船高，但也存在一定的随意性。唐宋以后，民间润笔的商业性质日趋浓厚，特别是明清以后，传统知识产品基本实现了商品化，润笔也最终发展为近代稿酬制度。而相形之下，官方对润笔的态度却显得消极无为，未能对润笔持续制度化。

第二，中国古代润笔的形式经历了以物为主钱为辅、钱物并重、以钱为主物为辅的三个阶段。大致以南北朝为界，此前润笔形式多以物为主，如秦国吕不韦给食客们分发的衣食酒肉、汉代司马相如作《大人赋》所得的锦缎、魏晋之际的陈寿向丁氏父子索要的“千斛米”、东晋王羲之以写就的一副《道德经》换得的一群鹅、南齐王智深撰《宋纪》所得的衣服和宅第、北齐李德林为郑播宗等七百余人作文所得的数百匹缣布，等等。而付给现钱只是一种辅助手段。隋唐五代至宋元时期，润笔形式则是钱、物并重。官方润笔多以钱为主（如前文所述，唐代的绢帛在当时是当做一种特殊的货币来流通的），而民间润笔形式则以带有个人感情色彩的物较为常见，如文房用具、字画、舆马、腰带、茶叶、酒食等，甚至还有女婢。明清以后，润笔的形式逐渐偏向以钱为主、物为辅，如清代的郑板桥就公开声称“凡送礼物食物，总不如白银为妙”。中国古代润笔形式由物向货币的转变，实质就是知识产品商品化的过程。

第三，中国古代文人在润笔问题上存在截然不同甚至对立的态度，文人传统的义利观必然在商品经济意识的冲击下面临分化和割裂，虽然历朝历代都有文人坚守知识分子的清誉而拒收润笔，但历史发展的主流是逐渐接受和采纳商品经济意识。而且，从润笔的支付者与接受者（即诗文书画市场的买卖双方）的关系来看，也经历了这样一个发展过程：首先是文艺消费者向文人索要诗文书画，并以若干润笔钱物示谢；继而发展到文人的商品经济意识初步觉醒，对自己的身价有一定的估价，并与消费者讨价还价；最后完全将自己的作品视同商品，自制稿酬标准。这是文人维护自我权益意识不断觉醒的过程，而这个过程与润笔形式由物向货币转变的过程是同步的。

第四，中国古代润笔的存在对于推动中国历代文化创作活动的发展、促进中华文化的繁荣发挥了独特和不可替代的作用。古代润笔在大多数历史时期虽然没有严格规范的形式，也没有明确的数额规定，但它无疑在很大程度上保障和改善了相当一部分知识分子的生活状况，为他们从事智力创作并最终从社会分工中分离出来、实现职业化创作提供了重要的经济基础。同时，也为中华民族留下了数以千万计的宝贵的文献资料及文艺珍品。从这个意义上讲，中国古代的润笔客观上起到了保护古代著作权（主要是作者的财产权利）的作用，鼓励了文化创新。

第八章　中国古代图书著作权的学术性保护

如前所述，尽管在先秦两汉时期已经出现作品署名和作文受谢现象，有了著作权意识的萌芽，但这种意识是蒙昧的，表现在文献的形成和传播过程中，人们可以比较随意地改编（编述和抄纂）他人的作品，也较能容忍作伪和抄袭行为，对复制和传播他人著作以获取经济利益的做法不以为意。这说明，当时的人们虽然有了著作权意识的萌芽，但这仅仅是作品与作者归属关系的明晰（有时也涉及润笔之类的财产关系），而没有进一步明确对作者精神权利和财产权利的诉求。虽然客观上产生了原始的著作权关系，但还没有形成一种普遍受制约的社会规范。这与中国古代特有的社会文化背景、传播技术不发达，以及商品经济没有发育成型有关。当时作者创作的主要目的是传播自己的学说和思想，而不是通过作品的传播使自己获得经济利益，这也是由传播技术落后的历史条件决定了的。在雕版印刷技术还没有发明和普及以前，作品的传播主要是通过手工誊抄这种费时费力的的方式，作品不可能大范围传播，加之商品经济不发达，作者难以通过控制作品的使用和复制获得经济利益。然而，这并不影响作者对作品精神权利的主张，因为手抄式地传播作品可能存在人为损害作品内容真实性和完整性的情况，如笔误、歪曲、篡改等。这就是自先秦两汉以来，历代学者都非常重视典籍整理的原因。校勘、辨伪、辑佚等学术活动的盛行，客观上维护了作品的真实性和完整性，保护了作品的原始面貌，体现了对原作者的尊重。

第一节　校勘对著作内容准确性的保护

文献在传抄、翻刻等流传过程中，由于眼讹手误，总是难免会偏离文献的原始面貌。所谓校勘，是指将同一种书的不同版本或与该书有引证关系的其他图书资料搜罗在一起，审定篇章，考订文字，较其异同，定其是非，力求准确地恢复古书原貌的一种文献整理方法。历史上的校勘方法大致可分为两大类，清人叶德辉将它归纳为“死校法”和“活校法”。所谓“死校法”，只校异同，即把同一文献的不同版本中的各种差异校理清楚并罗列出来；而“活校法”则不仅校异同，还要订正谬误，又包括定底本之是非、定立说之是非等。今人陈垣通过校勘《元典章》，总结出对校法、本校法、他校法、理校法，成为后世普遍认可和适用的四种基本校勘方法。

一　先秦的校勘

中国古代的校勘活动可以追溯到先秦时期。关于校勘的最早记载，见于《国语·鲁语》。鲁国大夫闵马父说："昔正考父校商之名颂十二篇于周太师，以《那》为首。"① 正考父是周宣王时期宋国戴公的大夫，为孔子七世祖，生活在公元前9世纪至前8世纪初，由此可见我国古籍校勘历史之久远。

春秋时期的孔子也有过一个非常著名的校勘例子。据《春秋·昭公十二年》："齐高偃帅师纳北燕伯于阳。"这句话很让人费解。《公羊传》注解说："'伯于阳'者何？'公子阳生'也。子曰：'我乃知之矣。'（何休《解诂》：'子'，谓孔子。'乃'，乃是岁也。时孔子年二十三，具知其事，后作《春秋》。案史记，知'公'误为'伯'，'子'误为'于'，'阳'在，'生'刊灭阙。）在侧者曰：'子苟知之，何以不革？'曰：'如尔所不知何？（《解诂》：此夫子欲为后人法，不欲令人妄臆错）。"② 孔子明知"伯于阳"乃"公子阳生"之误，但为了慎重和让后人引以为戒，才没有径自改正。孔子的弟子子夏也曾校正史书中的错误。据《吕氏春秋·慎行论·察传》载："子夏之晋，过卫，有读史记者，曰：'晋师三豕过河。'子夏曰：'非也，是己亥也，夫己与三相近，豕与亥相似。'至于晋而问之，则曰：'晋师己亥涉河也。'"③

二　两汉的校勘

汉代校勘活动比之先秦就更为普遍了。可考的官方大规模的校勘活动就有七次④：第一次是汉初萧何、韩信等参加的校勘活动；第二次是汉武帝时"置写书之官"引发的校勘活动；第三次是汉成帝河平三年（前26年）刘向等人的校勘活动；第四次是东汉初班固、傅毅等人参与的校勘活动；第五次是汉安帝永初四年（110年）刘珍、刘驹、马融等参与的校勘活动；第六次是汉顺帝永和元年（136年）伏无忌、黄景等参与的校勘活

① 左丘明著，鲍思陶点校《国语》，齐鲁书社，2005，第105页。

② 何休注，徐彦疏《春秋公羊传注疏》，上海古籍出版社，1990，第281页。

③ 吕不韦著，高诱注《吕氏春秋》，中华书局，1954，第294页。

④ 曹之：《中国古籍版本学》，武汉大学出版社，2007，第47页。

动；第七次是汉灵帝熹平四年（175 年）蔡邕、杨赐、张训等参与的校勘活动。以上七次大规模的文献校勘活动，尤以第三次刘向和第七次蔡邕等校书值得一提。

据《汉书·艺文志》载："成帝时，以书颇散亡，使谒者陈农求遗书于天下。诏光禄大夫刘向校经传诸子诗赋，步兵校尉任宏校兵书，太史令尹咸校数术，侍医李柱国校方技。每一书已，向辄条其篇目，撮其指意，录而奏之。"① 由刘向主持的这次校勘活动开创了文献整理工作的一般规程，包括收罗版本、定取书名、条别篇章、校勘文字、撰写叙录、编次目录等六个环节。汉宣帝时，授《尚书》者有欧阳生、大小夏侯氏（夏侯胜、夏侯建）立于学官。古文《尚书》者，出孔子壁中。"刘向以中古文校欧阳、大小夏侯三家经文，《酒诰》脱简一，《召诰》脱简二。率简二十五字者，脱亦二十五字，简二十二字者，脱亦二十二字。文字异者七百有余。脱字数十。"② 他校诸子书，也多纠正文字错误，如指出《战国策》"本字多误脱为半字，以'趙'为'肖'，以'齊'为'立'"；《晏子》书中"以'夭'为'芳'，'又'为'備'，'先'为'牛'，'章'为'长'"；《列子》"或字误，以'盡'为'進'，以'贤'为'形'"，等等。应该说，刘向等通过文献的校勘整理，在恢复先秦古籍原貌方面作出了重要的历史性贡献。

又据《后汉书·蔡邕传》载，东汉灵帝建宁三年（170 年），召拜蔡邕为郎中，校书于东观。"邕以经籍去圣久远，文字多谬，俗儒穿凿，疑误后学。熹平四年（175 年），乃与五官中郎将堂溪典、光禄大夫杨赐、谏议大夫马日磾、议郎张训、韩说、太史令单飏等，奏求正定《六经》文字，灵帝许之。"蔡邕等将经书（计有《周易》《尚书》《诗经》《仪礼》《春秋》《春秋公羊传》和《论语》）逐一进行校勘，其方法也是广采当时立于学官的今文学派各家的本子，选其中一种作为底本，将其他各家本子上不同的文字作附注于书后，如《诗经》用鲁诗，有齐、韩两家异字；《公羊传》用严氏本，有颜氏异字。校勘完之后，一律用当时通行的汉隶丹书于石碑之上，立于太学门外，供儒林士子抄写誊录。他们或用手抄写，或用捶拓的方法揭取印本，"观视及摹写者，车乘日千余辆，填塞街陌"③，可谓盛况空前。《熹平石经》的刊刻，其目的是纠正俗

① 班固：《汉书》第 30 卷，《艺文志》，中华书局，1962，第 1701 页。
② 班固：《汉书》第 30 卷，《艺文志》，中华书局，1962，第 1706 页。
③ 范晔：《后汉书》第 60 卷下，《蔡邕传》，中华书局，1965，第 1990 页。

儒穿凿附会和臆造别字，用官定正本的形式来规范文本的内容，使得天下读书人有了标准的范本，避免文本的混乱和文字的讹误，这在客观上起到了保护经书内容的作用。

除了以上规模较大的校勘活动外，在汉代档案典籍藏书之所——兰台和东观，校勘是一项经常性的工作。东汉明帝永平五年（62 年），班固任兰台令史，奉诏撰《世祖本纪》及诸传记。与他一同奉诏修史的还有睢阳令陈宗、长陵令尹敏、司隶从事孟异等。刘复、杨终、傅毅、贾逵、孔僖、李尤等人都曾任兰台令史，在修史的同时都从事过文献的校勘整理工作。章帝、和帝以后，东观收藏渐盛于兰台，修史即移入东观。东观除了收藏图书和撰修国史之外，校订史籍也是其主要职责之一。杨终、贾逵、高彪、王逸曾任校书郎中，也都参与了校勘活动。

汉代民间校书则以郑玄为代表。清人段玉裁《经义杂记序》曾这样评价他："校书何放乎？放于孔子、子夏。自孔、卜而后，成帝时刘向、任宏、尹咸、李柱国各显所能。向卒，歆终其业。于是有雠有校，有竹有素，益綦详矣。而千古大业，未有盛于郑康成者也。"① 郑玄在整理《周易》《尚书》《毛诗》《礼仪》《论语》《孝经》等书的过程中，"囊括大典，网罗众家，删裁繁诬，刊改漏失"②。试看下例，《礼记·乐记》有这样一大段文字：

> 爱者宜歌《商》，温良而能断者，宜歌《齐》。夫歌者，直己而陈德也，动己而天地应焉，四时和焉，星辰理焉，万物育焉。故《商》者，五帝之遗声也。宽而静、柔而正者，宜歌《颂》；广大而静、疏达而信者，宜歌《大雅》；恭俭而好礼者，宜歌《小雅》；正直而静、廉而谦者，宜歌《风》。肆直而慈爱。

郑玄注云："此文换简失其次。'宽而静'宜在上；'爱者宜歌商'，宜承此下行，读云'肆直而慈爱者宜歌商'。商，宋诗也。"再看下句："商之遗声也，商人识之，故谓之《商》；齐者，三代之遗声也，齐人识之，故谓之《齐》。"郑玄注云："'商之遗声也'，衍字也；又误。上所云'故商者，五帝之遗声也'，当居此衍字处也。"③ 按照郑玄的校改意见，以上两段文字应该还原为；

---

① 段玉裁：《经韵楼集》第 8 卷，《经义杂记序》，上海古籍出版社，2008，第 188 页。

② 范晔：《后汉书》第 35 卷，《郑玄传》，中华书局，1965，第 1213 页。

③ 郑玄注，孔颖达正义《礼记正义》，上海古籍出版社，2008，第 1563 页。

宽而静、柔而正者，宜歌《颂》；广大而静、疏达而信者，宜歌《大雅》；恭俭而好礼者，宜歌《小雅》；正直而静、廉而谦者，宜歌《风》。肆直而慈爱者，宜歌《商》；温良而能断者，宜歌《齐》。故商者，五帝之遗声也，商人识之，故谓之《商》；齐者，三代之遗声也，齐人识之，故谓之《齐》。①

如此一来，则文从字顺，义无隔阂，原意大明。郑玄以校勘恢复古籍旧貌之功可见一斑。校勘活动自先秦两汉以来，历代相沿不绝，其目的都是为了弄清文献的本来面目，以反映作者的真实思想，客观上是对作者精神权利的保护。

三　魏晋南北朝的校勘

魏晋时期官方有三次重要的校勘活动值得一提：一是魏明帝时，秘书郎郑默曾“考核旧文，删省浮秽”②，在此基础上编制了官府藏书目录《中经》；二是西晋荀勖“俄领秘书监，与中书张华依刘向《别录》，整理记籍”③；三是荀勖与束皙等人对汲冢竹书进行了校订整理，并编制了目录。这批竹书是从战国时期魏襄王的墓冢中发掘出来的，包括《竹书纪年》《穆天子传》等16种书。为保护古书内容，“武帝以其书付秘书校缀次第，寻考指归，而以今文写之”④。荀勖、束皙等人参照魏正始年间刻的《三体石经》，将这批竹书从古籀书翻译成今文隶书，然后转录在黄纸上。他们不仅如实记录其内容，还在抄写时保留了竹简书原有的款式。这是尊重历史的一种态度。经过当时诸儒的努力校理，埋在地下近六百年的珍贵文献得以重见天日，不能不说这是校勘史上的一件盛事。

南北朝社会动荡，但官方整理典籍却一直不断。刘宋间，秘书丞殷淳、谢灵运、王俭都先后在秘阁校订坟籍。齐沈约也曾在东宫“校四部图书”⑤。梁任昉任秘书监，时“秘阁四部，篇卷纷杂”，他“手自雠校，由是篇目定焉”⑥。北魏孙惠蔚入东观，曾上疏曰：“臣今依前丞臣卢昶所撰

① 张舜徽：《郑学丛著》，华中师范大学出版社，2005，第44页。

② 房玄龄：《晋书》第44卷，《郑默传》，中华书局，1974，第1251页。

③ 房玄龄：《晋书》第39卷，《荀勖传》，中华书局，1974，第1154页。

④ 房玄龄：《晋书》第51卷，《束皙传》，中华书局，1974，第1433页。

⑤ 姚思廉：《梁书》第13卷，《沈约传》，中华书局，1973，第233页。

⑥ 姚思廉：《梁书》第14卷，《任昉传》，中华书局，1973，第254页。

《甲乙新录》，欲裨残补阙，损并有无，校练句读，以为定本，次第均写，永为常式。其省先无本者，广加推寻，搜求令足……今求令四门博士及在京儒生四十人，在秘书省专精校考，参定字义。"① 北齐天保七年（556年），诏令樊逊、高乾和、马德敬等12人校定群书，以供皇太子阅读用。北周明帝宇文毓幼而好学，博览群书，即位之初，就"集公卿已下有文学者八十余人于麟趾殿，刊校经史"②。这些校书活动，客观上都是对古代文献的恢复和保护。

图8－1　西晋永宁二年（302年）青瓷对书俑

而在民间，以西晋的杜预和北齐的颜之推为私家校书的代表。杜预的校勘学成就，主要体现在《春秋经传集解》中。他依据历法知识和《春秋》《左传》的通例，校勘出经传文字不少误字、脱字和错讹，如襄公九年传文："十二月癸亥，门其三门。闰月戊寅，济于阴阪，侵郑"③，杜注曰："以长历参校上下，此年不得有闰月戊寅。戊寅是十二月二十日。疑'闰月'当为'门五日'。'五'字上与'门'合为'闰'，则后学者自然转'日'为'月'。晋人三番四军，更攻郑门，门各五日。晋各一攻，郑三受敌，欲以苦之。癸亥去戊寅十六日。以癸亥始攻，攻辄五日，几十五日，郑故不服而去。明日戊寅，济于阴阪，复侵郑外邑。"④ 颜之推在校勘图籍的实践中，除了运用一般的版本比较的方法，还摸索出不少新方法。

① 魏收：《魏书》第84卷，《孙惠蔚传》，中华书局，1974，第1853页。
② 令狐德棻：《周书》第4卷，《明帝纪》，中华书局，1971，第60页。
③ 杜预集解《春秋经传集解》，《襄公九年》，上海古籍出版社，1988，第855页。
④ 杜预集解《春秋经传集解》，《襄公九年》，上海古籍出版社，1988，第858页。

比如，他首创用出土文物及碑刻校勘误字。据《史记·秦始皇本纪》载，始皇二十八年琅玡石刻有“丞相隗林”字样，颜之推据隋开皇二年（582年）出土的秦时铁称权上的铭文，指出“隗林”应该是“隗状”。他在《书证》篇中说：“开皇二年五月，长安民掘得秦时铁称权，旁有铜涂镌铭二所。其一所曰：‘廿六年，皇帝尽并兼天下诸侯，黔首大安，立号为皇帝，乃诏丞相状、绾，法度量则不壹嫌疑者，皆明壹之。’凡四十字。其一所曰：‘元年，制诏丞相斯、去疾，法度量，尽始皇帝为之，皆□刻辞焉。今袭号而刻辞不称始皇帝，其于久远也，如后嗣为之者，不称成功盛德，刻此诏□左，使毋疑。’凡五十八字，一字磨灭，见有五十七字，了了分明。其书兼为古隶。余被敕写读之，与内史令李德林对，见此称权，今在官库；其‘丞相状’字，乃为状貌之‘状’，爿旁作犬；则知俗作‘隗林’，非也，当为‘隗状’耳。”[①] 他还根据古汉语语法来发现文献中文字的脱漏及衍文，从字形的发展的讹变来校勘误字，《颜氏家训》至今仍保留了许多精到的校勘例子。而他提出的“观天下书未遍，不得妄下雌黄”[②]，更是为后世校勘者引为经典之论。

四　隋唐五代的校勘

隋代历时不长，但也有过三次较大规模的图书编校活动。第一次是在开皇九年（589年）晋王杨广统兵灭陈之后，收陈图籍，隋文帝立即组织人员着手总集编次，又将全国工书之士召集到秘书省补续残缺。经整理后的藏书，分别抄写正副二本，藏于宫中，其余的充实到隋初的官藏秘书内外三阁。第二次是开皇十七年（597年），许善心除秘书丞，“奏追李文博、陆从典等学者十许人，正定经史错谬。”[③] 又挑选一些优秀的书法人员如韦霈、杜頵等，在秘书省做补续残缺的工作，王劭最后在此基础上编成《隋开皇二十年书目》。第三次是大业元年（605年）隋炀帝诏令柳顾言领导的一次规模最大的编校活动，在隋建国以来所收集的书籍的基础上，挑选配备一套质量最高的标准本即正御书，编成《隋大业正御书目录》，并招募天下工书之士，以正御书为底本重新抄写50副本分置各处。这是对前代文献的系统整理和保护。

---

① 颜之推撰，王利器集解《颜氏家训集解》第6卷，《书证》，上海古籍出版社，1980，第415页。

② 颜之推撰，王利器集解《颜氏家训集解》第3卷，《勉学》，上海古籍出版社，1980，第219页。

③ 魏徵等：《隋书》第58卷，《许善心传》，中华书局，1973，第1427页。

入唐后，文献典籍整理的总体倾向是注重训诂和疏解，但官方较大规模的校书也有四次：第一次自贞观二年（628 年）始，魏徵“迁秘书监，参预朝政。徵以丧乱之后，典章纷杂，奏引学者校定四部书”[①]，数年之间，秘府图籍，粲然毕备。接着贞观四年（630 年），太宗以经籍去圣久远，文字讹谬，诏令颜师古于秘书省考定《五经》，并颁其所定之书于天下。后又命孔颖达、颜师古、司马才章等人编写五经义疏，定名为《五经正义》，作为钦定的教科书颁行天下。第二次自唐开元三年（715 年）始，为编《群书四部录》，由褚无量、马怀素、元行冲等主其事，卢僎、陆去泰、王择从、徐楚璧、韦述、殷践猷、王惬、余钦、毋煚、刘彦真、王湾、刘仲丘等参与校理，至开元九年（721 年）而成。第三次为唐贞元间，经安史之乱后，集贤院藏书多散佚，秘书少监陈京“在集贤奏秘书官六员隶殿内，而刊校益理，纳资为胥而仕者罢之。求遗书，凡增缮者，乃作艺文新志，制为之名曰《贞元御府群书新录》”[②]。第四次自唐太和元年（827 年）始，郑覃以经籍讹谬，博士浅陋不能正，乃组织人力加以勘正，并于开成二年（837 年）刻成石经颁布于世，这就是历史上有名的“开成石经”。其间郑覃侍讲禁中，又“以经籍道丧，屡以为言。诏令秘阁搜访遗文，日令添写。开成初，四部书至五万六千四百七十六卷”[③]。

五代时期则由国子监重点对经书作了校勘整理。后唐长兴三年（932 年）二月始，为了雕镌《九经》印板，“命国子监校正《九经》，以西京石经本抄写刻板颁天下。四月，命马缟、陈观、田敏详勘。周广顺三年（953 年）六月丁巳，《十一经》及《尔雅》《五经文字》《九经字样》板成，判监田敏上之。”[④] 后汉在此基础上，又集学官校勘了《周礼》《仪礼》《公羊》《谷梁》四经，并镂板印行。监本群经校勘并印行之后，刻印解释群经音义的《经典释文》也就自然提上了日程。后周显德二年（955 年）二月，“中书门下奏：‘国子监祭酒尹拙状称：准敕校勘《经典释文》三十卷，雕造印板，欲请兵部尚书张昭、太常卿田敏同校勘。’敕：‘其《经典释文》已经本监官员校勘外，宜差张昭、田敏详

---

① 刘昫：《旧唐书》第 71 卷，《魏徵传》，中华书局，1975，第 2548 页。

② 柳宗元：《柳河东集》第 8 卷，《唐故秘书少监陈公行状》，上海人民出版社，1974，第 125 页。

③ 刘昫：《旧唐书》第 46 卷，《经籍志上》，中华书局，1975，第 1962 页。

④ 王应麟：《玉海》第 43 卷，《艺文》，江苏古籍出版社，1987，第 810 页。

校。’”[①]《玉海》亦载：“诏刻序录《易》《书》《周礼》《仪礼》四经释文，皆田敏、尹拙、聂崇义校勘。自是相继校勘《礼记》《三传》《毛诗音》，并拙等校勘。”[②] 由此可见，为保证校勘质量，《经典释文》的校勘经过了初校和详校两道程序，参与其事的有尹拙、张昭、田敏、聂崇义等。

五　宋元的校勘

宋代官方校书，以馆阁为主。所谓馆阁，即指三馆（昭文馆、集贤院、史馆）和秘阁。馆阁既是宋代的藏书之府，也是校书之所。既有专人各司其职，也有临时参与的非专职人员。凡为馆阁职事官、秘书省职事官，皆为专职校勘人员。馆阁选用专职校勘人员，多采用学士院试考的方法。如真宗大中祥符八年（1015 年）馆阁藏书毁于火灾，重新补写三馆秘阁书籍需要大量校勘人员，故“令吏部铨选幕职州县官有文学者赴三馆、秘阁校勘书籍。初，馆阁书籍以其夏延火，多复阙略，故命购本抄写。因命吏部取常选人状，先试判三节，每节百五十字以上，仍择可者，又送学士院试诗、赋、论，命入馆校勘。”[③] 北宋名臣大多是三馆出身，一般都主持或参与过编撰校勘事宜，如“嘉祐中，以太子中允王陶、大理评事赵彦若编校昭文馆书籍；国子博士傅卞编校集贤院书籍；杭州于潜县令孙洙编校秘阁书籍。其后又以太平州司法参军曾巩编校史馆书籍。六年，以洙为馆阁校勘，于是诏编校书籍供职，及二年得补校勘，盖自洙始。后吕惠卿、梁焘、沈括皆自编校为馆职。”[④] 馆阁还通过推荐、选举，临时任命一些学有所长的学者充任专职校勘人员，如南宋嘉熙二年（1238 年），隐居读书的布衣钱时山、成忠郎因学识出众，被时任左丞相的乔行简推荐选任为秘阁校勘。

宋代馆阁校勘图书的频率是前代官方校勘无法比拟的。据汝企和先生统计[⑤]，北宋馆阁校书总次数接近60 次，南宋校书也达18 次之多。而校勘图书的种类，也是遍及经史子集，尤以经书和史书居多。宋代馆阁大规模地校勘经书大致有 12 次，表 8 – 1 大致反映了两宋馆阁校勘经书的总体情况。

---

① 王溥：《五代会要》第 8 卷，《经籍》，上海古籍出版社，1978，第 129 页。

② 王应麟：《玉海》第 43 卷，《艺文》，江苏古籍出版社，1987，第 812 页。

③ 程俱撰，张富祥校《麟台故事校证》，中华书局，2000，第 286 页。

④ 程俱撰，张富祥校《麟台故事校证》，中华书局，2000，第 127 页。

⑤ 汝企和：《论两宋馆阁之校勘史书》，《史学史研究》2001 年第 1 期，第 56 – 65 页。

表 8－1　宋代馆阁经书校勘略览

北宋馆阁经书校勘略览				
次	校勘时间	校勘者	校勘书名	资料出处
1	建隆三年（962 年）至开宝五年（972 年）	崔颂、陈鄂、姜融、李昉、李穆、扈蒙等	《经典释文》	《玉海》卷三七《艺文》，《玉海》卷四三《艺文》
2	太平兴国二年（977 年）	陈鄂等 5 人	《玉篇》《切韵》	《玉海》卷四五《艺文》
3	太平兴国四年（979 年）至端拱二年（989 年）	句中正、吴铉、杨文举等	《雍熙广韵》	《宋史》卷二〇二《艺文志一》
4	雍熙三年（986 年）	徐铉、句中正、葛湍、王惟恭等	《说文》	《文献通考》卷一八九《经籍考》
5	端拱元年（988 年）至淳化五年（994 年）	崔颐正、孔维、李觉、李说、王炳、邵世隆、毕道升、胡迪、纪自成、李至等数十人	《五经正义》	《玉海》卷四三《艺文》，《宋史》卷四三一《崔颐正传》，《孔维传》，《李觉传》
6	至道二年（996 年）至咸平四年（1001 年）	李沆、杜镐、吴淑、崔渥佺、孙奭、崔颐正、邢昺、舒雅、李维、李慕清、王涣、刘士元等	《十二经注疏》	《玉海》卷四一《艺文》，《宋史·邢昺传》，《麟台故事》卷二中
7	景德二年（1005 年）	邢昺、杜镐等	《尚书》《论语》《孝经》《尔雅》	《玉海》卷四三《艺文》，《麟台故事》卷二中
8	景德四年（1007 年）	邱雍等	《切韵》（后更名为《大宋重修广韵》）	《玉海》卷四五《艺文》
9	大中祥符三年（1010 年）至六年（1013 年）	邱雍、陈彭年、吴锐等	《篇韵筌蹄》《准诏新校定玉篇》	《玉海》卷四五《艺文》《文献通考》卷一八九《经籍考》
10	大中祥符七年（1014 年）至天禧元年（1017 年）	陈彭年、冯元等	“《易》《诗》重刻板本”及“九经及《释文》有讹缺者”	《玉海》卷四三《艺文》

续表

南宋馆阁经书校勘略览				
次	校勘时间	校勘者	校勘书名	资料出处
11	绍兴六年（1136年）	朱震	《春秋经解》	《宋会要辑稿·崇儒五之三二》
12	淳熙元年（1174年）	不详	《淳熙礼部韵略》	《玉海》卷四五《艺文》

从表8-1可以看出，北宋时期馆阁校勘经书的规模较大，参与的学者众多，不但对经文本身反复校勘，而且对十二经的注疏进行了重点校勘，有的经义还反复多次校勘，表现出较强的连续性。而南宋小朝廷受社会局势的影响，校勘的次数明显减少，质量也大不如前。宋代官方对经书频繁而又反复地校勘，不仅仅是要恢复古籍的原貌，更是为了准确理解经典的内容，认知儒家经义的真意。从这个意义来讲，也是对前代先贤精神权利的尊重。

因"资治"之需要，宋代馆阁对史部书籍的校勘尤为热衷。据统计，两宋馆阁校勘史书共计21次，其中北宋12次，南宋9次。[①] 表8-2反映了两宋时期馆阁校勘史书的基本状况。

表8-2　宋代馆阁史书校勘略览

北宋馆阁史书校勘略览				
次	校勘时间	校勘者	校勘书名	资料出处
1	淳化五年（994年）七月始	杜镐、舒雅、吴淑、潘慎、朱昂等校《史记》；陈充、阮思道、尹少连、赵况、赵安仁、孙何等校《汉书》和《后汉书》	《史记》《汉书》《后汉书》	《宋会要辑稿·崇儒四之一》
2	咸平间	陈尧佐、周起、孙仅、丁逊、任随等	《史记》	《宋会要辑稿·崇儒四之一》

① 汝企和：《论两宋馆阁之校勘史书》，《史学史研究》2001年第1期，第56-65页。

续表

次	校勘时间	校勘者	校勘书名	资料出处
3	咸平三年（1000年）十月始	黄夷简、钱惟演、刘蒙叟、杜镐、宋皋、戚纶、董元亨、刘锴等校《三国志》；许衮、陈充、黄夷简、杜镐、戚纶、刘锴等校《晋书》；安德裕、勾中正、范贻永、董元亨、刘锴等校《唐书》	《三国志》《晋书》《唐书》	《宋会要辑稿·崇儒四之二》
4	景德元年（1004年）正月始	刁衎、晁迥、丁逊等	《汉书》《后汉书》	《玉海》卷四三《艺文》
5	乾兴元年（1022年）十一月始	马龟符、王式、贾昌朝、黄鉴、张维翰、公孙觉、王宗道、冯元等	《后汉志》	《宋会要辑稿·崇儒四之五》
6	乾兴初	晏殊等	《天和殿御览》	《玉海》卷五四《艺文》
7	天圣二年（1024年）六月始	张观、王质、晁宗悫、李淑、陈诂、彭乘、公孙觉、宋祁等	《南史》《北史》《隋书》	《宋会要辑稿·崇儒四之六》
8	景祐元年（1034年）九月始	余靖、王洙、张观、李淑、宋郊等	《史记》《汉书》《后汉书》《三国志》《晋书》	《玉海》卷四三《艺文》
9	景祐四年（1037年）十月始	李淑等	《国语》《荀子》《文中子》	《宋会要辑稿·崇儒四之七》
10	嘉祐六年（1061年）八月始	由三馆、秘阁校理	“嘉祐七史”（《宋书》《南齐书》《梁书》《陈书》《魏书》《后周书》《北齐书》）	《玉海》卷四三《艺文》
11	嘉祐间	刘攽等	《汉书》《后汉书》	《郡斋读书志》卷五上
12	元祐元年（1086年）三月始	黄庭坚、范祖禹等	《资治通鉴》	《宋会要辑稿崇儒四之十》

续表

南宋馆阁史书校勘略览				
次	校勘时间	校勘者	校勘书名	资料出处
13	绍兴元年（1131年）始	“秘书省逐旋借本校勘”	《太常因革礼》	《宋会要辑稿·崇儒五之三〇》
14	绍兴三年（1133年）始	胡理、李弥正等	《神宗皇帝实录》、《两朝国史》、《哲宗实录》、“国朝典章故事文字”	《宋会要辑稿·崇儒四之二三》
15	绍兴九年（1139年）八月始	“诏秘书省，令访求善本，精加雠校”	《国朝会要》	《宋会要辑稿·崇儒四之二五》
16	乾道三年（1167年）八月始	汪应辰奏“令有司缮写校勘，藏之秘阁”	《续资治通鉴长编》	《续资治通鉴长编·进书表》
17	乾道五年（1169年）始	“不别置私局，只委史院官取前所修实录仔细看详”	《徽宗实录》	《续资治通鉴》卷一四一《宋纪一百四十一》
18	乾道七年（1171年）十一月始	“诏秘书省修写太祖、太宗、仁宗、英宗、神宗、哲宗皇帝实录，精加雠校，遂旋进呈”	《六朝实录》	《宋会要辑稿·崇儒四之十四》
19	嘉泰四年（1204年）至淳祐二年（1242年）	“嘉定六年（1213年）二月二十五日，刊正辩诬之书上之”，校勘穿插于修纂过程之中	《宁宗玉牒》	《玉海》卷五一《艺文》 《宋史》卷四二《宋理宗本纪》
20	淳祐八年（1248年）	“秘书省校雠缮写上之”	《太上日历》	《玉海》卷四七《艺文》
21	淳祐十一年（1251年）	“秘省校雠补写上之”	《孝宗日历》	《玉海》卷四七《艺文》

从表8－2看来，两宋馆阁校勘史书的频率非常高。北宋平均14年校史书一次，尤以仁宗、真宗两朝比较集中；南宋平均17年校史书一次，而以高宗、孝宗、理宗三朝居多；从体裁来看，北宋校勘的史书主要以前代所修纪传体“正史”为主，体现出鲜明的“资政”色彩，而南宋则以近代实录、会要、日历、玉牒等档案文献为主，目的是为后世修“正史”奠定基础。从组织规划来看，北宋对之前的十六史全部进行了校勘，有的还复校多次（如前三史），表现出较强的计划性和系统性；而南宋在对史书的选择上则显得比

较盲目和凌乱。这反映出图籍的校勘整理与社会时局之间的密切关系。

北宋时期馆阁对校勘程序有严格的规定："凡校勘官校毕，送覆校勘官覆校。既毕，送主判馆阁官点检详校，复于两制择官一、二人充覆点检官，俟主判馆阁官点检详校讫，复加点检，皆有程课，以考其勤惰焉。"[①]即通常包括校勘、覆校和点检三道程序，保证了校书质量。同时，对校勘工作量也有相应的要求，北宋初就规定按照唐代秘书省校雠式："旧本书有注错多者，长功日十纸，中功日九纸，短功日八纸，错少加二纸，无注又加二纸，再校各加初校三纸，其正字刊正各校三纸。"[②] 南宋时期，馆阁校书也有自己的规程。绍兴六年（1136 年），由史馆修撰范冲、秘书省少监吴表臣参定的"校雠式"规定：

> 诸字有误者，以雌黄涂讫，别书；或多字，以雌黄圈之；少者，于字侧添入，或字侧不容注者，即用朱圈，仍于本行上下空纸上标写；倒置，于两字间书乙字。诸点语断处，以侧为正。其有人名、地名、物名等合细分者，即于中间细点。诸点发字，本处注释有音者，即以朱抹出，仍点发。其无音而别经传子史音同有可参照者，亦行点发。或字有分明，如"传记"之"传"（柱恋切）为"邮传"之"传"（株恋切），又为"传习"之"传"（重缘切）；"断续"之"断"（徒玩切）为"断绝"之"断"（都管切），又为"决断"之"断"（都玩切）……之类，虽本处无音，亦便行点发。点有差误，却行改正，即以雌黄盖朱点，应黄点处并不为点。点校讫，每册末各书"臣某校正"。所校书，每校一部了毕，即旋申尚书省。[③]

南宋秘书省的"校雠式"，是我们今天可以见到的最早的一份古代国家藏书机构有关书籍校点的工作细则，它关于校勘工作中改字的详细规定，反映出宋代校勘发展的新水平。另外，宋代对于校勘中不负责任的官员，也有严厉的惩罚措施。据宋人袁褧《枫窗小牍》记载："余从祖姑婿陈从易得与太清楼（笔者注：太清楼是宋代皇宫后苑的藏书之所）校勘，天圣三年六月，陈以《十代兴亡论》妄加涂窜，同官皆降一职。"[④]

宋代雕版印刷技术的普及应用，极大地推动了民间藏书与文献整理活

---

① 程俱撰，张富祥校《麟台故事校证》，中华书局，2000，第 287 页。

② 徐松：《宋会要辑稿》，《职官一八之一一》，中华书局，1957，第 2760 页。

③ 陈骙：《南宋馆阁录》第 3 卷，《储藏》，中华书局，1998，第 23 页。

④ 袁褧：《枫窗小牍》卷下，中华书局，1985，第 20 页。

动，民间校勘也因此取得了重要进展。表8－3择其要者，列举了宋代一些重要的校勘家及其校勘著作。这些校勘专著在校勘方法、原则与程序方面取得的进步，足以代表有宋一代的校勘水平。例如，吴缜在《新唐书纠谬》《五代史纂误》中比较成功地运用了本校法，纠正了《新唐书》《新五代史》的许多讹误；刘攽比较多地运用了他校法校正《后汉书》，并提出了相沿已久则不改的校勘原则；张淳在校《仪礼识误》时，对考订版本源流在文献校勘中的作用有独到的认识；方崧卿《韩集举正》的重要贡献在于形成了一套较为完整的的校勘程序和方法，如他在《韩集举正》前，不遗余力地列举了差不多所有的刻本和抄本，而后使用了诸如"误字当刊""衍字当削""脱逸当增""般次当乙"之类的校勘符号，再进行诸本互校。这种科学严密的校勘程序代表了当时的校勘水平；世彩堂主人廖莹中的《九经总例》则从众多的校勘事例中，总结出了若干校勘原则，分"书本""字画""注文""音释""句读""脱简""考异"等七方面，从版本选择，到出校标准，都一一举例说明，全面系统地阐述了校勘古籍所涉及的系列问题。除专门的校勘著作之外，宋人笔记也保存了大量校勘成果，如沈括《梦溪笔谈》、洪迈《容斋随笔》、王应麟《困学纪闻》等。

表8－3　宋代私家校勘举要

	校勘者	书　名	卷　数	备　注
经部	郑樵	《书辨讹》	7卷	"其目曰纠谬四，阙疑一、复古二。"（《直斋书录解题》卷二）
	张淳	《仪礼识误》	3卷	依后周监本、"汴京之巾箱本、杭之细字本、严之重刊巾箱本，参以陆氏释文贾氏疏，核订异同，最为详审。"（《钦定四库全书总目》卷二〇。以下简称《总目》）
	朱熹	《孝经刊误》	1卷	"取古文《孝经》，分为经一章，传十四章，删旧文二百二十三字。"（《总目》卷三二）
	毛居正	《六经正误》	6卷	"今观是书，校勘异同，订正讹谬，殊有补于经学。其中辨论既多，不免疏舛者。"（《总目》卷三三）
	廖莹中	《九经总例》	1卷	"详辨诸本互义，凡七类：曰书本、曰字画、曰注文、曰音释、曰句读、曰脱简、曰考异。"（《千顷堂书目》卷三）
	岳珂	《刊正九经三传沿革例》（按：实为元人岳浚重刊）	1卷	"其目一曰书本，二曰字画，三曰注文，四曰音释，五曰句读，六曰脱简，七曰考异，皆参订同异，考证精博，厘舛辨疑，使读者有所依据。"（《总目》卷三三）

续表

	校勘者	书　名	卷　数	备　注
史部	赵抃	《新校前汉书》	100卷	见《宋史》卷二〇三《艺文志二》
	余靖	《汉书刊误》	30卷	见《宋史》卷二〇三《艺文志二》
	张泌	《汉书刊误》	1卷	见《宋史》卷二〇三《艺文志二》
	刘攽	《东汉刊误》	1卷	见《宋史》卷三一九《刘攽传》，《文献通考》卷二〇〇
	吴仁杰	《两汉刊误补遗》	10卷	“仁杰是书，独引据赅洽，考证详晰，原原本本务使明白无疑。”（《总目》卷四五）
	刘巨容	《汉书纂误》	2卷	见《宋史》卷二〇三《艺文志二》
	吴缜	《新唐书纠谬》	20卷	“专以驳正《新唐书》之讹误，凡二十门四百余事。”（《总目》卷四六）
		《五代史纂误》	3卷	见《总目》卷四六
子部	黎錞	《荀子校勘》	20卷	见《蜀中广记》卷九四
	钱佃	《荀子考异》	1卷	“淳熙中，钱佃耕道用元丰监本参校，刊之江西漕司，其同异著之篇末，凡二百二十六条，视他本最为完善。”（《直斋书录解题》卷九）
	陆佃	《校鬻子》	1卷	见《直斋书录解题》卷九
	沈揆	《颜氏家训考证》	7卷	“淳熙七年（1180年）嘉兴沈揆本七卷，以阁本、蜀本及天台谢氏所校五代和凝本参定，末附考证二十三条，别为一卷。”（《总目》卷一一七）
	朱熹	《阴符经考异》	1卷	见《总目》卷一四六
		《周易参同契考异》	1卷	见《总目》卷一四六
	陆襄	《校定梦书》	4卷	见《宋史》卷二〇六《艺文志五》
		《校定相笏经》	1卷	见《宋史》卷二〇六《艺文志五》
		《校定京房婚书》	3卷	见《宋史》卷二〇六《艺文志五》

续表

	校勘者	书　名	卷　数	备　注
集部	洪兴祖	《楚辞考异》	1卷	见《直斋书录解题》卷一五
	黄伯思	《校定楚辞》	10卷	见《直斋书录解题》卷一五
		《校定杜工部集》	22卷	“既正其差误，参考岁月出处异同，古、律相间，凡一千四百十七首，杂著二十九首。”（《直斋书录解题》卷一六）
	方崧卿	《韩集举正》	10卷	“字之当刊正者，以白字识之；当删削者，以圈毁之；当增者，位而人之；当乙者，乙而倒之；字须两存而或当旁见者，则姑注于其下，不复标出。”（《韩集举正》卷一）
		《外集举正》	1卷	
	朱熹	《韩文考异》	10卷	“凡方本之合者存之，其不合者一一详为辨证。其体例本但摘正文一二字大书，而所考夹注于下，如陆德明《经典释文》，于全集之外别行。”（《总目》卷一五〇）
	彭叔夏	《文苑英华辨证》	10卷	“其用意谨严，不轻点窜古书。”（《总目》卷一八六）

元代官方自始至终都没有专门组织过较大规模的文献校勘活动，而是将校勘与刻书相结合。“掌雕印文书”的兴文署是中央政府重要的刻书部门，下设“官三员、令一员、丞二员、校理四员、楷书一员、掌记一员”①。“校理”即是专门负责校勘藏书的官职，元袭宋制，说明此时的校勘工作也有专人负责。但兴文署所印图书，多是对南宋残存的旧版进行修葺校补，总体校勘成绩不大。相比之下，倒是民间私家校勘取得了一定的成绩，代表性的人物有胡三省、吴师道、吴澄等。胡三省的校勘成果集中体现在他的《资治通鉴音注》中。陈垣先生《通鉴胡注表微》云：“胡身之精校勘学，其注《通鉴》，名音注，实校注也。其自序言：‘咸淳庚午，延平廖公礼致诸家，俾雠校《通鉴》，以授其子弟，为著《雠校通鉴凡例》。’今其例不传，然由注中钩稽，尚可窥其所用之方法，以理校为多，他校次之，用本校对校者较少。然其所谓理校，非只凭空想，而多由追忆，故以现存宋本勘之，往往奇中，与对校无异。其他校之详者，则几于考证

① 王士点：《秘书监志》第7卷，《司天监》，浙江古籍出版社，1992，第131页。

学范围矣。”[①] 吴师道《战国策校注》参照了宋姚宏《战国策注》和鲍彪《战国策注》，不但保存姚本的校勘成果，纠正了鲍注的注释谬误，而且在《序》中列举鲍注十九条严重谬误，借以申述校勘的原则。他指出鲍彪据《史记》载文改《战国策》是错误的，认为“马迁之作，固采之是书，不同者当互相正”，这与《文苑英华辨证》所举“实事是正”的原则是一致的。[②] 作为著名理学家，吴澄对经书的校勘尤为热衷，先后“校定《易》《书》《诗》《春秋》《仪礼》及《大》《小戴记》。”晚年居乡间，“校定《皇极经世书》，又校正《老子》《庄子》《太玄经》《乐律》，及《八阵图》、郭璞《葬书》。”[③] 他校书数量颇多，但质量似乎并不高，惟有一部《易纂言》后人评价较高：“澄于诸经好臆为点窜，惟此书所改则有根据者为多。”[④]

六　明清的校勘

明代官方对文献校勘向来不够重视，虽也对藏书进行过整理，编纂了不下十余种藏书目录，如杨士奇等人的《文渊阁书目》、马愉的《秘阁书目》、钱溥的《内阁书目》等，但这类目录基本上都是简单的簿记式目录，并未对藏书进行校勘整理。在职官设置上，明代虽也有翰林院一类的机构，但只设典籍二人，校勘力量薄弱；洪武三年（1370 年）设立的秘书监，其下设“丞、直长各二人，掌内府书籍”，洪武十三年（1380 年）即“并入翰林院典籍”[⑤]。即便是编纂著名的类书《永乐大典》，也只是拆散古书，按韵类抄，没有对所集之书进行仔细校勘，有的甚至擅改卷次和原文。例如，《永乐大典》在收录《续资治通鉴长编》时，即重新分卷，李焘原书的卷次就泯灭了。《续资治通鉴长编》卷八七“大中祥符九年（1016 年）八月己卯”条，“分路检视蝗伤民田……隶州、顺安军不食禾”，“隶州”当为“棣州”，这是编者为避明成祖朱棣的名讳而肆意篡改的。检遍《明史》，官方有关专门校勘活动的记载寥寥无几：一是成化九年（1473 年），翰林庶吉士谢铎校勘《通鉴纲目》（见《明史》卷一六三《谢铎传》）；二是弘治十二年（1499 年），庶吉士许天锡上奏“刊定经史有益之书……所

① 刘乃和编《中国现代学术经典》，《陈垣卷·通鉴胡注表微》，河北教育出版社，1996，第 519 页。

② 倪其心：《校勘学大纲》，北京大学出版社，1987，第 47 页。

③ 宋濂：《元史》第 171 卷，《吴澄传》，中华书局，1976，第 4014 页。

④ 纪昀等：《钦定四库全书总目》第 4 卷，《易纂言》，中华书局，1997，第 35 页。

⑤ 张廷玉：《明史》第 73 卷，《职官志二》，中华书局，1974，第 1789 页。

司议从其言，就令提学官校勘。”① 三是嘉靖间校勘《集礼》，据《明史》载：“《集礼》五十卷洪武中梁寅等纂修。初系写本，嘉靖中，诏礼部校刊。”② 倒是有的地方藩王热衷于校书，如湘王朱柏，洪武十八年（1385年）就藩于荆州，“性嗜学，读书每至夜分。开景元阁，招纳俊乂，日事校仇，志在经国。”③

与元代一样，明代官方校勘是与刻书活动紧密联系在一起的。明代中央官刻的主体是国子监，它又有南京国子监和北京国子监之分。南监有一项重要的工作就是修补宋元留存下来的版片，如嘉靖间修补了宋“眉山七史”、元代各路儒学所刻正史及宋元《十三经注疏》旧版，还重新刻印了二十一史中的其他正史。除史书和经书外，南监还刻印了大量子书、诗文集、制书、杂书、韵书等；北监万历间重新雕版刻印了《十三经注疏》及《二十一史》。在修补旧版和重刻新版的过程中，国子监的官员大多参与了校勘工作。明国子监刻书的校勘工作一般由祭酒、司业担纲领衔，其他监官如监丞、博士、助教、学正、学录、典簿、典籍也参与校对，甚至监生也有保管版片、印行书籍、随时校订刊补之责。由于跨越年代久远、新旧版片相杂、参与人员众多，明代监本校勘质量良莠不齐。总体来说，嘉靖本要高于万历本，南监本要高于北监本。南监本《史记》《汉书》《后汉书》和北监本《三国志》，属监本中校勘质量上乘的。而北监本《辽》《金》诸史，缺文动辄数页。《仪礼》脱误尤多，如《士昏礼》脱“壻授绥姆辞曰未教不足与为礼也”一节14字；《乡射礼》脱“士鹿中翿旌以获”7字；《士虞礼》脱“哭止告事毕宾出”7字；《特牲馈食礼》脱“举觯者祭卒觯拜长者答拜”11字；《少牢馈食礼》脱“以授尸坐取箄兴”7字。对此，顾炎武痛斥为：“此则秦火之所未亡，而亡于监刻矣。”④ 校勘本意是要恢复和保持古书真貌，却因不仔细几乎毁灭原文，教训不可谓不深刻。

在明代学风空疏的大背景下，私家校勘成就也不高，稍可一提的有梅鷟、胡应麟、赵琦美等。梅鷟所作《尚书考异》，主辨古文《尚书》之伪，其中亦有不少校勘的内容，得到后人好评；胡应麟的《少室山房笔丛》是以考证为主的笔记，间有校勘的内容；赵琦美所校《古今杂剧》，收录元明杂剧340种，流传至今的仍存242种，其中近一半是湮没了几百年的孤

① 张廷玉：《明史》第188卷，《许天锡传》，中华书局，1974，第4988页。

② 张廷玉：《明史》第97卷，《艺文二》，中华书局，1974，第2397页。

③ 张廷玉：《明史》第117卷，《湘王朱柏传》，中华书局，1974，第3582页。

④ 顾炎武：《日知录》第18卷，《监本二十一史》，上海古籍出版社，2006，第1031页。

本，全赖赵氏借抄手校而成。钱谦益评价赵琦美“朱黄雠求，移日分夜，穷老尽气，好之之笃挚，与读之之专勤，盖近古所未有也。”① 不过从总体上来说，明代校勘质量并不高，妄改古书渐成风气。清人黄廷鉴论及此事时说：“妄改之病，唐宋以前谨守师法，未闻有此。其端肇自明人，而盛于启、祯之代。凡《汉魏丛书》，以及《稗海》《说海》《秘笈》中诸书，皆割裂分并，句删字易，无一完善，古书面目全失，此载籍之一大厄也。”② 如果说妄改古书以明为盛，应该没有异词，但如果说唐宋以前此风未有所闻，也不符合事实。宋代苏轼就说：“近世人轻以意改书，鄙浅之人，好恶多同，故从而和之者众，遂使古书日就讹舛，深可忿疾。”③ 明人朱国祯认为，妄改古书很多是因为对引文要求不严造成的，还有的就是在刻书过程中以己意臆改图书。他在《涌幢小品》中说：“刻书以宋板为据，无可议矣。俞羡长云：‘宋板亦有误者。’余问故，曰：‘以古书证之，如引五经、诸子，字眼不对，即其误也。今以经、子宋板改定，则全美。’余曰：‘古人引经、子，原不求字字相对，恐未可遂坐以误。’俞嘿然。余谓刻书最害事。仍讹习舛，犹可言也；以意更改，害将何极?”④ 据何良俊记载：“书籍传刻，易至讹舛，亦有经不知事之人妄意改窜者，如王右丞《敕赐樱桃》诗：‘总是寝园春荐后，非关御苑鸟衔残。’《文苑英华》本作‘才是’。盖‘才’字与下句方有照应，‘总’字有何意义？既经俗人一改，遂传误至多。乃知书籍中此类甚多。惜无人为之辨证耳。”⑤

清代校勘学是在对明代校勘学进行批判的基础上发展起来的。清初顾炎武就说：“万历间，人多好改窜古书，人心之邪，风气之变，自此而始……不知其人，不论其世，而辄改其文，谬种流传，至今未已。”⑥ 正是在这种对前代校勘的反思中，清代校勘逐步走向全面繁荣和鼎盛。以官方为例，《四库全书》的编校可谓我国历史上校书规模最大的一次，凡校录图书 3503 种，“每书先列作者之爵里，以论世知人；次考本书之得失，权众说之异同，以及文字增删、篇帙分合，皆详为订辨，巨细不遗。”⑦ 该书

① 钱谦益：《牧斋初学集》第 66 卷，《赵郎中墓表》，上海古籍出版社，1985，第 1537 页。
② 黄廷鉴：《第六絃溪文钞》第 1 卷，《校书说二》，中华书局，1985，第 23 页。
③ 苏轼：《东坡题跋》第 2 卷，《书诸集改字》，中华书局，1985，第 32 页。
④ 朱国祯：《涌幢小品》第 18 卷，《古板不可改》，中华书局，1959，第 414 页。
⑤ 何良俊：《四友斋丛说》第 33 卷，《考文》，中华书局，1959，第 326 页。
⑥ 顾炎武：《日知录》第 18 卷，《改书》，上海古籍出版社，2006，第 1076 页。
⑦ 纪昀等：《钦定四库全书总目》卷首三，《凡例》，中华书局，1997。

总裁为于敏中，总纂官为纪昀、陆锡熊、孙士毅，总校官为陆费墀，参与其事的有著名学者戴震、邵晋涵、周永年、朱筠、姚鼐、彭元瑞、王念孙等。这些学者在不同的学术领域各有所长，精于考据，为《四库全书》的校勘创造了有利条件。《四库全书》的校勘主要集中在校正文字脱误歧义、指明篇卷重复残缺两个方面。在校正文字方面，如西汉扬雄《方言》世传刻本残缺讹脱，几不可读。馆臣用《永乐大典》所载宋本校刊，“凡改正二百八十一字，删衍文十七字，补脱文二十七字”，最终使此书“神明焕然，顿还旧观”①。北魏郦道元《水经注》传本错讹不可胜数，脱文错简少者十余字，多则四百多字，给阅读造成极大困难，又缺郦道元自序一篇。而《永乐大典》所引仍属宋刊善本，馆臣以此本“与近本钩稽校勘，凡补其阙漏者二千一百二十八字，删其妄增者一千四百四十八字，正其臆改者三千七百一十五字”②，使三四百年的疑难，豁然而解。这类校勘对于恢复古籍旧貌当然是极为有益和必要的。在订正篇卷方面，如《旧唐书》提要载：“卷一百三十二既有《杨朝晟传》，卷一百四十四复为立传；萧颖士既附见于卷一百二，复见于卷一百九十《文苑传》；宇文韶《谏猎表》既见于卷六十二，复见于卷六十四；蒋乂《谏张茂宗尚主疏》既见于卷一百四十一，复见于卷一百四十九。”③ 此为指明篇卷重复。又如《唐大诏令集》提要载，此书“辗转抄传，讹误颇甚，中阙卷第十四至二十四、八十七至九十八，凡二十三卷”④，此为指明篇卷残缺。但不可否认的是，《四库全书》由于依据的底本未能尽善，在消除民族思想方面对所谓“有碍”文字进行了挖补和篡改，因而在校勘上存在不少问题，有的还很严重。加上这套丛书全部由书手抄录而成，本身也存在校对不严的问题，如乾隆五十七年（1792 年）纪昀重校文津阁本，仅在经部就查出空白和错误一千多处。

如果说官方校勘以规模见称，清代私家校书则以数量、质量和学理见长。有清一代，校勘名家辈出。张之洞《书目答问》附二《清代著述诸家姓名略总目》胪列《校勘之学家》，共举校勘家 31 人，分别是：何焯、惠栋、卢见曾、全祖望、沈炳震、沈廷芳、谢墉、姚范、卢文弨、钱大昕、钱东垣、彭元瑞、李文藻、周永年、戴震、王念孙、张敦仁、丁杰、赵怀玉、鲍廷博、黄丕烈、孙星衍、秦恩复、阮元、顾广圻、袁廷梼、吴骞、陈鳣、钱泰吉、曾钊、汪远孙等。这些校勘家因各人学术背景的不同，在

① 纪昀等：《钦定四库全书总目》第 40 卷，《方言》，中华书局，1997，第 529 页。
② 纪昀等：《钦定四库全书总目》第 69 卷，《水经注》，中华书局，1997，第 945 页。
③ 纪昀等：《钦定四库全书总目》第 46 卷，《旧唐书》，中华书局，1997，第 632 页。
④ 纪昀等：《钦定四库全书总目》第 55 卷，《唐大诏令集》，中华书局，1997，第 766 页。

校勘时表现出不同的专业化特色和价值取向，如阮元、王引之等人比较注重从音韵训诂的角度来校勘图书，戴震等人则“学长于考辨”，擅长破解那些与名物制度相关的难题；有的校勘家讲究版本的搜罗和比勘，如黄丕烈、顾广圻、卢文弨等，他们通常被学界称为版本学派，而以钱大昕、段玉裁等为代表的学者则更多地关注图书的内容，注重文本的考据，因而被誉为考据学派。两派在校勘方法上各有侧重，版本学派力主“死校法”，即“据此本以校彼本，一行几字，钩乙如其书；一点一画，照录而不改。虽有误字，必存原文”；考据学派则推崇“活校法”，即“以群书所引，改其误字，补其阙文。又或错举他刻，择善而从”①。前者主要在于校明异同，恢复古籍原貌，求图书版本之真；后者在于从义理方面对内容进行审核，校明是非，订正谬误，以求事实之真。

清儒校勘图书无以计数，其中以卢文弨校书最多，遍及经、史、子、集四部，多达230余种。他校刻的《抱经堂丛书》共17种，其中仅《群书拾补》就校勘了《五经正义》《周易注疏》等37种古籍。其次就是顾广圻，经他校跋的书也有200来种，且校勘质量较为精审，如《韩非子识误》等。王念孙父子擅校经书，《读书杂志》就是王念孙校勘18种古籍的成果汇集。而且，《读书杂志·淮南内篇后序》归纳出古籍致误通例62则，是对校勘学成果的一次系统的总结。王念孙之子王引之在《经义述闻·通说》中，进一步将这62条通例归纳为更具普遍性的12条规律。钱大昕校勘史书极为精细，其成果主要汇集在《廿十二史考异》《十驾斋养心录》中；戴震校勘了《算经十书》《水经注》《大戴记》和《仪礼》等18种古书，其中以校《水经注》和《方言》用力最深，并在《水经注·序》总结出了“审其义理，按之地望”的校勘方法。段玉裁费30余年精力校正了《说文解字》，并在阮元幕中主定《十三经注疏校勘记》，影响巨深。以上所举，皆为乾嘉学者，可见乾嘉时期的校勘学在整个清代校勘史上的重要地位。其后，学术界校勘风气稍减，至清末仍出现了像孙诒让、俞樾这样的校勘大家。孙诒让校书有近百种，其中78种被收入《札迻》。章太炎认为，《札迻》可与王念孙的《读书杂志》相媲美。俞樾的《群经平议》《诸子平议》和《古书疑义举例》则通过审辞气、正句读、归条例，总结出不少校勘规律。

综上所述，清儒校勘图书数量众多，而且因校勘方法的差异形成了不

---

① 叶德辉：《藏书十约》，《校勘》，徐雁、王燕均主编《中国历史藏书论著读本》，四川大学出版社，1990，第533页。

同的校勘流派，涌现了一大批蕴含了丰富的校勘学思想的校勘学专著，开始对校勘学理论进行全面系统的总结，并形成了相关的校勘条例和规范。这是前代校勘学无法企及的高度。笔者在这里要特别指出段玉裁的校勘理论与中国古代著作权的关系。段玉裁在《与诸同志书论校书之难》中说：

> 校书之难，非照本改字不讹不漏之难也，定其是非之难。是非有二：曰底本之是非，曰立说之是非。必先定其底本之是非，而后可断其立说之是非。二者不分，轇轕如治丝而棼如，算之淆其法实而瞀乱，乃至不可理。何谓底本？著书者之稿本是也。何谓立说？著书者所言之义理是也……故校经之法，必以贾还贾，以孔还孔，以陆还陆，以杜还杜，以郑还郑，各得其底本，而后判其义理之是非，而后经之底本可定，而后经之义理可以徐定。①

段氏的这段论述深刻地揭示了古籍校勘的目的，那就是存真复原。凡不合作者本意、歪曲原作真貌的，都违反了校勘的根本原则，实际上也侵犯了原作者的著作权。而要存真复原，首先要求恢复文本内容的真实性，在此基础之上，才能准确把握作者的真实意图和思想，只有这样才能最后达到“以贾还贾，以孔还孔”的目的。也就是说，校勘本身只是手段而非目的，真正目的是要恢复古籍原貌，使其学说和思想归于原作者名下。因此，从这个意义来说，中国古代学者所做的校勘工作，也是维护古代先贤著作权的行为。

第二节　辨伪对著作内容真实性的保护

所谓辨伪，通俗地讲就是考辨历史文献的真伪，包括考辨文献的作者、成书年代以及图书内容等各方面。它虽也属传统古籍整理的范畴，但因其以还原古籍作者及内容的真实性为目的，因而也涉及对古代图书著作权的保护。

一　两汉的辨伪

战国时期的孟子曾发过这样的感慨：“尽信《书》，则不如无《书》。

① 段玉裁：《经韵楼集》第12卷，《与诸同志书论校书之难》，上海古籍出版社，2008，第332页。

吾于《武成》，取二三策而已矣。”① 这说明早在先秦时期就有人对古书的真伪产生了怀疑。但真正对伪书进行严格意义的考辨则始于西汉的司马迁。他在撰写《史记》的过程中需大量采辑、运用史料，其中不少涉及篇名、著者、成书时间的真伪问题，为此他逐一做了辨伪工作。司马迁说“百家言黄帝，其文不雅驯”②，实际上就是指斥百家语中有很多伪材料。他还对《司马兵法》一书的真实性表示过怀疑：“余读《司马兵法》，闳廓深远，虽三代征伐，未能竟其义，如其文也，亦少褒矣。若夫穰苴，区区为小国行师，何暇及《司马兵法》之揖让乎？”③ 他在撰《五帝本纪》时，将民间传说与文献资料互相印证，认为“总之不离古文者近是”④；他在撰《仲尼弟子列传》时，对孔子弟子的史料进行了考辨，认为“学者多称七十子之徒，誉者或过其实，毁者或损其真，钧之未睹厥容貌。则论言弟子籍，出孔氏古文近是”，得出了古文《论语》可靠的结论；他还提出了“夫学者载籍极博，犹考信于《六艺》”⑤ 的辨伪方法，认为六经相对其他史料来讲，还算比较纯粹，著作时代也比较早，在没有其他可靠史料印证的时候，这不失为一种有效的方法，如他在撰写《殷本纪》时主要依据的就是《尚书》和《诗经》。

西汉刘向等整理官方藏书时，将版本、校勘、目录、辨伪融于一体，在辨伪方法上有了新的拓进。刘向的辨伪成果被班固以注释的形式在《汉书·艺文志》中保留了下来。《汉书·艺文志》涉及辨伪条目一共有 19 条，涉伪的图书有《太公》《文子》（如前所述，此书实不伪）、《黄帝君臣》《杂黄帝》《力牧（二十二篇）》《黄帝泰素》《孔甲盘盂》《大禹》《神农》《伊尹说》《鬻子说》《师旷》《务成子》《天乙》《黄帝说》《封胡》《风后》《力牧（十五篇）》《鬼容区》。当然，刘向的辨伪并不仅限于此，如他现存的《晏子书录》有云：“又有颇不合经术，似非晏子言，疑后世辩士所为者，故亦不敢失，复以为一篇。”⑥ 即怀疑《晏子春秋·外篇》非晏子所作，而是后来辩士的托名。前文所述张霸所献 102 篇《尚

---

① 杨伯峻：《孟子译注》，《尽心下》，中华书局，1960，第 325 页。

② 司马迁：《史记》第 1 卷，《五帝本纪》，中华书局，1959，第 46 页。

③ 司马迁：《史记》第 64 卷，《司马穰苴列传》，中华书局，1959，第 2160 页。

④ 司马迁：《史记》第 1 卷，《五帝本纪》，中华书局，1959，第 46 页。

⑤ 司马迁：《史记》第 61 卷，《伯夷列传》，中华书局，1959，第 2121 页。

⑥ 刘向：《晏子书录》，张舜徽选编《文献学论著辑要》，中国人民大学出版社，2011，第 7 页。

书》，唐陆德明《经典释文·序录》引作："成帝时，刘向校之，非是。"[①]考成帝河平三年（前26年）刘向奉诏校书，张霸《尚书》之进于朝廷，正是刘向奉诏校书期间，陆德明所谓"刘向校之"当有所据。总结刘向的辨伪方法，大致有四[②]：一是从文辞方面辨伪，如《大禹》注曰："传言禹所作，其文似后世语。"《伊尹说》注曰："其语浅薄，似依托也。"二是从事实方面辨伪，如《文子》注云："老子弟子，与孔子并时，而称周平王，似依托者也"（笔者按：此误。如前所述，《文子》只称"平王"，后人考证当指"楚平王"）。三是从因袭上辨伪，如辨张霸所献《尚书》即是。四是从思想体系辨伪，如上举《晏子春秋·外篇》，刘向就认为它"颇不合经术"而伪。

东汉时期，班固针对当时好事者喜欢将荒诞不经的作品附会东方朔的现象，特依据刘向《别录》，在《汉书·东方朔传》中开具了东方朔的所有作品，并且宣称："凡刘向所录朔书具是矣，世所传他事皆非也。"[③]明确将东方朔的著述与坊间伪作划清了界限，实际上起到了保护东方朔作品的作用。与班固同时代的思想家王充针对当时谶纬盛行、俗儒穿凿的社会风气，著有《论衡》，该书涉及辨伪的篇目有《书虚》《儒增》《艺增》《正说》等，尤其是《正说》篇，对儒家五经的真伪进行了大胆的考辨。马融则对当时流行的《尚书·泰誓》篇进行了辨伪："《泰誓》后得，案其文似若浅露。文云'八百诸侯不召自来，不期同时，不谋同辞'及'火复于上，至于王屋，流为雕。至五，以谷俱来，举火'。神怪，得无在子所不语中乎？又《春秋》引《泰誓》曰：'民之所欲，天必从之。'《国语》引《泰誓》曰：'朕梦协朕卜，袭于休祥，戎商必克。'《孟子》引《泰誓》曰：'我武惟扬，侵于之疆，取彼凶残，我伐用张，于汤有光。'《孙卿》引《泰誓》曰：'独夫受。'《礼记》引《泰誓》曰：'予克受，非予武，惟朕文考无罪。受克予，非朕文考有罪，惟予小子无良。'今文《泰誓》皆无此语。吾见书传多矣，所引《泰誓》而不在《泰誓》者甚多，弗复悉记。略举五事以明之，亦可知矣。"[④]其辨伪途径有三：一是其文浅露多怪；二是内容多与孔子"不语怪力乱神"的思想不符；三是前人引用《泰誓》的文字多不见于今本《泰誓》。据此三条，可知今文《泰誓》之伪。马氏的辨伪方法较之前人又有创新，今人顾颉刚称这篇考据性的序言为

---

① 陆德明：《经典释文》第1卷，《序录》，上海古籍出版社，1985，第29页。

② 杜泽逊：《文献学概要》，中华书局，2001，第235页。

③ 班固：《汉书》第65卷，《东方朔传》，中华书局，1962，第2873页。

④ 孔安国传，孔颖达等正义《尚书正义》第11卷，上海古籍出版社，1990，第149页。

“考据性的辨伪的第一声。”[①] 赵歧也发现了《泰誓》的伪迹，他在《孟子・滕文公下》注曰：“今之《尚书・泰誓》后得，以充学，故不与古《泰誓》同。”赵岐注《孟子》时，发现除了7篇《内篇》外，还有4篇《外书》，但在对其文辞进行研究后发现，“其文不能宏深，不与《内篇》相似，似非孟子本真，后世依放而讬之者也。”[②] 经学家郑玄还发明了从典章制度的角度来辨伪的方法，如他认为《礼记・月令》非周公所作，理由是“其中官名时事多不合周法”[③]。王逸所作《楚辞章句》，则对《楚辞》中有的篇章的作者进行了辨疑。司马迁在《史记・屈原列传》中说：“余读《离骚》《天问》《招魂》《哀郢》，悲其志。”[④] 将《招魂》视为屈原的作品。对此王逸提出了质疑，他在《招魂》的解题中说：“《招魂》者，宋玉之所作也。”[⑤]《楚辞章句》中称作者未定的篇章还有：“《大招》者，屈原之所作也。或曰景差，疑不能明也。”[⑥]“《惜誓》者，不知谁所作也。或曰贾谊，疑不能明也。”[⑦] 王逸对《楚辞》某些篇章作者的存疑，体现了汉人对作品著作权归属的关注。

二　魏晋南北朝的辨伪

由于玄学的盛行，魏晋南北朝时期对佛经的辨伪是一大特色。自佛教传入中国后，译经渐多，而在传译中，出现了经题相同而译文不同的情况。又有一些译经不知译者和译出年代，甚至还有伪造经卷的现象，极大地造成了佛经流传的混乱。有鉴于此，东晋释道安在《综理众经目录》专设“疑经录”一门，辨别所见或所知的疑伪经26部30卷，其中9部9卷为道安并未亲见的疑伪经，经名下只注“阙”字，其他17部21卷则为道安亲见或流通于当时的疑伪经，除《毗罗三昧经》二卷外，经名下均略加考订辨析。这是我国佛教史上最早辨伪的例子。南朝萧梁时，释僧祐《出三藏记集》又专设“新集疑经伪撰杂录”一门，收录疑伪经20部26卷，其中

---

① 顾颉刚：《古籍考辨丛刊（第一集）》，《序》，中华书局，1955。

② 赵歧注，孙奭疏《孟子注疏》，《题解辞》，中华书局，1957，第14页。

③ 郑玄注，孔颖达正义《礼记正义》，中华书局，1980，第124页。

④ 司马迁：《史记》第84卷，《屈原列传》，中华书局，1959，第2503页。

⑤ 王逸注，洪兴祖补注《楚辞章句补注》，《招魂第九》，吉林人民出版社，1999，第194页。

⑥ 王逸注，洪兴祖补注《楚辞章句补注》，《大招第十》，吉林人民出版社，1999，第213页。

⑦ 王逸注，洪兴祖补注《楚辞章句补注》，《惜誓第十一》，吉林人民出版社，1999，第225页。

前12部13卷为不知伪撰者，后8部13卷为确知伪撰者，并于每部疑伪经之后注明伪撰来历。如《佛所制名数经五卷》下注："右一部，齐武帝时，比丘释王宗所撰，抄集众经，有似数林，但题称佛制，惧乱名实，故注于录。"① 在僧祐看来，该经虽可供人查阅法数，但明明是王宗抄撰而成，怎么可以称"佛制"呢，显然名不副实。像此类辨伪，也涉及了著作权问题。

在辨伪方法上，南北朝时期颇有创新。如南梁的刘勰发明文体辨伪法，如他对当时流行的李陵、班婕妤的五言诗进行考辨，结论为："至成帝品录，三百余篇，朝章国采，亦云周备。而辞人遗翰，莫见五言。所以李陵、班婕妤见疑于后代也。"② 北齐颜之推则首创地名辨伪法，如他在辨《山海经》时说："或问：'《山海经》，夏禹及益所记，则有长沙、零陵、桂阳、诸暨，如此郡县不少，以为何也？'答曰：'史之阙文，为日久矣；加复秦人灭学，董卓焚书，典籍错乱，非止于此。譬犹《本草》神农所述，而有豫章、朱崖、赵国、常山、奉高、真定、临淄、冯翊等郡县名。'"③ 因为地名有时代特征，可以帮助推断著作产生的时代。颜氏还从人名、史实的角度指出《尔雅》《春秋》《世本》《苍颉篇》《列仙传》《列女传》等书中内容矛盾之处，证明这些书中有部分内容"皆由后人所羼，非本文也"。颜之推还从引文的角度来辨伪，如他指出："《通俗文》，世间题云：'河南服虔字子慎造。'虔既是汉人，其《叙》乃引苏林、张揖；苏、张皆是魏人。且郑玄以前，全不解反语，《通俗》反音，甚会近俗。"④ 南齐的陆澄还从用辞的角度来辨伪《孝经》："世有一《孝经》，题为郑玄注，观其用辞，不与注书相类。案玄自序所注众书，亦无《孝经》。"⑤

三　隋唐五代的辨伪

隋唐进一步对南北朝以来的佛经进行了辨伪和著录。如《大隋众经目录》（因于开皇间进呈，故又称《开皇录》）将不确定真伪的佛经分为"疑惑"和"伪妄"两大类，其下再按大小乘录"经""律""论"等，如卷

① 释僧祐：《出三藏记集》第5卷，《新集疑经伪撰杂录》，中华书局，2008，第226页。

② 刘勰：《文心雕龙》，《明诗第六》，中华书局，1985，第9页。

③ 颜之推撰，王利器集解《颜氏家训集解》第6卷，《书证》，上海古籍出版社，1980，第438页。

④ 颜之推撰，王利器集解《颜氏家训集解》第6卷，《书证》，上海古籍出版社，1980，第436页。

⑤ 萧子显：《南齐书》第39卷，《陆澄传》，中华书局，1972，第684页。

二《众经疑惑五》录大乘疑惑经 20 部 29 卷，卷五《众论伪妄六》录小乘伪妄论 2 部 10 卷。据统计，《开皇录》共收录疑伪经 195 部 390 卷，显示南北朝以来疑伪经的数量增长十分惊人。唐龙朔三年（663 年），释静泰奉敕编成东京（洛阳）大敬爱寺的藏经目录，史称《静泰录》。该录也采取“疑惑”“伪妄”的分类方式，卷四收录“众经疑惑”29 部 31 卷、“众经伪妄”53 部 93 卷，合计 82 部 124 卷。唐开元十八年（730 年），西崇福寺沙门智升编成《开元释教录》，是一部体例完备、考订精审的古代经录。它对疑伪经的处理，仍然采用分列“疑惑”“伪妄”的方式。该目录共收录“疑惑经”14 部 19 卷、“伪妄经”392 部 1055 卷，合计 406 部 1074 卷，著录规模远超前代，是疑伪经著录的集大成者。而且，该经录还对历代经录所著录的疑伪经详加考订，对厘清历代疑伪经贡献巨大。自东晋道安以来，运用目录学的方式来总结佛经辨伪的成果成为一种主要形式，这也提高了辨伪学的地位。

唐代辨伪代表性的人物有刘知几、柳宗元等。刘知几在其史学名著《史通》中作《疑古》《惑经》两篇，对《尚书》《春秋》《论语》等经典提出十疑，指明古人由于史料缺略或出于偏见而对史实的歪曲，此属辨伪说之类。刘知几还对伪书进行了辨析，如对《古文尚书》中的《舜典》及孔传之伪有所辨正：“《古文尚书》者，即孔惠之所藏，科斗文字也……至于后汉，孔氏之本遂绝。其有见于经典者，诸儒皆谓之逸书，王肃亦注《今文尚书》，而大与《古文》孔《传》相类，或肃私见其本而独秘之乎？晋元帝时，豫章内史梅赜始以孔《传》奏上，而缺《舜典》一篇，乃取肃之《尧典》，从‘慎徽’以下，分为《舜典》以续之。自是欧阳、大小夏侯家等学，马融、郑玄、王肃诸注废，而《古文孔传》独行，列于学官，永为世范。齐建武中，吴兴人姚方兴采马、王之义以造《孔传舜典》，云于大航购得，诣阙以献。举朝集议，咸以为非。及江陵板荡，其文入北，中原学者得而异之，隋学士刘炫遂取此一篇，列诸本第。故今人所习《尚书·舜典》，元出于姚氏者焉。”① 详细考明了《舜典》的伪造过程。刘知几还对《孝经》郑玄注、《老子》河上公注、子夏《易传》进行了辨伪。如他在考证郑注《孝经》之伪时说：“今俗所行《孝经》，题曰郑氏注，爰自近古，皆云郑即康成，而魏晋之朝无有此说。至晋穆帝永和十一年及孝武帝太元元年，再聚群臣，共论经义；有荀昶者，撰集《孝经》诸说，始

---

① 刘知几：《史通》第 12 卷，《古今正史》，辽宁教育出版社，1997，第 96 页。

以郑氏为宗。自齐、梁以来，多有异论，陆澄以为非玄所注，请不藏于秘省。”① 刘知几在前人疑辨的基础上，提出了12条证据。由于《孝经》郑注已佚，我们无法验证其真伪，但刘知几的辨伪方法可以概括为五个方面：一是据本人《自序》及其《碑铭》证伪；二是据门人记录（如《郑志》《郑记》）证伪；三是据目录（如《郑志目录》《晋中经簿》）证伪；四是据引文证伪；五是据史书记载证伪。刘知几的辨伪方法全面而严密，达到了相当的高度。

柳宗元的辨伪成就主要体现在对子书的辨伪上，经他辨伪的子书有《列子》《文子》《鬼谷子》《晏子春秋》《亢仓子》《鹖冠子》以及《论语》等。柳宗元的辨伪方法在前人基础上又有所创新。首先，他能从思想源流上来考察图书的真伪，如他在《辩晏子春秋》中认为，“墨好俭，晏子以俭名于世”，“且其旨多尚同、兼爱、非乐、节用、非厚葬久丧者，是皆出墨子。又非孔子，好言鬼事；非儒、明鬼，又出墨子”，“盖非齐人不能具其事，非墨子之徒，则其言不若是”，故“疑其墨子之徒有齐人者为之”②。其次，他首创了以人物称谓来辨伪的方法。如柳宗元认为《论语》是曾子弟子所编，而非传统儒者认为的由孔子弟子所记。理由是：书中除孔子外，唯独对有子、曾子两人称为“子”，孔子其他弟子都只称字。有子名若，因为长得像孔子，孔子去世后其他弟子因为想念老师，想立有若为师，故尊他为“子”。而曾子在孔门弟子中是年龄偏小的，称“子”是说不通的，唯一可以解释的就是《论语》是由曾子的弟子所编。像此类有关著者的辨伪，也涉及了著作权问题。再者，注重运用多种方法综合辨伪。如他在《辩鬼谷子》中指出：“汉时刘向、班固录书无《鬼谷子》。《鬼谷子》后出，而险盭峭薄，恐其妄言乱世，难信，学者宜其不道。”③ 此从书目著录及内容综合考察。《辩亢仓子》又云：“太史公为《庄周列传》，称其为书，《畏累》《亢桑子》，皆空言无事实。今世有《亢桑子》书，其首篇出《庄子》，而益以庸言……刘向、班固录书无《亢仓子》，而今之为术者，乃始为之传注，以教于世，不亦惑乎！”④ 此从著录、取材两方面综合考察。与刘知几相比，柳宗元辨伪在论证的严密性方面稍有逊色，但对于中晚唐的疑古风气有较大的推动作用。

---

① 王溥：《唐会要》第77卷，《贡举下》，《论经义》，中华书局，1955，第1406页。

② 柳宗元：《柳河东集》第4卷，《辩晏子春秋》，上海人民出版社，1974，第71页。

③ 柳宗元：《柳河东集》第4卷，《辩鬼谷子》，上海人民出版社，1974，第70页。

④ 柳宗元：《柳河东集》第4卷，《辩亢仓子》，上海人民出版社，1974，第72页。

四　宋元的辨伪

宋代理学的兴起为文献辨伪带来了新的活力，表现为宋人治学不拘泥于成见，总能别出心裁地发前人所未发，敢言前人所未言。在这种风气下，宋代辨伪产生了不少新的创见，尤其在经书的辨伪方面颇有值得称道之处。北宋的文学泰斗欧阳修就是这样一个敢于疑古的人。他作《易童子问》，以"童子问学"的形式，辨《易经·十翼》中《系辞》《文言》《说卦》以下非孔子所作。他立论的重要依据之一，就是找到了比孔子更早的文献证明：

> "元者，善之长；亨者，嘉之会；利者，义之和；贞者，事之干。"此所谓《文言》也。方鲁穆姜之道此言也，在襄公之九年，后十有五年而孔子生。左氏之传《春秋》也，固多浮诞之辞；然其用心，亦必欲其书之信后世也。使左氏知《文言》为孔子作也，必不以追附穆姜之说而疑后世。盖左氏者，不意后世以《文言》为孔子作也。孟子曰："尽信书，不如无书！"①

欧阳修发现"元者，善之长"至"贞者，事之干"句，又见于《左传·襄公九年》鲁穆姜所说的话，而襄公九年（前564年）比孔子出生还早十余年。由此推知，左丘明作《春秋左氏传》时，并不认为《文言》是孔子所作，而后来的《文言》，只能是后人汇集古语而伪托的作品。欧阳修还认为《诗序》并非子夏所作："或问'《诗》之《序》，卜商作乎？卫宏作乎？非二人之作，则作者其谁乎？'应之曰：'《书》《春秋》皆有《序》，而著其名氏，故可知其作者；《诗》之《序》不著其名氏，安得而知之乎？虽然，非子夏之作，则可以知也。'曰：'何以知之？'应之曰：'子夏亲受学于孔子，宜其得《诗》之大旨，其言《风》《雅》有正有变，而论《关雎》《鹊巢》系之周公、召公；使子夏而序《诗》，不为此言也。"② 为了给推行新法找到理论依据，王安石也对《周官》《诗经》《书经》进行了辨伪，作《三经新义》重释了儒家经义，虽多附会穿凿之说，但也并非一无可取，正如《四库全书总目》所评价的："安石解经之说，则与所立新法各为一事。程子取其《易解》，朱子、王应麟取其《尚书义》，所谓言各有

---

① 欧阳修：《易或问三首》，见《中国古代名家诗文集·欧阳修集》，黑龙江人民出版社，2005，第225页。

② 欧阳修：《诗本义》第14卷，《序问》，清文渊阁四库全书本。

当也。今观此书，惟训诂多用《字说》，病其牵合。其余依经诠义，如所解‘八则之治都鄙’、‘八统之驭万民’、‘九两之系邦国’者，皆具有发明，无所谓舞文害道之处。故王昭禹、林之奇、王与之、陈友仁等注《周礼》，颇据其说。”[①]《孟子》虽至宋代始被尊为儒家经典，但宋人对先秦诸子的辨伪尤以《孟子》为甚，如李觏所撰《常语》，对《孟子》多有质疑。司马光亦作《疑孟》，专就仁义立说，认为“瞽瞍杀舜”之类均为闾父里妪之说。苏轼《庄子祠堂记》则对《庄子》某些篇章的真伪持有怀疑：“余尝疑《盗跖》《渔父》则若直诋孔子者。至于《让王》《说剑》，皆浅陋不入于道……皆出于世俗，非庄子本意。”[②] 这些学者表现出来的大胆自由的学术品质，都有疑古辨伪的精神。

南宋辨伪又有进一步发展，代表性人物有郑樵、洪迈、朱熹、叶适等。郑樵的辨伪专著有《诗辨妄》，虽已亡佚，但有顾颉刚辑本存世。从辑本来看，该书是一部专攻《毛诗》之妄、专辨《诗序》作者之伪的专著，由“诗序辨”“传笺辨”等几部分组成。在“诗序辨”中，郑樵继承了欧阳修的观点，认为《诗序》由子夏所作的说法不成立，而“皆是村野妄人所作”[③]，主要理由是：“设如有子夏所传之《序》，因何齐、鲁间先出，学者却不传，反出于赵也?《序》既晚出于赵，于何处而传此学?”[④] 另外，《诗序》与《诗》的内容有不合之处。“传笺辨”则主要批评了《毛传》《郑笺》的牵强附会之处。洪迈的辨伪成果主要见于《容斋随笔》，他既辨伪说也辨伪书。在辨伪书方面，《容斋三笔》考证了《孔丛子》《孔子家语》《老杜事实》《开元天宝遗事》《方言》等书之伪。如在考证《方言》之伪时，洪迈说：

> 今世所传扬子云《輶轩使者绝代语释别国方言》，凡十三卷，郭璞序而解之。其末又有汉成帝时刘子骏与雄书，从取《方言》，及雄答书。以予考之，殆非也。雄自序所为文，汉史本传但云：“经莫大于《易》，故作《太玄》；传莫大于《论语》，作《法言》；史篇莫善于《仓颉》，作《训纂》；箴莫善于《虞箴》，作《州箴》；赋莫深于《离骚》，反而广之，辞莫丽于相如，作四赋。”雄平生为文，尽于是矣，

---

① 纪昀等：《钦定四库全书总目》第19卷，《周礼新义》，中华书局，1997，第236页。

② 苏轼：《苏东坡全集》第77卷，《记》，北京燕山出版社，1997，第4309页。

③ 朱熹著，黎靖德编《朱子语类》第80卷，《诗纲领》，中华书局，1986，第2076页。

④ 郑樵：《诗辨妄》，顾颉刚辑《古籍考辨丛刊（第二集）》，社会科学文献出版社，2009，第261页。

初无所谓《方言》。《汉艺文志》……亦不载《方言》。观其《答刘子骏书》，称"蜀人严君平"。按：君平本姓庄，汉显帝讳庄，始改曰严。《法言》所称"蜀庄沈冥，蜀庄之才之珍"，"吾珍庄也"，皆是本字，何独至此书而曰"严"；又子骏只从之求书，而答云："必欲胁之以威，陵之以武，则缢死以从命也!"何至是哉？既云成帝时子骏与雄书，而其中乃云"孝成皇帝"，反复抵牾。又书称"汝颍之间"，先汉人无此语也。必汉魏之际好事者为之云。①

洪迈从作者本传中个人著述情况、史志目录的著录、避讳、情理、称谥、用语等方面，全面论证了《方言》一书的伪托，逻辑方法之严密，代表了宋人辨伪的较高水平。南宋辨伪的另一位代表性人物朱熹，辨伪的范围十分广泛，对伪《古文尚书》（包括伪《书序》、伪《孔传》）、《左传》《孝经》以及诸子书都有辨伪和发疑。与一般理学家只重义理不同，朱熹的辨伪比较注重实据，如他在考辨《麻衣易说》之伪时说：

《麻衣易说》，熹旧见之，尝疑其文字言语不类五代国初时体制，而其义理尤多浅俗，意恐只是近三五十年以来人收拾佛老术数绪余所造，尝题数语于其后，以俟知者。及去年至此，见一戴主簿者，名师愈，即令印本卷后题跋之人，初亦忘记，其有此书，但每见其说《易传》，以《麻衣》为宗，而问其传授来历，则又秘而不言。后乃得其所著他书，观之，则其文体意象多与所谓《麻衣易说》者相似，而间亦多有附会假托之谈，于是心始疑其出于此人。后复遍问邦人，则虽无能言其赝作之实者，然亦无能知其传授之所从也，用此决知其为此人所造不疑。然是时其人已老，病昏塞，难可深扣，又寻即物，故遂不复可致诘。但今考其书，则自麻衣本文及陈李戴汪四家之文，如出一手，此亦其同出戴氏之一验。②

朱熹先是疑其文字言语体制的不类，后又考戴氏的传授来历，再以戴氏所著他书用语相印证，还对戴氏周围的人进行了调查，最终得出《麻衣易说》是戴氏作伪的结论。朱熹在考辨《孝经》时，还专作《孝经刊误》一文，将混入经文中的传文一一析出。如针对《孝经》中"仲尼闲居，曾子

① 洪迈：《容斋随笔》，《三笔》第15卷，《别国方言》，上海古籍出版社，1978，第593页。

② 朱熹：《晦庵集》第37卷，《答李寿翁》，四部丛刊本。

侍坐……故自天子以下至于庶人，孝无终始；而患不及者，未之有也”这段文字，朱熹指出：“此一节，夫子、曾子问答之言，而曾氏门人之所记也。疑所谓《孝经》者，其本文止如此。其下，则或者杂引传记以释经文，乃《孝经》之传也。窃尝考之，传文固多附会，而经文亦不免有离析增加之失。顾自汉以来，诸儒传诵，莫知其非；至或以为孔子之所自著，则又可笑之尤者。”他认为这一段文字“首尾相应，次第相承，文势连属，脉络通贯，同是一时之言，无可疑者，而后人妄分以为六、七章，又增‘子曰’及引《诗》《书》之文，以杂乎其间，使其文意分断间隔，而读者不复得见圣言全体大义，为害不细。”[①] 于是，他将六、七章合为一章，删去“子曰”者二、引《书》者一、引《诗》者四，凡 61 字，以复经文之旧。朱熹这种既辨伪又校勘的做法，对于恢复古文献的旧貌、保护古代典籍的内容，有着十分重要的意义。永嘉学派的代表人物叶适著有《习学记言》，对《周易》及《十翼》，以及《管子》《晏子》《孙子》《司马法》《六韬》《老子》等都有所辨正。他还对传统的认为《国语》与《左传》的作者同为一人的说法提出怀疑：“以《国语》《左氏》二书参较，《左氏》虽有全用《国语》文字者，然所采次仅十一而已。”[②] 他认为：“《左氏》之取义广，叙事实，兼新旧，通简策，虽名曰《传》，其实史也。”[③]“左氏合诸国记载成一家之盲，工拙烦简自应若此”；而《国语》记事，往往有“谬妄不足信”之处。因此《国语》与《左传》的作者，决非一人，“盖《国语》出于辨士浮夸之词”[④]。显然，朱熹和叶适的辨伪都涉及古代著作权问题。

元代因历时不长，辨伪成就不是很高，值得一提的有吴澄，其辨伪也涉及《古文尚书》。最早对《古文尚书》提出疑问的是南宋学者吴棫，其后朱熹也对古文今文有难易之别而发出疑问，而元初学者吴澄不仅敢于发疑，更敢于决然得出结论：“梅赜所增二十五篇，体制如出一手，采集补缀，虽无一字无所本，而平缓卑弱，殊不类先汉以前之文。夫千年古书最晚乃出，而字画略无脱误，文势略无龃龉，不亦大可疑乎？吴氏曰：增多之书，皆文从字顺，非若伏生之书诘曲聱牙。夫四代之《书》，作者不一，乃至二人之手而定为二体，其亦难言矣……而断断然不敢信此二十五篇之

① 朱熹：《孝经刊误》，中华书局，1991，第 2 页。
② 叶适：《习学记言序目》第 12 卷，《国语》，中华书局，1977，第 173 页。
③ 叶适：《习学记言序目》第 11 卷，《左传二》，中华书局，1977，第 162 页。
④ 叶适：《习学记言序目》第 12 卷，《国语》，中华书局，1977，第 173 页。

为古《书》。"[①] 吴澄对《古文尚书》的辨伪启发了后来的明清学者。

五　明清的辨伪

一般认为明代学风空疏，但明代辨伪却是值得大书一笔的。承宋元辨伪之余绪，明代学者开始对前代辨伪学的成果进行系统总结，出现了《诸子辩》《四部正讹》这样比较系统的辨伪学专著。宋濂《诸子辩》在继承柳宗元、高似孙、朱熹、黄震等先贤研究成果的基础之上，考辨先秦至宋以来的子书44种，其中主要对《亢仓子》《子华子》《鬻子》《晏子》《文子》《列子》《燕丹子》《孔丛子》《齐丘子》《关尹子》《尹文子》等进行了辨伪。他既能吸收前人旧说，也能有所发明，如在辨《亢仓子》之伪时能提出新证："是书伪也，剿老、庄、文、列及诸家言而成之也。其言曰：'危代以文章取士，则剪巧绮繿益至，而正雅典实益藏；夫文章取士，近代之制，战国之时无有也。其中又以'人'易'民'，以'代'易'世'。世民，太宗讳也。伪之者其唐士乎？予犹存疑而未决也。后读他书，果谓天宝初诏号《亢桑子》为《洞灵真经》，求之不获；襄阳处士王士元采诸子文义类者撰而献之。其说颇与予所见合。"[②] 这里从典制、避讳方面提出新证，是前代学者辨《亢仓子》时所忽略的。宋濂还比较注意总结作伪和辨伪规律，他在辨《言子》时总结道："大抵古书之存于今者，多出于后人之手。如《孔子家语》谓为孔安国所录壁中之文，往往多钞《左传》《礼记》诸书，特稍异其辞耳，善读者固不敢与之。世传贾谊《新书》谓贾谊所作，亦不过因《过秦论》《吊湘赋》而杂以《汉书》中语足之，似非谊本书也。此犹有所附丽而然。"[③]

胡应麟是明代的一位辨伪大家，其所著《四部正讹》将考辨范围扩大到经史子集四部，论及图书100余种。该书分上、中、下三卷，上卷以考辨经传及谶纬书为主，中卷以考辨诸子为主，下卷以考辨杂史、文集为主。与宋濂《诸子辩》较多卫道言论不同，《四部正讹》持论相对客观公允，但该书更重要的贡献在于理论方面。正如梁启超所指出的："专著一书去辨别一切伪书，有原理、有方法的，胡应麟著《四部正讹》是第一次。"[④] 首先，对于伪书产生的原因和种类，胡应麟作了比较系统和深入的分析，将之归结为如下21种类型。具体来说：有伪作于前代，而世率知之者；有

---

① 吴澄：《书纂言・目录》，清文渊阁四库全书本。

② 宋濂：《文宪集》第27卷，《诸子辩・亢仓子》，太平书局，1962，第11页。

③ 宋濂：《文宪集》第27卷，《诸子辩・言子》，太平书局，1962，第18页。

④ 梁启超：《古书真伪及其年代》，《总论》，中华书局，1955，第41页。

伪作于近代，而世反惑之者；有掇古人之事而伪者；有挟古人之文而伪者；有传古人之名而伪者；有蹈古书之名而伪者；有惮于自名而伪者；有耻于自名而伪者；有袭取于人而伪者；有假重于人而伪者；有恶其人，伪以祸之者；有恶其人，伪以诬之者；有本非伪，人托之而伪者；有书本伪，人补之而益伪者；有伪而非伪者；有非伪而曰伪者；有非伪而实伪者；有当时知其伪而后世弗传者；有当时记其伪而后人弗悟者；有本无撰人，后人因近似而伪托者；有本有撰人，后人因亡逸而伪题者。胡氏总结的这21条，条分缕析，几乎将伪书的种类及作伪之原因几乎囊括殆尽。更重要的是，胡应麟还在此基础之上系统地总结了辨伪的方法，将之归纳为如下八条：

> 核之《七略》以观其源；核之群志以观其绪；核之并世之言以观其称；核之异世之言以观其述；核之文以观其体；核之事以观其时；核之撰者以观其托；核之传者以观其人。①

以上八种辨伪方法言简意赅，分别从书目著录（前两种方法）、文献称引、后世评价、文体文风、历史事实、作者情况、传授源流等方面指明了辨伪的途径，其中很多方面属传统目录学考察的范畴。因此可以说，从目录学角度来辨伪，是胡氏辨伪的一大特色。《四部正讹》的问世，为辨伪学的最终确立奠定了坚实的基础。

明代专就一书辨伪的代表有梅鷟与他的《尚书考异》。该书在辨伪《古文尚书》上，是上承宋元吴棫、朱熹、吴澄，下启清代阎若璩、惠栋、丁晏等人的一部重要专著。全书分为六卷，前五卷为辨伪，主辨25篇《古文尚书》、孔安国《书序》之伪，后一卷为考异文。在方法上，梅鷟比较注重从史书的记载来考察传授源流，如他将《汉书·艺文志》关于《尚书》的记载与《史记·儒林传》的记载进行比较后指出："今按《汉书》与《史记》异者数处：《古文经》四十六卷，《史记》无此句；孔子纂书凡百篇而为之序，《史记》无此句；鲁共王坏宅以书还孔氏事，《史记》不载；孔安国得《古文尚书》，多十六篇，安国献之，遭巫蛊事，未列于学官，《史记》不载；二十九卷，《史记》作二十九篇，盖一篇为一卷也。《汉书》与《史记》不同者若此，宜从《史记》为当。然百篇之序，《史

① 胡应麟：《少室山房笔丛》第32卷，《四部正讹下》，上海书店出版社，2001，第322页。

记》班班可考，但孟坚以为孔子为之，晦翁不可也。”[①] 他在考辨过程中还非常注意找出伪《古文尚书》剽窃的出处。《泰誓上》有“亶聪明，作元后，元后作民父母”句，梅鷟认为：“此一节，全出《后汉书·刘陶传》。陶上疏曰：‘臣闻人非天地，无以为生，天地非人，无以为灵，是故帝非人不立，人非帝不宁。’其曰：‘人非天地无以为生’，即‘天地万物父母’一句之所从出也；‘天地非人无以为灵’，即‘惟人万物之灵’一句之所从出也；‘帝非人不立’，即‘亶聪明，作元后’二句之所从出也；‘人非帝不宁’，即‘元后作民父母’一句之所从出也。”[②] 梅鷟这种追根溯源的考辨方法，不仅使其辨伪结论更加可信，也还原了著作的本来面目。另外，在明代学者的笔记里也有不少辨伪书的内容，如焦竑的《笔乘》等。

清代辨伪在宋、明的基础上又有很大发展，各个时期均有学者参与文献辨伪。清初以著名思想家顾炎武、黄宗羲为先导，姚际恒、阎若璩、胡渭等为代表，都投入了文献辨伪之中。顾炎武《日知录》涉及辨伪书的条目很多，对《易图》《古文尚书》《诗序》《春秋》《左传》均有所考辨。如他在考辨《左传》时说：“左氏之书，成之者非一人，录之者非一世”，“采列国之史而作者也。”[③] “公、谷二传，相传受之子夏，其宏纲大指，得圣人之深意者凡数十条，然而齐、鲁之间，人自为师，穷乡多异，曲学多辨，其穿凿以误后人者亦不少矣。”[④] 他怀疑《诗序》，认为“《诗》之世次，必不可信，今《诗》亦未必皆孔子所正”[⑤]。黄宗羲著《易学象数论》，对自汉代以来增益妄作的各家象数之学进行了考辨。他还以《授书随笔》的形式回答了阎若璩有关《尚书》的提问，并为阎氏作《尚书古文疏证序》，扩大了阎氏辨伪成果的学术影响。姚际恒作《古文尚书通论》，专辨《古文尚书之伪》。又作《古今伪书考》，辨及经、史、子三类书籍凡91种。但可惜论证简略，且多采前人旧说，在思想上又离经叛道，故颇受主流官学的非议，如《四库全书总目》说：“际恒生于国朝初，多从诸耆宿游，故往往剽其绪论。其说经也，如辟《图》《书》之伪，则本之黄宗羲；辟《古文尚书》之伪，则本之阎若璩；辟《周礼》之伪，则本之万斯同；论小学之为书数，则本之毛奇龄。而持论弥加恣肆。”[⑥] 事实上，姚书

① 梅鷟：《尚书考异》第1卷，《汉书艺文志》，中华书局，1985，第2页。
② 梅鷟：《尚书考异》第4卷，《泰誓上》，中华书局，1985，第84页。
③ 顾炎武：《日知录》第4卷，《春秋阙疑之书》，上海古籍出版社，2006，第183页。
④ 顾炎武：《日知录》第4卷，《陨石于宋五》，上海古籍出版社，2006，第269页。
⑤ 顾炎武：《日知录》第3卷，《诗序》，上海古籍出版社，2006，第176页。
⑥ 纪昀等：《钦定四库全书总目》第129卷，《庸言录》，中华书局，1997，第1719页。

写在阎书之前，是阎若璩参考和引用了姚氏《古文尚书通论》的成果，而姚氏对前人成果的继承也不能说成剽窃，“总目”此说完全是诋诬之词。阎若璩著《尚书古文疏证》，全书立论128篇，对伪《古文尚书》进行了全面系统的考辨，也是对历代辨伪《古文尚书》的总结性著作。在辨伪方法上，阎氏首先从史志目录的著录考察伪《古文尚书》的篇数、篇名、篇次与今本之不同，然后比较其他文献征引《尚书》逸文与《古文尚书》在内容文字上的差异，再从源流上考索伪《古文尚书》袭用古书字句的作伪痕迹，最后再辅之以史实、典制、历法、地理、文体、语言风格等各方面的综合考察，以证伪《古文尚书》及孔传与时代之不合。如此多角度、全方位的综合、细致、严密的论证，终使这场自北宋吴棫至清康熙间长达五六百年的关于《古文尚书》之伪的悬疑成为定案。胡渭作《易图明辨》，专辨宋人伪作之《易图》。该书是在黄宗羲《易学象数论》、黄宗炎《图书辨惑》、毛奇龄《图书原舛编》基础之上的集成之作。其他值得一提的辨伪著作还有万斯同的《群书疑辨》、朱彝尊的《经义考》、万斯大的《周官辨非》等。另外，一些学术笔记也有不少辨伪的内容，如清初学者谈迁《枣林杂俎》圣集《艺篑》“伪书”条，历数《三坟》《元命苞》《关尹子》《元经》《孔丛子》《文子》《麻衣子》《吴越春秋》《天禄阁外史》《于陵子》等书之伪。

乾嘉时期考据学的兴起，一度使得文献辨伪规模和学术影响力稍逊于清初，但辨伪学仍持续向前发展。因为对于文献考据和历史研究而言，史料真伪的鉴别乃第一要务。这一时期辨伪的代表性人物有惠栋、钱大昕、戴震、崔述等。惠栋著《古文尚书考》，将伪《古文尚书》25篇按篇寻找出其文句剿袭的出处，以补阎若璩论证的不足。钱大昕的辨伪成果散见于《潜研堂文集》和《十驾斋养心录》。他每辨一书，往往遍引史料，多方求证，反复探析，以求辨明该书真伪及其主要来源。在对《孟子注疏》《竹书纪年》《甘石星经》等书的考辨中，钱氏的这种态度表现得尤为明显。更值得称道的是，钱大昕比较注意通过考察古书的作者来辨图书的真伪。康熙间闻性道所纂《鄞县志》将《朝英集》的作者著录为唐贺知章，钱氏考证曰：“闻《志》载贺知章《朝英集》三卷，考《唐书·艺文志》，《朝英集》乃开元中张孝嵩出塞朝士所作送行诗，知章特其一人尔，未可列诸著述之数，今删之。”① 也就是说，闻氏将《朝英集》中别人的送行诗悉数

① 钱大昕：《潜研堂文集》第19卷，《贺知章朝英集》，江苏古籍出版社，1997，第297页。

归于贺知章名下是不对的，钱大昕将它们一一剔出，还原了其原来的著作权关系。钱大昕还考辨过南宋时期《石刻铺叙》的作者问题。《石刻铺叙》是庐陵曾宏父的一部金石学专著，成书于理宗淳祐间。清朱彝尊在为该书作跋时，称宏父名惇，以字行。实际上，朱彝尊所说的曾惇（字宏父）另有其人，此人为官于高宗绍兴间，后因避宁宗讳遂以字行。两人相距百余年，不应混而为一。在钱氏看来，将作者的情况搞清楚了，关于图书真伪的许多问题也就迎刃而解了。戴震虽无辨伪专著问世，但在长期的考据实践中随处对很多具体问题作辨伪或证真，故今人论清儒辨伪之事多不及之。其所著《尚书义考》《经考附录》，于《古文尚书》辨伪多有涉及，可补证阎氏之不足。戴氏辨伪极重证据，未尝率尔立论。他在四库馆期间，对所校官书从撰人名氏、著述时代、著录传授、思想渊源、材料来源、原书文体等方面综合考辨，体现出辨伪方法的高明和见解的审慎。如《仪礼释宫》，有言为朱熹所作，戴氏辨析云："考《朱子大全集》亦载其文，与此大略相同，惟无序引。《宋中兴艺文志》称朱子当与之校定《礼》书，疑朱子固尝录如圭是篇，而集朱子之文者，遂疑为朱子所撰，取以入集，犹苏轼书刘禹锡语题姜秀才课册，遂误编入《轼集》耳。观朱子《仪礼经传通解》，于《乡饮酒礼》'荐出自左房'，《聘礼》'负右房'，皆但存贾疏，与是篇所言不同，是亦不出朱子之一证也。"① 戴氏从著录传授和思想渊源考察朱子《仪礼经传通解》中所释二段文字与《仪礼释宫》释言不同，证其不为朱子作，推测为汇录朱子文集者误入朱子集，可谓独具慧眼。像这类辨伪显然也有助于厘清古代图书的著作权问题。被梁启超誉为"名声很小的辨伪大家"的崔述著有《考信录》，全书包括《补上古考信录》《唐虞考信录》《夏考信录》等共 12 种 36 卷，主要考证上古、唐、虞、夏、商、周的历史，孔子与其门徒，以及孟子的事迹。崔述把辨伪看做治史之本，主张考辨为首，评论其次。而辨伪所依据的材料，其可信度又以经书正文为最，有些过于迷信经书。此外，他还作有《古文尚书辨伪》，考辨《古文尚书》之伪。

清代中晚期以后，今古文之争再次成为辨伪学关注的焦点。刘逢禄作《左氏春秋考证》，对《左传》的名称、体例、授受源流、《左传》与《春秋》的关系等进行了详密的考察，从而全面否定了《左传》，将《左传》书法、凡例、"君子曰"及一切解经的话，都视为后人附益或刘歆

① 戴震：《戴震全书》（第 6 册），《补遗》，《校书提要·仪礼释宫》，黄山书社，1995，第 622 页。

伪造的，认为《公羊传》才是可靠的。继之而起的魏源，著《诗古微》和《书古微》。前者专攻《毛诗》及《诗序》，引三家说以证其妄；后者不仅考辨了梅赜所献《古文尚书》之伪，而且认为东汉杜林所得漆书《古文尚书》也系“向壁虚造”。为鼓吹变法，康有为作《新学伪经考》，几乎全盘否定了古文经传。但书中除对《诗序》《书序》的驳难有一定根据外，大多属主观臆断。受康有为的影响，崔适作《史记探源》，认为《史记》本属今文经学，由于刘歆窜乱，乃杂有古文说。近代以后，也有学者全力维护古文经传的地位，如章炳麟、王国维等。章炳麟著有《春秋左传读叙录》《春秋左氏疑义答问》《古文尚书拾遗》《太史公古文尚书说》等，力驳今文家对古文家的全盘否定。王国维利用考古发现的资料考证文献，以辨伪说。他提出的“二重证据法”，注重以地下考古发现的新材料去印证旧有的文献记载，具有划时代意义。康有为的弟子梁启超对历代辨伪进行了理论总结。他在《中国历史研究法》里，总结出 12 条辨伪公例。又在《古书真伪及其年代》中，系统阐述了辨伪及考证年代的必要、伪书的种类及作伪的来历、辨伪学的发展历史、辨伪及考证年代的方法、伪书的评价等。梁启超将辨伪方法归结为两大类，一是从传授统绪上辨别，二是从文义内容上判别。这些对于中国古籍辨伪具有总结性和指导性的意义。

第三节　辑佚对著作内容完整性的保护

古文献在流传过程中，由于各种天灾人祸，图书亡佚的现象十分普遍。所谓辑佚，是指将散见于现存图书文献中的佚书的残篇断句加以搜集、整理，按一定的方法原则加工后编辑成册（篇），使之最大限度复现佚书原貌的文献整理活动。广义的辑佚除了辑佚书外，还包括辑佚诗、辑佚文等。文献辑佚需要三个构成要件：其一是佚书曾经作为一个独立的文献单位存在过；其二是现时这本书已经不存在或有了残缺；其三是现时客观上有着可辑的内容或资料。这些资料来源主要包括类书、古注、史书、方志、字书、杂钞等。辑佚的过程是从内容上还原古书，保护古籍内容的完整性。从这个意义上讲，它也是对古代图书著作权的保护。

一　辑佚活动的起源

早在《汉书·艺文志》中就有这样的记载：“武帝时，军政杨仆捃摭遗逸，纪奏《兵录》，犹未能备。"[①] 这里所谓的“捃摭遗逸”就是带有辑佚性质的文献整理工作；东晋梅赜所献伪《古文尚书》，很多篇句都能找到出处，可见它不是凭空架阁，而是采缀古书而成，也带有辑佚的性质；唐代马总《意林》，是从各种类书、经注中，将当时已经亡佚的汉朝以前诸子著作中的散见条文摘抄出来，杂编成书，同样带有辑佚的性质。可见，在中国古代书目、伪书、杂钞等文献的形成过程中，经常伴随有辑佚活动。但须强调的是，这些辑佚活动与后世辑佚学所指的辑佚活动还是有区别的。首先，它们不是以辑佚书为目的，即不以恢复古籍原貌为目的，而通常是另成它书，如杨仆的“捃摭遗逸”是以编书目《兵录》为目的，马总的辑佚是以编杂钞《意林》为目的，这与恢复原书有本质的不同。其次，从文献记载来看，这些辑佚活动尚没有形成严格规范的程序和方法。

另外，辑佚作为一种研究方法的运用，远早于它作为一门学科的出现。校勘学家在对文献进行校勘时，对文献中佚文的搜集、征引、增补，就属于辑佚方法的运用。民国时期孙德谦在《刘向校雠学纂微》中就指出，早在西汉成帝时刘向校书活动中就有增补佚文的内容。同样在文献辨伪中，也会涉及对佚文的搜集和利用。如东汉马融在证《尚书·泰誓》篇之伪时，就是通过古本《泰誓》篇佚文的辑佚，与当时现行《泰誓》篇相比较，指出所得古本佚文均不行于当时，从而证明现行《泰誓》篇之伪。但这些毕竟只是片段或部分佚文的辑佚，是服从于文献校勘和辨伪的需要，与辑佚学所指的辑佚书仍是有区别的。

二　宋元的辑佚

学界一般认为，以复原古书为目的的辑佚书和辑佚学正式确立于宋代。但在具体时间点上有不同争议，如章学诚认为始于南宋王应麟，他说：

> 昔王应麟以《易》学独传王弼，《尚书》止存《伪孔传》，乃采郑玄《易》注、《书》注之见于群书者，为《郑氏周易（注）》《郑氏尚书注》；又以四家之诗，独《毛传》不亡，乃采三家《诗》说之见于群书者，为《三家诗考》。嗣后，好古之士踵其成法，往往缀辑逸文，搜罗略编。[②]

① 班固：《汉书》第30卷，《艺文志》，中华书局，1962，第1763页。

② 章学诚著，王重民通解《校雠通义通解》第1卷，《补郑第六》，上海古籍出版社，1987，第33页。

其后，王鸣盛、梁启超等也持此说。但也有学者有不同意见，如当代学者李宗邺认为辑佚书始于南宋高似孙（比王应麟早六七十年），理由是高氏为《世本》一书所作跋语云："《世本》叙历代君臣世系，是书不复见……予阅诸经疏，惟《春秋左传》疏，所引《世本》者不一，因采缀汇次为一书，是曰《古世本》。"[①] 由于高氏辑本已不存世，具体情况不明，此说没有得到广泛认同。更有学者认为辑佚书始于北宋陈景元辑《相鹤经》，如北宋黄伯思《跋慎汉公所藏〈相鹤经〉后》曰："今完书逸矣，特自马总《意林》及李善《文选注》鲍照《舞鹤赋》钞出大略，今真靖陈尊师所书即此也。"[②] 清人叶德辉、今人张舜徽、胡道静等皆从此说。不过有学者质疑："（陈景元辑《相鹤经》）既无博采，又无体例可言，还不能算是辑佚。如果一般地称为辑录也未尝不可，但不能视为辑佚书；且本为书法作品，对其学术价值也不能估计过高。因此叶德辉的发明，未可典据。"[③] 不论见解如何不同，各家对辑佚学发端于宋代都无异议。

宋代辑佚成就除了上文提到的陈景元辑《相鹤经》、高似孙辑《古世本》、王应麟辑《三家诗》外，北宋曾巩还曾辑补过汉刘向的《新序》和《说苑》，据晁公武《郡斋读书志》云："《新序》阳朔元年上。世传本多亡阙，皇朝曾巩子固在馆中，日校正其讹舛，而缀辑其放逸，久之《新序》始复全……（《说苑》）鸿嘉四年上之。阙第二十卷。曾子固校书，自谓得十五篇于士大夫家，与崇文旧书五篇合为二十篇，又叙之。然止是析十九卷，作《修文》上、下篇耳。"[④] 南宋末年王熻辑补过春秋时期言偃的《言子》一书，据明胡应麟《少室山房笔丛·经籍会通三》云："宋景濂《诸子辨》有《言子》二卷，宋以前目录皆无，元王熻裒集遗言为此书，然犹胜伪撰者。"[⑤] 在前代文集的辑佚方面宋人也有一定成绩，如谭愈"取《汉书》及《古文苑》所载四十余篇"[⑥]，辑汉扬雄《扬子云集》。宋人还从《太平御览》《北堂书钞》《艺文类聚》等大型类书中辑补过魏曹植的《曹子建集》。

在辑佚方法上，宋人已形成一定的规制，如王应麟《三家诗考》的体

---

① 高似孙：《史略》第6卷，《世本》，中华书局，1985，第110页。

② 赵彦国注评《黄伯思·东观余论》，江苏美术出版社，2009，第290页。

③ 张富祥：《宋代文献学散论》，《关于辑佚的起源问题》，青岛海洋大学出版社，1993，第249页。

④ 晁公武：《郡斋读书志》第10卷，上海古籍出版社，1990，第437页。

⑤ 胡应麟：《少室山房笔丛》第3卷，《经籍会通三》，上海书店出版社，2001，第32页。

⑥ 纪昀等：《钦定四库全书总目》第148卷，《扬子云集》，中华书局，1997，第1982页。

例：前、书后皆有序；韩、鲁、齐三家诗前均有小序，用于介绍各家授受源流；佚文和注文严加区分，佚文用大字书，释文用小字注，体例规整；凡所辑之文，均注明出处；释文有考校内容，对文字内容进行释难解疑。王应麟《三家诗考》所创体例被章学诚誉为辑佚之“成法”，为后世所效仿。在辑佚理论方面，郑樵在《通志·校雠略》中提出了“书有亡者，有虽亡而不亡者”的观点。他将“虽亡而不亡”的书归为以下三类：第一，后书直接取诸前书，后书虽亡但前书犹存，后书虽亡而不亡。如“《文言略例》虽亡，而《周易》具在；汉魏吴晋《鼓吹曲》虽亡，而《乐府》具在；《三礼目录》虽亡，可取诸《三礼》；《十三代史目录》虽亡，可取诸《十三代史》。”第二，后书据前书编撰而成，后书虽已亡佚，但可据前书再编写一部。如“《春秋括甲子》虽亡，不过起隐公至哀公甲子耳；《韦嘉年号录》虽亡，不过起汉后元至唐中和年号耳；《续唐历》虽亡，不过起续柳芳所作至唐之末年，亦犹《续通典》续杜佑所作至宋初也。”第三，前书被后书收录，前书虽亡但后书犹存，前书虽亡而不亡。如“《名医别录》虽亡，陶隐居已收入《本草》；《李氏本草》虽亡，唐慎微已收入《证类》……书评书论书品书诀之类，无不见于《法书苑》《墨薮》；唐人小说，多见于《语林》；近代小说，多见于《集说》。”[①] 通过以上列举，郑樵展示了辑佚的类型，论证了古籍辑佚的可行性。他在《阙书备于后世论》《亡书出于后世论》《亡书出于民间论》中进一步阐明了找寻阙书、亡书的途径，又在《求书之道有八论》中提出了收集遗书的八种方法，具体包括：“即类以求”“旁类以求”“因地以求”“因家以求”“求之公”“求之私”“因人以求”“因代以求”。这些找书方法至今仍然适用和有效。

元代历年有限，在辑佚方面值得称道的仅有陶宗仪、吴澄两人。陶宗仪《说郛》一书，书名取“天地，万物郭也；五经，众说郛也”之意，也就是要囊括五经众说。该书辑选历朝士林罕见之经、史、小说、杂家千余家，是一部私家编集的大型综合性丛书，有 100 卷本和 120 卷本传世。“《说郛》虽不是一部专门的辑佚丛书，但其中原书亡佚而陶氏自类书中抄缀而成的辑佚之书也有相当的数量。如汉应劭的《汉官仪》1 卷、晋郭颁《魏晋世语》1 卷等魏晋以前旧籍，皆为纯正的辑佚之作，虽仅为一鳞半爪，也弥为珍贵。”[②] 将类书作为辑佚的主要来源，是《说郛》的一大特

① 郑樵：《通志校雠略》，《书有名亡实不亡论》，张舜徽选编《文献学论著辑要》，中国人民大学出版社，2011，第 272 – 273 页。

② 曹书杰：《中国古籍辑佚学论稿》，东北师范大学出版社，1998，第 97 页。

色，对明代影响甚巨。吴澄辑有《仪礼逸经》2卷，“是编掇拾逸经，以补《仪礼》之遗，凡经八篇。曰《投壶礼》，曰《奔丧礼》，取之《礼记》；曰《公冠礼》，曰《诸侯迁庙礼》，曰《诸侯衅庙礼》，取之《大戴礼记》，而以《小戴礼记》相参定；曰《中霤礼》、曰《禘于太庙礼》、曰《王居明堂礼》，取之郑康成《三礼注》所引逸文。”① 然该书体例欠周密，其所引郑注，不注出处。

三　明清的辑佚

明代学者沿着宋代学者开创的道路也做了不少辑佚工作，在宋元的基础上有了较大发展，表现为参与辑佚的学者数量众多，辑佚成果丰富，对辑佚的理性认识更趋深入。按照曹书杰在《中国古籍辑佚学论稿》中的划分，明代辑佚的发展主要集中在中晚期，大致可分为以下三个时期。

第一，嘉靖时期，代表人物有范钦、冯惟讷、薛应旂、陆楫、顾元庆等。兹举其要：范钦，字尧卿，号东明，鄞县人，辑佚代表作有《竹书纪年》。这是一部于西晋时期出土的战国时魏国的编年史书，入唐后亡佚，嘉靖时忽然由范钦分上下两卷刊出，一时被人视为伪书。实际上，今本《竹书纪年》是范钦在各种古书征引古本《竹书纪年》的基础上辑录而成的，只不过为了迎合当时人们猎奇的心理，故意掩饰了辑佚的痕迹，同时又加以删削和伪造了部分内容。薛应旂，字仲常，号方山，辑有《六朝诗集》，收录曹魏至隋朝间24家诗，其中《梁武帝集》《梁简文帝集》《梁元帝集》《梁宣帝集》《后周明帝集》《陈后主集》《隋炀帝集》等，都是年久散佚之书。另外，冯惟讷辑有《诗纪》，陆楫辑有《古今说海》，顾元庆辑有《文房小说》，也都值得一提。

第二，万历时期，代表人物有胡应麟、梅鼎祚、姚士粦、屠乔孙、吴琯等。胡应麟，字元瑞，号少室山人，兰溪人，是明代著名的文献学家，也是明代辑佚的代表性人物，曾辑佚过古佚小说《百家异苑》、晋干宝《搜神记》、宋张耒《柯山集》。他最大的贡献在于辑佚理论方面，如关于古佚书的考辨、对佚文的搜集整理、对时人辑佚现象的总结、对类书在辑佚中的作用以及辨伪法在辑佚中的应用等问题都有重要阐述，代表了明代辑佚理论的发展水平。梅鼎祚辑佚成就卓著，先后辑有《古乐苑》《唐乐苑》《历代文纪》《三才记》《汉魏八代诗乘》等，其中《历代文纪》辑录先秦至隋历代之文多达203卷（《四库全书总目》称其“溢三百卷”，可见

① 纪昀等：《钦定四库全书总目》第20卷，《仪礼逸经》，中华书局，1997，第253页。

现存版本已经亡佚百余卷，如其中《东晋文纪》《北魏文纪》皆不传）。该书辑佚来源广泛，以正史为主，再辅以各种类书、子书及诸家文集、总集等。此外，姚士粦辑有《陆氏易解》，屠乔孙与项琳辑有《十六国春秋》，吴琯辑有《唐诗纪》《古今逸史》。

第三，晚明时期，代表人物有祁承㸁、张溥、孙瑴、毛晋等。祁承㸁，字尔光，山阴人，晚明著名藏书家和文献学家。他于版本、目录、校勘都很精通，也兼事辑佚，经他辑佚的书有《周易坤灵图》、《会稽典录》、张璠《汉纪》、《简文（帝）谈疏》、《会稽先贤传》、《世本》等11种。在求书方法上，祁承㸁突破了郑樵通过书目寻求同类或相关类目图书的方法，明确指出类书在古籍辑佚中的作用。张溥，字天如，太仓人，辑有《汉魏六朝百三家集》。该集以张燮《七十二家集》为基础，再利用冯惟讷《诗纪》、梅鼎祚《文纪》的成果，排比附益，汇为一编，共收录自汉贾谊至隋薛道衡103家的诗文，基本上一人一集。每一集中，先列赋，次列文，后列诗。孙瑴，字子双，华容人，尤偏好纬书（汉人以封建迷信附会儒家经义的一类著作），辑有《古微书》。该书是从《十三经注疏》《二十一史》等经史，《太平御览》《玉海》等类书，以及《通典》《通志》等政书中摘引纬书佚文加以编排，共辑得纬书36卷71种，包括《尚书纬》5卷12种、《春秋纬》8卷15种、《易纬》3卷8种、《礼纬》3卷3种、《乐纬》3卷3种、《诗纬》2卷3种、《论语纬》2卷5种、《孝经纬》5卷7种、《河图纬》3卷10种、《洛书纬》2卷5种，堪称一部纬书大全。毛晋是明末著名的出版家，辑有《津逮秘书》，收宋元以来掌故杂记之书141种，为保护古文献作出了贡献。

总体来看，明代辑佚有这么几个特征：一是体现了明人好奇、好异的治学风气，如《百家异苑》《搜神记》以及大量的纬书之类就体现了这一点。二是辑佚的对象以消遣类的小说、杂记、诗文集居多，如陆楫的《古今说海》、祁承㸁的《会稽先贤传》、毛晋的《津逮秘书》、梅鼎祚的《历代文纪》、张溥的《汉魏六朝百三家集》等。这也是明代社会生活发展状况所决定了的。三是辑佚方法不够严谨，如除了将群书保存下来的散佚文献搜集出来外，还加入了其他文献记载的相关内容。结果往往不是恢复古书的原貌，而成了另外的新书，有的辑完之后又不说明原书作者，也不说明新书体例，更不注明材料出处，所以经常被清代学者当做伪书看待。这些都体现了明代辑佚学不成熟的一面。

清代是我国古籍辑佚的鼎盛时期，其成就要高过以往任何一个朝代。清代辑佚有官私之分。清初私家辑佚规模很小，仅限于个别学者，如康熙间姚之骃辑有《后汉书补逸》。倒是官方辑佚颇有声势，带动了清代辑佚的大规模兴起。康熙四十四年（1705 年），彭定求、杨中讷奉敕编《全唐诗》，五十年（1711 年）又命词臣编《全金诗》，其中做了大量的辑佚诗和辑佚文的工作。乾隆三十八年（1773 年），安徽学正朱筠奏请从《永乐大典》中搜集佚书，乾隆准其请，并组织人手着手编纂《四库全书》。周永年、戴震、邵晋涵等四库馆臣从《永乐大典》中辑出大量文献，其中收入《四库全书》385 种 4926 卷，包括经部 66 种、史部 41 种、子部 103 种、集部 175 种。[①] 像正史中薛居正的《旧五代史》，编年史中李焘的《续资治通鉴》、李心传的《建炎以来系年要录》，官修史中刘珍的《东观汉记》，私家书目中陈振孙的《直斋书录解题》等一大批著名文献，都是这次辑佚的重要成果。嘉庆年间徐松又从《永乐大典》里辑佚出卷帙浩繁的《宋会要》。这些都是官方辑佚的代表作。

乾嘉以后，清代私家辑佚蓬勃兴起，辑佚书的范围大大超过官方辑佚。官方辑佚主要依托一部《永乐大典》，而民间私家辑佚的来源则扩大到其他类书、古注、子史群书、总集、杂纂杂钞、方志、石室密藏与出土佚书，甚至海外流散文献。总体而言，清代私家辑佚呈现出以下特点。

第一，辑佚大家辈出，辑佚数量众多，且多以丛书形式出现。乾嘉至道光以来，经济文化的发展为清代辑佚提供了有利的条件，涌现出了一大批辑佚家，如章宗源、严可均、孔广森、任大椿、马国翰、黄奭、茅泮林、洪颐煊、汪文台、陈寿棋、王谟、张澍、臧庸、王绍兰等，其中尤以严可均、马国翰、黄爽、张澍、王谟五家最为著名。严可均，字景文，号铁桥，浙江乌程人，曾从许多散佚文献中搜辑出唐代以前作家 3497 人的作品，辑为《全上古三代秦汉三国六朝文》，使之于《全唐文》相接。马国翰，字词溪，山东历城人，辑有《玉函山房辑佚书》，分经、史、诸子三编，共辑得佚书 594 种 708 卷（后又续补 14 卷），如已佚的《乐经》《氾胜之书》《终军书》等均由此辑出。黄奭，字右原，江苏甘泉人，辑有《汉学堂丛书》，收经书 85 种，纬书 56 种，子史书籍 74 种，附高密遗书 11 种，共记 226 种，后编入《黄氏逸书考》。张澍，字百瀹，又字寿谷，武威人，辑有《二酉堂丛书》，收录古代关陇地区有影响的学者的著作 21 种，如《三辅决录》《三秦记》《三辅旧事》《凉州记》等，极具地域特色。王谟，字仁圃，江西金溪人，所辑《汉魏遗书钞》收入汉魏晋十六国时期的珍贵文献数百种，拟分经史子集四部，刊行时只经翼一部 108 种，但也为学者所重。

① 洪湛侯：《中国文献学新编》，杭州大学出版社，1994，第 371 页。

第二，辑佚门类广泛，在辑佚方法上形成了一定的流派。从内容上看，清代辑佚经史子集无所不包。其中有综合性的，如马国翰的《玉函山房辑佚书》分经、史、诸子三编，《汉学堂丛书》分经、纬、子史；有专辑经史子集中一部或一类的，如惠栋的《九经古义》、余肖容的《古经解钩沉》、任大椿的《小学钩沉》等；有专辑一书的，如戴震辑《九章算术》《五曹算经》等。从时间上看，明代以前各朝著述无不遍及。一般而言，私人辑佚以隋唐以前文献为多，四库馆臣辑佚以宋元文献为多。其中有辑多个朝代之书的，如严可均的《全上古三代秦汉三国六朝文》、王谟的《汉魏遗书钞》、李调元的《全五代诗》等；也有辑一朝之书的，如姚之骃《后汉书补逸》（辑录东汉史著 8 种），康熙间官方的《全唐诗》《全金诗》，张金吾的《金文最》等。从辑佚方法上来看，清人辑佚大致可以分为三种流派①：一是单纯辑佚，也就是收罗群书，寻章摘句，把已经散失的书籍拼凑起来，力求恢复原貌，如马国翰的《玉函山房辑佚书》与黄奭的《汉学堂丛书》就是此类代表；二是辑佚之外另加评议的，如劭瑛的《春秋左传校注规过》，从《左传》注疏中辑出，另加评论；三是辑佚之外另加引申，如陈寿祺的《尚书大传》与《驳五经异义》辑本，还有李贻德的《左传贾服注》辑本，对经义加入了新的注解。

第三，辑佚程序和方法严密，体例规范。经过长期的辑佚实践，清人逐渐形成了一套严密的辑佚程序和方法。首先，通过检阅历代史志目录和私家目录，并辅之以民间访书确定辑佚对象，进一步查访是否有辑本。书目著录的有无只是反映文献流传的一个方面，还有必要通过访查实物确定该书是否亡佚，如访得佚本，也可以为进一步辑佚提供一个良好的基础。宋李焘的《续资治通鉴长编》明时已佚，清初徐乾学就是在民间访得 175 卷残本。严可均辑《全上古三代秦汉三国六朝文》时，就采用了明梅鼎祚辑本《文纪》中的不少材料。其次，确定和查找佚文的来源。一书的佚文散落在类书、辞书、同时代或同一学派著作之中的几率比较大，可以优先查找。另外，古注、史书、子书、方志、字书、杂钞也是重点检寻的途径。再次，选择辑佚底本并辑录佚文，并对佚文进行辨伪和校勘。清人辑佚优先利用前人辑本，如马国翰辑佚，曾先后利用过孙镗、丁杰、张惠言、张澎等多家的辑本为底本。如无辑本，则以记载佚文资料较详、成书较早的本子为底本。因为成书较早者，更接近于佚书原貌。佚文的辑录过程，也是对它进行考辨的过程，包括真伪的鉴别，不同佚文的比勘等。最后，编

① 吴枫：《中国古典文献学》，齐鲁书社，1982，第 146 页。

排佚文，使之成为一个有序的整体。清代辑佚的体例是一个不断发展完善的过程，在早期也存在体例不严谨、内容粗糙的问题，乾嘉以后辑佚体例才越来越规范，这表现在结构上比较完整，有序言、目录和编撰凡例；且内容完整，编排合理；再者是注释得当，注明出处。

综上所述，中国古代有着悠久的文献整理传统。历代无数学者在对文献进行校勘、辨伪、辑佚的过程中，不自觉地完成了恢复和保护中华古代典籍的重任。以其校勘之精审，使古籍的文字篇章尽可能接近原书之旧貌；以其辨伪之精到，使古籍内容和作者还原其历史本真；以其辑佚之完善，使古籍内容恢复其全帙。这些文献整理活动都是对古代图书内容原始性的恢复和完整性的保护，也间接保护了前代作者的精神权利。这是因为，作者的真实思想必须通过完整可靠的作品表达出来，而任何残缺或错误的文本，都可能背离和歪曲作者的原意，从而对作者的声誉带来负面影响。

第九章　中国古代图书著作权的技术性保护

在图书盗版盛行的今天，人们发明了很多种防伪技术，以遏制图书盗版行为，比如纸张防伪、油墨防伪、条形码防伪、激光全息图像防伪、印刷技术防伪等，不一而足。这些防伪技术在图书出版领域的广泛应用，从技术上有效地保护了出版商和作者的合法权益，我们称之为著作权的技术性保护。中国古代没有这些高级防伪技术，但是不是就不存在著作权保护的技术行为呢？答案是否定的。中国古代也有相应的著作权保护技术，只不过与今天相比，显得十分简陋和粗糙而已。但不可否认，它们体现出来的著作权保护思路却是一致的，即都是在技术上设置障碍，使原作难以被后来者复制和模仿，从而在一定程度上保护了作者或出版商的权益。

第一节　副本的誊抄和保存

古人著述文字，一生心力所寄，必有所托，冀望传于后世。雕版印刷技术没有发明之前，图书的流传主要依赖手工誊抄。而早在竹帛时代，简策的制作、抄写工效相对低下，个人作品极易散失和亡佚。这就使得古代作者在生前就要开始考虑如何保护自己的作品，而在当时的条件下，誊抄副本虽然是一种比较机械和效率低下的复制技术，但不失为一种有效的保护作品完整性的手段。从其避免作品散佚或混入他人作品的目的来看，它也是作者精神权利的一种自我保护。

汉代司马迁著《史记》，“成一家之言，厥协《六经》异传，整齐百家杂语，藏之名山，副在京师。”① 由此可见，当时的《太史公书》有正、副两本。藏“名山”者，为正本；传京师者，为副本。正、副两本各有功用，前者秘而不宣，重在保存文本内容的功能；后者以俟后人，重在传播作品思想的功能。可以说，司马迁在完成《史记》之时就考虑到了如何保护著作内容的完整性，而誊抄副本是当时唯一行之有效的办法。

纸张发明后，为保护文献而誊抄副本并没有停下来。相反，纸张的普及应用使得这项工作更为便利。西晋荀勖等整理汲冢竹书，最后“付秘书

① 司马迁：《史记》第130卷，《太史公自序》，中华书局，1959，第3320页。

缮写，藏之中经，副在秘阁。”① 隋开皇三年（583 年），牛弘表请搜访异本，并“召天下工书之士，京兆韦霈、南阳杜頵等，于秘书内补续残缺，为正副二本，藏于宫中，其余以实秘书内、外之阁，凡三万余卷。”炀帝即位后，“秘阁之书，限写五十副本。”② 这些是官方整理藏书后所做的誊抄副本的工作，有力地保护了古代文献。而一些个体作家，也花了不少力气来誊抄自己作品的副本。唐代大诗人白居易，为了防止自己的作品散失和亡佚，生前亲自将所著诗文集先后抄录多个副本，分置多处。如他于开成四年（839 年）作《苏州南禅院白氏文集记》，称：

> 唐冯翊县开国侯太原白居易，字乐天，有文集七秩，合六十七卷，凡三千四百八十七首……家藏之外，别录三本：一本置于东都圣善寺钵塔院律库中；一本置于庐山东林寺经藏中；一本置于苏州南禅院千佛堂内。③

其中东林寺本于太和九年（835 年）入藏，收诗 2964 首，勒成 60 卷；圣善寺本于开成元年（836 年）入藏，收诗 3255 首，勒成 65 卷；苏州南禅院本于开成四年（839 年）入藏，收诗 3487 首，为 67 卷本。这三个版本皆题《白氏文集》。由此可见，白居易每过一段时间就要对自己的作品进行整理结集，并誊抄副本入藏著名的寺庙。开成五年（840 年），他又将后续之作抄付香山寺，凡 800 首，合为 10 卷，别题《洛中集》。会昌五年（845 年），他又编定了 75 卷本的《白氏文集》，并在《白氏文集自记》中记曰：

> 白氏前著《长庆集》五十卷，元微之为序。《后集》二十卷，自为序。今又《续后集》五卷，自为记。前后七十五卷，诗笔大小凡三千八百四十首。集有五本：一本在庐山东林寺经藏院；一本在苏州禅林寺经藏内；一本在东都胜善寺益塔院律库楼；一本付侄龟郎；一本付外孙谈阁童。各藏于家，传于后。其日本、新罗诸国及两京人家传写者，不在此记。④

这就是说，除去上述 60 卷本、65 卷本、67 卷本外，还有长庆四年（824

---

① 郭璞注《穆天子传》，《荀勖序》，中华书局，1985。

② 魏徵等：《隋书》第 32 卷，《经籍志》，中华书局，1973，第 908 页。

③ 白居易：《白氏长庆集》第 70 卷，《苏州南禅院白氏文集记》，清文渊阁四库全书本。

④ 白居易：《白香山诗集》，《白氏文集自记》，清文渊阁四库全书本。

年）元稹为之作序的50卷本，以及在此基础上加入《后集》20卷和《续后集》5卷的75卷本。可见，《白氏文集》在当时就有5个版本传世。他将自己不同时期的作品集誊写5个副本，分别寄存5个不同的地方。这样做的好处是：一方面可以让后人比较清晰地考察其文学创作道路的演变轨迹；另一方面，从作品保护的角度看，一旦某个藏地的作品被毁，其文集还可依赖其他藏本保留下来，传诸后世。白居易的作品保护意识及传世意识堪称古人的典范。历史上那么多文集诗赋湮没无闻，而《白氏长庆集》，能比较完整地保留至今，这与白居易的著作权保护意识和积极誊抄副本的做法是密不可分的。

即便雕版印刷技术发明和广泛应用之后，依然有文人学者为保存自己的作品而誊抄副本。这里面可能有多种原因，有的可能是经济原因，毕竟付诸枣梨的成本远高于自己誊抄。如南宋罗愿，字端良，著《尔雅翼》，世未见其书，元人方回四处访问，"求得公之从孙裳手抄副本三十二卷"[①]。明人王世懋"所为诗及记各一册，俱有副本"[②]。有的则可能是因为图书内容不便公开雕版印刷，为了保存久远，只好自己动手誊抄副本。例如，北宋陈瓘著《尊尧集》攻讦王安石，其书后来被禁。他在《四明尊尧集后序》中记载了保存此书的经过："（政和）二年正月，尚书省札子委台守取索《尊尧集》副本。副本在明州徐璋秀才家，台守于朝旨之外，遣兵官突来追摄，囚之于石佛寺，然后遣兵官入家搜索，并牒明州遣兵官搜索徐璋之家。初瓘之所撰《尊尧集》有二：《合浦》其一也；《四明》其二也。凡《合浦》所著，不忍以荆公为非，故其论皆回隐不直之辞。每自览此书，内愧外汗，是故离家之日独取改过一集，置于行箧，到台不敢复阅，即以寄于数百里之外属女人藏之。及自石佛寺得释，又遣仆住通州本家取索前集之稿，以俟再索。"[③] 有的则完全是受誊抄副本以藏名山的古风的影响，如清人阎若璩著《古文尚书疏证》，"每卷末各有自跋。其第一卷写成，覆舟武进郭外，私念疏证定本在此，当邀东坡元符三年宿大海中例以济。其写第四卷，别录四本：一寄太华山顶；一寄罗浮山；其二本则寄千倾堂、传是楼之主人，仿白氏文集别录三本例。"[④]

---

① 方回撰，阮元辑《桐江集》第3卷，《跋罗鄂州尔雅翼》，江苏古籍出版社，1988，第232页。

② 王世懋：《王奉常集》第43卷文部，《答陈道襄大参》，明万历间刻本。

③ 陈瓘：《四明尊尧集》第10卷，《四明尊尧集后序》，清光绪十年（1884年）刻本。

④ 陈康祺：《郎潜纪闻》，《初笔》第4卷，《阎徵君古文尚书疏证》，中华书局，1984，第86页。

第二节 个性化的签名和印章

署名是作者对个人著作权的直接宣示。前文第二章已论及古代署名的种种形式，但这些只是一般常规的署名，较易为他人伪造。而古代有的作者，特别是书画领域的作者，一方面为彰显自己的艺术个性，另一方面也是为了使自己的作品署名不易被后人模仿，经常将自己的署名作一定的技术性处理，使之以一种独有的比较有特点的形式表现出来，这就是签名，在古代也叫花押。

中国的花押最早见于曹魏时期，据《墨薮》载："行书，正书之小伪也。魏钟繇谓之'行押书。'"[①] 南北朝时期也见花押的记载，如《北史》云："连判文书，各作花字，不具姓名。"[②] 花字即花押，这是在公文中的应用。唐代以后，文人的字画墨迹中也见花押用作个人独特的信约标记，如书法家韦陟的签押，"自谓所书'陟'字若五朵云。时人慕之，号'郇公五云体'。"[③] 贵为皇帝的唐玄宗李隆基，在其书法作品《馒颂》中也使用了花押字。但花押字的广泛应用还是在宋代，如宋人周密《癸辛杂识》云："余近见先朝太祖、太宗时朝廷进呈文字，往往只押字而不书名。初疑为检底而末乃有御书批，殊不能晓。后见前辈载乾淳间礼部有申秘省状，押字而不书名者，或者以为相轻致撼。范石湖闻之，笑其陋，云：'古人押字，谓之花押印，是用名字稍花之，如韦陟五朵云是也。岂惟是前辈简帖，亦止是前面书名，其后押字，虽刺字亦是前是姓某起居，其后亦是押字。士大夫不用押字代名，方是百余年事尔。'"[④] 宋代著名书法家苏轼、米芾等在题写落款时，都对自己的签名作了技术处理。据清人梁章钜称："相传苏行书署名，草头右先横；米行书，草头右先直。此言于米，犹未尽合。盖'芾'之上半，乃从'丬'，并非草头，作者当先两直，后两点，凡米款真迹皆如此。其下半系先作'一'，次作'冂'，次中直透上而下，实即'巿'字省文耳。虽行草，皆可以此辨之。若伪米迹之款，则直于草头下加'市'矣，岂通人如海岳，乃至自误其名乎？"[⑤] 米芾字画的作伪者一般

① 韦续：《墨薮》，《五十六种书》，中华书局，1985，第4页。

② 李延寿：《北史》第8卷，《幼主纪》，中华书局，1974，第300页。

③ 欧阳修：《新唐书》第122卷，《韦陟传》，中华书局，1975，第4350页。

④ 周密：《癸辛杂识》，《后集·押字不书名》，见《宋元笔记小说大观（六）》，上海古籍出版社，2001，第5763页。

⑤ 梁章巨：《浪迹丛谈续谈三谈》第9卷，《苏米署名》，中华书局，1981，第161页。

不知道米芾署名"先两直，后两点"的这个特点，而是"直于草头下加'市'"，所以很容易被后人鉴别出来。那么，米芾这种独有的签押方式确实起到了保护其作品的作用。类似的例子还有不少，如宋徽宗赵佶的草字押书签名也非常特别，以"二"字下横上挂一钩，意为"天下一人"（见图9－1），尽显唯我独尊的帝王作派。明代的徐渭，署款时故意把名"渭"拆做"田水月"三字来写。还有清代的朱耷，号"八大山人"，署款时写成"哭之""笑之"模样，既诙谐幽默，又内寓深沉孤愤。对这些别具特色的个性化签名，如果不作深入研究，是很难模仿的，这在一定程度上为他人伪造其署名设置了障碍。

图9－1　宋徽宗"天下一人"花押

书画作品中的落款也称"题款""署款"，通常包括题目、姓名、字号、年月等，还有的另加记和跋。当然，以上诸项并不一定同时出现。落款根据其位置有上款和下款之分，还有明款和暗款之分。所谓暗款，就是将落款题于比较隐蔽的地方，比如把作者姓名字号题于画中一只蜻蜓的翅膀上，或一片荷叶的枝干间，使之与画中景物融为一体。不经作者本人点破，他人极难发现。假设作者在创作时同时题写了明款和暗款，其作品在被后人复制时，就很容易漏掉暗款，从而留下作伪的证据。这种题款手法在一定程度上就起到了保护作品的作用。北宋画家范宽，本名中正，字中立（又作仲立），所作《溪山行旅图》卷面没有任何印章和明款，明初董其昌观后题有"北宋范中立溪山行旅图董其昌观"，但并没有像他在五代画家董源的《龙宿郊民图》、北宋画僧巨然的《雪图》上题的是"董其昌鉴定"，因此一直不能完全证明这副画是范宽的真迹。

1958 年，时任台北故宫博物院副院长的李霖灿在一个偶然的机会，在画面右下角的树丛中发现了“范宽”的字款，从而确认了该画为范宽的真迹。

印章也是一种防止盗版的技术手段。早在秦代，印章就用来保护各地奏章在传递的路途中不被人偷看。当时的奏章是用竹简写成，一本奏章就是一捆简册。为保密其内容，上奏官员要用绳子把竹简捆扎好，并在绳子的打结处糊上泥巴钤上印章，再放在火上烘烤至干硬。奏章送到章台后，值守吏首先要检查封泥的字迹是否清晰完整，如果完好如初，则说明没有问题，可以拆掉封泥递呈秦始皇御览。这实际上是一种简单的信息加密技术。印章除了广泛应用于古代公文制度中之外，宋元以后也逐渐成为书画艺术的重要组成部分。它在方寸的小天地里，通过字体结构的变化，线条粗细的安排，章法布局的搭配，以及情态气度的设计，彰显了鲜明的艺术个性。它同时也是一种具有个人凭证作用的签署符号。特别是将花押和印章结合在一起，更能加强这种作用。宋元时期盛行的花押印，就是将花押样式刻入印章中，以代押字之用。这种印除了具有印章的一般功能外，更能使局外人不易识别和难以模仿。花押入印，大致始于五代，据元陶宗仪《南村辍耕录》称：“周广顺二年，平章李穀以病臂辞位，诏令刻名印用。据此，则押字用印之始也。”花押印都用朱文，形式各异，有方形、圆形、长方形、葫芦形等。传世花押印以元代居多，世称“元押”。大多长方形，上端通常为楷书姓名，下端为草书或楷书押符。但也有全用花押的，也有用蒙古文的。陶宗仪指出了元代使用花押印比较多的原因：“今蒙古色目人之为官者，多不能执笔花押，例以象牙或木刻而印之，以为押字。”① 明代中叶至晚清，由于篆刻的兴起，楷书印逐渐衰落，民间作为信物的花押印已不多见。

与题款中的暗款一样，印章也有采取隐蔽手法的。如清人宋荦记载：“合肥许太史孙荃家藏《画鹑》一轴，陈章侯题曰：‘此北宋人笔也，不知出谁氏之手。’余览之，定为崔白画。座间有窃笑者，以余姑妄言之耳。少顷，持画向日中曝之，于背面一角映出图章，文曰‘子西’。‘子西’即白号，众始叹服。”② 崔白是北宋画家，活跃于北宋神宗时期。宋荦仅凭卷面就定为崔白所画，结果遭人耻笑。幸亏画卷经日光曝晒，背面露出崔白的

① 陶宗仪：《南村辍耕录》第 2 卷，《刻名印》，齐鲁书社，2007，第 28 页。

② 宋荦：《筠廊偶笔》卷上，见《清代笔记小说大观（一）》，上海古籍出版社，2007，第 28 页。

图章，这才让人信服。这种暗印技术既难被人发现，更难以模仿，是古代保护书画作品著作权的一种极好的技术手段。

第三节　绘画技法和图书印记

古代书画家高超的技法，本身也有一定的防伪功能。举例来讲，宋代著名书画家米芾之子米有仁，还有一个名字叫元晖，得名于黄庭坚送给他的一方“元晖”古篆印章。和他父亲米芾一样，米有仁的绘画临摹功夫几可乱真，但也有失手的时候。据周辉《清波杂志》载：“元晖尤工临写。在涟水时，客鬻戴松（笔者注：当作戴嵩，唐代著名画家，以擅画水牛著称）《牛图》，元晖借留数日，以模本易之，而不能辨。后客持图乞还真本，元晖怪而问之曰：‘尔何以别之?’客曰：‘牛目中有牧童影，此则无也。’”[①] 米有仁本想凭借自己高超的临摹技法，以假换真，但最终还是被人识破了。这也难怪，原画作者戴嵩竟然在牛的眼眸中画出了牧童的影子！这岂是一般作伪者能观察得到的。这样独特的暗门技术，对于保护原作不被赝作乱真，起了决定性的作用。

古代画师还有一些独门技法，让作伪者一筹莫展。如宋人陈鹄《西塘集耆旧续闻》载：“欧阳公有《牡丹图》，一猫卧其下，人皆莫知。一日，有客见之，曰：‘此必午时牡丹也，猫眼至午精细而长，至晚则大而圆。’”[②]《清波杂志》卷五还记载了一幅更神奇的古画：“江南徐谔得画牛，昼啮草栏外，夜则归卧栏中。持以献后主煜，煜献阙下。太宗问群臣，俱无知之者。”此画中的牛居然会活动，白天出栏去吃草，天黑了就归卧栏中，让当时的人匪夷所思，但有一个叫赞宁的僧人却知道其中的奥秘：“南倭海水或减，则滩碛微露，倭人拾方诸蚌，腊中有余泪数滴，得之和色着物，则昼隐而夜显。沃焦山时或风挠飘击，忽有石落海岸，得之滴水磨色，染物则昼显而夜晦。”[③] 这说明古人已经知道使用光敏材料来制作画画用的颜料了。用这种特殊颜料作出来的画，当然增加了他人作伪的技术难度。

---

① 周辉撰，刘永翔校注《清波杂志校注》第5卷，《牧牛影》，中华书局，1994，第225页。

② 陈鹄：《西塘集耆旧续闻》第9卷，《藏书画者多赝本》，见《宋元笔记小说大观（五）》，上海古籍出版社，2001，第4848页。

③ 周辉撰，刘永翔校注《清波杂志校注》第5卷，《牧牛影》，中华书局，1994，第226页。

值得注意的是，大致自明代万历年间开始，民间坊刻在一般的图书印刷技术中也融入了防伪因素，其标志就是出现了带有商标性质的防伪印记（图案），这跟一般的版刻牌记还是有区别的。以明万历间萧山来氏刻本《宣和印史》为例，其书前印有："宝印斋监制《宣和印史》……绝无模糊、倾邪、破损。敢悬都门，自方《吕览》，恐有赝本，用汉佩双印印记，慧眼辨记。"① 这副"汉佩双印"印记，图案复杂，雕印精工，极难伪造，和今天的图书激光防伪技术有异曲同工之妙。明万历十二年（1584 年）刻本《新刊真楷大字全号缙绅便览》，卷末刻有一行题字："北京宣武门里铁匠胡同叶铺刊行，麒麟为记。"② 以中国古代的吉兽麒麟为印记，图案复杂精美，想要仿刻得一模一样，也很有难度。明建阳熊氏种德堂万历刻本《历朝纪要纲鉴》等书，则申明"请认种德堂为记"，各书刻以八卦为标记，这也是一种类似商标性质的印记。还有的书坊，干脆将坊主的肖像刻印到图书当中，既宣示了自己的版权，也增加了盗版者的技术难度。如明金陵兴贤堂刻本《楚辞集解》，书中就有坊主唐少村戴笠执书的半身画像，上书"先知我名，现见吾形；委办诸书，专选善本"字样。明万历间建阳著名书坊双峰堂主人余象斗（字仰止，号文台，自称三台山人），在其雕版的《海篇正宗》《诗林正宗》等书前面，均印有《三台山人余仰止影图》（见图 9－2）。刻图中，余象斗"高坐三台馆中，文婢捧砚，婉童烹茶，凭

图 9－2　余象斗《三台山人余仰止影图》

① 肖东发：《中国编辑出版史》，辽宁教育出版社，1996，第 355 页。

② 李致忠：《肩朴集》，北京图书馆出版社，1998，第 239 页。

几论文之状。榜云：‘一轮红日展依际，万里青云指顾间。’”[1] 以上这些例子说明，随着雕版技艺的提高和著作权意识的增强，古代图书防伪的技术含量也越来越高了。

清代开始出现了著作权印花。所谓著作权印花，又称为版权票，是作者自行制作或请著名艺术家、版画家设计使用的一种防伪措施，一般被粘贴在书籍的版权页上，是一种有作者印章或特殊印记的物品。晚清启蒙思想家严复，就曾为自己的著作设计过著作权印花（见图9-3），以防止不法书商盗版。这是一枚融合了中西文化元素的著作权印花，整体呈圆形，最外层呈齿轮状，上面的部分有点残缺，主体图案白纸红字由三道同心圆环构成：最里层圆环内画的是一只红色飞燕，代表辛勤劳作的意思，也蕴含了对世事变迁、亡国破家的感慨；中间层圆环内有“侯官严氏版权所有”字样，非常醒目地宣示了作者的著作权；外层圆环内是大写英文“KNOW THYSELF”，即了解自我之意，表现了严复的独立自主的个性精神。严复在与上海商务印书馆合作后，对该印花作了一些改动，取消了最外层的齿轮，代之以汉字“上海商务印书馆”及英文“COMMERCIAL PRESS SHANGHAI”，同时四角加印了“翻印必究”字样。这枚印花是严复开始与商务印书馆合作、两者共同保护图书著作权的历史见证。

图9-3　严复为自己设计的著作权印花

中国古代与近现代在保护著作权的技术思路上是相通的，都是通过有一定难度或一些个性化的技术手段来为盗版活动设置障碍。但总的来讲，通过这种方式来反盗版和保护著作权人权益的做法并不是很普遍，毕竟这些手段并不是绝对不可仿制的。因此，运用技术性手段保护著作权只是配合其他著作权保护手段的一种备选或辅助方案。

---

① 王重民：《中国善本书提要》，《海篇正宗》，上海古籍出版社，1983，第61页。

第十章　中国古代图书著作权的法制性保护

相对于非法律意义上的经济性保护、学术性保护和技术性保护，中国古代著作权的法制性保护出现的时间最迟。这是因为，它的出现主要取决于古代图书作品的复制和传播技术的先进程度。唐代以前，文献的复制主要通过简册、缣帛、纸张等介质的抄写来实现，虽然抄写介质不断地向着轻便、廉价、易于普及的方向发展，但其复制数量和传播范围终究十分有限。因此，这个时期对作者著作权的侵犯主要集中在精神领域，比如对原作内容完整性的破坏、对原作内容的抄袭等，基本上不涉及或很少涉及财产领域。而早期文人著述本来就不是为了获得物质报酬，而是要尽可能广泛地传播自己的思想和学说，以达到立训垂教、济世救民的目的，因此对于这种精神权利的侵犯大多持宽容态度。但在唐代雕版印刷技术发明后，特别是宋代毕昇发明活字印刷术之后，这种情况发生了很大的变化。因为随着文献大批量复制技术的应用，图书出版成本急剧下降，图书作为商品为其复制者和传播者（包括出版商和盗版者）赢得巨大经济利益提供了可能。一时间，官私各种刻书主体都积极参与到图书出版活动之中，或出版当代人的著作，或翻刻古人的图书，形成了各种利益相互竞争和冲突的格局。在这当中，各种盗版行径对作者和出版者权益的侵犯已经突破了原先的精神领域，特别是对以盈利为目的的出版商的经济利益的侵犯，大大激发了他们权利抗争的诉求，从而孕生了中国古代著作权法制保护的社会基础。

第一节　“禁擅镌”令：对官方专有出版权的保护

中国古代著作权的法制性保护最初始于官方编纂出版的图书。历史上官方编纂出版的图书，其内容总是反映官方的“正统”思想，代表的是统治阶级的意志，因而不容篡改和亵渎。封建统治者一方面要禁止、销毁含有异己思想的图书，如历史上秦始皇焚烧六国史书，曹操禁谶纬书，李世民禁天文、图谶、兵书、占卜书等，另一方面又要保护合乎自己思想或需要的图书，而官方自己编纂出版的图书正是这类书，所以要严禁民间书坊翻刻。这种对官方专有出版权的保护，本质上是封建王权对社会思想观念的传播进行控制，但从其客观上保护了图书内容来看，也是一种原始的著作权保护。

一　唐五代官方专有出版权的保护

中国古代著作权的法制性保护始于唐代，这不是历史的偶然，而是由图书制作技术的发展必然决定了的。初唐①时期雕版印刷术的发明，是中国出版史上一次划时代的技术革命。它的出现，极大地提高了图书的生产效率，降低了图书成本，缩短了出版周期，加快了图书流通，也调动了文人学者著书立说、商贾刻书印卖的积极性，由此带动了图书作品的创作、改编、翻刻、售卖等活动的盛行。自此以后，著作的发表权、修改权、保护作品的完整权、使用权、获得报酬权等，不可避免地引起了人们的重视，而这些权益的诉求也势必在社会的上层建筑——法律中得到一定程度的反映。

雕版印刷术最初产生于民间，开始主要用于印刷佛经、历书、字书、韵书、占梦、相宅等民间日常用书，后来也被用于印刷个人诗文别集，在经过一段时间的使用并发展成熟后，才为官方所采用，印刷的种类也逐渐扩展到经史类图书。据现有文献记载，中国古代著作权的法制保护最初始于唐代官刻的历书。按规定，唐代每年的新历都由司天台（旧称太史局）组织编写，然后上奏颁行。但各地兴起的书坊为了获利，肆意翻刻，错误百出，有的甚至耽误农时、影响生产。《唐语林》记载了这样一件事："僖宗入蜀，太史历本不及江东。而市有印货者，每差互朔晦，货者各争节候，因搜执，里人拘而送公。执政曰：'尔非争月之大小尽乎？同行经纪，一日半日，殊是小事。'遂叱去。"表面上看，这是两家书肆因历书在朔望、节候上的差异而争执见官，实质上却是两家书肆对当地历书市场主导权的争夺。可笑的是，当地官员竟然认为历书相差个一日半日是小事一桩，不予受理。但有的官员却不这么认为，如时任东川节度使的冯宿曾给唐文宗呈过一份奏请："剑南两川及淮南道，皆以版印历日鬻于市。每岁司天台未奏颁下新历，其印历已满天下，有乖敬授之道。"② 据《新唐书·地理志》可知，剑南分置东、西两川始于唐肃宗至德二年（757 年），可见在公元 757 年之后，剑南道（今四川剑阁县以南、长江以北地区，治所成都）、淮

---

① 按照史学界的习惯划分方法，唐朝建国（618 年）至开元元年（713 年）这段时期被称为"初唐"。

② 董诰等编《全唐文》第 624 卷，《冯宿禁版印时宪书奏》，上海古籍出版社，1990，第 2790 页。

南道（今淮河以南、长江以北地区，治所扬州）一带私人印卖历书的现象已很普遍。在冯宿看来，坊间书肆在司天台颁布新历之前就私印历书，是对国家的不敬，也有违天道。唐文宗于是准其奏，于太和九年（835 年）十二月丁丑，“敕诸道府，不得私置历日板。”① 这道诏令将印刷历书的出版权统归中央，虽然是为了强调历书的神圣性，与我国古代政治文化的某些特定观念有关，但其根本目的终不外乎打击和杜绝盗印。其在著作权保护方面的意义在于：一是保护了历书内容的完整性。历书与农业生产密切相关，关系国计民生，由官方出面组织编写，具有权威性，任何人不得私自删改其内容；二是保护了历书的使用权。地方的诸道府必须征得中央的司天台的同意，方可翻印历书，这其实就是一种特许出版制度。从这个意义上说，这份诏令是目前有文字记载以来最早的一份与著作权相关的法令。

五代时期政局动荡，政权更迭频繁，但在雕版印刷史上却发生了一件大事，这就是五代国子监首次运用雕版印刷技术大规模地雕印儒家经典。这一事件标志着我国雕版印刷术已经由民间进入了官方，印书范围也由日常杂书上升到儒家经典。这对于推动雕版印刷术在全社会的普及具有极重要的意义。自后唐长兴三年（932 年）始，经后晋、后汉至后周广顺三年（953 年），五代国子监在冯道、田敏等人的主持下，先后刻印了《周易》《尚书》《诗经》《春秋左氏传》《春秋公羊传》《春秋谷梁传》《周礼》《仪礼》《礼记》《论语》《孝经》《尔雅》《五经字样》《九经字样》等儒家群经；为了规范对这些经典音义的注释，自后周显德二年（955 年）至显德六年（959 年），国子监官员尹拙、田敏、聂崇义、郭忠恕等人又对《经典释文》进行了校勘，并雕版印行全国。五代国子监大规模地雕印儒家经典，当然是有其深刻的历史背景的。在这样一个大动荡、大分裂的时代，统治者当然急需一种规范来统一和约束人们混乱的思想，而刻印儒家经典就是首选之举。这就客观上为五代国子监首开官方刻印儒家经典的先河创造了条件。自此以后，历代国子监都相沿刻书的成例，一直持续到清代国子监，其刻书范围也扩大到经史子集无所不包，在版本学史上有“监本”之称。

五代国子监刻书是投入了大量的人力物力的。首先它的底本选择，依据的是唐开成石经，而开成石经只有经文没有注文，监本还得再据前代经注本为之加注；其次是它的校勘，参与其事的都是当时著名的学者，如太

① 刘昫：《旧唐书》第 17 卷下，《文宗本纪》，中华书局，1975，第 563 页。

子宾客马缟，太常丞陈观，太常博士段颙、路航，屯田员外郎田敏，国子监祭酒尹拙，国子司业樊伦、赵铢，国子博士聂崇义，兵部尚书张昭以及郭忠恕等人，且通常每书都要经过初勘、详勘两道工序，校勘相当精审。以《经典释文》为例，"敕：'其《经典释文》已经本监官员校勘外，宜差张昭、田敏详校。'"① 再者是它的写版，都是由当时擅长书法的官员来完成的，而不是招募民间普通匠人，如国子丞李鹗，太庙室长朱延熙、郭忠恕、郭嵘等人都先后参与了写版工作。五代监本字体多采用楷书，字法端严，版页上记有校勘官、写官姓名（这其实也是知识产权中人身权的一种宣示行为）。正是由于费心劳神、投入巨大，官方在监本广颁天下后担心其内容和版式遭到侵犯，曾敕令"如诸色人要写经书，并须依所印敕本，不得更使杂本交错。"② 由于当时雕版印刷术尚未十分普及，民间复制和传播图书仍以抄写为主，为此官方规定，抄录监本"须依所印敕本"，即版式不得随意改动，更不能改变其原有内容，而"使杂本交错"。这里虽然放开了作品的使用权，允许民间抄录，但同时保护了监本的版式及内容的完整性，客观上是对刻书者和著作者精神权利的一种保护。

秉承唐代的做法，五代时期对历书的印卖也有严格的法律限制。如后周广顺三年（953 年），周太祖郭威曾下诏规定："所有每年历日，候朝廷颁行后，方许雕印传写，所司不得预前流布于外，违者并准法科罪。"③ 这与唐代对历书版权保护的性质是一样的，都是对关系国计民生的官方出版物的权威性的保护。

从以上史实的考察来看，唐五代时期著作权的法制保护是以官方出版机构为权利主体的，即都是把政府作为著作权权利人，而基本不涉及对民间出版商或私人著作者权益的保护。这是与当时官方对社会思想意识传播的控制相适应的。沈明在《前版权时代的智识权属观念和出版制度》一文中指出："今天，至少在大陆法系国家里，知识产权通常属于民事权利的范畴。然而，回溯历史带给人们的第一个惊异发现就是，知识产权并非源自于任何财产权利或者其他民事权利，原始的知识产权恰恰是一种与王权相关联的特权。"④ 不仅法、德、意等大陆法系国家如此，中国古代著作权的孕生过程同样也验证了这一论断。

① 王溥：《五代会要》第 8 卷，《经籍》，上海古籍出版社，1978，第 129 页。
② 王溥：《五代会要》第 8 卷，《经籍》，上海古籍出版社，1978，第 128 页。
③ 窦仪等：《宋刑统》第 9 卷，《禁玄象器物》，中华书局，1984，第 156 页。
④ 沈明：《前版权时代的智识权属观念和出版制度》，《北大法律评论》2006 年，第 7 卷第 2 期，第 525 – 539 页。

二　宋元官方专有出版权的保护

宋代是雕版印刷普及和通行的时期，也是盗版活动逐渐盛行的时期。本书第四章对宋代盗版活动已有详细描述和归纳，此不赘述。北宋时期对官方专有出版权的保护，起因也是民间书坊对官方出版图书的盗版。

首先，北宋时期内容和印刷质量上乘的官刻书是民间书坊盗版的重点目标。以中央官刻为例，宋代国子监刻书打破了五代时期经书一统天下的局面，除了翻刻五代监本群经、新刻《九经》唐人旧疏和宋人新疏外，还刻印了大量史书、子书、类书，甚至刻印了我国第一部诗文选集《文选》，出版品种开始向经史子集多样化发展。宋监本不仅数量众多、内容广泛，而且质量颇高，其内容校勘精审不说，书品也极为考究，有“京本”“京师本”之美誉，因而也是坊间仿刻、翻印得最多的。为了保护国子监刻本的专有出版权，北宋朝廷曾发布过刻书禁令，要求私人刻书必须向国子监申报登记，经审查后方可付梓。对于那些未经许可随意翻刻者，将予以查办。据宋罗壁《识遗》载：“宋兴，治平以前，犹禁擅镌，必须申请国子监，熙宁后方尽驰此禁。”[①] 治平为宋英宗年号，为公元 1064－1067 年，这时距五代国子监雕印儒家群经已百余年。在这百余年里，监本的版权都受到朝廷的特别保护。当然，“禁擅镌”的目的虽不见得是为了经济利益，而主要是为了维护官方刻本的权威性和完整性，但这一做法毕竟体现了对图书中所包含的智力劳动成果的保护，反映了一定的著作权保护思想。实际上，即便是神宗熙宁年以后，“禁擅镌”令也只是稍有松弛，并未完全废止。所谓弛禁，是有限度的，主要是允许国子监之外的政府部门雕印，但监本的刻印和发行仍由官方垄断，民间翻刻私售是不允许的。如熙宁八年（1075 年）七月，“诏以（国子监）新修经义付杭州、成都府路转运司镂版。所入钱封椿库，半年一上中书。禁私印及鬻之者，杖一百。许人告，赏钱二百千。从中书礼房请也。”[②] 宋代国子监刻书注重专业分工，往往将编辑校勘与镂板发行分开，像熙宁间这次新修经义的出版，就是下到地方转运司雕版。这只是官方系统内部著作权的转移，民间私人印售是要受到“杖一百”的严厉惩罚的。

其次，对于一些内容特殊、关系国计民生的图书，北宋政府赋予了官方专有出版权，不允许民间出版力量介入。如历书与古人生活息息相关，

① 罗壁：《罗氏识遗》第 1 卷，《成书得书难》，中华书局，1991，第 2 页。

② 李焘：《续资治通鉴长编》第 266 卷，中华书局，1986，第 6529 页。

春耕播种、婚丧嫁娶、乔迁出行等，人们都要事先查看一下老黄历，几乎家家户户人手一本，因而市场巨大利润丰厚，但也是盗版猖獗的领域。而民间私印历书为了逐利，难免内容粗糙，错误百出。这不仅破坏了农业生产影响了社会秩序，也使得国家历法的权威性和科学性受到质疑。因此，北宋对民间私印历书也采取了严厉禁止的政策，如熙宁四年（1071 年）二月二十三日，“诏民间毋得私印造历日。令司天监选官，官自印卖，其所得之息，均给在监官属”①，实现了官方对历日雕印和发行的垄断。元丰三年（1080 年）三月十一日，官方对历书印卖的专控曾适当放宽：“诏自今岁降大小历本，付川广福建江浙荆湖路转运司印卖，不得抑配。其前岁终市轻赍物，付纲送历日所，余路听商人指定路分卖。”② 但这种放宽不是对历书版权保护的放弃或放松，而是将司天监历书的版权转让给了川、广、福建、江浙、荆湖等路的地方政府（转运司）。从以上史料来看，宋代禁止民间私印历书的做法和唐、五代是一脉相承的。和历书一样，医书也与人们生活息息相关，而盗版或内容有误的医书严重危害了人们的健康。为此，官方通过国子监垄断了医书的出版发行权。宋国子监根据秘阁内府藏本校刊了很多古医书，如《黄帝素问》《内经》《千金翼方》等，然后颁行各路州府军监，作为行医下药的范本，在防治疾病方面作了很大贡献。北宋绍圣三年（1096 年）开雕的《千金翼方》五部医书，末附国子监牒文云：“今有《千金翼方》《金匮要略方》《王氏脉经》《补注本草》《图经本草》等五件医书，日用而不可阙。本监虽见印卖，皆是大字。医人往往无钱请买，兼外州军尤不可得。欲乞开作小字，重行校对出卖，及降外州军施行。本部看详。欲依国子监申请事理施行。”③ 为了能让更多的人买得起这些医书，国子监重印小字本，以降低书价。可见，这种官方专有出版模式更看重的是社会效益。但这并不等于国子监放弃了自己的经济权益，如雍熙三年（986 年）敕准雕印许慎《说文解字》，末附中书门下牒文云：“许慎《说文》，起于东汉，历代传写，讹谬实多。六书之踪，无所取法。若不重加刊正，渐恐失其原流。爰命儒学之臣，共详篆籀之迹。右散骑常侍徐铉等，深明旧史，多识前言，果能商榷是非，补正阙漏。书成上奏，克副朕心。宜遣雕镌，用广流布……仍令国子监雕为印版，依《九经》书例，许人纳纸墨价钱收赎。”④

---

① 徐松：《宋会要辑稿》，《职官三一之四》，中华书局，1957，第 3003 页。

② 徐松：《宋会要辑稿》，《职官三一之四》，中华书局，1957，第 3003 页。

③ 叶德辉：《书林清话》第 2 卷，《翻板有例禁始于宋人》，中华书局，1957，第 40 页。

④ 叶德辉：《书林清话》第 2 卷，《翻板有例禁始于宋人》，中华书局，1957，第 38 页。

再次，北宋时期一些内容敏感、关系朝廷尊严和政权安危的官方出版物也是严禁民间翻印的。比如法律书籍，因其文本关乎国家司法的权威性，私人翻刻是不允许的。但偏偏有胆大妄为者，如庆历二年（1042 年），杭州府上书言："知仁和县、太子中舍翟昭应将《刑统律疏》正本改为《金科正义》，镂板印卖"，这位知县私自将国家法律书籍名称改头换面以牟取暴利，最后落得"诏转运司鞫罪，毁其板"① 的下场。还有皇家文献，如皇帝的亲笔御书，因关乎皇权尊严，是不允许私自摹刻的。仁宗嘉祐间，朝廷专门下诏给开封府："自今有摹刻御书字而鬻卖者，重坐之。"② 另外，一些涉及边防、军事机密的名士文集及本朝会要、实录等文献，也是禁止翻刻的。如宋哲宗元祐间，苏辙出使辽国，在辽境内发现不少宋人文集及有关宋朝边防和军事机密的书籍。他回国后向朝廷报告说："本朝民间开版印行文字，臣等窃料北界无所不有……其间臣僚章疏及士子策论，言朝廷得失、军国利害，盖不为少。兼小民愚陋，惟利是视，印行戏亵之语，无所不至。若使尽得流传北界，上则泄漏机密，下则取笑夷狄，皆极不便。"因此他建议："禁民不得擅开板印行文字。令民间每欲开板，先具本申所属州为选有文学官二员，据文字多少，立限看详定夺。不犯上件事节，方得开行。"苏辙还强调："重立擅开及看详不实之禁。其今日前已开本，仍委官定夺，有涉上件事节，并令破板毁弃。"③ 哲宗接到苏辙奏章后，专门就此问题召集臣僚商讨对策，并于元祐五年（1090 年）发布禁令："凡议时政得失、边事军机文字，不得写录传布。本朝会要、实录不得雕印，违者徒二年，告者赏缗钱十万。内国史、实录仍不得传写。即其他书籍欲雕印者，选官详定，有益于学者方许镂板。候印讫，送秘书省，如详定不当，取勘施行。诸戏亵之文不得雕印，违者杖一百。委州县、监司、国子监觉察。"④ 这条禁令确立了"候印讫，送秘书省"的样本送审制度，同时明令禁止私自翻印国史、实录等国家档案文献的民间行为。这是一条图书禁印令，同时也是一条保护政府对于某类图书专有出版权的法令。寓保护于禁止中，这也是自唐五代以来图书著作权法制保护的一大特点。

南宋政权南渡以后，在民间与官方的著作权之争中，官府依靠自己的强势地位直接禁止翻刻某类图书的做法仍然存在。如绍熙元年（1190 年）

---

① 徐松：《宋会要辑稿》，《刑法二之二六》，中华书局，1957，第 6508 页。

② 李焘：《续资治通鉴长编》第 193 卷，中华书局，1986，第 4662 页。

③ 苏辙：《栾城集》第 42 卷，《论北朝所见于朝廷不便事》，上海古籍出版社，1987，第 938 页。

④ 徐松：《宋会要辑稿》，《刑法二之三八》，中华书局，1957，第 6514 页。

三月八日，“诏建宁府将书坊日前违禁雕卖策试文字，日下尽行毁板，仍立赏格，许人陈告。”① 宁宗庆元四年（1198 年），福建麻沙书坊翻刻国子监《总新文体》，“多是撰造怪辟虚浮之语，又妄作祭酒以下批凿，似主张伪学，欺惑天下”，于是国子监上言宋宁宗，“乞行下福建运司，追取印板，发赴国子监缴纳。及已印未卖，并当官焚之。仍将雕行印卖人送狱根勘。”宋宁宗批准“依供申取旨施行”②。另外，对于涉及敏感内容的官书，也是禁止翻刻的。如绍熙四年（1193 年）六月十九日，臣僚上言：“朝廷大臣之奏议，台谏之章疏，内外之封事，士子之程文，机谋密画，不可漏泄。今乃传播街市，书坊刊行，流布四远，事属未便。乞严切禁止。”这说明当时盗版范围非常之广，造成了大量泄露国家机密的事件，由此触动皇权下诏禁止刻印上述奏议、章疏、封事等文书：“四川制司行下所属州军，并仰临安府、婺州、建宁府照见年条法指挥严行禁止，其书坊见刊板及已印者，并日下追取，当官焚毁，具已焚毁名件申枢密院。今后雕印文书，须经本州委官看定，然后刊行，仍委各州通判专切觉察，如或违戾，取旨责罚。”③ 对已经刊版的各类文书，立即追取焚毁；今后要再雕印的，“须经本州委官看定”。这实际上是一种图书审查制度，其本意是为了杜绝泄密事件发生，并不是为了保护作者或原出版者的合理权益，但在客观上起到了一定的保护著作权的作用，仍属封建特许权的性质。但须指出的是，这种保护只是对于内容比较敏感的某类图书而言，南宋时期一般的官书还是允许翻印的，如《天禄琳琅书目》引《朝野杂记》载：“王瞻叔为学官，尝请摹印诸经疏及《经典释文》，许郡县以赡学；或省系钱，各市一本，置之于学。是南渡后犹重其举，且有准盗之条。”④ 所谓“准盗之条”，就是允许翻印的规定。有的图书甚至特意刻上允许盗版的文字，如天禄琳琅宋版书《春秋公羊经传解诂》中有真书木印，文曰：“鄂泮官书，带去准盗。”⑤ 这是官书允许翻刻的物证。究其原因，北宋都城汴京被金人攻破之后，图书版本损失惨重。为了尽快恢复本族文化，南宋朝廷允许民间翻刻官书也在情理之中。可见，宋代官方并不是一味禁止翻刻官书，而是采取了较为灵活的文化政策。

① 徐松：《宋会要辑稿》，《刑法二之一二四》，中华书局，1957，第 6557 页。
② 徐松：《宋会要辑稿》，《刑法二之一二九》，中华书局，1957，第 6560 页。
③ 徐松：《宋会要辑稿》，《刑法二之一二五》，中华书局，1957，第 6558 页。
④ 于敏中、彭元瑞等：《天禄琳琅书目》第 1 卷，上海古籍出版社，2007，第 11 页。
⑤ 叶德辉：《书林清话》第 8 卷，《宋元明官书许士子借读》，中华书局，1957，第 223 页。

元代对于图书出版采取了更为严格的审查制度，对于官刻书还从经费上予以控制。首先，中书省作为全国最高政务机关，承担了中央一级刻书机构所刻图书的审查之责。据明人陆容《菽园杂记》载："尝爱元人刻书，必经中书省看过，下所司，乃许刻印。"① 元代中央官刻通常是交由江浙一带路学刊刻，其刻书经费则从学田开支的，也要经过一定的审批手续。如至正二年（1342 年），编修官拟刊行苏天爵《国朝文类》，先呈文给翰林国史院，由该院详准呈中书省和礼部共同议准，然后由中书省颁发牒文（公据、文书）给江浙行中书省，通知杭州西湖书院开雕。其次，元代地方政府对于当地图书出版也有审查之责。元朝为了加强对南方的控制，于至元十四年（1277 年）设江南行御史台于扬州，后迁杭州，再迁建康，下辖江南十道监司，各道监司称肃政廉访司，治五六路或十几路。以各路儒学或州、县官署刻书为例，须事先向本路总管府申请，再转呈本道肃政廉访司，经肃政廉访使审查批准后，再层层下转，最后由申报单位刊行，其刻书经费也多由当地学田开支。如至正五年（1345 年），抚州路儒学拟刊行虞集《道园类稿》，先向抚州路总管府申报，经批准后转呈江西湖东道肃政廉访司，由该司长官肃政廉访使审核批准，再依次行文，交抚州路学开雕。对于私家刻书而言，同样要经申报和审批，得到批准之后方能开印。因此清人蔡澄在《鸡窗丛话》中说："先辈云，元时人刻书极难。如某地某人有著作，则其地之绅士呈词于学使，学使以为不可刻，则已。如可，学使备文咨部，部议以为可，则刊板行世，不可则止。"② 这种严密的出版审查制度主要是从图书内容上禁止有碍元朝统治秩序的思想意识的传播，但客观上对盗版活动也起到了一定的抑制作用。

与图书审查制度相配套，元代对于某些特定的图书也实行特许出版制。作为彰显皇帝受命于天的礼制，更换正朔、颁布历书是体现皇权正统与合法性的象征，因此历书的出版也由官方所垄断，民间雕印日历和前代一样是被禁止的。元代的历书由太史院特许经营，其下设有印历局，专管历书的印制。元代著名科学家郭守敬制定的《授时历》，就是于至元十七年（1280 年）颁行天下，由太史院雕造印卖的。据元朝的刑法规定："诸告获私造历日者，赏银一百两。如无太史院历日印信，便同私历，造者以违制论。"③ 除了体现皇权的威严外，历书的垄断出版也给元政府带来了可观的

① 陆容：《菽园杂记》第 10 卷，中华书局，1985，第 129 页。

② 叶德辉：《书林清话》第 7 卷，《明时刻书工价之廉》，中华书局，1957，第 185 页。

③ 宋濂：《元史》第 105 卷，《刑法志四》，中华书局，1976，第 2668 页。

经济收益。太史院印制的日历分为三种：一是《大历》，每本售价银钞一两；二是《小历》，每本售价银钞一钱；三是《回回历》，每本银钞一两。银钞一两，相当于当时五斤米的价钱。以天历元年（1328 年）为例，全年销售历日“总三百一十二万三千一百八十五本，计中统钞四万五千九百八十锭三十二两五钱。”① 这笔图书出版收入相当于同年江南三省（江浙、江西、湖广）夏季粮税钞数的三分之一，为湖广省夏季粮税钞数的 2.37 倍。② 由此看来，元朝政府对于历书专有出版权的保护，不仅是出于维护其内容权威性的需要，同时也受到了实实在在的经济利益的驱使。

三　明清官方专有出版权的保护

相对于前代来讲，明朝对于出版业的管理和控制是比较宽松的。据《明会要》载：“洪武元年八月，诏除书籍税。”③ 可见，为鼓励民间刻书，明朝开国之初就取消了书籍税。而且，这一图书免税政策，终明不变。另外，明朝基本上废弃了宋元以来实行的图书出版审查制度，采取了一种比较开明的政策，各类图书“皆可私刻”④。整个明代，无论是国史、官史、谏诤之辞，还是市井文字、小说艳曲，都可以由坊肆公然刊行。官方对刻书的鼓励和提倡刺激了明代刻书业的快速发展，因而单从刻书规模和数量来讲，明代是我国雕版印刷发展的黄金时期。但另一方面，宽松的图书出版政策也造成了明代刻书伪盗之风盛行，如窃书易名、改窜删并、翻刻盗版、挖版伪冒等，各种剽窃盗版手段层出不穷，本书第四章对此已有论及，此不赘述。明人这种恶劣的刻书风气受到了后人的激烈批评，如清人顾炎武说：“万历间人好窜改古字，人心之邪，风气之变，自此始。”⑤《四库全书总目》也评价道：“盖明人好剿袭前人之书而割裂之，以掩其面目，万历以后往往皆然，继儒其尤著者也。”⑥ 叶德辉则干脆直说：“吾尝言明人好刻书，而最不知刻书。”⑦ 由此可见，当时的侵权盗版现象是多么的严重。有学者将此归咎于明代整个学术风气的空疏和虚浮，其实这只是一个方面，明代政府在著作权保护方面的措施不力才是明代刻书质量整体下降

---

① 宋濂：《元史》第 94 卷，《食货志二》，中华书局，1976，第 2404 页。
② 王海刚：《元代出版管理述略》，《图书馆杂志》2005 年第 1 期，第 71－74 页。
③ 龙文彬：《明会要》第 26 卷，《学校下》，中华书局，1956，第 418 页。
④ 叶德辉：《书林清话》第 7 卷，《明时刻书工价之廉》，中华书局，1957，第 185 页。
⑤ 顾炎武：《日知录》第 18 卷，《改书》，上海古籍出版社，2006，第 1076 页。
⑥ 纪昀等：《钦定四库全书总目》第 132 卷，《珍珠船》，中华书局，1997，第 1748 页。
⑦ 叶德辉：《书林清话》第 7 卷，《明人不知刻书》，中华书局，1957，第 180 页。

的直接原因。

有文献材料表明，明代政府是允许和鼓励民间翻印官刻书籍的，官方甚至为翻刻提供原版书样。这不能不说是宋元以来著作权保护的一种倒退。如朱元璋曾亲自编纂了《大诰》《大诰续编》《大诰三编》三部重要的法令，为了强制推行《大诰》，他曾要求“一切官民诸色人等，户户有此一本”①。该书起初由经厂刊行，但各地翻印后出现了很多差误，朱元璋对此大为不满。他在《大诰续编》后序中指出：“近监察御史丘野奏，所在翻刻印行者，字多讹舛，文不可读。欲穷治而罪之。朕念民愚者多，况所颁二诰，字微画细，传刻之际是致差讹。今特命中书大书重刻颁行，使所在有司就将此本，易于翻刻，免致传写之误。”② 朱元璋要求用大号字体重新雕版印行《大诰》，为的是翻刻起来不容易出错。这与宋代严禁翻刻法律书籍的做法截然不同。对于《五经四书》之类的图书，明代政府也采取“钦颁官本”、鼓励民间“照式翻刊”的政策。据叶德辉《书林清话》载，世传闽中刻本《五经四书》书首有提刑按察司发给建宁府的公牒，其文曰：

> 福建等处提刑按察司为书籍事，照得《五经四书》，士子第一切要之书，旧刻颇称善本。近时书坊射利，改刻袖珍等版。款制褊狭，字多差讹，如“巽与”讹作“巽语”，“由古”讹作“犹古”之类。岂但有误初学，虽士子在场屋，亦讹写被黜，其为误亦已甚矣。刻本司看得书传海内，板在闽中。若不精校另刊，以正书坊之谬，恐致贻误后学。议呈巡按察院详允会督学道选委明经师生，将各书一遵贻颁官本，重复校雠。字画句读音释，俱颇明的。《书》《诗》《礼记》《四书传说》款识如旧，《易经》加刻《程传》，恐只穷本义，涉偏废也。《春秋》以《胡传》为主，而《左》《公》《谷》三传附焉，资参考也。刻成合发刊布，为此牒仰本府著落当该官吏，即将发出各书，转发建阳县。拘各刻书匠户到官，每给一部，严督务要照式翻刊。县仍选委师生对同，方许刷卖。书尾就刻匠户姓名查考，再不许故违官式，另自改刊。如有违谬，拿问重罪，追版划毁，决不轻贷。仍取匠户不致违谬结状同依准缴来。嘉靖拾壹年拾贰月□□日，故牒建

① 朱元璋：《大诰》，《颁行大诰第七十四》，明洪武十八年（1385年）内府刻本。

② 朱元璋：《大诰续编》，《后序》，明洪武间内府刻本。

宁府。①

由此看来，明代政府对于官刻书的著作权保护，底线只不过要求民间书坊不许“故违官式，另自改刊”。也即是说，只要版式、内容严格遵照官刻书出版，翻刻是没有任何问题的，甚至是受鼓励的。提刑按察司颁发此公牒的目的，就是要求福建建阳的书坊“务要照式翻刊”，对其内容则要求严格“对同”（即校对），“如有违谬，拿问重罪，追版划毁，决不轻贷”。为了保证翻刻的图书与正版图书在版式与内容上的一致，“仍取匠户不致违谬结状同依准缴来”，各书坊被要求出具遵规守制的刻书保证书，具结画押后上交官府，作为检查刻书质量的留底凭证。可见，明代政府对于官刻书的著作权保护只限于图书内容和版式，而放弃了宋元以来官方独享的专有出版权。

不过，“只准翻板，不准另刻”的政策并不适合所有的官刻书，历书就是个例外。明代历书由钦天监专有出版，其他机构和个人无权出版。如明刻本《大明万历七年岁己卯大统历》牌记称：“钦天监奏准印大统历日颁行天下，伪造者依律处斩。有能告捕者，官给赏银五十两。如无本监历日印信，即同私历。”② 钦天监是历书的出版者和责任者，判断历书是否私印，就是看是否有钦天监的印信，有就是正版，无则是盗版。又据朝鲜郑元容《文献撮录》卷一载：“每岁造《大统历》，先期二月初一日进呈来岁历样，然后刊造一十五本，送礼部颁于两京及布政司，照样刊印。”③ 可见，在钦天监奏准印造历书后，要送若干本给礼部备案，也可转发给两京及地方布政司照刻。这和宋代国子监将监本的刷印权转移给地方转运司的做法是一样的，与翻刻的性质不同。明代是严禁私印历书的，如《大明律》规定：“凡伪造诸衙门印信及历日符验、夜巡铜牌、茶盐引者，斩。有能告捕者，官给赏银五十两。”④ 正因为私印历书是死罪，明代历书在民间流传不广，“京师民家多无历可观，岂但山中无历，寒尽知年而已哉。”⑤ 明代政府对历书出版权的垄断，继承了自唐五代至宋元以来的一贯做法，体现了官方在历书这一问题上的权威性，客观上也是对官书著作权的保护。

---

① 叶德辉：《书林清话》第7卷，《明时官刻书只准翻板不准另刻》，中华书局，1957，第179页。

② 曹之：《中国古籍版本学》，武汉大学出版社，2007，第440页。

③ 李致忠：《古代版印通论》，紫禁城出版社，2000，第229页。

④ 怀效锋点校《大明律》第24卷，《伪造印信历日等》，辽沈书社，1990，第190页。

⑤ 陆容：《菽园杂记》第4卷，中华书局，1985，第40页。

清代在官方专有出版权保护方面与明代基本相同。在历书的出版管制上，清代承袭明制，每年都颁印历书。据赵慎畛《榆巢杂识》载："钦天监于每年二月初一进呈来岁历，四月颁于各省刊刻，十月朔颁布民间，各藩司掌钦天监历日印一颗。"① 可见，清代历书亦由钦天监负责监造。每年的二月初一由钦天监进呈来年历样，四月份颁于各省分别刻印，十月初一举行颁历仪式，颁赐臣民。历书的出版也是由官方垄断，颁布各省刻印也只是著作权在官方系统内部的转移。所谓"藩司"即清布政司的别称。各布政司刻印历书以后，还要加钤钦天监历书专用章，以示官颁，而非私印。顺治元年（1644 年）西洋传教士汤若望、南怀仁等人制定《大清历》，因改用新法，钦天监请易新名，于是改名《时宪历》颁行天下，取《尚书·说命》"惟天聪明，惟圣时宪"之意。在对私印历书的惩罚上，清初也基本照搬了明代的做法，如顺治年间颁布的《大清律》规定："凡伪造诸衙门印信及历日、（起船、起马）符验、茶盐引者，（为首雕刻）斩（监候。为从者，减一等，杖一百，流三千里）。有能告捕者，官给赏银五十两。"② 乾隆时，因避弘历名讳，改《时宪历》为《时宪书》，对禁印历书有所松弛。如乾隆五年（1740 年）武英殿本《大清律例·伪造印信时宪书等》律文与顺治《大清律》基本相同，但同时定"例"曰："图利小贩照官板式样翻刻时宪书发卖，用黄丹涂饰引信之状，并无雕刻描摹篆文者，依'伪造诸衙门印信、止图诓骗财物、为数无多者，为首杖流、为从减等'例，分别治罪。"③ 可见官方也认为，小民私自刻印时宪书不过为图蝇头小利，死罪有点过分。只要不摹刻钦天监的印信，只是"黄丹涂饰引信之状"，则可以从轻发落。乾隆十六年（1751 年），清政府同意民间翻刻"时宪书"，并于嘉庆二十一年（1816 年）最终废除了此禁例④。由此看来，自唐代至清朝，我国封建政府一直实行历法官府专有出版的政策，客观上保护了历书的版权，这与欧洲《安娜法》施行之前的封建特许时期版权保护的特点相似，理应看做我国古代著作权保护成文法的原始形态。

① 赵慎畛：《榆巢杂识》下卷，《颁历》，中华书局，2001，第 205 页。

② 朱轼：《大清律集解附例》第 24 卷，《刑律》，清雍正间内府刻本。

③ 张友渔，高潮主编《中华律令集成》，《清卷·诈伪》，吉林人民出版社，1991，第 69 页。

④ 黄一农：《通书——中国传统天文与社会的交融》，《汉学研究》（台北）1996 年第 14 卷第 2 期，第 159－186 页。

第二节　申告官府、颁布公文：对民间著作权的保护

宋代以来，以私家刻书和坊肆刻书为主体的民间出版业的兴盛，一方面丰富了图书品种，繁荣了文化市场，另一方面也加剧了出版商之间的业内竞争，各种盗版活动层出不穷，严重侵犯了正当出版商的经济利益。同时，著作者也深受作品被肆意改编和翻刻的困扰。因此，民间出版商和著作者之间很容易结成利益关联体（古代私家刻书的著作者和出版者往往为同一主体），他们共同向官方提出自己的利益诉求，要求禁止盗版，保护与自己相关的精神和财产权利。在这种社会压力下，官府机构不得不作出回应，通过发布具有法律效力的榜文、公碟等，向书业界表明打击盗版、保护申告者著作权的态度。

一　宋元保护民间著作权的公文

北宋时期，民间著作权人的相关权益还难以得到法律保障。前文第四章提到李觏在《皇祐续稿序》中叙及他所作百余篇作品被人盗去，只无奈地说了一句“心常恶之而未能正”，没有采取任何实际行动。著名史学家司马光著有《历年图》，因感到该书“杂乱无法，聊以私便于讨论，不敢广布于他人”，没想到被人先期盗版，且内容多有谬误。司马光深感“今此浅陋之书即不可掩，因刊正使复其旧而归之。”① 为了维护自己的名誉和作品内容的完整性，司马光被迫自己掏钱刻印了正版书，以纠盗版书之谬。他的维权行动纯属个人行为，也没有寻求官方的支持。大文豪苏轼生前从未刊刻过自己的文集，然而当时市面上一度多达20余种集子在流行，都是由书坊盗印的。这些盗版的集子将作者个人政治观点暴露给政敌，从而酿成了有名的“乌台诗案”，使得苏轼本人受到严重的政治迫害。别人盗版自己的作品，自己非但没有获得应有的经济补偿，反而身受牢狱之灾，苏轼受盗版之害可谓深矣。因此，他在《答陈传道》中说：“某方病市人逐于利，好刊某拙文，欲毁其板，矧欲更令人刊邪。当俟稍暇，尽取其旧诗文，存其不甚恶者，为一集……今所示者，不惟有脱误，其间亦有他人文也。”② 苏轼在愤怒之余，终于发出了“欲毁其板”的呼声。但没有政府力

---

① 司马光：《司马光全集》第66卷，《记历年图后》，四川大学出版社，2010，第1374页。

② 苏轼：《苏东坡全集》第66卷，《尺牍》，北京燕山出版社，1997，第3732页。

量的支持，谈何容易，故苏轼维护自己著作权的想法也只能停留在口头上的“欲”而已。不过话又说回来，民间著作权人的精神和财产权利被侵犯得越严重，他们通过法律途径维护自己权利的意识和愿望也会被激发得越强烈。综合以上内容，我们可以说，盗版的猖獗和书禁制度的施行是中国古代著作权法制保护的直接诱因。

赵宋政权南渡以后，只通过书禁来保护官方专有出版权的情况发生了实质性的变化。因为雕版印刷技术的广泛普及，使得盗版越来越普遍。它不仅侵犯了传统的官刻书的专有出版权，也进一步侵犯了广大著作者和出版商的精神及财产权利。这迫使著作者和图书出版商不得不向官方提出著作权保护的要求，以防止图书盗版、损害作品内容的行为发生。正如叶德辉所言：“世风日降，遇有风行善本，无不展转翻雕，则又无怪刻书者之防范增严矣。”① 因此，南宋著作权法制保护的主体不再局限于单一的官方权利主体，也逐渐涵盖了民间权利主体；著作权法制保护的途径也不再是单一地通过行政法令来禁止翻刻，还可以由民间主体向官府申告来进行维权。这种由封建特许权向著作权发展的趋势，是宋代封建文化高度发达以及出版事业快速发展的必然结果，代表了中国古代著作权法制保护的发展方向。

以作者角度为例，南宋初年建阳有一位书商假冒浙江名士范浚之名，刻印了一部《和元祐赋》，流布甚广。范浚得知后，深感自己的精神权利受到侵害。他在《答姚令声书》中说：“妄人假仆姓名《和元祐赋》，锓板散鬻……仆固陋甚，妄人又欲以此涴蔑之，是支离寝丑，而更蒙不洁也。”于是他“白官司，移文建阳，破板矣。”② 范浚通过申告官府，异地移送公文，对侵犯自己署名权的建阳书商采取了强制措施，将其书版尽数销毁，维护了自己的精神权利。这是著作人通过政府机关维权的一个成功案例。绍兴十五年（1145 年）七月二日，两浙东路安抚司干办公事司马伋上言：“建州近日刊行《司马温公记闻》，其间颇关前朝政事。窃缘曾祖光平日论著，即无上件文字，妄借名字，售其私说。”朝廷闻报后，即“委建州守臣将不合开板文字并行毁弃”③。这是原作者司马光的后人（也可看做著作权继承人）通过个人举报，由官府出面成功地阻止了盗版活动。当然，官方的这次行动也与《司马温公记闻》“颇关前朝政事”的敏感内容有关，

① 叶德辉：《书林清话》第 2 卷，《翻板有例禁始于宋人》，中华书局，1957，第 42 页。

② 范浚：《香溪集》第 18 卷，《答姚令声书》，中华书局，1985，第 176 页。

③ 徐松：《宋会要辑稿》，《刑法二之一五一》，中华书局，1957，第 6571 页。

仍带有文化管制的性质，不全是为了保护作者的精神权利。淳熙四年（1177 年），理学家朱熹的《四书或问》甫一问世，“未尝出以示人，书肆有窃刊行者，亟请于县官追索其板，故惟学者私传录之”①。可见，在屡遭盗版侵扰的情况下，朱熹已将苏轼“欲毁其版”的想法付诸行动，通过告官的方式保护了自己的著作权。在他的文集中，也多次提到“近虽收毁”“方此追毁”等。即便是没有渠道获得官方支持的著作人，他们也有自己的反盗版方式，其中之一就是通过刊刻质量更高的正版书将盗版书比下去。如吕祖谦的著作，有“不知何人刻所谓《东莱先生集》者，真赝错糅，殆不可读，而又假托门人名氏，以实其传，流布日广，疑信相半”，祖谦的弟弟祖俭及从子乔年赶紧编刊了四十卷本《东莱吕太史文集》，“以易旧本之失”“绝旧传之缪”②。以出版正版书来抵制盗版书，虽不失为民间反盗版的一条可行途径，但相对于向官方寻求强有力的法律支持，则显得比较弱势和被动。

同样的，出版商也不会坐视自己的财产权利受到盗版的侵害。南宋时已出现由民间出版商申告、官方发布榜文禁止翻刻的著作权保护形式。如嘉熙二年（1238 年）十二月，两浙转运司为保护祝穆自编自刻的《方舆胜览》《四六宝苑》《事文类聚》等书的著作权，专门发布了一则榜文，兹录于此：

> 据祝太傅宅干人吴吉状：本宅见刊《方舆胜览》及《四六宝苑》《事文类聚》凡数书，并系本宅贡士私自编辑，积岁辛勤。今来雕板，所费浩瀚。窃恐书市嗜利之徒，辄将上件书版翻开，或改换名目，或以节略《舆地纪胜》等书为名，翻开搀夺，致本宅徒劳心力，枉费钱本。委实切害，照得雕书。合经使台申明，乞行约束，庶绝翻板之患。乞给榜下衢婺州雕书籍处张挂晓示，如有此色，容本宅陈告，乞追人毁版，断治施行。奉台判，备榜须至指挥。
>
> 右令出榜衢婺州雕书籍去处张挂晓示，各令知悉。如有似此之人，仰经所属陈告追究，毁版施行，故榜。
>
> 嘉熙贰年拾贰月□□日榜
>
> 衢婺州雕书籍去处张挂

---

① 王懋竑：《宋朱子年谱》第 2 卷上，见《新编中国名人年谱集成》，商务印书馆，1982，第 65 页。

② 吕乔年：《东莱吕太史文集序》，杜海军著《吕祖谦年谱》，中华书局，2007，第 295 页。

转运副使曾□□□□□□□台押

福建路转运司状。乞给榜约束所属，不得翻开上件书版，并同前式。更不再录白。①

这则榜文透露的信息十分丰富和全面：首先，它不仅保护了刻印者的专有出版权，同时还保护了“私自编辑、积岁辛勤”的编著者的著作权，保护范围已扩大到著作者；其次，它揭示了当时可能出现的一般盗版手法，对于盗版者花样翻新的各种盗版行径，一律予以“追人毁版”；再者，它透露了此种著作权保护形式的一般程序，即先由版权所有者向当地官府申请特许令状，由地方官府出具一份具有法律效力的著作权保护公文，下发给“衢婺州雕书籍处”张挂，以晓示天下，一旦有违反者，即依法严惩；最后，它表明当时虽没有全国统一的著作权保护法规，但地方性的著作权保护榜文可以通过一定的形式转发另一地区，在另一地区同样具有法律效力。两浙转运司的文告转发给福建转运司，不同地区之间的协作，可以在更大地域范围内保护作者和出版人的权益。这则榜文不仅明确说明了对作品保护的缘由和方法，并以当时具有法律效力的形式获得了官方的确认。它把精神产品作为个人财产的一部分而对著作者的正当权益予以保护，从而使著作者成为著作权保护的对象，这是中国古代著作权观念的一大进步。在时隔28年后的咸淳二年（1266年），祝氏的这几部书在福建再版时，福建当局重新颁布了禁止当地麻沙书坊翻刻该书的文告。该文告对原来榜文的内容稍有变易，兹录于下：

据祝太傅宅干人吴吉状称：本宅先隐士私编《事文类聚》《方舆胜览》《四六妙语》，本官思院续编《朱子四书附录》进呈御览，并行于世，家有其书，乃是一生灯窗辛勤所就，非其他剽窃编类者比。当来累经两浙转运使司、浙东提举司给榜禁戢翻刊。近日书市有一等嗜利之徒，不能自出己见编辑，专一翻版，窃恐或改换名目，或节略文字，有误学士大夫批阅，实为利害。照得雕书合经使台申明状，乞给榜下麻沙书坊长平熊屯刊书籍等处张挂晓示，仍乞贴嘉禾县严责知委，如有此色，容本宅陈告，追人毁版，断治施行，庶杜翻刊之患，奉运使判府节制待制修史中书侍郎台判给榜，须至晓示。

右令榜麻沙书坊张挂晓示，各仰通知，毋至违犯，故榜。咸淳贰年陆月日使台押。

---

① 叶德辉：《书林清话》第2卷，《翻板有例禁始于宋人》，中华书局，1957，第36页。

两浙路转运司状，乞给榜约束所属，不得翻刊上件书版，并同前式，更不再录白。①

以上这则榜文也透露了如下重要信息：首先，作品再版时原来颁布的公文在时隔 28 年之后仍具有法律效力，说明南宋图书著作权的保护年限是很长的；其次，榜文称《事文类聚》等书是著者“一生灯窗辛勤所就，非其他剽窃编类者比”，强调了其保护的是作品的原创性；再者，它已经注意到著作权的继承问题。此榜文中的“祝太傅”，名洙，字安道，宝祐四年（1256 年）进士。他于咸淳初转从政郎，监行在文思院，故文中所说“本官思院”指的就是他，撰有《朱子四书附录》等。其父祝穆，即榜文所谓“本宅进士”“本宅先隐士”，编有《方舆胜览》《四六妙语》《事文类聚》等。祝洙家人吴吉之所以递呈申状，部分原因是为了维护祝洙对其父亲祝穆编辑作品的继承权。从其允许祝宅“陈告、追人、断罪施刑，庶杜翻刊之患”等措施来看，保护的力度也是很大的。

以上是地方政府在保护作者和出版者的精神及财产权利方面所采取的措施。下面我们再来看看中央级的国家机构是如何保护私人著作权的。据《书林清话》载，在旧抄本宋人段昌武《丛桂毛诗集解》前有一则国子监禁止翻版的公据，其文曰：

行在国子监据迪功郎新赣州会昌县丞段维清状：维清先叔朝奉昌武，以《诗经》而两魁秋贡，以累举而擢第春官，学者咸宗师之。卬山罗史君瀛尝遣其子侄来学，先叔以《毛氏诗》口讲指画，笔以成编。本之东莱《诗记》，参以晦庵《诗传》，以至近世诸儒，一话一言，苟足发明，率以录焉，名曰《丛桂毛诗集解》。独罗氏得其缮本，校雠最为精密，今其侄漕贡樾锓梓，以广其传。维清窃惟先叔刻志穷经，平生精力毕于此书，倘或其他书肆嗜利翻板，则必窜易首尾，增损音义。非惟有辜罗贡士锓梓之意，亦重为先叔明经之玷。今状披陈，乞备牒两浙、福建路运司备词约束，乞给据付罗贡士为照。未敢自专，伏候台旨。呈奉台判牒，仍给本监。除已备牒两浙路、福建路运司备词约束所属书肆，取责知委文状回申外，如有不遵约束违戾之人，仰执此经所属陈乞，追板劈毁，断罪施行。须至给据者。

右出给公据付罗贡土樾收执照应。

① 周林、李明山主编《中国版权史研究文献》，中国方正出版社，1999，第 3 页。

淳祐八年七月日给。[①]

这是宋代国子监颁布的一份公告。原作者段昌武的著作权代理人会昌县丞段维清，通过自己的官方渠道，请求国子监给予其先叔著作《丛桂毛诗集解》及此书的出版者罗贡士以著作权保护。段维清的著作权保护申请理由表述得十分明确，即“倘或其他书肆嗜利翻版”“非惟有辜罗贡士锓梓之意，亦重为先叔明经之玷”。换言之，若书肆盗版，则既侵犯了出版者财产权利，也侵犯了著作者的精神权利。国子监受理他的请求后，一方面发出公牒，要求两浙路、福建路转运司备词约束所属书肆；一方面给出版者罗贡士开具公据，类似于现在的执照，以证明该刊书人对该书的专有出版权。原刊者若发现有人盗版，可凭“据”向当地官府“陈告”，以“追板劈毁，断罪施行”。

由此看来，宋代上至中央国子监，下至地方转运司，对于民间私人著作权的保护均有相应的行政执法规范，这是宋朝文官制度健全的体现。但同时我们必须强调，这种保护还是有很大局限性的，即宋代官方对于民间图书著作权保护仅局限于那些向政府机关提出“申禁”的书籍，而未“申禁”者并不在保护之列。这样就存在一个问题，普通老百姓因为没有门路，所刻之书要向官方“申禁”则并非易事，故大多数私刻书并没有取得“申请有司，禁止翻版”之类的公告。《书林清话》引杨守敬《留真谱》语，举了南宋嘉定间兴国军学《五经》刻本的例子，其后有闻人模叙述该书版刻经过的文字，通篇并无禁人翻板之语。因此，叶德辉说：“可见当时一二私家刻书，陈乞地方有司禁约书坊翻板，并非载在令甲，人人之所必遵。特有力之家，声气广通，可以得行其志耳。”所谓“有力之家”，就是有权势或有门路的刻书人，如上文提到的会昌县丞段维清，因他有官方的身份和渠道，所以才能顺利取得国子监为其先叔著作《丛桂毛诗集解》颁发的公据，而这不是普通小民能做得到的。

元代在私家刻书的著作权保护方面，继承了宋代颁发公据的做法，如元人陈宲于惠宗元统年间（1333－1335年）刻印的黄公绍《古今韵会举要》一书，据牌记中提到“已经所属陈告乞行禁约”可知，元代也有与宋代类似的著作权保护公文。

二 明清保护民间著作权的公文

明代至清代中前期，民间著作权人通过申告官府并颁发公文的形式，

① 叶德辉：《书林清话》第2卷，《翻板有例禁始于宋人》，中华书局，1957，第37页。

对某部作品实施著作权保护的做法一度不怎么盛行，而是改由出版者直接在图书中标记著作权声明，写上“本衙藏版，翻刻必究”之类的话（详见下文第三节），一旦发生侵犯著作权的行为，即可告官。这种形式和程序上的变化是古代著作权保护的进步。它表明，明代以后，由于各种出版活动中涉及著作权纠纷的案例越来越多，民间要求保护著作权的呼声越来越普遍，官府机构已经不胜其烦，不大可能针对某一本具体的图书专门为之颁发保护著作权的公文了。而另一方面，著作权观念已渐为社会主流意识所接受，官府默许了民间著作权人的各项精神、财产权利，因此也没有必要再像宋元时期那样专门为某一本书颁布公据或文告。这种普遍的没有针对性的权利，相对于后者的近似特权来讲，显然是一种历史进步，起码可以更合理地分配行政资源，提高行政效率。

然而，就像其他任何新生事物一样，在经过一段适应期之后，其被社会关注的程度都不可避免地要降低，社会功效也要大打折扣。由著作权人在作品中发表著作权声明的做法，在初期的确可以在较大程度上震慑和预防著作权侵权行为。一旦有侵权行为发生，再向官府申告，由官方对侵犯著作权的行为进行打击和惩戒，也确可以起到“翻刻必究”的作用。但这种模式在经过一段时期的运行之后，由于封建法制体制内的懈怠、腐败和整体低效，它究竟能在多大程度上保护明清两代著作者和出版商的合法权利，是很值得怀疑的。本章第三节所举的一些案例就很能说明问题。

就在清代出版商想尽办法通过各种形式宣示版权，并努力实现“翻刻必究”的理想时，欧洲的英国在著作权保护方面取得了实质性的进展。公元1710年4月14日，世界上第一部版权法“安娜法令”在英国议会获得通过。该法明确规定，当时已出版的图书，自法律公布之日起，作者拥有为期21年的重印独占权。而当时尚未出版的作品，自首次出版之日起，作者享有14年的保护期，期满后作者尚未去世，可以顺延14年。“安娜法令”承认作者是著作权保护的主体，作者有权控制和处理自己的作品，从而标志着近代版权思想的产生与形成。此后，丹麦、法国、美国等欧美国家也都制定和颁布了以作者为保护主体的各类版权法。1886年，英国、法国、德国、意大利、瑞士、比利时、西班牙、利比里亚、海地和突尼斯等10个国家在瑞士的伯尔尼正式签订了《伯尔尼保护文学和艺术作品公约》，保护著作权逐渐成为世界各国的共识。

鸦片战争以后，中国门户洞开，首批“睁开眼睛看世界”的知识分子纷纷出洋游学，翻译西方学术、科技著作，介绍和引进西方文化与制度。在“西学东渐”的大背景下，以资产阶级商品自由和人权理论为基础的西方法权思想开始输入中国，其中也包括西方版权观念、出版自由思想和版权法的内容。在这种影响下，作为著作者的知识分子在看重自己传统的精神权利的同时，忽然意识到让出版商独占出版业带来的经济利益也是不公平的，因而萌生出分享出版利润的要求。新闻媒体也推波助澜，积极介绍和引进西方著作权知识，如光绪二十四年（1898 年）《格致新报》闰三月初一版，专门以答读者问的形式介绍欧美版权法：

> 闻欧美诸国，凡有人新著一书，准其禀官立案，给以牌照，永禁翻刻，以偿作者苦心。中国倘能仿行，似亦鼓舞人才之一助。惟一切详细章程，恨未得悉，即请示知。
>
> 答：新书一出，禁人翻印，法至良、意至美也。特言之非艰，行之维艰。美国近来亦行是律，但美人均操英语，凡英国新出之书，均被翻印，已不能按律，亦安能以律强人。欧洲各国之律，较美为严。法国定律，凡人新出一书，取原印两本，献诸内阁，一置诸巴黎藏经阁，一存在造书之地方官处。给一牌照，限期或三十年、或五十年不等，视原书之有益无益而定，并行之各省。期内只准作书之子孙续印，期外不究，但领照需费若干。倘有翻印，禀官追究，又须出费若干耳。①

另外，西方石印术经由日本传入我国，使得印刷效率大为提高，图书刊行成本大幅降低，出版业变得更加有利可图。但同时，在经济利益的驱使下，不法书商的盗版活动比以往也更加猖獗。出版商为了维护自己的经济利益，其保护著作权的愿望也越来越强烈。而一些维新变法人物更是迫切要求政府改革旧律，学习西方法律精神和制度，主张在中国法律中以“西法参用乎其间”。在知识分子、出版商、变法人士这三股力量的推动下，中国近代社会逐渐形成了保护著作权的舆论氛围，迫使晚清政府开始考虑借鉴和引进西方的版权制度。因此在 19 世纪末期，应书商的请求，由官府向书业界颁布文告，禁止翻刻某些特定图书的做法再度成为著作权保护的一种重要手段。它说明之前由著作者自行标记“翻刻必究”之类的著作权声明的效果并不好，因此在成文著作权法颁布之前不得不采取这一应急措施。

从光绪年间起，晚清政府开始以禁谕的形式知会书贾坊铺，宣布对某些作者的个人作品、机构团体出版的图书实施著作权保护。如光绪二十二

---

① 周林、李明山主编《中国版权史研究文献》，中国方正出版社，1999，第 18 页。

年（1896年），江南分巡苏松太兵备道对广学会的传教士林乐知等人的新著图书施以严禁翻刻的著作权保护。兹将该禁谕照录如下：

钦命二品顶戴江南分巡苏松太兵备道兼办机器制造局刘
为出示谕禁事。

本年十二月十八日接美总领事佑来函：据本国林教士禀：《中东战纪本末》暨《文学兴国策》计订十本，倩图书集成局刊印行世，曾登告白，无论何人，不得翻印，如违禀究。兹尚有《中东战纪本末》（续编）两本（续编改作四卷）一并行世，近闻有书贾翻刻冀图渔利，清饬查示禁。等由到道。

除函复并分行外，合行出示谕禁，为此示仰书贾坊铺人等，一体悉知：尔等须知，教士所著前项书籍，煞费经营，始能成遍行世。既曾登明告白，不准翻印，尔等何得巧取翻板，希图渔利。自示之后，切勿再将前书翻印出售，致于究罚。切切特示。

光绪二十二年十二月二十四日示①

广学会是英美基督教传教士在中国创办的出版机构，于1887年正式成立于上海。林乐知是美籍传教士，曾与蔡紫绂合作翻译了《中东战纪本末》。该书经图书集成局刊印问世后风行海内，于是有坊间不法书贾借机盗印牟利。为此，林乐知曾在媒体上刊登过禁止翻印的告示，但无济于事，只好通过美国领事馆向上海地方政府施压，这才有了这份官方正式颁发的保护林氏译作著作权的禁谕的诞生。因此从整个过程来看，它完全是西方著作权观念及西方外来势力作用的结果。和以往偏重保护出版商权利的做法有很大的不同，它保护的权利主体是作者本人，体现的是对作者个人智力劳动成果的直接保护。

光绪二十四年（1898年）4月30日，江南分巡苏松太兵备道为保护上海点石斋石印的《时务通考》一书的版权，签署了类似的文件，以禁止翻印该书。兹照录如下：

钦命二品顶戴江南分巡苏松太兵备道蔡
为出示谕禁事。

据候补盐大使王奇英禀称：开张点石斋书局二十余年，刊行书籍不少，迩以士人讲求经济，必赖实学有用之书，因延聘名儒编纂《时

① 周林、李明山主编《中国版权史研究文献》，中国方正出版社，1999，第17页。

务通考》一书，共分三十一门，都凡三百万言。广搜博采，考据精详，雠校尤极精致，三阅寒暑，始于去夏出书，虽大有裨益于艺林，而已耗费不资。窃思书铺一业，翻刻必究，今新出之《时务通考》，成书尤为不易，若竟有人剿袭精华，改名翻印，希图攘利，何以安商业而保本资。禀请援案示禁翻印，并分行县委查禁。等情到道。

查上海所设广学会、益智会暨《时务报》《实学报》馆所译各种新书，均因被书贾翻刻渔利，历经前道暨本道示禁在案。据禀：前情事同一律，除批示并分行县委查禁外，为此示。仰书贾坊铺人等，一体知悉，嗣后点石斋所出《时务通考》一书，尔等不得私自翻印，出售渔利，致干究罚。其各遵照，切切特示。

光绪贰拾肆年肆月三十日示①

两个半月之后，也就是光绪二十四年（1898年）7月14日，江南分巡苏松太兵备道又为保护申江袖海山房石印的《万国分类时务大成》的版权，签署了同样的禁谕：

钦命二品顶戴江南分巡苏松太兵备道蔡

为出示谕禁事。

据职员邓其章禀：向在铁马路开设袖海山房石印书局，历有年所，近见风气渐开，西学诸书日新月盛，爰于去年广延名宿，备购各书，删繁节要，创辑《万国分类时务大成》一书，条分件系，随类编排，诚足以嘉惠士林。惟是书肆林立，良莠不齐，每见出一新书，或改易原名，影射图利，良堪痛恨，禀请示禁，并饬县廨立案。等情。

检阅所呈译辑时务策学，均极赅博，有裨观览，除批示并札县廨立案外，合行出示谕禁。为此示。仰书贾坊铺人等，一体知悉。嗣后凡袖海山房所出时务策学各书，尔等不得私自翻印，改换名目，取巧射利，致干究罚，其各遵照毋违。特示。

光绪二十四年七月十四日示②

以上两份禁谕是分别为点石斋和袖海山房颁发的，保护的权利主体都是民营出版机构，保护的作品同属西方新学图书。从其内容来看，江南分

① 沈津：《说“翻刻必究”（四）》，书虫老蠹鱼的BLOG，http：//blog. sina. com. cn/harvardduyu。

② 沈津：《说“翻刻必究”（四）》，书虫老蠹鱼的BLOG，http：//blog. sina. com. cn/harvardduyu。

巡苏松太兵备道已经不止一次颁布过类似的禁谕了，如曾为保护“广学会、益智会暨《时务报》《实学报》馆所译各种新书”签发过类似禁令。另据文献考知，江南分巡苏松太兵备道还于光绪二十五年（1899年）为东文学社翻译印行的《支那通史》等数十种书，光绪二十七年（1901年）为上海书局石印本《教案奏议汇编》，光绪二十八年（1902年）为著易堂排印本《随轺笔记四种》，光绪三十年（1904年）为上海广智书局排印本《中国之武士道》，光绪三十四年（1908年）为彪蒙编译所石印本《绘图四书速成新体读本》等，颁发过类似的禁止翻刻的文告，如在为《支那通史》颁发的禁谕中称：“为此示仰书贾坊铺人等一体知悉：尔等不得将该学社前项译印书籍及续印各书私行翻印，希图渔利。如敢故违，一经告发，定即提案，究罚不贷。”① 1898至1903年，由张元济主持的南洋公学译书院在5年时间内，编译出版了60余种各类新学图书（其中包括严复著名的译著《原富》，该书最后一册末页还专门印有“光绪二十八年（1902年）十月南洋公学译书院第一次全书出版，书经存案，翻刻必究”的声明），当时的“江南分巡苏松太兵备道袁”在写给光绪帝的奏章中，“禀请批准立案，出示严禁，凡译书院译印官书，均不许他人翻刻，以符奏案而保版权”②，第一次明确提出了“保版权”的概念。

以上颁布著作权保护文告的均是同一官方部门“江南分巡苏松太兵备道”。而实际上，其他地方的官方机构也发布过很多类似的印书禁谕，如光绪二十七年（1901年），商务局为文汇书局印行的陆钟渭《四书五经义策论初编》提供了版权保护，该书版权页印有：“书经禀请商务局存案，翻刻必究。”光绪二十八年（1902年），办理江南商务总局兼管南洋保商事宜司道就文明书局“凡本局陆续编译印行各书，均不许他人翻刻”的要求，颁布告示告诫“书业人等”：“须知文明印书局编译各种书籍，均系该职商等苦心经营而成，尔等不得私易书名，改换面目，翻印渔利。倘敢故违，一经该职商等查知，许即指名具票，本总局立即提案，究惩不贷。”③光绪二十九年（1903年），由户部郎中廉泉创办的上海文明书局所出各书，经北洋大臣、直隶总督袁世凯通饬全省：“该局编译印行之书，无论官私局所，概禁翻印，以保版权。”④ 光绪三十三年（1907年）刻本《中国古

① 袁逸：《中国近代版权的演变时期》，《法学杂志》1985年第12期，第46-47页。

② 张静庐：《中国近代出版史料》，《初编》，上杂出版社，1953，第318页。

③ 黄林：《文明书局——中国版权保护的先行者》，《出版广角》2003年第1期，第63-64页。

④ 《北洋大臣袁宫宝为文明书局事咨各督抚文》，《大公报》（天津版），1903年1月19日。

今法制表》，书中附有光绪二十九年（1903 年）四川总督锡良亲批的告示：

钦命头品顶戴兵部尚书兼都察院右都御史调署四川总督管巡抚事闽浙总督部堂锡批

学务处案呈，据详已悉。

历史一科，事体繁大，治之无术，则博约两难。查阅所编《九通政要表》，凡例并田赋表缮稿，征引宏备，体制谨严，意在使学者、教者各得执简御繁之法，而无少功寡要之虑，足见该学正留心经济，学识淹通，殊堪嘉尚。应准如详立案，禁止翻刻，仰即细加校雠，妥为排印成编后，赍呈十部鉴核。如可用为教科课本，即咨送京师大学堂，审定编行，缴表册存。

光绪二十九年十一月初四日批示①

由此可见，先经官府备案，再由官方向书业界颁布禁止翻印的文告，是当时晚清政府普遍采用的一种著作权保护方式。通过这种方式，清政府对一批出版新学图书的出版团体实施了著作权保护。这批受保护的图书有一个共同特点，即都在扉页上声明了“书经存案，翻印必究”，意在强调该书经过政府有关部门备案，得到了官方的法令保护。这就是后文即将提到的光绪二十二年（1896 年）以后印本图书的书名页多出现“书经存案”的历史背景，它表明晚清政府在著作权保护方面有了更深一步的介入，比明代及清代中前期政府力量在著作权保护中的弱化有了较大进步。但从本质上说，它与宋代通过颁布文告来保护著作权的做法仍是一脉相承的，都是官府应民间出版者的请求，发布特许命令，禁止翻刻盗版，带有特权性质。这项政策执行的效果如何，完全取决于被保护对象的社会地位和保护者执行政策的认真程度。因此，它虽然具备了权力独占性、排他性等近代著作权法的因素，但与近代著作权法还是有一定的距离。

第三节 “翻刻必究”的声明：著作权人的自我保护

在现代图书、音像、软件等知识产品的印刷包装上，我们通常都能发现“版权所有，侵权必究”之类的文字标记，这就是所谓的著作权声明。它是《世界版权公约》对“版权标记”的基本要求，必须清晰地向世人宣

---

① 沈津：《说“翻刻必究”（四）》，书虫老蠹鱼的 BLOG，http：//blog. sina. com. cn/harvard-duyu。

示著作权所有人名称、首次出版年份等信息。然而，著作权声明并不是现代人的发明，它最早在中国的南宋就已经出现了。

一　宋元的著作权声明

据清人叶德辉《书林清话》记载，叶氏收藏的五松阁仿宋程舍人宅刻本《东都事略》，目录后有一长方形牌记云："眉山程舍人宅刊行，已申上司，不许覆板。"（见图 10－1）《东都事略》系由四川眉山王偁（字季平）撰，据胡道静先生考证，该书的写作年代不晚于南宋孝宗淳熙十二年（1185 年），刻印时间当在光宗绍熙间（1190－1194 年）。这是迄今为止发现的世界上最早的版权声明。该声明涉及出版者姓名、著作权保留声明和授权机关，与北宋时期的"禁擅镌"相比具有更深刻的内涵，因为它是在确认和保护私有财产的基础上产生的。从牌记内容来看，"已申上司"，表明政府已经受理了出版商程舍人的版权保护申请；"不许覆板"，表明官方在版权保护上态度明确，即将出版权视为出版者的一种私权，决不允许盗版者侵犯。程舍人的版权声明，反映了宋朝民间出版商要求保护版权的普遍诉求，具有广泛的代表性。当然，我们也要看到，《东都事略》的牌记并没有直接体现对著作者权益的保护。但这符合著作权产生的一般规律，欧洲的著作权保护也是先从印刷商权益开始的。这种保护之所以仍然被很多学者看成著作权之始，在于作者的权益仍然间接得到了保护，至少作品内容得以较完整地保留，而这也是著作者的精神权利之一。

元代在私家刻书的著作权保护方面，自宋代首开向官方申禁，再通过刻书牌记宣示版权的风气以来，这种做法一直被沿袭下来，为元明以后刻书家所效法。正如叶德辉所言："此风一开，元以来私塾刻书，遂相沿以为律例。"前文所举元人陈寀于惠宗元统年间（1333－1335 年）刻印的黄公绍《古今韵会举要》一书，其牌记云：

> 寀昨承先师架阁黄公在轩先生委刊《古今韵会举要》，凡三十卷。古今字画音义，瞭然在目，诚千百年间未睹之秘也。今绣诸梓，三复雠校，并无讹误，愿与天下士大夫共之。但是篇系私著之文，与书肆所刊见成文籍不同。窃恐嗜利之徒改换名目，节略翻刻，纤毫争差，致误学者。已经所属陈告乞行禁约外，收书君子，伏幸藻鉴。后学陈寀谨白。①

① 叶德辉：《书林清话》第 2 卷，《翻板有例禁始于宋人》，中华书局，1957，第 41 页。

图 10－1　南宋绍熙间刻本《东都事略》牌记

这则牌记是刻书者陈宲受作者黄公绍之托所发表的著作权声明，除了避免“嗜利之徒改名目，节略翻刻”外，其保护作者精神权利的意图十分明显。该牌记既然强调“系私著之文，与书肆所刊见成文籍不同”，说明元人已将“私著之文”与“见成文籍”加以区分。“见成文籍”已出版多年，其作者或已作古，他人对它的使用权似宽松一些；而“私著之文”成书时间稍短，其作者可能尚健在，不能随便使用。按图书出版时间长短而将作者的著作权区别对待，这和现代著作权法有类似之处。

二　明清的著作权声明

明代中晚期以后，封建统治力量弱化，以往加诸出版业的严厉控制大为松弛，加上土地兼并造成大批农民破产，给手工业提供了大量廉价劳动力，使得刻书成本大为降低。利之所在，众之所趋。明代民间刻书业的发展由此获得了极大的动力，这势必加剧私人刻书之间的竞争。而盗版等各种非正常竞争手段的盛行，也使得刻书者比以往更加注重对自身著作权的保护。明代坊间或私塾刻本通常会印上类似今天“版权所有，翻录必究”之类的文字，以宣示自己的著作权。这在明清以后的刻本中非常普遍，几乎成为一种惯例。明代刻本宣示著作权的方式通常有以下四种。

第一，通过书名页声明著作权。所谓书名页，是介于图书封面和目录正文之间的衬页，也称扉页或内封，通常印有完整的图书名和刻书者信息。一般是在书名页左行刻上藏版者字号和“翻刻必究”的字样，与现代著作权用语十分接近。如万历二十九年（1601年）刻本《唐诗类苑》，书名页上印有“陈衙藏板，翻刻必究”字样。万历三十七年（1609年）刻本《新镌海内奇观》，书名页上刻有“武林杨衙夷白堂精刻，各坊不许翻刻”字样。万历四十六年（1618年）张燮自刻本《东西洋考》，书名页上刻有：“本衙藏板，翻刻必究。”天启五年（1625年）杭州朱氏花斋刻本《合诸名家评订管子》，书名页上刻有：“虎林西横河桥朱衙发行，翻者虽远必究。”天启刻本《圣门志》，书名页刻“阙里藏板。翻刻千里必究。”崇祯元年（1628年）尚友堂刻本《初刻拍案惊奇》，书名页上刻有“本衙藏，翻刻必究”字样。崇祯三年（1630年）曹学佺自刻本《大明一统名胜志》，书名页刻有：“本衙藏版，如有翻刻，千里必究。”崇祯六年（1633年）陆云龙自编自刻本《皇明十六名家小品》，书名页刻有：“峥霄馆藏板，翻刻必究。”崇祯十四年刻本（1641年）《麟旨明微》，书名页上印有“本衙藏版，翻刻必究”字样。明末崇祯年间著名出版家毛晋汲古阁本《宋名家词第一集》，书名页刻有：“古虞毛氏汲古阁藏版，翻刻必究。”毛晋替王象晋刻印的《二如亭群芳谱》，书名页上署有“本衙藏版，翻刻必究”字样。以上都是直接刻印在书名页上的。有的则是在书名页上加牌记，如崇祯刻本《皇明世法录》（明陈仁锡撰），书名页左下角钤白文印：“如有翻刻，千里必究。”

第二，以牌记的形式声明著作权。所谓牌记，也叫墨围、木记、碑牌、书牌等，它最早出现于宋代，顾名思义就是将刻书者的姓氏、堂号或字号、刻书地、刻书时间、出版事项及图书相关内容说明等信息刻印在一个形状固定的标记内，通常有长方形、正方形、鼎形、钟形、碑形等几何形状，其中以长方形最为常见，如前文提到的南宋程舍人宅刻本《东都事略》目录后的牌记即是。在明代刻书牌记中，也有不少声明著作权的内容，如万历三十一年（1603年）郑能刻本《前唐十二家诗》，其中《岑嘉州集》卷末刻有牌记：“闽城琅邪斋版，坊间不许重刻。”泰昌元年（1620年）刻本《皇明文隽》牌记：“陈衙发锓《皇明文隽》，自洪永以迄隆万诸名公作家无不博搜精选，跨轶汉唐宋，尽堪举业嚆矢。敢有翻刻必究。”天启间（1621－1627年）苏州大来堂刻本《骈枝别集》牌记：“凡吾绅士之家，或才堪著述，或力足缮梓，雅能创起，绝不翻袭。倘有好徒，假冒煽惑，重究不贷。”天启间刻本《增定春秋衡卒库》牌记：“如有翻刻，千里必究。”天启五年（1625年）花斋刻本《管子》牌记：“虎林西横河桥朱衙发行，翻者唯远必究。”崇祯二年（1629年）武林刻本《宋文文山先生全集》牌记：“武林博溪锺府藏板。翻刻定行追究。”崇祯六年（1633年）黄氏玉磬斋刻本《礼乐合编》牌记：“本衙藏板。翻刻千里必究。”崇祯九年（1636年）莲庵刻朱墨套印本《广金石韵府》牌记云：“棉纸朱文，定价壹两。本衙藏板。翻刻千里必究。”其他还有明末云间平露堂刻本《皇明经世文编》牌记：“本衙藏版，翻刻千里必究。”明书林何敬塘刻《皇明三元考》牌记：“张衙藏版，不许翻刻。”明陈氏刻《皇明文集》牌记：“敢有翻印，必究。”明王征刻《西儒耳目资》牌记：“武林李衙藏版，翻刻必究。”明杭州横秋阁刻《鬼谷子》牌记：“虎林嘉树里张衙发行，翻刻千里必究。”有趣的是，有的刻书者对仅有个牌记声明还不放心，又在书名页印上“不许翻刻”之类的文字，加了双保险。如万历四十四年（1616年）杭州李氏刻本《月露音》，书名页右下角钤一朱文牌记：“杭城丰东桥三官巷口李衙刊发，每部纹银捌钱，如有翻刻，千里究治。”同时在书名页左下角印有“静常斋藏版，不许翻刻”的字样。

第三，以广告的形式声明著作权。明万历新安吴继仕熙春楼刻本《六经图》，书名页刻有一则广告：“夙购是书，如获和璧，不忍私藏，今公海内。第图像俱精，字纸兼美，一照宋板，校刻无讹。视夫妄意增改者，奚啻悬殊，博雅君子，当自鉴之。如有翻刻，虽远必究。”明万历花萼楼刻本《考工记通》，扉页上亦刻有一段广告：“是书构选镌工，搜延绘士，书梓图画精美，校订点画无差，三载告成，足称全璧。倘有书坊翻刻，定行经官究治。”明崇祯刻本《道元一气》，作者俞俞道人曹士珩（字元白）自刻于金陵。全书有40多张插图，全由作者自画。为了保护自己的著作权，曹士珩在全书前面以隶书蓝印上版，刻上了一篇很有意思的广告：

> 是书也，独畅祖真秘旨，合阐性命微言，渐顿咸明，始终毕举。允为后学章程，远作丹经印正。年来自撰圜中，甲戌行携白下。偶为诸宰官鉴阅，遂命精梓流通，用开后觉，以求外护。俾读是篇者，发欢喜心，破贪悭想。独助三千，同登八百。倘有无知利徒，影射翻刻，誓必闻之当道，借彼公案，了我因缘云。①

此则广告实例告诉我们这样几个事实。首先，该书的刊行得到了“诸宰官”的大力支持；其次，该书极有可能是一本颇有市场的畅销书。对此，既是作者也是出版者的曹士珩以其道家独有的幽默语言，绵里藏针地

① 黄裳：《晚明的版画》，《读书》1981年第2期，第138－145页。

表达了对“无知利徒，影射翻刻”的警告。只要胆敢翻刻盗版，“必闻之当道”，对簿公堂。这表明曹氏具有强烈的著作权观念和司法保护意识。

第四，以字号标记（类似现在的商标）的形式声明著作权。明代刻书中类似于商标的字号标记出现得越来越普遍。所谓字号，就是书铺也和其他行业的商铺一样也有自己的专有名字。如建安余象斗刻《明律正宗》，其广告强调“买者可认三台为记”。福建黄仁溥源泰堂万历刻本《新刻皇明经世要略》，广告也称“初刻自本堂，买者须认源泰为记。”这里的“三台”“源泰”便是具有商标性质的书铺字号。有的书铺还有自己专用的标记，这种专用标记其实是一种特殊的牌记，只不过它以图案为主，比一般牌记更为复杂精细，不易模仿。如前文第九章提到的具有防伪功能的萧山来氏万历刻本《宣和印史》中的“汉佩双印印记”、万历十二年（1584年）刻本《新刊真楷大字全号搢绅便览》卷末的麒麟印记、建阳熊氏种德堂万历刻本《历朝纪要纲鉴》的八卦印记等即是。这些字号标记通常与广告用语结合使用，以达到更好地宣传图书和宣示著作权的目的。如明万历年间书林三台馆余君召刊行《新刻皇明开运辑略武功名世英烈传》，书名页上刊有正楷大字“官板皇明全像英烈志传”，中部为鼎器形制（见图10－2中阴影部分），为三台馆专有标记之一。器腹下再刊“书林余君召梓行，买者认原板为记”字样，下刊“三台馆梓行”。这种基于对自己所刻图书质量好、信誉高、牌子硬，独此一家，别无分号的自信，既是一种很好的图书宣传策略，同时也能有效地防范不法书商的冒名盗刻，是明代民间出版商强烈的著作权意识的一种体现。

图10－2　明万历《新刻皇明开运辑略武功名世英烈传》字号标记

笔者注意到，与宋元时期不同的是，明代以上四种形式的著作权声明一般都没有强调“已申上司”的字样。这不外乎两种可能：一是当时的政府不受理著作权保护的诉求，官方也不直接干预民间的著作权纠纷，所谓“翻刻必究”纯属民间个人维权行为；二是当时向官方要求保护著作权的事例已很普遍，著作权的观念已为官方所接受，政府默许了著作权人的著作权，因此没有必要再像宋代那样单独为某部书颁布公文，出版者也就不必刻意强调“已申上司”。因为只要有保护著作权的诉求，政府都会予以受理。从现有文献资料来看，后一种情况更接近历史的真实。以明人刘昌《县笥琐探》记载的明初一桩涉及著作权争执的公案为例：

> 《四书详说》，苏州知府况公刻于郡庠。袁铉作序，以为王廉熙阳作，言熙阳丞沔池时稿，留曹端家。刻既成，其书四出。端为霍州学，移文于苏，言《四书详说》乃其所著，《孟子》中有其订定“白马之白”一段。又言熙阳已坐刑，不当有著书之名。熙阳为山西左布政使，以公事死，无害其著书也。端辨《四书详说》为其所著，可也；言熙阳坐刑不当有著书之名，非也。①

从这个案例来看，河南沔池县丞王廉撰写了《四库详说》一书，因升任山西左布政使而到山西赴任，将书稿留在了县民曹端家。后曹端也到山西任霍州学正，而此时王廉以公事过失论罪当死。这期间，苏州知府况钟不知从哪得到了《四库详说》的原稿，并以苏州府学的名义刊刻了出来。明代以八股文取士，这部书因受科场举子们的欢迎而成为畅销书。曹端见此情景，当即向苏州府投牒申诉，称该书是自己所著，理由是《孟子》中有其所订“白马之白”一段。而王廉以罪犯之身，不当享有“著书之名”。这实际上是剥夺了王廉的著作权。此案例的最后结果虽有失公正，但我们从中可以看出，明代政府对于民间个人著作权的纠纷和诉求并非置之不理，而是抱以积极处置的态度。不过同时也应看到，虽然明代出版商最终必须借助于政府的行政力量来维护自己的权益，但这种行政力量对著作权的保护力度究竟如何，还是值得深究的。明人冯梦龙编辑的《智囊补》也记载了一个保护著作权的案例：

> 吴中镂书多利，而甚苦翻板。俞羡章（笔者注：即俞安期，字羡长。“章”字为“长”字之误）刻《唐类函》将成，先出讼牒，谬言

① 刘昌：《县笥琐探摘抄》，《著书争名》，中华书局，1985，第34页。

新印书若干载往某处，被盗劫去，乞官为捕之。因出赏格募盗书贼，由是《类函》盛行，无敢翻者。①

俞羡章刻《唐类函》于万历三十一年（1603 年），正是盗版猖獗，翻刻与维权冲突激烈的时期。俞氏为防止自编自刻的《唐类函》被人盗印，决定在该书上市之前先出诉状告到官府，声称部分新印图书遭到盗劫，愿出赏金请官府捕拿盗贼，并将诉状附刻在新书中。这样一来闹得天下皆知，他的新书反而没有人敢翻刻了，否则有偷盗之嫌。这个案例表明，明末著作权观念已经为一般刻书者所熟知，他们知道通过各种途径来维护自己的权益；但这也说明，通过一般的诸如“本衙藏板，翻刻必究”之类的著作权声明，难以起到震慑盗版的作用。而对盗窃罪的处罚，比对侵犯著作权的行为的处罚严重得多。这从侧面反映出明代官方对于民间保护著作权的申诉不能提供强有力的法律支持。有意思的是，在对官府失望之余，有的作者和出版者会在自己编刻的书中对盗版者进行苦口婆心的规劝。如明人黄士京在其自撰的《合诸名家点评古文鸿藻》一书的凡例中说：“翻刻为迩来极恶之举，夫人购样缮写，鸩工命刻，不知费几许精神，几许日月，才成此一段因缘。我一旦艳其可售而翻梓焉，其忍不啻于杀人，其恨何殊于发冢。天理赫奕，迩而尔身之灾祸，远而尔子孙之雕零，有断断不爽者，思及此，亦何苦为有尽之利，博无穷之害乎？矧可售之书，佟有祗患无赀，非无可刻，又何苦结人之怨，而不虑其决不甘心于我乎？虔叩世人俯垂鉴纳。”②

与明代一样，清代出版商也是通过在出版物中自行印刻著作权声明或标记的方式来维护自己的著作权，只不过在宣示著作权的形式和途径上有了些许变化。

第一，通过书名页宣示著作权。如清康熙二十三年（1684 年）史馆刻本《康熙甲子史馆新刊古今通韵》，书名页刻有“本衙藏板，翻刻必究”。清雍正十一年（1733 年）刻本《华国编赋选》，书名页刻有“本衙藏版，翻刻千里必究”。清乾隆二十四年（1759 年）刻本《唐诗观澜》，书名页左下角印有“本衙藏版，翻刻必究”（见图 10－3）。明嘉庆十八年（1813 年）刻本《详注馆阁试帖三辛集》，书名页左下角刻“修文堂藏板”，右下角印“翻刻必究”。嘉庆十九年（1814 年）刻本《古文未曾有集》，书名页左下角刻“大酉堂藏板，翻刻必究”。清道光十四年（1834 年）刻本

① 冯梦龙：《智囊补》，《杂智部小慧》第 28 卷，《唐类函》，黑龙江人民出版社，1987，第 800 页。

② 黄士京：《合诸名家点评古文鸿藻》，《凡例》，明崇祯间刻本。

《赋则》，书名页左下角印“来鹿堂藏板”，右下角刻“校正无讹，翻刻必究”。道光三十年（1850 年）刻本《阳宅正宗》，书名页右下角印有“察院吴斋藏板，翻刻必究”。清光绪三十一年（1905 年）京都琉璃厂龙云斋刻本《读玉鉴随笔》，书名页左下印有“所有板权，翻刻必究”字样。

乾隆己卯新鐫
江蘇學使李 手定
唐詩觀瀾集
本衙藏版
翻刻必究

图 10－3　清乾隆二十四年（1759 年）刻本《唐诗观澜》书名页

第二，通过独立版权页宣示著作权。所谓版权页，通常是在书名页后面单独用一页，专门印上出版者、出版时间及版权声明（有的还印上图书价格信息），而不像以前一样将版权信息附载在书名页上。这在清代后期，特别是光绪以后的各种刻本中较为常见。如光绪二十三年（1897 年）上海大同译书局石印本《地球十五大战纪》版权页左下角印“书经存案，翻印必究”；光绪二十六年（1900 年）东亚译书会铅印本《欧罗巴通史》版权页左下角印“书经存案，翻刻必究”；光绪二十七年（1901 年）绍兴墨润堂石印本《元代合参一遍》版权页左下角印“书经存案，翻刻必究”；光绪二十七年（1901 年）教育世界社石印本《光绪会计表》版权页左下角印“书经存案，翻刻必究”；光绪二十七年（1901 年）越郡北乡学堂刻本《皇朝纪略》，版权页左下角印“每部翻印必究”；光绪二十七年（1901 年）南清河王氏小方壶斋石印本《新撰东西年表》版权页右下角印“书经存案，翻印必究”；光绪二十八年（1902 年）通志学社石印本《两朝评鉴汇录》版权页左下角印“禀准存案，严禁翻印”；光绪二十八年（1902 年）瑞安普通学堂刻本《周礼政要》版权页左下角印“书经存案，翻刻必究”；光绪二十八年（1902

年）史学斋刻本《十九世纪外交史》版权页左下角印“书经申、杭各署存案，翻印必究”；光绪二十九年（1903 年），上海蜚英书局铅印本《五千年中外交涉史》版权页左下角印“书经存案，翻刻必究”；光绪三十一年（1905 年）驻意使署铅印本《意大利税则章程》版权页左下角印“翻印必究”；宣统三年（1911 年）上海文元书庄石印本《绘图谈笑奇观》版权页印“板权所有，翻印必究”（见图 10－4）。

图 10－4　清宣统三年（1911 年）上海文元书庄石印本《绘图谈笑奇观》版权页

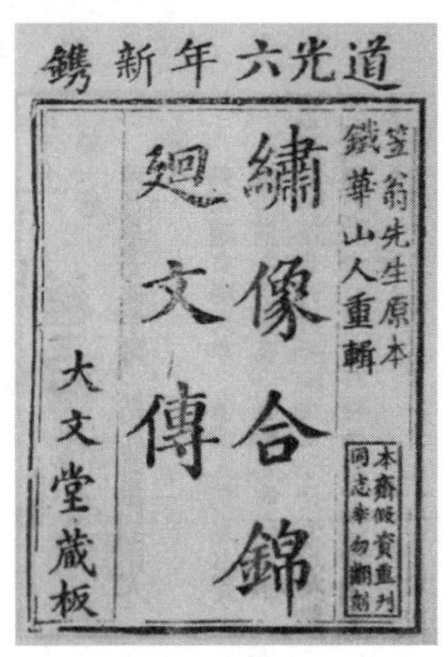

图 10－5　清道光六年（1826 年）刻本《绣像合锦回文传》书名页附牌记

第三，通过牌记宣示著作权。如清顺治八年（1651 年）李嵩阳刻本《四书大全辨》，书名页钤有“徐衙藏板，翻刻必究”的牌记。康熙三十四年（1695 年）挹奎楼刻本《春秋单合析义》，书名页有一牌记云：“本衙藏板，发兑四方。尊客请认杭城板儿巷叶宗之书馆内宅便是。若无此印，即系翻本，查出千里必究。”道光元年（1821 年）刻本李汝珍《镜花缘》，书名页有“道光之年新镌，翻刻必究”的牌记；道光六年（1826 年）刻本《绣像合锦回文传》，书名页右下角有一牌记：“本斋假资重刊，同志幸勿翻刻。”（见图 10－5）这些都是附在书名页上的牌记内容。

还有的在卷首版权页上单独印上牌记，如光绪十年（1884 年）刻本《春光灯市录》，版权页只有一牌记：“光绪十年春仲二石轩藏板，翻刻必究。”（见图 10－6）光绪二十八年（1902 年）上海华洋书局铅印本《历代文献论略》，版权页只印一牌记：“上海华洋书局代印，板经存案，翻印严究。”光绪二十九年（1903 年）上海顺成书局石印本《国朝名臣言行录》，版权页也只有一牌记：“光绪癸卯上海顺成书局石印，禀准立案，翻刊混名，一概严究。”

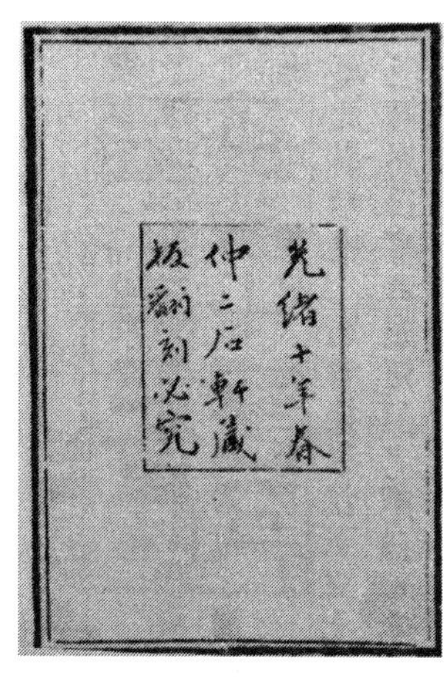

光緒十年春
仲二石軒藏
板翻刻必究

图 10-6　清光绪十年（1884 年）刻本《春光灯市录》版权页牌记

第四，通过字号标记宣示著作权。如清乾隆三十九年（1774 年）衣德堂刻嘉庆五年（1800 年）三乐斋印本《应试唐诗类释》，扉页钤有“近有丧心无耻奸徒暗谋翻刻，字画舛错，赐顾者须认本斋原板字样，庶无讹错蒙混之误。衣德堂谨白”牌记，这是在向读者强调要认清自己的字号。康熙六十一年（1722 年）张氏刻本《重订啸余谱》，书名页钤有“浙湖张氏藏板，翻刻必究”牌记，同时钤有双凤圆形印记，类似于现在的商标。

第五，通过广告用语宣示著作权。如康熙二十四年（1685 年）武进杨大鹤刻本《剑南诗钞》，书名页左上角插入了一段小广告：“《剑南集》苦无善本，兹刻祗依毛氏本，而鲁鱼颇多，因复细加订正，梓入剞劂。凡阅夏秋而成，可无讹忒庶用，广之同好。坊间如有私擅翻刻者，定行鸣之，当事严究深惩。并此附白。”（见图 10-7）这段广告语前半段描述了以毛氏本为底本的校勘过程，标榜该书内容之精审无误；后半段则是著作权声明。所谓“定行鸣之”，也就是申告官府的意思。对于未经允许而擅自翻刻者，必通过官府严厉追究其侵权的责任。

第六，通过凡例宣示著作权。所谓凡例，是关于一书的内容要旨及编撰体例的说明性文字，通常也包括对图书编撰过程及相关事项的说明。在凡例中声明版权者，如康熙五十五年（1716 年）凌云阁刻本《本朝名媛诗钞》，其凡例云：“是编之成，搜辑固非一日，而相与晨夕校勘共为商榷者，实惟友倩朱子，至共襄厥成者，皆门人沈莘庵、沈修林之力也。版藏凌云阁。倘有翻刻，千里必究。”①

图 10－7　清康熙二十四年（1685 年）武进杨大鹤刻本《剑南诗钞》书名页广告

通过对以上著作权声明用语的分析，我们注意到一个现象：清代中前期的版权声明和明代一样，几乎看不到“已申上司”的用语，而大多是“本衙藏版”之类的话；而到清代晚期，特别是光绪以后，出现了大量的“书经存案”（即已在官府备案之意）之类的措辞。这表明，晚清政府在对民间著作权保护中担当的角色和起的作用发生了某种程度的变化。下面我们就来探究一下这个变化发生的过程。

在清代前期和中期，和明代类似，官府虽然在被侵权一方的申诉下也会受理民间著作权权纠纷，但只是就纠纷处理纠纷，并没有针对社会上作为整体的盗版行为颁布相应的法规。如前文第四章提到的清初戏剧家李渔，曾就自己的作品被盗版而告官。他在《与赵声伯文学》中记载了自己为打击盗版奔走于苏、杭二地打官司的事：“弟之移家秣陵也，只因拙刻作祟，翻板者多，故违安土重迁之戒，以作移民就食之图。不意新刻甫出，吴门贪贾即萌觊觎之心。幸弟风闻最早，力恳苏松道孙公出示禁止，始寝其谋。乃吴门之议才熄，而家报倏至，谓杭人翻刻已竣，指日有新书出贸矣。弟以他事滞金阊，不获亲往问罪，只命小婿谒当事，求正厥辜。虽蒙稍惩贪

① 沈津：《说“翻刻必究”（三）》，书虫老蠹鱼的 BLOG，http://blog.sina.com.cn/harvardduyu。

恶，现在追板，尚未知后局何如。”[①] 李渔赶在苏州书商盗印自己的作品之前，恳请当地官员发布禁印令，这才打消了“吴门贪贾”盗版的念头。孰料一波方平一波又起，家人来报杭州又有人翻刻此书，李渔被图书盗版闹得焦头烂额。所谓的“翻刻必究”，仍是通过民举官究的方式，维权耗费的代价巨大。清同治三年（1864 年）福建继成堂刻本《通书》（即历书）记载了一则发生在嘉庆、道光年间追究翻刻者责任的案例：

特调晋江县正堂车异侯升加十级纪录十次记大功七次王

为假冒万又字号饬元禁查拿算事。

本年闰五月廿六日，蒙本府宪刘札开：本年闰五日初八日，据县民洪学海即（暨）洪彬海赴府，呈称海父潮和及第（弟）彬成，原在集贤铺海清亭开张继成堂，择日馆选造民间日用通书。父弟殁后，海接开选造无异。嘉庆十年十一年间，被刻匠施雕串漳州城内聚文楼等书店，假冒翻刻。海及成（呈）控，蒙晋邑生出示严禁，仍再假冒父弟姓名，混造发往各处散实，累害士林十二年。间海叩抚宪，仰藩宪转饬查究，复蒙前宪房饬县拿究，并移龙邑拘解在案。雕及聚文楼等俱逃多年，无敢假造。迨上年，雕徒弟洪志士，复萌故眉，串谋漳州城内文林号本店翻刻通书。其书皮及每帙中线，牵刻继成堂、洪潮和授男彬海选造，假冒字号姓名，发往台湾各处，销售海上。年八月，呈请普邑主示禁，蒙准饬差黄王等查谕禁止。何谕藐游，禀明饬拿，嵎抗不理。□文林号，又到志士家中翻刻明年通书，仍旧假冒无忌，以致泉城内亦有致尤假造。切海选通书，悉遵《钦定协纪》推算，注明宜忌，利民趋吉避凶。志士等之翻刻，只图利己，不顾害人。且遍卖蔓害系海字号姓名，诚恐如雕之混刊，其贻害胡底。情迫，叩乞俯怜假冒蔓害，恩准饬县，出示严禁，孙拿□敬，并移龙邑拘究。等情到府。

除呈此示外，合就饬行礼到该县，立即移会龙洪县，一体出示严禁，如违查拘究惩，仍将贴过告示处所具报，察查毋延。等情礼行。

为此，示仰刻匠洪志士等，及城厢书店人等知悉，嗣后遇有似知通书，毋许私刻洪潮和子洪学海即（暨）洪彬海名字，假冒散贯，以致差说，贻害民间，吉凶不知趋避。如敢仍续前辙，一经访查，或被告发，定即严拿究办。其各禀遵，毋违特示。前嘉庆十一年，经晋邑

① 李渔：《李渔随笔全集》，《与赵声伯文学》，巴蜀书社，1997，第 397 页。

主沈出示在案。道光七年六月初七日给。①

福建晋江县民洪学海（又名洪彬海）的父亲洪潮和弟弟洪彬成，开了一家继成堂印书铺，主营民间日常用的历书。父、弟因故去世后，洪学海继承父业继续经营着这家书铺。可好景不长，嘉庆十年（1805 年）左右，一个叫施雕的刻匠在漳州聚文楼的书店内假冒翻刻了他家的历书。洪学海一纸诉状将施雕告到了晋江县衙，县衙很快下发了禁止翻刻的禁令，可施雕仍继续假冒洪氏姓名翻刻洪家的历书，并发往各处牟利。这种状况持续了 12 年之久。可见当地政府并没有真正下力气究治盗版行径，只是做做样子而已。洪学海不得已，只好叩见福建巡抚、布政使等地方高官，通过他们的层层批示，再转到晋江县（过程类似于当今的上访），这才又立案并下令逮捕案犯。施雕等一众翻刻造假者作鸟兽散，这才停止了盗版。可没想到的是，到了道光六年（1826 年），施雕的徒弟洪志士等人又卷土重来，假冒翻刻继成堂的历书，甚至一度将之销售到了海外。洪学海拿着以前的禁令，乞请当地政府差人去制止洪志士的盗版行为，可洪志士根本不予理会，一仍其旧地疯狂盗版。从这个案例来看，清代个体出版商维权的道路是何其艰难！官府对版权保护的不重视或不得力，使得“翻刻必究”在很大程度上只是著作权人一句一厢情愿的口号而已，对盗版者并没有多大威慑力。正因为如此，不少出版商在无可奈何之际，只能在自己出版的书中对盗版行径进行口诛笔伐，如嘉庆五年（1800 年）刻本《更岂有此理》凡例云：“近今坊贾善于翻刻书籍，惜费而嗜利，以致字迹错谬，大异原板，使阅者以误传误，埋没作者一片苦心。射利小人，等于盗贼，森罗殿判官深恨教者辈所为，已遣勾魂使者、飞天夜叉、及日游、夜游、水火、瘟疫诸司，密伺群坊丛集之所，稽察巡查。如再有不肖棍徒，翻刻是刻者，立时勾魂摄魄，冥法重究，磨粉舂齑，锯解锅烹，抛剑树，掷刀山，抽筋拔舌，下十八层地狱，入畜生道，历万劫不能超脱。”② 对盗版者的诅咒用尽了最恶毒的语言，可谓恨之入骨。再如道光二十五年（1845 年）广州苏氏丹桂堂刻本《通书》，书前有“苏丹桂堂启事”云：“近来各镇城市有射利之徒，假冒本堂招牌发售甚多，有暗本堂名色，是以预为剖明，凡海宇诸君光顾者，务祈留心，细察真假，庶不致误耳。如假包换。省城九曜坊苏

① 沈津：《说“翻刻必究”（四）》，书虫老蠹鱼的 BLOG，http：//blog. sina. com. cn/harvardduyu。

② 沈津：《说“翻刻必究”（二）》，书虫老蠹鱼的 BLOG，http：//blog. sina. com. cn/harvardduyu。

丹桂堂谨白。如有假冒招牌者，男灾女祸。”所谓“男灾女祸”，也只是逞一时口舌之快，又能于事何补？

第四节 《大清著作权律》：著作权保护的近代转型

光绪三十二年（1906年），在各种传播新思想、新知识的图书报刊如雨后春笋般急剧增长的背景下，清政府为了控制社会舆论和维护自己的统治，由商部、巡警部、学部共同制定颁布了《大清印刷物件专律》。该律规定，“所有关涉一切印刷及新闻记载”，均须在“印刷总局”注册登记，“凡未经注册之印刷人，不论承印何种文书、图画，均以犯法论。”同时也规定：“凡一切文书图画，或系书写，或系印刷，或用汉文，或用其他各文字，而发行或销售于皇朝一统版图者，在律即有治理之权。”① 这里面或多或少暗含了著作权法的内容，即便是间接的。《大清印刷物专律》的意义在于，它使得与出版和印刷相关的罪行不再是《大清律例》“盗贼类”下的一个子目，而是从中独立出来的专门法律。其缺陷在于，该法仍因袭了传统的官府告示保护法的做法，明确保护出版者、发行者的权利，而忽视了对著作人权利的保护。光绪三十四年（1908年），清政府又参照日本报纸法制定和颁布了《大清报律》。该律规定，“凡论说纪事，确系该报创有者，得注明不许转登字样，他报即不得互相抄袭”，“凡报中附刊之作，他日足以成书者，得享有版权之保护”②，明确了对相关报刊及著作者的著作权保护。以上两部出版法律虽都有著作权保护的相关内容，但都不是专门的著作权法律。

清末宣统二年（1910年），清政府民政部正式颁布施行了《大清著作权律》③。这是我国第一部以成文法形式制定的关于保障著作者权利的专门法律。该律共分通例、权利期限、呈报义务、权利限制、附则等五章，对著作权的概念、著作物的范围、作者的权利、取得著作权的程序、著作权的期限和限制，以及侵犯著作权的处罚等问题作了相应规定。

第一，关于著作权的概念及著作物的范围，该律规定：“凡称著作物

---

① 刘哲民：《近现代出版新闻法规汇编》，《大清印刷物件专律》，学林出版社，1992，第2－8页。

② 刘哲民：《近现代出版新闻法规汇编》，《大清报律》，学林出版社，1992，第31－34页。

③ 以下《大清著作权律》条文，均引自王兰萍著《近代中国著作权法的成长（1903－1910）》附录二，北京大学出版社，2006，第223－227页。

而专有重制之利益者，曰著作权。称著作物者，文艺、图画、帖本、照片、雕刻、模型等是。”所谓著作权，即“专有重制”之权，强调的是对复制权的保护。为解当时盗版猖獗的燃眉之急，立法时强调对复制权的保护，侧重的是保护权利人的经济利益。该法将著作权保护的范围从一般的文艺图书、书法、绘画、摄影等平面作品，扩大到了雕刻、模型等立体作品，顺应了时代的发展要求。

第二，关于作者的权利，该律没有从正面去阐述，而是通过六项“禁例”间接加以规定：①凡经呈报注册取得版权的作品，“他人不得翻印仿制，及用各种假冒方法以侵损其著作权”，这是对作者财产权利的保护；②“接受他人著作者，不得就原著加以割裂、改窜，及变匿姓名，或更换名目发行，但经原主允许者不在此限”；③对于著作权保护期满的作品，“不得加以割裂、改窜，及变匿姓名，或更换名目发行”；④“不得假托他人姓名发行己之著作，但用别号者不在此限”。以上三条是对作者精神权利的保护；⑤“不得将教科书中设问之题，擅作答词发行”，这说明立法者认识到了教科书出版质量对基础教育的影响；⑥未发表的作品，“非经原主允许，他人不得强取抵债”，显然将未发表的作品视为私人财产的一部分了。

第三，关于取得著作权的程序，该律规定，“凡著作物归民政部注册给照”，“著作物经注册给照者，受本法保护”。也就是说，作者的专有权利并不是作品完成后自行产生的，而是必须履行呈报注册手续，经民政部批准后发给执照，方能取得。这表明，该法采用的是登记制。此外，转让和继承版权，亦应履行上述呈报手续。

第四，关于著作权的保护期限和继承问题，该律规定：“著作权归著作者终生有之；又著作者身故，得由其承继人继续至30年。”这是对于一般作品而言。对于遗著和组织作品，该律规定：“著作人身故后，承继人将其遗著发行者，著作权得专有至30年。”“凡以官署、学堂、公司、局所、寺院、会所出名发行之著作，其著作权得专有至30年。”对于不署名的作品，“其著作权得专有至30年，但改正其真实姓名时，即适用第五条规定（笔者注：即对一般作品的规定）”。对于照片写真一类作品，其著作权“得专有至10年，但专为文书中附属者不在此限”。上述保护期限，均从民政部注册发执照之日起计算。

第五，关于对侵犯著作权行为的处罚，该律规定，“凡已注册之著作权，遇有侵损时，准有著作权者向该管审判衙门呈诉”。凡经民政部注册发给执照享有版权的作品，如果受到侵犯，版权所有者可以诉诸法律，向

“审判衙门”呈诉。对侵权者除罚款外，还可责令赔偿作者损失，没收印本刻版制作假冒作品的器具。

《大清著作权律》的诞生，标志着中国终于有了近代意义上的著作权法。它适时地将西方著作权保护理念移植入中国，突出了对作者著作权的保护，使得中国古代著作权保护最终走出了漫长的封建特许保护的籓篱，从而开创了中国近代著作权法律制度建设的崭新局面。虽然它诞生之后还没来得及施行大清王朝就覆灭了，但它的立法精神和法律理念深刻地影响了我国不同历史阶段的著作权立法，为封建帝制结束后的中国著作权法立法奠定了重要基础。从此，我国著作权保护揭开了新的一页。

第五节　中国古代著作权法制保护的特点

在漫长的历史长河中，中国古代著作权的法制保护表现出以下两个显著的特点。

第一，从历史的纵向发展态势来看，中国古代著作权法制保护的发展在不同的历史阶段表现出了极大的不平衡性和停滞性。自唐五代出现对官方专有出版权的保护之后，宋代的著作权法制保护很快就达到了较高的水准，但此后的元明清时期却长期停滞不前，甚至在某个阶段还出现了一定程度的倒退。

抛开对官方专有出版权的保护不说，宋代地方政府给民间出版商（作者）颁布的公据及出版商在作品中的“版权声明”表现出许多与现代著作权保护制度相类似的特征：①尊重著作者和出版商的创造性劳动，保护他们的精神权利和财产权利。②《东都事略》牌记上“已申上司，不许覆板”的声明、《方舆胜览》所载“录白”及《丛桂毛诗集解》所附“公据”等，与《世界版权公约》对“版权标记”的要求非常接近，即在版权页上印有版权保留声明或版权符号、版权所有人名称及首次出版年份等。③承认作者原创图书作品的创作性劳动，同时也将改编整理的作品纳入了受保护的范围。④在对原著作者权益保护的同时，注意到了著作权继承与转让问题，如《丛桂毛诗集解》的著作权人是段昌武。段昌武去世后，这种权利如其他私有财产一样由他的侄子段维清继承下来。而出版商罗贡士因曾就学于段昌武，作为版权的许可使用人，得到了版权所有者段维清转让给他的书籍出版权，并获得了官方颁发的“公据”作为行使这种出版权的法律证明。⑤著作权的保护有一定时间延续性。尽管我们不能明确宋代著作权保护是否存在明确的时间限制，但从《方舆胜览》首次出版后28

年仍受官方保护来看，宋代的著作权保护有一定的时间延续性，这与现代著作权法规定的保护期有相似性。当然，宋代著作权保护与现代著作权保护制度也存在不少差距：首先，受时代的局限，宋代著作权保护的重点还是著作者的精神权利和出版者的财产权利，而对著作者的财产权利较少关注。其次，宋代图书受著作权保护的范围有限，通常是“申禁”的就受保护，未“申禁”的就不受保护，保护的面仍然很窄。再者，在保护手段上，通常是以毁版、杖责、徒刑等行政处罚手段为主，而较少从维护著作权人权利的角度采用民事赔偿的经济手段。但总的来说，800 多年前的南宋能有这样的著作权保护水平，仍是令人惊叹的。

元代作为一个由少数民族入主中原建立的政权，一方面主动学习和模仿汉族礼乐文明，另一方面又对汉人知识分子处处防范，表现在对出版业的管理上采取了紧缩政策，在著作权保护方面，基本停滞在宋代的水平，没有新的突破。明代著作权的法制保护相对于宋元来讲，总体有所退步。虽然民间整体的著作权保护意识比宋元更为普及，甚至更为强烈，但由于政府在这个问题上没能起到主导作用，特别是官方放任甚至鼓励翻印官刻书，对图书市场的法制管理很不到位，发自民间的保护著作权的诉求又得不到官方行政力量的有力支持，造成维权效果甚微，盗版情况非常严重。这也是历史上明代刻本整体质量不及宋元的原因之一。清代中前期的著作权保护基本维持在明代的水平，至晚清时政府显著加强了著作权保护的力度，并最终完成了近代著作权法制保护的转型。

第二，从著作权保护的性质来讲，中国古代著作权的法制保护始终贯穿着两条性质不同的发展主线。首先，是对官方出版的图书的著作权保护。它的发展基本处于一种比较稳定的状态，从唐朝至清代始终变化不大。其保护的对象以民间使用最广泛的历书最具典型性，另外还包括不同历史时期各类官方机构编纂出版的各类儒家经典、医书、御制文献、国史、实录，以及可能涉及国家机密等敏感内容的大臣文集等。保护的手段以书禁方式为主，凡私自翻刻盗印者，毁版之外重则杀头，轻者流放、杖责，惩戒方式属刑罚性质。保护的目的重在控制社会思想和舆论，重在保护官方图书内容的完整性、准确性、权威性不受侵犯，而对财产权利的保护不是很在意。在官方出版系统内部，图书专有出版权通常可以部分转移，即可以将编辑出版权和印刷发行权分离。在某些特定历史条件下，官方也可能有意开放这种专有出版权，比如赵宋政权南渡后为了尽快恢复本族文化，特意颁布了“准盗之条”。明初为了推行《明大诰》，专门出版大字号本为民间翻刻提供便利，为规范科场教材，鼓励民间“照式翻刊”《五经四书》。因此，对于官方专有出版权的保护，严格来说并不是真正私权意义上的著作权保护。虽然它也保护了图书内容的完整性和准确性，但主要还是一种建立在书禁制度之上的封建思想控制的手段。其次，是对民间出版的图书的著作权保护。最早于南宋时期就出现了由民间出版商申告官府，然后由官方发布榜文禁止翻刻的著作权保护形式。从保护对象来看，包括民间一切“申禁”图书。从保护范围来看，由官方权利主体扩大到了民间权利主体，从而最终使中国古代著作权具有了私权的性质。从保护目的来看，它侧重维护出版商的财产权利和作者的精神权利（作者的财产权利另外通过古代润笔制度可以得到相应的补偿）。当著作者和出版商为同一主体时，其财产权利和精神权利也合二为一。从保护手段来看，一是通过申告官府，备案发文，告示书业同行严禁翻刻。从法律规范的形式看，这种行政文告的规范层次虽然较低，不能与成文法律相提并论，但从其保护目的和性质来看，已经与现代著作权制度比较接近。二是在出版物的牌记、书名页、版权页、出版商字号、广告、凡例中标记著作权声明，向全社会公开宣示著作权。这在法律上属于自我救济的性质，反映了古代作者与出版者著作权意识的觉醒。这种著作权声明的做法与现在通行的《国际版权公约》要求的也极为相似。

因而，对官方出版的图书的著作权保护，更多地体现了控制社会思想意识的目的，即国外有的学者所谓的“帝国控制观念传播的努力”；而对民间著作权的保护，则在很大程度上体现了现代著作权法的精神。正是由于存在着这样两类性质并不完全相同的著作权保护形式，我们对中国古代著作权保护的总体评估应建立在全面客观的基础之上，不能以偏概全。

余　论

中国古代著作权问题，看似一个非常专业的法律问题，其实不全然。在笔者看来，著作权的核心问题就是作品在创作、发表、复制及使用过程中，作者、出版者及其他社会主体之间因作品的创作、发表、复制及使用而发生的精神或财产关系。说得简单直白一点，就是图书出版过程中涉及的“名”与“利”问题。将这样两个历来极富争议性的话题放在中国古代特有的历史文化背景下，尤其是图书文献的生产、流通、利用等错综复杂的环节和语境中来讨论，又岂是“法律”这样一个范畴所能涵盖得了的？依愚所见，中国古代著作权不仅是一个法律问题，更是一个历史文化课题，也属中国古代图书文化史的研究范畴。正是基于以上考虑，本书不同于以往大多数研究者只将研究视野局限于法律框架内的做法，而是将它置于一个更为广阔的经济、文化、科技、学术发展的大背景下，将中国古代润笔制度、文人著述的价值观念、图书复制传播技术、文献整理的学术传统等都纳入了研究视野，从图书文献的生产创作、复制传播、加工利用等各项具体环节入手，深入考察了中国古代图书出版产业链中决定和影响作者、出版者及其他社会主体之间精神或财产关系的各种客观存在的文献现象，从根源上溯清了孕育中国古代著作权关系的各种文化因素。基于图书文化史和文献学的立场，正是本书在研究视角和方法上区别于其他法律专业论著之处。

中国古代有无著作权以及何时才有著作权的问题，是中外学者争议比较多的两个焦点。否认中国古代存在著作权的学者，他们很重要的一个论点就是将中国自宋代以来就比较普遍存在的著作权保护活动视为“帝国控制观念传播的努力”。笔者以为，这一说法忽视了中国古代著作权保护性质的复杂性。以宋代为例，其著作权保护形式就存在着三种性质不同的情形：一是中央政府对官方编纂出版的各类儒家经典、医书、御制文献、国史、实录等，以“禁擅镌”令的方式予以保护；二是地方政府为提交申请的民间出版商（作者）颁布出版“公据”，许以专有出版权，禁止他人翻版盗印；三是出版商（作者）自己在图书作品中，印上“已申上司，不许覆板”之类的著作权声明，进行自我保护。第一种情形更多地体现了对社会思想意识的控制，确属“帝国控制观念传播的努力”。而后两种情形，正如前文所指出的，已经比较接近现代著作权制度的性质。将中国古代著作权的保护活动一概视为“帝国控制观念传播的努力”，存在以偏概全的失误。在中国古代何时才有著作权保护的问题上，有的学者坚持认为是在晚清政府颁布成文的《大清著作权律》之后。这种观点也忽视了一个基本事实，即民事权利不一定首先从成文法中产生。正如郑成思先生所指出的："我们不能认为在没有民法的时期或环境中，就不存在民事权利。依刑法或行政管理（控制）法规、法令、敕令等等，在古代，在现代，都产生过并继续产生着一定的民事权利。"① 无数中外的法律史实都证明了这一点，如美国《商业秘密法》即仅通过刑事制裁来保护政府机构就商业秘密享有的私权；英国在 1988 年前的表演者权也仅仅通过刑法产生；在 1982 年的商标法出台之前，中国“商标专用权”也仅仅是依刑法产生的。我们今天也并没有一部成文的“隐私权保护法”，但没有任何人怀疑个人隐私权的存在。因此，以没有成文著作权法的存在而否认中国古代存在著作权的事实是不能成立的。

中国古代著作权的形成有其内在的发展逻辑，即遵循“著作权保护意识——著作权保护活动——著作权保护制度（法制）”这样一个过程。而这整个过程都是建立在两个前提的基础之上：其一，知识的私有化与知识私有观念的出现。在笔者看来，著作权作为一种私权，知识私有化与知识私有观念是它产生的前提。而以图书文献为主要载体的知识的私有化的一个重要标志就是作品的署名，因为署名权是作者在自己创作的作品及其复制件上标记姓名的权利，表明了作者与作品之间的权属关系，是著作权中的一项重要的精神权利。这也是本书对中国古代图书署名形式作了重点考察的原因。其二，古代原始著作权关系的形成。如前所述，著作权的核心问题是人们在著述和出版活动中形成的人与人之间的精神或财产关系（笔者称之为著作权关系），而这是著作权意识、著作权保护活动以及著作权制度产生的必要的社会条件。换句话说，只有先产生了著作权关系，才有可能产生著作权保护意识、活动及制度。但著作权关系不可能凭空产生，它只能产生于图书作品的创作、流通、利用等实践环节。循着这条思路，本书分别从以上三个环节详细考察了促成中国古代原始著作权关系形成的诸多因素，如在图书作品创作过程中存在的代笔、作伪现象；在图书作品传播过程中存在的剽窃、佣书、盗印等现

① 郑成思：《再论中国古代的版权保护》，《中国专利与商标》1996 年第 4 期，第 60 - 64 页。

象；在图书利用环节存在的采摭与引用、改编与删裁、注释与翻译，以及抄纂等现象。以上中国古代侵犯著作权的行为，造成了两方面的后果：一方面它打击了原作者和出版者的创造性，扰乱了原本正常的作者与作品、出版者与图书商品之间的精神或财产关系；但另一方面，它也促使作者和出版者奋起向官府或本行业提出自己的利益诉求，以某种方式维护自己的正当权益。因此从某种意义上说，这些侵权行为的广泛存在，正是中国古代原始著作权关系形成的社会基础。

在知识私有观念和原始著作权关系的基础之上，最早产生的是著作权保护意识。中国古代文人的著作权保护意识是在和传统价值观念中占主流地位的儒家思想一路冲突和挣扎中艰难发展起来的，且这种意识必然产生于古代知识分子的著述观念中。而这又要回到“名”与“利”这两个核心问题。所谓“名”，即作者通过著述获得作品署名及由此带来的社会声誉等各项精神权利；所谓“利”，即作者通过出版作品获得物质报酬的财产权利。古人于著述活动中，在这两个问题上的基本看法和价值取向，就是古代著述观念。它对中国古代原始著作权关系的发展趋向具有决定性影响。因此，本书在阐述古代文人义利观的基础上，对先秦至明清的历代文人的著述观念做了深入研究，发现古代著述观念对于早期著作权保护意识的形成具有两面性作用：一方面，对于个人声誉的珍视和作品原创性的追求产生的竞争意识、精品意识、传世意识、创新意识、名誉意识等，有利于催生作者对个人精神权利的保护意识；但另一方面，儒家义利观中根深蒂固的重义轻利的思想不利于养成对著作权中财产权利的保护意识。

中国古代著作权的保护更多地依赖传统习俗而非法律禁令来实现，这是它的一个显著特点。我们知道，法律是道德、伦理等社会规范的底线。也就是说，先有了道德、伦理等社会规范，之后才有了法律。中国古代著作权的保护也符合这一规律，即先有了符合一般社会道德规范的著作权保护活动，之后才有了带有强制性的著作权保护法制。因此可以肯定地说，中国古代著作权保护并不完全是一个单纯的法律问题。这也是本书将中国古代著作权保护分为经济性保护、学术性保护、技术性保护和法制性保护的依据。而且从本书所举史料来看，远在唐宋出现著作权保护性质的法令之前，我国就已经大量存在保护作者精神权利与财产权利的事例，只不过这种保护并不是以严格规范的合同或契约的形式出现，而主要是依靠社会成员自觉遵守的一种约定俗成的社会规范来实现，比如在作品复制传播过程中对作者署名的尊重和维护、文献学术性整理对作品原始面貌的恢复和保护、古代润笔对文人创作的经济报偿等。以往的研究多只从法律的视角来考察中国古代的著作权，而忽视了经济、文化、学术及技术等其他方面的影响，甚至强行以西方著作权制度的模式和特点来评判中国古代著作权的形成和发展轨迹，这是一种历史文化视角的错位。

中国古代有过漫长的著作权保护历史，但最终没有成文的著作权法出现，究其原因是多方面的，且非常复杂。结合前文所述已有的研究成果，笔者将之归纳为以下三个方面。

第一，从经济基础来看，中国古代长期存在的封建制生产关系是著作权法产生的最大障碍。著作权法保护的是商品经济模式下作者及出版商的私权，而中国封建社会经历了两千多年的发展，社会制度相当成熟，经济上有小农经济与其相适应，意识形态上，有一整套系统化、理论化的孔孟之道为其精神支柱，反映到经济层面，就是封建统治者对自然经济观念的强化，对商品经济观念的排斥。中国古代刻书业虽然发达，素有官刻、家刻、坊刻三大系统之称，若仔细分析起来，官刻和家刻都不是以售卖图书获利为目的，而主要是为了满足官办教育和私塾教育的需要。只有坊刻的图书是用作商品交换的，属于小商品生产的经济性质。但这种手工作坊式的小商品经济的生产规模和水平，还不足以改变生产关系的性质，从而引起上层建筑的变化。

第二，从文化传统和权利观念上看，中国古代文人受儒家文化的熏陶，习惯将阐释和弘扬圣人之道作为自己著述的最高目标，而耻言经济利益。因此，他们从事图书创作活动重在“立言”，即通过自己的作品来传播某种学说或思想，达到济世救民的目的。退而求其次者，也可抒发自己的胸怀，托书以言志。这决定了他们的权利观念停留在维护个人名誉的精神层面，商品经济意识淡薄，对于他人侵犯自己著作权的行为，缺乏维权的动力。特别是实行科举制以后，绝大多数读书人全身心地投入科场之中，将读书作文当做谋进仕途的敲门砖。一旦进入官场，自然不用为生计发愁。即便落第，也可开馆授徒，做个私塾先生。而很少有知识分子以图书著述作为安身立命的职业，顶多也就是给人做幕宾，代作一些公文奏疏。因此，中国古代文人推动著作权立法的动机并不强烈。

第三，从司法运行实践来看，中国古代社会遵从的是“法自君出”的皇权统治模式。皇帝发布的敕、令、诏、谕等，凌驾于法律之上，具有最高法律效力。法律成为皇权的附庸，丧失了独立性和自主性。而且，中国古代司法实践有两个显著的特点：一是司法行政合一，行政长官兼理司法。

这也是古代书商多向地方行政机关，而不是司法机关寻求维权途径的重要原因。二是诸法合体，以刑为主。从我国历史上第一部成文法典《法经》，到集我国古代立法之大成的《唐律疏义》，再到封建社会末期的《大明律》《大清律例》，无一不是诸法合体、以刑为主的法典。其中虽然也有关于民事、婚姻、经济等方面的规定，但这些规定都与刑法、行政法等方面的内容混合在一起，并且是刑法化的。在这种情况下，著作权法要想单独以成文法的形式出现，显然是不切实际的。

参考文献

一　图书著作类

[1] 段炫武:《宋代版刻法制研究》，石室出版社，1976。

[2]〔美〕安守廉（William P. Alford）:《知识产权还是思想控制：对中国古代法的文化透视》，梁治平《法律的文化解释》，三联书店，1994。

[3] William P. Alford. *To Steal a Book is an Elegant Offense*: *Intellectual Property Law in Chinese Civilization*. Stanford, Calif.: Stanford University Press, 1995.

[4] 郑成思:《中外印刷出版与版权概念的沿革》，中国版权研究会编《版权研究文选》，商务印书馆，1995。

[5] 杨维新:《〈大清著作权律〉探源》，中国版权研究会编《版权研究文选》，商务印书馆，1995。

[6] 郑成思:《版权的起源与我国古代的版权保护》，见郑成思《版权法(修订版)》，中国人民大学出版社，1997。

[7] 吴汉东:《中国著作权制度的产生与发展》，见吴汉东《知识产权法》，北京大学出版社，1998。

[8] 周林、李明山:《中国版权史研究文献》，中国方正出版社，1999。

[9]（清）叶德辉:《书林清话》，中华书局，1999。

[10]〔美〕保罗·爱德华·盖勒（Paul Edward Geller）:《版权的历史与未来：文化与版权的关系》，郑成思主编《知识产权文丛》第6卷，中国方正出版社，2001。

[11] 徐言:《中英两国早期版权保护的比较研究》，郑胜利主编《北大知识产权评论》第2卷，法律出版社，2004。

[12] 李雨峰:《枪口下的法律：中国版权史研究》，知识产权出版社，2006。

[13] 郭凯峰:《中国特许出版权和著作权制度的历史变迁（唐宋至清末时期)》，刘春田主编《中国知识产权评论》第2卷，商务印书馆，2006。

[14] 郑成思:《版权的起源》，见郑成思《知识产权论（第3版)》，法律出版社，2007。

[15]〔美〕安守廉（William P. Alford）：《窃书为雅罪：中华文化中的知识产权法》，法律出版社，2010。

[16] 肖尤丹：《历史视野中的著作权模式确立——权利文化与作者主体》，华中科技大学出版社，2011。

二　学位论文类

[1] 王清：《中外版权思想、版权保护制度研究》，武汉大学，1991。

[2] 李雨峰：《思想控制与权利保护——中国版权法的历史演变》，西南政法大学，2003。

[4] 赵丽萍：《大清著作权律研究》，山东大学，2007。

[5] 苏丹：《中国古代版权保护考析》，吉林大学，2007。

[6] 肖尤丹：《著作权模式确立的历史解读——主体语境下的著作权文化》，中国人民大学，2008。

[7] 王莉函：《论扬州八怪的书画润笔》，郑州大学，2010。

三　报刊论文类

[1] 罗文达：《中国版权法沿革》，《报学》1941 年第 1 期。

[2] 赵胜：《宋代的印刷禁令》，《河北师范大学学报》1982 年第 4 期。

[3] 林岑：《稿酬的起源和演变》，《出版工作》1982 年第 6 期。

[4] 蔡曙光：《版权制度的由来与发展》，《学习与思考》1983 年第 4 期。

[5] 邹身城：《保护版权始于何时何国》，《法学研究》1984 年第 2 期。

[6] 沈仁干：《版权的产生和第一批版权法》，《出版工作》1984 年第 10 期。

[7] 沈仁干：《我国的第一部版权法——《大清著作权律》简说》，《出版工作》1985 年第 2 期。

[8] 袁逸：《中国古代版权史考略》，《法学杂志》1985 年第 3 期。

[9] 朱明远：《略论版权观念在中国的形成》，《编辑之友》1986 年第 1 期。

[10] 放之：《“保护版权始于我国宋代”，前人早有论述》，《法学研究》1986 年第 2 期。

[11] 朱明远：《中国版权探源》，《文汇报》1986 年 5 月 25 日。

[12] 孙建红：《略论版权观念在中国的形成》，《法学杂志》1986 年第 6 期。

[13] 庄布：《我国宋代就有保护版权的做法》，《编辑学刊》1986 年第

7 期。
[14] 朱明远:《我国版权观念的形成和发展》,《光明日报》1986 年 11 月 12 日。
[15] 裘安曼:《版权史话》,《出版工作》1987 年第 1 期、1987 年第 2 期、1987 年第 3 期。
[16] 王骅:《版权的产生与发展述略》,《学术论坛》1987 年第 2 期。
[17] 韩锡铎:《我国古代版权观念述略》,《中国出版》1987 年第 7 期、1987 年第 8 期。
[18] 丁学军:《简论版权及其法律特征》,《中南政法学院学报》1988 年第 1 期。
[19] 吉少甫:《中国最早的版权制度》,《出版工作》1989 年第 2 期、1989 年第 3 期。
[20] 白锦会:《知识产权制度的历史、现状及改革》,《华中师范大学学报》1989 年第 3 期。
[21] 袁逸:《明后期我国私人刻书业资本主义因素的活跃与表现》,《浙江学刊》1989 年第 3 期。
[22] 张建申:《知识产权法律制度史初探》,《西北大学学报》1989 年第 4 期。
[23] 潘铭燊:《中国印刷版权的起源》,《出版发行研究》1989 年第 6 期。
[24] 黎海明:《我国版权保护的历史和现状》,《益阳师专学报》1991 年第 2 期。
[25] 廖传江:《试论我国古代的稿费》,《四川师范学院学报》1991 年第 5 期。
[26] 边文:《我国历代著作权立法》,《法制文摘》1991 年第 10 期。
[27] 汪继兰:《中国早期著作权问题漫谈》,《济宁师专学报》1992 年第 1 期。
[28] 袁逸:《中国古代剽窃史论(先秦至宋篇)》,《著作权》1992 年第 1 期。
[29] 袁逸:《中国古代稿酬史考略》,《编辑之友》1992 年第 5 期。
[30] 李明山:《在中国积极倡导版权的外国人——林乐知》,《著作权》1993 年第 1 期。
[31] 曲辰:《困扰古人的著作权纠纷》,《著作权》1993 年第 2 期。
[32] 李伦良:《论知识产权的形成与发展》,《图书与情报》1993 年第 2 期。

[33] 周宝荣:《中国古代版权保护的源头》,《著作权》1993 年第 4 期。
[34] 周宝荣:《宋代的版权保护》,《编辑之友》1994 年第 1 期。
[35] 金眉、张中秋:《中国著作权立法史述论》,《法学评论》1994 年第 2 期。
[36] 周宝荣:《宋代打击非法出版活动述论》,《编辑之友》1994 年第 3 期。
[37] 鲁茂松:《奇特的"版权声明"——郑板桥的"润格诗"》,《著作权》1994 年第 3 期。
[38] 吴汉东、王毅:《中国传统文化与著作权制度略论》,《法学研究》1994 年第 4 期。
[39] 宣禾:《古代盗印及防盗印术》,《历史教学问题》1994 年第 6 期。
[40] 黄正雨:《古代书籍盗版拾偶》,《编辑之友》1995 年第 1 期。
[41] 吴汉东:《关于中国著作权法观念的历史思考》,《法商研究》1995 年第 3 期。
[42] 赵奕:《中国古代版权保护试论》,《图书馆杂志》1995 年第 3 期。
[43] 陈桐生:《中国著作权意识的起源》,《著作权》1995 年第 4 期。
[44] 纯一:《"润笔"琐谈》,《中国图书评论》1995 年第 10 期。
[45] 陈桐生:《从司马迁"厥协六经异传,整齐百家杂语"谈起》,《著作权》1996 年第 2 期。
[46] 姚琦:《清末著作权立法初探》,《青海师范大学学报(哲社版)》1996 年第 4 期。
[47] 刘尚恒、孔方恩:《中国是世界上最早实行版权保护的国家——中国古代版权文献摭谈》,《图书馆工作与研究》1996 年第 5 期。
[48] 程章灿:《谁得了便宜——碑志文润笔及其他》,《中国典籍与文化》1996 年第 8 期。
[49] 郑成思:《再论中国古代的版权保护》,《中国专利与商标》1996 年第 4 期。
[50] 朱国华、范静哗:《润笔考论》,《东南文化》1996 年第 4 期。
[51] 陈桐生:《郭窃向注:中古一大著作权案》,《著作权》1997 年第 1 期。
[52] 曹之:《古代的稿费》,《图书馆》1997 年第 2 期。
[53] 柳励和:《中国古代版权保护论略》,《湘潭大学学报(哲社版)》1997 年第 3 期。
[54] 仲崇山:《我国版权制度发展述略》,《编辑学刊》1997 年第 5 期。

[55] 曹之：《中国古代著作权考略》，《图书与情报》1998年第3期。
[56] 张志强、曹炳生：《中国古代的非法出版活动及其治理对策》，《编辑之友》1998年第4期。
[57] 李明山：《中国“版权”考——兼与仲崇山先生商榷》，《编辑学刊》1998年第5期。
[58] 侯健：《中国：世界上最早保护版权的国家》，《湘潭师范学院学报》1999年第1期。
[59] 范开宏：《中国古代的版权保护》，《山东图书馆季刊》1999年第3期。
[60] 徐枫、朱绍秦：《宋代对出版传播的管理和控制》，《新闻与传播研究》1999年第3期。
[61] 徐枫：《论宋代版权意识的形成和特征》，《南京大学学报（哲社版）》1999年第3期。
[62] 周林：《中国版权史研究的几个问题》，《知识产权》1999年第6期。
[63] 祝尚书：《论宋代的图书盗版与版权保护》，《文献》2000年第1期。
[64] 周林：《中国版权史研究的几条线索》，《著作权》2000年第1期。
[65] 袁逸：《白居易为什么比较烦》，《著作权》2000年第3期。
[66] 周楚汉：《中国文章经济发展史论略》，《河南社会科学》2000年第5期。
[67] 郭孟良：《中国版权问题探源》，《齐鲁学刊》2000年第6期。
[68] 郭孟良：《论宋代的出版管理》，《中州学刊》2000年第6期。
[69] 叶瑞汶等：《明代程大位〈算法统宗〉的盗版问题》，《金华职业技术学院学报》2001年第1期。
[70] 何铁山等：《中美著作权法制史的差异及探源》，《中南工业大学学报（社科版）》2001年第1期。
[71] 汪维真：《严复的版权思想及其在中国版权近代化过程中的地位》，《著作权》2001年第2期。
[72] 曾汉祥：《大清著作权律的制定》，《著作权》2001年第2期。
[73] 李福顺：《唐代书画润笔小议》，《美术观察》2001年第2期。
[74] 李明山：《北洋官报局盗版与晚清版权律的制定》，《南通师范学院学报（哲社版）》2001年第3期。
[75] 宋晓兰：《中国古代作家的版权保护意识》，《中国新闻出版报》2001年3月15日。
[76] 周越等：《试述我国古代、近代的版权保护》，《中华医学图书馆杂

志》2001 年第 5 期。
[76] 眭达明：《润笔风波——古代公文写作趣闻杂谈》，《秘书工作》2001 年第 5 期。
[78] 李明山：《清末著作权律出台前的民间反盗版活动》，《出版发行研究》2001 年第 10 期。
[79] 兰殿君：《“润笔”春秋》，《文史杂志》2002 年第 3 期。
[80] 刘青：《我国古代科技进步对版权思想萌芽的促成作用》，《科技与出版》2002 年第 3 期。
[81] 杨朝霞：《古代润笔漫谈》，《江苏图书馆学报》2002 年第 4 期。
[82] 林辰：《宋代的版权史料》，《中国图书评论》2002 年第 9 期。
[83] 舒琼：《中国古代书籍上的版权标记》，《图书情报论坛》2003 年第 2 期。
[84] 彭勇：《明代士夫追求润笔现象试析》，《史林》2003 年第 2 期。
[85] 冯翠银：《中国古代版权保护历史演进》，《图书馆建设》2003 年第 3 期。
[86] 孔正毅：《试论古代图书的版权保护》，《出版发行研究》2003 年第 6 期。
[87] 刘晓霖：《“润笔”与稿费小考》，《春秋》2003 年第 6 期。
[88] 唐明辉、李丽萍：《古代文人的“润笔”及支付形式》，《零陵学院学报》2003 年第 7 期。
[89] 张玉敏、李雨峰：《中国版权史纲》，《知识产权研究》2004 年第 1 期。
[90] 杨利华：《中国古代著作权保护及其成因探析》，《金陵法律评论》2004 年秋季卷。
[91] 王树春：《中国古代存在版权保护吗》，《池州师专学报》2004 年第 5 期。
[92] 刘孝平：《明代出版管理述略》，《图书情报知识》2004 年第 6 期。
[93] 冯念华：《我国宋代版权保护与现代版权法的比较》，《图书馆工作与研究》2005 年第 1 期。
[94] 邓建鹏：《宋代的版权问题——兼评郑成思与安守廉之争》，《环球法律评论》2005 年第 1 期。
[95] 王海刚：《元代出版管理述略》，《图书馆杂志》2005 年第 1 期。
[96] 王兰萍：《中国古代著作权法律文化之源》，《华东政法学院学报》2005 年第 2 期。

[97] 陈静:《先秦至魏晋文人著述观念的变化》,《首都师范大学学报(社科版)》2005 年第 2 期。
[98] 丁海俊:《中国古代制止图书盗印的性质》,《中国出版》2005 年第 4 期。
[99] 孟兆臣:《中国近代文化市场的稿费制》,《通化师范学院学报》2005 年第 5 期。
[100] 孔学:《宋代书籍文章出版和传播禁令述论》,《河南大学学报(社科版)》2005 年第 6 期。
[101] 朱健:《历史记忆与重新阐释——近代中国著作权观念的发生》,《福建论坛》2005 年第 9 期。
[102] 眭达明:《润笔已曾经奏谢》,《书屋》2005 年第 11 期。
[103] 杨屹东:《中国古代版权意识与现代版权制度辨析》,《图书馆学研究》2006 年第 1 期。
[104] 韩士奇:《润笔今昔》,《炎黄春秋》2006 年第 1 期。
[105] 沈明:《前版权时代的智识权属观念和出版制度》,《北大法律评论》,2006,7(2)。
[106] 冯念华:《盗版对宋代版权保护现象的影响》,《图书馆工作与研究》2006 年第 3 期。
[107] 王兆鹏:《宋代的"润笔"与宋代文学的商品化》,《学术月刊》2006 年第 9 期。
[108] 盛春生、徐方桥:《浅谈中国古代为什么没有版权法》,《法制与社会》2006 年第 11 期。
[109] 田丽艳:《关于我国古代、近代版权保护的论述》,《辽宁教育行政学院学报》2007 年第 4 期。
[110] 杨洪升:《缪荃孙代人编撰著作考》,《中国典籍与文化》2007 年第 4 期。
[111] 冯念华:《元明清时期我国书籍的版权保护》,《大学图书馆学报》2007 年第 6 期。
[112] 王海刚:《宋代出版管理述略》,《中国出版》2007 年第 8 期。
[113] 马晓莉:《中国古代版权保护考》,《法律文化研究》2007 年第 9 期。
[114] 冯念华:《窃书不算偷算什么?——论我国古代书籍的版权保护》,《图书情报工作》2007 年第 11 期。
[115] 骆志方:《中国古代版权探析》,《内江科技》2007 年第 11 期。

[116] 李军平：《古人的“稿费”——从李邕等收文字润笔谈起》，《深交所》2008 年第 8 期。

[117] 张艺凡：《“润笔”与宋代文人价值观的转变》，《十堰职业技术学院学报》2009 年第 2 期。

[118] 周达峰：《中国古代著作权法探源》，《商业文化（学术版）》2009 年第 2 期。

[119] 李曙豪：《中国明代版权意识矛盾运动的激化》，《韶关学院学报》2009 年第 7 期。

[120] 李琛：《关于“中国古代因何无版权”研究的几点反思》，《法学家》2010 年第 1 期。

[121] 李曙豪：《中国明代的版权意识》，《出版史料》2010 年第 2 期。

[122] 田建平：《论宋代图书出版的版权保护》，《河北大学学报》2010 年第 2 期。

[123] 杨春丽：《中国古代图书档案版权源流考》，《档案》2010 年第 5 期。

[124] 刘春玲：《论晚明士大夫的润笔风气》，《阴山学刊》2010 年第 5 期。

[125] 潘文娣、张凤杰：《关于中国版权史溯源的几点思考》，《出版发行研究》2010 年第 12 期。

[126] 刘欢、赵勇：《试论宋代版权保护的有无——兼评安守廉、郑成思之争》，《太原城市职业技术学院学报》2011 年第 1 期。

[127] 袁琳：《宋代图书刻印与版权保护价值观念考》，《出版发行研究》2011 年第 3 期。

[128] 李明杰、周亚：《宋元明清时期文人著述观念的嬗变》，《出版科学》2011 年第 3 期。

[129] 任燕：《论宋代的版权保护》，《法学评论》2011 年第 5 期。

[130] 高新亮：《古代图书版权保护考略》，《图书馆学刊》2011 年第 6 期。

[131] 李明杰、周亚：《中国古代图书作者署名形式考略》，《大学图书馆学报》2012 年第 1 期。

[132] 李明杰、周亚：《畸形的著述文化——中国古代剽窃现象面面观》，《出版科学》2012 年第 5 期。

图书在版编目（CIP）数据

中国古代图书著作权研究 / 李明杰著. —北京：社会科学文献出版社，2013.8
（国家社科基金后期资助项目）
ISBN 978 - 7 - 5097 - 4714 - 8

Ⅰ. ①中… Ⅱ. ①李… Ⅲ. ①图书 - 著作权 - 研究 - 中国 - 古代
Ⅳ. ①D923.414

中国版本图书馆 CIP 数据核字（2013）第 118372 号

·国家社科基金后期资助项目·
中国古代图书著作权研究

著　　者 / 李明杰

出 版 人 / 谢寿光
出 版 者 / 社会科学文献出版社
地　　址 / 北京市西城区北三环中路甲 29 号院 3 号楼华龙大厦
邮政编码 / 100029

责任部门 / 皮书出版中心（010）59367127　　责任编辑 / 桂　芳
电子信箱 / pishubu@ssap.cn　　责任校对 / 李秀军
项目统筹 / 桂　芳　　责任印制 / 岳　阳
经　　销 / 社会科学文献出版社市场营销中心（010）59367081　59367089
读者服务 / 读者服务中心（010）59367028

印　　装 / 北京鹏润伟业印刷有限公司
开　　本 / 787mm×1092mm　1/16　　印　　张 / 28
版　　次 / 2013 年 8 月第 1 版　　字　　数 / 499 千字
印　　次 / 2013 年 8 月第 1 次印刷
书　　号 / ISBN 978 - 7 - 5097 - 4714 - 8
定　　价 / 128.00 元

本书如有破损、缺页、装订错误，请与本社读者服务中心联系更换
▲ 版权所有　翻印必究